Der arbeitsrechtliche Aufhebungsvertrag

Saarbrücker Studien
zum Privat- und Wirtschaftsrecht

Herausgegeben von Johann Paul Bauer,
Michael Martinek (geschäftsführender Herausgeber)
und Helmut Rüßmann

Band 38

PETER LANG
Frankfurt am Main · Berlin · Bern · Bruxelles · New York · Oxford · Wien

Nicole Burkardt

Der arbeitsrechtliche Aufhebungsvertrag

Einvernehmliche Beendigung von Arbeitsverhältnissen unter Berücksichtigung der Rechtslage nach der Schuldrechtsreform

PETER LANG
Europäischer Verlag der Wissenschaften

Bibliografische Information Der Deutschen Bibliothek
Die Deutsche Bibliothek verzeichnet diese Publikation in der Deutschen Nationalbibliografie; detaillierte bibliografische Daten sind im Internet über <http://dnb.ddb.de> abrufbar.

Zugl.: Saarbrücken, Univ., Diss., 2003

D 291
ISSN 1433-8866
ISBN 3-631-51842-0

www.peterlang.de

Saarbrücker Studien zum Privat- und Wirtschaftsrecht

herausgegeben von
Prof. Dr. Johann Paul Bauer
Prof. Dr. Dr. Dr. h.c. Michael Martinek
Prof. Dr. Helmut Rüßmann

Die Schriftenreihe "Saarbrücker Studien zum Privat- und Wirtschaftsrecht" bildet in erster Linie ein Forum für rechtswissenschaftliche Doktorarbeiten der Universität des Saarlandes auf zwei juristischen Schwerpunktgebieten. Zum einen sollen Dissertationen im klassischen Privatrecht, vor allem im bürgerlichen Vermögensrecht der ersten drei Bücher des BGB und ihrer Nebengesetze vorgestellt werden. Zum anderen findet das Wirtschaftsrecht im Sinne des Wirtschaftsprivatrechts besondere Berücksichtigung, womit namentlich die Gebiete des Handelsrechts einschließlich des Bilanzrechts, des Personen- und Kapitalgesellschaftsrechts einschließlich des Konzernrechts, des Gewerblichen Rechtsschutzes sowie des Wettbewerbs- und Kartellrechts bezeichnet sind. Es versteht sich, daß nicht nur rechtsdogmatische Studien, sondern auch rechtstatsächlich, rechtspolitisch oder interdisziplinär angelegte Arbeiten in die Schriftenreihe Aufnahme finden. Denn die Rechts- und Wirtschaftswissenschaftliche Fakultät der Universität des Saarlandes vereinigt unter *einem* Dach die Fachbereiche Rechtswissenschaft und Wirtschaftswissenschaft und regt damit Studenten und Hochschullehrer in besonderer Weise zu fachübergreifender Lehre und Forschung an. Die Schriftenreihe steht aber nicht nur sehr guten und ausgezeichneten Dissertationen, sondern auch anderen "Studien" zu privat- und wirtschaftsrechtlichen Themen offen, bis hin zu Materialien und Skripten des akademischen Unterrichts. Die drei Herausgeber, die zugleich stellvertretend für ihre anderen Saarbrücker Fakultätskollegen des Privat- und Wirtschaftsrechts handeln, verbinden mit den "Saarbrücker Studien zum Privat- und Wirtschaftsrecht" den Wunsch, daß die hier veröffentlichten Arbeiten die verdiente Resonanz in der breiteren juristischen Fachöffentlichkeit finden.

Vorwort

Die vorliegende Arbeit habe ich als Dissertation im Wintersemester 2002/2003 an der juristischen Fakultät der Universität des Saarlandes eingereicht. In die Arbeit sind Stellungnahmen aus Rechtsprechung und Schrifttum bis Oktober 2002 eingeflossen. Auch die im Rahmen der Schuldrechtsreform erfolgten Gesetzesänderungen habe ich berücksichtigt; dazu gehört insbesondere die umfassend diskutierte und bislang höchstrichterlich nicht entschiedene Frage, ob der Arbeitnehmer den Aufhebungsvertrag unter bestimmten Umständen nach den Vorschriften über Haustürgeschäfte widerrufen kann. Auch wenn in Zusammenhang mit dem arbeitsrechtlichen Aufhebungsvertrag in den vergangenen Jahren eine ganze Reihe von rechtlichen und sozialpolitischen Diskussionen geführt wurden, war dies zum Ende meiner Arbeit an dieser Dissertation nochmals eine besonders spannende.

Mein Interesse am arbeitsrechtlichen Aufhebungsvertrag und den damit zusammenhängenden Fragestellungen entdeckte ich im Rahmen eines arbeitsrechtlichen Seminars von Herrn Professor Dr. Stephan Weth. Ihm bin ich für die Übernahme des Erstgutachtens und die intensive zweijährige Betreuung ebenso dankbar wie für die Gelegenheit der Mitarbeit am Lehrstuhl und die Teilnahme an dessen vielfältigen Aktivitäten. Auch die Mitarbeiterinnen und Mitarbeiter des Lehrstuhls haben mich während meiner Zeit in Saarbrücken und auch darüber hinaus besonders unterstützt. Insbesondere mit Privatdozent Dr. Christof Kerwer, Rechtsanwalt Sigurd Wern und Rechtsanwältin Nina Litobarski habe ich viele bereichernde wissenschaftliche Diskussionen geführt. Außerdem gilt mein Dank Professor Dr. Johann-Paul Bauer für die Anfertigung des Zweitgutachtens.
Meinem Mann Marco danke ich für seine Unterstützung in allen Phasen auf dem Weg zum Doktortitel.

Die Friedrich-Ebert-Stiftung, Bonn, hat diese Arbeit freundlicherweise durch ein Promotionsstipendium gefördert.

Ravensburg, im Oktober 2003
Nicole Burkardt

Inhaltsübersicht

Einführung ... 23

§ 1 Einleitung und Gang der Untersuchung ... 23
§ 2 Begriff, Arten und Vorteile des Aufhebungsvertrages ... 28

1. Kapitel: Grundlagen des Aufhebungsvertrages ... 33

§ 3 Rechtsgrundlagen und Rechtsnatur des Aufhebungsvertrages ... 33

2. Kapitel: Der Abschluss des Aufhebungsvertrages ... 43

§ 4 Das Zustandekommen des Aufhebungsvertrages ... 43
§ 5 Wirksamkeit des Vertragsschlusses ... 59

3. Kapitel: Hinweis- und Aufklärungspflichten des Arbeitgebers beim Abschluss des Aufhebungsvertrages ... 85

§ 6 Grundlage, Umfang und Inhalt der Hinweis- und Aufklärungspflichten ... 85
§ 7 Rechtsfolgen der Verletzung einer bestehenden Aufklärungspflicht ... 111

4. Kapitel: Die Wirksamkeit des Aufhebungsvertrages ... 123

§ 8 Einfluss von Kündigungsschutzvorschriften und Betriebsverfassungsgesetz auf die Wirksamkeit des Aufhebungsvertrages ... 123
§ 9 Unwirksamkeit des Aufhebungsvertrages wegen Gesetzesumgehung ... 156
§ 10 Sittenwidrigkeit des Aufhebungsvertrages und Inhaltskontrolle ... 186

5. Kapitel: Die Beseitigung des Aufhebungsvertrages ... 211

§ 11 Die Anfechtung des Aufhebungsvertrages ... 211
§ 12 Widerrufs- und Rücktrittsrechte des Arbeitnehmers ... 236
§ 13 Aufhebungsvertrag und Störung der Geschäftsgrundlage ... 253

6. Kapitel: Inhalt und Folgen des Aufhebungsvertrages ... 275

§ 14 Beendigungswirkung, Nebenabreden und Rechtsfolgen des Aufhebungsvertrages ... 275
§ 15 Zeitliche Gestaltungsmöglichkeiten – insbesondere die Vereinbarung rückwirkender Aufhebungsverträge ... 330

7. Kapitel: Aufhebungsvertrag und Arbeitsgerichtsprozess ... 353

§ 16 Der Aufhebungsvergleich ... 353
§ 17 Gerichtliche Geltendmachung der Unwirksamkeit von Aufhebungsverträgen, Auswirkungen der Unwirksamkeit auf einen abgeschlossenen Kündigungsschutz-prozess, Bestehen von Weiterbeschäftigungs- und Annahmeverzugsansprüchen ... 361

8. Kapitel: Sozialversicherungsrechtliche Folgen des Aufhebungsvertrages 373

§ 18 Die Entwicklung der den Aufhebungsvertrag betreffenden Instrumente des Arbeitsförderungsrechts seit 1997 373

§ 19 Auswirkungen des Arbeitsförderungsrechts bei Arbeitslosigkeit nach Abschluss eines Aufhebungsvertrages nach heutiger Rechtslage 380

9. Kapitel: Zusammenfassung und Ausblick 399

I. Zusammenfassung 399

II. Ausblick 407

Literaturverzeichnis 409

Inhaltsverzeichnis

Einführung.....23

§ 1 Einleitung und Gang der Untersuchung.....23

I. Der Aufhebungsvertrag in Wissenschaft und Praxis.....23

II. Aktuelle Fragestellungen beim arbeitsrechtlichen Aufhebungsvertrag.....24

III. Zielsetzung der Bearbeitung.....26

IV. Gang der Darstellung.....26

§ 2 Begriff, Arten und Vorteile des Aufhebungsvertrages.....28

I. Der Begriff des Aufhebungsvertrages.....28

1. Gesetzliche Erwähnung.....28

2. Begriffliche Abgrenzung zur Kündigung.....28

II. Arten von Aufhebungsverträgen.....29

III. Vor- und Nachteile des Aufhebungsvertrages.....30

1. Vorteile des Aufhebungsvertrages für den Arbeitgeber.....30

2. Vorteile des Aufhebungsvertrages für den Arbeitnehmer.....31

3. Nachteile des Aufhebungsvertrages für den Arbeitnehmer.....31

1. Kapitel: Grundlagen des Aufhebungsvertrages.....33

§ 3 Rechtsgrundlagen und Rechtsnatur des Aufhebungsvertrages.....33

I. Verfassungs- und zivilrechtliche Grundlagen.....33

1. Die Vertragsfreiheit als Unterfall der Privatautonomie.....33

2. Die arbeitsrechtliche Beendigungsfreiheit als Teil der Vertragsfreiheit.....35

II. Rechtsnatur des Aufhebungsvertrages.....36

1. Der arbeitsrechtliche Aufhebungsvertrag zur Beendigung eines Dauerschuldverhältnisses.....36

2. Der Aufhebungsvertrag als Verfügungsgeschäft.....36

3. Abgrenzung des Aufhebungsvertrages von ähnlichen Rechtsinstituten.....37

a) Abgrenzung zur Kündigung.....37

b) Abgrenzung zum Erlass.....39

c) Abgrenzung zur Ausgleichsquittung.....40

III. Zusammenfassung.....42

2. Kapitel: Der Abschluss des Aufhebungsvertrages.....43

§ 4 Das Zustandekommen des Aufhebungsvertrages.....43

I. Mindestinhalt und "Dissensempfindlichkeit" des Aufhebungsvertrages.....43

II. Der Vertragsschluss.....45

1. Ausdrücklicher Vertragsschluss.....45

a) Voraussetzungen für ein wirksames Angebot.....45

b) Zugang des Angebots.....46

c) Annahme des Angebots.....49

2. Auslegung: Kündigung oder Aufhebungsvertrag? 50
a) Grundsätze der Auslegung 50
b) Einzelfälle 51
c) Schlussfolgerung 55
3. „Ersetzung“ einer Kündigung durch Abschluss eines Aufhebungsvertrages 55
4. Konkludenter Vertragsschluss 56
5. Abschluss eines Aufhebungsvertrages bei Aufstieg des Arbeitnehmers zum Organmitglied 56
6. Umdeutung einer unwirksamen Kündigung 57
III. Zusammenfassung 59
§ 5 Wirksamkeit des Vertragsschlusses 59
I. Formerfordernisse 59
1. Rechtslage vor dem 1.05.2000 60
2. Begründung für die Einführung des § 623 BGB 62
3. Rechtslage nach Einführung des § 623 BGB 62
a) § 623 BGB als gesetzliches Schriftformerfordernis 62
b) Einfluss des Schriftformerfordernisses auf die Bevollmächtigung zum Abschluss eines Aufhebungsvertrages 65
c) Umfang des Formzwangs beim Aufhebungsvertrag 67
d) Erstreckung des § 623 BGB auf den Abwicklungsvertrag? 71
4. Berufung auf Formnichtigkeit als Rechtsmissbrauch (§ 242 BGB) 72
a) Grundsätze des Rechtsmissbrauchs bei widersprüchlichem Verhalten 73
b) Einzelfälle bei Formunwirksamkeit des Aufhebungsvertrages 74
5. Ergebnis/Ausblick 80
II. Aufhebungsverträge mit Minderjährigen 81
III. Zusammenfassung 82

3. Kapitel: Hinweis- und Aufklärungspflichten des Arbeitgebers beim Abschluss des Aufhebungsvertrages 85

§ 6 Grundlage, Umfang und Inhalt der Hinweis- und Aufklärungspflichten 85
I. Die dogmatische Grundlage 85
1. Die Aufklärungspflicht als aus dem Arbeitsverhältnis resultierende Schutzpflicht 85
a) Die Kodifizierung der Schutzpflichten in § 241 Abs. 2 BGB 85
b) Die Aufklärungspflicht als Teil der Fürsorgepflicht des Arbeitgebers 86
2. Anspruch aus einem vorvertraglichen Schuldverhältnis (§ 311 Abs. 2 BGB)? 88
3. Stellungnahme 89

II. Umfang der Hinweis- und Aufklärungspflichten nach Rechtsprechung und Lehre ... 90
1. Der Standpunkt der Rechtsprechung ... 90
2. Die Sphärentheorie ... 94
3. Paritätsstörung als Aufklärungsgrund ... 95
4. Die Frage der Initiative ... 95
III. Stellungnahme ... 97
1. Bestehen von Hinweis- und Aufklärungspflichten bei der Beendigung des Arbeitsverhältnisses? ... 97
a) Der Einwand der Eigenverantwortlichkeit ... 98
b) Der Vergleich mit der Situation bei Ausspruch einer Kündigung ... 98
c) Ergebnis ... 99
2. Bewertung der dargestellten Auffassungen zum Umfang der Aufklärungspflicht ... 100
a) Aufklärungspflicht als Ausnahme ... 100
b) Ablehnung einer reinen Einzelfallbetrachtung ... 101
c) Ablehnung der Sphärentheorie ... 101
3. Eigener Ansatz ... 102
a) „Sonderwissen" des Arbeitgebers als Ansatzpunkt ... 102
b) Bedeutung der konkreten Verhandlungssituation – Die Frage der Initiative ... 103
c) Auswirkung der Einräumung einer Bedenkzeit ... 104
4. Ergebnis ... 106
IV. Inhalt der Hinweis- und Aufklärungspflichten ... 106
1. Grundsätze ... 106
2. Fallgruppen ... 107
a) Versorgungsanwartschaften ... 107
b) Sozialversicherungsrechtliche Nachteile ... 107
c) Kündigungsschutz ... 108
d) Formzwang und Sonstiges ... 109
V. Verletzung der Fürsorgepflicht durch Nichteinräumung einer Bedenkzeit? 109
VI. Zusammenfassung ... 110
§ 7 Rechtsfolgen der Verletzung einer bestehenden Aufklärungspflicht ... 111
I. Grundlage eines Schadensersatzanspruchs ... 111
II. Voraussetzungen für einen Schadensersatzanspruch ... 111
1. Pflichtverletzung durch Unterlassen der Aufklärung ... 111
2. Verschulden des Arbeitgebers ... 112
3. Schaden des Arbeitnehmers ... 113
4. Kausalität zwischen Pflichtverletzung und Schaden ... 113
a) Kausalitätsvoraussetzungen ... 113

b) Beweislastumkehr zugunsten des Arbeitnehmers 114
c) Einwand rechtmäßigen Alternativverhaltens 115
III. Inhalt und Umfang des Schadensersatzanspruchs 117
IV. Verfall von Schadensersatzansprüchen 119
V. Abdingbarkeit der Hinweispflicht? 120
VI. Zusammenfassung 120

4. Kapitel: Die Wirksamkeit des Aufhebungsvertrages 123

§ 8 Einfluss von Kündigungsschutzvorschriften und Betriebsverfassungsgesetz auf die Wirksamkeit des Aufhebungsvertrages 123
I. Einfluss von Kündigungsschutzvorschriften 123
1. Einhaltung einer Kündigungsfrist 123
2. Bestehen von Kündigungsschutz 123
II. Mitbestimmungsrechte des Betriebsrates beim Abschluss von Aufhebungsverträgen 125
1. Aufhebungsverträge als Personalmaßnahmen gemäß § 92 BetrVG 126
2. Anhörung des Betriebsrates gemäß § 102 BetrVG 126
III. Aufhebungsverträge mit Leitenden Angestellten 128
IV. Aufhebungsverträge und Betriebsänderungen 129
1. Allgemeine Voraussetzungen für das Vorliegen einer Betriebsänderung durch Personalabbau 130
a) Grundlagen und Folgen der Betriebsänderung 130
b) Die Rechtsprechung des BAG zu den Anforderungen an einen erheblichen Personalabbau 131
c) Die Grenzzahlen des § 112 a Abs. 1 S. 1 BetrVG 131
2. Betriebsänderungen durch Aufhebungsverträge: die Vorschrift des § 112 a Abs. 1 S. 2 BetrVG 132
a) Aufhebungsvertrag als Entlassung 132
b) Der Begriff der arbeitgeberseitigen „Veranlassung“ 132
3. Sozialplanansprüche bei einvernehmlicher Beendigung des Arbeitsvertrages? 137
a) Verteilung der Sozialplanansprüche 137
b) Anrechnung von Abfindungen für den Verlust des Arbeitsplatzes auf den Sozialplananspruch 141
4. Aufhebungsvertrag und Nachteilsausgleich gemäß § 113 BetrVG 142
5. Ergebnis 142
V. Aufhebungsverträge und Massenentlassungen nach § 17 KSchG 143
1. Grundlagen der Anzeigepflicht nach § 17 KSchG 143
2. Voraussetzungen und Folgen der Anzeigepflicht 144
3. Entlassungssperre nach § 18 Abs. 1 KSchG 146

4. Konsequenzen für den Aufhebungsvertrag 150
a) Unwirksamkeit des Aufhebungsvertrages bei unterlassener Anzeige? ... 150
b) Verzicht auf Kündigungsschutz nach § 18 KSchG 153
5. Ergebnis 155
VI. Zusammenfassung 155
§ 9 Unwirksamkeit des Aufhebungsvertrages wegen Gesetzesumgehung 156
I. Die Lehre von der Gesetzesumgehung 156
II. Fallgruppen für die Nichtigkeit von Aufhebungsverträgen gemäß § 134 BGB 158
1. Der aufschiebend bedingte Aufhebungsvertrag 158
a) Vergleichbarkeit mit dem auflösend bedingten Arbeitsvertrag 159
b) Der aufschiebend bedingte Aufhebungsvertrages als Umgehungsgeschäft 160
c) Ausnahmen von der Unzulässigkeit des aufschiebend bedingten Aufhebungsvertrages? 163
d) Sonderfall: Regelungen über die Beendigung eines Arbeitsverhältnisses bei Erreichen einer bestimmten Altersgrenze 166
e) Ergebnis 166
2. Aufhebungsvertrag mit bedingter Wiedereinstellungszusage 167
a) Inhalt der Vereinbarungen 167
b) Auffassung des BAG 167
c) Stellungnahme 168
3. Der auflösend bedingte Aufhebungsvertrag 170
4. Umgehung von § 613 a BGB 171
a) Problemstellung 171
b) Entwicklung der Rechtsprechung und Meinungsstand 172
c) Stellungnahme 175
d) Ergebnis 177
5. Aufhebungsvertrag als nachträgliche Befristung 177
a) Darstellung der Rechtsprechung zu Befristungen 178
b) Beurteilung der Rechtsprechung 182
c) Ergebnis 186
III. Zusammenfassung 186
§ 10 Sittenwidrigkeit des Aufhebungsvertrages und Inhaltskontrolle 186
I. Unwirksamkeit des Aufhebungsvertrages gemäß § 138 BGB 186
1. Die Voraussetzungen der Sittenwidrigkeit eines Vertrages 187
2. Fallgruppen für die Sittenwidrigkeit des Aufhebungsvertrages 188
a) Sittenwidrigkeit aufgrund des Inhalts des Aufhebungsvertrages 188
b) Sittenwidrigkeit aufgrund der Umstände des Zustandekommens 188

c) Sittenwidrigkeit wegen Zusammenwirkens zum Nachteil der Allgemeinheit ... 189
3. Rechtsfolge der Sittenwidrigkeit ... 192
a) Grundsatz: Nichtigkeit des Vertrages ... 192
b) Ausnahme: Teilnichtigkeit gemäß § 139 BGB ... 192
4. Rechtsmissbräuchliche Berufung auf die Sittenwidrigkeit? ... 193
5. Ergebnis ... 194
II. Inhaltskontrolle des Aufhebungsvertrages nach den §§ 307 ff. BGB ... 194
1. Die Grundlagen der Inhaltskontrolle von Verträgen ... 194
2. Voraussetzungen für eine Inhaltskontrolle des Aufhebungsvertrages anhand von § 307 BGB ... 195
a) Eröffnung des Anwendungsbereichs nach § 310 Abs. 4 BGB ... 195
b) Die Regelungen eines Aufhebungsvertrages als „Allgemeine Geschäftbedingungen" ... 196
3. Unwirksamkeit von Bestimmungen in Aufhebungsverträgen nach §§ 307 ff. BGB ... 197
a) Unwirksamkeit von Bestimmungen wegen Verstoßes gegen §§ 308, 309 BGB ... 197
b) Unwirksamkeit von Bestimmungen wegen unangemessener Benachteiligung eines Vertragspartners gemäß § 307 BGB ... 197
4. Ergebnis ... 200
III. Richterliche Inhaltskontrolle des Aufhebungsvertrages aufgrund strukturell ungleicher Verhandlungsstärke zwischen Arbeitnehmer und Arbeitgeber ... 200
1. Die Rechtsprechung des BVerfG zur Inhaltskontrolle von Verträgen wegen strukturell ungleicher Verhandlungsstärke ... 201
2. Inhaltskontrolle von arbeitsrechtlichen Aufhebungsverträgen? ... 202
a) Darstellung der verschiedenen Ansätze ... 203
b) Kritik von Literatur und Rechtsprechung ... 205
c) Stellungnahme ... 207
d) Ergebnis ... 209
IV. Zusammenfassung ... 210

5. Kapitel: Die Beseitigung des Aufhebungsvertrages ... 211

§ 11 Die Anfechtung des Aufhebungsvertrages ... 211
I. Die Irrtumsanfechtung nach § 119 BGB ... 211
1. Die Voraussetzungen eines Inhalts- oder Erklärungsirrtums ... 211
2. Der Irrtum über verkehrswesentliche Eigenschaften ... 212
3. Der unbeachtliche Motiv- bzw. Rechtsfolgenirrtum ... 213
II. Die Anfechtung wegen arglistiger Täuschung nach § 123 BGB ... 214

III. Die Drohungsanfechtung....216
1. Vorliegen einer Drohung....216
a) Allgemeine Anforderungen an eine Drohung i.S.d. § 123 Abs. 1 Alt. 2 BGB....216
b) Einzelfälle....217
2. Das Erfordernis der Widerrechtlichkeit der Drohung....219
a) Widerrechtlichkeit bei Drohung mit einer Kündigung....220
b) Widerrechtlichkeit bei Drohung mit einer Strafanzeige....229
c) Andere Drohungen....231
3. Sonstige Voraussetzungen....231
4. Verfristung und Verwirkung des Klage- bzw. Anfechtungsrechts....231
a) Die Anfechtungsfristen....231
b) Verwirkung des Anfechtungsrechts....232
5. Rechtsfolgen der Anfechtung....235
IV. Zusammenfassung....236
§ 12 Widerrufs- und Rücktrittsrechte des Arbeitnehmers....236
I. Widerrufsrechte des Arbeitnehmers....236
1. Widerrufsrecht nach § 312 Abs. 1 S. 1 BGB i.V.m. § 355 Abs. 1 S. 1 BGB....237
a) Grundsätzliche Anwendbarkeit der verbraucherschützenden Gesetze auf den Aufhebungsvertrag....237
b) Voraussetzungen des Widerrufsrechts nach § 312 Abs. 1 S. 1 BGB i.V.m. § 355 Abs. 1 S. 1 BGB....237
c) Ausübung des Widerrufsrechts....244
d) Rechtsfolgen des Widerrufs....244
e) Ergebnis....246
2. Tarifliche Vereinbarung von Widerrufsrechten....246
a) Inhalt und Ausübung....246
b) Möglichkeiten des Verzichts von Seiten des Arbeitnehmers....247
3. Ergebnis....248
II. Das gesetzliche Rücktrittsrecht nach § 323 BGB....248
1. Grundsätzliche Anerkennung eines Rücktrittsrechts....248
2. Konkludenter Ausschluss des Rücktrittsrechts?....249
a) Die Entscheidung des LAG Köln....249
b) Kritik an dieser Entscheidung....250
3. Ergebnis....251
III. Abschließende Anmerkung zur Diskussion über die Notwendigkeit eines stärkeren Arbeitnehmerschutzes beim arbeitsrechtlichen Aufhebungsvertrag...251
IV. Zusammenfassung/Fazit....252

§ 13 Aufhebungsvertrag und Störung der Geschäftsgrundlage 253
I. Schicksal des Aufhebungsvertrages bei nachträglicher Änderung der Sachlage 253
1. Die Rechtsprechung des BAG zum Wiedereinstellungsanspruch als Anknüpfungspunkt 254
a) Darstellung der Rechtsprechung 254
b) Die Störung der Geschäftsgrundlage beim Aufhebungsvertrag als Begründung des Wiedereinstellungsanspruchs 254
2. Die Störung der Geschäftsgrundlage beim Aufhebungsvertrag 256
a) Grundsätzliche Anwendbarkeit 256
b) Die Geschäftsgrundlage des Aufhebungsvertrages 256
c) Rolle des Beendigungszeitpunkts 262
d) Rechtsfolge der Störung der Geschäftsgrundlage 263
3. Ergebnis 268
II. Störung der Geschäftsgrundlage – Auswirkungen auf einen Abfindungsanspruch 268
1. Schicksal der Abfindung bei Wiedereinstellungsanspruch 268
2. Schicksal der Abfindung bei vorzeitigem Ausscheiden des Arbeitnehmers 269
a) Rechtsprechung des BAG 269
b) Stellungnahme 269
c) Schlussfolgerung 271
III. Sonstige Fragestellungen 272
IV. Zusammenfassung 273

6. Kapitel: Inhalt und Folgen des Aufhebungsvertrages 275

§ 14 Beendigungswirkung, Nebenabreden und Rechtsfolgen des Aufhebungsvertrages 275
I. Die Beendigung des Arbeitsvertrages – Einfluss auf Haupt- und Nebenpflichten 275
1. Die Beendigung der Hauptleistungspflichten des Arbeitsverhältnisses durch den Aufhebungsvertrag 275
2. Grundsätzliche Rechtsfolgen bei der Beendigung des Arbeitsverhältnisses 275
3. Typische Vereinbarungen und gesetzliche Nebenfolgen bei der Beendigung von Arbeitsverhältnissen durch Aufhebungsvertrag als Gegenstand der Untersuchung 276
II. Auswirkungen einer Freistellung von der Arbeitsleistung auf Vergütungs- und Urlaubsanspruch 277
1. Die Freistellungsvereinbarung 277

2. Der Vergütungsanspruch bei Freistellung 278
a) Grundlage des Vergütungsanspruchs 278
b) Anrechnung anderweitigen Erwerbs 279
c) Höhe des Vergütungsanspruchs 282
3. Urlaubsgewährung durch Freistellung? 282
III. Vergütungsanspruch bei Arbeitsunfähigkeit 284
IV. Vereinbarung eines Wettbewerbsverbotes 286
1. Vereinbarung eines Wettbewerbsverbotes im Aufhebungsvertrag – Geltung der §§ 74 ff. HGB 286
2. Nichtigkeit eines Wettbewerbsverbotes ohne Karenzentschädigung 287
3. Unwirksamkeit des Wettbewerbsverbotes gemäß § 75 HGB 287
a) Voraussetzungen des § 75 HGB 287
b) Anwendbarkeit bei Abschluss eines Aufhebungsvertrages 288
c) Ergebnis 290
4. Verzicht auf das Wettbewerbsverbot 291
5. Erstattung des Arbeitslosengeldes bei Bestehen eines nachvertraglichen Wettbewerbsverbotes 291
V. Betriebliche Altersversorgung 292
1. Unterscheidung zwischen unverfallbarer und verfallbarer Anwartschaft ... 292
2. Auswirkungen der unverfallbaren Anwartschaft auf den Aufhebungsvertrag 293
3. Auswirkungen betrieblicher Versorgungsregelungen auf den Aufhebungsvertrag 294
VI. Der Abfindungsanspruch 294
1. Rechtsnatur der Abfindung – Abgrenzung zum Anspruch auf Arbeitsentgelt 294
2. Gestaltungsmöglichkeiten und Höhe der Zahlung 296
3. Fälligkeit, Vererbbarkeit, Pfändbarkeit und insolvenzrechtliche Behandlung des Abfindungsanspruchs 297
a) Fälligkeit des Abfindungsanspruchs 297
b) Vererbbarkeit des Abfindungsanspruchs 299
c) Pfändbarkeit des Abfindungsanspruchs 303
d) Der Abfindungsanspruch in der Insolvenz 304
4. Verjährung des Abfindungsanspruchs und Einfluss von tariflichen Ausschlussfristen 305
5. Steuerrechtliche Behandlung von Abfindungen 306
a) Grundsätzliches 306
b) Steuerbefreiung gemäß § 3 Nr. 9 EStG 306
c) Steuerprivilegierung nach §§ 24 Nr. 1 a) i.V.m. 34 Abs. 2 Nr. 2 EStG . 312

d) Schlussfolgerungen für die Gestaltung von Abfindungsvereinbarungen 317
VII. Sonstige Folgen des Aufhebungsvertrages 319
VIII. Ausgleichsklauseln 319
1. Inhalt und Bedeutung von Ausgleichsklauseln 319
2. Reichweite der Ausgleichsklausel 320
a) Ermittlung der Rechtsnatur der Klausel 320
b) Bedeutung verschiedener Formulierungen 323
c) Von der Ausgleichsklausel nicht erfasste Ansprüche 324
d) Von der Ausgleichsklausel erfasste Ansprüche 326
3. Beseitigung der Ausgleichsklausel 326
4. Ergebnis 328
IX. Zusammenfassung 328
§ 15 Zeitliche Gestaltungsmöglichkeiten – insbesondere die Vereinbarung rückwirkender Aufhebungsverträge 330
I. Der regelmäßige Beendigungszeitpunkt 330
II. Zulässigkeit, Grenzen und Folgen der Vereinbarung eines rückwirkenden Aufhebungsvertrages 331
1. Grundsätzliche Zulässigkeit rückwirkender Aufhebungsverträge 331
2. Grenzen der Zulässigkeit 331
a) Die Rückwirkung bei der Anfechtung von Arbeitsverträgen als Ansatzpunkt 332
b) Konsequenz für die Rückwirkung des Aufhebungsvertrages nach Rechtsprechung und Lehre 333
c) Eigener Standpunkt 334
d) Ergebnis 336
3. Einschränkungen aufgrund Rechte Dritter 337
III. Sonderfall: Rückwirkende Aufhebungsvergleiche zu Lasten der Sozialversicherungsträger 337
1. Anforderungen an einen wirksamen Prozessvergleich 338
2. Die Bestimmung des Beendigungszeitpunktes durch die Parteien im Vergleich 340
3. Der Einfluss der sog. Gleichwohlgewährung gemäß § 143 Abs. 3 SGB III auf die Dispositionsfreiheit der Parteien 341
a) Voraussetzungen, Inhalt und Rechtsfolgen der Gleichwohlgewährung 341
b) Grenzen der zeitlichen Vergleichsgestaltung bei Gleichwohlgewährung 343
c) Zahlungsklage des Sozialversicherungsträgers unter Geltendmachung der Unwirksamkeit der Kündigung 350

4. Ergebnis ... 351
IV. Zusammenfassung ... 352

7. Kapitel: Aufhebungsvertrag und Arbeitsgerichtsprozess ... 353

§ 16 Der Aufhebungsvergleich ... 353
I. Abgrenzung des gerichtlichen vom außergerichtlichen Aufhebungsvergleich ... 353
II. Außergerichtlicher Aufhebungsvergleich und Kündigungsschutzprozess ... 354
1. Einfluss des Aufhebungsvergleiches auf den Kündigungsschutzprozess ... 354
a) Aufhebungsvergleich als (konkludente) Rücknahme der Kündigung? ... 355
b) Abweisung der Kündigungsschutzklage als unzulässig? ... 355
2. Gestaltungsmöglichkeiten der Prozessparteien ... 357
III. Aufhebungsvergleich und Kostenregelung ... 358
1. Anfallende Kosten ... 358
2. Kostentragung durch Rechtsschutzversicherung ... 359
IV. Zusammenfassung ... 360
§ 17 Gerichtliche Geltendmachung der Unwirksamkeit von Aufhebungsverträgen, Auswirkungen der Unwirksamkeit auf einen abgeschlossenen Kündigungsschutz-prozess, Bestehen von Weiterbeschäftigungs- und Annahmeverzugsansprüchen ... 361
I. Gerichtliche Geltendmachung der Unwirksamkeit ... 361
1. Klageart ... 361
2. Klagefrist/Verwirkung ... 361
3. Beweislast ... 362
II. Wiederaufleben einer zuvor ausgesprochenen Kündigung? ... 363
III. Weiterbeschäftigungsanspruch und Annahmeverzug ... 365
1. Der Weiterbeschäftigungsanspruch ... 365
2. Anspruch aus Annahmeverzug ... 367
a) Annahmeverzug für die Zeit vor Abschluss des Aufhebungsvertrages ... 367
b) Annahmeverzug nach Beendigung des Arbeitsverhältnisses durch Aufhebungsvertrag ... 368
IV. Zusammenfassung ... 371

8. Kapitel: Sozialversicherungsrechtliche Folgen des Aufhebungsvertrages ... 373

§ 18 Die Entwicklung der den Aufhebungsvertrag betreffenden Instrumente des Arbeitsförderungsrechts seit 1997 ... 373
I. Einfluss des Aufhebungsvertrages auf den Anspruch auf Arbeitslosengeld ... 373
1. Anspruch auf Zahlung von Arbeitslosengeld – Voraussetzungen und Umfang ... 373

2. Instrumente zur Beschränkung des Bezugs von Arbeitslosengeld nach Abschluss eines Aufhebungsvertrages 375
a) Sperr- und Ruhenszeiten 375
b) Anrechnung der Abfindung 376
c) Erstattungsanspruch gegen den Arbeitgeber 376
II. Die gesetzliche Entwicklung seit 1997 377
1. Die Rechtslage während der Geltung des AFG 377
2. Die Rechtslage nach der Überführung des AFG in das SGB III 378
3. Heutige Rechtslage 379
III. Zusammenfassung 380
§ 19 Auswirkungen des Arbeitsförderungsrechts bei Arbeitslosigkeit nach Abschluss eines Aufhebungsvertrages nach heutiger Rechtslage 380
I. Ruhenszeiten nach dem SGB III wegen verkürzter Kündigungsfrist 380
II. Sperrzeiten für den Bezug von Arbeitslosengeld wegen Arbeitsaufgabe 382
1. Allgemeine Voraussetzungen und Folgen der Sperrzeit 383
2. Voraussetzungen für den Eintritt einer Sperrzeit durch Arbeitsaufgabe bei Abschluss eines Aufhebungsvertrages 384
a) Keine Sperrzeit bei Vorliegen eines wichtigen Grundes 384
b) Sperrzeit nur bei Herbeiführung der Arbeitslosigkeit durch den Arbeitnehmer 386
3. Eintritt einer Sperrzeit bei Abschluss eines arbeitsgerichtlichen Vergleiches 387
4. Eintritt einer Sperrzeit bei Beteiligung des Arbeitnehmers an einer arbeitgeberseitigen Kündigung – Die Problematik des Abwicklungsvertrages 388
a) Grundsätzliche Situation 388
b) Die Konstruktion des Abwicklungsvertrages 388
c) Die Behandlung des Abwicklungsvertrages durch Rechtsprechung und Arbeitsverwaltung 390
d) Beurteilung und Schlussfolgerung 392
III. Der Erstattungsanspruch bei Aufhebungsverträgen mit älteren Arbeitnehmern 394
1. Grundlagen und Entwicklung des Erstattungsanspruches 394
2. Voraussetzungen für einen Erstattungsanspruch 395
IV. Zusammenfassung 397

9. Kapitel: Zusammenfassung und Ausblick 399

I. Zusammenfassung 399
II. Ausblick 407

Einführung

§ 1 Einleitung und Gang der Untersuchung

I. Der Aufhebungsvertrag in Wissenschaft und Praxis

Aufhebungsverträge sind heute nicht nur dem Arbeitsrechtler ein Begriff, sondern auch dem juristischen Laien aus der täglichen Betriebspraxis bekannt: Arbeitnehmer und Arbeitgeber trennen sich in gegenseitigem Einvernehmen - häufig unter Zahlung einer Abfindung.

Der Aufhebungsvertrag ist in den vergangenen Jahren zu einer ernst zu nehmenden Alternative zur Kündigung geworden und erfreut sich weiter steigender Beliebtheit. Massenentlassungen lassen sich durch Aufhebungsverträge oder sog. Frühverrentungen, denen in der Regel ebenfalls ein einvernehmliches Ausscheiden der Arbeitnehmer zugrunde liegt, im weitgehenden Konsens mit Belegschaft und Betriebsrat durchführen. Vor diesem Hintergrund war beinahe jede Ankündigung eines größeren Stellenabbaus, die in den letzten Jahren durch die Medien ging, mit der Mitteilung verbunden, die Unternehmensleitung werde sich bemühen, das Problem auf „sozialverträgliche Weise" zu lösen[1]. Dementsprechend werden Aufhebungsverträge heute häufig als gezieltes Mittel zum Personalabbau eingesetzt[2]. Der arbeitsrechtliche Aufhebungsvertrag wurde so zu einer Art „Allzweckwaffe" für viele Situationen, in denen entweder Arbeitgeber oder Arbeitnehmer vor einer Kündigung zurückschrecken - sei es aus rechtlichen oder aus tatsächlichen Gründen.

So wie der Aufhebungsvertrag in den vergangenen Jahren an Bedeutung in der betrieblichen Realität zunahm[3], häuften sich auch die Diskussionspunkte in der Literatur[4]. Während noch in den sechziger Jahren einige Autoren klagten, dem Aufhebungsvertrag komme nicht die ihm gebührende Beachtung zu[5], treten heute immer wieder neue Streitpunkte zu Tage, die die Personalabteilungen der Unternehmen ebenso interessieren wie das arbeitsrechtliche Schrifttum. Damit kann von einer "stiefmütterlichen Behandlung"[6] des Aufhebungsvertrages keine Rede mehr sein[7]. Anzahl und Auflage der in den vergangenen Jahren erschienenen Bücher[8] und die in

---

[1] Hartmann, Betriebliche Personalpolitik durch Aufhebungsverträge, S. 16.
[2] Dörner in Dörner/Luczak/Wildschütz, D Rn 1726.
[3] S. die Zahlen bei Hartmann, Betriebliche Personalpolitik durch Aufhebungsverträge, S. 83 ff.
[4] Zu den aktuellen Entwicklungen s. nur Schiefer, DB 2000, 669.
[5] Grothus, DB 1959, 763; Hunn, ArbuR 1959, 135; Schmidt, DB 1964, 1444.
[6] Hunn, ArbuR 1959, 135.
[7] So auch Ehrich, DB 1992, 2239; Nägele, BB 1992, 1274; Haller, BB 1994, 787; Wisskirchen/ Worzalla, DB 1994, 577.
[8] Vgl. nur Bauer, Arbeitsrechtliche Aufhebungsverträge, 6. Auflage 1999; Bengelsdorf, Aufhebungsvertrag und Abfindungsvereinbarung, 3. Auflage 1999; Weber/Ehrich/Burmester, Handbuch der arbeitsrechtl. Aufhebungsverträge, 3. Auflage 2002.

der arbeitsrechtlichen Literatur geführte Diskussion zu den mit dem Aufhebungsvertrag verbundenen Fragestellungen[9] beweisen Bedeutung und Relevanz des Aufhebungsvertrages. Auch der Gesetzgeber hat die betriebliche Realität anerkannt und mit § 623 BGB erstmals eine Vorschrift in das Bürgerliche Gesetzbuch eingefügt, die den Aufhebungsvertrag zur Beendigung eines Arbeitsverhältnisses ebenso erfasst wie die Kündigung.

Während die Anfänge des Aufhebungsvertrages von dogmatischen Auseinandersetzungen über Inhalt und Zustandekommen begleitet waren[10], ist er heute meist wegen sozialrechtlicher Fragestellungen[11] und unter dem Gesichtspunkt eines stärkeren Arbeitnehmerschutzes[12] in der Diskussion.

II. Aktuelle Fragestellungen beim arbeitsrechtlichen Aufhebungsvertrag

Angesichts der möglichen Konstellationen in der Praxis und der Gestaltungsmöglichkeiten, die Arbeitnehmer und Arbeitgeber zur Verfügung stehen[13], und nicht zuletzt auch aufgrund der vermehrten sozialrechtlichen Aktivitäten des Gesetzgebers mit Auswirkungen auf den arbeitsrechtlichen Aufhebungsvertrag[14] hat die jüngste Vergangenheit eine Vielzahl neuer Problemstellungen gebracht, die der Zusammenstellung und Aufarbeitung bedürfen. Teilweise wird aufgrund der neuen Entwicklungen in Rechtsprechung und Gesetzgebung bereits bezweifelt, ob der Aufhebungsvertrag noch ein zeitgemäßes Instrument der Personalsteuerung ist[15].

Einige Fragestellungen in Bezug auf den arbeitsrechtlichen Aufhebungsvertrag erscheinen durch die am 1.01.2002 in Kraft getretene Schuldrechtsreform in verändertem Licht. So gibt es nach der Einfügung des sog. Haustürwiderrufsgesetzes in das BGB neue Argumente für eine Anwendbarkeit des Widerrufsrechts bei Haustürgeschäften gemäß §§ 312 ff. BGB auf den Aufhebungsvertrag; außerdem hat die Ausdehnung der Anwendbarkeit der Vorschriften über Allgemeine Geschäftsbedingungen auf Arbeitsverträge gemäß § 310 Abs. 4 S. 2 BGB die Diskussion über eine Inhaltskontrolle im Arbeitsrecht neu entfacht[16]. Diese Änderungen betreffen deshalb auch die seit längerer Zeit diskutierte Frage, ob es ein strukturelles Ungleichgewicht zwischen Arbeitnehmer und Arbeitgeber bei den Verhandlungen über die einvernehmliche Beendigung des Arbeitsverhältnisses gibt und welche Konsequenzen dies

---

[9] S. dazu nur Weuster, BuW 2000, 206, 383, 510, 645.

[10] S. dazu vor allem Hunn, ArbuR 1959, 135 ff., und Schmidt, DB 1964, 1444 ff.

[11] Ausführlich dazu Gagel/Vogt, Beendigung von Arbeitsverhältnissen – sozial- und steuerrechtliche Konsequenzen, 5. Auflage 1996.

[12] Dazu Schacht, Der Übereilungsschutz beim arbeitsrechtlichen Aufhebungsvertrag, Dissertation 2000.

[13] Vgl. das Vertragsmuster eines ausführlichen Aufhebungsvertrages bei Bengelsdorf, Aufhebungsvertrag und Abfindungsvereinbarungen, S. 121 ff.; Checkliste von Bauer, NZA 1989, 256.

[14] Dazu Haupt/Welslau, BuW 1999, 434 ff.

[15] So Germelmann, NZA 1997, 236.

[16] S. dazu die Übersicht bei Annuß, BB 2002, 458 ff.

für die Wirksamkeit des Aufhebungsvertrages hat[17]. Unterschiedliche Ansätze zugunsten eines stärkeren Arbeitnehmerschutzes stehen dabei neben der klassischen Möglichkeit der Beseitigung des Aufhebungsvertrages durch Anfechtung wegen widerrechtlicher Drohung gemäß § 123 Abs. 1 Alt. 2 BGB, die in der Praxis nichts an Aktualität verloren hat.
Eine weitere durch eine Gesetzesänderung entfachte Diskussion dreht sich um den mit Wirkung zum 1.05.2000 eingeführten § 623 BGB. Umfang und Reichweite des darin geregelten Formerfordernisses für Aufhebungsverträge sind umstritten[18]. Außerdem ergeben sich durch diese Vorschrift auch weiterführende Fragen, die vor allem die rechtsmissbräuchliche Berufung auf die Formnichtigkeit betreffen. Auf der anderen Seite haben sich durch die Einführung der Schriftform für den Aufhebungsvertrag Probleme in Zusammenhang mit einem konkludenten Vertragsschluss erledigt.
Weiterhin aktuell ist die Frage nach Hinweis- und Aufklärungspflichten beim Abschluss des Aufhebungsvertrages. Dies ist vor allem damit zu begründen, dass die Rechtsprechung des BAG vorwiegend aus Einzelfallentscheidungen besteht, während in der Literatur verschiedene Ansätze diskutiert werden, die einen allgemeinen Leitfaden hinsichtlich Bestehen und Umfang der Aufklärungspflichten zum Gegenstand haben[19].
Neben den durch die Schuldrechtsreform aufgeworfenen Aspekten und der neu eingeführten Schriftform gehört die Auseinandersetzung um die Anzeigepflicht bei Massenentlassungen gemäß §§ 17, 18 KSchG zu den aktuellsten Fragen in Zusammenhang mit dem Abschluss arbeitsrechtlicher Aufhebungsverträge[20]. In diesem Sonderfall spielt der Kündigungsschutz ausnahmsweise auch für die einvernehmliche Beendigung des Arbeitsverhältnisses eine Rolle.
In einer Entscheidung aus dem Jahr 2000 hat sich das BAG mit der Übertragung der Befristungskontrolle auf einen Aufhebungsvertrag mit längerer Auslauffrist befasst[21] und damit ebenfalls eine neue Diskussion im arbeitsrechtlichen Schrifttum ausgelöst[22]. Diese dreht sich vor allem darum, ob und inwieweit ein Aufhebungsvertrag wegen Gesetzesumgehung gemäß § 134 BGB unwirksam ist. Dieselbe Frage stellt sich bei dem Abschluss von Aufhebungsverträgen im Rahmen eines Betriebsübergangs hinsichtlich des Kündigungsverbotes in § 613 a Abs. 4 BGB[23].

---

[17] S. dazu Zwanziger, BB 1996, 903.
[18] S. dazu nur Preis/Gotthardt, NZA 2000, 348 ff.
[19] Vgl. dazu Hoß/Ehrich, DB 1997, 625 ff.
[20] Dazu Welslau, BuW 2000, 77 ff.
[21] BAG, Urt. v. 12.01.2000 – 7 AZR 48/99 = AP Nr. 16 zu § 620 BGB Aufhebungsvertrag = NJW 2000, 2042.
[22] S. nur Adam, Anm. zu BAG, Urt. v. 12.01.2000, AP Nr. 16 zu § 620 BGB Aufhebungsvertrag.
[23] Dazu Hanau, ZIP 1998, 1817 ff.

Bezüglich der sozialrechtlichen Fragestellungen spielt die Behandlung der anlässlich der einvernehmlichen Beendigung des Arbeitsverhältnisses gezahlten Abfindung eine entscheidende Rolle. Insbesondere die Anrechenbarkeit der geleisteten Zahlung auf das Arbeitslosengeld sowie Sperr- und Ruhezeiten für dessen Bezug haben in den vergangenen Jahren immer wieder Modifizierungen erfahren[24]. In diesen Bereich gehört auch das von Hümmerich vorgeschlagene Modell des "Abwicklungsvertrages"[25], der negative sozialrechtliche Folgen für den Arbeitnehmer vermeiden soll, sowie die Wiedereinführung des § 128 AFG in § 147 a SGB III, der eine Erstattungspflicht für Arbeitgeber bei der „Entlassung“ älterer Arbeitnehmer begründet.

III. Zielsetzung der Bearbeitung

Ziel der Arbeit ist es, die aufgezeigten Fragestellungen unter Berücksichtigung der verfassungs- und zivilrechtlichen Gestaltung des Aufhebungsvertrages darzustellen und zu bewerten. Abschluss, Wirksamkeit, Beseitigung und Abwicklung von Aufhebungsverträgen sowie deren Inhalt bilden dabei das Gerüst der Ausführungen. Ebenfalls eingegangen wird auf den gerichtlichen Aufhebungsvertrag in Form des Prozessvergleiches und den außergerichtlichen Vergleich, soweit sich hier Modifizierungen ergeben. Auch der Einfluss von sozialversicherungsrechtlichen Vorschriften auf die Gestaltung des Aufhebungsvertrages sowie die steuerrechtliche Behandlung einer anlässlich der Beendigung des Arbeitsverhältnisses gezahlten Abfindung sind Gegenstand der Darstellung.

Abschließend wird die Frage beantwortet, ob der Aufhebungsvertrag angesichts der behandelten Streitfragen ein geeignetes Instrument zur Beendigung des Arbeitsverhältnisses sowohl im Einzelfall als auch unter betriebs- bzw. gesamtwirtschaftlichen Gesichtspunkten ist.

IV. Gang der Darstellung

Die Arbeit beginnt mit der Darstellung der verfassungs- und zivilrechtlichen Grundlagen sowie der Rechtsnatur des Aufhebungsvertrages. Dabei werden die Besonderheiten des Aufhebungsvertrages gegenüber der Kündigung sowie die verschiedenen Arten der einvernehmlichen Vertragsbeendigung erörtert.

Das 2. Kapitel gibt einen Überblick über die Voraussetzungen des Zustandekommens eines Aufhebungsvertrages. Hier spielen vor allem Voraussetzungen und Rechtsfolgen der neu eingeführten Formvorschrift des § 623 BGB eine Rolle.

Das 3. Kapitel enthält eine Darstellung der Diskussion über das Bestehen von Hinweis- und Aufklärungspflichten des Arbeitgebers beim Abschluss des Aufhebungsvertrages. Der Schwerpunkt liegt dabei auf Umfang und Inhalt dieser Pflichten. Insbesondere wird versucht, über den Einzelfall hinausgehende Kriterien zu entwickeln, die den Arbeitgebern als Orientierung dienen können. Auch die Rechtsfolgen der

---

[24] Überblick bei Haupt/Welslau, BuW 1999, 434.

[25] Zuletzt Hümmerich, NZA 2001, 1280.

Verletzung einer Aufklärungspflicht und die damit verbundenen Konsequenzen für die Wirksamkeit des Aufhebungsvertrages werden diskutiert.
Gegenstand des 4. Kapitels sind die verschiedenen Fragen in Zusammenhang mit der Wirksamkeit des Aufhebungsvertrages. Zunächst geht es um den Einfluss von Kündigungsschutzvorschriften und Betriebsverfassungsgesetz auf den Aufhebungsvertrag. Hier spielt vor allem die Rechtslage bei Betriebsänderungen und Massenentlassungen eine Rolle. Weiterhin beschäftigt sich dieses Kapitel mit der Unwirksamkeit des Aufhebungsvertrages wegen Gesetzesumgehung und Sittenverstoß. An dieser Stelle untersucht die Arbeit die Zulässigkeit von besonderen Aufhebungsvereinbarungen. Die Besonderheiten ergeben sich aus der zeitlichen Gestaltung oder aus dem Anlass des Vertragsschlusses. Als Gesetzesumgehung kommen dabei vor allem bedingte und befristete Aufhebungsverträge sowie Aufhebungsverträge anlässlich eines Betriebsüberganges in Betracht. Unter dem Gesichtspunkt des Sittenverstoßes sind vor allem Aufhebungsverträge, die zum Nachteil der Sozialversicherungsträger geschlossen werden, Gegenstand der Darstellung. Am Ende des Kapitels wird die Diskussion um eine Inhaltskontrolle des Aufhebungsvertrages erörtert.
Das 5. Kapitel beinhaltet die mit der Beseitigung des Aufhebungsvertrages zusammenhängenden Fragestellungen. Neben der Anfechtung gemäß §§ 119, 123 BGB werden auch Widerrufs- oder Rücktrittsrechte des Arbeitnehmers sowie deren Rechtsfolgen besprochen. In diesem Zusammenhang geht die Arbeit auch auf die von Teilen der Rechtsprechung und der Literatur vertretene Notwendigkeit eines verstärkten Übereilungsschutzes ein. Abschließend wird der Wegfall der Geschäftsgrundlage des Aufhebungsvertrages erörtert.
Das 6. Kapitel enthält eine Darstellung der Inhalte und Folgen des Aufhebungsvertrages. Dabei wird auch die Beendigungswirkung des Aufhebungsvertrages unter besonderer Berücksichtigung rückwirkend geschlossener Aufhebungsverträge dargestellt. Diese sind häufig Gegenstand von Kündigungsschutzprozessen und bedürfen in diesem Zusammenhang besonderer Aufmerksamkeit. Die Ausführungen zu den einzelnen Klauseln eines Aufhebungsvertrages betreffen neben Freistellungsabrede, Urlaubsanspruch, Wettbewerbsverbot und betrieblicher Altersversorgung vor allem den Abfindungsanspruch. Dieser wird auch unter steuerrechtlichen Gesichtspunkten betrachtet. Außerdem beschäftigt sich die Arbeit im Rahmen dieses Kapitels ausführlich mit der Vereinbarung einer Ausgleichsklausel im Aufhebungsvertrag.
Das 7. Kapitel steht unter der Überschrift Aufhebungsvertrag und Arbeitsgerichtsprozess. Gegenstand dieses Kapitels sind zum einen die Besonderheiten des Aufhebungsvergleiches. Dabei werden auch kostenrechtliche Fragen erörtert. Zum anderen geht es um die Folgen der Unwirksamkeit von Aufhebungsverträgen unter besonderer Berücksichtigung der prozessualen Aspekte.
Das 8. Kapitel behandelt die sozialversicherungsrechtlichen Folgen des Aufhebungsvertrages und enthält zunächst eine Übersicht über die gesetzliche Entwicklung der vergangenen Jahre. Anschließend werden die in Zusammenhang mit der einvernehmlichen Beendigung des Arbeitsverhältnisses stehenden Instrumente des Arbeitsförde-

rungsrechts unter besonderer Beachtung der Praxis der Arbeitsverwaltung dargestellt. Auch Voraussetzungen, Vor- und Nachteile des Abwicklungsvertrages sind in diesem Zusammenhang von Bedeutung.
Das abschließende 9. Kapitel ist Zusammenfassung und Ausblick.

§ 2 Begriff, Arten und Vorteile des Aufhebungsvertrages

I. Der Begriff des Aufhebungsvertrages

1. Gesetzliche Erwähnung

Eine Definition des arbeitsrechtlichen Aufhebungsvertrages findet sich im BGB nicht; lange Zeit wurde die Möglichkeit der einvernehmlichen Beendigung eines Arbeitsverhältnisses dort überhaupt nicht erwähnt. Mit dem Arbeitsgerichtsbeschleunigungsgesetz vom 20.01.2000 wurde die Formvorschrift des § 623 BGB für die Beendigung des Arbeitsverhältnisses in das Bürgerliche Gesetzbuch eingefügt und der Aufhebungsvertrag als „Auflösungsvertrag" im Bürgerlichen Gesetzbuch erstmals genannt. Der Gesetzgeber hat damit deutlich gemacht, dass er die Möglichkeit der einvernehmlichen Beendigung eines Arbeitsverhältnisses als gegeben voraussetzt, obwohl für die rechtlichen Einzelheiten im Gegensatz zur Beendigungsform der Kündigung keine Regelungen bestehen.
Dies gilt auch außerhalb des BGB, wo der Aufhebungsvertrag vereinzelt erwähnt wird (vgl. etwa § 112 a Abs. 1 S. 2 BetrVG und § 58 BAT)[26]. Ausdrücklich als arbeitsrechtliche Gestaltungsmöglichkeit vorgesehen ist er in § 131 des Entwurfes für ein Arbeitsvertragsgesetz, der auf dem 59. Deutschen Juristentag in Hannover 1992 vorgestellt und diskutiert wurde[27]. Darin ist klargestellt, dass Arbeitgeber und Arbeitnehmer das Arbeitsverhältnis schriftlich durch Vertrag beenden können. Allerdings führte die im Rahmen des Entwurfes für ein Arbeitsvertragsgesetz geführte Reformdiskussion zu keinen gesetzgeberischen Aktivitäten[28].

2. Begriffliche Abgrenzung zur Kündigung

Der arbeitsrechtliche Aufhebungsvertrag ist in Abgrenzung zur Kündigung kein einseitiges Gestaltungsrecht, sondern eine Vereinbarung. Entscheidend für diese ist das Element der Gegenseitigkeit - Arbeitnehmer und Arbeitgeber sind sich einig, dass das Arbeitsverhältnis zu einem bestimmten Zeitpunkt enden soll. Daher kann ein Aufhebungsangebot allein noch keine rechtsgeschäftlichen Wirkungen haben, solange der andere Vertragspartner nicht sein Einverständnis erklärt. Damit liegt ein „ech-

---

[26] Zu den Regelungen im Arbeitsgesetzbuch der DDR s.a. Genthe/Hornauer, Kündigungsrecht und Kündigungspraxis, S. 74 f.
[27] Dazu Richardi, NZA 1992, 769 ff., Hromadka, NJW 1992, 1985 ff.; der Textentwurf ist abgedruckt in NZA 1992, Beilage zu Heft 17.
[28] Zu den Grundpositionen der arbeitsrechtlichen Reformdiskussion s. Hartmann, Betriebliche Personalpolitik durch Aufhebungsverträge, S. 150.

ter Aufhebungsvertrag im streng juristischen Sinn“[29] nicht vor, wenn Arbeitnehmer oder Arbeitgeber das Arbeitsverhältnis durch eine Kündigung beenden wollten. Denn die abgegebene Willenserklärung ist entweder auf eine einseitige oder auf eine einvernehmliche Vertragsbeendigung gerichtet. Eine „Kündigung im gegenseitigen Einvernehmen”[30] kann es nicht geben. Im Zweifel entscheidet die Auslegung darüber, welche Gestaltung gewählt wurde. Darauf soll im 2. Kapitel bei der Erörterung des Zustandekommens eines Aufhebungsvertrages näher eingegangen werden.
Für die Bearbeitung bedeutet diese begriffliche Abgrenzung, dass unter Aufhebungsvertrag nur diejenige Gestaltung zu verstehen ist, bei der das Arbeitsverhältnis durch Abschluss eines gegenseitigen Vertrages - auch in Form eines gerichtlichen Vergleiches - beendet wird. Auch die Bezeichnungen als Auflösungs[31]- oder Beendigungsvertrag werden hiervon erfasst. Auf die genaue Terminologie kommt es nicht an[32].

II. Arten von Aufhebungsverträgen

Der Aufhebungsvertrag besteht in der einvernehmlichen Beendigung des Arbeitsverhältnisses durch Arbeitnehmer und Arbeitgeber. Dies ist der eigentliche, den Charakter des Aufhebungsvertrages bestimmende Vertragsinhalt. Über diesen Kerninhalt hinaus können noch weitere Regelungen getroffen werden. Insbesondere die Vereinbarung über die Zahlung einer Abfindung für den Verlust des arbeitsrechtlichen Bestandsschutzes kommt hier in Betracht. Diese Abreden bestimmen den Regelungsumfang des Aufhebungsvertrages, ohne Einfluss auf seine Beendigungswirkung zu haben. Sie dienen der Abwicklung des beendeten Arbeitsverhältnisses.
Häufig wird die Aufhebungsvereinbarung außerhalb eines Rechtsstreites geschlossen. Dann sind sich Arbeitnehmer und Arbeitgeber über die Beendigung des Arbeitsverhältnisses einig. Allerdings kann der Aufhebungsvertrag auch das Ergebnis von Verhandlungen über den Fortbestand des Arbeitsverhältnisses sein. Dies ist vor allem dann der Fall, wenn der Arbeitgeber eine Kündigung ausgesprochen hat, über deren Wirksamkeit zwischen den Arbeitsvertragsparteien Streit besteht. Wird dieser Streit im Wege gegenseitigen Nachgebens beseitigt, ist der Aufhebungsvertrag nach § 779 BGB als Vergleich anzusehen.
Der Aufhebungsvergleich ist ein Unterfall des Aufhebungsvertrages. Er kann sowohl außergerichtlicher als auch prozessualer Natur sein. Als außergerichtlicher Aufhebungsvergleich kann er im Vorfeld eines Kündigungsschutzprozesses oder außerhalb eines anhängigen Verfahrens geschlossen werden. Ein Prozessvergleich liegt demge-

[29] Bauer, Aufhebungsverträge, Rn 14.
[30] So teilweise der früher übliche Sprachgebrauch, vgl. Grothus, DB 1959, 763; Hunn, ArbuR 1959, 135, 136; Schmidt, DB 1964, 1444, Fn 2.
[31] Vgl. die Bezeichnung in § 623 BGB und § 58 BAT; s.a. BAG, Urt. v. 24.01.1985 – 2 AZR 67/84 = AP Nr. 7 zu § 1 TVG Tarifverträge: Einzelhandel = NZA 1986, 28; Dieterich, RdA 1995, 129, 135.
[32] Aufzählung bei Ernst, Aufhebungsverträge, S. 59 f.; ebenso Müller, Aufhebungsverträge, S. 36 f.

genüber nur vor, wenn die Vereinbarung vor einem deutschen Gericht zur Beilegung eines Rechtsstreites geschlossen wurde (§ 794 Abs. 1 Nr. 1 ZPO). Durch Abschluss eines Aufhebungsvergleiches im Kündigungsschutzprozess wollen die Parteien den Kündigungsrechtsstreit mit einem bestimmten materiell-rechtlichen Inhalt, der unter anderem die einvernehmliche Beendigung des Arbeitsverhältnisses zu einem bestimmten Termin umfasst, beenden[33].

Kein Fall des Aufhebungsvertrages ist der sog. Abwicklungsvertrag, weil diesem immer eine Kündigung vorausgeht[34].

Die Untersuchung betrifft im Folgenden grundsätzlich nur die „normale", außerhalb eines Prozesses getroffene Aufhebungsvereinbarung, die nicht das Ergebnis gegenseitigen Nachgebens ist, soweit nicht im Rahmen der einzelnen Fragestellungen oder im 7. Kapitel der Arbeit ausdrücklich auf die Besonderheiten bei Aufhebungsvergleichen eingegangen wird.

III. Vor- und Nachteile des Aufhebungsvertrages

Aufhebungsverträge setzen auf das „Konsensprinzip"[35]. Sie bringen sowohl Arbeitnehmern als auch Arbeitgebern eine Reihe von Vorteilen[36].

1. Vorteile des Aufhebungsvertrages für den Arbeitgeber

Aufhebungsverträge sind ein wichtiges Instrument der betrieblichen Personalarbeit. Im Vergleich zur Kündigung gestatten sie eine flexible Lösung des Arbeitsverhältnisses. Dies beruht darauf, dass der Arbeitgeber nicht auf Schutzvorschriften zugunsten des Arbeitnehmers achten muss, die an den Ausspruch einer Kündigung anknüpfen; auch das Kündigungsschutzgesetz findet keine Anwendung[37]. Einen weiteren entscheidenden Vorteil hat der Aufhebungsvertrag in betriebsverfassungsrechtlicher Hinsicht: Da der Arbeitnehmer freiwillig aus den Diensten des Arbeitgebers scheidet, muss der Betriebsrat nicht beteiligt werden; das heißt, dass im Gegensatz zur Kündigung eine Anhörung gemäß § 102 I 1 BetrVG vor Vertragsabschluss entfällt[38]. Auf diese Weise ist es dem Arbeitgeber ohne Beachtung wichtiger Schutzvorschriften zugunsten des Arbeitnehmers möglich, die Personalstruktur seines Betriebes zu verändern und zu gestalten[39].

---

[33] Müller, Aufhebungsverträge, S. 141.

[34] S. nur Hümmerich, BB 1999, 1868.

[35] Ernst, Aufhebungsverträge, S. 5.

[36] S. Auflistung bei Pauly, MDR 1995, 1081, 1082 f.

[37] KR/Etzel, § 1 KSchG Rn 195; Löwisch, KSchG, vor § 1 Rn 24; Dörner in Dörner/ Luczak/Wildschütz, D Rn 1728; Schaub, Handbuch, § 122 Rn 8; Preis in Stahlhacke/Preis/Vossen, Kündigung und Kündigungsschutz, Rn 34.

[38] Fitting/Kaiser/Heither/Engels/Schmidt, BetrVG, § 102 Rn 10; KR/ Fischermeier, § 626 BGB Rn 47; MünchArbR/Wank, § 115 Rn 14.

[39] Nach Müller, Aufhebungsverträge, S. 29, geht es dabei vor allem um die Verbesserung der Alters- und Qualifikationsstruktur.

Dementsprechend ist das vorrangige Ziel des Arbeitgebers bei Abschluss eines Aufhebungsvertrages die Vermeidung kosten- und zeitintensiver Streitigkeiten über die Wirksamkeit von Kündigungen[40]. Durch umfassende Regelungen wird eine reibungslose Abwicklung der beendeten Zusammenarbeit ermöglicht.
Die darauf beruhende „Befriedungsfunktion"[41] des Aufhebungsvertrages ist mittlerweile beinahe legendär[42].

2. Vorteile des Aufhebungsvertrages für den Arbeitnehmer

Der Abschluss eines Aufhebungsvertrag kommt dem Arbeitnehmer zugute, z.B., wenn er aufgrund eines Anschlussarbeitsplatzes die Kündigungsfrist nicht einhalten kann bzw. will und deshalb auf eine einvernehmliche Vertragsbeendigung angewiesen ist. Hat der Arbeitgeber den Ausspruch einer Kündigung erwogen, werden durch den Aufhebungsvertrag der Makel einer Kündigung von Arbeitgeberseite und damit einhergehende Nachteile im zukünftigen beruflichen Fortkommen für den Arbeitnehmer vermieden; das Zeugnis kann einen Hinweis auf die einvernehmliche Beendigung enthalten. Dies gilt vor allem dann, wenn die Kündigung aus verhaltens- oder personenbedingten Gründen erfolgen sollte. Der Vorteil für den Arbeitnehmer wird besonders deutlich, wenn er eine Abfindung erhält. Für den Arbeitnehmer, der zu einem Gespräch mit dem Arbeitgeber geht und um seinen Arbeitsplatz fürchtet, erscheint eine einvernehmliche Beendigung des Arbeitsverhältnisses gegenüber einer Kündigung verlockend, wenn ihm zugleich eine (überwiegend) steuerfreie Summe versprochen wird, die das Risiko der Arbeitslosigkeit aufwiegt und zur Überbrückung einer einkommenslosen Zeit geeignet erscheint.

3. Nachteile des Aufhebungsvertrages für den Arbeitnehmer

Aus den Vorteilen des Aufhebungsvertrages für den Arbeitgeber ergeben sich die Nachteile für den Arbeitnehmer: Der Arbeitnehmer „verzichtet" im Vorfeld des Vertragsabschlusses auf eine Reihe von Schutzvorschriften zu seinen Gunsten. Eine Kündigungsschutzklage ist nach Abschluss des Vertrages nicht möglich; der hohe arbeitsrechtliche Bestandsschutz entfällt. Aufgrund der „freiwilligen" Aufgabe des Arbeitsplatzes drohen sozialversicherungsrechtliche Sanktionen. Deshalb stellt sich die Aufgabe des Arbeitsplatzes besonders dann als dramatischer dar als angenommen, wenn der Arbeitnehmer nicht unmittelbar in eine Anschlussanstellung wechselt. Der Arbeitgeber kann sich ihm gegenüber darauf berufen, er habe doch die einvernehmliche Beendigung des Arbeitsverhältnisses einer Kündigung vorgezogen, daher müsse er nun auch die Nachteile seiner freiwilligen Entscheidung in Kauf nehmen.

---

[40] Kritik an überlanger Verfahrensdauer bereits bei Becker/Rommelspacher, ZRP 1976, 40, 41.
[41] Ehrich, DB 1992, 2239; Wisskirchen/Worzalla, DB 1994, 577.
[42] S. Zwanziger, DB 1994, 983; Bauer, Aufhebungsverträge, Rn 7; Weber/Ehrich/Burmester, Aufhebungsverträge, Teil 1 Rn 3.

1. Kapitel: Grundlagen des Aufhebungsvertrages

§ 3 Rechtsgrundlagen und Rechtsnatur des Aufhebungsvertrages

I. Verfassungs- und zivilrechtliche Grundlagen

Dass das BGB von der grundsätzlichen Zulässigkeit von Aufhebungsverträgen ausgeht, wurde bereits festgestellt. Im Folgenden sollen die verfassungs- und zivilrechtlichen Grundlagen dieses Vertragstyps untersucht werden, um später seinen Inhalt und seine Grenzen feststellen zu können. Die entscheidende Bedeutung für das Wesen des Aufhebungsvertrages hat die grundgesetzlich gewährleistete Privatautonomie.

1. Die Vertragsfreiheit als Unterfall der Privatautonomie

Die Privatautonomie ist der durch Rechtsgeschäft ausgeübte Teil der Handlungs- bzw. Individualfreiheit[43]. Wenn Artikel 2 Abs. 1 des Grundgesetzes postuliert, dass jeder ein Recht auf freie Entfaltung seiner Persönlichkeit hat, ist dadurch zugleich festgestellt, dass jeder seine Rechtsverhältnisse grundsätzlich nach seinem Willen gestalten kann. Auch wenn die Privatautonomie in der neueren Rechtsentwicklung - insbesondere aus Gründen des Verbraucherschutzes - teilweise eingeschränkt wurde, ist sie noch immer das „wesentlichste Strukturelement unserer Rechtsordnung[44]".
Der Grundsatz der Privatautonomie als bürgerlich-rechtliches Prinzip gilt auch im Arbeitsrecht[45]. Dabei wird die Privatautonomie durch den Grundsatz der Vertragsfreiheit konkretisiert. Bei der Vertragsfreiheit handelt es sich somit um ein Unterprinzip[46] der Privatautonomie; oft wird sie als deren Synonym gebraucht[47]. Das BGB erwähnt die Vertragsfreiheit in §§ 241 Abs. 1, 311 Abs. 1[48]. Für gewerbliche Arbeitsverhältnisse findet sich in § 105 GewO eine ausdrückliche Regelung. Im Übrigen sieht § 1 Abs. 1 Satz 1 des Entwurfes für ein Arbeitsvertragsgesetz vor, dass Arbeitgeber und Arbeitnehmer das Arbeitsverhältnis nach dem Grundsatz der Vertragsfreiheit durch den Arbeitsvertrag begründen[49]. In der Begründung heißt es, die Vertragsfreiheit bilde die Grundlage einer freiheitlich-sozialen Ordnung des Arbeitslebens.

---

[43] Medicus, BGB AT, Rn 74.
[44] Flume, Rechtsgeschäft, § 1, 9; nach Zöllner, AcP 176 (1976), 221, 223, handelt es sich um ein Hauptelement des Zivilrechts.
[45] BAG, Urt. v. 30.09.1993 – 2 AZR 268/93 = AP Nr. 37 zu § 123 BGB = NJW 1994, 1021; Staudinger/Richardi, BGB, vor § 611 Rn 122; Söllner, Arbeitsrecht, § 28 I 2; Richardi, ZfA 1988, 221, 238; Boemke, NZA 1993, 532, 533.
[46] Soergel/Wolf, BGB, 12. Aufl., vor § 305 Rn 10; Palandt/Heinrichs, BGB, vor § 145 Rn 7; Larenz/Wolf, BGB AT, § 34 Rn 22.
[47] So Flume, Rechtsgeschäft, § 1, 8 a).
[48] So für § 305 BGB a.F. Soergel/Wolf, BGB, 12. Aufl., vor § 305 Rn 10; MünchKomm-BGB/Thode, § 305 Rn 1; Boemke, NZA 1993, 532.
[49] S. Textentwurf in NZA 1992, Beilage zu Heft 17.

Ebenso wie die Privatautonomie wird die Vertragsfreiheit im Grundsatz durch Art. 2 Abs. 1 GG gewährleistet, nicht jedoch in allen Ausprägungen[50]. Dies gilt vor allem für den Bereich des Arbeitsrechts, der durch das speziellere Grundrecht der Berufsfreiheit in Art. 12 GG geprägt ist[51]. Der Maßstab des Art. 12 GG gilt für Arbeitnehmer wie für Arbeitgeber gleichermaßen[52]. Dies ergibt sich daraus, dass Art. 12 GG alle Phasen des beruflichen Lebens schützt und garantiert[53]. Die Berufsfreiheit betrifft daher nicht nur die Berufswahl- und Berufsausübungsfreiheit des Arbeitnehmers als abhängig Beschäftigtem, sondern auch des Arbeitgebers als selbständigem Unternehmer. Die Begründung und Ausgestaltung eines Arbeitsverhältnisses sind immer zweiseitige Wahrnehmungen dieser Freiheit[54]; eine Unterscheidung zwischen der arbeitgeberischen und der arbeitnehmerischen Privatautonomie würde zu einer künstlichen Aufspaltung eines einheitlichen Vorgangs führen[55]. Da es sich bei Art. 12 GG um ein einheitliches Grundrecht der Berufswahl- und Berufsausübungsfreiheit handelt, ist es unerheblich, dass der Arbeitnehmer mit dem Arbeitsvertragsschluss vorrangig seine Berufswahl trifft, während es sich für den Arbeitgeber um einen Akt seiner Berufsausübung handelt[56].
Bei der Vertragsfreiheit der Arbeitsvertragsparteien handelt es sich daher um eine durch den Zusammenhang mit dem jeweiligen Beruf und dessen Besonderheiten qualifizierte Handlungsfreiheit, die nur anhand von Art. 12 GG angemessen zu beurteilen ist[57]. Ein Rückgriff auf Art. 2 GG ist nicht erforderlich[58]. Dies gilt unabhängig davon, dass aufgrund der Vergleichbarkeit der Prüfungsmaßstäbe der Art. 2 und

---

[50] Larenz/Wolf, BGB AT, § 34 Rn 22.
[51] Vgl. BVerfG, Urt. v. 23.01.1990 – 1 BvL 44/87 und 48/87 = BVerfGE 81, 156, 188 = NJW 1990, 1230; Beschl. v. 7.02.1990 – 1 BvR 26/84 = BVerfGE 81, 242, 253 = NJW 1990, 1469; BAG, Urt. v. 30.09.1993 – 2 AZR 268/93 = AP Nr. 37 zu § 123 BGB = NJW 1994, 1021; MünchArbR/Richardi, § 10 Rn 59; Söllner, Arbeitsrecht, § 28 I 2 a); Scholz, ZfA 1981, 265, 275.
[52] Zur nur mittelbaren Drittwirkung des Art. 12 GG s. nur Scholz in Maunz/Dürig, GG, Art. 12 Rn 73 m.w.N., MünchArbR/Richardi, § 10 Rn 10 ff.
[53] Scholz, ZfA 1981, 265.
[54] Papier, RdA 1989, 137, 138; vgl.a. BVerfG, Beschl. v. 18.12.1985 – 1 BvR 143/83 = AP Nr. 15 zu § 87 BetrVG 1972 Arbeitszeit = NJW 1986, 1601.
[55] So auch Ernst, Aufhebungsverträge, S. 18.
[56] Vgl. MünchArbR/Richardi, § 10 Rn 60.
[57] Umfassend Scholz, ZfA 1981, 265, 275; zur Einschlägigkeit des Art. 14 GG vgl. BVerfG, Beschl. v. 18.12.1985 – 1 BvR 143/83 = AP Nr. 15 zu § 87 BetrVG 1972 Arbeitszeit = NJW 1986, 1601; Söllner, RdA 1989, 144, 145.
[58] Vgl.a. BVerfG, Urt. v. 23.01.1990 – 1 BvL 44/87 und 48/87 = BVerfGE 81, 156, 188 = NJW 1990, 1230, das in seiner Entscheidung über die Verfassungsmäßigkeit des § 128 AFG auf Art. 2 GG nicht eingeht, sondern den Eingriff in die Freiheit des Arbeitgebers ausschließlich an Art. 12 GG misst; zur Subsidiarität s.a. BAG, Urt. v. 29.6.1962 – 1 AZR 343/61 = AP Nr. 25 zu Art. 12 GG = NJW 1963, 73.

12 GG teilweise von einer „Ergebnisidentität" bei der Prüfung der verfassungsrechtlichen Zulässigkeit ausgegangen wird[59].

2. Die arbeitsrechtliche Beendigungsfreiheit als Teil der Vertragsfreiheit

Die arbeitsrechtliche Vertragsfreiheit umfasst neben der Abschluss- und Inhaltsfreiheit[60] auch die Beendigungsfreiheit, die Grundlage des arbeitsrechtlichen Aufhebungsvertrages ist. Das Recht der Arbeitsvertragsparteien, das Arbeitsverhältnis einverständlich zu beenden, ist nach ständiger Rechtsprechung des BAG[61] und allgemeiner Meinung in der Literatur[62] Ausfluss der Berufsfreiheit und als negative Vertragsfreiheit Bestandteil der allgemeinen Privatautonomie. Damit ist der Aufhebungsvertrag unmittelbarer Ausdruck der Vertragsbeendigungsfreiheit sowohl des Arbeitnehmers als auch des Arbeitgebers. Durch sie wird die Vertragsfreiheit in Form der Abschlussfreiheit logisch ergänzt[63].

Aus dem Grundgesetz ergibt sich, dass ein Schutz der Vertragsfreiheit nur im Rahmen der Gesetze besteht. Der Staat kann nicht zulassen, dass die privatautonom durch Rechtsgeschäft gesetzten Rechtsfolgen den gesetzlichen Vorgaben und Zwecken widersprechen[64]. Für das Arbeitsvertragsrecht ergibt sich die Einschränkung der Vertragsfreiheit aus zwingenden gesetzlichen und richterrechtlichen Vorschriften sowie aus tarifvertraglichen und betriebsverfassungsrechtlichen Normen. Allerdings sind dem Eingreifen des Gesetzgebers durch Art. 12 GG Grenzen gesetzt[65]. Eine Untersagung des Abschlusses von Aufhebungsverträgen wäre ebenso unzulässig wie der völlige Ausschluss des Kündigungsrechtes[66]. In Betracht kommen allenfalls Regelungen, die den Abschluss von Aufhebungsverträgen faktisch erschweren, soweit zwischen den schützenswerten Interessen und der Beeinträchtigung der Vertragsfreiheit Verhältnismäßigkeit besteht[67].

---

[59] Söllner, RdA 1989, 144, 147; Ernst, Aufhebungsverträge, S. 17.

[60] Dazu Ernst, Aufhebungsverträge, S. 18 ff., sowie Boemke, NZA 1993, 532, 534 f.

[61] BAG, Urt. v. 7.05.1987 – 2 AZR 271/86 = AP Nr. 19 zu § 9 KSchG 1969 = NJW 1988, 159; Urt. v. 30.09.1993 – 2 AZR 268/93 = DB 1994, 279, 280; Urt. v. 11.03.1999 - 2 AZR 461/98 = AP Nr. 12 zu § 17 KSchG 1969 = NZA 1999, 761; s. a. ArbG Berlin, Urt. v. 13.08.1975 – 10 Ca 68/75 = BB 1975 1254 f.;

[62] Palandt/Putzo, BGB, vor § 620 Rn 4; Staudinger/Neumann, BGB, § 611 Rn 11; Schaub, Handbuch, § 122 Rn 2; Dörner in Dörner/Luczak/Wildschütz, D Rn 1725; Preis in Stahlhacke/Preis/Vossen, Kündigung und Kündigungsschutz, Rn 34; Boemke, NZA 1993, 532, 537; Bauer, Aufhebungsverträge, Rn 7.

[63] Larenz/Wolf, BGB AT, § 34 Rn 28.

[64] Larenz/Wolf, BGB AT, § 34 Rn 1.

[65] Zur Einschränkung der Vertragsfreiheit durch Art. 12 GG s. BAG, Urt. v. 29.06.1962 – 1 AZR 343/61 = AP Nr. 25 zu Art. 12 GG = NJW 1963, 73.

[66] Hierzu Scholz in Maunz/Dürig, GG, Art. 12 Rn 50; vgl.a. ArbG Berlin, Urt. v. 14.04.1975 – 10 Ca 68/75 = BB 1975, 1254 f.

[67] Vgl. Scholz in Maunz/Dürig, a.a.O.

Beendigungserschwernisse der genannten Art sind vor allem die Regelungen des Arbeitsförderungsrechts: auf Arbeitgeberseite die Erstattungspflicht des § 147 a SGB III, auf Arbeitnehmerseite die Gefahr von Sperr- und Ruhenszeiten nach § 143 SGB III[68]. Im Übrigen unterliegt auch der Aufhebungsvertrag den gesetzlichen Schranken der §§ 134, 138, 242 BGB.

II. Rechtsnatur des Aufhebungsvertrages

1. Der arbeitsrechtliche Aufhebungsvertrag zur Beendigung eines Dauerschuldverhältnisses

Der durch den Aufhebungsvertrag beendete Arbeitsvertrag ist aufgrund seiner zeitlichen Dimension als Dauerschuldverhältnis zu qualifizieren, das auf den Austausch von Arbeitsleistung und Vergütung gerichtet ist[69]. Nach § 620 Abs. 1 BGB endigt das Dienstverhältnis mit Ablauf der Zeit, für die es eingegangen ist. Ist die Dauer weder bestimmt noch bestimmbar, verweist Abs. 2 auf das Kündigungsrecht jeder Partei. Damit ist das besondere Wesen des Dauerschuldverhältnisses, bei dem der Umfang der Gesamtleistung von der Länge der Zeit abhängt, in der Leistungen erfolgen sollen[70], charakterisiert: seine Beendigung und Abwicklung ist nicht an die Erfüllung der gegenseitigen Pflichten geknüpft, sondern erfordert entweder die Vereinbarung eines Endzeitpunktes oder einen anderen rechtsgeschäftlichen Beendigungstatbestand. Dauerschuldverhältnisse sind nur als zeitweilige gedacht; solange aber das Rechtsverhältnis besteht, werden Leistungsverpflichtungen erfüllt und entstehen gleichsam wieder neu[71].

2. Der Aufhebungsvertrag als Verfügungsgeschäft

Fraglich ist, ob der Aufhebungsvertrag als Verfügungsgeschäft anzusehen ist. Verfügungsgeschäfte sind Rechtsgeschäfte, die unmittelbar darauf gerichtet sind, auf ein bestehendes Recht einzuwirken, es zu verändern, zu übertragen oder aufzuheben[72]. Da Aufhebungsverträge auf den Bestand des Arbeitsverhältnisses unmittelbar einwirken, indem sie dieses ohne weiteres beenden, sind sie nach dieser Definition Verfügungsgeschäfte[73].

---

[68] Ausführlich zu den Beendigungserschwernissen Ernst, Aufhebungsverträge, S. 22 ff.

[69] MünchKomm-BGB/Müller-Glöge, 3. Aufl., § 611 Rn 126; Palandt/Putzo, BGB, vor § 611 Rn 29.

[70] Larenz, SR AT, § 2 VI.

[71] Larenz/Wolf, BGB AT, § 13 Rn 19.

[72] Palandt/Heinrichs, BGB, vor § 104 Rn 16; zum Begriff des Verfügungsgeschäftes s.a. Larenz/Wolf, BGB AT, § 23 Rn 36.

[73] BAG, Urt. v. 26.08.1997 – 9 AZR 227/96 = AP Nr. 8 zu § 620 BGB = NZA 1998, 643; Palandt/Heinrichs, BGB, vor § 104 Rn 16; MünchKomm-BGB/Thode, § 305 Rn 23; Gernhuber, Erfüllung, § 17, 2; zum Verfügungscharakter des Erlasses s. BAG, Urt. v. 24.01.1985 – 2 AZR 317/84 = AP Nr. 8 zu § 1 TVG Tarifverträge: Einzelhandel = DB 1985, 1485; Medicus, SR AT, Rn 280 ff.; Larenz, SR AT, § 19 I a).

Weil Verfügungsgeschäfte in der Regel zur Erfüllung einer durch Gesetz oder Rechtsgeschäft begründeten Verbindlichkeit (causa) erfolgen[74], stellt sich die Frage, ob dem Aufhebungsvertrag als Verfügungsgeschäft eine schuldrechtliche Abrede zugrunde liegt. Davon ist regelmäßig deshalb auszugehen, weil bei den Parteien ein Grund oder ein Anlass angenommen werden kann, der Auslöser für die Beendigung des Arbeitsverhältnisses war und dem Verfügungsgeschäft zugrunde liegt. So z.B., wenn der Arbeitnehmer das Angebot des Arbeitgebers auf Abschluss des Aufhebungsvertrages nur gegen Zusage einer Abfindungszahlung annimmt. Dagegen spricht nicht, dass diese Abrede eine rein gedankliche Abstraktion darstellt[75], weil es um die dogmatische Einordnung der Vereinbarung geht. Aus dieser Abstraktion folgt aber, dass der Aufhebungsvertrag eine schuldrechtliche und eine verfügende Komponente enthält. Denn unter Aufhebungsvertrag wird zum einen die der Beendigung des Arbeitsverhältnisses zugrundeliegende Abrede und zum anderen auch die unmittelbar rechtsgestaltende Vereinbarung verstanden. Daraus folgt, dass der Aufhebungsvertrag zugleich Verpflichtungs- und Verfügungsgeschäft sein kann[76]. Dementsprechend beschäftigt sich auch die vorliegende Bearbeitung sowohl mit den dem Aufhebungsvertrag zugrundeliegenden schuldrechtlichen Vereinbarungen als auch mit seiner verfügenden Wirkung.

3. Abgrenzung des Aufhebungsvertrages von ähnlichen Rechtsinstituten

a) Abgrenzung zur Kündigung

Der praktisch bedeutsamste Beendigungstatbestand bei Dauerschuldverhältnissen ist die Kündigung als einseitige, empfangsbedürftige Willenserklärung[77]. Dies wird mit Blick auf die Regelungen des BGB besonders klar: es enthält in § 622 BGB eine eigene Bestimmung für die Kündigung eines Arbeitsvertrages als Unterfall des Dienstvertrages. Darüber hinaus hat das Arbeitsrecht mit dem KSchG ein eigenes Gesetz zur umfassenden Regelungen von Kündigungen durch den Arbeitgeber.

Im Gegensatz zur Kündigung erfährt der Aufhebungsvertrag kaum gesetzgeberische Aufmerksamkeit. Er ist wie erläutert nach dem Prinzip der Vertragsfreiheit zulässig, weil er auf Gegenseitigkeit beruht[78]. Während die Kündigung einseitiges Gestal-

---

74 Flume, Rechtsgeschäft, § 12 I 1.

75 Ernst, Aufhebungsverträge, S. 53.

76 Palandt/Heinrichs, BGB, vor § 104 Rn 16; Larenz, SR AT, § 18 II c).

77 BAG, Urt. v. 24.01.1985 – 2 AZR 67/84 = AP Nr. 7 zu § 1 TVG Tarifverträge: Einzelhandel = NZA 1986, 28; LAG Niedersachsen, Urt. v. 23.11.1984 – 3 Sa 119/84 = DB 1985, 708; KR/Etzel, § 1 KSchG Rn 151; Hueck/v. Hoyningen-Huene, KSchG, § 1 Rn 97.

78 BAG, Urt. v. 7.05.1987 – 2 AZR 271/86 = AP Nr. 19 zu § 9 KSchG 1969 = NJW 1988, 159; LAG Niedersachsen, Urt. v. 23.11.1994 – 3 Sa 119/84 = DB 1985, 708; Staudinger/Löwisch, BGB, § 305 Rn 68; Soergel/Wolf, BGB, 12. Aufl., § 305 Rn 48; MünchArbR/Wank, § 115 Rn 1; Dörner in Dörner/Luczak/Wildschütz, D Rn 1725; Bengelsdorf, NZA 1994, 193, 194; Wisskirchen/Worzalla, DB 1994, 577; Bauer, Aufhebungsverträge, Rn 7.

tungsrecht ist, das unmittelbar Rechtsfolgen entfaltet[79], sobald es der anderen Partei als Willenserklärung zugegangen ist[80], erfordert der Aufhebungsvertrag eine Einigung. Der Aufhebungsvertrag setzt auf Konsens, sein Abschluss erfordert zwei wirksame, übereinstimmende Willenserklärungen, während für die Kündigung die Mitwirkung des anderen Vertragsteils nicht erforderlich ist. Auf der anderen Seite gelten für die Wirksamkeit der Kündigung zum Teil strenge Voraussetzungen. Dies gilt vor allem für eine Kündigung durch den Arbeitgeber, die den Einschränkungen des KSchG unterliegt.
Hinzu kommt die Bindung an die Fristen in § 622 BGB. Nach allgemeiner Auffassung unterliegt der Aufhebungsvertrag dagegen diesen Beschränkungen ebenso wenig wie den Vorschriften von BetrVG und SprAuG, die sich auf Beteiligungsrechte bei Kündigungen beziehen[81].
Wie sich aus den unterschiedlichen Voraussetzungen ergibt, schließen sich Kündigung und Aufhebungsvertrag gegenseitig aus. Immer dann, wenn eine wirksame Kündigung in der Welt ist, macht der Abschluss eines Aufhebungsvertrages keinen Sinn, es sei denn, er soll einen früheren Beendigungszeitpunkt ermöglichen. Sonst wäre er ein folgenloses Rechtsgeschäft, da es aufgrund der Wirksamkeit der Kündigung nichts mehr aufzuheben gibt. Das Arbeitsverhältnis endet ohne Rücksicht auf die Auffassung des Arbeitnehmers, der allenfalls durch Erhebung einer Klage noch verhindern kann, dass mit Ablauf der Kündigungsfrist keinerlei vertragliche Beziehungen mehr bestehen[82]. Ist die Kündigung unwirksam, können die Parteien an ihrer Stelle einen Aufhebungsvertrag schließen, um das Arbeitsverhältnis zu beenden[83]; besteht über ihre Wirksamkeit Streit, können sie diesen durch Abschluss eines Aufhebungsvergleiches beilegen[84].
Ebenfalls vom Aufhebungsvertrag abzugrenzen ist der sog. Abwicklungsvertrag. Dieser besteht in der Hinnahme einer arbeitgeberseitigen Kündigung durch den Arbeit-

---

[79] BAG, Urt. v. 7.05.1987 – 2 AZR 271/86 = AP Nr. 19 zu § 9 KSchG 1969 =NJW 1988, 159; LAG Niedersachsen, Urt. v. 23.11.1984 – 3 Sa 119/84 = DB 1985, 708; MünchKomm-BGB/Schwerdtner, 3. Aufl., vor § 620 Rn 63; ErfK/Müller-Glöge, § 620 BGB Rn 168; Preis in Stahlhacke/Preis/Vossen, Kündigung und Kündigungsschutz, Rn 3.
[80] S. dazu. Hueck/v. Hoyningen-Huene, KSchG, § 1 Rn 98 a m.w.N.
[81] BAG, Urt. v. 19.12.1974 – 2 AZR 565/73 = AP Nr. 3 zu § 620 BGB Bedingung = NJW 1975, 1531; Urt. v. 7.05.1987 – 2 AZR 271/86 = AP Nr. 19 zu § 9 KSchG 1969 = NJW 1988, 159; MünchKomm-BGB/Schwerdtner, 3. Aufl., vor § 620 Rn 16; MünchArbR/Wank, § 115 Rn 13 ff.; Löwisch, KSchG, vor § 1 Rn 24; KasselerArbR/Welslau, 6.1 Rn 15; Erich, DB 1992, 2239.
[82] Zum rechtsvernichtenden Charakter der Kündigung s. Preis in Stahlhacke/Preis/Vossen, Kündigung und Kündigungsschutz, Rn 3.
[83] Zur Frage der Annahme eines Aufhebungsvertrages bei unwirksamer Kündigung s. BAG, Urt. v. 24.01.1985 – 2 AZR 67/84 = AP Nr. 7 zu § 1 TVG Tarifverträge: Einzelhandel = NZA 1986, 28.
[84] Zu den Besonderheiten des Aufhebungsvergleichs s. unten § 16.

nehmer und einer Vereinbarung über die Abwicklung des Arbeitsverhältnisses[85]. Er wurde vor allem zur Vermeidung negativer sozialversicherungsrechtlicher Konsequenzen für den Arbeitnehmer entwickelt. Da er den Ausspruch einer arbeitgeberseitigen Kündigung voraussetzt, gelten für seine Abgrenzung vom Aufhebungsvertrag keine Besonderheiten.

b) Abgrenzung zum Erlass

Die früher zum Teil vertretene Auffassung, ein Aufhebungsvertrag bestehe aus mehreren Erlassverträgen, ist heute nicht mehr anzutreffen[86]. Gleichwohl weisen Aufhebungsvertrag und Erlass Gemeinsamkeiten auf, die eine Abgrenzung erforderlich machen.

Der Erlass setzt wie der Aufhebungsvertrag ein gegenseitiges Einvernehmen darüber voraus, dass ein Schuldverhältnis erlischt. § 397 BGB formuliert insoweit missverständlich, da der Gläubiger dem Schuldner dessen Verpflichtung zur Leistung nicht mittels einseitigem Rechtsgeschäft erlässt. Es wird vielmehr ein zweiseitiger Vertrag abgeschlossen[87], der ebenso wie der Aufhebungsvertrag verfügenden Charakter hat[88]. Im Gegensatz zum Aufhebungsvertrag meint § 397 BGB aber mit der Schuld, die erlassen wird, nur das Schuldverhältnis im engeren Sinn, nämlich eine aus der Vertragsbeziehung im Ganzen bestehende einzelne Forderung des Gläubigers gegen den Schuldner[89]. Dabei ist es unerheblich, ob die Forderung im Gegenseitigkeitsverhältnis steht oder Teil eines Dauerschuldverhältnisses ist. Demgegenüber beendet der arbeitsrechtliche Aufhebungsvertrag ein Dauerschuldverhältnis als solches: den Arbeitsvertrag. Auch wenn mit der Aufhebung des Dauerschuldverhältnisses nicht alle Rechte und Pflichten aus der vertraglichen Beziehung obsolet werden[90], sind sich die Parteien doch darüber einig, dass die Grundlage ihrer vertraglichen Beziehung, der Austausch von Leistung und Gegenleistung, zu einem bestimmten Zeitpunkt wegfallen soll. Dabei wird Gegenstand des arbeitsrechtlichen Aufhebungsvertrages regelmäßig ein bereits begonnenes Dauerschuldverhältnis sein, das nur für die Zukunft beendet wird[91]. Die bis zu diesem Termin noch ausstehenden Leistungen bleiben geschuldet. Soweit auf bereits entstandene, aber noch nicht erfüllte Verpflichtungen

---

[85] Zum Abwicklungsvertrag s. Bauer, Aufhebungsverträge, Rn 110; ders., NZA 1994, 440; Hümmerich, NZA 1994, 200 und 833; Schiefer/Köster, WiB 1995, 489, 490; dazu ausführlich unten § 19 II 4 b.

[86] Dazu Larenz, SR AT, § 19 II b); Grothus, DB 1959, 763; Müller, Aufhebungsverträge, S. 41.

[87] Palandt/Heinrichs, BGB, § 397 Rn 1; Soergel/Zeiss, BGB, 12. Aufl., § 397 Rn 1; Esser/Schmidt, SR AT, § 21 I 1, zur darin liegenden "Übertreibung des Vertragsprinzips".

[88] MünchKomm-BGB/Schlüter, § 397 Rn 6; Larenz, SR AT, § 19 I a); Ernst, Aufhebungsverträge, S. 48.

[89] MünchKomm-BGB/Schlüter, § 397 Rn 7; Staudinger/Löwisch, BGB, § 305 Rn 69; Soergel/Wolf, BGB, 12. Aufl., § 305 Rn 48; Medicus, SR AT, Rn 280.

[90] Zu den sog. Abwicklungspflichten s. Larenz, SR AT, § 2 VI und § 19 II a).

[91] MünchKomm-BGB/Thode, § 305 Rn 46; Soergel/Zeiss, BGB, 12. Aufl., § 397 Rn 7.

verzichtet werden soll, bedarf es einer ausdrücklichen Vereinbarung im Sinne eines Erlasses[92].

Im Übrigen wird das Schuldverhältnis als Ganzes, im weiteren Sinn[93], kraft gegenseitigen Einvernehmens beendet. Dadurch erlöschen die sich daraus ergebenden Haupt- und Nebenpflichten und nur insoweit besteht auch Erlasswirkung. Beim Erlass ist dagegen das Erlöschen des Schuldverhältnisses im weiteren Sinn nur eine mögliche Folge des Erlasses der daraus resultierenden Forderung[94].

c) Abgrenzung zur Ausgleichsquittung

In der Ausgleichsquittung bestätigt der Arbeitnehmer dem Arbeitgeber, dass ihm aus dem Arbeitsverhältnis keinerlei Ansprüche mehr zustehen[95]. Sie geht damit über die in § 368 S. 1 BGB geregelte Quittung hinaus, die lediglich ein schriftliches Empfangsbekenntnis des Gläubigers bezeichnet und in Zusammenhang mit der Beendigung des Arbeitsverhältnisses als Bescheinigung des Arbeitnehmers für den Arbeitgeber über den Erhalt seiner Arbeitspapiere anzutreffen ist.

Bei der Ausgleichsquittung ist grundsätzlich eine enge Auslegung hinsichtlich der betroffenen Ansprüche geboten[96]; im Zweifel will der Arbeitnehmer nicht auf Kündigungsschutz verzichten, soweit er dies nicht ausdrücklich erklärt hat[97]. Nach der Rechtsprechung des BAG[98] stellt eine Ausgleichsquittung, soweit sie die Kündigungsschutzrechte betrifft, entweder einen Auflösungsvertrag, einen Vergleich, einen Klageverzichtsvertrag[99] oder ein Klagerücknahmeversprechen dar. Für vermögens-

---

[92] Ernst, Aufhebungsverträge, S. 49; vgl.a. BAG, Urt. v. 20.08.1980 – 5 AZR 227/79 = AP Nr. 14 zu § 6 LohnFG = NJW 1981, 1059, und Urt. v. 20.01.1998 – 9 AZR 812/96 = AP Nr. 45 zu § 13 BUrlG = NZA 1998, 816.

[93] Zu weiteren, im Rahmen der Abgrenzung gebräuchlichen Begriffen s. MünchKomm-BGB/ Thode, § 305 Rn 45.

[94] Staudinger/Löwisch, BGB, § 305 Rn 69; Larenz, SR AT, § 19 II.

[95] S. LAG Hamm, Urt. v. 9.03.1971 – 3 Sa 50/71 = BB 1972, 89; MünchKomm-BGB/Schlüter, § 397 Rn 15; Schaub, Handbuch, § 72 Rn 7; Zöllner/Loritz, Arbeitsrecht, § 26 I 3.

[96] BAG, Urt. v. 6.04.1977 – 4 AZR 721/75 = AP Nr. 4 zu § 4 KSchG 1969 = NJW 1979, 2267; ErfK/Preis, § 611 BGB Rn 606.

[97] BAG, Urt. v. 06.04.1977 – 4 AZR 721/75 = AP Nr. 4 zu § 4 KSchG 1969 = NJW 1977, 1983; Urt. v. 29.06.1978 – 2 AZR 681/76 = AP Nr. 5 zu § 4 KSchG 1969 = NJW 1979, 287; Soergel/ Zeiss, BGB, 12. Aufl., § 397 Rn 3; Löwisch, KSchG, § 7 Rn 8; Schaub, Handbuch, § 72 Rn 8; Preis in Stahlhacke/Preis/Vossen, Kündigung und Kündigungsschutz, Rn 1255; Zöllner/Loritz, Arbeitsrecht, § 26 I 3; so auch § 145 Abs. 1 S. 2 des Entwurfes für ein Arbeitsvertragsgesetz.

[98] S. nur BAG, Urt. v. 24.01.1985 – 2 AZR 317/84 = AP Nr. 8 zu § 1 TVG Tarifverträge: Einzelhandel = NZA 1986, 25.

[99] Sog. pactum de non petendo, vgl. Soergel/Zeiss, BGB, 12. Aufl., § 397 Rn 8; Gernhuber, Erfüllung, § 16 I 2.

rechtliche Ansprüche kommt eine Einordnung als Vergleich, Erlass, deklaratorisches oder konstitutives negatives Schuldanerkenntnis in Betracht[100].
Aus den denkbaren rechtlichen Einordnungen der Ausgleichsquittung ergibt sich, dass eine Abgrenzung zum Institut des Aufhebungsvertrages erforderlich ist, da beide mit dem Erlöschen von Forderungen in einem Dauerschuldverhältnis in Verbindung gebracht werden. Die Ausgleichsquittung ist dadurch gekennzeichnet, dass sie die Abwicklung eines Schuldverhältnisses betrifft. Sie ist als Erlass anzusehen, wenn ihr bekannte Ansprüche oder solche, mit deren Bestehen zu rechnen war, zugrunde liegen[101]; ansonsten ist sie negatives Schuldanerkenntnis i.S.d. § 397 Abs. 2 BGB [102]. Sie ist aber immer erst dann anzutreffen, wenn die Beendigung der vertraglichen Beziehungen zwischen Arbeitgeber und Arbeitnehmer bereits "im Raum steht" - sei es durch eine arbeitgeberseitige Kündigung oder einen Aufhebungsvertrag - und es nur noch um die Frage geht, wie die verbleibenden Verpflichtungen behandelt werden. Darunter können neben der Frage der Wahrnehmung von Kündigungsschutz sowohl Hauptleistungspflichten aus dem Arbeitsvertrag wie etwa ausstehende Lohnansprüche als auch Nebenpflichten fallen, die erst mit der Beendigung des Arbeitsverhältnisses und dessen Abwicklung entstehen. Soweit das BAG in der Ausgleichsquittung eine Auflösungsvereinbarung sieht[103], vermischt es beide Tatbestände, da Aufhebungsverträge zwar häufig sog. Ausgleichsklauseln enthalten, keinesfalls aber umgekehrt. Selbst wenn Aufhebungsvertrag und Ausgleichsquittung zeitgleich unterschrieben werden, ist alleine in der Ausgleichsquittung noch kein Aufhebungsvertrag zu sehen; es bedarf immer auch einer eigenständigen Vereinbarung zwischen Arbeitnehmer und Arbeitgeber, dass das Arbeitsverhältnis enden soll[104]. Der Aufhebungsvertrag stellt gegenüber der Ausgleichsquittung selbst den Beendigungstatbestand als Hauptregelung dar[105]. Hinzu kommt, dass der Verzicht auf Kündigungsschutz begriffsnotwendig auch das Vorliegen einer Kündigung voraussetzt.

---

[100] Dazu im Einzelnen Schaub, Handbuch, § 72 Rn 7; zu den häufigsten Formulierungen vgl. MünchKomm-BGB/Schlüter, § 397 Rn 15; KR/Friedrich, § 4 KSchG Rn 303 ff.; Preis in Stahlhacke/Preis/Vossen, Kündigung und Kündigungsschutz, Rn 1254.
[101] BAG, Urt. v. 20.01.1998 – 9 AZR 812/86 = AP Nr. 45 zu § 13 BUrlG = NZA 1998, 816.
[102] LAG Hamm, Urt. v. 9.03.1971 – 3 Sa 50/71 = BB 1972, 89; Soergel/Zeiss, BGB, 12. Aufl., § 397 Rn 13; MünchKomm-BGB/Schlüter, § 397 Rn 15; Larenz, SR AT, § 19 I a); Medicus, SR AT, Rn 281.
[103] BAG, Urt. v. 03.05.1979 – 2 AZR 679/77 = AP Nr. 6 zu § 4 KSchG 1969 = NJW 1979, 2267; Urt. v. 24.01.1985 – 2 AZR 317/84 = AP Nr. 8 zu § 1 TVG Tarifverträge: Einzelhandel = NZA 1986, 25; zur theoretischen Natur dieser Beurteilungsalternative s. Müller, Aufhebungsverträge, S. 54.
[104] Dies gilt erst recht, wenn der Arbeitgeber bereits eine Kündigung ausgesprochen hat, vgl. Müller, Aufhebungsverträge, S. 53.
[105] Ernst, Aufhebungsverträge, S. 58.

Ein „Aufhebungsvertrag in Gestalt einer Ausgleichsquittung"[106], durch die der Arbeitnehmer auf Kündigungsschutz verzichtet, ist folglich sinnlos, da dieser auf den Aufhebungsvertrag wie erwähnt keine Anwendung findet[107].

III. Zusammenfassung

Das Recht der Arbeitsvertragsparteien, das Arbeitsverhältnis einverständlich zu beenden, ist Ausfluss der Berufsfreiheit und als negative Vertragsfreiheit Bestandteil der allgemeinen Privatautonomie. Daraus ergibt sich die grundsätzliche Zulässigkeit des Aufhebungsvertrages, der als arbeitsrechtlicher Vertrag zivilrechtlichen Grundsätzen unterliegt. Er beendet das Arbeitsverhältnis als Dauerschuldverhältnis und hat insoweit verfügenden Charakter. Zugleich enthält er häufig eine schuldrechtliche Aufhebungsvereinbarung, so dass er zum Teil Verpflichtungs-, zum Teil Verfügungsgeschäft sein kann.
Der Aufhebungsvertrag ist von der Kündigung, dem Erlass und der Ausgleichsquittung zu unterscheiden. Im Gegensatz zur Kündigung setzt er ein Einvernehmen zwischen Arbeitnehmer und Arbeitgeber über das Ende des Arbeitsverhältnisses voraus. Vom Erlass unterscheidet er sich insoweit, als der Erlass nur einzelne Forderungen aus einem Schuldverhältnis betrifft, während der Aufhebungsvertrag das Schuldverhältnis als Ganzes beseitigt. Die Ausgleichsquittung hat demgegenüber keinen Einfluss auf das Bestehen des Arbeitsverhältnisses, sondern betrifft nur das Schicksal der aufgrund der Beendigung des Arbeitsvertrages bestehenden Rechte und Pflichten.

---

106 Osthold, DB 1956, 501.

107 Vgl.a. BAG, Urt. v. 24.01.1985 – 2 AZR 317/84 = AP Nr. 8 zu § 1 TVG Tarifverträge: Einzelhandel = DB 1985, 1485, wonach der Verlust des Kündigungsschutzes bereits Rechtsfolge des Aufhebungsvertrages ist und es daher keinen Verzicht darauf im rechtstechnischen Sinn, sondern lediglich einen Verzicht nach dem Sprachgebrauch der Arbeitsrechtspraxis geben kann.

2. Kapitel: Der Abschluss des Aufhebungsvertrages

§ 4 Das Zustandekommen des Aufhebungsvertrages

I. Mindestinhalt und "Dissensempfindlichkeit" des Aufhebungsvertrages

Der Aufhebungsvertrag enthält immer die Abrede, dass das Arbeitsverhältnis zu einem bestimmten Zeitpunkt enden soll. Von der überwiegenden Auffassung wird darin auch der Mindestinhalt, über den sich die Parteien zwingend einigen müssen, gesehen[108]. Dagegen wurde in älteren Abhandlungen zum Aufhebungsvertrag teilweise die Auffassung vertreten, die Wirksamkeit des Aufhebungsvertrages setze auch die Einigung über weitere, in Zusammenhang mit dem Abschluss des Arbeitsvertrages getroffene Abreden voraus[109]. Regelungsbedürftige Nebenabreden sollen vor allem die Rückgabe gewährter Dienst- oder Werkswohnungen, die Abwicklung von Baukostenzuschüssen, einer Darlehensgewährung oder einer Pensionsvereinbarung sein. Diese hätten vor allem für Leitende Angestellte „ausschlaggebende Bedeutung"[110]. Geprägt wurde in diesem Zusammenhang die Feststellung einer angeblichen „Dissensempfindlichkeit"[111] des Aufhebungsvertrages.
Dem kann sowohl im Hinblick auf den Mindestinhalt als auch bezüglich einer angeblichen „Dissensempfindlichkeit" des Aufhebungsvertrages nicht zugestimmt werden. Dies ergibt sich aus den gesetzlichen Regelungen des Dissenses. Voraussetzung für einen Dissens ist, dass sich die Parteien noch nicht über alle Punkte des Vertrages geeinigt haben, sei es bewusst (§ 154 BGB) oder unbewusst (§ 155 BGB). Diese Vorschriften sind nicht anwendbar, wenn die Parteien bereits über den wesentlichen Vertragsinhalt, die sog. „essentialia negotii", keine Übereinstimmung erzielt haben. Denn in diesem Fall wurde ohnehin noch kein Vertrag geschlossen[112] und ein Rückgriff auf die Dissensvorschriften ist nicht erforderlich. Daraus folgt, dass ein Dissens i.S.d. §§ 154, 155 BGB nicht gegeben ist, wenn sich Arbeitnehmer und Arbeitgeber noch gar nicht einig sind, ob sie eine einvernehmliche Beendigung des Arbeitsvertrages herbeiführen wollen.
Ein darüber hinausgehender Vertragsinhalt ist für einen wirksamen Vertragsschluss nicht erforderlich, da es sich nicht um für den Aufhebungsvertrag wesentliche Abreden, sondern nur um „Nebenabreden" handelt. Das heißt, die Wirksamkeit des Ver-

---

[108] LAG Düsseldorf, Urt. v. 17.11.1958 – 6 Sa 268/58 = DB 1959, 230 m. Anm. Dempewolf; LAG Düsseldorf/Köln, Urt. v. 15.08.1967 – 3 Sa 249/67 = DB 1967, 1900; KasselerArbR/ Welslau, 6.1 Rn 22; Becker-Schaffner, BB 1981, 1310, 1311; Wisskirchen/Worzalla, DB 1994, 577; Bengelsdorf, Aufhebungsvertrag und Abfindungsvereinbarungen, S. 5.
[109] Dempewolf, DB 1959, 230, 231; Grothus, DB 1959, 763, 765; unklar Joachim, BB 1958, 345, 347.
[110] Grothus, a.a.O.
[111] Joachim, BB 1958, 345, 347; Grothus, DB 1959, 763.
[112] Palandt/Heinrichs, BGB, § 155 Rn 1; Larenz/Wolf, BGB AT, § 29 Rn 74.

trages hängt grundsätzlich nur von der Einigung über die Beendigung des Arbeitsverhältnisses, nicht aber über sonstige Nebenabreden ab. Einigen sich die Parteien über diese nicht, ist der Vertrag nur ausnahmsweise nach den Regelungen über den Dissens unwirksam.

Ein Dissens i.S.d. §§ 154, 155 BGB liegt dann vor, wenn die Parteien zwar grundsätzlich einen Vertrag abschließen wollen, sich aber noch nicht über alle Modalitäten einig sind. Bei einem offenen Einigungsmangel ist dann nach § 154 BGB der Vertrag im Zweifel nicht geschlossen. Daraus folgt, dass die Parteien einzelne Nebenregelungen in Zusammenhang mit dem Arbeitsverhältnis als so bedeutsam ansehen können, dass mit der Einigung über diese der gesamte Aufhebungsvertrag „steht und fällt". Geschieht dies unbewusst, ist der Vertrag nach § 155 BGB nur wirksam, wenn anzunehmen ist, dass die Parteien den Vertrag auch ohne die Nebenregelungen geschlossen hätten. Das kann aber nicht dazu führen, dass in allen Fällen, in denen Sonderregelungen bestehen, die Einigung über deren Behandlung als Voraussetzung für die Wirksamkeit des Aufhebungsvertrages angesehen wird. Denn eine solche Auffassung würde dem Ausnahmecharakter, der den §§ 154, 155 BGB zukommt, nicht gerecht. Eine Vermutung eines Dissenses in den Fällen, in denen Nebenabreden zum Arbeitsvertrag bestehen, existiert nicht[113]. Dementsprechend ist auch der Aufhebungsvertrag nicht häufiger wegen Dissenses unwirksam als jeder andere Vertrag.

Nur wenn die Parteien (unwissentlich) entgegen ihren Vorstellungen keine Einigung über einen bestimmten, aus ihrer Sicht entscheidenden Punkt erzielt haben, ist zu prüfen, ob sie das Arbeitsverhältnis gemäß § 155 BGB auch ohne diese Abrede gelöst hätten. Dabei ist die Wichtigkeit der jeweiligen Regelung ein Indiz dafür, ob der Vertrag auch ohne sie abgeschlossen wurde; es existiert aber keine Vermutung, dass dies in der Regel so sein wird[114]. Entscheidend bei § 155 BGB ist immer der (mutmaßliche) Parteiwille, der festzustellen ist. Davon ist der Fall des § 154 BGB zu unterscheiden: Wissen die Parteien, dass die Einigung über einen Punkt noch aussteht, über den eine Regelung getroffen werden soll, besteht die Vermutung dahingehend, dass der Vertrag noch nicht geschlossen ist.

Dass eine eigenständige Regelung von im Arbeitsvertrag getroffenen Nebenabreden durch die Vertragspartner des Aufhebungsvertrages nicht in jedem Fall erforderlich ist, ergibt sich auch daraus, dass das Gesetz für besondere Abreden in Zusammenhang mit Arbeitsverträgen Regelungen vorsieht[115], die dann eingreifen, wenn die Parteien keine abweichende Rechtsfolge vorgesehen haben. Dabei handelt es sich um

---

[113] Müller, Aufhebungsverträge, S. 59.

[114] Zu weit Bauer, Aufhebungsverträge, Rn 15, der aus der Wichtigkeit der Nebenabrede für den Regelfall folgert, dass der Aufhebungsvertrag ohne diese nicht vereinbart worden wäre; ebenso Bengelsdorf, Aufhebungsvertrag und Abfindungsvereinbarungen, S. 44, und Müller, Aufhebungsverträge, S. 86.

[115] Vgl. etwa §§ 576 ff. BGB für Werkwohnungen.

bloße „Folgewirkungen" des Aufhebungsvertrages, die auch im Anschluss an eine Kündigung durch den Arbeitgeber relevant werden[116]. Es müssen daher besondere Anhaltspunkte dafür bestehen, dass i.S.d. §§ 154, 155 BGB eine von diesen Vorschriften abweichende Nebenabrede getroffen werden sollte.
Eine besondere "Dissensempfindlichkeit" des Aufhebungsvertrages gegenüber sonstigen Vertragsgestaltungen hat sich auch in der Praxis nicht bewahrheitet[117]. Davon abgesehen ist es natürlich ratsam, in einem Aufhebungsvertrag möglichst alle klärungsbedürftigen Fragen einer Regelung zuzuführen[118].

II. Der Vertragsschluss

Für den Aufhebungsvertrag gelten die Vorschriften des Allgemeinen Teils des Bürgerlichen Gesetzbuches. Für seinen Abschluss bedeutet dies die Anwendung der §§ 145 ff. BGB. Nach diesen Vorschriften kommt ein Vertrag durch zwei übereinstimmende Willenserklärungen zustande, die ausdrücklich oder auch durch schlüssiges Verhalten (konkludent) abgegeben werden können. Die Möglichkeit konkludenten Vertragsschlusses bestand grundsätzlich auch für den Aufhebungsvertrag[119]. Mit der Einführung der Formvorschrift des § 623 BGB mit Wirkung ab 1.05.2000 ist jedoch ein Vertragsschluss durch konkludentes Verhalten nicht mehr möglich. Es erledigten sich daher viele bis dahin mögliche Auslegungsprobleme.

1. Ausdrücklicher Vertragsschluss

Nach Einführung der Schriftform für Aufhebungsverträge werden in der überwiegenden Anzahl der Fälle ausdrücklich auf Abschluss eines Aufhebungsvertrages gerichtete Willenserklärungen vorliegen. Nur in den Fällen, in denen auch die schriftlich festgehaltenen Erklärungen nicht eindeutig sind, stellt sich noch das Problem der Auslegung.

a) Voraussetzungen für ein wirksames Angebot

An das Angebot zum Abschluss eines Aufhebungsvertrages ist der Antragende nach § 145 BGB gebunden. Es muss auf Beendigung des Arbeitsverhältnisses gerichtet sein, bedarf darüber hinaus aber grundsätzlich keines weiteren Inhalts. Da es sich um eine empfangsbedürftige Willenserklärung handelt, ist das Angebot erst abgegeben,

---

116 LAG Düsseldorf, Urt. v. 17.11.1958 – 6 Sa 268/58 = DB 1959, 230 m. Anm. Dempewolf.

117 Ähnlich Ernst, Aufhebungsverträge, S. 65; a.A. Bengelsdorf, Aufhebungsvertrag und Abfindungsvereinbarungen, S. 44, der sich zwar mit den Dissensmöglichkeiten befasst, aber keine Beispiele aus der Rspr. dazu liefert; ebenso Bauer, Aufhebungsverträge, Rn 17.

118 Ausführliches Vertragsmuster bei Bengelsdorf, Aufhebungsvertrag und Abfindungsvereinbarungen, S. 121 ff.

119 Vgl. nur LAG Düsseldorf/Köln, Urt. v. 15.08.1967 – 3 Sa 249/67 = DB 1967, 1900; LAG Sachsen-Anhalt, Urt. v. 09.03.1995 – 6 Sa 259/94 = LAGE § 611 Aufhebungsvertrag Nr. 17; HzA/ Welslau, Gruppe 1 Rn 2010; Grothus, DB 1959, 763; Frölich, NZA 1997, 1273; Bauer, Aufhebungsverträge, Rn 11.

wenn der Erklärende es willentlich in Richtung Empfänger verlautbart hat[120]. Der Arbeitgeber kann es auch an eine Vielzahl noch unbestimmter Arbeitnehmer abgeben, wie dies mittels Anschlag bei geplanten Umstrukturierungsmaßnahmen häufig geschieht[121]. Voraussetzung ist aber, dass der Vertrag mit jedem Arbeitnehmer des angesprochenen Kreises auch abgeschlossen werden kann und soll; andernfalls handelt es sich lediglich um eine invitatio ad offerendum[122], so dass eine darauf gerichtete Erklärung des Arbeitnehmers nicht als Annahme, sondern nur als Angebot angesehen werden kann.

b) Zugang des Angebots

aa) Allgemeine Zugangsvoraussetzungen
Hinsichtlich der Wirksamkeit einer empfangsbedürftigen Willenserklärung wird unterschieden, ob diese unter Anwesenden oder unter Abwesenden abgegeben wurde.
Für die Erklärung unter Abwesenden gilt § 130 Abs. 1 S. 1 BGB: die Wirksamkeit richtet sich nach dem Zugang. Mit dieser Regelung folgt das Gesetz der sog. Empfangstheorie, nach der der Adressat nur die aus seinem Bereich stammenden Gefahren trägt[123]. Der Zugang soll nach der häufig anzutreffenden Formulierung dann erfolgt sein, wenn die Erklärung derart in den Machtbereich des Empfängers gelangt ist, das nach der allgemeinen Lebenserfahrung mit der Kenntnisnahme gerechnet werden kann[124]. Gibt der eine Vertragsteil sein Angebot mittels Brief ab, gilt als Zugang der Zeitpunkt der zu erwartenden Briefkastenleerung[125].
Das Wirksamwerden einer Willenserklärung unter Anwesenden wird vom Gesetz nicht geregelt; die Voraussetzungen für die Wirksamkeit sind unter Berücksichtigung des Grundgedankens des § 130 BGB zu ermitteln, wobei zwischen verkörperten und nicht verkörperten Willenserklärungen unterschieden wird[126]. Eine nicht verkörperte Erklärung (mündlich oder konkludent) wird wirksam, wenn sie der Empfänger wahrnimmt[127]. Wenn der Arbeitgeber dem Arbeitnehmer ein Schriftstück (Vertrags-

---

[120] BGH, Urt. v. 12.06.1979 – VI ZR 212/77 = NJW 1979, 2032, 2033; MünchKomm-BGB/ Einsele, § 130 Rn 13; Medicus, BGB AT, Rn 263; Brox, BGB AT, Rn 146.
[121] Sog. offerendum ad incertas personas: Ernst, Aufhebungsverträge, S. 68.
[122] Dazu Medicus, BGB AT, Rn 358 f.; zur sog. Aufhebungsoption s. Ernst, Aufhebungsverträge, S. 69.
[123] Palandt/Heinrichs, BGB, § 130 Rn 2; Soergel/Hefermehl, BGB, § 130 Rn 8; Medicus, BGB AT, Rn 273.
[124] S. BGH, 3.11.1976 – VIII ZR 140/75 = BGHZ 67, 271, 275 = NJW 1977, 194; BAG, Urt. v. 11.06.1959 = AP Nr. 1 zu § 130 BGB = DB 1959, 892; Urt. v. 16.03.1988 – 7 AZR 587/87 = NZA 1988, 875; Staudinger/Dilcher, BGB, 12. Aufl., § 130 Rn 21 ; KR/Etzel, § 4 KSchG, Rn 102, jeweils m.w.N.
[125] Zu den Problemen der Zugangsverzögerung und -verhinderung vgl. Brox, BGB AT, Rn 161 ff.; Soergel/Hefermehl, BGB, § 130 Rn 24 ff. m.w.N.
[126] Erman/Brox, BGB, § 130 Rn 16.
[127] Palandt/Heinrichs, BGB, § 130 Rn 14 m.w.N.

entwurf) übergibt, liegt eine schriftliche Erklärung unter Anwesenden vor, für deren Wirksamkeit es nach der gemäß § 130 BGB geltenden Empfangstheorie auf den Zugang ankommt[128]; dies hat zur Folge, dass die verkörperte Erklärung grundsätzlich mit der Übergabe an den Empfänger wirksam wird[129].
Von diesen Grundsätzen für den Zugang unter Anwesenden besteht möglicherweise eine Ausnahme, wenn der Empfänger die Erklärung nicht oder nicht richtig versteht.

bb) Abschluss eines Aufhebungsvertrages mit einem ausländischen Arbeitnehmer

Verständnisschwierigkeiten können vor allem bei einem Angebot zum Abschluss eines Aufhebungsvertrages auftreten, das gegenüber einem ausländischen Arbeitnehmer gemacht wird. Es könnte dann mangels Zugang an einem wirksamen Angebot des Arbeitgebers fehlen, wenn der Arbeitnehmer das Angebot, das aufgrund der neuen Rechtslage regelmäßig schriftlich in Form eines Vertragsentwurfes unterbreitet werden wird, nicht versteht. Deshalb ist zu klären, wie in diesen Fällen grundsätzlich das Risiko des Nichtverstehens verteilt ist. Fraglich ist auch, ob es einen Unterschied ausmacht, wenn die Erklärung nicht gegenüber einem Anwesenden, sondern gegenüber einem Abwesenden abgegeben wurde.
Zunächst ist zu prüfen, ob es über die Übergabe des Schriftstückes hinaus für den Zugang der Erklärung erforderlich ist, dass der Arbeitnehmer den Inhalt des Angebotes verstanden hat. Auszugehen ist dabei von den Regelungen des Zugangs einer mündlichen Erklärung unter Anwesenden, weil sich hier bei Willenserklärungen gegenüber ausländischen Arbeitnehmern eine Besonderheit ergibt: Wenn der Arbeitgeber von der mangelnden Sprachkenntnis des Arbeitnehmers weiß bzw. diese nur vermutet, darf er nicht darauf vertrauen, dass dieser ihn richtig verstanden hat[130]. Seine Erklärung gilt ohne weitere Erläuterung oder Übersetzung als nicht zugegangen und ist so lange nicht als wirksam anzusehen[131]. Er ist insofern verpflichtet, sich durch Rückfragen zu vergewissern, inwieweit er verstanden wurde[132]. Eine eventuelle Zustimmung des Arbeitnehmers ist so lange unbeachtlich, bis er den Inhalt der arbeitgeberseitigen Erklärung richtig verstanden hat.
Fraglich ist aber, ob bei der Übergabe eines Schriftstückes dieselben Grundsätze zugunsten des ausländischen Arbeitnehmers zum Tragen kommen wie bei der mündlichen Erklärung unter Anwesenden mit der Folge, dass das (schriftliche) Angebot nur

---

[128] Palandt/Heinrichs, BGB, § 130 Rn 13; Erman/Brox, BGB, § 130 Rn 17; Staudinger/Dilcher, BGB, 12. Aufl., § 130 Rn 12f.; Brox, BGB AT, Rn 158; Larenz/Wolf, BGB AT, § 26 Rn 28.
[129] Erman/Brox, BGB, § 130 Rn 17.
[130] Dies ist die Konsequenz der sog. abgeschwächten oder eingeschränkten Vernehmungstheorie, dazu Soergel/Hefermehl, BGB, § 130 Rn 21; Erman/Brox, BGB, § 130 Rn 18; Brox, BGB AT, Rn 159; Larenz/Wolf, BGB AT, § 26 Rn 32; vgl.a. LAG Hamm, Urt. v. 14.12.1984 – 16 Sa 670/84 = NZA 1985, 292, für den Fall einer Ausgleichsquittung.
[131] Schiefer/Köster, WiB 1995, 489, 491; Bauer, Aufhebungsverträge, Rn 131; Bengelsdorf, Aufhebungsvertrag und Abfindungsvereinbarungen, S. 45; Ernst, Aufhebungsverträge, S. 67; Müller, Aufhebungsverträge, S. 90.
[132] Schlechtriem, FS Weitnauer, 129, 137.

wirksam wäre, wenn der Arbeitgeber davon ausgehen durfte, der Arbeitnehmer werde es richtig verstehen. Dem ist nicht zuzustimmen, weil es in diesen Fällen Sache des ausländischen wie auch des deutschen Arbeitnehmers ist, sich erst über den Inhalt Klarheit zu verschaffen und dann darauf zu reagieren[133]. Das Abstellen auf das tatsächliche Verstehen ist mit den rechtsgeschäftlichen Voraussetzungen für das Zustandekommen von Verträgen nicht vereinbar[134]. Die Schriftform schützt den Arbeitnehmer in diesen Fällen sowohl vor Übereilung als auch vor Beweisproblemen. Dieser Schutz ist ausreichend. Wird das Schriftstück nicht gelesen oder nicht übersetzt und das Angebot trotzdem angenommen, ist der Vertrag nur unter strengen Voraussetzungen durch Anfechtung wieder zu beseitigen.
Wurde dem Arbeitnehmer ein arbeitgeberseitiges Angebot zugestellt (Erklärung unter Abwesenden) und ist dieses in deutscher Sprache abgefasst, ist es dem Arbeitnehmer ebenfalls zuzumuten, es sich übersetzen zu lassen[135]. Die Gegenmeinung[136], die den Zugang erst annimmt, wenn der Arbeitnehmer ausreichend Zeit hatte, sich eine Übersetzung zu besorgen, findet im Gesetz keine Stütze und führt zu Rechtsunsicherheiten. Dies gilt schon deshalb, weil für das Zustandekommen des Aufhebungsvertrages noch eine Erklärung des Arbeitnehmers erforderlich ist und dieser daher nicht Gefahr läuft, Klagefristen zu versäumen. Selbst im Fall einer Kündigung als einseitiger, empfangsbedürftiger Willenserklärung ist dieses Ergebnis nicht unbillig, da eine wegen verzögerter oder erschwerter Übersetzung verspätete Kündigungsschutzklage gemäß § 5 KSchG nachträglich zugelassen werden kann[137]. Es besteht demzufolge keine Rechtfertigung für die Aufstellung von im Gesetz nicht vorgesehenen Zugangsvoraussetzungen. Nimmt der Arbeitnehmer ohne genaue Kenntnis des Inhalts das Angebot an, ist er daran genauso gebunden wie jeder deutsche Arbeitnehmer, der eine Unterschrift leistet, ohne den Vertragstext genau gelesen zu haben[138]. Es kann hierbei keine Rolle spielen, ob er den Vertragstext selbst verstehen konnte oder ob es ihm möglich war, eine Übersetzung zu erlangen. Auf seine Zustimmung kann der Arbeitgeber folglich selbst dann vertrauen, wenn er von den mangelnden Sprachkenntnissen des Arbeitnehmers wusste.

---

[133] Ernst, Aufhebungsverträge, S. 68.
[134] Vgl. KR/Etzel, § 4 KSchG Rn 101.
[135] Müller, Aufhebungsverträge, S. 91.
[136] LAG Hamm, Urt. v. 4.01.1979 – 8 Ta 105/78 = EzA § 130 BGB Nr. 9 m. abl. Anm. Schlüter; Schaub, Handbuch, § 42 Rn 7; vgl.a. die differenzierende Auffassung, nach der Zugang dann anzunehmen ist, wenn es sich um eine "Weltsprache" handelt, für die eine Übersetzung einfach zu erlangen ist: Soergel/Hefermehl, BGB, § 130 Rn 8; Schlechtriem, FS Weitnauer, 129, 137.
[137] Müller, Aufhebungsverträge, S. 90.
[138] So auch Schlechtriem, FS Weitnauer, 129, 139, mit Hinweis auf Irrtumsvorschriften; missverständlich insoweit LAG Hamm, Urt. v. 2.01.1976 – 3 Sa 1121/75 = EzA § 305 BGB Nr. 8; offen gelassen von LAG Hamm, Urt. v. 14.12.1984 – 16 Sa 670/84 = NZA 1985, 292; vgl.a. BAG, Urt. v. 27.08.1970 – 2 AZR 519/69 = AP Nr. 33 zu § 133 BGB = NJW 1971, 639 zur Anfechtungsmöglichkeit.

Zusammengefasst bedeutet dies, dass der Arbeitgeber mit der Abfassung eines schriftlichen Angebots grundsätzlich kein Risiko eingeht. Im Übrigen hat es der Arbeitgeber in allen Fällen, in denen ausländische Arbeitnehmer mit schlechten oder gar keinen Deutschkenntnissen beteiligt sind, selbst in der Hand, durch entsprechende Maßnahmen wie Übersetzungen, Dolmetscher oder genaues Nachfragen Zweifel an der Wirksamkeit des Aufhebungsvertrages von vornherein zu verhindern[139].

c) Annahme des Angebots

Die Annahme der Aufhebungsofferte ist das vorbehaltlose Einverständnis mit der Beendigung des Arbeitsverhältnisses. Unproblematisch sind diejenigen Fälle, in denen das erste Angebot von der anderen Vertragspartei direkt, deutlich und ohne Einschränkungen angenommen wird oder beide Seiten einem Vertragstext zustimmen[140]. Probleme kann es dann geben, wenn zwischen Angebot und Annahme ein längerer Zeitraum liegt. Dann kommt es für die Wirksamkeit der Annahme auf die für das Angebot geltende Annahmefrist an. Dabei wird unterschieden: Wird das Angebot einem Anwesenden gegenüber gemacht, kann es gemäß § 147 Abs.1 S.1 BGB nur sofort angenommen werden, wenn keine Annahmefrist bestimmt wurde. Unter Abwesenden ist eine Fristbestimmung erforderlich, sonst zählen nach § 147 Abs.2 BGB die Umstände.

Da es sich bei der Auflösung des Arbeitsverhältnisses um einen gravierenden Eingriff sowohl in die Existenz des Arbeitnehmers als auch in die Personalplanung des Arbeitgebers handelt, sind an die zeitliche Abfolge strenge Anforderungen zu stellen: Ist über den (schriftlichen) Antrag unter Anwesenden sofort zu entscheiden, muss die Annahme jedenfalls noch am selben Tag erklärt werden[141]. Bei einem unter Abwesenden gemachten Antrag ohne Fristbestimmung hat der Erklärungsempfänger eine der Situation angemessene Überlegungszeit. Erfolgt die Annahme in beiden Fällen nicht rechtzeitig, erlischt gemäß § 146 BGB das Angebot und es muss ein neues gemacht werden. Ein neues Angebot liegt auch vor, wenn die Annahme Einschränkungen - etwa die Bedingung einer Abfindungszahlung - enthält (§ 150 BGB). Dann wird der Angebotsempfänger zum Antragenden und der eigentlich Anbietende muss entscheiden, ob er das Angebot in veränderter Form annimmt[142]. Der Aufhebungsvertrag kommt nur zustande, wenn Angebot und Annahme deckungsgleich sind.

Die Annahme ist als empfangsbedürftige Willenserklärung zugangsbedürftig, wenn nicht die Ausnahme des § 151 BGB greift. Insbesondere kann der Antragende auf

---

[139] Diesen Rat erteilen auch Schaub, Handbuch, § 42 Rn 7; Bengelsdorf, Aufhebungsvertrag und Abfindungsvereinbarungen, S. 45 und Müller, Aufhebungsverträge, S. 91.

[140] Dann sind beide zugleich Antragender und Annehmender: Bengelsdorf, Aufhebungsvertrag und Abfindungsvereinbarungen, S. 43; Müller S. 84 m.w.N.

[141] LAG Düsseldorf, Urt. v. 16.05.1952 – 1 Sa 214/52 S = DB 1952, 491.

[142] Schmidt, DB 1964, 1444, 1447; Becker-Schaffner, BB 1981, 1340, 1342; zum Schweigen auf verspätete oder veränderte Annahmen s. Müller, Aufhebungsverträge, S. 84 m.w.N.

den Zugang der Annahmeerklärung verzichten. Dann ist zwar der Zugang der Annahmeerklärung, nicht aber diese selbst entbehrlich[143].

2. Auslegung: Kündigung oder Aufhebungsvertrag?

Sowohl Kündigung als auch Aufhebungsvertrag bedürfen seit 1.05.2000 nach § 623 BGB der Schriftform. Gleichwohl kann es zwischen den beiden unterschiedlichen Beendigungsformen zu Abgrenzungsschwierigkeiten kommen. So z.B., wenn der Arbeitgeber behauptet, der Arbeitnehmer habe einen Aufhebungsvertrag unterschrieben, dieser jedoch davon ausgeht, er habe lediglich eine Kündigung „akzeptiert". Liegt in der Erklärung die Annahme eines Aufhebungsvertragsangebotes, hat der Arbeitnehmer grundsätzlich nur die Möglichkeit, den Vertrag anzufechten. Hat der Arbeitgeber demgegenüber eine Kündigung erklärt, die der Arbeitnehmer quittiert, steht ihm der arbeitsrechtliche Bestandsschutz zu und er kann Kündigungsschutzklage erheben. Deshalb wird sich der Arbeitgeber in solchen unklaren Fällen auf den Abschluss eines Aufhebungsvertrages berufen, während dem Arbeitnehmer, der das Arbeitverhältnis nicht beenden will, nur geraten werden kann, den Ausspruch einer arbeitgeberseitigen Kündigung vorzutragen. Auf die in dieser Hinsicht auch in Zukunft möglichen Problemfälle soll hier in Anlehnung an die nach der früheren Rechtslage gefundenen Lösungen eingegangen werden.

a) Grundsätze der Auslegung

Sind die Erklärungen der Vertragsparteien nicht eindeutig, ist unter Heranziehung der relevanten Erklärungsumstände gemäß §§ 133, 157 BGB zu ermitteln, ob eine Willenserklärung vorlag und welchen Inhalt diese hatte[144]. Dabei kommt es auf den sog. „Empfängerhorizont" an[145]. Dies gilt auch dann, wenn der Erklärungsempfänger der Erklärung eine andere Bedeutung zumisst als der Erklärende oder wenn es bei diesem an dem sog. „Erklärungsbewusstsein"[146] fehlt[147]. Die h.M. hält ein solches nicht für erforderlich[148]und lässt es für ein bindendes Vertragsangebot genügen, wenn der Erklärungsempfänger die Erklärung als rechtsverbindlich auffassen durf-

---

[143] Palandt/Heinrichs, BGB, § 151 Rn 1.

[144] Soergel/Hefermehl, BGB, vor § 116 Rn 18; ausführlich zu Ziel und Methode der Auslegung: Larenz/Wolf, BGB AT, § 28.

[145] Allg.M.: BGH, Urt. v. 5.10.1961 – IIV ZR 207/60 = BGHZ 36, 30, 33 = NJW 1961, 2251; Urt. v. 12.03.1992 – IX ZR 141/91 = NJW 1992, 1446, 1447; Palandt/Heinrichs, BGB, § 133 Rn 9; MünchKomm-BGB/Mayer-Maly/Busche, § 133 Rn 10; Larenz/Wolf, BGB AT, § 28 Rn 11; Medicus, BGB AT, Rn 323; Frölich, NZA 1997, 1273, 1274.

[146] Ausführlich für den Aufhebungsvertrag Müller, Aufhebungsverträge, S. 62 f. m.w.N.; allgemein dazu Palandt/Heinrichs, BGB, vor § 116 Rn 17; Soergel/Hefermehl, BGB, vor § 116 Rn 12.

[147] Zu Fragen der Geltung des Gewollten und Nicht-Gewollten s. Jahr, JuS 1989, 249.

[148] BGH, Urt. v. 07.06.1984 – IX ZR 66/83 = BGHZ 91, 324, 329 = NJW 1984, 2279 m.w.N.; Palandt/Heinrichs, BGB, vor § 116 Rn 17; Soergel/Hefermehl, BGB, vor § 116, Rn 12; Flume, Rechtsgeschäft, § 20 II 3; Medicus, BGB AT, Rn 607; zur theoretischen Natur der unterschiedlichen dogmatischen Ansätze s. Müller, Aufhebungsverträge, S. 63.

te[149]. Das Gesetz schützt dann das Vertrauen des Erklärungsempfängers hinsichtlich der Wirksamkeit einer Willenserklärung[150], wobei grundsätzlich auch emotionale Erklärungen des Arbeitnehmers rechtsverbindlich sein können[151].

Bei der Auslegung sind immer auch die Anschauungen des Arbeitslebens[152] sowie die Interessenlage[153] zu berücksichtigen, soweit die Interpretation des Verhaltens keine eindeutigen Ergebnisse ergibt. Dementsprechend ist Vorgesetzten und Arbeitgebern auch bewusst, dass ein freiwilliger Verzicht auf den Arbeitsplatz angesichts hoher Arbeitslosenzahlen und umfassender Kündigungsschutzvorschriften nicht ohne weiteres erfolgen wird, so dass sie nur dann davon ausgehen werden, der Arbeitnehmer wolle einen Aufhebungsvertrag abschließen, wenn dies durch besondere Umstände gerechtfertigt ist. Im Übrigen kann gegen die Annahme eines Aufhebungsvertrages auch die Gefahr der Auferlegung einer Sperrzeit durch das Arbeitsamt sprechen[154].

Grundsätzlich ist festzuhalten, dass nach allgemeiner Meinung an die Annahme eines Aufhebungsvertrages im Wege der Auslegung strenge Anforderungen zu stellen sind[155].

b) Einzelfälle

aa) Abschluss eines Aufhebungsvertrages durch „Annahme" einer Kündigung

Bei der Frage, ob die Vertragsparteien eine einvernehmliche Beendigung des Arbeitsvertrages beabsichtigten oder ob eine Seite das Arbeitsverhältnis kündigen wollte, kommt es zunächst auf den Wortlaut der Erklärungen an. Ist dieser nicht eindeutig oder ergeben sich Anhaltspunkte dafür, dass Begriffe falsch verwendet wurden[156],

---

[149] Brox, BGB AT, Rn 135; vgl. dazu auch Ernst, Aufhebungsverträge, S. 75.

[150] Larenz/Wolf, BGB AT, § 28 Rn 10.

[151] Vgl. LAG Düsseldorf, Urt. v. 16.09.1952 – 4 Sa 93/52 = DB 1953, 22, für den Fall einer "erregten Unterhaltung"; Frölich, NZA 1997, 1273, 1275; missverständlich Hunn, ArbuR 1959, 135, 139; vgl.a. LAG Hamm, Urt. v. 13.09.1979 – 8 Sa 748/79 = EzA § 305 BGB Nr. 12; Hessisches LAG, Urt. v. 21.06.1985 – 13 Sa 102/85 = BB 1986, 135; LAG Düsseldorf, Urt. v. 25.09.1990 – 8 Sa 1175/90 = LAGE § 611 BGB Aufhebungsvertrag Nr. 1.

[152] Schmidt, DB 1964, 1444.

[153] Dazu Müller, Aufhebungsverträge, S. 63.

[154] BAG, Urt. v. 3.05.1979 – 2 AZR 679/77 = AP Nr. 6 zu § 4 KSchG 1969 = DB 1979, 1465; MünchKomm-BGB/Schwerdtner, 3. Aufl., vor § 620 Rn 16.

[155] S. die Ausführungen zum konkludenten Vertragsschluss vor Einführung des § 623 BGB: BAG, Urt. v. 3.05.1979 – 2 AZR 679/77 = AP Nr. 6 zu § 4 KSchG 1969 = NJW 1979, 2267; LAG Düsseldorf/Köln, Urt. v. 15.08.1967 – 3 Sa 249/67 = DB 1967, 1900; LAG Düsseldorf, Urt. v. 25.09.1990 – 8 Sa 1175/90 = LAGE § 611 Aufhebungsvertrag Nr. 1; LAG Sachsen-Anhalt, Urt. v. 09.03.1995 – 6 Sa 259/94 = LAGE § 611 Aufhebungsvertrag Nr. 17; MünchKomm-BGB/Schwerdtner, 3. Aufl., vor § 620 Rn 16; HzA/Welslau, Gruppe 1 Rn 2010 e; Schaub, Handbuch, § 122 Rn 9; Schmidt, DB 1964, 1444; Becker-Schaffner, BB 1981, 1310, 1311; Frölich, NZA 1997, 1273; ausführlich Müller, Aufhebungsverträge, S. 76 f.

[156] S. die Ausführungen zur sog. Falsa demonstratio bei Ernst, Aufhebungsverträge, S. 89.

können bei der Frage, was dem wirklichen Parteiwillen entsprach, neben den allgemeinen Auslegungsgrundsätzen auch die ermittelten Unterschiede zwischen beiden Tatbeständen herangezogen werden[157].
Zunächst spricht die Verwendung des Begriffes „Kündigung“ für eine einseitige Vertragsbeendigung. Probleme können aber dann entstehen, wenn der Vertragstext Erklärungen beider Vertragspartner enthält. So z.B. bei dem in der Praxis häufiger vorkommenden Fall, dass der Arbeitnehmer unterschreibt, er sei mit der arbeitgeberseitigen Kündigung einverstanden oder er nehme sie an. In diesen Fällen widersprechen sich die verwendeten Begriffe. Nach den Ausführungen zur Abgrenzung der beiden Rechtsinstitute kommt entweder eine einseitige oder aber eine einvernehmliche Vertragsbeendigung in Frage. Eine Kombination ist nicht denkbar. Nimmt der Arbeitnehmer eine Kündigung widerspruchslos hin oder bestätigt er deren Empfang, gibt er damit keine auf eine einvernehmliche Vertragsbeendigung gerichtete Willenserklärung ab; es ist dann allenfalls fraglich, ob er auf die Geltendmachung von Kündigungsschutz verzichtet. Denn die Kündigung stellt eine einseitige Willenserklärung dar und ist auf eine Mitwirkung nicht angewiesen[158]. Wegen der Unterschiede zwischen Kündigung und Aufhebungsofferte ist es nicht möglich, in einer Kündigung zugleich ein Angebot zur einvernehmlichen Vertragsbeendigung zu sehen[159]. Der Arbeitnehmer kann sich allenfalls noch „kündigungskonform”[160] verhalten, das heißt, eine reibungslose Abwicklung des Arbeitsverhältnisses anstreben, um sich mit dem auszustellenden Zeugnis erfolgreich bewerben zu können. Auch kann seinem Verhalten unter Umständen entnommen werden, er wolle auf Kündigungsschutz verzichten[161]. Ob das Einverständnis mit der Kündigung von Seiten des Arbeitnehmers eine „Annahme” oder "Empfangsbestätigung” darstellt, kann dementsprechend allenfalls in begrifflicher Hinsicht entschieden werden, soweit in der Erklärung des Arbeitnehmers keine Ausgleichsquittung zu sehen ist. Im Übrigen kennt das Gesetz für einseitige Willenserklärungen zwar den Empfang im Sinne eines Zugangs; die Reaktion darauf ist weder erforderlich noch determiniert.
Deshalb ist anhand des Parteiwillens zu untersuchen, ob der Arbeitnehmer nur eine rechtlich belanglose Bestätigung oder eine auf die Beendigung des Arbeitsverhältnisses gerichtete Willenserklärung abgeben wollte. Dafür sind die zum Vertragsschluss führenden Umstände und die in der Urkunde zum Ausdruck kommenden Motive he-

---

[157] Zu den Grenzen ergänzender Auslegung: Flume, Rechtsgeschäft, § 16 4 d).
[158] BAG, Urt. v. 24.01.1985 – 2 AZR 67/84 = AP Nr. 7 zu § 1 TVG Tarifverträge: Einzelhandel = NZA 86, 28.
[159] So aber BAG, Urt. v. 26.6.1980 - 2 AZR 682/78 – n. v.
[160] Vgl. BAG, Urt. v. 15.07.1960 – 1 AZR 191/59 = BB 1960, 983; Ernst, Aufhebungsverträge, S. 80; Müller, Aufhebungsverträge, S. 79; zur Aufnahme einer neuen Arbeit s. Joachim, BB 1958, 345, 346, und Becker-Schaffner, BB 1981, 1340, 1342, sowie ArbG Wilhelmshaven, Urt. v. 25.08.1966 – Ca 717/66 = ArbuR 67, 125.
[161] Dazu Müller, Aufhebungsverträge, S. 79 m.w.N.

ranzuziehen. Maßgeblich ist, wie der Empfänger der Erklärung diese verstand und verstehen durfte. Dabei ist auch zu berücksichtigen, ob eine Kündigung des Arbeitgebers überhaupt berechtigt wäre und wie sich die Sachlage aus Sicht des Arbeitnehmers darstellt. Erkennt dieser, dass der Arbeitgeber das Arbeitsverhältnis nicht einseitig beenden kann, ist seine „Annahme" der Kündigung unter Umständen anders auszulegen als in dem Fall, in dem er von einem Kündigungsgrund des Arbeitgebers ausgeht. So z.B., wenn die Erklärung des Arbeitgebers auf die sofortige Beendigung des Arbeitsverhältnisses gerichtet ist, ohne dass Anhaltspunkte für das Vorliegen eines wichtigen Grundes i.S.d. § 626 BGB bestehen, sich der Arbeitnehmer aber gleichwohl mit der Kündigung „einverstanden" erklärt. Die unwirksame Kündigung könnte dann allenfalls in ein Angebot auf Abschluss eines Aufhebungsvertrages umgedeutet werden. Dann wäre aber noch kein Vertrag zustande gekommen und der in der Urkunde deutlich gemachte Parteiwille, das Arbeitsverhältnis zu beenden, käme letztlich nicht zum Tragen. Deshalb muss zugunsten der Vertragsparteien davon ausgegangen werden, sie hätten in Anbetracht der Umstände diejenige Erklärung gewählt, die eine wirksame Beendigung des Arbeitsverhältnisses ermöglicht[162], wenn die Auslegung ansonsten nichts Gegenteiliges ergibt. Hat sich die andere Vertragspartei mit einer offensichtlich nicht fristgemäßen „Kündigung" einverstanden erklärt und sind Anhaltspunkte für das Vorliegen eines wichtigen Grundes gemäß § 626 BGB nicht ersichtlich, ist demnach grundsätzlich vom Abschluss eines Aufhebungsvertrages auszugehen.

Dies gilt erst Recht, wenn der Arbeitnehmer im Gegenzug (für sein vorzeitiges Ausscheiden) eine Abfindung erhält. Denn in diesen Fällen kann nicht nur deshalb eine Kündigung angenommen werden, weil dies die gesetzlich vorgesehene Beendigungsform ist[163]. Der Arbeitnehmer kann sich dann nicht darauf berufen, es handele sich um eine vom Arbeitgeber ausgesprochene (unwirksame) Kündigung, weil er mit seiner Unterschrift sein Einverständnis mit der Beendigung des Arbeitsverhältnisses erklärt hat; dieses Verhalten kann (vom Arbeitgeber) nach den Umständen nur als Annahme eines Aufhebungsvertragsangebots verstanden werden. Andererseits wird der Arbeitnehmer in diesen Fällen die Tatsache, dass der Arbeitgeber ihn zur „Annahme" der Kündigung auffordert, so verstehen, dass seine Mitwirkung zur Beendigung des Arbeitsverhältnisses erforderlich ist. Werden die Umstände noch dadurch unterstützt, dass die Urkunde als Aufhebungsvertrag tituliert ist, wird sich der Arbeitnehmer in der Regel nicht darauf berufen können, er habe keine rechtlich relevante Erklärung abgeben wollen.

Ist dagegen eine fristgemäße Kündigung erklärt worden und/oder bestehen (nach dem Vertragstext) Anhaltspunkte für einen tragbaren Kündigungsgrund, sprechen die Umstände eher für die „Annahme" einer Kündigung durch den anderen Vertragsteil im Sinn einer reinen Empfangsbestätigung. Dann kann sich der Arbeitgeber vor Ge-

[162] Vgl. LAG Bremen, Urt. v. 5.03.1963 – 2 Sa 6/63 = ArbuR 1963, 249.
[163] So aber Grothus, DB 1959, 763, und Müller, Aufhebungsverträge, S. 75.

richt nicht darauf berufen, der Arbeitnehmer habe dem Abschluss eines Aufhebungsvertrages zugestimmt, weil er das Risiko tragen muss, dass die Kündigung bei der gerichtlichen Überprüfung keinen Bestand haben wird. Aus der Sicht des Arbeitnehmers stellte sich die Erklärung des Arbeitgebers dann als Kündigung dar, deren Empfang er mit seiner Unterschrift lediglich bestätigen wollte.

bb) Erklärung einer „Kündigung im gegenseitigen Einvernehmen"

Auslegungsprobleme wegen der Vermischung zweier unterschiedlicher Rechtsinstitute ergeben sich auch dann, wenn der Arbeitgeber mitteilt, er „kündige" das mit dem Arbeitnehmer bestehende Arbeitsverhältnis „im gegenseitigen Einvernehmen" und der Arbeitnehmer unterschreibt dies[164]. Da eine „einverständliche Kündigung" im Hinblick auf die Unterschiede der beiden Rechtsinstitute begrifflich ebenso unsinnig ist wie die „Annahme" einer solchen, kann in diesen Fällen nur dann vom Abschluss eines Aufhebungsvertrages ausgegangen werden, wenn es den Parteien nach den obigen Grundsätzen auf eine einvernehmliche Beendigung des Arbeitsverhältnisses ankam. Der Arbeitnehmer kommt in diesen Fällen durch sein Einverständnis einer Kündigungserklärung durch den Arbeitgeber zuvor. Die Falschbezeichnung schadet nicht. Umgekehrt ist eine Kündigung anzunehmen, wenn keine Anhaltspunkte dafür sprechen, dass sich die Parteien einvernehmlich trennen wollten. Auch hier gelten die oben ausgeführten Anhaltspunkte für die Interpretation des Urkundeninhalts. Insbesondere ist zu fragen, ob eine Kündigung durch den Arbeitgeber aus Sicht der Vertragsparteien unwirksam gewesen wäre.

Hat der Arbeitgeber eine „Kündigung im gegenseitigen Einvernehmen" erklärt, ist diese aber vom Arbeitnehmer nicht unterschrieben worden, fehlt es für einen wirksamen Aufhebungsvertrag bereits an den Voraussetzungen der §§ 623, 126 BGB. Es wird dann in der Regel die Kündigung als wirksame Beendigungsform gewollt sein. Ergibt die Auslegung gleichwohl, dass der Arbeitgeber nur ein Angebot auf Abschluss eines Aufhebungsvertrages abgeben wollte, fehlt es an einer (form)wirksamen Beendigung des Arbeitsverhältnisses.

cc) Unterzeichnen einer Ausgleichsquittung

Soll das Unterzeichnen einer Ausgleichsquittung als Annahme einer Aufhebungsofferte angesehen werden, muss der Beendigungswille deutlich zutage treten[165]. Dabei ist auf die Ausführungen zur Abgrenzung beider Rechtsinstitute hinzuweisen: Eine Ausgleichsquittung allein kann das Ende des Arbeitsverhältnisses nicht herbeiführen. Denkbar ist aber, dass der Arbeitnehmer sich durch deren Unterzeichnung zugleich mit der Beendigung des Arbeitsverhältnisses einverstanden erklärt. Diese Regelung wird in der Praxis regelmäßig dem eigentlichen Inhalt der Ausgleichsquit-

---

[164] Das BAG, Urt. v. 28.07.1976 – 5 AZR 315/75 = AP Nr. 4 zu § 6 LohnFG = BB 1976, 1516, nimmt hier einen Aufhebungsvertrag an.

[165] BAG, Urt. v. 3.05.1979 – 2 AZR 679/77 = AP Nr. 6 zu § 4 KSchG 1969 = NJW 1979, 2267.

tung vorangestellt sein. Wird darüber hinaus der Begriff der „Kündigung" verwendet, gelten die obigen Auslegungsgrundsätze.

c) Schlussfolgerung

Dem Arbeitnehmer ist bei der Unterschrift nicht eindeutiger Vertragstexte zur Vorsicht zu raten. Ergibt die Auslegung den Abschluss eines Aufhebungsvertrages, verliert der Arbeitnehmer den im Fall einer Kündigung geltenden arbeitsrechtlichen Bestandsschutz. Deshalb ist trotz Formerfordernisses auch in Zukunft sorgfältig darauf zu achten, dass die abgefassten Erklärungen unmissverständlich sind.

3. „Ersetzung" einer Kündigung durch Abschluss eines Aufhebungsvertrages

Anders als bei missverständlichen Erklärungen stellt sich die Rechtslage dar, wenn tatsächlich eine Kündigung ausgesprochen wurde, diese aber aus bestimmten Gründen nicht Bestand haben soll. Überlegt es sich der Erklärende z.B. nach Ausspruch der Kündigung anders und will er nun eine einvernehmliche Beendigung herbeiführen, muss die Kündigung zunächst „zurückgenommen" werden[166]. Da die Kündigung aber als Gestaltungsrecht eo ipso wirkt, kann sie nicht mehr einseitig beseitigt werden[167]. Es ist allenfalls möglich, den Eintritt ihrer Rechtsfolgen dadurch zu verhindern, dass ein neues Arbeitsverhältnis durch übereinstimmende Willenserklärungen begründet wird, welches dann erneut einverständlich aufgehoben werden kann[168]. Dieser Vorgang wird zum Teil auch als einvernehmliche Rücknahme der Kündigung angesehen[169] und kann in Form eines Aufhebungsvertrages erfolgen[170]. Von einer übereinstimmenden „Rücknahme" der Kündigung durch einen Aufhebungsvertrag kann allerdings nur ausgegangen werden, wenn die Erklärungen beider Parteien entsprechend auszulegen sind[171]. Voraussetzung ist außerdem, dass es sich um eine

---

166 In der Rücknahme der Kündigung im Laufe eines Kündigungsschutzprozesses ist dann ein Angebot auf Fortsetzung des Arbeitsverhältnisses zu sehen: Hueck/v. Hoyningen-Huene, KSchG, § 4 Rn 29.

167 BAG, Urt. v. 19.08.1982 – 2 AZR 230/80 = AP Nr. 9 zu § 9 KSchG 1969 = NJW 1983, 1628; LAG Hamm, Urt. v. 3.03.1982 – 2 Sa 1602/81 = ZIP 1982, 486; MünchKomm-BGB/Schwerdtner, 3. Aufl., vor § 620 Rn 162; Schaub, Handbuch, § 123 Rn 37; Preis in Stahlhacke/Preis/ Vossen, Kündigung und Kündigungsschutz, Rn 234f.

168 MünchKomm-BGB/Schwerdtner, 3. Aufl., vor § 620 Rn 162; Joachim, BB 1958, 345, 346; Müller, Aufhebungsverträge, S. 67.

169 LAG Schleswig-Holstein, Urt. v. 9.07.1986 – 3 Sa 209/86 = NZA 1988, 40; unklar BAG, Urt. v. 19.08.1982 – 2 AZR 230/80 = AP Nr. 9 zu § 9 KSchG 1969 = NJW 1983, 1628.

170 Ernst, Aufhebungsverträge, S. 86, betrachtet in diesem Fall den Zwischenschritt der erneuten Begründung eines Arbeitsvertrages als konstruiert; zum Einfluss eines Aufhebungsvertrages auf den Kündigungsschutzprozess noch unten § 16.

171 Nicht bei bloßer Entgegennahme der Kündigung oder inhaltsloser Verlegenheitsbemerkung: LAG Bremen, Urt. v. 7.07.1965 – 1 Sa 34/65 = DB 1965, 1254; nach BAG, Urt. v. 19.08.1982 – 2 AZR 230/80 = AP Nr. 9 zu § 9 KSchG 1969 = NJW 1983, 1628, liegt alleine in der Erhebung

wirksame Kündigung handelt, da diese sonst ohnehin keine Rechtsfolgen hat und allenfalls umgedeutet werden kann[172]. Die „Ersetzung" der Kündigung durch einen Aufhebungsvertrag wird häufig im Wege gegenseitigen Nachgebens (§ 779 BGB) durch einen Aufhebungsvergleich geschehen[173].

4. Konkludenter Vertragsschluss

Die Rechtsunsicherheiten und Beweisschwierigkeiten beim Abschluss von Aufhebungsverträgen durch schlüssiges Verhalten[174] haben den Gesetzgeber bewogen, für Aufhebungsverträge Formzwang einzuführen[175]. Gerade die Fälle, in denen der Arbeitgeber sich auf eine Beendigung des Arbeitsverhältnisses berief und der Arbeitnehmer ein rechtserhebliches Verhalten seinerseits bestritt, werden nun vom Übereilungsschutz des § 623 BGB und den damit zusammenhängenden Beweiserleichterungen erfasst[176].

5. Abschluss eines Aufhebungsvertrages bei Aufstieg des Arbeitnehmers zum Organmitglied

In einer Entscheidung des BAG aus dem Jahre 2000, die einen Sachverhalt aus dem Jahr 1997 zum Gegenstand hatte, heißt es[177]: „Wird ein in leitender Position beschäftigter Arbeitnehmer zum Geschäftsführer einer neu gegründeten GmbH bestellt, die wesentliche Teilaufgaben des Betriebes seines bisherigen Arbeitgebers übernimmt, so wird im Zweifel mit Abschluss des Geschäftsführerdienstvertrages das bisherige Arbeitsverhältnis aufgehoben." Mit dieser Entscheidung stellte das BAG eine Auslegungsregel für die Beantwortung der Frage auf, ob die Parteien ein Arbeitsverhältnis anlässlich der Beförderung zum Organmitglied aufheben oder nur ruhend stellen[178]. Unabhängig von der Begründung dieses Ergebnisses unter Auslegungsgesichtspunkten stellt sich die Frage, ob der so angenommene Aufhebungsvertrag nach der heutigen Rechtslage wirksam ist. Er könnte nach § 623 BGB unwirksam sein[179]. Allerdings ist vorliegend zu beachten, dass sich die vertraglichen Erklärungen aus einem – in aller Regel schriftlich geschlossenen – Geschäftsführervertrag ergeben. Soweit

---

der Kündigungsschutzklage noch kein Einverständnis mit der Rücknahme der Kündigung; anders LAG Hamm, Urt. v. 3.03.1982 – 2 Sa 1602/81 = ZIP 1982, 486.

[172] BAG, Urt. v. 24.01.1985 – 2 AZR 67/84 = AP Nr. 7 zu § 1 TVG Tarifverträge: Einzelhandel = NZA 1986, 28.

[173] Dazu noch unten § 16.

[174] Zu den Einzelfällen s. Ernst, Aufhebungsverträge, S. 74 ff.

[175] S. die Begründung des Gesetzentwurfes (Art. 2 Arbeitsgerichtsbeschleunigungsgesetz), BT-Drs. 14/626.

[176] Dazu ausführlich unten § 5 I.

[177] BAG, Urt. v. 8.06.2000 – 2 AZR 207/99 = AP Nr. 49 zu § 5 ArbGG 1979 = NJW 2000, 3732.

[178] Ausführlich zu diesem Problemkreis Baeck/Hopfner, DB 2000, 1914 ff. und Krause, ZIP 2000, 2284 ff.

[179] Krause, ZIP 2000, 2284, 2288, will § 623 BGB im Wege teleologischer Reduktion dann nicht anwenden, wenn der Arbeitnehmer in die Stellung eines Vorstandsmitglieds einer AG wechselt.

dieser die Anforderungen des § 126 BGB an ein gesetzliches Schriftformerfordernis erfüllt, könnte er zugleich einen formwirksamen Aufhebungsvertrag darstellen.
Fraglich ist, ob es für die Formwahrung genügt, wenn die Parteien einen Dienstvertrag mit neuen Regelungen abschließen und sich aus den Umständen der Beförderung der Wille zur Vertragsaufhebung ergibt[180]. Dies ist zweifelhaft, weil allein ein neuer Dienstvertrag noch nicht hinreichend deutlich erkennen lässt, dass die Parteien das Arbeitsverhältnis nicht nur ruhen lassen, sondern aufheben wollen[181]. Aus dem Vertrag muss zumindest hervorgehen, dass sich die zwischen den Parteien bestehenden rechtlichen Beziehungen nunmehr ausschließlich nach dem neuen Anstellungsvertrag richten sollen, dessen Regelungen die alte Vereinbarung ersetzen[182]. Der Aufhebungsvertrag darf sich nicht nur aus den Umständen, sondern muss sich aus der Urkunde selbst ergeben, weil sonst der Beweisfunktion des § 623 BGB nicht ausreichend Rechnung getragen wird[183].

6. Umdeutung einer unwirksamen Kündigung

Die Umdeutung nach § 140 BGB eröffnet die Möglichkeit, nichtige Rechtsgeschäfte dergestalt umzudeuten, dass der von den Parteien erstrebte wirtschaftliche Erfolg dadurch erreicht wird, dass das von ihnen gewählte untaugliche Mittel durch ein taugliches ersetzt wird. Es handelt sich um eine Art nachträgliche Gestaltungshilfe für die Parteien[184]. Voraussetzung für eine Umdeutung ist, dass das Ersatzgeschäft in seinen Wirkungen nicht über diejenigen des gewollten Geschäfts hinausgeht[185].
In Zusammenhang mit der Beendigung des Arbeitsverhältnisses wird die Umdeutung einer – ordentlichen oder außerordentlichen - unwirksamen Kündigung in ein Angebot auf Abschluss eines Aufhebungsvertrages von der allgemeinen Meinung als zulässig anerkannt[186], da das Aufhebungsangebot mit der Kündigung kongruent ist[187].

---

[180] So Baeck/Hopfner, DB 2000, 1914, 1915.
[181] Krause, ZIP 2000, 2284, 2289.
[182] Krause, a.a.O.; ebenso Bauer, GmbHR 2000, 767, 768 f. mit Formulierungsbeispielen.
[183] Bauer, GmbHR 2000, 767, 769; ist der Aufhebungsvertrag formunwirksam, ist er nach § 140 BGB in eine Ruhensverabredung umzudeuten, weil sich der Arbeitnehmer ansonsten in zwei Tätigkeitsverhältnissen zu demselben Unternehmen befinden würde: Krause, ZIP 2000, 2284, 2290.
[184] Larenz/Wolf, BGB AT, § 44 Rn 79.
[185] BGH, Urt. v. 14.05.1956 – II ZR 229/54 = BGHZ 20, 363, 370 f.; BAG, Urt. v. 12.09.1974 – 2 AZR 535/73 = AP Nr. 1 zu § 44 TV AL II = DB 1975, 214; Palandt/Heinrichs, BGB, § 140 Rn 6; Soergel/Hefermehl, BGB, § 140 Rn 5; Brox, BGB AT, Rn 319; Molkenbur/Krasshöfer-Pidde, RdA 1989, 337, 338.
[186] BAG, Urt. v. 13.04.1972 – 2 AZR 243/71 = AP Nr. 64 zu § 626 BGB = BB 1972, 1094; LAG Berlin, Urt. v. 18.08.1975 – 5 Sa 31/75 = BB 1975, 1388, 1389; LAG München, Urt. v. 3.08.1988 – 5 Sa 89/88 = LAGE § 140 BGB Nr. 8; MünchKomm-BGB/Mayer-Maly/Busche, § 140 Rn 28; Staudinger/Roth, BGB, § 140 Rn 41; KR/Fischermeier, § 626 BGB Rn 367 ff.; Preis in Stahlhacke/Preis/Vossen, Kündigung und Kündigungsschutz, Rn 481; Schmidt, DB 1964, 1444, 1446 ff.; Molkenbur/Krasshöfer-Pidde, RdA 1989, 337, 344.
[187] Ernst, Aufhebungsverträge, S. 96.

Gewinnt man das Aufhebungsvertragsangebot durch Umdeutung, fehlt zum Zustandekommen des Aufhebungsvertrages noch die Annahmeerklärung. Da der Aufhebungsvertrag nach § 623 BGB nun der Schriftform bedarf, genügt eine schlüssig erklärte Annahme nicht mehr. Deshalb haben sich diejenigen Probleme, die mit den Anforderungen an eine solche Erklärung zusammenhingen, erledigt. Auch an dieser Stelle hat die Einführung des Schriftformerfordernisses für Aufhebungsverträge und Kündigungen mehr Rechtssicherheit gebracht, weil vorher in der Rechtsprechung der Landesarbeitsgerichte an die (konkludente) Annahmeerklärung zum Teil keine besonderen Anforderungen gestellt wurden[188]. Dies hatte dazu geführt, dass in der Literatur bei der Prüfung des Vorliegens einer Annahmeerklärung zur Vorsicht gemahnt[189] und ein strenger Maßstab angelegt wurde[190]. Auch das BAG hatte Bedenken gegen das Zustandekommen eines Aufhebungsvertrages auf diesem Weg geäußert, weil allein eine „Akzeptierung" der Kündigung kein zwingendes Anzeichen für den eigenen rechtsgeschäftlichen Willen zur Beendigung des Arbeitsverhältnisses sei[191]. Das Verhalten des Kündigungsempfängers könne nur dann als Annahmeerklärung gewertet werden, wenn dieser das Bewusstsein habe, eine rechtsgeschäftliche Willenserklärung abgeben zu können und zu wollen; andernfalls handele es sich um eine unzulässige Fiktion[192]. Der BGH begründete die Ablehnung einer Annahmeerklärung für den Fall der Beendigung eines Mietverhältnisses zu Recht damit, dass eine unwirksame Kündigung keine Rechtswirkung erzeuge und daher auch keine Äußerungspflicht des Erklärungsempfängers begründen könne[193].
Nach der neuen Rechtslage kommt der Aufhebungsvertrag, selbst wenn die Voraussetzungen der Umdeutung einer Kündigung in eine Aufhebungsvertragsofferte vorliegen, nur zustande, wenn die Voraussetzungen des § 126 BGB erfüllt sind. Dies ist aber im Wege der Umdeutung nicht zu erreichen.

---

188 Vgl. LAG Berlin, Urt. v. 18.08.1975 – 5 Sa 31/75 = BB 1975, 1388 f.; LAG Düsseldorf, Urt. v. 30.10.1953 – 3 Sa 147/53 = DB 1954, 216; Hessisches LAG, Urt. v. 14.06.1965 – 1 Sa 215/65 = BB 1966, 124.
189 Preis in Stahlhacke/Preis/Vossen, Kündigung und Kündigungsschutz, Rn 481; Schmidt, DB 1964, 1444, 1447.
190 Molkenbur/Krasshöfer-Pidde, RdA 1989, 337, 344; Müller, Aufhebungsverträge, S. 74.
191 BAG, Urt. v. 13.04.1972 – 2 AZR 243/71 = AP Nr. 64 zu § 626 BGB = BB 1972, 1094; zust. Dorndorf, SAE 1972, 149, 150 f., der die Erklärung des Empfängers allenfalls als ein Angebot auf Abschluss eines außergerichtlichen Vergleiches gemäß § 779 BGB auslegen will.
192 BAG, Urt. v. 13.04.1972 – 2 AZR 243/71 = AP Nr. 64 zu § 626 BGB = BB 1972, 1094; Urt. v. 24.01.1985 - 2 AZR 67/84 = AP Nr. 7 zu § 1 TVG Tarifverträge: Einzelhandel = NZA 1986, 28; AR-Blattei/Feichtinger/Huep, Kündigung – Außerordentliche Kündigung Rn 384; HzA/Welslau, Gruppe 1 Rn 2011; Ernst, Aufhebungsverträge, S. 100 f.; Müller, Aufhebungsverträge, S. 74.
193 BGH, Urt. v. 24.09.1980 – VIII ZR 299/79 = NJW 1981, 43, 44.

III. Zusammenfassung

Wie alle Verträge kommt der Aufhebungsvertrag durch Angebot und Annahme zustande. Hinsichtlich des Zugangs des Angebots können Probleme auftreten, wenn dieses gegenüber einem ausländischen Arbeitnehmer abgegeben wird und dieser die Erklärung nicht oder nicht richtig versteht. Sowohl im Fall der Übergabe des schriftlichen Angebotes unter Anwesenden als auch bei Übersendung des Angebotes ergeben sich aber gegenüber dem Zugang bei deutschen Arbeitnehmern im Ergebnis keine Abweichungen, weil sich der ausländische Arbeitnehmer das Schriftstück übersetzen lassen muss, wenn er es nicht versteht.

Nach der Einführung des Schriftformerfordernisses für Aufhebungsverträge in § 623 BGB kommt ein konkludenter Abschluss des Aufhebungsvertrages nicht mehr in Betracht. Allerdings stellen sich weiterhin eine Reihe von Auslegungsfragen. Dies gilt vor allem dann, wenn der Arbeitnehmer eine „Kündigung" des Arbeitgebers „annimmt". In diesen Fällen kann unabhängig von der Begriffsverwendung eine einverständliche Vertragsaufhebung gewollt sein, wenn die Parteien von der Unwirksamkeit der Kündigung ausgingen und der eine Vertragsteil das Verhalten des anderen deshalb als Angebot zum Abschluss eines Aufhebungsvertrages verstand. Die Annahme dieses Angebotes liegt dann in der „Bestätigung" oder „Annahme" der „Kündigung" bzw. der Unterzeichnung einer „Kündigung im gegenseitigen Einvernehmen".

Ein Aufhebungsvertrag kann auch bei Abschluss eines förmlichen Geschäftsführervertrages, durch den der Arbeitnehmer zum Organmitglied bestellt wird, vorliegen. Voraussetzung dafür ist allerdings, dass sich der Aufhebungswille der Parteien aus der Urkunde selbst ergibt, weil sonst der Beweisfunktion des § 623 BGB nicht genüge getan wird.

Ergibt die Auslegung, dass eine Kündigung erklärt werden sollte und ist diese unwirksam, kommt noch die Umdeutung der – ordentlichen oder außerordentlichen - Kündigung in ein Angebot auf Abschluss eines Aufhebungsvertrages in Betracht. Im Ergebnis kann allerdings ein wirksamer Aufhebungsvertrag im Wege der Umdeutung nicht gewonnen werden, weil es an der für die Wirksamkeit des Aufhebungsvertrages notwendigen Schriftform fehlen wird.

§ 5 Wirksamkeit des Vertragsschlusses

I. Formerfordernisse

Rechtsgeschäfte sind grundsätzlich formlos wirksam[194]. Das heißt, wenn für ein Rechtsgeschäft weder gesetzliche, noch tarif- oder einzelvertragliche Formvorschriften bestehen, können die Vertragsparteien auch mündlich zu einer wirksamen Einigung kommen.

---

[194] MünchKomm-BGB/Einsele, § 125 Rn 1; Brox, BGB AT, Rn 252.

1. Rechtslage vor dem 1.05.2000

Dieser Grundsatz galt lange Zeit auch für den Aufhebungsvertrag, für den keine gesetzlichen und nur vereinzelt tarifliche[195] Schriftformerfordernisse bestanden. Allenfalls die einzelvertragliche Vereinbarung eines Formzwangs war daneben noch denkbar. Diese musste sich aber ausdrücklich auf den Abschluss des Aufhebungsvertrages bzw. auf die „Beendigung des Arbeitsverhältnisses" im Allgemeinen beziehen, weil eine Übertragung sonstiger Formerfordernisse ausschied: soweit Formvorschriften für Kündigungen existierten, waren diese wegen der bereits geschilderten grundlegenden Unterschiede zwischen Aufhebungsvertrag und Kündigung nicht auf den Aufhebungsvertrag anwendbar[196]. Auch eine möglicherweise für den Arbeitsvertrag bestehende Schriftform galt nicht für den Aufhebungsvertrag[197]; dasselbe galt für eine Klausel im Arbeitsvertrag, nach der „Änderungen oder Ergänzungen dieses Vertrages der Schriftform" bedürfen[198].

Bestand ein einzelvertragliches Schriftformerfordernis, wurde insbesondere diskutiert, ob schon der formwidrige Abschluss des Vertrages eine konkludente Aufhebung des Schriftformerfordernisses darstellt. Dies wurde von der überwiegenden Rechtsprechung[199] damit begründet, dass die Formklausel dann, wenn die Parteien übereinstimmend die Geltung des von ihnen mündlich Vereinbarten gewollt haben, die Wirksamkeit des Vertrages nicht hindern könne. Die übereinstimmend gewollte mündliche Vereinbarung mache das Formgebot hinfällig[200]. Das gelte selbst dann, wenn die Parteien gar nicht an den Formzwang gedacht hätten, weil die Parteien nicht für die Zukunft auf ihre Vertragsfreiheit verzichten könnten[201]. Wenn der

---

[195] So § 4.7 des Manteltarifvertrages für Beschäftigte der Metallindustrie in Nordwürttemberg/Nordbaden, gültig ab 1.01.1997; § 20 des Manteltarifvertrages für den Saarländischen Einzelhandel vom 24.6.1993, in seiner am 1.11.1996 für allgemeinverbindlich erklärten Fassung; § 2 Nr. 6 des Manteltarifvertrages für den Saarländischen Groß- und Einzelhandel, für allgemeinverbindlich erklärt am 01.04.1997.

[196] BAG, Urt. v. 28.02.1980 - 2 AZR 330/78 – n. v; MünchKomm-BGB/Schwerdtner, 3. Aufl., vor § 620 Rn 21; Erman/Hanau, BGB, § 620 Rn 112; HzA/Welslau, Gruppe 1 Rn 2010.a; Müller, Aufhebungsverträge, S. 60.

[197] MünchKomm-BGB/Einsele, § 125 Rn 13.

[198] S. LAG Hamm, Urt. v. 23.02.1999 – 13 Sa 663/98 = BuW 1999, 760; ebenso BAG, Urt. v. 28.02.1980, - 2 AZR 330/78 – n. v., und Urt. v. 16.05.2000 – 9 AZR 245/99 = NZA 2000, 939; HzA/Welslau, Gruppe 1 Rn 2010a; Schiefer/Köster, WiB 1995, 489, 492.

[199] BGH, Urt. v. 20.06.1962 - V ZR 157/60 = NJW 1962, 1908; Urt. v. 26.11.1964 - VII ZR 111/63 = AP Nr. 2 zu § 127 BGB = NJW 1965, 293; Urt. v. 2.06.1976 - VIII ZR 97/74 = BGHZ 66, 378, 381 = NJW 1976, 1395; Urt. v. 22.04.1982 - III ZR 122/80 = WM 1982, 902; BAG, Urt. v. 16.08.1983 - 3 AZR 34/81 = AP Nr. 2 zu § 1 BetrAVG Hinterbliebenenversorgung = FamRZ 1984, 691; Urt. v. 10.01.1989 - 3 AZR 460/87 = AP Nr. 57 zu § 74 HGB = NJW 1989, 2149.

[200] BGH, Urt. v. 2.06.1976 - VIII ZR 97/74 = BGHZ 66, 378, 381 = NJW 1976, 1395; zust. Palandt/Heinrichs, BGB, § 125 Rn 14 und Soergel/Hefermehl, BGB, § 125 Rn 33.

[201] BGH, Urt. v. 26.11.1964 - VII ZR 111/63 = AP Nr. 2 zu § 127 BGB = NJW 1965, 293; Urt. v. 22.04.1982 - III ZR 122/80 = WM 1982, 902; BAG, Urt. v. 16.08.1983 - 3 AZR 34/81 = AP Nr. 2

Zweck der Schriftformabrede häufig nicht erreicht werde, liege dies daran, dass die Parteien selbst übereinstimmend von der Beobachtung der gesetzlich nicht vorgeschriebenen Form, über die sie allein zu bestimmen hätten, absehen würden[202].
Diese Rechtsprechung des BGH und des BAG wurde von Teilen der Literatur kritisiert[203]. Daraufhin forderte der BGH zwischenzeitlich zumindest in Fällen sog. qualifizierter Schriftformklauseln eine gesonderte Einigung über deren Änderung[204], wobei er zuletzt offen ließ, ob diese nur durch eine schriftliche Vereinbarung möglich ist[205].
Der BFH vertrat die Auffassung, es sei zumindest ein konkludenter Aufhebungswille erforderlich[206].
Schließlich äußerte auch das BAG Zweifel an seiner bisherigen Rechtsprechung zur konkludenten Aufhebung von Schriftformerfordernissen[207]. Für den Fall der widerspruchslosen Hinnahme einer (formwidrigen) Kündigung entsprach es zuletzt der überwiegenden Auffassung[208], im Schweigen des Kündigungsempfängers noch kein Einverständnis mit der Aufhebung einer Schriftformklausel zu sehen[209].
Diese Fragestellungen erledigten sich zumindest hinsichtlich der Beendigung des Arbeitsverhältnisses durch die Einführung des § 623 BGB.

---

zu § 1 BetrAVG Hinterbliebenenversorgung = FamRZ 1984, 691; Soergel/Hefermehl, BGB, § 125 Rn 33.

202 BGH, Urt. v. 26.11.1964 - VII ZR 111/63 = AP Nr. 2 zu § 127 BGB = NJW 1965, 293.

203 MünchKomm-BGB/Einsele, § 125 Rn 66; Schaub, Handbuch, § 32 Rn 58; Larenz/Wolf, BGB AT, § 27 Rn 62; Erman, Anm. zu BAG, Urt. v. 4.06.1963, AP Nr. 1 zu § 127 BGB.

204 BGH, Urt. v. 17.04.1991 - XII ZR 15/90 = NJW-RR 1991, 1289; ähnlich schon für den Fall einer zwischen Kaufleuten vereinbarten Klausel Urt. v. 2.06.1976 - VIII ZR 97/74 = BGHZ 66, 378, 381 = NJW 1976, 1395.

205 BGH, Urt. v. 17.04.1991 - XII ZR 15/90 = NJW-RR 1991, 1289; im Urt. v. 2.06.1976 – VIII ZR 97/74 = BGHZ 66, 378, 382 = NJW 1976, 1395, hatte der BGH dies noch bejaht.

206 BFH, Urt. v. 24.07.1996 - I R 115/95 = NJW 1997, 1327, 1328.

207 BAG, Urt. v. 10.01.1989 - 3 AZR 460/87 = AP Nr. 57 zu § 74 HGB = NJW 1989, 2149, erklärt, es wolle „nicht ohne Not" von seiner Rspr. abweichen, zumal Gründe der Parteiautonomie und der Praktikabilität für sie sprächen; in BAG, Urt. v. 6.12.1997 - 2 AZR 799/96 = AP Nr. 141 zu § 626 BGB = NJW 1998, 1659, bleibt die Frage der konkludenten Aufhebung des Formerfordernisses aufgrund der wechselseitigen Erklärungen der Parteien ausdrücklich unerörtert.

208 LAG Düsseldorf, Urt. v. 16.01.1962 - 8 Sa 459/61 = DB 1962, 718; LAG Schleswig-Holstein, Urt. v. 14.02.1991 - 6 Sa 521/90 = LAGE § 125 BGB Nr. 4; LAG Hamm, Urt. v. 14.11.1996 - 19 (14) Sa 773/96 = LAGE § 125 BGB Nr. 6; Erman/Hanau, BGB, § 620 Rn 112; Kliemt, DB 1993, 1874, 1875 f.

209 BAG, Urt. v. 19.05.1988 - 2 AZR 596/87 = AP Nr. 75 zu § 613 a BGB = NZA 1989, 461; a.A. für die Situation im Konkurs: BAG, Urt. v. 19.10.1977 - 5 AZR 359/76 = AP Nr. 3 zu § 22 KO m. abl. Anm. Blomeyer, SAE 1979, 266.

2. Begründung für die Einführung des § 623 BGB

§ 623 BGB lautet: „Die Beendigung von Arbeitsverhältnissen durch Kündigung oder Auflösungsvertrag bedürfen[210] zu ihrer Wirksamkeit der Schriftform; die elektronische Form ist ausgeschlossen." In der Gesetzesbegründung für die Einführung des § 623 BGB heißt es, dass die besondere Bedeutung dieser Gestaltungsrechte die Einführung eines Schriftformerfordernisses zur Gewährleistung größtmöglicher Rechtssicherheit rechtfertige[211]. Außerdem führe das konstitutive Schriftformerfordernis zu einer Entlastung der Arbeitsgerichte, weil unergiebige Rechtsstreitigkeiten, z.B. über die Frage, ob überhaupt eine Kündigung vorliege, vermieden bzw. die entsprechende Beweiserhebung vereinfacht würde[212]. Dementsprechend erfolgte die Einführung der Vorschrift auch im Rahmen des sog. „Arbeitsgerichtsbeschleunigungsgesetzes".
Nach dieser Gesetzesbegründung ist die Beweisfunktion der primäre Zweck der Vorschrift. Darüber hinaus soll der Arbeitnehmer auch vor ihm nachteiligen, übereilten Entscheidungen geschützt werden[213]. Insoweit hat die Vorschrift auch eine Warnfunktion[214].

3. Rechtslage nach Einführung des § 623 BGB

Mit der Einführung einer Schriftform für Aufhebungsverträge wurde der Gesetzgeber einer seit längerem in der Literatur geäußerten Forderung gerecht[215].

a) § 623 BGB als gesetzliches Schriftformerfordernis

Bei § 623 BGB handelt es sich um ein gesetzliches Schriftformerfordernis gemäß § 126 Abs. 1 BGB, das konstitutive Bedeutung hat[216]. Daraus folgt, dass alle formlos geschlossenen Aufhebungsverträge ebenso wie alle formlos erklärten Kündigungen und mündlich vereinbarten Befristungen nach § 125 S. 1 BGB grundsätzlich unwirksam sind. Das gesetzliche Formerfordernis ist zwingend und kann weder durch die Arbeitsvertragsparteien noch durch Tarifvertrag oder Betriebsvereinbarung abbedungen werden[217].
Die Anforderungen an die Erfüllung des Schriftformerfordernisses des § 623 BGB sind § 126 BGB zu entnehmen, der das gesetzliche Schriftformerfordernis konkretisiert. Die Urkunde muss schriftlich abgefasst sein; sie kann von einer der Parteien oder einem Dritten mit der Hand oder der Maschine geschrieben, gedruckt oder ver-

---

[210] Hier ist dem Gesetzgeber ein grammatikalischer Fehler unterlaufen; richtig wäre „die Beendigung ... bedarf".
[211] BT-Drs. 14/626, S. 11.
[212] Nach Auffassung der Opposition führt das Schriftformerfordernis zu einer Mehrbelastung der kleinen und mittleren Unternehmen: BT-Drs. 14/2490, S. 11.
[213] S. Richardi/Annuß, NJW 2000, 1231, 1232; Welslau, BuW 2000, 467.
[214] Dazu MünchKomm-BGB/Einsele, § 125 Rn 6.
[215] S. nur Ernst, Aufhebungsverträge, S. 107.
[216] BT-Drs. 14/626, S. 11.
[217] Preis/Gotthardt, NZA 2000, 349.

vielfältigt werden[218]. Nach § 126 Abs.1 BGB muss die Urkunde von dem Aussteller eigenhändig durch Namensunterschrift oder mittels notariell beglaubigten Handzeichens unterzeichnet werden. Abs. 2 stellt klar, dass bei einem Vertrag die Unterzeichnung der Parteien auf derselben Urkunde erfolgen muss (Satz 1). Soweit über einen Vertrag mehrere gleich lautende Urkunden aufgenommen werden, genügt es, wenn jede Partei die für die andere Partei bestimmte Urkunde unterzeichnet (Satz 2). Zu beachten ist dahingehend die von der Rechtsprechung geforderte Einheitlichkeit der Urkunde. Eine körperliche Verbindung der Urkundenblätter ist nach neuerer BGH-Rechtsprechung zwar nicht unbedingt erforderlich[219]. Allerdings muss sich die Einheit der Urkunde dann aus fortlaufender Paginierung, fortlaufender Nummerierung der einzelnen Bestimmungen, einheitlicher graphischer Gestaltung, inhaltlichem Zusammenhang des Textes oder vergleichbaren Merkmalen zweifelsfrei ergeben[220]. Die Unterschrift muss sich auf den gesamten Vertrag beziehen; sie hat Abschluss- und Deckungswirkung[221]. Deshalb ist die Schriftform nicht gewahrt, wenn eine Partei ein Angebot schreibt und die andere die Annahme[222]. Ein Vertragsabschluss durch bloßen Briefwechsel ist folglich nicht möglich[223]. Nach allgemeiner Auffassung kann die Unterschrift allerdings auch vor Einfügung des Urkundentextes, also blanko, geleistet werden[224].

Nach § 126 Abs. 3 BGB, der in Umsetzung der EU Richtlinie 2000/31/EG des Europäischen Parlaments und des Rates vom 8.06.2000 über bestimmte rechtliche Aspekte der Dienste der Informationsgesellschaft, insbesondere des elektronischen Geschäftsverkehrs im Binnenmarkt[225], mit Wirkung zum 1. Januar 2001 in das BGB eingefügt wurde[226], kann die schriftliche Form auch durch die elektronische Form ersetzt werden, wenn sich nicht aus dem Gesetz etwas anderes ergibt. Diese neue Vorschrift trägt der Tatsache Rechnung, dass im modernen Rechtsverkehr immer häufiger elektronische Willenserklärungen abgegeben werden[227].

Die Anforderungen an die Wahrung der elektronischen Form sind in § 126 a BGB festgehalten; dieser enthält die Einführung der sog. qualifizierten elektronischen

---

[218] Palandt/Heinrichs, BGB, § 126 Rn 2.

[219] BGH, Urt. v. 24.09.1997 - XII ZR 234/95 = BGHZ 136, 357, 369 f. = NJW 1998, 58.

[220] BGH, a.a.O.

[221] Brox, BGB AT, Rn 255.

[222] Preis/Gotthardt, NZA 2000, 349, 354.

[223] Soergel/Hefermehl, BGB, § 126 Rn 19.

[224] Palandt/Heinrichs, BGB, § 126 Rn 6; Staudinger/Dilcher, BGB, 12. Aufl., § 126 Rn 13; Brox, BGB AT, Rn 255; einschränkend für das Formerfordernis des § 766 BGB BGH, Urt. v. 20.03.1997 - IX ZR 83/96= NJW 1997, 1779.

[225] Sog. „Richtlinie über den elektronischen Geschäftsverkehr“, ABl. EG Nr. L 178, S. 1.

[226] Die Umsetzung erfolgte durch das „Gesetz zur Anpassung der Formvorschriften des Privatrechts und anderer Vorschriften an den modernen Rechtsgeschäftsverkehr“ vom 13.07.2001, BGBl. I S. 1542.

[227] Palandt/Heinrichs, BGB, § 126 Rn 12 a.

Signatur[228] in das deutsche Zivilrecht. Da in § 623 BGB die Verwendung der elektronischen Form bei der Beendigung von Arbeitsverhältnissen durch Kündigung oder Auflösungsvertrag ausgeschlossen wird, kommt ein Aufhebungsvertrag, der von beiden Parteien mittels qualifizierter elektronischer Signatur unterzeichnet wird, nicht in Betracht. Der Gesetzgeber hat dies damit begründet, dass es der Rechtssicherheit und dem Übereilungsschutz zugunsten des Arbeitnehmers als Hauptmotive für die Einführung des § 623 BGB nicht dienlich wäre, wenn die Arbeitnehmer schon nach wenigen Monaten nach der Einführung des Schriftformerfordernisses mit einer Öffnung für die elektronische Form konfrontiert würden, deren Warnfunktion wenigstens aus subjektiven Gründen gegenüber der Schriftform wegen ihrer langen Tradition und Verankerung im Bewusstsein der Menschen noch gewisse Nachteile habe[229]. Außerdem würden die Dokumente über die Beendigung von Arbeitsverhältnissen für die Vorlage bei verschiedenen Behörden oder bei Neuberwebungen benötigt, wofür die Alternative des elektronischen Dokuments keinen praktischen Nutzen hätte, sondern eher hinderlich sei. Der Gesetzgeber hat aber ausdrücklich klargestellt, dass durch diese Entscheidung eine spätere optionale Zulassung der elektronischen Form auch für die Beendigung eines Arbeitsverhältnisses nicht ausgeschlossen ist.
Demzufolge genügt – zumindest derzeit - nur die eigenhändige Unterschrift dem Schriftformerfordernis des § 623 BGB.
Neben der eigenhändigen Unterzeichnung des Vertrages ist es auch erforderlich, dass die den Anforderungen des § 126 BGB genügende Urkunde beiden Teilen zugeht. Ein Aufhebungsvertrag ist deshalb dann nicht zustande gekommen, wenn der Arbeitgeber den ihm vom Arbeitnehmer zugesandten Vertragstext zwar unterschreibt, dieses Original aber nicht an den Arbeitnehmer zurücksendet. Dann fehlt es grundsätzlich an dem formgerechten Zugang der Vertragsannahme[230], weil allein die Unterzeichnung der Urkunde noch nicht die Abgabe der Willenserklärung darstellt[231]. Auch eine Übersendung durch Telefax reicht zur Wahrung des gesetzlichen Schriftformerfordernisses nicht aus[232], weil dies dem Erfordernis der Eigenhändigkeit der Unterschrift ebenso wenig gerecht wird wie mechanisch hergestellte oder aufgedruckte Namenszeichen[233]. Deshalb ist vor allem im Rahmen außergerichtlicher Ei-

---

[228] Näheres zu den Anforderungen an eine elektronische Signatur findet sich im „Gesetz über Rahmenbedingungen für elektronische Signaturen" (Signatur-SigG) vom 16.05.2001, BGBl. I, S. 876, sowie in der Verordnung zur elektronischen Signatur (Signaturverordnung-SigV) der Bundesregierung, die am 22.11.2001 in Kraft trat.
[229] Begründung des Gesetzentwurfes der Bundesregierung, BT-Drs. 14/4987, S. 22.
[230] Vgl. dazu MünchKomm-BGB/Einsele, § 126 Rn 20.
[231] Staudinger/Dilcher, BGB, 12. Aufl., § 126 Rn 6.
[232] BGH, Urt. v. 28.01.1993 - IX ZR 259/91 = BGHZ 121, 224, 229 = NJW 1993, 1126; Urt. v. 30.07.1997 - VIII ZR 244/9 = NJW 1997, 3169; OLG Hamburg, Beschl. v. 13.06.1989 - 13 W 75/89 = NJW 1990, 1613; MünchKomm-BGB/Einsele, § 126 Rn 14; Brox, BGB AT, Rn 257.
[233] S. dazu Soergel/Hefermehl, BGB, § 126 Rn 7.

nigungen über die Beendigung des Arbeitsverhältnisses Vorsicht geboten[234]. Der Vertrag ist erst wirksam, wenn mindestens ein Exemplar von beiden Parteien eigenhändig unterschrieben wurde und einer Vertragspartei vorliegt oder beide Vertragsparteien das vom anderen im Original unterschriebene Exemplar in Händen halten.
Die Aufhebung des Arbeitsverhältnisses in einem gerichtlich protokollierten Vergleich bleibt weiterhin möglich, da dies gemäß § 127 a BGB die Schriftform ersetzt (ebenso: notarielle Beurkundung, § 126 Abs. 4 BGB).

b) Einfluss des Schriftformerfordernisses auf die Bevollmächtigung zum Abschluss eines Aufhebungsvertrages

Eine Vollmachtserteilung kann gemäß § 167 Abs. 2 BGB grundsätzlich formlos erfolgen, auch wenn das Rechtsgeschäft, für dessen Abschluss sie erteilt ist, der Form bedarf. Diese Regelung ist Ausdruck des für die Vollmacht geltenden Abstraktionsgrundsatzes[235].
Allerdings macht die Rechtsprechung von dieser Vorschrift seit langer Zeit Ausnahmen. Dabei geht es vor allem um die Formvorschrift des § 311 b BGB, die den Verkauf von Grundstücken betrifft. Nach dem BGH ist die Formbedürftigkeit der Vollmacht vorrangig davon abhängig, ob sich der Vollmachtgeber durch die Erteilung der Vollmacht bereits so weit gebunden habe, wie es nach der Gesetzesintention erst durch das Vertretergeschäft erfolgen sollte[236]. Dementsprechend stellt die Rechtsprechung bei der Frage der Formbedürftigkeit der Vollmacht hauptsächlich auf die Möglichkeit ihres Widerrufs ab und kommt bei unwiderruflichen Vollmachten grundsätzlich zu einer Anwendbarkeit der Formvorschrift[237]; die widerrufliche Vollmacht ist formbedürftig, wenn durch sie bereits eine rechtliche oder tatsächliche Bindung des Vollmachtgebers zum Abschluss des Geschäfts begründet wird[238].
Auch die Literatur bejaht grundsätzlich eine teleologische Reduktion des § 167 Abs. 2 BGB[239]. Entgegen der Rechtsprechung stellt sie für die Frage, ob eine Ausnahme gegeben sei, jedoch vorrangig auf den Schutzzweck der Formvorschrift ab. Dementsprechend sollen Formvorschriften mit einer Warnfunktion auch für die Vollmacht gelten[240]. Mittlerweile ist auch der BGH zumindest für die Formbedürftigkeit der Bürgschaft gemäß § 766 BGB dieser Auffassung näher gekommen. Die Anwendbarkeit dieser Formvorschrift auf eine Vollmacht, die für die Ausfüllung einer blanko unterschriebenen Bürgschaftsurkunde erteilt wurde, ist nach seiner Auffassung dann

[234] Gaul, DStR 2000, 691, 692.
[235] Staudinger/Schilken, BGB, § 167 Rn 18.
[236] BGH, Urt. v. 11.07.1952 - V ZR 80/52 = NJW 1952, 1210; Urt. v. 21.05.1965 - V ZR 156/64 = BB 1965, 847.
[237] OLG Karlsruhe, Beschl. v. 28.10.1985- 4 W 75/85 = NJW-RR 1986, 100; für § 4 Abs. 1 S. 1 VerbrKrG a.F. s. OLG München, Beschl. vom 22.04.1999 – 31 W 1110/99 = NJW 1999, 2196.
[238] S. nur BGH, Urt. v. 23.02.1979 - V ZR 171/77 = NJW 1979, 2306.
[239] Staudinger/Schilken, BGB, § 167 Rn 20.
[240] Medicus, BGB AT, Rn 929; einschränkend MünchKomm-BGB/Einsele, § 125 Rn 19.

erforderlich, wenn andernfalls die zugunsten eines Vertragspartners bestehende Schutzvorschrift ausgehöhlt wird und ihre Warnfunktion gegenüber dem Bürger nicht mehr erfüllen kann[241].

Fraglich ist, ob dies auf die für den Aufhebungsvertrag geltende Formvorschrift übertragbar ist. Grundsätzlich besteht nach der Intention des Gesetzgebers der Zweck des § 623 BGB in der Vermeidung von Beweisproblemen und der damit erhofften Reduzierung von gerichtlichen Auseinandersetzungen. Für Formvorschriften, die lediglich Beweiszwecken dienen, wird eine einschränkende Auslegung des § 167 Abs. 2 BGB aber zu Recht abgelehnt, weil hier kein Schutzbedürfnis des betreffenden Vertragspartners besteht[242]. Allerdings ist auch im Hinblick auf § 623 BGB bereits angemerkt worden, dass diese Vorschrift – wenn auch vom Gesetzgeber nicht ausdrücklich erwähnt - den Arbeitnehmer zugleich vor übereilten Entscheidungen schützt[243]. Diese dem Schriftformerfordernis tatsächlich zukommende „Warnfunktion" könnte zu einer Formbedürftigkeit der zum Abschluss eines Aufhebungsvertrages erteilten Vollmacht führen.

Dagegen spricht aber zum einen, dass der vor allem dem Arbeitnehmer zugute kommende Übereilungsschutz mehr ein „Nebeneffekt" des § 623 BGB ist als dessen Intention. Zum anderen sind auch an der Erforderlichkeit einer teleologischen Reduktion des § 167 Abs. 2 BGB in diesem Fall Zweifel angebracht: In der Regel wird es ohnehin der Arbeitgeber sein, der zum Abschluss eines Aufhebungsvertrages einen Vertreter bestellt. Aber auch auf der Seite des Arbeitnehmers besteht keine übermäßige Gefahr, dass er durch die Einschaltung eines Vertreters nicht ausreichend vor Übereilung geschützt wird. Außerdem kann von einer Aushöhlung des Schutzes des § 623 BGB auch hinsichtlich des Inhalts des Vertrages nicht gesprochen werden, weil die Einzelheiten des Aufhebungsvertrages gegenüber dessen Mindestinhalt nur eine untergeordnete Rolle spielen und die Warnfunktion im Gegensatz zu § 766 BGB nicht auch den Umfang des übernommenen Risikos betrifft[244].

Dementsprechend kann der Arbeitnehmer weiterhin mündlich zum Abschluss eines Aufhebungsvertrages in seinem Namen ermächtigen[245]. Gleiches gilt für die Unterzeichnung eines Blanketts. Der Vertreter darf mit dem Namen des Vertretenen aber auch mit seinem eigenen Namen unterschreiben; die Vertretung muss dann allerdings in der Urkunde zum Ausdruck kommen[246].

§ 174 BGB, der die Zurückweisung z.B. einer Kündigung betrifft, wenn keine Vollmachtsurkunde vorliegt, ist auf den Aufhebungsvertrag auch nach Einführung von

---

241 BGH, Urt. v. 29.02.1996 - IX ZR 153/95 = BGHZ 132, 119, 125 = NJW 1996, 1467.

242 Staudinger/Schilken, BGB, § 167 Rn 20.

243 S. Richardi/Annuß, NJW 2000, 1231, 1232; Welslau, BuW 2000, 467; dazu bereits § 5 I 2.

244 Vgl. BGH, Urt. v. 29.02.1996 - IX ZR 153/95 = BGHZ 132, 119, 125 = NJW 1996, 1467, zu § 677 BGB.

245 Ebenso Richardi/Annuß, NJW 2000, 1231, 1232.

246 Palandt/Heinrichs, BGB, § 126 Rn 8.

§ 623 BGB grundsätzlich nicht anwendbar, weil er nur einseitige Rechtsgeschäfte betrifft. Diese einschränkende Geltung beruht darauf, dass gemäß § 180 S. 1 BGB bei einem einseitigen Rechtsgeschäft Vertretung ohne Vertretungsmacht nicht möglich ist[247]. Da demgegenüber im Rahmen eines Vertragsschlusses ein Vertreter ohne Vertretungsmacht nach § 179 BGB haftet, ist eine Übertragung des § 174 BGB auf den Aufhebungsvertrag nicht erforderlich. Hat der Arbeitnehmer Zweifel an der Vollmacht des Vertreters, kann er die Unterzeichnung des Vertrages einstweilen verweigern, ohne dass nachteilige Rechtsfolgen eintreten. Etwas anderes kann vor diesem Hintergrund aber dann gelten, wenn das Aufhebungsvertragsangebot vom Arbeitnehmer ausging und er hinsichtlich der Vertretungsmacht des die Annahme Erklärenden im Zweifel ist, weil ihm die Ungewissheit über die Wirksamkeit des Vertrages dann in der Regel nicht zumutbar ist[248].

c) Umfang des Formzwangs beim Aufhebungsvertrag

Problematisch ist weiterhin die Reichweite des Formerfordernisses. Fraglich ist dabei insbesondere, ob alle Teile des Aufhebungsvertrages schriftlich festgehalten werden müssen oder ob eine Fixierung des Aufhebungswillens genügt. Für Letzteres spricht, dass dies wie bereits erläutert den Mindestinhalt des Aufhebungsvertrages darstellt[249] und daher für seine Wirksamkeit regelmäßig ausreichend ist. Hinzu kommt, dass der Beweisfunktion durch schriftliche Dokumentation des Beendigungswillens genüge getan wird. Außerdem sind die in der Regel getroffenen Nebenabreden in ihren Auswirkungen weniger erheblich als die Tatsache, dass das Arbeitsverhältnis beendet wird.
Gegen diese Auffassung spricht – zumindest auf den ersten Blick - die zu den gesetzlichen Formvorschriften bestehende Rechtsprechung. Nach dieser erstreckt sich das Formerfordernis auf alle Vereinbarungen, aus denen sich nach dem Willen der Vertragspartner das Rechtsgeschäft zusammensetzt[250], bei Verträgen folglich auf alle Erklärungen der Beteiligten[251]. Der BGH hat das gesetzliche Formerfordernis sogar auf neben dem eigentlich formbedürftigen Geschäft bestehende Verträge erstreckt: Dies soll dann der Fall sein, wenn beide eine rechtliche Einheit dahingehend bilden, dass sie nach dem Willen der Beteiligten dergestalt von einander abhängig sind, dass sie nicht für sich allein gelten, sondern miteinander „stehen und fallen" sollen[252].

---

[247] S. dazu Palandt/Heinrichs, BGB, § 174 Rn 1.

[248] Zur Anwendbarkeit des § 174 BGB auf die Vertragsannahme s. Palandt/Heinrichs, BGB, § 174 Rn 1, Erman/H. Palm, BGB, § 174 Rn 9.

[249] Oben § 4 I.

[250] BGH, Urt. v. 19.09.1980 - V ZR 102/79 = NJW 1981, 228, 229; Urt. v. 27.10.1982 – V ZR 136/81 = NJW 1983, 565.

[251] MünchKomm-BGB/Einsele, § 125 Rn 30; für das Schriftformerfordernis bei Nebenabreden gemäß § 4 Abs. 2 BAT s. BAG, Urt. v. 27.10.1988 – 6 AZR 154/87 – n. v.

[252] S. nur BGH, Urt. v. 10.10.1986 – V ZR 247/85 = NJW 1987, 1069; Urt. v. 17.03.1988 – IX ZR 43/87 = NJW 1988, 2880.

Da alle Vereinbarungen, die aufgrund der Beendigung des Arbeitsverhältnisses geschlossen werden, in unmittelbarem Zusammenhang zum Aufhebungsvertrag selbst stehen und ohne diesen nicht notwendig geworden wären, könnte man zu dem Ergebnis kommen, § 623 BGB sei auf diese immer anwendbar. Diese Schlussfolgerung entspricht der allgemeinen Auffassung in den Stellungnahmen zu § 623 BGB[253]; auch in der Rechtsprechung gibt es erste Stimmen in dieser Richtung[254]. Allerdings ist eine solche pauschale Betrachtungsweise nicht notwendig die Konsequenz aus der oben zitierten Rechtsprechung. Schließlich setzt auch die herrschende Meinung voraus, dass die Nebenabrede „echter Bestandteil" des formbedürftigen Rechtsgeschäfts sein soll[255]. Teilweise wird dementsprechend auch für § 623 BGB gefordert, es müssten alle diejenigen Nebenabreden in die Urkunde aufgenommen werden, ohne die die Parteien den Vertrag nicht geschlossen hätten und die folglich Vertragsinhalt werden sollten[256]. Habe eine solche Nebenabrede wesentliche Bedeutung für den Aufhebungsvertrag, so sei nicht nur diese Abrede, sondern der gesamte Aufhebungsvertrag unwirksam[257]. Dementsprechend müssten Abfindungsvereinbarungen, Urlaubs- bzw. Freistellungsabreden, Vereinbarungen über Werkwohnungen, Dienstwagen oder Wettbewerbsverbote schriftlich geschlossen werden, wenn sie in Zusammenhang mit dem Aufhebungsvertrag stehen und als dessen (wesentlicher) Bestandteil anzusehen sind. Andernfalls wären sie nach § 125 S. 1 BGB nichtig und führten unter der Voraussetzung des § 139 BGB im Zweifel auch zur Nichtigkeit des gesamten Aufhebungsvertrages[258].

Dem kann nicht zugestimmt werden. Bereits aus der oben aufgeführten Definition ergibt sich, wie schwierig es im Einzelfall sein wird, über die Formbedürftigkeit zu entscheiden. Für den einen Arbeitnehmer hat das Schicksal des Firmenwagens herausragende Bedeutung, ein anderer soll für sein Einverständnis eine hohe Abfindung erhalten und ein Dritter ist nur froh, dass er das Arbeitsverhältnis vorzeitig lösen kann. Daran lässt sich erkennen, wie wenig der Inhalt einer Nebenregelung über deren Stellenwert aussagt und wie weit die Rechtssicherheit in dieser Frage beeinträchtigt werden kann. Die Bedeutung dieser Problematik zeigt sich noch stärker, wenn es

---

[253] Gaul, DStR 2000, 691, 692; Caspers, RdA 2001, 28, 33; ähnlich Richardi/Annuß, NJW 2000, 1231, 1232; Preis/Gotthardt, NZA 2000, 348, 355; Preis in Stahlhacke/Preis/Vossen, Kündigung und Kündigungsschutz, Rn 44; KR/Spilger, § 623 BGB Rn 153.

[254] ArbG Offenbach a.M., Urt. v. 3.05.2001 – 5 Ca 090/01 = AE 2001, 107 f.

[255] Staudinger/Dilcher, BGB, 12. Aufl., § 125 Rn 16, jeweils m.w.N.

[256] Preis/Gotthardt, NZA 2000, 348, 355; ebenso ErfK/Müller-Glöge, § 623 BGB Rn 27; Preis in Stahlhacke/Preis/Vossen, Kündigung und Kündigungsschutz, Rn 44; KR/Spilger, § 623 BGB Rn 153; Bauer, NZA 2002, 169, 170, sieht zumindest die Abfindungsvereinbarung als formbedürftig an.

[257] Preis/Gotthardt, NZA 2000, 348, 355; dem folgt ArbG Offenbach a.M., Urt. v. 3.05.2001 – 5 Ca 090/01 = AE 2001, 107, bei Formlosigkeit der Abfindungsvereinbarung.

[258] Nach Caspers, RdA 2001, 28, 33, kann eine Teilnichtigkeit in der Regel nicht angenommen werden, da eine solche dem Parteiwillen nicht entspreche.

um außerhalb des Vertrages liegende Vereinbarungen geht, auf die nur verwiesen wird. Dabei ist vor allem an solche Regelungen in Sozialplänen oder Tarifverträgen zu denken, die kraft einzelvertraglicher Bezugnahme gelten sollen, weil sie ansonsten auf den betreffenden Arbeitnehmer nicht anwendbar wären. Hier würde wegen der erforderlichen Einheit der Urkunde keine bloße Bezugnahme genügen, wenn diese Abreden von der Formbedürftigkeit erfasst werden[259]. Dementsprechend wird den Vertragsparteien zur Wahrung des Formerfordernisses geraten, andere relevante Schriftstücke entweder als Anlage[260] mit dem Vertrag körperlich zu verbinden[261] oder die jeweiligen Bestimmungen wortlautgleich in den Vertrag aufzunehmen[262]. Geschieht dies nicht, ist unter Umständen zumindest die in Bezug genommene Regelung nicht wirksam vereinbart worden. Hat sie darüber hinaus wesentliche Bedeutung, was z.B. bei einer Sozialplanabfindung nicht selten sein wird, führt ihre Formnichtigkeit über § 139 BGB zur Unwirksamkeit des Aufhebungsvertrages insgesamt.
Dieses Ergebnis ist bedenklich, weil es zu einem Missverhältnis der Bedeutung des Kerngehaltes des Aufhebungsvertrages auf der einen und dessen „Begleiterscheinungen“ auf der anderen Seite führt. Sowohl die Beweisfunktion des § 623 BGB als auch der durch die Formvorschrift gewährte Übereilungsschutz beruhen allein auf der Tatsache der Beendigung der Vertragsbeziehungen. Wie diese im Einzelnen abgewickelt werden, spielt sowohl rechtlich als auch tatsächlich eine untergeordnete Rolle. Deshalb erscheint es nicht gerechtfertigt, das Schicksal des gesamten Aufhebungsvertrages davon abhängig zu machen, dass alle Detailfragen schriftlich geregelt wurden. Aber auch im Hinblick auf die Einzelpunkte selbst ist es als übermäßige „Förmelei“ anzusehen, wenn sie nur als förmlicher Inhalt des Aufhebungsvertrages Wirksamkeit entfalten können. Wird der gesamte Aufhebungsvertrag mündlich geschlossen, ergibt sich die Unwirksamkeit der Beendigungsvereinbarung aus § 125 S. 1 BGB; hinsichtlich der sonstigen Vereinbarungen greift dann § 139 BGB, so dass auch diese unwirksam sind und es eines Formzwangs auch aus diesem Grund nicht bedarf.

Für eine einschränkende Auffassung spricht auch, dass Einigkeit darüber besteht, dass bei dem Umfang der Festlegung auch der Zweck des Schriftformerfordernisses zu berücksichtigen ist[263]. Dieser Zweck bezieht sich aber im Fall des § 623 BGB –

---

[259] Zu den Grundsätzen bei der Bezugnahme auf außerhalb der Urkunde liegende Regelungen s. BGH, Urt. v. 14.11.1991 - IX ZR 20/91 = NJW 1992, 1448, 1449 m.w.N.; vgl.a. BAG, Urt. v. 9.07.1980 - 4 AZR 564/78 = AP Nr.7 zu § 1 TVG Form = NJW 1981, 1574.

[260] Zu den Anforderungen s. nur BGH, Urt. v. 13.1.1963 - V ZR 8/62 = AP Nr. 1 zu § 126 BGB = BGHZ 40, 225.

[261] Preis/Gotthardt, NZA 2000, 349, 355.

[262] Dies empfiehlt Richardi/Annuß, NJW 2000, 1231, 1233, zur Vermeidung von Unsicherheiten.

[263] S. insbesondere BGH, Urt. v. 20.01.1977 - II ZR 222/75 = NJW 1977, 1151 zu § 55 Abs. 1 GmbHG, wo eine Anwendbarkeit der Formvorschrift auf Nebenabreden abgelehnt wird, weil der Formzweck nicht in der sachkundige Belehrung des Unternehmers über den Gesamtinhalt seiner Verpflichtung bestehe; (nur) i.E. anderer Meinung ist BGH, Urt. v. 12.12.1973 - VIII ZR 183/72 =

was auch der Vergleich mit den anderen aufgeführten Tatbeständen ergibt – eindeutig nur auf die Beendigung des Arbeitsverhältnisses, um Streitigkeiten zu vermeiden und Rechtssicherheit zu geben. Schließlich müssen auch die anlässlich einer Kündigung getroffenen Abwicklungsvereinbarungen nicht schriftlich geschlossen werden. Daraus folgt, dass es sich bei den im Rahmen eines Aufhebungsvertrages geregelten Punkten um solche handelt, die bei jeder Form der Beendigung eines Arbeitsverhältnisses klärungsbedürftig sind. Warum sie im Fall der einvernehmlichen Vertragsbeendigung einem Formerfordernis unterliegen sollen, überzeugt nicht.
Wäre es den Gerichten überlassen, im Einzelfall über die Formbedürftigkeit einer Nebenabrede zu entscheiden, wäre im Sinne einer Prozessbeschleunigung nichts gewonnen, weil dann doch wieder die Wirksamkeit der Beendigung des Arbeitsverhältnisses insgesamt in Frage stünde. Wären alle anlässlich des Aufhebungsvertrages geschlossenen Regelungen der Form des § 623 BGB unterstellt, würde das über die Intention der Vorschrift weit hinausgehen und die Parteien unter Umständen schon deshalb übermäßig belasten, weil sie nicht mehr der Einfachheit halber auf andere Regelungen verweisen könnten. Gerade tarifvertragliche Regelungen, die auf das Arbeitsverhältnis sonst nicht anwendbar sind, enthalten häufig Regelungen hinsichtlich Gratifikationen, Altersversorgung oder sogar Rücktrittsrechte für den Aufhebungsvertrag, die für den Arbeitnehmer und dessen Entschluss eine große Rolle spielen können. Ist die Verweisung unwirksam und der Aufhebungsvertrag in der Folge ebenfalls, führt § 623 BGB zu einer weder dem Willen noch dem tatsächlichen Schutzbedürfnis der Parteien entsprechenden Ergebnis.
Dass die herrschende Auffassung zu § 623 BGB mehr Probleme schafft, als sie zu lösen vermag, ergibt sich anschaulich aus einer erstinstanzlichen Entscheidung aus dem Jahre 2001 zur Formnichtigkeit eines Aufhebungsvertrages nach neuem Recht[264]: Führt die Unwirksamkeit einer nach Auffassung des Gerichts vertragswesentlichen Nebenabrede (hier: die Abfindungsvereinbarung) zur Unwirksamkeit des gesamten Aufhebungsvertrages, ist das Arbeitsverhältnis aber bereits abgewickelt und sind nur einzelne Ansprüche aus der Aufhebungsvereinbarung noch streitig, muss das Ergebnis der Formnichtigkeit unter Billigkeitsgesichtspunkten (§ 242 BGB) korrigiert werden, um zu erreichen, dass der Arbeitnehmer, für den die Rückabwicklung des Aufhebungsvertrages unter Umständen nicht wünschenswert ist[265], wenigstens die ihm (formnichtig) versprochene Abfindung erhält. Dass eine Umschichtung der Schwerpunkte der von den Gerichten zu lösenden Fälle von Beweis-

BGHZ 62, 42, 47, für § 1 a AbzG; zur Bedeutung des Formzwecks auch Palandt/Heinrichs, BGB, § 126 Rn 3; Soergel/Hefermehl, BGB, § 126 Rn 3.

264 ArbG Offenbach a.M., Urt. v. 3.05.2001 – 5 Ca 090/01 = AE 2001, 107 f.

265 Das ArbG Offenbach a.M., Urt. v. 3.05.2001 – 5 Ca 090/01 = AE 2001, 107, 108, geht sogar davon aus, dass die Rückabwicklung des Aufhebungsvertrages den Arbeitnehmer unzumutbar belasten würde, da ihm durch die Nichtzahlung der vereinbarten Leistung und die Nichtzahlung des Gehaltes ein doppelter Nachteil entstehe.

fragen hin zu § 242 BGB vom Gesetzgeber des § 623 BGB nicht gewollt sein kann, spricht für die hier vertretene Auffassung[266].

Aus den genannten Gründen erfasst § 623 BGB daher nur die Vereinbarung zwischen den Parteien, dass das Arbeitsverhältnis beendet wird. Alle darüber hinaus getroffenen Abreden können auch mündlich geschlossen werden.

d) Erstreckung des § 623 BGB auf den Abwicklungsvertrag?

Bereits in den ersten Beiträgen zum Arbeitsgerichtsbeschleunigungsgesetz stellten Vertreter der Literatur die Frage, ob der sog. Abwicklungsvertrag ebenfalls unter § 623 BGB zu fassen sei mit der Folge, dass auch er nur noch schriftlich geschlossen werden könnte[267].

Zum Teil wird dies unter Hinweis auf den Zweck des Formerfordernisses verneint, weil § 623 BGB bloße Folgeregelungen nicht erfasse[268]. Schaub[269] bezeichnet es im Hinblick auf die Verwirklichung des Gesetzesziels als wünschenswert, dass die Rechtsprechung den Abwicklungsvertrag als Unterfall des Aufhebungsvertrages behandeln und in den Formzwang einbeziehen wird[270]. Von anderer Seite wird der Abwicklungsvertrag dann als (versteckter) Aufhebungsvertrag mit der Folge der Anwendbarkeit des § 623 BGB angesehen, wenn er mit dem Ziel abgeschlossen wird, sozialversicherungsrechtliche Nachteile zu vermeiden und mit Blick auf die im Abwicklungsvertrag vorgesehene Abfindung zugleich die Bereitschaft des Arbeitnehmers zu erreichen, eine bereits ausgesprochene, aber erkennbar unwirksame Kündigung hinzunehmen[271].

Im Fall des Abwicklungsvertrages zeigt sich die oben aufgeführte Problematik der Reichweite des Schriftformerfordernisses unter einem weiteren Aspekt. Insoweit weisen Preis/Gotthardt[272] zu Recht darauf hin, dass nur der Beendigungstatbestand selbst, nicht jedoch die Folgeregelung von der Intention des § 623 BGB erfasst wird[273]. Dadurch, dass die dem Abwicklungsvertrag zugrundeliegende Kündigung gemäß § 623 BGB schriftlich erklärt werden muss, ist der Beweisfunktion des § 623 BGB Genüge getan. Aber auch im Hinblick auf den zugunsten des Arbeitnehmers bestehenden Übereilungsschutz ist es nicht erforderlich, den Abwicklungsvertrag unter § 623 BGB zu fassen, weil die entscheidende Frage, das „ob" der Beendigung des Arbeitsverhältnisses, ohnehin schriftlich dokumentiert werden muss. Es kommt

---

266 Zur missbräuchlichen Berufung auf die Formnichtigkeit nach § 242 BGB sogleich unter 4.

267 Gaul, DStR 2000, 691, 692; Preis/Gotthardt, NZA 2000, 348, 354; Schaub, NZA 2000, 344, 347.

268 Preis/Gotthardt, NZA 2000, 348, 354; vgl.a. LAG Hamm, Urt. v. 25.10.2001 – 8 Sa 956/01 – n.v.; ErfK/Müller-Glöge, § 623 BGB Rn 14.

269 Schaub, NZA 2000, 344, 347.

270 Ebenso Sander/Siebert, ArbuR 2000, 330, 335.

271 Gaul, DStR 2000, 691, 692.

272 Preis/Gotthardt, NZA 2000, 348, 354.

273 Ebenso Hümmerich, NZA 2001, 1280, 1281.

damit entscheidend darauf an, welche Auffassung hinsichtlich der Formbedürftigkeit von mit der Beendigung des Arbeitsverhältnisses in Zusammenhang stehenden Vereinbarungen vertreten wird: Geht man davon aus, dass der Abwicklungsvertrag eine wesentliche Nebenabrede zur Kündigung darstellt, ist es nach der herrschenden Auffassung nur konsequent, ihn ebenso wie die im Rahmen des Aufhebungsvertrages getroffenen sonstigen Regelungen dem gesetzlichen Formzwang zu unterwerfen[274]. Dementsprechend ist der Abwicklungsvertrag nach der hier vertretenen Auffassung nicht formbedürftig, weil er vom Gesetzeszweck des § 623 BGB, der nur auf die Beendigungstatbestände selbst abzielt, nicht erfasst wird. Etwas anderes kann nur gelten, wenn die Kündigung unwirksam ist und erst der Abwicklungsvertrag die Beendigung des Arbeitsverhältnisses herbeiführt[275]. Dass diese Auffassung vor allem sozialversicherungsrechtliche Umgehungen erleichtert[276], ist hinzunehmen, weil sich gesetzwidrige Absprachen regelmäßig nicht durch das Bestehen von Formerfordernissen vermeiden lassen werden und dies offensichtlich auch nicht der Sinn des § 623 BGB ist.

4. Berufung auf Formnichtigkeit als Rechtsmissbrauch (§ 242 BGB)

Die Einhaltung der gesetzlichen Formvorschriften, zu denen § 623 BGB gehört, ist aus Gründen der Rechtssicherheit zwingend erforderlich[277]. Im Allgemeinen hat deshalb jede Partei die Rechtsnachteile zu tragen, die sich aus der Formnichtigkeit eines Rechtsgeschäftes ergeben[278]. Gleichwohl sind Situationen denkbar, in denen die Formnichtigkeit eines Rechtsgeschäfts eine der Vertragsparteien erheblich benachteiligt. Die Rechtsprechung gestattet deshalb dann über den Grundsatz von Treu und Glauben (§ 242 BGB) eine Ausnahme von der Rechtsfolge des § 125 S.1 BGB, wenn die Auswirkungen dieser Vorschrift zu einem „schlechthin untragbaren Ergebnis“[279] führen, wobei an dessen Vorliegen strenge Voraussetzungen geknüpft sind. In diesen – im Verhältnis seltenen - Fällen gilt das Rechtsgeschäft ausnahmsweise als wirksam und es besteht ein Erfüllungsanspruch der Vertragsparteien[280].

---

[274] Dementsprechend ist die Auffassung von Preis/Gotthardt, NZA 2000, 348, 354, an dieser Stelle nicht konsequent.
[275] ErfK/Müller-Glöge, § 623 BGB Rn 14.
[276] So Schaub, NZA 2000, 344, 347.
[277] MünchKomm-BGB/Einsele, § 125 Rn 53.
[278] S. nur BAG, Urt. v. 27.03.1987 - 7 AZR 527/85 = AP Nr. 29 zu § 242 BGB Betriebliche Übung = DB 1987, 1996.
[279] BGH, Urt. v. 3.12.1958 – 5 ZR 28, 57 = BGHZ 29, 6, 10 = NJW 1959, 626; Urt. v. 25.02.1966 - V ZR 126/64 = BGHZ 45, 179, 184; Urt. v. 27.10.1967 - V ZR 153/64 = BGHZ 48, 396, 398 = NJW 1968, 39; Urt. v. 13.10.1983 - III ZR 158/82 = NJW 1984, 606, 697; BAG, Urt. v. 15.07.1992 - 7 AZR 337/91 – n. v.; krit. Beurteilung der Rspr. bei Medicus, BGB AT, Rn 630 ff.
[280] S. nur BGH, Urt. v. 2.06.1976 - VIII ZR 97/74 = BGHZ 66, 378, 380 f. = NJW 1976, 1395.

Das Verhältnis von § 125 und § 242 BGB ist sowohl in der Rechtsprechung als auch in der Literatur seit langem Gegenstand von Diskussionen[281]. Dabei wurden hinsichtlich der einzelnen Fragen Fallgruppen gebildet[282]. Diese unterscheiden hauptsächlich danach, ob den Parteien der Formzwang bekannt war, ob eine der Parteien von der anderen übervorteilt bzw. arglistig getäuscht wurde oder durch die Formnichtigkeit in ihrer Existenz gefährdet wird und ob die Berufung auf den Formmangel durch Zeitablauf untersagt werden sollte (Verwirkung).
Da zu § 623 BGB bislang nur wenig Rechtsprechung vorliegt, geht es im Folgenden vor allem darum, die genannte Diskussion auf mögliche Fragestellungen bei der Formunwirksamkeit von Aufhebungsverträgen zu übertragen und anhand der Rechtsprechung zu anderen Vorschriften zu lösen.

a) Grundsätze des Rechtsmissbrauchs bei widersprüchlichem Verhalten

Die Berufung auf die Formnichtigkeit eines Vertrages kann nach § 242 BGB insbesondere deshalb untersagt werden, weil der eine Vertragspartner den anderen übervorteilt. Dies kann dadurch erfolgen, dass er in Kenntnis der erforderlichen gesetzlichen Schriftform den Vertrag unter Formverstoß abgeschlossen oder den anderen Teil zu einem solchen Abschluss veranlasst hat, um sich, falls dies später in seinem Interesse liegen sollte, auf die Nichtigkeit des Vertrages berufen zu können[283]. Es stellt ein unzulässiges „venire contra factum proprium"[284] dar, wenn sich jemand zum Vorteil auf eine Rechtsvorschrift beruft, die er selbst missachtet hat[285].
Deshalb muss sich grundsätzlich derjenige, der die für ihn günstigen Regelungen einer nur mündlichen Vereinbarung in Anspruch nimmt, auch an den für ihn ungünstigen Teil festhalten lassen[286]. Hat er durch seine Erklärung oder sein Verhalten bewusst oder unbewusst eine Sach- oder Rechtslage geschaffen, auf die sich der andere Teil verlassen durfte und verlassen hat, darf er den anderen Teil in seinem Vertrauen nicht enttäuschen[287]. Dies gilt erst recht, wenn die Gegenseite zu Dispositionen aufgrund des nichtigen Geschäfts veranlasst wurde[288].

---

281 S die Ausführungen bei MünchKomm-BGB/Einsele, § 125 Rn 53 ff.

282 Übersicht über die Fallgruppen bei Brox, BGB AT, Rn 265 ff.; Einteilung in fünf Fälle bei Palandt/Heinrichs, BGB, § 125 Rn 21 ff.

283 Vgl. BAG, Urt. v. 15.11.1957 – 1 AZR 189/57 = AP Nr. 2 zu § 125 BGB = BAGE 5, 58.

284 Zum Tatbestand des „venire contra factum proprium" eingehend Staudinger/Dilcher, BGB, 12. Aufl., § 125 Rn 44 ff.

285 KR/Fischermeier, § 626 BGB Rn 463.

286 BAG, Urt. v. 19.03.1981 - 3 AZR 426/78 – n. v.

287 BAG, Urt. v. 11.12.1996 – 5 AZR 855/95 = AP Nr. 35 zu § 242 BGB Unzulässige Rechtsausübung – Verwirkung = NJW 1997, 2617; Urt. v. 11.12.1996 – 5 AZR 708/95 = AP Nr. 36 zu § 242 BGB Unzulässige Rechtsausübung – Verwirkung = NJW 1997, 2618.

288 Staudinger/Dilcher, BGB, 12. Aufl., § 125 Rn 44; zur Frage der Schutzwürdigkeit des Vertrauens bei Formmängeln und zum Verbot des „venire contra factum proprium" ohne Vertrauensschutz s.a. Singer, NZA 1998, 1309, 1311.

b) Einzelfälle bei Formunwirksamkeit des Aufhebungsvertrages

aa) Arglistige Täuschung über Formerfordernis

Ein Fall des widersprüchlichen Verhaltens liegt immer dann vor, wenn der Täuschende sein Ziel der Vermeidung einer vertraglichen Bindung über § 125 S. 1 BGB erreichen würde[289].

Dass eine der Vertragsparteien die andere hinsichtlich des Formerfordernisses täuscht, ist beim Aufhebungsvertrag jedoch schwer vorstellbar. Dies ergibt sich daraus, dass die Unwirksamkeit des Aufhebungsvertrages in der Regel dem Arbeitnehmer zugute kommt, der seinen Arbeitsplatz behält. Der Arbeitgeber hat spätestens nach dem Ausscheiden des Arbeitnehmers kein Interesse daran, sich auf die Formnichtigkeit zu berufen und wird den Arbeitnehmer dementsprechend auch nicht über das Bestehen des Formzwangs täuschen. Auch wenn der Arbeitnehmer eher von der Formunwirksamkeit der Vereinbarung profitiert, wird es in der Praxis nicht vorkommen, dass der Arbeitnehmer die Unwirksamkeit durch Täuschung herbeiführt. Denn es kann nicht davon ausgegangen werden, dass zwar der Arbeitnehmer, nicht aber der Arbeitgeber das Formerfordernis kennt.

Hinzu kommt, dass der Arbeitnehmer in der Regel kein Interesse daran haben wird, einen unwirksamen Aufhebungsvertrag zu schließen, weil er dann Ansprüche auf eine Abfindung oder sonstige Abwicklungsleistungen verliert. Auch ein „untragbares Ergebnis“ aufgrund der Existenzgefährdung eines Vertragspartners scheidet aus, weil der Arbeitnehmer seinen Arbeitsplatz behält und wegen der Rückabwicklung der erhaltenen Leistung auch der Arbeitgeber nicht übermäßig belastet sein wird[290].

bb)Bewusste Missachtung des Formerfordernisses

Gehen beide Parteien bei Abschluss des Vertrages von dessen Wirksamkeit aus und erkennt eine Partei erst später dessen Formnichtigkeit, gehört es zur allgemeinen Rechtsverteidigung desjenigen, der aus dem Vertrag in Anspruch genommen wird, dass er sich auf dessen Nichtigkeit berufen kann[291]. Denn ihm kann in subjektiver Hinsicht nicht vorgeworfen werden, er hätte durch sein Verhalten das Vertrauen des anderen veranlasst[292]. Dementsprechend bleibt es bei der Unwirksamkeit des Vertrages, wenn die Parteien die Formvorschrift versehentlich nicht beachten[293].

---

[289] Dazu näher Medicus, BGB AT, Rn 631; der BGH fasst diese Fälle unter die Fallgruppe der schweren Treuepflichtverletzung: BGH, Urt. v. 14.06.1996 - V ZR 85/95 = NJW 1996, 2503, 2504; Urt. v. 4.10.1989 - IVa ZR 250/88 = DB 1990, 110.

[290] So auch Preis/Gotthardt, NZA 2000, 348, 356.

[291] BAG, Urt. v. 15.11.1957 – 1 AZR 189/57 = AP Nr. 2 zu § 125 BGB = BAGE 5, 58; so bereits RG, Urt. v. 10.10.1919 – III 73/19 = RGZ 96, 313, 315.

[292] Zu den subjektiven Voraussetzungen ausführlich Staudinger/Dilcher, BGB, 12. Aufl., § 125 Rn 46 m.w.N.

[293] MünchKomm-BGB/Einsele, § 125 Rn 57; Erman/Brox, BGB, § 125 Rn 27.

Kennen beide Vertragspartner den Formzwang und lassen sie ihn trotzdem bewusst außer Acht, sind sie grundsätzlich nicht schutzbedürftig und § 242 BGB ist nicht einschlägig[294]. Das heißt, schließen die Parteien einen formbedürftigen Vertrag nur mündlich, obwohl ihnen das Schriftformerfordernis bekannt ist, kann sich anschließend keine der Parteien auf den Einwand des Rechtsmissbrauchs aus § 242 BGB berufen mit der Folge, dass der Vertrag unwirksam ist. Dies hat bereits das Reichsgericht im sog. „Edelmannfall" entschieden: Der für den Einwand des § 242 BGB erforderliche Irrtum über die rechtliche Notwendigkeit der Form kann nicht durch einen tatsächlichen Irrtum darüber ersetzt werden, ob im gegebenen Fall die formlos versprochene Zulage erfüllt werde[295]. Daraus folgt nach allgemeiner Meinung, dass derjenige, der den Formmangel kennt, nicht den Schutz der Formvorschrift benötigt[296].

Für den Fall, dass der Arbeitgeber dem Arbeitnehmer (aus steuerlichen Gründen) mündlich eine höhere Abfindung zusagt, als dies im Aufhebungsvertrag festgeschrieben wird[297], ergibt sich daraus Folgendes: Die im Aufhebungsvertrag schriftlich niedergelegte Abfindungsvereinbarung ist als Scheingeschäft gemäß § 117 Abs. 1 BGB unwirksam. An ihre Stelle tritt das verdeckte Geschäft (§ 117 Abs. 2 BGB). Dieses wurde jedoch formlos geschlossen. Nach der hier vertretenen Auffassung stellen sich in diesem Fall keine Probleme, da auch die Abrede über die höhere Abfindung nicht von Normzweck des § 623 BGB erfasst wird und damit wirksam ist. Wenn man mit der herrschenden Auffassung von der Formbedürftigkeit der Vereinbarung ausgeht, kann dem Arbeitgeber nicht der Vorwurf widersprüchlichen Verhaltens und damit einer besonderen Treuepflichtverletzung gemacht werden, weil der Arbeitnehmer mit der Regelung einverstanden war und überdies von ihr profitierte. Deshalb sind auf der Grundlage der herrschenden Meinung beide Abfindungsvereinbarungen unwirksam, so dass der Arbeitnehmer überhaupt keinen Anspruch hat. Dies kann unter den Voraussetzungen des § 139 BGB auch die Unwirksamkeit des Aufhebungsvertrages zur Folge haben.

cc) Verhinderung der Formerfüllung - Verwirkung

Fraglich ist, ob der Aufhebungsvertrag als wirksam zu behandeln ist, wenn der Arbeitnehmer die Einhaltung des Schriftformerfordernisses verhindert. So z.B., wenn der Arbeitnehmer ein Aufhebungsvertragsangebot des Arbeitgebers annimmt, aber

---

[294] Vgl. BGH, Urt. v. 22.06.1973 - V ZR 146/71 = NJW 1973, 1455, 1456; Urt. v. 29.10.1986 - VIII ZR 253/85 = BGHZ 99, 54 = NJW 1987, 948; dies soll nach Auffassung des BGH auch dann gelten, wenn der Vertragspartner eine Erklärung unterzeichnet, nach der ihm bekannt ist, dass die Leistung nicht erzwingbar ist: BGH, Urt. v. 21.03.1969 – V ZR 87/67 = NJW 1969, 1167 m. krit. Anm. Reinicke.

[295] RG, Urt. v. 21.05.1927 – V 476/26 = RGZ 117, 121, 124.

[296] BGH, Urt. v. 22.06.1973 - V ZR 146/71 = NJW 1973, 1455, 1456; Erman/Brox, BGB, § 125 Rn 25; s.a. Reinicke, Anm. zu BGH, Urt. v. 21.03.1969, NJW 1969, 1167, 1168.

[297] S. Beispiel bei Preis/Gotthardt, NZA 2000, 348, 355 f.

vor Vertragsunterzeichnung seinen Arbeitsplatz verlässt. Möglicherweise muss er sich dann an dem geäußerten Beendigungswillen festhalten lassen. Diese Beurteilung ist unter Umständen auch davon abhängig, wann sich der Arbeitnehmer auf das Fortbestehen des Arbeitsverhältnisses beruft. Denn wenn dies erheblich später als der mündliche Vertragsschluss erfolgt, kommt die Heranziehung der Grundsätze der Verwirkung in Betracht, die auf dem Verbot widersprüchlichen Verhaltens beruhen[298].

Auszugehen ist zunächst von der grundsätzlichen Frage, ob der Arbeitnehmer sich in dem genannten Fall überhaupt noch – z.B. am nächsten Tag - auf die Formnichtigkeit des Aufhebungsvertrages berufen kann. Soweit dies zu bejahen ist, ist zu untersuchen, ob das Verstreichenlassen einer gewissen Zeitspanne bis zur Geltendmachung der Formunwirksamkeit eine veränderte Beurteilung rechtfertigt.

Für die Beantwortung der ersten Frage ist eine Entscheidung des BAG aus dem Jahr 1997 von Interesse[299]. Im dem vom BAG entschiedenen Fall hatte der Arbeitnehmer erklärt „ich kündige"; anschließend verließ er das Büro. Unmittelbar nach Verlassen des Betriebes forderte der Arbeitgeber den Arbeitnehmer per Telegramm auf, alle in seinem Besitz befindlichen Schlüssel herauszugeben. Einen Tag später erhielt der Arbeitnehmer dann ein Schreiben, mit dem der Arbeitgeber die fristlose Kündigung des Arbeitsverhältnisses bestätigte. Bereits am darauffolgenden Tag schaltete der Arbeitnehmer einen Rechtsanwalt zur Klärung des Sachverhaltes ein, wobei er bestritt, eine Kündigung ausgesprochen zu haben; jedenfalls sei diese aber formunwirksam, da sie gegen ein arbeitsvertragliches Schriftformerfordernis verstoße. In seiner Entscheidung verwehrte das BAG – allerdings auf der Grundlage der alten Rechtslage - dem Arbeitnehmer, der definitiv und ausdrücklich gekündigt habe, die Berufung auf ein im Arbeitsvertrag enthaltenes Schriftformerfordernis nach den Grundsätzen von Treu und Glauben (§ 242 BGB)[300]. Dabei ließ es ausdrücklich dahin stehen, ob die einzelvertragliche Formvorschrift möglicherweise konkludent abbedungen wurde[301] oder ob die unwirksame Kündigung in ein Angebot auf Abschluss eines Aufhebungsvertrages umgedeutet werden könnte[302]. Es verwehrte dem Arbeitnehmer die Berufung auf die Unwirksamkeit der Kündigung deshalb, weil dies der einseitigen Rücknahme einer einseitigen empfangsbedürftigen Willenserklärung gleichkomme, das Gesetz jedoch ein solches „Reuerecht" nicht kenne[303]. Es sei treuwidrig i.S.v. § 242 BGB, wenn sich eine Partei, die eine Kündigung mehrmals ernsthaft und nicht

---

[298] Dazu Palandt/Heinrichs, BGB, § 242 Rn 57.
[299] BAG, Urt. v. 4.12.1997 – 2 AZR 799/96 = AP Nr. 141 zu § 626 BGB = NJW 1998, 1659.
[300] BAG, a.a.O.
[301] Zu früher ergangenen Urteilen s. Kliemt, DB 1993, 1874, nach dem die widerspruchslose Hinnahme einer formwidrig erklärten Kündigung durch den Arbeitnehmer nicht zu deren Wirksamkeit führt.
[302] BAG, Urt. v. 4.12.1997 – 2 AZR 799/96 = AP Nr. 141 zu § 626 BGB = NJW 1998, 1659.
[303] BAG, a.a.O.

nur einmalig spontan ausgesprochen habe, nachträglich auf die Unwirksamkeit ihrer eigenen Erklärung berufe. Dies gelte selbst dann, wenn man annehme, mit der Vereinbarung des Schriftformerfordernisses sei neben der erstrebten Klarheit auch die Verhinderung eines Übereilungseffekts bezweckt, weil es sich bei der Entscheidung des betreffenden Arbeitnehmers ersichtlich um eine abschließende Entscheidung gehandelt habe[304].

Aufgrund dieser Ausführungen müsste man dem Arbeitnehmer, der die Formerfüllung verhindert oder verweigert, die Berufung auf die Formnichtigkeit grundsätzlich und in jedem Fall verwehren, wenn er ausreichend deutlich gemacht hat, dass er an der Fortsetzung des Arbeitsverhältnisses kein Interesse mehr hat. Die Entscheidung des BAG ist insoweit auf das in § 623 BGB normierte Formerfordernis übertragbar, denn aus ihr ergeben sich keine Anhaltspunkte dafür, dass das Ergebnis im Fall eines gesetzlichen Formerfordernisses ein anderes gewesen wäre.

Fraglich ist, ob dem BAG hier vor dem Hintergrund der Rechtsprechung zur Durchbrechung der Formnichtigkeit gemäß § 242 BGB zuzustimmen ist, auf die das Gericht mit keinem Wort eingeht. Dabei ist zu beachten, dass das Schriftformerfordernis gerade vor übereilten Entscheidungen schützen will und der Arbeitnehmer im vom BAG entschiedenen Fall seine Erklärungen offensichtlich bereut hat[305]. Weil es zur allgemeinen Rechtsverteidigung desjenigen, der aus dem Vertrag in Anspruch genommen wird, gehört, dass er sich auf dessen Nichtigkeit berufen kann[306], kann es dem Arbeitnehmer nicht verwehrt werden, sich auf die gerade dem Schutz vor Übereilung dienende Schriftform für die eigene Kündigung zu berufen. Denn das Schriftformerfordernis soll gerade auch verhindern, dass Kündigungen in Erregung oder im Rahmen einer verbalen Auseinandersetzung zwischen den Arbeitsvertragsparteien ausgesprochen werden[307]. Es soll die Frage vermeiden, ob eine ausreichende Überlegung stattgefunden hat[308]. Dies steht der grundsätzlichen Intention des BAG, den voll geschäftsfähigen Arbeitnehmer an seinem Tun fest zu halten, entgegen und muss auch für § 623 BGB gelten. Andernfalls wäre das gesetzliche Schriftformerfordernis, das nicht dispositiv ist, ohne Wirkung. Daraus folgt, dass es dem Arbeitnehmer, der einen Beendigungswillen geäußert hat, entgegen der Auffassung des BAG nicht grundsätzlich unter dem Gesichtspunkt rechtsmissbräuchlichen Verhaltens untersagt werden kann, sich auf die Formunwirksamkeit des Aufhebungsvertrages bzw. der Kündigung zu berufen.

---

[304] BAG, Urt. v. 4.12.1997 – 2 AZR 799/96 = AP Nr. 141 zu § 626 BGB = NJW 1998, 1659.
[305] Bonkowski, ArbuR 1998, 423; Dahlbender, EWiR 1998, 299.
[306] BAG, Urt. v. 15.11.1957 – 1 AZR 189/57 = AP Nr. 2 zu § 125 BGB = BAGE 5, 58; so bereits RG, Urt. v. 10.10.1919 – III 73/19 = RGZ 96, 313, 315.
[307] So die Vorinstanz: LAG Hamm, Urt. v. 14.11.1996 – 19 (14) Sa 773/96 = LAGE § 125 BGB Nr. 6.
[308] Singer, NZA 1998, 1309, 1313.

Wie bereits ausgeführt, könnte sich an dieser Beurteilung dann etwas ändern, wenn der Arbeitnehmer sich über einen längeren Zeitraum nicht auf das Fortbestehen des Arbeitsverhältnisses beruft. Denn dann könnte sein Verhalten unter dem Gesichtpunkt der Verwirkung als rechtsmissbräuchlich anzusehen sein. Bei der Verwirkung handelt es sich um einen typischen Fall der unzulässigen Rechtsausübung wegen widersprüchlichen früheren Verhaltens[309]. Entgegen der oben besprochenen Fallgruppe des „venire contra factum proprium", die vorrangig auf das widersprüchliche Verhalten einer Vertragspartei abstellt, liegt hier der Verstoß gegen Treu und Glauben in der illoyalen Verspätung der Rechtsausübung[310]. Eine Verwirkung kommt nach ständiger Rechtsprechung in Betracht, wenn der Berechtigte ein Recht längere Zeit nicht geltend macht, obwohl er dazu in der Lage gewesen wäre, und sich der Verpflichtete mit Rücksicht auf das gesamte Verhalten des Berechtigten darauf einrichten durfte und eingerichtet hat, dass dieser sein Recht auch in Zukunft nicht geltend machen werde[311]. Daraus ergibt sich, dass der bloße Zeitablauf nicht genügt. Über den Zeitablauf hinaus müssen noch besondere Umstände vorliegen, die die Feststellung rechtfertigen, der Schuldner habe bereits darauf vertrauen können, dass der Gläubiger die Forderung nicht mehr geltend macht[312]. Dem Schuldner darf die Erfüllung des Anspruchs unter Berücksichtigung aller Umstände nach Treu und Glauben nicht mehr zuzumuten sein[313]. Dies wird in der Regel der Fall sein, wenn er im Hinblick auf die Nichtgeltendmachung des Rechts Vermögensdispositionen getroffen hat[314]. Rechtsfolge der Verwirkung ist, dass dem Rechtsinhaber die Ausübung seines Rechts auf Dauer versagt wird[315].

Dementsprechend ist die Frage, ob ein Arbeitnehmer die Berufung auf die Formnichtigkeit verwirkt hat, nach mehreren Kriterien zu prüfen: Zunächst muss ein gewisser Zeitablauf gegeben sein (Zeitmoment), in dem der Berechtigte untätig war. Im Rahmen des Umstandsmomentes ist dann zu untersuchen, ob nach dem gegebenen Sachverhalt aufgrund eines geschaffenen Vertrauenstatbestandes von einer Treuwidrigkeit

---

309 MünchKomm-BGB/Roth, § 242 Rn 464.

310 S. nur BGH, Urt. v. 29.02.1984 – VIII ZR 310/82 = NJW 1984, 1684.

311 BGH, Urt. v. 27.06.1957 – II ZR 15/56 = BGHZ 25, 47, 51 f. = NJW 1957, 1358; Urt. v 16.06.1982 – IV b ZR 709/80 = BGHZ 84, 280, 281 = NJW 1982, 1999; BAG, Urt. v. 28.05.1998 – 2 AZR 615/97 = AP Nr. 48 zu § 2 KSchG 1969 = NJW 1999, 379.

312 Sog. Umstandsmoment: BGH, Urt. v. 29.02.1984 – VIII ZR 310/82 = NJW 1984, 1684; BAG, Urt. v. 30.01.1991 – 7 AZR 497/89 = AP Nr. 8 zu § 10 AÜG = NZA 1992, 19 und Urt. v. 11.03.1998 – 7 AZR 646/96 – n. v.; dies gilt auch für die Anfechtbarkeit einer gerichtlichen Entscheidung, für deren zeitliche Beschränkung es grundsätzlich einer ausdrücklichen gesetzlichen Regelung bedarf: BGH, Urt. v. 25.03.1965 – V Blw 25/64 = BGHZ 43, 289, 293 = NJW 1965, 1532.

313 Vgl. nur BAG, Beschl. v. 14.11.1978 – 6 ABR 11/77 = AP Nr. 39 zu § 242 BGB Verwirkung = DB 1979, 800 m.w.N.

314 Palandt/Heinrichs, BGB, § 242 Rn 95 m.w.N.

315 Zu den dogmatischen Konstruktionen s. MünchKomm-BGB/Roth, § 242 Rn 478 ff.

auszugehen ist. Dabei ist es letztlich nicht entscheidend, ob eine materielle Verwirkung des Anspruchs oder eine Prozessverwirkung in Rede steht[316]. Denn auch für die Verwirkung eines Klagerechts gelten dieselben oben geschilderten Voraussetzungen[317].

Bezüglich des Zeitmomentes entscheidet das BAG nur zurückhaltend und lässt die Frage des Zeitraums häufig dahin stehen, weil es bereits am erforderlichen Umstandsmoment fehle[318]. Negativ formuliert könnte man sagen, dass die maßgebliche Zeitspanne abgelaufen ist, wenn die Geltendmachung des Rechts vernünftigerweise nicht mehr erwartet werden kann[319]. Daraus ergibt sich, dass es letztlich eine Frage des Einzelfalles ist[320] und dass bei der Bewertung Zeit- und Umstandsmoment zusammenspielen[321]. Entgegen § 124 BGB spielt für die maßgebliche Frist im Fall der Verwirkung die Kenntnis von der Unwirksamkeit des Vertrages keine Rolle[322]. Es kommt vielmehr darauf an, welche Schlüsse der Verpflichtete aus den Verhalten des Berechtigten zieht und auch ziehen darf[323].

Hinsichtlich des Zeitmomentes ist zu beachten, dass der Arbeitgeber im oben geschilderten Fall keine Möglichkeit hatte, die Erfüllung des Formerfordernisses zu erreichen, so dass sein Vertrauen darauf, dass sich der Arbeitnehmer an seine mündliche Aussage gebunden fühlt, schützenswert ist. Außerdem ist es dem Arbeitnehmer, soweit er Kenntnis von der Formunwirksamkeit hat, zuzumuten, sich ohne weitere Verzögerungen auf das Fortbestehen des Arbeitsverhältnisses zu berufen. Allenfalls eine kurze Überlegungsfrist, möglicherweise auch zur Heranziehung juristischen Rates, ist dem Arbeitnehmer zuzugestehen. Dann ist der dem § 623 BGB erwachsende Übereilungsschutz erschöpft. Denn der Arbeitgeber muss zur Sicherstellung eines reibungslosen Betriebsablaufs Planungssicherheit hinsichtlich des Arbeitsplatzes des Arbeitnehmers haben. Daraus folgt, dass der Arbeitgeber dann, wenn der Arbeitnehmer weder am Tag nach seiner Erklärung noch zwei oder drei Tage später zur Arbeit erscheint, davon ausgehen darf, dass dieser an einer Fortsetzung des Arbeitsverhält-

---

[316] Vgl. BAG, Urt. v. 28.05.1998 – 2 AZR 615/97 = AP Nr. 48 zu § 2 KSchG 1969 = NJW 1999, 379.

[317] S. BAG, Urt. v. 6.11.1996 – 2 AZR 162/97 = AP Nr. 45 zu § 242 BGB Verwirkung = NZA 1998, 374, wo sich das Gericht sowohl mit der Frage der Verwirkung des Klagerechts hinsichtlich der Geltendmachung der Nichtigkeit eines Aufhebungsvertrages beschäftigt als auch auf die materiellrechtliche Verwirkung des Rechts selbst eingeht.

[318] BAG, Urt. v. 30.01.1991 – 7 AZR 497/89 = AP Nr. 8 zu § 10 AÜG = NZA 1992, 19; Urt. v. 11.03.1998 – 7 AZR 646/96 – n. v.; Urt. v. 28.05.1998 – 2 AZR 615/97 = AP Nr. 48 zu § 2 KSchG 1969 = NJW 1999, 379.

[319] MünchKomm-BGB/Roth, § 242 Rn 470.

[320] Palandt/Heinrichs, BGB, § 242 Rn 93.

[321] MünchKomm-BGB/Roth, § 242 Rn 469, spricht von „Wechselwirkung“.

[322] BAG, Urt. v. 5.08.1969 – 1 AZR 441/68 = AP Nr. 18 zu § 794 ZPO = NJW 1970, 349; s.a. Palandt/Heinrichs, BGB, § 242 Rn 94 m.w.N.

[323] Vgl. MünchKomm-BGB/Roth, § 242 Rn 474.

nisses kein Interesse mehr hat und dementsprechend den Fortbestand des Arbeitsverhältnisses nicht mehr geltend machen wird. Nach Ablauf von etwa drei Tagen kann der Arbeitgeber den Arbeitsplatz des Arbeitnehmers anderweitig besetzen, weil vernünftigerweise nicht mehr zu erwarten ist, dass der Arbeitnehmer, der mehrere Tage unentschuldigt der Arbeit ferngeblieben ist und deshalb sogar fristlos gekündigt werden könnte, sich noch auf das Fortbestehen des Arbeitsverhältnisses berufen wird. Besetzt der Arbeitgeber den Arbeitsplatz innerhalb dieses Zeitraumes neu, ist ihm eine Weiterbeschäftigung des Arbeitnehmers nicht mehr zumutbar. Wird der Arbeitsplatz nicht so schnell wieder besetzt, tritt die Verwirkung grundsätzlich später ein, weil es dann an der Unzumutbarkeit im Sinne einer nach § 242 BGB vorzunehmenden Interessenabwägung fehlt. Denn die Schutzbedürftigkeit richtet sich vorrangig nach dem Umfang seiner Vertrauensinvestitionen[324].
Grundsätzlich ist davon auszugehen, dass der Arbeitnehmer sein Recht, sich auf die Formunwirksamkeit des Aufhebungsvertrages zu berufen, innerhalb von wenigen Tagen nach Kundgabe seines Beendigungswillens verwirkt.
Im Übrigen ist zu beachten, dass auch der Arbeitgeber die Berufung auf die Formnichtigkeit verwirken kann. Dies kommt immer dann in Betracht, wenn beide Parteien den Arbeitsvertrag über längere Zeit als beendet betrachten und sich der Arbeitgeber später weigert, eine vereinbarte Abfindung zu zahlen[325].

5. Ergebnis/Ausblick

Grundsätzlich hat das Formerfordernis des § 623 BGB die Rechtslage zugunsten des Arbeitnehmers verbessert, weil sich die Beweislage zu seinen Gunsten verändert hat und zugleich Schutz vor übereilten Entscheidungen gewährt wird.
Es ist aber zweifelhaft, ob die Gerichte durch die Vorschrift entlastet werden[326]. Zwar liegen die entscheidenden Probleme nun nicht mehr bei der Frage, ob überhaupt ein Aufhebungsvertrag zustande gekommen ist. Nach den obigen Erwartungen muss aber damit gerechnet werden, dass sich die Gerichte in Zukunft häufiger mit Fragen des Rechtsmissbrauchs auseinander setzen müssen[327]. Dann ist nach der jüngsten Entscheidung des BAG und nach den vorliegenden Ausführungen zur Verwirkung allerdings fraglich, ob sich dies zugunsten des Arbeitnehmers auswirken wird oder ob ihm nicht häufig die Berufung auf die Formnichtigkeit nach dem Grundsatz von Treu und Glauben zu verwehren ist.

---

[324] Palandt/Heinrichs, BGB, § 242 Rn 93.

[325] Beispiel bei Preis/Gotthardt, NZA 2000, 348, 356; Bauer, NZA 2002, 169, 170; insoweit zutreffend ArbG Offenbach a.M., Urt. v. 3.05.2001 – 5 Ca 090/01 = AE 2001, 107, 108.

[326] Sehr krit. Böhm, NZA 2000, 561.

[327] Diese Befürchtung von Böhm, NZA 2000, 561, 563, wird durch das Urteil des ArbG Offenbach a.M., Urt. v. 3.05.2001 – 5 Ca 090/01 = AE 2001, 107 f., bestätigt.

II. Aufhebungsverträge mit Minderjährigen

Wenn ein Minderjähriger einen Vertrag abschließt, bedarf er grundsätzlich der Einwilligung nach § 107 BGB bzw. der nachträglichen Genehmigung nach § 108 BGB seines gesetzlichen Vertreters.

Für den Aufhebungsvertrag ergibt sich demgegenüber eine Besonderheit aus § 113 BGB. Nach dieser Vorschrift ist ein Minderjähriger, den der gesetzliche Vertreter ermächtigt, in Dienst oder Arbeit zu treten, für solche Rechtsgeschäfte unbeschränkt geschäftsfähig, welche die Eingehung oder Aufhebung eines Dienst- oder Arbeitsverhältnisses der gestatteten Art betreffen. Aus dem ausdrücklichen Wortlaut folgt, dass eine Zustimmung des gesetzlichen Vertreters zum Aufhebungsvertrag dann nicht erforderlich ist, wenn eine - zumindest konkludent erklärte[328] - Ermächtigung nach § 113 Abs. 1 BGB erteilt wurde[329]. Diese Ermächtigung ist eine einseitige, formfreie, an den Minderjährigen zu richtende Willenserklärung[330]. Dabei ist nur zu beachten, dass Berufsausbildungsverhältnisse nicht unter § 113 BGB fallen, da bei ihnen der Ausbildungszweck gegenüber der Arbeitsleistung im Vordergrund steht[331], so dass Aufhebungsverträge mit minderjährigen Auszubildenden der Zustimmung der gesetzlichen Vertreter bedürfen[332].

In allen anderen Fällen der Ermächtigung nach § 113 BGB bedarf es für den Abschluss eines Aufhebungsvertrages keiner erneuten Rücksprache mit dem gesetzlichen Vertreter.

Etwas anderes soll wegen fehlender Üblichkeit i.S.v. § 113 BGB bei aus Anlass von Schwangerschaft oder Schwerbehinderung geschlossenen Aufhebungsverträgen gelten. Diese sind nach einem Urteil des LAG Bremen bis zur Genehmigung durch den gesetzlichen Vertreter schwebend unwirksam, weil der Minderjährige nicht auf zu seinen Gunsten bestehende Schutzvorschriften verzichten könne[333]. Gegen diese Einschränkung spricht zum einen der Anwendungsbereich des Mutterschutzgesetzes: Ebenso wie eine Eigenkündigung der Schwangeren wirksam ist[334], ist auch ein Auf-

---

[328] Dazu Ernst, Aufhebungsverträge, S. 104.

[329] Schiefer/Köster, WiB 1995, 489, 491; AR-Blattei/Glatzel, Aufhebungsvertrag Rn 7; Ernst, Aufhebungsverträge, S. 105; a.A. Burkard, Aufhebungsvertrag und Abwicklungsvertrag im Vergleich, S. 36, der zur Begründung auf die Rechtsprechung des BVerfG zur Inhaltskontrolle bei strukturell ungleicher Verhandlungsstärke verweist.

[330] Palandt/Heinrichs, BGB, § 112 Rn 2.

[331] H.M., vgl. Palandt/Heinrichs, BGB, § 113 Rn 2; MünchKomm-BGB/Schmitt, § 113 Rn 14; Müller, Aufhebungsverträge, S. 92.

[332] Dörner in Dörner/Luczak/Wildschütz, D Rn 1537.

[333] LAG Bremen, Urt. v. 15.10.1971 – 1 Sa 90/71 = DB 1971, 2318; so auch Palandt/Heinrichs, BGB, § 113 Rn 3; KasselerArbR/Welslau, 6.1 Rn 33, Müller, Aufhebungsverträge, S. 92.

[334] § 9 Abs. 2 MuSchG; vgl. nur BAG, Urt. v. 8.12.1955 – 2 AZR 13/54 = AP Nr. 4 zu § 9 MuSchG = BAGE 2, 233.

hebungsvertrag nicht zu beanstanden[335], da § 9 MuSchG nicht die Vertragsfreiheit der Arbeitnehmerin, sondern die Kündigungsbefugnis des Arbeitgebers einschränkt[336].

Dabei kann nichts anderes gelten, wenn die Arbeitnehmerin minderjährig ist. Die Begründung für die Gegenansicht, Aufhebungsverträge dürften nicht zum Verzicht auf gesetzliche Vorteile führen, überzeugt schon deshalb nicht, weil dem Minderjährigen, der einen Aufhebungsvertrag abschließt, auch der zu seinen Gunsten ansonsten bestehende Kündigungsschutz nicht mehr zugute kommt[337]. Dies wird durch die Formulierung des § 113 Abs. 1 BGB ausdrücklich in Kauf genommen, was damit zu rechtfertigen ist, dass eine generelle Ermächtigung des gesetzlichen Vertreters vorliegt. Diese hebt die Unterscheidung zwischen rechtlich vor- und nachteilhaften Geschäften des Minderjährigen auf und führt dazu, dass er in Bezug auf die von der Ermächtigung gedeckten Geschäfte als voll geschäftsfähig angesehen wird. Eine Ausnahme davon ist im Gesetz nicht vorgesehen und auch von dessen Sinn und Zweck nicht gedeckt. Wenn ein Minderjähriger ein Arbeitsverhältnis ohne Mitwirkung seines gesetzlichen Vertreters aufheben kann und die nachteiligen tatsächlichen Folgen tragen muss, ist nicht einzusehen, warum dies anders zu bewerten ist, wenn zusätzlich zur Minderjährigkeit eine Schwangerschaft vorliegt. Das Gesetz respektiert die Entscheidung des im Rahmen des § 113 BGB voll geschäftsfähigen Minderjährigen, weil es davon ausgeht, dass er für die dahingehend abgeschlossen Rechtsgeschäfte die Verantwortung tragen soll und tragen kann.

III. Zusammenfassung

Seit 1.05.2000 bestimmt § 623 BGB, dass Aufhebungsverträge der Schriftform bedürfen. Es handelt sich dabei um ein nicht dispositives, gesetzliches Schriftformerfordernis i.S.v. § 126 BGB. Daraus folgt, dass der Aufhebungsvertrag in einer einheitlichen Urkunde niederzulegen und von beiden Vertragsteilen zu unterschreiben ist. Allerdings erstreckt sich das Formerfordernis nach zutreffender Auffassung nur auf die Vereinbarung der Vertragsbeendigung; Nebenabreden in Zusammenhang mit dem Ende des Arbeitsverhältnisses werden von § 623 BGB nicht erfasst. Dies gilt auch für die Vollmacht zum Abschluss eines Aufhebungsvertrages sowie für den sog. Abwicklungsvertrag.

Nachdem mit der Einführung des § 623 BGB die Probleme in Zusammenhang mit einem konkludenten Abschluss des Aufhebungsvertrages weitgehend erledigt sind, ist zu erwarten, dass die Auseinandersetzungen um die Frage des Rechtsmissbrauchs

---

[335] Allg.M.: S. nur LAG Bremen, Urt. v. 24.07.1957 – Sa 67/57= SAE 1957, 153; LAG Berlin, Urt. v. 7.01.1964 – 5 Sa 117/63 = BB 1964, 966; Buchner/Becker, MuSchG, § 9 Rn 68; Meisel/Sowka, MuSchG, § 9 Rn 13, 44, 70; KR/Etzel, § 9 MuSchG Rn 148; Dörner in Dörner/Luczak/ Wildschütz, D Rn 1727; Bauer, Aufhebungsverträge, Rn 288.

[336] BAG, Urt. v. 16.02.1983 – 7 AZR 134/81 = AP Nr. 22 zu § 123 BGB = NJW 1983, 2958.

[337] Ernst, Aufhebungsverträge, S. 105 f.

bei Berufung auf die Formunwirksamkeit des Aufhebungsvertrages zunehmen werden. Kennen beide Parteien die Formbedürftigkeit und schließen sie - gleichgültig aus welchen Gründen - nur einen mündlichen Vertrag, kommt eine Korrektur über § 242 BGB grundsätzlich nicht in Betracht. Eine Ausnahme besteht nur in den Fällen, in denen zugleich eine Verwirkung gegeben ist. Eine Verwirkung ist in der Regel dann anzunehmen, wenn sich der Arbeitnehmer über einen gewissen Zeitraum nicht auf die Unwirksamkeit der Aufhebungsvereinbarung berufen und der Arbeitgeber deshalb anderweitige Dispositionen im Hinblick auf den frei gewordenen Arbeitsplatz getroffen hat.

Ein Minderjähriger bedarf zum Abschluss eines Aufhebungsvertrages grundsätzlich der Zustimmung seines gesetzlichen Vertreters. Diese kann auch durch eine Ermächtigung i.S.v. § 113 BGB erteilt werden. Ist dies der Fall, ändert auch die Schwangerschaft oder Schwerbehinderteneigenschaft des Arbeitnehmers nach zutreffender Auffassung nichts an der Wirksamkeit des Aufhebungsvertrages.

3. Kapitel: Hinweis- und Aufklärungspflichten des Arbeitgebers beim Abschluss des Aufhebungsvertrages

§ 6 Grundlage, Umfang und Inhalt der Hinweis- und Aufklärungspflichten

Die Frage nach dem Bestehen von Hinweis- und Aufklärungspflichten des Arbeitgebers vor Abschluss des Aufhebungsvertrages wird in Rechtsprechung und Literatur nicht einheitlich beantwortet. Zwar besteht Einigkeit darüber, dass im Arbeitsverhältnis Nebenpflichten wie Treue- oder Fürsorgepflichten ein größeres Gewicht haben als bei sonstigen Vertragsverhältnissen, weil aufgrund des auf längere Dauer angelegten Leistungsaustausches und der Einbindung der Person eine besonders intensive Vertragsbeziehung entsteht[338]. Umfang und Inhalt dieser Arbeitgeberpflichten hängen aber nicht zuletzt davon ab, ob und inwieweit man den Arbeitnehmer sowohl hinsichtlich des Abschlusses des Vertrages als auch seiner Folgen für schutzbedürftig oder für selbstverantwortlich hält. Vor diesem Hintergrund handelt es sich bei der Diskussion um Hinweis- und Aufklärungspflichten auch um eine Diskussion über die Notwendigkeit von mehr Arbeitnehmerschutz beim Abschluss von Aufhebungsverträgen.

I. Die dogmatische Grundlage

1. Die Aufklärungspflicht als aus dem Arbeitsverhältnis resultierende Schutzpflicht

a) Die Kodifizierung der Schutzpflichten in § 241 Abs. 2 BGB

Jedes Schuldverhältnis erschöpft sich nicht nur in der Herbeiführung des geschuldeten Erfolges, sondern ist eine von dem Grundsatz aus Treu und Glauben beherrschte Sonderverbindung[339]. Deshalb wird für die Beteiligten eines Schuldverhältnisses zusätzlich zu den vereinbarten Leistungspflichten eine besondere Pflicht zur Rücksichtnahme auf die Rechte, Rechtsgüter und Interessen des anderen Teils bejaht[340]. Der durch das Gesetz zur Modernisierung des Schuldrechts vom 26.11.2001[341] mit Wirkung zum 1.01.2002 eingeführte § 241 Abs. 2 BGB stellt dies nun ausdrücklich klar: „Das Schuldverhältnis kann nach seinem Inhalt jeden Teil zur Rücksicht auf die Rechte, Rechtsgüter und Interessen des anderen Teils verpflichten." Der Gesetzgeber wollte damit die sog. Lehre von den Schutzpflichten in das Gesetz aufnehmen und deutlich machen, dass über den Schutzbereich des Deliktsrechts hinaus auch das Vermögen des Vertragspartners geschützt sein kann[342]. Außerdem wurde durch die Schuldrechtsreform in § 311 Abs. 2 BGB klargestellt, dass ein Schuldverhältnis be-

---

[338] Vgl. Otto, Arbeitsrecht, Rn 365.
[339] Palandt/Heinrichs, Ergänzungsband BGB, § 241 Rn 6.
[340] Medicus, SR AT, § 1 Rn 5.
[341] BGBl. I S. 3138, sog. Schuldrechtsreform.
[342] Gesetzesentwurf der Bundesregierung, BT-Dr. 14/6040, S. 125.

reits dann entsteht, wenn Vertragsverhandlungen aufgenommen oder dergestalt angebahnt werden, dass der eine Teil im Hinblick auf eine etwaige rechtsgeschäftliche Beziehung dem anderen Teil die Möglichkeit zur Einwirkung auf seine Rechte, Rechtsgüter und Interessen gewährt oder ihm diese anvertraut oder in Fällen ähnlicher geschäftlicher Kontakte. Damit ist auch das von der Rechtsprechung begründete Institut der sog. culpa in contrahendo kodifiziert worden.
Durch die gesetzgeberische Klarstellung der durch Rechtsprechung und Literatur aufgestellten Grundsätze ist jedoch nicht die Notwendigkeit entfallen, die „nach dem Inhalt" eines Schuldverhältnisses bestehenden Schutzpflichten im Einzelfall zu definieren und Umfang und Rechtsfolgen zu bestimmen. Dies gilt auch für eine möglicherweise im Rahmen von § 241 Abs. 2 BGB bestehende Aufklärungspflicht des Arbeitgebers bei Abschluss eines Aufhebungsvertrages.

b) Die Aufklärungspflicht als Teil der Fürsorgepflicht des Arbeitgebers

Umfang und Inhalt der Rücksichtnahmepflichten hängen von dem jeweiligen Vertragszweck, der Verkehrssitte und den Anforderungen des redlichen Geschäftsverkehrs ab; dabei kommen insbesondere Aufklärungspflichten in Betracht[343]. Für eine Verpflichtung zur Aufklärung im Vorfeld eines Aufhebungsvertrages könnte die arbeitgeberseitige Fürsorgepflicht als Inhalt des Arbeitsverhältnisses sprechen.
Diese Fürsorgepflicht ist ein Korrelat zur Treuepflicht und erhält ihre konkrete Ausgestaltung durch das Dienstverhältnis[344]. Vor allem hinsichtlich des Schutzes von Leben und Gesundheit wurde die Fürsorgepflicht des Arbeitgebers gesetzlich geregelt (§ 618 BGB, § 62 HGB, § 120 a GewO). Darüber hinaus ist aber auch eine allgemeine, aus dem Arbeitsverhältnis resultierende Fürsorgepflicht des Arbeitgebers anerkannt, die sich daraus ergibt, dass der Arbeitgeber zur Wahrung der Arbeitnehmerbelange verpflichtet ist[345]. Aus ihr fließen Schutz-, Sorgfalts- und Auskunftspflichten[346]; außerdem kann sie die Wahrnehmung von Vermögensinteressen des Dienstverpflichteten betreffen[347]. Das BAG hat zur dogmatischen Begründung von Hinweis- und Aufklärungspflichten schon frühzeitig auf die sich aus dem Arbeitsverhältnis ergebende allgemeine Fürsorgepflicht des Arbeitgebers hingewiesen[348].
Der Arbeitgeber hat nach Auffassung des BAG im Rahmen dieser allgemeinen Fürsorgepflicht, auch soweit er Rechte ausübt, das Wohl und die berechtigten Interessen

---

[343] Palandt/Heinrichs, Ergänzungsband BGB, § 241 Rn 7.
[344] Jauernig/Schlechtriem, BGB, § 611 Rn 38.
[345] S. dazu MünchArbR/Blomeyer, § 92 Rn 1.
[346] Schaub, Handbuch, § 108 Rn 36.
[347] Jauernig/Schlechtriem, BGB, § 611 Rn 41.
[348] BAG, Urt. v. 24.05.1963 – 1 AZR 66/62 = AP Nr. 5 zu § 611 BGB Öffentl. Dienst = DB 1963, 1223; Urt. v. 22.11.1963 – 1 AZR 17/63 = AP Nr. 6 zu § 611 BGB Öffentl. Dienst = SAE 1964, 119; Urt. v. 13.11.1984 – 3 AZR 255/84 = AP Nr. 5 zu § 1 BetrAVG Zusatzversorgungskassen = BAGE 47, 169.

des Arbeitnehmers zu berücksichtigen[349]. Er darf dem Arbeitnehmer nicht grundlos Nachteile zumuten oder ihn der Gefahr eines Schadens aussetzen[350].
Zunächst beschäftigte sich das Gericht zwar nur mit der Fürsorgepflicht des öffentlichen Arbeitgebers[351], die Leitgedanken dieser Entscheidungen übertrug es später aber auch auf den privaten Arbeitgeber[352]. Die Fürsorgepflicht sei als eine Grundpflicht des Arbeitsverhältnisses anerkannt und finde ihre allgemeine gesetzliche Grundlage im Grundsatz von Treu und Glauben (§ 242 BGB)[353]. Dies entspricht auch der im Schrifttum herrschenden Auffassung[354]. Die arbeitgeberseitige Fürsorgepflicht ist demzufolge als Schutzpflicht i.S.d § 241 Abs. 2 BGB anzusehen.
Die arbeitgeberseitige Aufklärungspflicht bei Abschluss eines Aufhebungsvertrages könnte sich aus dieser Fürsorgepflicht ergeben. Nach dem BAG ist der Arbeitgeber zu Fürsorgemaßnahmen insoweit verpflichtet, wie diese nach Treu und Glauben unter Berücksichtigung der im Einzelfall gegebenen Umstände erwartet werden könnten[355]. Dabei dürfe die Fürsorgepflicht sowohl als selbständige Anspruchsgrundlage als auch hinsichtlich ihres Umfanges im Einzelfall nicht „übermäßig strapaziert" werden[356]. Die erkennbaren Informationsbedürfnisse des Arbeitnehmers einerseits und die Beratungsmöglichkeiten des Arbeitgebers andererseits seien zu beachten[357]. Damit hat das BAG klargestellt, dass es zwar grundsätzlich denkbar ist, dass der Arbeitgeber den Arbeitnehmer auf Rechtsfolgen des Aufhebungsvertrages hinweisen muss; Inhalt und Grenzen dieser Pflicht hängen aber von den Umständen des Einzelfalles ab und können sich wegen der Anknüpfung an den Grundsatz von Treu und Glauben mit sozialpolitischen Anschauungen ändern[358].

---

[349] BAG, Urt. v. 14.09.1994 – 5 AZR 632/93 = AP Nr. 13 zu § 611 BGB Abmahnung = NJW 1995, 1236.
[350] BAG, a.a.O.
[351] BAG, Urt. v. 24.05.1963 – 1 AZR 66/62 = AP Nr. 5 zu § 611 BGB Öffentl. Dienst = DB 1963, 1223; vgl.a. BAG, Urt. v. 17.12.1991 - 3 AZR 44/91 = AP Nr. 32 zu § 1 BetrAVG Zusatzversorgungskassen = NZA 1992, 973.
[352] BAG, Urt. v. 10.03.1988 – 8 AZR 420/85 = AP Nr. 99 zu § 611 BGB Fürsorgepflicht = NJW 1989, 247; Urt. v. 3.07.1990 – 3 AZR 382/89 = AP Nr. 24 zu § 1 BetrAVG = NZA 1990, 971; Urt. v. 13.11.1996 – 10 AZR 340/96 = AP Nr. 4 zu § 620 BGB Aufhebungsvertrag = NZA 1997, 390.
[353] BAG, Urt. v. 22.11.1963 – 1 AZR 17/63 = AP Nr. 6 zu § 611 BGB Öffentl. Dienst = SAE 1964, 119; Urt. v. 13.11.1984 – 3 AZR 255/84 = AP Nr. 5 zu § 1 BetrAVG Zusatzversorgungskassen = BAGE 47, 169.
[354] Jauernig/Schlechtriem, BGB, § 611 Rn 38; Becker-Schaffner, BB 1993, 1281; Schacht, Übereilungsschutz, S. 152; zu den weiteren Begründungsansätzen s. Schaub, Handbuch, § 108 Rn 2.
[355] BAG, Urt. v. 13.11.1984 – 3 AZR 255/84 = AP Nr. 5 zu § 1 BetrAVG Zusatzversorgungskassen = BAGE 47, 169.
[356] BAG, Urt. v. 22.11.1963 – 1 AZR 17/63 = AP Nr. 6 zu § 611 BGB Öffentl. Dienst = SAE 1964, 119.
[357] BAG, Urt. v. 17.10.2000 – 3 AZR 605/99 = AP Nr. 56 zu § 1 BetrAVG Zusatzversorgungskassen = NZA 2001, 206.
[358] Vgl. Schaub, Handbuch, § 108 Rn 36.

Dies bedeutet, dass bei Abschluss eines Aufhebungsvertrages Aufklärungspflichten als Schutzpflichten i.S.d. § 241 Abs. 2 BGB bestehen können, die auf der arbeitgeberseitigen Fürsorgepflicht als Inhalt des Arbeitsverhältnisses beruhen.

2. Anspruch aus einem vorvertraglichen Schuldverhältnis (§ 311 Abs. 2 BGB)?

In der Literatur zu den Hinweis- und Belehrungspflichten in Zusammenhang mit einem Aufhebungsvertrag ist der Ansatz vertreten, dass die Hinweispflichten ihre Legitimation aus einer spezifischen Kombination der arbeitsrechtlichen Fürsorgepflicht und der vorvertraglichen Schutzpflichten aus dem Aufhebungsvertrag im Anbahnungsstadium erfahren[359]. Dies ist letztlich ein Verweis auf die Möglichkeiten eines Schadensersatzes wegen Verschuldens bei Vertragsschluss (culpa in contrahendo, c.i.c.)[360]. Dieses Institut wurde im Rahmen der Schuldrechtsreform in § 311 Abs. 2 BGB kodifiziert. § 311 Abs. 2 BGB stellt klar, dass ein Schuldverhältnis i.S.d. § 241 Abs. 1 BGB schon durch die Aufnahme von Vertragsverhandlungen (Nr. 1), Vertragsanbahnung in gewissem Umfang (Nr. 2) oder ähnliche geschäftliche Kontakte (Nr. 3) entstehen kann und dass sich aus diesem Schuldverhältnis Pflichten ergeben, bei deren Verletzung Schadensersatzansprüche nach § 280 Abs. 1 BGB entstehen können.
Demgegenüber stützt das BAG den Anspruch auf eine Verletzung der Fürsorgepflicht im Hinblick auf das zum Zeitpunkt der Vertragsverhandlungen noch bestehende Arbeitsverhältnis. Dogmatisch betrachtet handelt es sich um einen Anspruch aus positiver Vertragsverletzung (p.V.V.)[361], der sich seit dem 1.01.2002 aus § 280 Abs. 1 BGB ergibt[362].
Hinsichtlich der wesentlichen Voraussetzungen der Ansprüche ergeben sich zwar keine Unterschiede, weil in beiden Fällen eine Pflichtverletzung Anspruchsvoraussetzung ist und sich diese nur aus der Verletzung einer Aufklärungspflicht ergeben kann. Das BAG leitet diese Pflicht jedoch aus den den Arbeitsvertrag flankierenden Treuepflichten her, während es für den Anspruch aus § 311 Abs. 2 BGB i.V.m. § 241 Abs. 2 BGB einer allgemeinen, vom Bestehen des Arbeitsverhältnisses unabhängigen vorvertraglichen Aufklärungspflicht bedarf[363]. Dagegen wird eingewandt, dass eine solche vom Schuldverhältnis isoliert bestehende Nebenpflicht kaum vor-

---

[359] Ernst, Aufhebungsverträge, S. 126 f.

[360] Zur culpa in contrahendo wegen Abschluss eines inhaltlich nachteiligen Vertrages s. Palandt/ Heinrichs, BGB, § 276 Rn 78 ff.

[361] S. BAG, Urt. v. 17.12.1991 - 3 AZR 44/91 = AP Nr. 32 zu § 1 BetrAVG Zusatzversorgungskassen = NZA 1992, 973, das auch hinsichtlich der Verletzung einer Aufklärungspflicht bei *Begründung* des Arbeitsverhältnisses einen Anspruch aus pVV annimmt; anders BAG, Urt. v. 2.12.1976 – 3 AZR 401/75 = AP Nr. 10 zu § 276 BGB Verschulden bei Vertragsschluss = DB 1977, 451, wo das Gericht einen Anspruch aus c.i.c. auch nach Abschluss des Arbeitsvertrages wegen Verletzung einer Aufklärungspflicht für möglich hält.

[362] S. dazu Palandt/Heinrichs, Ergänzungsband BGB, § 280 Rn 5.

[363] Bauer, Aufhebungsverträge, Rn 113 b, der auf diese Unterscheidung großen Wert legt.

stellbar sei, da der Aufhebungsvertrag in die arbeitsrechtliche Sonderbeziehung eingebettet sei[364].

3. Stellungnahme

Dem kann schon deshalb nicht zugestimmt werden, weil in dogmatischer Hinsicht der Aufhebungsvertrag ein Vertrag wie jeder andere ist und durch diesen ein neues Schuldverhältnis, das Aufhebungsverhältnis, begründet wird. Dessen Zustandekommen und Inhalt unterliegt den allgemeinen schuldrechtlichen Regelungen[365]. Mit Ausnahme von Bauer[366] ist in der Literatur keine weitere Auseinandersetzung mit der Frage der Verletzung einer vorvertraglichen Pflicht zu finden[367]. Es ist zu überlegen, ob das Bestehen einer vorvertraglichen Aufklärungspflicht nicht leichter zu begründen ist als eine aus dem Arbeitsverhältnis resultierende Hinweispflicht des Arbeitgebers.

Nach der Schuldrechtsreform stellt § 311 Abs. 2 BGB klar, dass die Vertragsanbahnung allein dazu führen kann, dass ein Schuldverhältnis nach § 241 Abs. 2 BGB besteht; über die Rechte und Pflichten aus diesem Schuldverhältnis verweist § 311 Abs. 2 BGB auf § 241 Abs. 2 BGB, so dass für einen Anspruch auf Aufklärung aufgrund Vertragsanbahnung dieselben Überlegungen gelten wie hinsichtlich der im Rahmen des Arbeitsverhältnisses bestehenden Schutzpflichten. Auch die vorvertragliche Aufklärungspflicht lässt sich nur aus dem zwischen den Parteien aufgrund der Vertragsverhandlungen bestehenden Vertrauensverhältnis gewinnen[368]. Zwar ist diese vorvertragliche Aufklärungspflicht vom Bestand des Arbeitsverhältnisses unabhängig[369]; ist aber, wie zum Zeitpunkt des Abschlusses des Aufhebungsvertrages, ein wirksames Arbeitsverhältnis gegeben, bestimmt dieses das von den Parteien erwartete Verhalten, so dass auch eine vorvertragliche Aufklärungspflicht im Fall der vertraglichen Aufhebung eines Arbeitsverhältnisses durch die aus dem Arbeitsvertrag resultierenden Rechte und Pflichten konkretisiert wird. Das heißt nichts anderes, als dass diejenige Pflicht, die bereits das Arbeitsverhältnis selbst bestimmt hat, auch auf seine Beendigung Einfluss nimmt: die Fürsorgepflicht. Durch sie wird das vom Arbeitgeber erwartete vorvertragliche Verhalten ausgefüllt. Dieselben Umstände und Überlegungen, welche die Begründung eines Aufhebungsvertrages betreffen, betreffen auch die Beendigung des Arbeitsvertrages. Deshalb wird in der praktischen Handhabung

---

364 Schacht, Übereilungsschutz, S. 153.

365 S. Bauer, Aufhebungsverträge, Rn 113 b, der einen Schadensersatzanspruch aus c.i.c. zwar nicht wegen Verletzung einer Hinweispflicht, wohl aber wegen Verstoßes gegen vorvertragliche Aufklärungspflichten für möglich hält.

366 Bauer, FS Zöllner, 143, 152 f.; ders., Aufhebungsverträge, Rn 113 b.

367 Auch Ernst, Aufhebungsverträge, S. 126 f., der eine „vorvertragliche Schutzpflicht aus dem Aufhebungsvertrag im Anbahnungsstadium" mit der arbeitsvertraglichen Fürsorgepflicht kombiniert, vertieft die mit dieser Einordnung verbundenen dogmatischen Fragestellungen nicht weiter.

368 Vgl. Palandt/Heinrichs, BGB, § 276 Rn 66 m.w.N.

369 Bauer, Aufhebungsverträge, Rn 113 b.

nichts gewonnen, wenn man auf die vorvertragliche Aufklärungspflicht abstellt. Diese Überlegungen zeigen aber auch, dass eine strikte Unterscheidung zwischen arbeitsvertraglicher Hinweispflicht und vorvertraglicher Aufklärungspflicht nicht möglich ist[370]. Insoweit ist es auch nicht verwunderlich, dass sich die Ausführungen des BGH zur vorvertraglichen Aufklärungspflicht mit denen des BAG zur arbeitsvertraglichen Hinweispflicht weitgehend decken[371].

II. Umfang der Hinweis- und Aufklärungspflichten nach Rechtsprechung und Lehre

Da § 241 Abs. 2 BGB nur den Grundsatz aufstellt, dass Schutzpflichten bestehen können, aber keine Angaben zu Art und Umfang macht, sondern die Einzelheiten dem „Inhalt des Schuldverhältnisses“ überlässt, hat die Schuldrechtsreform insoweit keine Klarheit gebracht und die Ansätze von Literatur und Rechtsprechung sind weiterhin Ausgangspunkt für die Überlegung, ob, wann und inwieweit der Arbeitnehmer gegen den Arbeitgeber einen Anspruch auf Aufklärung vor der Beendigung des Arbeitsverhältnisses mittels Aufhebungsvertrag hat.

1. Der Standpunkt der Rechtsprechung

Hinweis- und Aufklärungspflichten als Gegenstand der Fürsorgepflicht des Arbeitgebers spielten in der Rechtsprechung des BAG zunächst nur für Arbeitgeber des öffentlichen Dienstes im Hinblick auf zugunsten des Arbeitnehmers bestehende Möglichkeiten bei der Altersversorgung eine Rolle. Dabei stellte sich die Frage, ob und inwieweit der Arbeitgeber bei Begründung des Arbeitsverhältnisses zur Aufklärung verpflichtet ist.
Dahingehend führte das BAG aus, der öffentliche Arbeitgeber sei kraft der ihm obliegenden Fürsorgepflicht gehalten, den Arbeitnehmer auf die zu seinen Gunsten bestehenden Versorgungsanwartschaften hinzuweisen, damit der Arbeitnehmer in den Genuss dieser Versorgungsmöglichkeiten komme[372]. Zur Begründung verwies das Gericht auf die Undurchsichtigkeit und Schwierigkeit der entsprechenden Regelungen. Für die Erfüllung dieser Hinweispflicht genüge es aber in der Regel, wenn der Arbeitgeber dem Arbeitnehmer die relevanten Bestimmungen im Wortlaut zuleite; er

---

[370] So aber Bauer, Aufhebungsverträge, Rn 113 b.
[371] Das BAG stellt auf die für den Arbeitgeber erkennbare Unkenntnis des Arbeitnehmers ab, s. nur BAG, Urt. v. 10.03.1988 – 8 AZR 420/85 = AP. Nr. 99 zu § 611 BGB Fürsorgepflicht = NJW 1989, 247, während der BGH eine Offenbarungspflicht für diejenigen Umstände annimmt, die für den anderen Vertragspartner erkennbar von Bedeutung sein können, s. nur BGH, Urt. v. 20.02.1967 – III ZR 134/65 = BGHZ 47, 207, 211.
[372] BAG, Urt. v. 24.05.1963 – 1 AZR 66/62 = AP Nr. 5 zu § 611 BGB Öffentl. Dienst = DB 1963, 1223; vgl.a. BAG, Urt. v. 17.12.1991 - 3 AZR 44/91 = AP Nr. 32 zu § 1 BetrAVG Zusatzversorgungskassen = NZA 1992, 973.

müsse sich nicht über den Zugang der Information bei jedem einzelnen Arbeitnehmer versichern[373].

Das Bestehen von Hinweispflichten auf mögliche Nachteile bei der Altersversorgung bei Beendigung des Arbeitsverhältnisses war nach der Auffassung des BAG zunächst als Ausnahme anzusehen: Zwar müssten alle Auskünfte, die der Arbeitgeber vor einer einvernehmlichen Beendigung des Arbeitsverhältnisses auf Fragen des Arbeitnehmers hin erteile, grundsätzlich richtig sein[374]. Von sich aus müsse er aber nur ausnahmsweise auf drohende Versorgungsschäden hinweisen[375]. Diese Beurteilung änderte das Gericht in einer neueren Entscheidung zu Lasten des Arbeitgebers in zweifacher Hinsicht[376]: Zum einen träfen den Arbeitgeber jedenfalls dann erhöhte Hinweis- und Aufklärungspflichten, wenn der Arbeitnehmer offensichtlich mit den Besonderheiten der ihm zugesagten Zusatzversorgung des öffentlichen Dienstes nicht vertraut sei, sich der baldige Eintritt des Versorgungsfalles bereits abzeichne und durch die vorzeitige Beendigung des Arbeitsverhältnisses außergewöhnlich hohe Versorgungseinbußen drohten. Zum anderen genüge der allgemeine Hinweis auf mögliche Versorgungsnachteile und die bloße Verweisung an die Zusatzversorgungskasse unter Einräumung einer Bedenkzeit nicht aus; der Arbeitnehmer sei darauf hinzuweisen, dass sich seine Zusatzversorgung bei Abschluss des Aufhebungsvertrages beträchtlich verringern könne. Auch über die Ursache dieses Risikos sei der Arbeitnehmer in groben Umrissen zu unterrichten.

Bei der Abwägung der beiderseitigen Interessen stellte das BAG neben dem Umfang der zu besorgenden Nachteile auf die Veranlassung der Vertragsbeendigung ab. Geschieht diese auf Wunsch des Arbeitnehmers, kann eine Belehrungspflicht nach Auffassung des BAG nur dann entstehen, wenn der Arbeitnehmer wegen besonderer Umstände darauf vertrauen durfte, der Arbeitgeber werde sich um die Altersversorgung kümmern[377]. Ansonsten sei bei der Abwägung der beiderseitigen Interessen normalerweise davon auszugehen, dass ein Arbeitnehmer, der von sich aus um die Auflösung des Arbeitsverhältnisses bitte oder ein Auflösungsangebot des Arbeitgebers nach Bedenkzeit annehme, die Folgen dieses schwer wiegenden Entschlusses be-

---

[373] Vgl. BAG, Urt. v. 22.11.1963 – 1 AZR 17/63 = AP Nr. 6 zu § 611 BGB Öffentl. Dienst = SAE 1964, 119; vgl.a. Urt. v. 15.10.1985 – 3 AZR 612/83 = AP Nr. 12 zu § 1 BetrAVG Zusatzversorgungskassen.

[374] BAG, Urt. v. 13.11.1984 – 3 AZR 255/84 = AP Nr. 5 zu § 1 BetrAVG Zusatzversorgungskassen = BAGE 47, 169; vgl.a. Urt. v. 24.05.1974 – 3 AZR 422/73 = AP Nr. 6 zu § 242 BGB Ruhegehalt-VBL und Urt. v. 18.09.1984 – 3 AZR 118/82 = AP Nr. 6 zu § 1 BetrAVG Zusatzversorgungskassen.

[375] BAG, Urt. v. 13.11.1984 – 3 AZR 255/84 = AP Nr. 5 zu § 1 BetrAVG Zusatzversorgungskassen = BAGE 47, 169.

[376] S. BAG, Urt. v. 17.10.2000 – 3 AZR 605/99 = AP Nr. 56 zu § 1 BetrAVG Zusatzversorgungskassen = NZA 2001, 206 m. abl. Anm. Rolfs, AP Nr. 116 zu § 611 BGB Fürsorgepflicht.

[377] BAG, Urt. v. 23.05.1989 – 3 AZR 257/88 = AP Nr. 28 zu § 1 BetrAVG = BB 1990, 211.

dacht und sich notfalls erkundigt habe[378]. Eine Hinweispflicht hinsichtlich zu besorgender Nachteile bei der Altersversorgung bestehe jedenfalls dann nicht, wenn der Arbeitnehmer die Vertragsbeendigung so begründe, dass etwaige Rentennachteile erkennbar keine entscheidende Rolle spielen sollen[379]. Dies sei bei der Entschließung eines jüngeren Arbeitnehmers in aller Regel der Fall[380]. Nur wenn nicht zu erwarten sei, dass der Arbeitnehmer noch einmal in ein Arbeitsverhältnis eintrete, stehe bei dem ausscheidenden Arbeitnehmer das Interesse an einem ungeschmälerten Rentenbezug im Vordergrund, so dass der Arbeitgeber sein Interesse an einer möglichst schnellen Vertragsbeendigung nicht mehr in den Vordergrund stellen dürfe; dies gelte erst recht, wenn der Arbeitgeber die Auflösung des Arbeitsverhältnisses veranlasse oder betreibe[381].

Die für einen öffentlichen Arbeitgeber geltenden Grundsätze bestätigte das BAG auch für einen privaten Arbeitgeber[382]. Außerdem bezog sie das Gericht in einer Entscheidung aus dem Jahre 1988 auf die im Zusammenhang mit der einvernehmlichen Beendigung des Arbeitsverhältnisses drohenden sozialversicherungsrechtlichen Nachteile[383]. Allerdings handelte es sich auch in diesem Fall ausdrücklich nur um eine Einzelfallentscheidung[384]: „Ob und gegebenenfalls in welchem Umfang der Arbeitgeber einen Arbeitnehmer darüber unterrichten muss, welche Auswirkungen die einvernehmliche Beendigung des Arbeitsverhältnisses auf den Anspruch auf Arbeitslosengeld hat, ergibt sich aus einer Abwägung der Interessen der Beteiligten unter Billigkeitsgesichtspunkten, wobei alle Umstände des Einzelfalles zu berücksichtigen sind". Im konkreten Fall scheiterte der Anspruch einer Arbeitnehmerin daran, dass der Arbeitgeber die Möglichkeit der Verhängung einer Sperrzeit bei den Vertragsverhandlungen erwähnt hatte und die Auskunft erkennbar nicht abschließend war. Damit hatte er nach Auffassung des BAG seine Unterrichtungspflicht erfüllt[385]. Auch in diesem Fall wies das Gericht darauf hin, dass der Arbeitnehmer sich grundsätzlich selbst über die rechtlichen Folgen einer Entscheidung Klarheit verschaffen müsse.

---

[378] BAG, Urt. v. 13.11.1984 – 3 AZR 255/84 = AP Nr. 5 zu § 1 BetrAVG Zusatzversorgungskassen = BAGE 47, 169.

[379] BAG, Urt. v. 18.09.1984 – 3 AZR 118/82 = AP Nr. 6 zu § 1 BetrAVG Zusatzversorgungskassen.

[380] BAG, Urt. v. 13.11.1984 – 3 AZR 255/84 = AP Nr. 5 zu § 1 BetrAVG Zusatzversorgungskassen = BAGE 47, 169.

[381] BAG, a.a.O.; ähnlich Urt. v. 17.10.2000 – 3 AZR 605/99 = AP Nr. 56 § 1 BetrAVG Zusatzversorgungskassen = NZA 2001, 206.

[382] BAG, Urt. v. 3.07.1990 – 3 AZR 382/89 = AP Nr. 24 zu § 1 BetrAVG = NZA 1990, 971; vgl.a. Urt. v. 13.11.1996 – 10 AZR 340/96 = AP Nr. 4 zu § 620 BGB Aufhebungsvertrag = NJW 1997, 3043.

[383] BAG, Urt. v. 10.03.1988 – 8 AZR 420/85 = AP Nr. 99 zu § 611 BGB Fürsorgepflicht = NJW 1989, 247.

[384] BAG, a.a.O.

[385] BAG, a.a.O.

Denn normalerweise sei davon auszugehen, dass der Arbeitnehmer die Folgen eines so schwer wiegenden Schrittes bedacht oder sich notfalls erkundigt habe[386].
Insgesamt ist die Rechtsprechung des BAG von der Auffassung bestimmt, dass die Fürsorgepflicht nicht „übermäßig strapaziert" werden dürfe[387], wobei das Gericht in jüngster Zeit eher dazu neigte, eine Hinweispflicht zu bejahen, während es zugleich die Vorgaben hinsichtlich von Inhalt und Umfang der Aufklärung zu Lasten des Arbeitgebers verschärfte[388].
Die Instanzgerichte legen bei der Bejahung entsprechender Nebenpflichten einen ähnlich strengen Maßstab an[389]. Nur wenn der Arbeitnehmer vor Abschluss des Vertrages deutlich erkennbar auf die Sicherung einer Altersversorgungsanwartschaft Wert lege und diese Wertung einem selbständigen Verein obliege, müsse der Arbeitgeber den Arbeitnehmer wegen damit zusammenhängender Fragen dorthin verweisen[390]. Eine Ausnahme bildeten einige „schlagzeilenträchtigen" Entscheidungen der Arbeitsgerichte Wetzlar, Hamburg und Freiburg, die zum Teil eigene – noch an späterer Stelle zu besprechende - Ansätze des Arbeitnehmerschutzes verfolgen[391].
Eine in dogmatischer Hinsicht interessante Entscheidung ist die des LAG Hamburg vom 20.08.1992, in der sich das Gericht zur sog. „Sphärentheorie" bekannte[392]. Im Ergebnis hielt das LAG auf der Grundlage dieser Theorie einen Arbeitgeber zu einem Hinweis auf sozialversicherungsrechtliche Auswirkungen für verpflichtet, obwohl der Arbeitnehmer keine entsprechende Auskunft verlangt hatte[393].

---

386 BAG, Urt. v. 10.03.1988 – 8 AZR 420/85 = AP Nr. 99 zu § 611 BGB Fürsorgepflicht = NJW 1989, 247.

387 BAG, Urt. v. 22.11.1963 – 1 AZR 17/63 = AP Nr. 6 zu § 611 BGB Öffentl. Dienst = SAE 1964, 119.

388 S. BAG, Urt. v. 17.10.2000 – 3 AZR 605/99 = AP Nr. 56 § 1 BetrAVG Zusatzversorgungskassen = NZA 2001, 206.

389 Vgl. für den Hinweis auf Steuernachteile bei Abschluss eines Aufhebungsvertrages LAG Berlin, Urt. v. 18.01.1999 – 9 Sa 107/98 = NZA-RR 1999, 179; einschränkend ArbG Frankfurt, Urt. v. 21.11.1995 – 4 Ca 3589/95 – n. v., wonach eine Verpflichtung zur Aufklärung bei überlegender Sachkunde besteht, wenn der Arbeitnehmer zu einer sachgerechten Entscheidung erkennbar nur nach Aufklärung in der Lage ist.

390 LAG Rheinland-Pfalz, Urt. v. 14.01.1992 – 10 Sa 531/91 - n. v.; ähnlich LAG Schleswig-Holstein, Urt. v. 19.12.1996 – 5 Sa 190/96 - n. v.

391 ArbG Hamburg, Urt. v. 10.05.1989 - 23 Ca 29/89 = AiB 1990, 427 und Urt. v. 10.12.1990 – 21 Ca 252/90 = BB 1991, 625; ArbG Wetzlar, Urt. v. 7.08.1990 – 1 Ca 48/90 = DB 1991, 976, und Urt. v. 29.08.1995 – 1 Ca 273/95 = NZA-RR 1996, 84; ArbG Freiburg, Urt. v. 20.06.1991 – 2 Ca 145/91 = DB 1991, 2600.

392 LAG Hamburg, Urt. v. 20.08.1992 – 2 Sa 16/92 = LAGE § 611 BGB Aufhebungsvertrag Nr. 9.

393 LAG Hamburg, a.a.O.

2. Die Sphärentheorie

Die sog. Sphärentheorie ist auf eine Überlegung Nägeles zurückzuführen, der sich auf eine Analyse der Rechtsprechung des BAG beruft[394]. Nach seiner Auffassung sind die oben dargestellten Entscheidungen so zu verstehen, dass Hinweispflichten bei Abschluss eines Aufhebungsvertrages nur hinsichtlich solcher Sachverhalte bestünden, die sich in der Sphäre des Arbeitgebers konkretisieren (z.B. Zusatzversorgung, Betriebsrente, Direktversorgung)[395]. Allgemeine Hinweis- und Aufklärungspflichten bestünden demgegenüber nicht[396]. Bei der Prüfung der Sphärenzurechnung komme es ausschließlich darauf an, welche Nachteile der Aufhebungsvertrag für den Arbeitnehmer haben könne, die ihre Ursache im Betrieb des Arbeitgebers hätten[397]. Zur Begründung trägt Nägele vor, der Arbeitgeber dürfe nicht verpflichtet werden, sich über Sachverhalte kundig machen zu müssen, die mit der Führung seines Betriebs in keinerlei Zusammenhang stünden[398]. Letztlich sei die Beratung des Arbeitnehmers dem Betriebsrat, den Gewerkschaften und den Rechtsanwälten vorbehalten[399].

Das LAG Hamburg trat dieser Differenzierung trotz Bedenken bei, da eine vollständige Überbürdung sämtlicher Risiken eines Aufhebungsvertrages auf den Arbeitgeber mit Inhalt und Umfang der Fürsorgepflicht nicht zu vereinbaren sei[400]. Außerdem sei durch die Sphärentheorie der Umfang der Aufklärungspflicht klarer und vorhersehbarer und damit eine leichtere Orientierung der Vertragsparteien gegeben. Die Kriterien dieser Theorie bedürften allerdings in Einzelfällen einer Korrektur, wenn eine an dem Grundsatz von Treu und Glauben orientierte Betrachtungsweise eine derartige Eingrenzung der Pflichten unangemessen erscheinen lasse[401]. Dies sei zumindest dann der Fall, wenn der Abschluss des Aufhebungsvertrages auf massive Veranlassung des Arbeitgebers und in dessen Interesse unter erheblicher Verkürzung der für den betreffenden Arbeitnehmer geltenden Kündigungsfristen erfolge. Eine solche Ausnahme sah das Gericht im dem dem Urteil zugrunde liegenden Sachverhalt, weil der Arbeitnehmer aufgrund der Dauer des Arbeitsverhältnisses und vor dem Hintergrund der existentiellen Bedeutung des Arbeitslosengeldes wegen seines Lebensalters darauf habe vertrauen dürfen, dass der Arbeitgeber bei Abschluss des Vertrages auch seine Interessen berücksichtige[402]. Im Ergebnis traf das LAG Hamburg damit

---

394 Nägele, BB 1992, 1274, 1277 f.

395 Nägele, BB 1992, 1274, 1277 f.

396 Nägele, a.a.O.

397 Nägele, BB 1992, 1274, 1278.

398 Nägele, a.a.O.; ähnlich auch Blomeyer, Anmerkung zu BAG, Urt. v. 17.10.2000, SAE 2001, 310, 317 f.

399 Nägele, BB 1992, 1274, 1278.

400 LAG Hamburg, Urt. v. 20.08.1992 – 2 Sa 16/92 = LAGE § 611 BGB Aufhebungsvertrag Nr. 9.

401 LAG Hamburg, a.a.O.

402 LAG Hamburg, a.a.O.

eine Einzelfallentscheidung, obwohl es sich für die abstrakte Einteilung der Sphärentheorie ausgesprochen hatte.

3. Paritätsstörung als Aufklärungsgrund

Schwarze sieht in seiner Anmerkung zum Urteil des LAG Hamburg die Begründung für eine Aufklärungspflicht in der Verhandlungssituation zwischen Arbeitgeber und Arbeitnehmer bei Abschluss des Aufhebungsvertrages[403]. Wenn der Aufklärungsgegenstand beiden Parteien gleichermaßen zugänglich sei und der Arbeitgeber nicht über präsentes Sonderwissen verfüge, müsse die Ursache des Aufklärungsbedarfs woanders gesucht werden[404].

Für ihn ist das Bestehen einer Hinweispflicht deshalb davon abhängig, ob eine Paritätsstörung im Verhältnis zwischen Arbeitnehmer und Arbeitgeber bei Abschluss des Aufhebungsvertrages gegeben ist. Der Arbeitgeber müsse die Ebenbürtigkeit des Arbeitnehmers bei den Vertragsverhandlungen durch entsprechende Aufklärung wiederherstellen[405]. Damit eine Paritätsstörung vorliege, müsse der Arbeitgeber keineswegs präsentes Sonderwissen über die jeweilige Frage haben, sondern es genüge „seine vom Gesetz unterstellte und konkret nicht beeinträchtigte uneingeschränkte Fähigkeit, die rechtliche Tragweite des Vertragsschlusses oder anderer rechtlich erheblicher Verhaltensweisen erkennen zu können". Die Aufklärungspflicht als Instrument zur Reparatur einer Paritätsstörung trete neben Sittenwidrigkeits- und vertragliche Inhaltskontrolle. Im Hinblick auf die Entscheidung des LAG Hamburg sieht Schwarze jedoch keine Anhaltspunkte für eine aufklärungspflichtbegründende Unterlegenheit des Arbeitnehmers und kommt damit im Ergebnis zu einer anderen Beurteilung des Sachverhaltes. Zur Begründung trägt er vor, es ginge zu weit, den Arbeitnehmer im Hinblick auf versorgungs- und sozialversicherungsrechtliche Folgen des Aufhebungsvertrages generell für überfordert zu erklären; diese beeinflussten den „wirtschaftlichen Wert" des Aufhebungsvertrages unmittelbar und erforderten deshalb die Selbstverantwortung des Arbeitnehmers[406]. Auch eine sonstige Unterlegenheit des Arbeitnehmers, die z.B. durch Ausübung von Druck entstehen könne, sei nicht ersichtlich.

4. Die Frage der Initiative

Welslau teilt in seiner Anmerkung zum Urteil des LAG Hamburg die im Zusammenhang mit Hinweis- und Aufklärungspflichten denkbaren Sachverhalte in verschiedene

---

403 Schwarze, 2. Anm. zu LAG Hamburg, Urt. v. 20.08.1992, LAGE § 611 BGB Aufhebungsvertrag Nr. 9, S. 26 ff.

404 Schwarze, 2. Anm. zu LAG Hamburg, Urt. v. 20.08.1992, LAGE § 611 BGB Aufhebungsvertrag Nr. 9, S. 33.

405 Schwarze, 2. Anm. zu LAG Hamburg, Urt. v. 20.08.1992, LAGE § 611 BGB Aufhebungsvertrag Nr. 9, S. 34.

406 Schwarze, 2. Anm. zu LAG Hamburg, Urt. v. 20.08.1992, LAGE § 611 BGB Aufhebungsvertrag Nr. 9, S. 36.

Fallgruppen ein[407]. Diese unterscheiden hinsichtlich der entsprechenden Arbeitgeberpflicht hauptsächlich danach, auf wessen Initiative hin der Aufhebungsvertrag geschlossen wurde. Auch diese Differenzierung findet sich ansatzweise bereits in den Urteilen des BAG[408].

Auch nach Welslau muss sich der Arbeitnehmer grundsätzlich selbst informieren, wenn er das Arbeitsverhältnis beenden will[409]. Letztlich könne aber nur im konkreten Einzelfall entschieden werden, ob dieser redlicherweise vom Arbeitgeber eine Aufklärung erwarten dürfe. Deshalb erteilt Welslau der Sphärentheorie eine Absage, da zum einen die Einteilung der Sphären problematisch sei und zum anderen die Umstände des Einzelfalles vernachlässigt würden[410]. Welslau setzt demgegenüber auf verschiedene Abwägungskriterien, die jeweils für oder gegen eine Hinweispflicht sprechen würden. Diese Indikatoren ergeben sich weitgehend aus einer Beurteilung der dem Vertragsschluss zugrundeliegenden Situation unter besonderer Berücksichtigung der Initiative[411]:

- Verfüge der Arbeitnehmer über ausreichende Kenntnis, bestehe kein Informationsbedürfnis und eine Hinweispflicht sei zu verneinen.
- Liege eine Veranlassung durch den Arbeitnehmer vor und begründe er den Auflösungswunsch mit persönlichen Lebensumständen, die es als ausgeschlossen erscheinen ließen, dass er bei Hinweis auf mögliche Folgen von dem Auflösungswunsch Abstand nehmen würde, bestehe keine Hinweispflicht.
- Wünsche der Arbeitnehmer die Auflösung des Arbeitsverhältnisses ohne eine Begründung, so bestehe regelmäßig keine Hinweispflicht, es sei denn, es bestehe ein erkennbarer Informationsbedarf des Arbeitnehmers.
- Veranlasse der Arbeitgeber aus betrieblichen Interessen die Auflösung des Arbeitsverhältnisses und geschehe dies unter für den Arbeitnehmer nachteiligen Umständen, sei eine Hinweispflicht zu bejahen.
- Veranlasse der Arbeitgeber die Auflösung aus durch ein Fehlverhalten des Arbeitnehmers motivierten Gründen, so sei eine Hinweispflicht tendenziell eher zu verneinen.

Nach diesen Grundsätzen kommt Welslau in dem vom LAG entschiedenen Fall zu dem Ergebnis, dass aufgrund der Initiative des Arbeitgebers und der dem Arbeitneh-

---

407 Welslau, 1. Anm. zu LAG Hamburg, Urt. v. 20.08.1992, LAGE § 611 BGB Aufhebungsvertrag Nr. 9, S. 13 ff.

408 S. BAG, Urt. v. 17.10.2000 – 3 AZR 605/99 = AP Nr. 56 § 1 BetrAVG Zusatzversorgungskassen = NZA 2001, 206, sowie die Einteilung bei Becker-Schaffner, BB 1993, 1281 f., und Hoß/ Erich, DB 1997, 625.

409 Welslau, 1. Anm. zu LAG Hamburg, Urt. v. 20.08.1992, LAGE § 611 BGB Aufhebungsvertrag Nr. 9, S. 14.

410 Welslau, 1. Anm. zu LAG Hamburg, Urt. v. 20.08.1992, LAGE § 611 BGB Aufhebungsvertrag Nr. 9, S. 15 f.

411 Welslau, 1. Anm. zu LAG Hamburg, Urt. v. 20.08.1992, LAGE § 611 BGB Aufhebungsvertrag Nr. 9, S. 16 f.

mer drohenden sozialversicherungsrechtlichen Nachteile eine Hinweispflicht bestand[412].

III. Stellungnahme

1. Bestehen von Hinweis- und Aufklärungspflichten bei der Beendigung des Arbeitsverhältnisses?

Unproblematisch kann der Arbeitnehmer dann, wenn der Arbeitgeber – ob gefragt oder ungefragt – auf Nachteile hinweist, auf diese Auskunft vertrauen. Bei falscher Information hat er einen Schadensersatzanspruch, weil eine Pflicht zum Unterlassen von Falschinformationen immer zu bejahen ist[413]. Fühlt sich der Arbeitgeber mit einer Frage des Arbeitnehmers überfordert, hat er die Möglichkeit, den Arbeitnehmer an eine kompetente Stelle zu verweisen[414]. Als solche kommen bei Versorgungsansprüchen der jeweilige Versorgungsträger, bei sozialversicherungsrechtlichen Nachteilen das Arbeitsamt in Betracht. Entscheidend ist, dass der Arbeitgeber deutlich macht, dass er aufgrund der konkreten Situation des Arbeitnehmers bestimmte Nachteile für möglich hält, deren Einzelheiten aber nicht kennt und deshalb keine nähere Auskunft geben kann oder will[415]. Denn wenn der Arbeitnehmer erkennt, dass ihm möglicherweise Nachteile drohen und er eine Vorstellung von deren Ursache und Art hat, ist ihm zuzumuten, den genauen Inhalt und Umfang dieser Nachteile selbst in Erfahrung zu bringen. Mit einem Hinweis auf die Ursache und Art der möglichen Nachteile unter Nennung entsprechend kompetenter Stellen wird der Arbeitgeber seiner Fürsorgepflicht ausreichend gerecht[416]. Der Arbeitnehmer kann nicht erwarten, dass der Arbeitgeber selbst über umfassendes Wissen verfügt. Dies gilt vor allem in Anbetracht der Tatsache, dass es sich bei den Nachteilen, hinsichtlich derer eine Aufklärung erforderlich ist, um schwierige und komplexe Problemstellungen handelt, die zum Teil auch komplizierte Berechnungen erforderlich machen[417].

---

[412] Welslau, 1. Anm. zu LAG Hamburg, Urt. v. 20.08.1992, LAGE § 611 BGB Aufhebungsvertrag Nr. 9, S. 24 f.

[413] MünchKomm-BGB/Roth, § 242 Rn 261; s.a. BAG, Urt. v. 13.11.1984 – 3 AZR 255/84 = AP Nr. 5 zu § 1 BetrAVG Zusatzversorgungskassen = BAGE 47, 169.

[414] BAG, Urt. v. 13.11.1984 – 3 AZR 255/84 = AP Nr. 5 zu § 1 BetrAVG Zusatzversorgungskassen = BAGE 47, 169; Urt. v. 10.03.1988 – 8 AZR 420/85 = AP. Nr. 99 zu § 611 BGB Fürsorgepflicht = NJW 1989, 247; ebenso Welslau, 1. Anm. zu LAG Hamburg, Urt. v. 20.08.1992, LAGE § 611 BGB Aufhebungsvertrag Nr. 9, S. 19, und Ernst, Aufhebungsverträge, S. 121.

[415] S. insbesondere BAG, Urt. v. 10.03.1988 – 8 AZR 420/85 = AP. Nr. 99 zu § 611 BGB Fürsorgepflicht = NJW 1989, 247.

[416] Vgl. BAG, Urt. v. 17.10.2000 – 3 AZR 605/99 = AP Nr. 56 § 1 BetrAVG Zusatzversorgungskassen = NZA 2001, 206, das vom Arbeitgeber eine Information „in groben Umrissen" verlangt.

[417] S. dazu insbesondere Blomeyer, Anm. zu BAG, Urt. v. 17.10.2000, SAE 2001, 310, 318, unter Hinweis auf den mit Wirkung zum 1.01.2002 geschaffenen Anspruch des Arbeitnehmers auf Umwandlung von Arbeitsentgelt in Altersversorgung (§ 1 a BetrAVG).

Probleme ergeben sich, wenn der Arbeitnehmer den Arbeitgeber nicht auf mögliche Nachteile anspricht.

a) Der Einwand der Eigenverantwortlichkeit

Hauptargument gegen eine Aufklärungspflicht ist die aus dem Grundsatz der Privatautonomie resultierende Eigenverantwortlichkeit beim Abschluss von Rechtsgeschäften. Hier ist der BGH im Hinblick auf die Bejahung einer Aufklärungspflicht ebenso zurückhaltend wie das BAG[418]. Grundsätzlich gilt: Jeder, der einen Vertrag abschließen will, muss sich über dessen Folgen selbst informieren.

Demgegenüber ist aber auch anerkannt, dass ein Vertragspartner gegenüber dem anderen Wissensvorsprünge haben kann, die in bestimmten Konstellationen als treuwidrig anzusehen sind: Dann darf der Vertragspartner die Mitteilung der relevanten Tatsache nach der Verkehrsauffassung erwarten[419]. Insoweit bildet § 242 BGB ein Korrektiv, wenn die Rechtsausübung andernfalls zu untragbaren Ergebnissen führen würde[420]. Diese Einschränkung des Grundsatzes der Eigenverantwortlichkeit kann auch bei der Beendigung eines Arbeitsverhältnisses eingreifen, weil hier typischerweise unterschiedliche Positionen gegenüberstehen, die zu einer ungleichen Verteilung von Chancen und Risiken führen können. Dies hat das BAG für diejenigen Fälle angenommen, in denen „die Abwägung der beiderseitigen Interessen unter Berücksichtigung aller Umstände des Einzelfalles ergibt, dass der Arbeitnehmer durch eine sachgerechte und vom Arbeitgeber redlicherweise zu erwartende Aufklärung vor der Aufhebung des Arbeitsverhältnisses bewahrt werden muss, weil er sich durch sie aus Unkenntnis selber schädigen würde“[421]. Aus dieser Formulierung ergibt sich, dass an die Annahme einer Aufklärungspflicht strenge Anforderungen zu stellen sind. Daraus folgt aber zugleich, dass die Einschränkung des Grundsatzes der Eigenverantwortlichkeit auf Fälle beschränkt bleibt, in denen die sich aus dem Vertragsschluss ergebende Gefahr für einen der Vertragspartner größer ist als das schützenswerte Interesse des anderen Vertragspartners an einem vorteilhaften Vertrag[422].

b) Der Vergleich mit der Situation bei Ausspruch einer Kündigung

Soweit eine solche Pflicht abgelehnt wird, weil sie bei einer Kündigung ebenfalls nicht einschlägig sei[423], ist dem entgegenzuhalten, dass es sich um einen nicht be-

---

418 S. nur Ausführungen zur Aufklärungspflicht in BGH, Urt. v. 20.02.1967 – III ZR 134/65 = BGHZ 47, 207, 211, und Urt. v. 13.07.1988 – VIII ZR 224/87 = NJW 1989, 763, 764.

419 BGH, Urt. v. 13.07.1988 – VIII ZR 224/87 = NJW 1989, 763, 764.

420 S. Palandt/Heinrichs, BGB, § 242 Rn 2.

421 BAG, Urt. v. 13.11.1996 – 10 AZR 340/96 = AP Nr. 4 zu § 620 BGB Aufhebungsvertrag = NZA 1997, 390.

422 Kursawe, NZA 1997, 245, 246, spricht von einer Art „praktischer Konkordanz“.

423 So Ernst, Aufhebungsverträge, S. 124 ff.; zur Aufklärungspflicht des Arbeitgebers bei einer arbeitnehmerseitigen Kündigung s. Hessisches LAG, Urt. v. 21.03.1985 – 3 Sa 979/84 = LAGE § 119 BGB Nr. 4.

gründbaren Vergleich handelt. Denn die Pflicht zur Aufklärung stellt nach den obigen Ausführungen eine Einschränkung der Privatautonomie von Vertragsparteien dar. Da es aber bei einer einseitigen Willenserklärung zwar einen Adressaten, aber keinen Vertragspartner gibt, fehlt es bereits an der Vergleichbarkeit der dogmatischen Konstruktion. Allein die Tatsache, dass auch die Kündigung zur Beendigung des Arbeitsverhältnisses führt, rechtfertigt – wie bereits mehrfach erläutert - noch keine Übertragung ihrer Grundsätze auf den Aufhebungsvertrag. Andernfalls müsste man dem Arbeitnehmer auch beim Aufhebungsvertrag Kündigungsschutz gewähren. Beide Beendigungsformen unterscheiden sich aber schon deshalb erheblich, weil es sich bei der Kündigung um eine einseitig durchsetzbare Entscheidung handelt, während der Vertragsschluss regelmäßig auf einem Interessenausgleich beruht. Dieser kann aber auf einer Seite aufgrund falscher Vorstellungen zustande gekommen sein. Hinzu kommt, dass der Arbeitgeber durch einen Aufhebungsvertrag häufig genau das erreicht, was er aufgrund der strengen kündigungsrechtlichen Schutzvorschriften gerade nicht erreichen konnte: die Aufhebung des Arbeitsvertrages. Allein diese rechtliche und tatsächliche Vereinfachung, die darüber hinaus in der Regel vom Arbeitgeber bezweckt wird, rechtfertigt eine kritische Betrachtung des Vertragsschlusses unter dem Gesichtspunkt von Treu und Glauben[424]. Denn der Gesetzgeber hat für den Ausspruch einer arbeitgeberseitigen Kündigung bereits eine Regelung des Interessenausgleichs getroffen und dadurch treuwidriges Verhalten in aller Regel ausgeschlossen.

Diese Unterscheidung führt auch in dem Fall zu korrekten Ergebnissen, in dem der Arbeitgeber eigentlich kündigen will, sich dann aber auf Wunsch des Arbeitnehmers doch auf einen Aufhebungsvertrag einlässt[425]. Denn dann handelt es sich um ein Entgegenkommen von Seiten des Arbeitgebers, so dass in der Regel ein treuwidriges Verhalten seinerseits ausgeschlossen sein wird. Der unter diesen Voraussetzungen geschlossene Aufhebungsvertrag begründet folglich ebenso wenig eine Aufklärungspflicht wie die zuvor geplante Kündigung. Hat der Arbeitgeber jedoch dem Arbeitnehmer treuwidrig gewisse Umstände nicht offenbart, kann er nicht dadurch von einer Aufklärungspflicht befreit werden, dass er zuvor eine (berechtigte) Kündigung aussprechen wollte. Denn dann gilt auch für den Arbeitgeber, dass er mit den Vorteilen des Aufhebungsvertrages auch dessen Nachteile in Kauf nehmen muss.

c) Ergebnis

Weder der Grundsatz der Eigenverantwortlichkeit noch der Vergleich mit dem Beendigungstatbestand der Kündigung rechtfertigen eine grundsätzliche Ablehnung von Hinweis- und Aufklärungspflichten bei Abschluss eines Aufhebungsvertrages.

---

[424] Ähnlich Becker-Schaffner, BB 1993, 1281; s.a. MünchKomm-BGB/Schwerdtner, 3. Aufl., vor § 620 Rn 27.

[425] Beispiel bei Ernst, Aufhebungsverträge, S. 126.

2. Bewertung der dargestellten Auffassungen zum Umfang der Aufklärungspflicht

Das BAG hat sich auf ein Regel-Ausnahme-Verhältnis festgelegt: Von sich aus ist der Arbeitgeber – zumindest bei Beendigung des Arbeitsverhältnisses - nur in Ausnahmefällen zur Initiative verpflichtet. Die anderen hier vorgestellten Ansätze unterscheiden sich zwar hinsichtlich der Voraussetzungen der Aufklärungspflicht, stimmen aber im Übrigen mit dem BAG darin überein, dass es keine allgemeine Hinweispflicht des Arbeitgebers bei Beendigung des Arbeitsverhältnisses gibt.

a) Aufklärungspflicht als Ausnahme

Dies ist nach der oben gemachten dogmatischen Einordnung nur folgerichtig, weil Beschränkungen der grundgesetzlich garantierten Vertragsfreiheit einer besonderen Rechtfertigung bedürfen. Diese Rechtfertigung ist vorliegend in § 241 Abs. 2 BGB als besonderer Ausprägung des Grundsatzes von Treu und Glauben begründet, dem grundsätzlich nur eine „Ergänzungsfunktion"[426] zukommt[427].
Eine strenge Handhabung ist aber auch deshalb erforderlich, weil bei Verletzung einer Aufklärungspflicht möglicherweise ein Schadensersatzanspruch des Arbeitnehmers besteht. Insbesondere dann, wenn man der Auffassung folgt, dass der Anspruch auf Schadensersatz auch auf Rückgängigmachung des Vertrages gerichtet sein kann, ist im Hinblick auf die gesetzlichen Wertungen Vorsicht geboten[428].
Daraus folgt, dass sich der Arbeitnehmer grundsätzlich an seiner Willenserklärung und deren Folgen festhalten lassen muss, wenn er nicht ausnahmsweise die Möglichkeit der Vertragsbeseitigung z.B. durch Anfechtung hat. Würde man dem Arbeitgeber eine allgemeine Hinweispflicht auferlegen mit der Konsequenz, dass bei dessen Nichtbeachtung Schadensersatzansprüche entstehen, die möglicherweise sogar den Vertrag beseitigen, wäre die grundsätzliche gesetzliche Wertung, dass nur ein Irrtum oder grob treuwidriges Verhalten wie Drohung oder Täuschung des Arbeitgebers zur Anfechtung eines Vertrages berechtigen, in ihr Gegenteil verkehrt. Die Pflicht des Arbeitgebers, dem Arbeitnehmer Hinweise zu geben, muss zumindest dann, wenn sie ihre Grundlage im Grundsatz von Treu und Glauben hat, grundsätzlich der Ausnahmefall sein. Insoweit ist auch den eingangs erwähnten Instanzgerichten[429] zu widersprechen, die an eine Hinweispflicht zu geringe Anforderungen stellen.

---

426 Jauernig/Vollkommer, BGB, § 242 Rn 6.

427 Die Fürsorgepflicht ist insoweit nur die Konkretisierung der vertraglichen Nebenpflichten der Arbeitsvertragsparteien: Wisskirchen/Worzalla, DB 1994, 577, 580.

428 Vgl. Erman/Battes, BGB, § 276 Rn 133, für die c.i.c.

429 ArbG Wetzlar, Urt. v. 7.08.1990 – 1 Ca 48/90 = DB 1991, 976 und Urt. v. 29.08.1995 – 1 Ca 273/95 = NZA-RR 1996, 84; ArbG Hamburg, Urt. v. 10.12.1990 – 21 Ca 252/90 = BB 1991, 625; ArbG Freiburg, Urt. v. 20.06.1991 – 2 Ca 145/91 = DB 1991, 2600.

b) Ablehnung einer reinen Einzelfallbetrachtung

Die Auffassungen des BAG und der Literatur unterscheiden sich dadurch, dass das BAG ausdrücklich nur eine Entscheidung im Einzelfall trifft, während insbesondere Nägele und Welslau versucht haben, allgemeine Kriterien zu entwickeln, anhand derer abstrakt beurteilt werden kann, was im konkreten Fall notwendig ist. Die Ansichten von Welslau und Nägele haben den Vorteil, die Situation für Rechtsanwender und Richter berechenbarer zu machen. Dies gilt weniger für die Ansicht von Schwarze, der eine Paritätsstörung als Voraussetzung für eine Hinweispflicht ansieht und durch Verwendung dieses wertungsabhängigen Begriffes ähnlich wie das BAG auf eine Würdigung des Einzelfalles abstellt. Allerdings ist zu beachten, dass sich die beiden konkreteren Ansätze auf die Rechtsprechung des BAG stützen, so dass die Unterschiede im Ergebnis in der Regel weniger auf den unterschiedlichen Ausgangspunkt als auf die Einschätzung des Einzelfalles zurückzuführen sein werden. Dies zeigt die Entscheidung des LAG Hamburg besonders deutlich.
Das BAG hat sich mit den vorgestellten Theorien nicht beschäftigt und damit zu verstehen gegeben, dass es auch weiterhin ohne Fallgruppen auskommt. Gleichwohl soll an dieser Stelle versucht werden, eine abstraktere Einteilung zu finden, die nicht nur gerichtliche Entscheidungen voraussehbarer macht, sondern gerade auch dem Arbeitgeber mehr Klarheit darüber verschafft, was er dem Arbeitnehmer bei Abschluss des Aufhebungsvertrages ungefragt offenbaren muss. Denn auch wenn im Einzelfall eine andere Bewertung angebracht sein sollte, ist es doch für Rechtsanwender und Gerichte von Vorteil, über allgemeinere Anhaltspunkte zu verfügen. Diese Einteilung muss sich an den obigen Ausführungen zu Grundlage und Umfang der Aufklärungspflicht orientieren.

c) Ablehnung der Sphärentheorie

Bei der Entwicklung von allgemeinen Kriterien ist es von besonderer Bedeutung, dass sie an die besondere Situation von Arbeitgeber und Arbeitnehmer bei Abschluss eines Aufhebungsvertrages anknüpfen. Der Arbeitnehmer muss ausnahmsweise vor Abschluss des Aufhebungsvertrages geschützt werden, wenn die dem Vertrag anhaftenden Nachteile das Interesse des Arbeitgebers an einem schnellen und komplikationslosen Ende des Arbeitsverhältnisses überwiegen. Zumindest dann, wenn der Arbeitgeber diese Nachteile kennt, wäre es treuwidrig, wenn er dem Arbeitnehmer nicht Informationen geben würde, die dieser offensichtlich nicht hat. Dabei kann es grundsätzlich keine Rolle spielen, ob diese Informationen dem Arbeitnehmer zugänglich gewesen wären oder ob sie eher dem Bereich des Arbeitgebers zuzurechnen sind[430]. Denn auch bei Informationen, die dem Arbeitgeber nicht mehr und nicht weniger zugänglich sind als dem Arbeitnehmer, kann es nicht unbeachtet bleiben, wenn der Arbeitgeber über sie verfügt, sie für den Arbeitnehmer von großer Bedeutung wären und der Arbeitgeber dies auch weiß. Außerdem kommt häufig hinzu, dass sich der Ar-

[430] A.A. Schacht, Übereilungsschutz, S. 156.

beitnehmer sofort zum Angebot des Arbeitgebers äußern muss und schon deshalb von der ihm grundsätzlich möglichen Erkundigung keinen Gebrauch machen kann. Insbesondere in diesen Fällen kann es nicht von Bedeutung sein, ob sie abstrakt betrachtet eher dem Bereich des Arbeitnehmers zuzuordnen sind; es sei denn, sie können als allgemein bekannt vorausgesetzt werden.
Daran zeigt sich, dass die von Nägele ins Leben gerufene „Sphärentheorie" nicht zur Einordnung eines Verhaltens als „treuwidrig" taugt. Dies verdeutlicht auch die Entscheidung des LAG Hamburg, das erst die Sphäreneinteilung befürwortete, sie dann aber in der konkreten Anwendung außer Acht lassen musste, um zu dem gewünschten Ergebnis zu kommen[431]. Die Sphärentheorie berücksichtigt nicht ausreichend, dass sich diese Arbeitgeberpflichten aus dem Grundsatz von Treu und Glauben ergeben. Dahingehend kommt es aber vor allem auf das Verhalten des Verpflichteten in einer konkreten Situation an und weniger auf dessen Nähe zu einer bestimmten Fragestellung. Die Einteilung nach Verantwortungsbereichen lässt zu wenig Raum für eine Beurteilung im Einzelfall[432]. Hinzu kommt, dass der Begriff der „Sphäre" nicht konkret genug ist[433] und deshalb nicht zu mehr Rechtssicherheit beitragen kann. Außerdem bleibt unklar, wie die Hinweispflicht ausfällt, wenn es sich um einen beide Parteien berührenden Bereich handelt[434]. Jedenfalls ist mit diesem Begriff weder für Arbeitgeber noch für Arbeitnehmer voraussehbar, auf welche Fragestellungen sich die Hinweispflicht erstreckt.

3. Eigener Ansatz

a) „Sonderwissen" des Arbeitgebers als Ansatzpunkt

Ansatzpunkt für eine Aufklärungspflicht des Arbeitgebers ist ein bestehender Wissensvorteil kraft überlegener Sachkunde bzw. aufgrund seiner Stellung im Unternehmen (sog. Sonderwissen). Der Arbeitgeber hat von Umständen Kenntnis, die dem Arbeitnehmer unbekannt sind. Dabei kann es nicht darauf ankommen, ob der Arbeitgeber die Einzelheiten kennt. Entscheidend ist nur, dass ihm die Gefahr, die der Aufhebungsvertrag für den Arbeitnehmer mit sich bringt, bewusst ist.
Liegt ein Sonderwissen des Arbeitgebers vor, ist es zur Entstehung einer aus Treu und Glauben resultierenden Aufklärungspflicht außerdem erforderlich, dass der Arbeitgeber erkennt oder erkennen muss, dass der Arbeitnehmer weiterer Informationen

---

[431] LAG Hamburg, Urt. v. 20.08.1992 – 2 Sa 16/92 = LAGE § 611 BGB Aufhebungsvertrag Nr. 9.
[432] Welslau, 1. Anm. zu LAG Hamburg, Urt. v. 20.08.1992, LAGE § 611 BGB Aufhebungsvertrag Nr. 9, S. 16.
[433] Schwarze, 2. Anm. zu LAG Hamburg, Urt. v. 20.08.1992, LAGE § 611 BGB Aufhebungsvertrag Nr. 9, S. 35, spricht von einer „kaum greifbaren Haftungsgrundlage".
[434] Welslau, 1. Anm. zu LAG Hamburg, Urt. v. 20.08.1992, LAGE § 611 BGB Aufhebungsvertrag Nr. 9, S. 16.

bedarf[435]. Denn nur wenn ein dem Arbeitgeber bewusstes oder zumindest grob fahrlässig nicht bewusstes Informationsgefälle vorliegt, wird die arbeitsvertragliche Fürsorgepflicht ausgelöst.
Allein die Tatsache, dass der Arbeitgeber von Nachteilen Kenntnis hat, die dem Arbeitnehmer nicht bewusst sind, kann eine Aufklärungspflicht wie erläutert aber nicht auslösen. Dies würde zu einer Entwertung des Grundsatzes der Eigenverantwortlichkeit führen, weil der Arbeitnehmer sich immer darauf berufen könnte, der Arbeitgeber habe mehr gewusst als er. Eine Aufklärungspflicht kann nach den obigen Ausführungen deshalb grundsätzlich nur dann entstehen, wenn das Informationsgefälle im konkreten Fall als mit Treu und Glauben unvereinbar erscheint[436].

b) Bedeutung der konkreten Verhandlungssituation – Die Frage der Initiative

Dementsprechend muss dem Verhalten des Arbeitgebers in der konkreten Verhandlungssituation eine besondere Bedeutung zukommen. Dabei sollte auch der rechtliche Vorteil, den der Arbeitgeber aus dem Abschluss des Aufhebungsvertrages erlangt, nicht außer Acht bleiben. Schließlich stellt er mit der Auflösungsvereinbarung die Wirksamkeit der Vertragsbeendigung sicher und entzieht sie in der Regel einer gerichtlichen Kontrolle[437]. Aus diesem Vorteil kann sich zusammen mit den dem Arbeitnehmer drohenden Nachteilen die Fürsorgepflicht in Richtung Aufklärungspflicht konkretisieren.
Dabei spielt auch der Umfang der nachteiligen Rechtsfolge und deren Bedeutung für den Arbeitnehmer im Rahmen der Abwägung eine Rolle. Das bedeutet: je stärker das Interesse des Arbeitgebers an einer einvernehmlichen Vertragsbeendigung ist und je deutlicher dies bei den Vertragsverhandlungen zu Tage tritt, je schwerer fallen auch die dem Arbeitnehmer entstehenden Nachteile ins Gewicht, soweit sie nicht grundsätzlich als unerheblich anzusehen sind[438]. Will der Arbeitgeber aus bestimmten Gründen einen Aufhebungsvertrag mit dem Arbeitnehmer schließen oder ist er mangels Vorliegens eines Kündigungsgrundes sogar darauf angewiesen, muss er auch die

---

435 BAG, Urt. v. 10.03.1988 – 8 AZR 420/85 = AP. Nr. 99 zu § 611 BGB Fürsorgepflicht = NJW 1989, 247; Urt. v. 13.12.1988 – 3 AZR 322/82 = AP Nr. 23 zu § 1 BetrAVG Zusatzversorgungskassen = NZA 1989, 512; LAG Hamburg, Urt. v. 20.08.1992 – 2 Sa 16/92 = LAGE § 611 BGB Aufhebungsvertrag Nr. 9; a.A. Schwarze, 2. Anm. zu LAG Hamburg, Urt. v. 20.08.1992, LAGE § 611 BGB Aufhebungsvertrag Nr. 9, S. 33, der dies nicht als eine Tatbestandsvoraussetzung, sondern als eine Frage des Verschuldens ansieht.

436 Vgl. zur Aufklärungspflicht des Arbeitgebers bei Abschluss des Arbeitsvertrages Kursawe, NZA 1997, 245, 246; ähnlich MünchKomm-BGB/Roth, § 242 Rn 296.

437 Becker-Schaffner, BB 1993, 1281; nach MünchKomm-BGB/Schwerdtner, 3. Aufl., vor § 620 Rn 27, der sich für eine großzügigere Bejahung von Hinweispflichten ausspricht, besteht die Gefahr, dass der Aufhebungsvertrag den Kündigungsschutz aushebelt.

438 Vgl. Ausführungen des BAG, Urt. v. 13.11.1984 – 3 AZR 255/84 = AP Nr. 5 zu § 1 BetrAVG Zusatzversorgungskassen = BAGE 47, 169 und Urt. v. 17.10.2000 – 3 AZR 605/99 = AP Nr. 56 zu § 1 BetrAVG Zusatzversorgungskassen = NZA 2001, 206.

Interessen des Arbeitnehmers berücksichtigen. Die „Veranlassung" löst eine verstärkte Fürsorgepflicht aus, weil sie Ursache für den Abschluss des – für den Arbeitnehmer möglicherweise nachteiligen - Aufhebungsvertrages ist[439]. Derjenige Arbeitgeber, der auf eine einvernehmliche Beendigung des Arbeitsverhältnisses Wert legt, darf diese nicht um jeden Preis erreichen, weil er durch sein Angebot das Vertrauen des Arbeitnehmers in seine Sachkunde in Anspruch nimmt. Er handelt treuwidrig, wenn er seine eigenen wirtschaftlichen Interessen bewusst über die des Arbeitnehmers stellt und diesem durch sein Verhalten bei Vertragsabschluss nicht unerhebliche Nachteile zufügt. Die Eigenverantwortlichkeit des Arbeitnehmers tritt aufgrund dieses dem Arbeitsverhältnis - als enger persönlicher Verbindung – nicht angemessenen Missverhältnisses in den Hintergrund. Dementsprechend hat auch das BAG in seiner neuesten Entscheidung zu diesem Problemkreis ausgeführt, wenn der Arbeitgeber mit seinem Vertragsangebot eine außergewöhnliche Gefahrenquelle schaffe, treffe ihn auch eine besondere Hinweispflicht[440].
Ist es jedoch der Arbeitnehmer, der den Arbeitsvertrag beenden will und trägt er dem Arbeitgeber dieses Anliegen vor, ist der Arbeitgeber nicht in einem die Aufklärungspflicht bedingenden Interessenkonflikt. Er darf davon ausgehen, dass sich der Arbeitnehmer diesen Schritt gut überlegt hat. Aufgrund der Initiative des Arbeitnehmers fallen die Vertragsfolgen grundsätzlich in dessen Risikobereich[441] und er ist nicht schutzbedürftig[442]. Nur in Ausnahmefällen kann er nach § 241 Abs. 2 BGB trotzdem gehalten sein, den Arbeitnehmer vor einer erheblichen Schädigung zu bewahren. Dies gilt vor allem dann, wenn der Arbeitnehmer deutlich macht, dass er hinsichtlich der Konsequenzen seiner Entscheidung noch unsicher ist oder auf einen gewissen Punkt besonders großen Wert legt.

c) Auswirkung der Einräumung einer Bedenkzeit

Es stellt sich nun die Frage, ob der Arbeitgeber, der dem Arbeitnehmer ein Auflösungsangebot unterbreitet, auch ohne Aufklärung seiner Fürsorgepflicht gerecht wird, wenn er dem Arbeitnehmer eine (angemessene) Bedenkzeit einräumt[443]. Nimmt der Arbeitnehmer nach einer Überlegungsfrist das Angebot an, könnte man davon ausgehen, dass er sich auch in diesem Fall trotz der Initiative des Arbeitgebers seine Entscheidung gut überlegt hat. Dies ist im Hinblick auf die grundsätzlichen Ausfüh-

---

[439] Vgl. LAG Niedersachsen, Urt. v. 16.05.2001 – 6 Sa 1093/99 – n.v. (nicht rechtskräftig).
[440] BAG, Urt. v. 17.10.2000 – 3 AZR 605/99 = AP Nr. 56 zu § 1 BetrAVG Zusatzversorgungskassen = NZA 2001, 206.
[441] Vgl. Kursawe, NZA 1997, 245, 248; ähnlich Weber/Ehrich/Burmester, Aufhebungsverträge, Teil 1 Rn 69.
[442] Schacht, Übereilungsschutz, S. 154; nach Blomeyer, Anm. zu BAG; Urt. v. 17.10.2000, SAE 2001, 310, 317, kann in diesem Fall nicht von einem besonderen Vertrauenstatbestand die Rede sein.
[443] Vgl. Überlegung bei Weber/Ehrich/Hoß, Aufhebungsverträge, 1. Aufl., Teil 1 Rn 63 (dieser Gedanke ist ab der 2. Auflage nicht mehr enthalten).

rungen zur Aufklärungspflicht des Arbeitgebers deshalb zutreffend, weil der Arbeitgeber den Arbeitnehmer hier zwar nicht abstrakt auf mögliche Gefahrenquellen hinweist, ihm aber ausreichend Zeit lässt, um über das Angebot nachzudenken und sich über mögliche Konsequenzen zu informieren[444]. In diesen Fällen ist ein treuwidriges Verhalten des Arbeitgebers regelmäßig deshalb auszuschließen, weil er dem Arbeitnehmer deutlich macht, dass es in seinem eigenen Verantwortungsbereich liegt, das Arbeitsverhältnis zu beenden. Weil kein zeitlicher Druck gegeben ist, ruft er beim Arbeitnehmer nicht ohne weiteres das Vertrauen hervor, dass er dessen Interessen bei seinen Überlegungen mit einbezogen hat, sondern macht deutlich, dass es sich nur um ein Angebot handelt und der Arbeitnehmer wissen muss, was er tut. Entscheidend für die Eigenverantwortung des Arbeitnehmers in diesen Fällen ist, dass der Arbeitgeber beim Arbeitnehmer nicht den Eindruck erweckt, er habe „alle Karten auf den Tisch gelegt“ und der Arbeitnehmer könne sich darauf verlassen, dass er ihm kein schlechtes Angebot mache.

Hinzu kommt ein weiteres: Wenn der Arbeitnehmer, der von sich aus zum Arbeitgeber kommt und die Auflösung des Arbeitsverhältnisses anbietet, sich seine Entscheidung mutmaßlich reiflich überlegt haben wird, muss dies auch für den Arbeitnehmer gelten, der nach einer gewissen Bedenkzeit zum Arbeitgeber kommt, um ihm mitzuteilen, dass er dessen Angebot annimmt. In beiden Fällen darf der Arbeitgeber – sofern keine gegenteiligen Anhaltspunkte bestehen – davon ausgehen, dass der Arbeitnehmer sich Gedanken gemacht und familiären oder auch rechtlichen Rat eingeholt hat. Dies ist nur dann anders, wenn der Arbeitgeber im Laufe der Vertragsverhandlungen Unsicherheiten des Arbeitnehmers erkennt und gleichwohl diesen nicht vor erheblichen Nachteilen bewahrt[445].

Aus diesen Ausführungen ergeben sich auch die groben Anhaltspunkte für die Bemessung der Frist: Sie muss zumindest so lange sein, dass der Arbeitgeber davon ausgehen darf, der Arbeitnehmer habe genügend Zeit für eigene Überlegungen und notfalls die Einholung juristischen Rats gehabt. Auf der anderen Seite muss auch das Interesse des Arbeitgebers an einer zügigen Abwicklung der Angelegenheit berücksichtigt werden. Beides wird in Anlehnung an entsprechende tarifvertragliche Widerrufs- und Überlegungsfristen bei einer Frist von drei Arbeitstagen gewährleistet sein[446].

---

[444] A.A. LAG Hamburg, Urt. v. 20.08.1992 – 2 Sa 16/92 = LAGE § 611 BGB Aufhebungsvertrag Nr. 9.

[445] So bei erheblichen Versorgungsnachteilen, wenn sich der Arbeitnehmer offensichtlich nicht mit der Materie auskennt, s. dazu BAG, Urt. v. 17.10.2000 – 3 AZR 605/99 = AP Nr. 56 zu § 1 BetrAVG Zusatzversorgungskassen = NZA 2001, 206.

[446] S. Schacht, Übereilungsschutz, S. 165 m.w.N.; die 3-Tages-Frist entspricht auch der in § 110 des Entwurfes eines Arbeitsvertragsgesetzbuches von 1977 festgelegten Widerrufsfrist für Aufhebungsverträge, vgl. Text in NZA 1992, Beilage zu Heft 17.

4. Ergebnis

Als Ergebnis lässt sich Folgendes festhalten:

1. Eine Hinweis- bzw. Aufklärungspflicht des Arbeitgebers besteht grundsätzlich nur, wenn dem Arbeitnehmer durch den Aufhebungsvertrag nicht unerhebliche Nachteile drohen, die ihm nicht bekannt sind. Weiß der Arbeitgeber von diesen Nachteilen, entsteht ein Informationsgefälle; kennt der Arbeitgeber das Defizit des Arbeitnehmers oder müsste er es kennen, kommt eine auf der arbeitsvertraglichen Fürsorgepflicht beruhende Hinweispflicht in Betracht.
2. Macht der Arbeitgeber von sich aus dem Arbeitnehmer ein Angebot zum Abschluss eines Aufhebungsvertrages, ist er grundsätzlich verpflichtet, den Arbeitnehmer auf drohende Gefahren hinzuweisen. Er genügt dieser Hinweispflicht in der Regel dadurch, dass er auf Ursache und Art möglicher Probleme aufmerksam macht und den Arbeitnehmer im Übrigen an zuständige Stellen verweist.
3. Räumt der Arbeitgeber, der dem Arbeitnehmer ein Aufhebungsangebot gemacht hat, diesem eine angemessene Bedenkzeit ein, darf er im Fall der Annahme des Angebots davon ausgehen, dass sich der Arbeitnehmer ausreichend informiert hat.
4. Gleiches gilt, wenn der Arbeitnehmer von sich aus dem Arbeitgeber das Angebot auf Aufhebung des Arbeitsvertrages macht.
5. Bestehen für den Arbeitgeber Anhaltspunkte, dass der Arbeitnehmer unsicher ist und sich vertrauensvoll an ihn wendet oder sind die drohenden Nachteile außergewöhnlich groß, ist er auch in Fällen von Nr. 3 und 4 zu Hinweisen verpflichtet.
6. Soweit der Arbeitgeber sich entschließt, den Arbeitnehmer selbst aufzuklären, müssen die gegebenen Informationen richtig und vollständig sein.

IV. Inhalt der Hinweis- und Aufklärungspflichten

1. Grundsätze

Es wurde bereits angesprochen, dass der Arbeitgeber grundsätzlich dann nicht zur Aufklärung verpflichtet ist, wenn es sich um allgemein bekannte Tatsachen handelt. Dies ist unproblematisch, wenn er davon ausgeht, dass der Arbeitnehmer über diese Informationen verfügt. In der Regel ist das zu vermuten, so dass es an einer arbeitgeberseitigen Kenntnis des Informationsdefizites fehlen wird, die Voraussetzung der Hinweispflicht ist. Hat der Arbeitnehmer ausnahmsweise keine Kenntnis von diesen Tatsachen und ist dies dem Arbeitgeber bewusst, liegt ein Informationsdefizit des Arbeitnehmers vor, das die Fürsorgepflicht des Arbeitgebers auslöst, wenn die weiteren Voraussetzungen vorliegen. Denn es wäre treuwidrig, wenn der Arbeitgeber dem Arbeitnehmer Informationen verschweigt, über die er verfügt, nur weil diese als allgemein bekannt anzusehen sind. Allerdings muss der Arbeitgeber auch nur insoweit aufklären, als er von einem Defizit des Arbeitnehmers ausgeht. „Vorsorgliche“ Aufklärung über normalerweise bekannte Aspekte kann von ihm nicht verlangt werden.

Denn Sinn und Zweck der Aufklärungspflicht ist nur der Ausgleich eines aufgrund eines Informationsdefizits bestehenden Verhandlungsungleichgewichts, aber nicht die allgemeine Rechtsberatung des Arbeitnehmers[447].

2. Fallgruppen

Aus den genannten Grundsätzen ergibt sich die Beurteilung der unterschiedlichen Fallgruppen, hinsichtlich derer Hinweis- und Aufklärungspflichten in Betracht kommen.

a) Versorgungsanwartschaften

Hier hat das BAG zu Recht darauf hingewiesen, dass es sich um eine sehr komplexe Materie handelt[448]. Deshalb wird man vom Arbeitnehmer nicht verlangen können, dass er dahingehend umfassend informiert ist. Entschließt er sich jedoch, dem Arbeitgeber die Auflösung des Arbeitsverhältnisses anzutragen, muss er sich grundsätzlich ebenso selbst informieren wie vor dem Ausspruch einer Kündigung. Allerdings wird der Arbeitgeber bei besonders bedeutsamen Fragen der Altersversorgung gehalten sein, dem Arbeitnehmer entsprechende Hinweise zu geben[449]. Dabei genügt es regelmäßig, dass er auf die Problematik aufmerksam macht und den Arbeitnehmer wegen der Einzelheiten an die zuständigen Stellen verweist. Hat der Arbeitgeber den Arbeitnehmer bereits bei Begründung des Arbeitsverhältnisses auf Versorgungsaspekte hingewiesen und entsprechendes Informationsmaterial zur Verfügung gestellt, darf er zumindest dann, wenn es sich nicht um atypische Fälle handelt, davon ausgehen, dass der Arbeitnehmer ausreichend informiert ist.
Im Übrigen ist der Arbeitgeber dem *ausgeschiedenen* Arbeitnehmer im Rahmen von § 2 Abs. 6 BetrAVG zur Auskunft über die betriebliche Altersversorgung verpflichtet.

b) Sozialversicherungsrechtliche Nachteile

Bei den in Zusammenhang mit der einvernehmlichen Vertragsbeendigung drohenden sozialversicherungsrechtlichen Nachteilen handelt es sich um eine zunehmend an Bedeutung gewinnende Materie, deren Einzelheiten den Arbeitnehmern – nicht zuletzt aufgrund der häufigen Gesetzesänderungen - grundsätzlich nicht bekannt sind. Wegen der potentiellen Vermögensgefährdung des Arbeitnehmers, die unter Umständen auch die durch den Aufhebungsvertrag erreichten (finanziellen) Vorteile beseitigen und den Arbeitnehmer in seiner Existenz bedrohen kann, müssen die Arbeitgeber hier regelmäßig Hinweise geben, wenn sie den Abschluss des Vertrages veranlassen. Auch wenn man davon ausgeht, dass es sich um den Verantwortungsbereich des Ar-

---

447 Wisskirchen/Worzalla, DB 1994, 577, 580.

448 S. BAG, Urt. v. 24.05.1963 – 1 AZR 66/62 = AP Nr. 5 zu § 611 BGB Öffentl. Dienst = DB 1963, 1223.

449 Vgl. BAG, Urt. v. 17.10.2000 – 3 AZR 605/99 = AP Nr. 56 zu § 1 BetrAVG Zusatzversorgungskassen = NZA 2001, 206.

beitnehmers handelt[450], vermag dies aus den oben erläuterten Gründen eine Fürsorgepflicht des Arbeitgebers nicht auszuschließen. Auch eine Unterscheidung nach der Schwierigkeit einer Regelung[451] ist nicht sinnvoll, weil sich gerade im Bereich des Sozialversicherungsrechts keine Aussagen darüber treffen lassen, welche Regelungen als bekannt vorausgesetzt werden können und welche nicht. Außerdem würde eine Differenzierung innerhalb des Komplexes dazu führen, dass Arbeitnehmer, die schon häufig mit dem Arbeitsamt in Berührung kamen, letztlich besser stehen als andere, von denen aber die Kenntnis gewisser Vorschriften gleichwohl erwartet wird.
Es ist nicht richtig, dass dies auf eine Erkundigungspflicht des Arbeitgebers hinausläuft[452]. Denn auch nach Auffassung des BAG genügt es grundsätzlich, wenn der Arbeitgeber den Arbeitnehmer an kompetente Stellen verweist[453]. Dies gilt wie erläutert für alle in Frage kommenden Umstände. Nur wenn der Arbeitgeber die Informationen selbst geben will, müssen sie vollständig und richtig sein[454]. Auch Inhaber kleinerer Betriebe, die mit der Materie nicht vertraut sind, werden dadurch nicht überfordert[455]. Weist ein Arbeitgeber den Arbeitnehmer auf die möglichen Gefahren hin, ohne dass er genauere Angaben machen kann, ist es Sache des Arbeitnehmers, sich eine Bedenkzeit zu erbitten und sich zu erkundigen[456].

c) Kündigungsschutz

Anders ist die Aufklärungspflicht im Hinblick auf das Nichteingreifen kündigungsschutzrechtlicher Vorschriften zu beurteilen. Denn sowohl der allgemeine, als auch der besondere Kündigungsschutz stellen Tatsachen dar, die als bekannt vorausgesetzt werden können[457]. So wie jeder, der ein Darlehen aufnimmt, wissen muss, dass er dem Darlehensgeber Zinsen schuldet, muss jeder Arbeitnehmer wissen, dass er keinen Kündigungsschutz genießt, wenn er sich auf eine einvernehmliche Vertragsbeendigung einlässt[458]. Es ist seine Sache, sich mit den grundlegenden Regelungen des

---

450 Weber/Ehrich/Burmester, Aufhebungsverträge, Teil 1 Rn 74.

451 Vgl. Schwarze, 2. Anm. zu LAG Hamburg, Urt. v. 20.08.1992, LAGE § 611 BGB Aufhebungsvertrag Nr. 9, S. 33 f.

452 Schacht, Übereilungsschutz, S. 157; ähnlich Blomeyer, Anm. zu BAG, Urt. v. 17.10.2000, SAE 2001, 310, 316 f.; Rolfs, Anm. zu BAG, Urt. v. 17.10.2000, AP Nr. 116 zu § 611 BGB Fürsorgepflicht, S. 11.

453 BAG, Urt. v. 13.11.1984 – 3 AZR 255/84 = AP Nr. 5 zu § 1 BetrAVG Zusatzversorgungskassen = BAGE 47, 169; Urt. v. 10.03.1988 – 8 AZR 420/85 = AP. Nr. 99 zu § 611 BGB Fürsorgepflicht = NJW 1989, 247.

454 S. BAG, Urt. v. 13.11.1984 – 3 AZR 255/84 = AP Nr. 5 zu § 1 BetrAVG Zusatzversorgungskassen = BAGE 47, 169.

455 Diese Bedenken äußern Wisskirchen/Worzalla, DB 1994, 577, 580.

456 Entgegen der Auffassung von Schacht, Übereilungsschutz, S. 157, ist schon ein oberflächlicher Hinweis geeignet, den Arbeitnehmer vor Schaden zu bewahren.

457 Weber/Ehrich/Burmester, Aufhebungsverträge, Teil 1 Rn 85.

458 Hoß/Ehrich, DB 1997, 625, 626; Bauer, Aufhebungsverträge, Rn 113 c; a.A. für den besonderen Kündigungsschutz MünchKomm-BGB/Schwerdtner, 3. Aufl., vor § 620 Rn 27.

Kündigungsschutzes vertraut zu machen[459]. Er kann keine Aufklärung über Umstände erwarten, die sich aus der Sachlage ergeben[460]. Insoweit ersetzt der Arbeitgeber nicht Betriebsrat, Rechtsanwälte oder andere Rechtsberatungsstellen. In der Regel wird der Arbeitgeber deshalb davon ausgehen (dürfen), dass dem Arbeitnehmer bekannt ist, dass er bei Abschluss eines Aufhebungsvertrages keinen Kündigungsschutz genießt. Nur wenn Anhaltspunkte für ein Defizit bestehen, kommt eine Aufklärungspflicht in Betracht.

In diesem Zusammenhang ist außerdem Folgendes zu bedenken: Der Verlust des Kündigungsschutzes ist keine Folge des Aufhebungsvertrages und damit auch kein mit dem Vertragsschluss zusammenhängender Nachteil. Wird statt einer Kündigung ein Aufhebungsvertrag geschlossen, kommt der Kündigungsschutz nicht zum Tragen und kann deshalb auch nicht eingebüßt werden. Es ist deshalb zweifelhaft, ob ein „Verlust des Kündigungsschutzes" überhaupt als aufklärungsrelevant anzusehen ist.

d) Formzwang und Sonstiges

Ein Hinweis auf den Formzwang des Aufhebungsvertrages erübrigt sich deshalb, weil der Arbeitnehmer bei Nichteinhaltung der Form vor den negativen Folgen des Aufhebungsvertrages schon dadurch geschützt wird, dass der Vertrag dann unwirksam ist. Insoweit liegt es auch im Interesse des Arbeitgebers, auf eine Einhaltung der Form hinzuwirken.

Dem BAG ist außerdem dahingehend zuzustimmen, dass der Arbeitgeber nicht verpflichtet ist, den Arbeitnehmer beim Angebot eines Aufhebungsvertrages darüber aufzuklären, dass er weitere Entlassungen beabsichtigt, die unter Umständen zu einer sozialplanpflichtigen Betriebseinschränkung führen können. Denn der Arbeitgeber kann zum Zeitpunkt des Vertragsschlusses nicht absehen, ob sich für den Arbeitnehmer tatsächlich Nachteile ergeben würden[461]. Solche Nachteile sind aber Voraussetzung für das Entstehen einer Aufklärungspflicht. Der Arbeitgeber ist nicht verpflichtet, dem Arbeitnehmer alle für die Zukunft denkbaren ungünstigen „Szenarien" aufzuzeigen, sondern nur auf die Gefahren hinzuweisen, die bereits im Vertragsabschluss begründet liegen.

V. Verletzung der Fürsorgepflicht durch Nichteinräumung einer Bedenkzeit?

Aus dem Gedanken, dass dem Arbeitgeber durch Abschluss des Aufhebungsvertrages ein Vorteil gegenüber dem Arbeitnehmer erwächst, wird zum Teil gefolgert, dass der Arbeitgeber aufgrund seiner Fürsorgepflicht und im Sinne eines angemessenen Inte-

---

[459] Nägele, BB 1992, 1274, 1277; Kursawe, NZA 1997, 245, 249; dies gilt auch für eventuell in Tarifverträgen enthaltene Rücktritts- und Widerrufsrechte: Weber/Ehrich/Burmester, Aufhebungsverträge, Teil 1 Rn 86.

[460] Vgl. BAG, Urt. v. 12.12.1957 – 2 AZR 574/55 = AP Nr. 2 zu § 276 BGB Verschulden bei Vertragsschluss = NJW 1958, 727; ebenso Schacht, Übereilungsschutz, S. 159.

[461] BAG, Urt. v. 13.11.1996 – 10 AZR 340/96 = NZA 1997, 390; s. dazu auch LAG Düsseldorf, Urt. v. 20.03.1996 – 12 (8) (6) Sa 1553/95 = LAGE § 112 a BetrVG Nr. 4.

ressenausgleichs verpflichtet sei, dem Arbeitnehmer eine Bedenkzeit oder ein Widerrufsrecht einzuräumen[462]. Dieser Vorschlag stützt sich auf vereinzelte Entscheidungen der Instanzgerichte[463].
Dahingehend wurde bereits ausgeführt, dass der Arbeitgeber durch Einräumung einer angemessenen Bedenkzeit seiner Hinweispflicht genüge tun kann. Das heißt, die Fürsorgepflicht wird nicht dadurch verletzt, dass der Arbeitnehmer keine Bedenkzeit erhält, sie kann aber durch deren Einräumung erfüllt werden. Dabei kann nicht angenommen werden, dass er neben dieser „Beschaffungs- bzw. Informationszeit" auch noch eine Überlegungsfrist benötigt[464], weil zusammen mit der Information über die drohenden Nachteile auch ein Denkprozess verbunden ist. Eine Aufteilung dieses Prozesses in verschiedene zeitliche Abschnitte würde die Fürsorgepflicht des Arbeitgebers überstrapazieren.
Umgekehrt ergibt sich daraus, dass der Arbeitgeber grundsätzlich nicht verpflichtet werden kann, dem Arbeitnehmer für die Erklärung seiner Annahme Zeit zu lassen. Denn es gibt im Gesetz keine Anhaltspunkte dafür, dass eine Willenserklärung unwirksam ist, wenn ihr keine ausreichende Überlegung vorausgegangen ist. Mehr kann sich auch aus der arbeitgeberseitigen Fürsorgepflicht i.V.m. § 241 Abs. 2 BGB nicht ergeben.

VI. Zusammenfassung

Grundsätzlich können bei Abschluss eines Aufhebungsvertrages Hinweis- und Aufklärungspflichten auf Seiten des Arbeitgebers bestehen. Grundlage dieser Pflichten ist der durch die Schuldrechtsreform eingeführte § 241 Abs. 2 BGB, durch den die in einem Schuldverhältnis bestehenden Schutzpflichten kodifiziert sind.
Inhalt und Umfang der Aufklärungspflicht als aus dem Arbeitsverhältnis resultierende Schutzpflicht werden durch die Fürsorgepflicht des Arbeitgebers bestimmt. Aufgrund des Prinzips der Eigenverantwortlichkeit sind an das Bestehen von Hinweis- und Aufklärungspflichten allerdings strenge Anforderungen zu stellen. Dabei kommt es nach der Maßgabe des Grundsatzes von Treu und Glauben auf die konkrete Verhandlungssituation an.
Der Umfang der Hinweis- und Aufklärungspflichten richtet sich nach hier vertretener Auffassung danach, von wem die Initiative für die einvernehmliche Beendigung des Arbeitsverhältnisses ausging. Hat der Arbeitgeber Kenntnis von den dem Arbeitnehmer drohenden Nachteilen, muss er ihn, wenn er ihm einen Aufhebungsvertrag anträgt, auf diese Nachteile hinweisen, soweit ihm bewusst ist, dass sie dem Arbeitnehmer nicht bekannt sind. Dabei genügt ein allgemeiner Hinweis auf Ursache und

---

[462] Becker-Schaffner, BB 1993, 1281, 1282; Schacht, Übereilungsschutz, S. 162 ff.
[463] ArbG Hamburg, Urt. v. 10.05.1989 – 23 Ca 29/89 = AiB 1990, 427, und Urt. v. 10.12.1990 – 21 Ca 252/90 = BB 1991, 625; ArbG Freiburg, Urt. v. 20.06.1991 – 2 Ca 145/91 = DB 1991, 2600; ArbG Wetzlar, Urt. v. 29.08.1995 – 1 Ca 273/95 = NZA-RR 1996, 84.
[464] So aber Schacht, Übereilungsschutz, S. 164.

Art der möglichen Nachteile mit dem Verweis an kompetente Stellen. Soweit der Arbeitgeber dem Arbeitnehmer Informationen gibt, müssen diese vollständig und richtig sein. Außerdem kann der Arbeitgeber in diesen Fällen seiner Hinweis- und Aufklärungspflicht auch durch Einräumung einer angemessenen Bedenkzeit gerecht werden. In der Regel werden sich Hinweis- und Aufklärungspflichten in Bezug auf Versorgungsanwartschaften oder sozialversicherungsrechtlichen Nachteile ergeben. Auf allgemein bekannte Tatsachen wie z.B. das Nichteingreifen des Kündigungsschutzes bei Abschluss eines Aufhebungsvertrages muss der Arbeitgeber grundsätzlich nicht hinweisen.

§ 7 Rechtsfolgen der Verletzung einer bestehenden Aufklärungspflicht

Der Verstoß gegen eine nach den obigen Grundsätzen bestehende Aufklärungspflicht kann zu einem Anspruch des Arbeitnehmers führen, der grundsätzlich auf Schadensersatz gerichtet ist.

I. Grundlage eines Schadensersatzanspruchs

Nach den obigen Ausführungen ist sowohl ein Anspruch wegen der Verletzung einer vorvertraglichen Pflicht aus § 311 Abs. 2 i.V.m. § 280 Abs. 1 S. 1 BGB als auch ein Anspruch wegen Verletzung einer aus dem Schuldverhältnis resultierenden Aufklärungspflicht gemäß § 241 Abs. 2 BGB i.V.m. § 280 Abs. 1 S. 1 BGB begründbar. Da sich die Voraussetzungen für den Schadensersatzanspruch in beiden Fällen nach § 280 Abs. 1 S. 1 BGB richten, ist eine getrennte Prüfung nicht erforderlich.

II. Voraussetzungen für einen Schadensersatzanspruch

Ein Schadensersatzanspruch aus § 280 Abs. 1 S. 1 BGB setzt voraus, dass der Arbeitgeber schuldhaft eine aus dem Schuldverhältnis resultierenden Pflicht verletzt hat und dem Arbeitnehmer dadurch ein Schaden entstanden ist.

1. Pflichtverletzung durch Unterlassen der Aufklärung

Ergibt sich nach der Verhandlungslage eine Situation, in der es nach § 241 Abs. 2 BGB geboten ist, dass der Arbeitgeber den Arbeitnehmer auf drohende Nachteil hinweist, verletzt er seine aus dem Arbeitsvertrag bzw. dem nach § 311 Abs. 2 BGB bestehenden vorvertraglichen Schuldverhältnis resultierende Pflicht, wenn er seiner Aufklärungspflicht nicht nachkommt.
Die Beweislast dafür, dass objektiv eine Pflicht verletzt wurde, liegt grundsätzlich beim Geschädigten[465]. Daran hat auch die Einführung des § 280 BGB durch die Schuldrechtsreform nichts geändert[466]. Daraus folgt, dass der Arbeitnehmer die Voraussetzungen für das Bestehen der Aufklärungspflicht, also insbesondere das Infor-

---

[465] BGH, Urt. v. 16.10.1984 – VI ZR 304/82 = NJW 1985, 264, 265; Urt. v. 3.12.1992 – IX ZR 61/92 = NJW 1993, 1139, 1140; Palandt/Heinrichs, BGB, § 282 Rn 11; Jauernig/Vollkommer, BGB, § 276 Rn 60.
[466] Regierungsentwurf, BT-Drs. 14/6040, S. 136.

mationsdefizit und die (potentielle) Kenntnis des Arbeitgebers davon, nachweisen muss.
Darüber hinaus besteht bei Aufklärungspflichtverletzungen eine Beweislasterleichterung[467]. Denn nach der Rechtsprechung ist es Sache des Aufklärungsschuldners, darzulegen, ob und auf welche Weise er seinen Pflichten nachgekommen ist[468]. Das heißt, wenn der Arbeitnehmer beweisen kann, dass eine Aufklärungspflicht bestand, trägt der Arbeitgeber die Beweislast dafür, dass er diese nicht verletzt hat. Das Bestehen einer Beweiserleichterung bei § 280 Abs. 1 S. 1 BGB wird auch vom Gesetzgeber der Schuldrechtsreform grundsätzlich anerkannt[469], so dass kein Grund für eine Änderung dieser Rechtsprechung ersichtlich ist.

2. Verschulden des Arbeitgebers

Grundvoraussetzung der Aufklärungspflicht ist ein Informationsgefälle, das dadurch entsteht, dass der Arbeitnehmer keine Kenntnis von den mit dem Aufhebungsvertrag entstehenden Nachteilen hat, wohl aber der Arbeitgeber. Nach den obigen Ausführungen kommt es entsprechend der Auffassung des BAG darauf an, ob der Arbeitgeber erkannt hat oder erkennen musste, dass der Arbeitnehmer keine Kenntnis von den relevanten Tatsachen hat[470]. Damit gehört es schon zu den Tatbestandsvoraussetzungen der Aufklärungspflicht, dass der Arbeitgeber vorsätzlich oder fahrlässig den Aufklärungsbedarf übersieht. Die Frage des Verschuldens stellt sich allenfalls noch bei der Angemessenheit der Aufklärungsmaßnahme, soweit diese sich als nicht rechtzeitig oder als nicht ausreichend erweist[471]. Das Verschulden seiner Erfüllungsgehilfen muss sich der Arbeitgeber gemäß § 278 BGB zurechnen lassen.
Fraglich ist die Beweislast hinsichtlich der schuldhaften Verletzung der Fürsorgepflicht. Nach § 281 Abs. 1 S. 2 BGB scheidet ein Schadensersatzanspruch wegen der Verletzung einer Vertragspflicht aus, wenn der Schuldner die Pflichtverletzung nicht zu vertreten hat[472]. Das bedeutet, dass das Verschulden des Arbeitgebers als Aufklä-

---

[467] Dazu Palandt/Heinrichs, BGB, § 282 Rn 11.
[468] BGH, Urt. v. 4.06.1996 - IX ZR 246/95 = NJW 1996, 2571; s.a. BAG, Urt. v. 22.11.1963 – 1 AZR 17/63 = AP Nr. 6 zu § 611 BGB Öffentl. Dienst = SAE 1964, 119; Urt. v. 13.11.1984 – 3 AZR 255/84 = AP Nr. 5 zu § 1 BetrAVG Zusatzversorgungskassen = BAGE 47, 169.
[469] Vgl. Regierungsentwurf, BT-Drs. 14/6040, S. 136, unter Verweis auf die sog. Sphärentheorie; s. dazu auch Palandt/Heinrichs, Ergänzungsband BGB, § 280 Rn 39.
[470] BAG, Urt. v. 10.03.1988 – 8 AZR 420/85 = AP. Nr. 99 zu § 611 BGB Fürsorgepflicht = NJW 1989, 247; Urt. v. 13.12.1988 – 3 AZR 322/82 = AP Nr. 23 zu § 1 BetrAVG Zusatzversorgungskassen = NZA 1989, 512; ebenso LAG Hamburg, Urt. v. 20.08.1992 – 2 Sa 16/92 = LAGE § 611 BGB Aufhebungsvertrag Nr. 9; a.A. Schwarze, 2. Anm. zu LAG Hamburg, Urt. v. 20.08.1992, LAGE § 611 BGB Aufhebungsvertrag Nr. 9, S. 33, der dies nicht als eine Tatbestandsvoraussetzung, sondern als eine Frage des Verschuldens ansieht.
[471] Vgl. BAG, Urt. v. 24.05.1963 – 1 AZR 66/62 = AP Nr. 5 zu § 611 BGB Öffentl. Dienst = BAGE 14, 193.
[472] § 280 Abs. 1 S. 2 BGB ersetzt damit §§ 282, 285 BGB a.F. und dehnt die dort geregelte Beweislastumkehr von den Fällen der Unmöglichkeit und des Verzugs auf alle Pflichtverletzungen im

rungsschuldner vermutet wird[473]. Das heißt, im Fall einer Pflichtverletzung muss er nachweisen, dass ihn kein Sorgfaltsverstoß trifft[474]. Eine solche Entlastung kommt z.B. in Betracht, wenn der Arbeitgeber nachweist, dass er ohne sein Verschulden an einer rechtzeitigen Aufklärung gehindert war.
Weiterhin ist im Rahmen des Verschuldens des Arbeitgebers zu fragen, ob den Arbeitnehmer ein Mitverschulden gemäß § 254 Abs. 1 BGB trifft oder ob er seiner aus § 254 Abs. 2 S. 1 BGB folgenden Schadensminderungspflicht nicht nachgekommen ist. Ein Mitverschulden des Arbeitnehmers wird vor allem dann in Betracht kommen, wenn er die mit dem Aufhebungsvertrag verbundene Vermögensgefährdung hätte erkennen können, z.B. weil ihm entsprechendes Informationsmaterial vorlag. Ob dieses Mitverschulden zu einer Minderung seines Schadensersatzanspruchs führt, richtet sich dann vor allem nach dem Grad des arbeitgeberseitigen Verschuldens. Ist dieses erheblich höher, kann das mitwirkende Verschulden des Arbeitnehmers außer Acht bleiben[475]. Dies kommt z.B. dann in Frage, wenn der Arbeitgeber vorsätzlich handelt oder sich die Treuwidrigkeit seines Verhaltens geradezu aufdrängt.

3. Schaden des Arbeitnehmers

Der Schaden des Arbeitnehmers richtet sich nach der Materie, über die nicht aufgeklärt wurde. Im Fall der Versorgungsanwartschaften sind dies die in Zusammenhang mit der Betriebsrente stehenden Vermögensnachteile, so z.B., wenn der Arbeitnehmer aufgrund der verfrühten Beendigung des Arbeitsverhältnisses die Voraussetzungen einer Anwartschaft nicht erfüllt. Auch der verkürzte Anspruch auf Arbeitslosengeld wegen Verhängung einer Sperrzeit gemäß § 144 Abs. 1 Nr. 1 SGB III ist ein Vermögensschaden.
Soweit der Arbeitnehmer geltend macht, er hätte bei sachgerechter Aufklärung den Vertrag gar nicht geschlossen, besteht sein Schaden im Abschluss des Aufhebungsvertrages. Dann stellt sich noch die Frage nach Inhalt und Umfang des Schadensersatzanspruches. Voraussetzung ist aber, dass die Kausalität zwischen mangelnder Aufklärung und Vertragsschluss gegeben ist.

4. Kausalität zwischen Pflichtverletzung und Schaden

a) Kausalitätsvoraussetzungen

Die unterlassene Aufklärung muss ursächlich für den Abschluss des nachteiligen Vertrages gewesen sein. Das heißt, dass der Arbeitnehmer dann, wenn er vom Ar-

---

Rahmen von Schuldverhältnissen aus: Huber/Faust, Schuldrechtsmodernisierung, Kap. 3 Rn 16, S. 73.
[473] So auch schon vor Geltung des § 280 BGB: LAG Hamburg, Urt. v. 20.08.1992 – 2 Sa 16/92 = LAGE § 611 BGB Aufhebungsvertrag Nr. 9.
[474] Vgl. Jauernig/Vollkommer, BGB, § 282 Rn 8.
[475] Vgl. BAG, Urt. v. 17.12.1991 - 3 AZR 44/91 = AP Nr. 32 zu § 1 BetrAVG Zusatzversorgungskassen = NZA 1992, 973.

beitgeber auf die mit dem Aufhebungsvertrag verbundenen Nachteile hingewiesen worden wäre, diesen nicht oder nicht in dieser Form abgeschlossen hätte und deshalb der (Vermögens)-Schaden nicht eingetreten wäre.
Für die Frage der Kausalität kommt es folglich darauf an, was das Hinzudenken der Aufklärung im Hinblick auf das Verhalten des Arbeitnehmers bewirkt hätte.

b) Beweislastumkehr zugunsten des Arbeitnehmers

Grundsätzlich trägt der Gläubiger die Beweislast für den Kausalzusammenhang[476]. Allerdings wird dahingehend bei der Verletzung von Aufklärungspflichten eine Ausnahme gemacht und angenommen, dass der Schädiger die Beweislast dafür trägt, dass der Schaden auch bei pflichtgemäßer Aufklärung entstanden wäre[477].
Das BAG verwendet in ständiger Rechtsprechung die Formel, dass es zugunsten des Arbeitnehmers nach den Grundsätzen der Beweislastumkehr als erwiesen angesehen werden kann, dass er bei sachgemäßer Belehrung sein Eigeninteresse in vernünftiger Weise gewahrt hätte[478]. Das heißt, es ist davon auszugehen, dass der Arbeitnehmer den Eintritt der Nachteile verhindert hätte, wenn ihm erläutert worden wäre, dass der Aufhebungsvertrag für ihn nachteilig ist. Den Arbeitgeber als Schädiger trifft die Beweislast dafür, dass der Schaden auch bei vertragsgemäßer Aufklärung eingetreten wäre, weil sich der Arbeitnehmer über hervortretende Bedenken hinweggesetzt hätte[479].
Fraglich ist, ob die Kausalität zwischen Pflichtverletzung und Schaden auch dann gegeben ist bzw. vermutet wird, wenn der Arbeitnehmer vorträgt, er hätte bei entsprechender Aufklärung durch den Arbeitgeber gar keinen Aufhebungsvertrag geschlossen, so dass das Arbeitsverhältnis nicht beendet worden wäre. Dann müsste der Arbeitnehmer im Wege der Naturalrestitution so gestellt werden, als sei der Aufhebungsvertrag nicht geschlossen worden. Dies wird von einigen Stimmen in der Literatur so vertreten[480]. Als Begründung dient den Vertretern dieser Auffassung die Rechtsprechung zur Konkurrenz zwischen Anfechtung und c.i.c., die auch bei fahr-

---

[476] Palandt/Heinrichs, BGB, § 282 Rn 14 m.w.N.

[477] Vgl. BGH, 5.07.1973 – VII ZR 12/73 = BGHZ 61, 118, 121; Urt. v. 16.11.1993 - XI ZR 214/92 = BGHZ 124, 151, 159 = NJW 1994, 512; so auch für das neue Recht Palandt/Heinrichs, Ergänzungsband BGB, § 280 Rn 39.

[478] BAG, Urt. v. 17.12.1991 - 3 AZR 44/91 = AP Nr. 32 zu § 1 BetrAVG Zusatzversorgungskassen = NZA 1992, 973; vgl.a. Urt. v. 15.10.1985 – 3 AZR 612/83 = AP Nr. 12 zu § 1 BetrAVG Zusatzversorgungskassen.

[479] BAG, Urt. v. 15.10.1985 – 3 AZR 612/83 = AP Nr. 12 zu § 1 BetrAVG Zusatzversorgungskassen; a.A. Bengelsdorf, Anm. zu LAG Hamburg, Urt. v. 3.07.1991, LAGE § 611 BGB Aufhebungsvertrag Nr. 6, S. 21.

[480] Welslau 1. Anm. zu LAG Hamburg, Urt. v. 20.08.1992, LAGE § 611 BGB Aufhebungsvertrag Nr. 9, S. 21 f.; Ernst, Aufhebungsverträge, S. 129; Schacht, Übereilungsschutz, S. 168, begründet eine Fürsorgepflichtverletzung mit der Nichteinräumung einer Bedenkzeit und leitet für diesen Fall aus § 249 S. 1 BGB einen Kontrahierungszwang auf Seiten des Arbeitgebers zur Begründung eines neuen Arbeitsverhältnisses her.

lässiger Täuschung einen auf Aufhebung des Vertrages gerichteten Schadensersatzanspruch gewährt, wenn eine Anfechtung wegen der Versäumung der Frist in § 124 BGB nicht mehr möglich wäre[481].

Die gegenteilige Auffassung beruft sich auf die vom BAG verwendete Formel[482] und interpretiert diese so, dass der Arbeitnehmer bei sachgemäßer Belehrung den Aufhebungsvertrag zu anderen Konditionen geschlossen hätte, und zwar mit einem Inhalt, der nicht zu dem Schaden geführt hätte[483]. Deshalb fehle es in den Fällen, in denen sich der Arbeitnehmer darauf beruft, gar keinen Vertrag geschlossen zu haben, an der haftungsbegründenden Kausalität zwischen Pflichtverletzung und Schaden[484]. Das BAG hat bislang lediglich in einer Einzelfallentscheidung festgestellt, der Arbeitnehmer könne nicht die Beseitigung der Aufhebungsvereinbarung als Schadensersatz verlangen, sondern nur Geldersatz[485].

Der ersten Ansicht ist unter Verweis auf § 249 S. 1 BGB zu folgen, so dass der Arbeitnehmer auch den Vertragsschluss an sich als Schaden geltend machen kann. Denn es besteht kein Grund, abweichend von anderen Schadensersatzansprüchen den Schadensersatzanspruch bei Verletzung der Aufklärungspflicht in Zusammenhang mit dem Abschluss eines Aufhebungsvertrages auf Vermögensnachteile zu begrenzen. Die vom Arbeitgeber verlangte Aufklärung soll den Arbeitnehmer nicht nur vor Vermögensnachteilen bewahren, sondern auch davor, dass sich die Aufgabe des Arbeitsverhältnisses angesichts der damit verbundenen Nachteile als Fehlentscheidung herausstellt.

Für die haftungsbegründende Kausalität bedeutet dies, dass der Arbeitgeber dann, wenn der Arbeitnehmer vorträgt, er hätte bei sachgerechter Aufklärung gar keinen Vertrag geschlossen, das Gegenteil beweisen muss.

c) Einwand rechtmäßigen Alternativverhaltens

Möglicherweise kann sich der Arbeitgeber darauf berufen, er hätte dem Arbeitnehmer auch wirksam kündigen können und dann wäre der Schaden ebenfalls eingetreten. Es handelt sich dabei um den Einwand rechtmäßigen Alternativverhaltens, der nach h.M. zu berücksichtigen ist, soweit nicht der Schutzzweck der verletzten Norm ent-

---

481 S. Welslau, 1. Anm. zu LAG Hamburg, Urt. v. 20.08.1992, LAGE § 611 BGB Aufhebungsvertrag Nr. 9, S. 21 f.; Schacht, Übereilungsschutz, S. 167; zur Rspr. vgl. BGH, Urt. v. 26.09.1997 - V ZR 29/96 = NJW 1998, 302, 303 f.

482 BAG, Urt. v. 17.12.1991 - 3 AZR 44/91 = AP Nr. 32 zu § 1 BetrAVG Zusatzversorgungskassen = NZA 1992, 973

483 Bauer, Aufhebungsverträge, Rn 86.

484 Weber/Ehrich/Burmester, Aufhebungsverträge, Teil 1 Rn 88; ähnlich Rolfs, Anm. zu BAG, Urt. v. 17.10.2000, AP Nr. 116 zu § 611 BGB Fürsorgepflicht, S. 7.

485 BAG, Urt. v. 10.03.1988 – 8 AZR 420/85 = AP Nr. 99 zu § 611 BGB Fürsorgepflicht = NJW 1989, 247.

gegensteht[486]. Allerdings trägt der Schädiger die Beweislast dafür, dass der Schaden auch im Fall des rechtmäßigen Alternativverhaltens eingetreten wäre[487].
Fraglich ist, ob der Arbeitgeber nur die Absicht zur Kündigung gehabt haben muss oder ob die Kündigung im Fall ihres Ausspruchs auch rechtmäßig hätte sein müssen. Für Letzteres spricht bereits der Begriff des *rechtmäßigen* Alternativverhaltens. Der Arbeitgeber kann sich nicht auf ein Verhalten berufen, das ebenfalls rechtswidrig gewesen wäre. Hinzu kommt, dass eine Absicht regelmäßig leicht zu behaupten und schwer zu widerlegen ist, so dass auch vor dem Hintergrund der Tatsache, dass der Kausalzusammenhang vermutet wird, an den Einwand rechtmäßigen Alternativverhaltens strenge Anforderungen zu stellen sind.
Inwieweit der Einwand des rechtmäßigen Alternativverhaltens in Form einer rechtmäßigen Kündigung Erfolg hat, richtet sich danach, ob die jeweiligen Nachteile auch bei Ausspruch einer Kündigung eingetreten wären. Wäre eine Kündigung allerdings mit erheblichen rechtlichen Risiken behaftet gewesen und trug der Aufhebungsvertrag deshalb die Elemente eines Vergleichs, ist davon auszugehen, dass die unterlassene Aufklärung für den Schaden ursächlich war[488].
Für die Nachteile bei der Altersversorgung, die auf dem Termin der Vertragsbeendigung beruhen, ist der Einwand rechtmäßigen Alternativverhaltens relevant. Denn diese Nachteile wären auch bei einseitiger Vertragsbeendigung eingetreten. Eine Ausnahme gilt nur dann, wenn die Einhaltung einer Kündigungsfrist aufgrund der zeitlichen Verzögerung die Nachteile verhindert hätte.
Anders als bei versorgungsrechtlichen Nachteilen stellt sich die Rechtslage zunächst bei sozialversicherungsrechtlichen Nachteilen dar. Denn diese haben ihren Grund nicht allgemein in der Beendigung des Arbeitsverhältnisses, sondern gerade in der einvernehmlichen Beendigung. Nur wenn dem Aufhebungsvertrag eine arbeitgeberseitige Kündigung gleichgestellt ist, wie z.B. nach § 144 Abs. 1 Nr. 1 SGB III die verhaltensbedingte Kündigung, ist eine entsprechende Alternativursache denkbar. Denn wenn der Arbeitgeber verhaltensbedingt gekündigt hätte, wäre dem Arbeitnehmer ebenfalls eine Sperrzeit auferlegt worden. Im Fall einer möglichen verhaltensbedingten Kündigung wäre der Schaden folglich auch bei rechtmäßigem Alternativverhalten (Kündigung) eingetreten und der Einwand des Arbeitgebers ist als relevant anzusehen. Trägt der Arbeitgeber aber vor, er habe dem Arbeitnehmer betriebs- oder verhaltensbedingt kündigen wollen (und können), hätte dies grundsätzlich keine Sperrzeit zur Folge gehabt und der Schaden wäre nicht eingetreten. Die Pflichtverlet-

---

[486] BGH, Urt. v. 24.10.1985 - IX ZR 91/84 = BGHZ 96, 157, 172 f. = NJW 1986, 576; BAG, Urt. v. 23.03.1984 - 7 AZR 37/81 = AP Nr. 8 zu § 276 BGB Vertragsbruch = NJW 1984, 2846; Palandt/Heinrichs, BGB, vor § 249 Rn 105 f.; Jauernig/Teichmann, BGB, vor §§ 249 – 253 Rn 47 f.; Medicus, SR AT, Rn 605.
[487] BGH, Urt. v. 25.11.1992 - VIII ZR 170/91 = NJW 1993, 520, 521.
[488] BAG, Urt. v. 13.11.1984 – 3 AZR 255/84 = AP Nr. 5 zu § 1 BetrAVG Zusatzversorgungskassen = BAGE 47, 169.

zung des Arbeitgebers ist dann für den Schaden kausal. Möglicherweise liegt aber dann, wenn der Arbeitgeber dem Arbeitnehmer hätte betriebs- oder personenbedingt kündigen können, für den Abschluss des Aufhebungsvertrages durch den Arbeitnehmer ein wichtiger Grund gemäß § 144 Abs. 1 SGB III vor, so dass das Arbeitsamt ohnehin von der Verhängung einer Sperrzeit absieht. Ist dies nicht der Fall, nutzt dem Arbeitgeber ein Verweis auf eine mögliche personen- oder betriebsbedingte Kündigung allerdings nichts, weil deren Ausspruch jedenfalls keine Sperrzeit verursacht hätte. Der Einwand rechtmäßigen Alternativverhaltens greift nicht ein.

Gleiches gilt hinsichtlich des Ruhens des Arbeitslosengeldanspruchs gemäß § 143 a SGB III. Diese Sanktion greift immer nur bei Abschluss eines Aufhebungsvertrages unter Verkürzung der einschlägigen Kündigungsfrist verbunden mit der Zahlung einer Entlassungsentschädigung ein. Hätte der Arbeitgeber anstelle eines solchen Aufhebungsvertrages eine Kündigung ausgesprochen, wäre die Frist eingehalten und keine Abfindung gezahlt worden, so dass rechtmäßiges Alternativverhalten den Schaden hätte entfallen lassen. Der Einwand rechtmäßigen Alternativverhaltens beseitigt den Kausalzusammenhang in diesen Fällen daher nicht.

III. Inhalt und Umfang des Schadensersatzanspruchs

Der Umfang des Schadensersatzes bestimmt sich nach den §§ 249 ff. BGB[489]. Es gilt der Grundsatz der Naturalrestitution. Das heißt, der Geschädigte kann verlangen, so gestellt zu werden, wie er ohne das schädigende Ereignis stehen würde[490].

Daraus folgt, dass der Arbeitgeber Ausgleich der aufgrund der Pflichtverletzung entstandenen Nachteile schuldet, z.B. Ersatz des Arbeitslosengeldes, das aufgrund der Sperrzeit nicht gezahlt wurde bzw. Zahlung des gewöhnlichen Entgeltes bis zum nächstmöglichen Kündigungstermin[491] oder Ersatz der aufgrund der vorzeitigen Beendigung des Arbeitsverhältnisses entgangenen Altersversorgung. Bei der Berechnung ist eine dem Arbeitnehmer im Rahmen des Aufhebungsvertrages gezahlte Abfindung in Ansatz zu bringen[492].

Macht der Arbeitnehmer geltend, er hätte bei sachgerechter Aufklärung gar keinen Aufhebungsvertrag geschlossen, ist die Frage, welchen Inhalt sein Schadensersatzanspruch hat. Nach § 249 S. 1 BGB hat derjenige, der zum Schadensersatz verpflichtet ist, den Zustand herzustellen, der bestehen würde, wenn der zum Schadensersatz verpflichtende Umstand nicht eingetreten wäre. Der zum Schadensersatz verpflichtende Umstand ist im vorliegenden Fall der Verstoß gegen die Aufklärungspflicht.

---

[489] Jauernig/Vollkommer, BGB, § 276 Rn 65 und Rn 86 m.w.N.

[490] Sog. Vertrauensschaden, vgl. Brox, SR AT, Rn 58; s.a. LAG Hamburg, Urt. v. 20.08.1992 – 2 Sa 16/92 = LAGE § 611 BGB Aufhebungsvertrag Nr. 9.

[491] Zum Umfang des Verdienstausfallschadens s. Bengelsdorf, Anm. zu LAG Hamburg, Urt. v. 3.07.1991, LAGE § 611 BGB Aufhebungsvertrag Nr. 6, S. 23 f.

[492] Darauf weist Schwarze, 2. Anm. zu LAG Hamburg, Urt. v. 20.08.1992, LAGE § 611 BGB Aufhebungsvertrag Nr. 9, S. 39, hin; zur Berechnung s.a. Bauer, Aufhebungsverträge, Rn 86.

Hätte der Arbeitgeber nicht gegen die ihm obliegende Pflicht verstoßen, hätte der Arbeitnehmer den Aufhebungsvertrag nicht abgeschlossen und das Arbeitsverhältnis würde noch bestehen. Im Ergebnis bedeutet dies, dass der Schadensersatzanspruch in diesem Fall darauf gerichtet ist, den Zustand herzustellen, der bestehen würde, wenn das Arbeitsverhältnis nicht durch den Aufhebungsvertrages beendet worden wäre. Dieser „Zustand“ ist ein wirksames Arbeitsverhältnis zwischen Arbeitnehmer und Arbeitgeber mit dem zuvor geltenden Inhalt.
Für eine Unwirksamkeit des Aufhebungsvertrages mit der Folge des Fortbestehens des Arbeitsverhältnisses gibt es keine Anhaltspunkte. Auch aus § 249 S. 1 BGB ergibt sich nur, dass der aus einem schadensbegründenden Ereignis entstehende Schaden beseitigt werden soll, nicht aber die Beseitigung dieses Ereignis selbst. Den Aufhebungsvertrag für unwirksam zu erklären, ohne dass ein gesetzlicher Unwirksamkeitsgrund vorliegt, würde gegen die gesetzliche Systematik verstoßen. Auch eine (einvernehmliche) Aufhebung des Aufhebungsvertrages durch die Vertragsparteien hätte zumindest dann keinen Einfluss auf seine verfügende Wirkung, wenn diese bereits eingetreten ist. Denn dann wäre das Arbeitsverhältnis durch den Aufhebungsvertrag beendet worden.
Wenn der Arbeitnehmer nach § 249 S. 1 BGB so zu behandeln ist, als wäre das Arbeitsverhältnis nie beendet worden, kann das daher nur heißen, dass er einen Anspruch auf Wiedereinstellung zu den zum Beendigungszeitpunkt geltenden Vertragsbedingungen hat. Da der Aufhebungsvertrag weiterhin als wirksam anzusehen ist, bedeutet der Anspruch auf Wiedereinstellung nichts anderes als den Abschluss eines Arbeitsvertrages zu den vor der Beendigung des Arbeitsverhältnisses durch Aufhebungsvertrag bestehenden Bedingungen[493]. Dafür muss aber der Aufhebungsvertrag nicht beseitigt werden. Die Neubegründung des Arbeitsverhältnisses stellt vielmehr die Kehrseite der Aufhebung der Beendigungsvereinbarung dar[494] und stellt den Arbeitnehmer so, wie er ohne den Aufhebungsvertrag stehen würde. Der Kontrahierungszwang ergibt sich dabei unmittelbar aus § 249 S. 1 BGB[495]. Der Arbeitgeber muss dem Arbeitnehmer die ununterbrochene Weiterführung des aufgehobenen Arbeitsvertrages in einem neuen Arbeitsvertrag anbieten und der Arbeitnehmer muss dieses Angebot annehmen, um seinen Schadensersatzanspruch zu realisieren[496].
Da nach § 249 S. 1 BGB der Zustand wiederherzustellen ist, der ohne den Abschluss des Aufhebungsvertrages bestanden hätte, erhält der Arbeitnehmer für den Fall, dass der Anspruch auf Wiedereinstellung erst nach Beendigung des Arbeitverhältnisses

---

[493] Vgl. Welslau, 1. Anm. zu LAG Hamburg, Urt. v. 20.08.1992, LAGE § 611 BGB Aufhebungsvertrag Nr. 9, S. 22.
[494] Bengelsdorf, Anm. zu LAG Hamburg, Urt. v. 3.07.1991, LAGE § 611 BGB Aufhebungsvertrag Nr. 6, S. 22.
[495] Schacht, Übereilungsschutz, S. 167 m.w.N.
[496] Bengelsdorf, Anm. zu LAG Hamburg, Urt. v. 3.07.1991, LAGE § 611 BGB Aufhebungsvertrag Nr. 6, S. 22.

geltend gemacht wird bzw. der neue Arbeitsvertrag nicht zeitlich unmittelbar an den alten Vertrag anknüpft, den für die Zeit zwischen Beendigung und Neubegründung des Arbeitsverhältnisses entstanden Schaden ebenfalls ersetzt[497]. Das heißt es besteht insbesondere ein Anspruch auf Ersatz des Verdienstausfalls und sonstiger vermögenswerter Nachteile. Im Rahmen dieses Anspruches ist ein eventueller Verstoß des Arbeitnehmers gegen die aus § 254 BGB resultierende Schadensminderungspflicht in Ansatz zu bringen, der darin bestehen kann, dass der Arbeitnehmer es schuldhaft unterlassen hat, eine andere Tätigkeit aufzunehmen[498]; Bezüge aus einer anderen Tätigkeit sind ebenso wie sonstige aufgrund des Aufhebungsvertrages erhaltene geldwerte Vorteile anspruchsmindernd anzurechnen[499].
Weil der Aufhebungsvertrag nicht beseitigt wird, sondern eine Neubegründung des Arbeitsverhältnisses erfolgt, bleibt der Abfindungsanspruch grundsätzlich bestehen. Dies ist jedoch nicht interessengerecht, wenn der Arbeitnehmer wieder eingestellt wird. In diesem Fall wird auch der Abfindungsanspruch von der Anpassung des Aufhebungsvertrages erfasst mit der Folge, dass er nicht mehr besteht bzw. eine bereits erfolgte Abfindung zu erstatten[500] oder die Leistung der Abfindung anspruchsmindernd auf den Anspruch des Arbeitnehmers auf Ersatz des Verdienstausfalls anzurechnen ist[501].
Der Schadensersatzanspruch des Arbeitnehmers aus § 249 S. 1 BGB ist immer dann, wenn der Arbeitnehmer den Aufhebungsvertrag bei ordnungsgemäßer Erfüllung der Aufklärungspflicht des Arbeitgebers nicht geschlossen hätte, auf Wiedereinstellung zu den zum Beendigungszeitpunkt geltenden Konditionen gerichtet.

IV. Verfall von Schadensersatzansprüchen

Das BAG hat entschieden, dass tarifvertragliche Ausschlussfristen nicht auf einen Schadensersatzanspruch wegen Verletzung einer Hinweispflicht anwendbar sind, weil nach ihrem Zweck eine einschränkende Auslegung geboten ist[502].

---

[497] Zum Zeitpunkt der Schadensbemessung s. Palandt/Heinrichs, vor § 249 Rn 174.
[498] Vgl. BGH, Urt. v. 24.02.1983 – VI ZR 59/81 = NJW 1984, 354; Urt. v. 9.10.1990 – 6 ZR 291/89 = NJW 1991, 1412; zu der Erwerbsobliegenheit im Einzelnen s. Palandt/Heinrichs, § 254 Rn 36 ff.
[499] Ausführlich dazu Bengelsdorf, Anm. zu LAG Hamburg, Urt. v. 3.07.1991, LAGE § 611 BGB Aufhebungsvertrag Nr. 6, S. 21.
[500] Vgl. dazu BAG, Urt. v. 4.12.1997 – 2 AZR 140/97 = AP Nr. 4 zu § 1 KSchG 1969 Wiedereinstellung = NZA 1998, 254; Weber/Ehrich/Burmester, Aufhebungsverträge, Teil 1 Rn 898; s.a. die Ausführungen zur Störung der Geschäftsgrundlage unten § 13 II 2.
[501] S. dazu Bengelsdorf, Anm. zu LAG Hamburg, Urt. v. 3.07.1991, LAGE § 611 BGB Aufhebungsvertrag Nr. 6, S. 24.
[502] BAG, Urt. v. 17.12.1991 - 3 AZR 44/91 = AP Nr. 32 zu § 1 BetrAVG Zusatzversorgungskassen = NZA 1992, 973.

V. Abdingbarkeit der Hinweispflicht?

Zum Teil werden in der Literatur Formulierungen für Aufhebungsverträge vorgeschlagen, um einem Schadensersatzanspruch wegen unterlassener Aufklärung vorzubeugen. Typisch ist folgender Wortlaut: „Der Arbeitnehmer verzichtet auf Hinweise des Arbeitgebers auf mögliche Konsequenzen, die sich aus dem Aufhebungsvertrag ergeben können.[503]"

Diese Konstruktion wirkt schon auf den ersten Blick wenig überzeugend. Begründet wird sie mit der Abdingbarkeit vertraglicher Nebenpflichten in Gestalt der arbeitgeberseitigen Fürsorgepflicht[504]. Zwar ist es denkbar, vertragliche Nebenpflichten ausdrücklich auszuschließen. Bei der dem Aufklärungsanspruch zugrundeliegenden Fürsorgepflicht handelt es sich jedoch um eine auf dem Grundsatz von Treu und Glauben beruhende Nebenpflicht des Arbeitsvertrages, die notwendiger und prägender Bestandteil des Arbeitsverhältnisses ist[505]. Die Hinweispflicht soll treuwidriges Verhalten des Arbeitgebers verhindern. Treuwidriges Verhalten lässt sich aber nicht schon vorher quasi „legitimieren", weil sonst der Grundsatz des § 242 BGB als „Rettungsanker" übervorteilter Vertragspartner seinen Sinn verlieren würde[506].

Fraglich ist, ob sich die Beurteilung der Zulässigkeit bei folgender Formulierung ändert: „Der Mitarbeiter wurde auf ein mögliches Ruhen des Anspruchs auf Arbeitslosengeld und die Möglichkeit des Eintritts einer Sperrfrist sowie über den möglichen Verlust einer Versorgungsanwartschaft hingewiesen"[507]. In diesem Fall ist der Arbeitnehmer ausreichend geschützt, weil der Arbeitgeber ihn zumindest durch Verwendung der Klausel auf die mit dem Aufhebungsvertrag zusammenhängenden Gefahren aufmerksam gemacht hat und eine eventuell bestehende Nebenpflicht damit ihren Zweck erreichen konnte. Dann liegt gerade kein Verzicht vor, sondern der Arbeitnehmer bestätigt durch seine Unterschrift seine Kenntnisnahme.

VI. Zusammenfassung

Die Verletzung einer beim Abschluss des Aufhebungsvertrages bestehenden Aufklärungspflicht durch den Arbeitgeber kann einen Schadensersatzanspruch aus § 280 Abs. 1 BGB zur Folge haben. Voraussetzung dafür ist die schuldhafte Herbeiführung eines Schadens beim Arbeitnehmer. Das Verschulden des Arbeitgebers i. S. v. § 276 BGB wird gemäß § 280 Abs. 1 S. 2 BGB vermutet. Unter Umständen kommt auch ein Mitverschulden des Arbeitnehmers nach § 254 Abs. 1 BGB in Betracht.

---

[503] Nägele, BB 1992, 1274, 1278; s.a. Hoß/Ehrich, DB 1997, 625, 627; Weber/Ehrich/Burmester, Aufhebungsverträge, Teil 1 Rn 90.

[504] Nägele, BB 1992, 1274, 1278; Hoß/Ehrich, DB 1997, 625, 627.

[505] Vgl. Schacht, Übereilungsschutz, S. 171, der einen Verzicht für unzulässig hält.

[506] Vgl. die Ausführungen zur Sittenwidrigkeit eines Verzichts bei Welslau, 1. Anm. zu LAG Hamburg, Urt. v. 20.08.1992, LAGE § 611 BGB Aufhebungsvertrag Nr. 9, S. 22 f.

[507] Hoß/Ehrich, DB 1997, 625, 628.

Auch hinsichtlich der haftungsbegründenden Kausalität gilt eine Beweislastumkehr, die zur Folge hat, dass der Arbeitgeber beweisen muss, dass der Arbeitnehmer bei entsprechender Aufklärung die Nachteile in Kauf genommen hätte. Dies gilt auch dann, wenn der Arbeitnehmer vorträgt, er hätte bei sachgerechter Belehrung gar keinen Vertrag geschlossen. Wenn der Arbeitgeber vorträgt, der Schaden wäre auch im Fall einer Kündigung eingetreten, kommt es darauf an, ob die Kündigung rechtmäßig gewesen wäre. Ist dies der Fall und hätte die Kündigung dem Arbeitnehmer dieselben Nachteile gebracht wie der Aufhebungsvertrag, ist der Einwand rechtmäßigen Alternativverhaltens begründet und der Schadensersatzanspruch scheitert an der haftungsbegründenden Kausalität.

Die Höhe des zu leistenden Schadensersatzes richtet sich nach dem Grundsatz der Naturalrestitution (§ 249 S. 1 BGB). Macht der Arbeitnehmer geltend, er hätte bei ordnungsgemäßer Aufklärung gar keinen Aufhebungsvertrag geschlossen, besteht ein Schadensersatzanspruch auf Wiedereinstellung zu den zum Beendigungszeitpunkt geltenden Konditionen.

Ein Verzicht des Arbeitnehmers auf eine sachgerechte Aufklärung ist nicht möglich.

4. Kapitel: Die Wirksamkeit des Aufhebungsvertrages

§ 8 Einfluss von Kündigungsschutzvorschriften und Betriebsverfassungsgesetz auf die Wirksamkeit des Aufhebungsvertrages

I. Einfluss von Kündigungsschutzvorschriften

Es wurde bereits eingehend dargestellt, dass sich Aufhebungsvertrag und Kündigung in Zustandekommen und Rechtsfolgen wesentlich voneinander unterscheiden. Diese Unterschiede wirken sich auch auf die Anwendung von bestehenden Schutzvorschriften aus.

1. Einhaltung einer Kündigungsfrist

Die Vertragsfreiheit gestattet es den Parteien, ein Rechtsgeschäft zu einem beliebigen Zeitpunkt abzuschließen. Folgerichtig können die Parteien auch frei darüber bestimmen, wann ihre vertraglichen Beziehungen enden sollen. Insbesondere können sie das Arbeitsverhältnis mittels Aufhebungsvertrag mit sofortiger Wirkung beenden. Dem würde es widersprechen, wenn die Parteien sich bei der Beendigung des Arbeitsverhältnisses an Fristen, wie sie für die Kündigung in § 622 BGB festgelegt sind, halten müssten. Diese Fristen führen dazu, dass die Beendigungswirkung der Kündigung nicht sofort eintritt und wollen den Arbeitnehmer davor schützen, dass er von einem Moment zum anderen ohne Arbeitsplatz und damit ohne Existenzsicherung ist.
Dass dies für den Aufhebungsvertrag nicht notwendig ist, liegt auf der Hand, weil die Parteien hier übereinstimmend über die Zukunft ihrer Vertragsbeziehungen entscheiden. Dies gilt erst recht, wenn der Aufhebungsvertrag geschlossen wird, um Fristen zu vermeiden; etwa dann, wenn der Arbeitnehmer innerhalb kürzester Zeit einen neuen Arbeitsplatz antreten will. Dass die Einhaltung von Kündigungsfristen bei allen Arten einvernehmlicher Vertragsbeendigung entbehrlich ist, entspricht demzufolge auch der allgemeinen Meinung[508].

2. Bestehen von Kündigungsschutz

Ebenso wie hinsichtlich der Anwendbarkeit von Fristvorschriften besteht Einigkeit, dass es für die Aufhebung des Arbeitsverhältnisses keines Grundes bedarf und dass Kündigungsschutzvorschriften dem Arbeitnehmer bei Abschluss eines Aufhebungsvertrages nicht zugute kommen[509].

---

[508] MünchKomm-BGB/Schwerdtner, 3. Aufl., vor § 620 Rn 16; HzA/Welslau, Gruppe 1 Rn 2008a; Preis in Stahlhacke/Preis/Vossen, Kündigung und Kündigungsschutz, Rn 34; Schiefer/Köster, WiB 1995, 489, 490; Bengelsdorf, Aufhebungsvertrag und Abfindungsvereinbarungen, S. 3; Müller, Aufhebungsverträge, S. 92.

[509] BAG, Urt. v. 19.12.1974 – 2 AZR 565/73 = AP Nr. 3 zu § 620 BGB Bedingung = NJW 1975, 1531; Urt. v. 16.12.1983 – 7 AZR 124/81 = AP Nr. 22 zu § 123 BGB = NJW 1983, 2958; Urt. v. 5.01.1985 – 2 AZR 61/85 = AP Nr. 10 zu § 620 BGB Bedingung = NJW 1987, 279; LAG Baden-

Nicht ganz einheitlich wird diese Auffassung für den Schutz Schwangerer in § 9 Abs. 1 S. 1 MuSchG vertreten. Zwar ist im Wortlaut ausschließlich von „Kündigung" die Rede, es findet sich im Schrifttum allerdings die Auffassung, der Aufhebungsvertrag stelle ein Umgehungsgeschäft dar und sei daher wegen Verstoßes gegen das MuSchG gemäß § 134 BGB unwirksam, wenn er nichts anderes als „das Surrogat einer fehlgeschlagenen Kündigung" darstelle[510]. Dem ist entgegenzuhalten, dass die Schwangere dann keinen Schutz benötigt, wenn sie mit der Beendigung des Arbeitsverhältnisses einverstanden ist, weil der Aufhebungsvertrag auf Konsens setzt. Ebenso wie eine Eigenkündigung der Schwangeren wirksam ist[511], ist auch ein Aufhebungsvertrag nicht zu beanstanden[512], da § 9 MuSchG nicht die Vertragsfreiheit der Arbeitnehmerin, sondern die Kündigungsbefugnis des Arbeitgebers einschränkt[513]. Gleiches gilt für die Kündigungsfrist in § 18 BErzGG[514].
Im Übrigen ist auch die Benachrichtigungspflicht des Arbeitgebers gegenüber der Aufsichtsbehörde (§ 9 Abs. 2 MuSchG i.V.m. § 5 Abs. 1 S. 3 MuSchG) nicht auf den Abschluss eines Aufhebungsvertrages anwendbar[515]. Auch in diesem Fall ist nach dem klaren Wortlaut eine Anwendbarkeit über den Ausspruch einer (Arbeitnehmer-) Kündigung hinaus nicht gerechtfertigt; außerdem entspricht nur eine einheitliche Handhabung dem Gebot der Rechtssicherheit. Im Übrigen würde ein Verstoß gegen diese Mitteilungspflicht nicht zur Unwirksamkeit der Vertragsbeendigung führen[516], weil die mit der Vorschrift initiierte Beratungsfunktion der Behörde erst

Württemberg, Urt. v. 15.10.1990 – 15 Sa 92/90 = LAGE § 611 Aufhebungsvertrag Nr. 3; LAG Düsseldorf, Urt. v. 20.03.1996 - 12 (8) (6) Sa 1553/95 = LAGE § 112 a BetrVG 1973 Nr. 4 = DB 1996, 2498; Löwisch, KSchG, vor § 1 Rn 24; Schaub, Handbuch, § 122 Rn 8; MünchArbR/Wank, § 115 Rn 13; Preis in Stahlhacke/Preis/Vossen, Kündigung und Kündigungsschutz, Rn 34; Köster, WiB 1995, 489, 491; Ernst, Aufhebungsverträge, S. 133.

510 Herschel, Anm. zu BAG, Urt. v. 16.12.1983, AP Nr. 22 zu § 123 BGB, S. 3, ohne Begründung.

511 § 9 Abs. 2 MuSchG; vgl. nur BAG, Urt. v. 8.12.1955 – 2 AZR 13/54 = AP Nr. 4 zu § 9 MuSchG = BAGE 2, 233.

512 Allg.M.: S. nur LAG Bremen, Urt. v. 24.07.1957 – Sa 67/57= SAE 1957, 153; LAG Berlin, Urt. v. 7.01.1964 – 5 Sa 117/63 = BB 1964, 966; Buchner/Becker, MuSchG, § 9 Rn 68; Meisel/Sowka, MuSchG, § 9 Rn 13, 44, 70; KR/Etzel, § 9 MuSchG Rn 148; Dörner in Dörner/ Luczak/ Wildschütz, D Rn 1727; Bauer, Aufhebungsverträge, Rn 288.

513 BAG, Urt. v. 16.02.1983 – 7 AZR 134/81 = AP Nr. 22 zu § 123 BGB = NJW 1983, 2958.

514 ErfK/Schlachter, § 18 BErzGG Rn 1; MünchArbR/Wank, § 115 Rn 13; Dörner in Dörner/ Luczak/Wildschütz, D Rn 1727; Müller, Aufhebungsverträge, S. 95 m.w.N.

515 BAG, Urt. v. 16.02.1983 – 7 AZR 134/81 = AP Nr. 22 zu § 123 BGB = NJW 1983, 2958, 2959; Meisel/Sowka, MuSchG, § 9 Rn 69 a m.w.N.; Müller, Aufhebungsverträge, S. 96; a.A. Buchner/Becker, MuSchG, § 9 Rn 242, der die Schutz- und Beratungsfunktion der Behörde auch bei Vorliegen eines Aufhebungsvertrages für erforderlich hält und deshalb § 9 Abs. 2 MuSchG analog anwenden will.

516 H.M., vgl. nur BAG, Urt. v. 16.02.1983 – 7 AZR 134/81 = AP Nr. 22 zu § 123 BGB = NJW 1983, 1391 und Meisel/Sowka, MuSchG, § 9 Rn 69 b, jeweils m.w.N.

nach Zugang bei der Behörde und damit erst nach Wirksamkeit der Erklärungen einsetzt[517].

Auch die Kündigungsschutzvorschriften zugunsten Schwerbehinderter in den §§ 85 bis 92 SGB IX, die eine Zustimmung der Hauptfürsorgestelle und die Einhaltung von Fristen erforderlich machen, gelten für den Abschluss eines Aufhebungsvertrages nicht[518]. Ebenso findet der Kündigungsschutz zugunsten von Betriebs- und Personalratsmitgliedern gemäß § 15 KSchG und § 103 BetrVG, wonach nur die außerordentliche Kündigung und diese nur mit Zustimmung des Betriebsrates zulässig ist, keine Anwendung[519]. Dementsprechend hat auch die Unzulässigkeit einer ordentlichen Kündigung während der Berufsausbildung, die sich aus §§ 14, 15 Abs. 2 Nr. 1 BBiG ergibt, auf den Abschluss eines Aufhebungsvertrages keinen Einfluss[520]. Auch der Ausschluss ordentlicher Kündigungen ab einer bestimmten Betriebszugehörigkeit durch Tarifvertrag (z.B. § 53 Abs. 3 BAT), Betriebsvereinbarungen oder Arbeitsverträge spielt dahingehend keine Rolle[521].

Die genannten Schutzvorschriften haben aber auf den Abschluss eines Aufhebungsvertrages insoweit Einfluss, als sie sich auf die Höhe der Abfindung auswirken können[522].

II. Mitbestimmungsrechte des Betriebsrates beim Abschluss von Aufhebungsverträgen

Die Rechte des Betriebsrates sind im Betriebsverfassungsgesetz unterschiedlich ausgestaltet. Dies betrifft sowohl den Gegenstand als auch das Verfahren der Beteiligung. Grundanliegen der Betriebsverfassung ist es, den Arbeitnehmern bei den betrieblichen Entscheidungen, die ihr tägliches Dasein nachdrücklich gestalten, Mitwirkungsbefugnisse zu gewähren[523]. Eine solche Entscheidung ist auch die Beendigung des Arbeitsverhältnisses durch Abschluss eines Aufhebungsvertrages. Da aber diese Beendigungsform bereits das Einvernehmen des Arbeitnehmers erfordert, während er bei einer Kündigung von Seiten des Arbeitgebers regelmäßig nicht an der

---

[517] Müller, Aufhebungsverträge, S. 97 m.w.N.; so auch Buchner/Becker, MuSchG, § 9 Rn 245.

[518] Palandt/Putzo, BGB, vor § 620 Rn 4; MünchArbR/Wank, § 115 Rn 13; Dörner in Dörner/Luczak/Wildschütz, D Rn 1727; Bauer, Aufhebungsverträge, Rn 302; Bengelsdorf, Aufhebungsvertrag und Abfindungsvereinbarungen, S. 47.

[519] Dörner in Dörner/Luczak/Wildschütz, D Rn 1727; Bengelsdorf, Aufhebungsvertrag und Abfindungsvereinbarungen, S. 48; beide mit dem Hinweis auf die Nichtanwendbarkeit von §§ 2 ArbPlSchG, 78 ZDG bei Aufhebungsverträgen mit Wehr- oder Zivildienstleistenden.

[520] BAG, Urt. v. 5.12.1985 - 2 AZR 61/85 = NJW 1987, 279 = NZA 1987, 20 m.w.N.; MünchKomm-BGB/Schwerdtner, 3. Aufl., vor § 620 Rn 18; KR/Weigand, §§ 14, 15 BBiG Rn 37; zum Zeitpunkt des Abschlusses eines Aufhebungsvertrages bei Bestehen eines Übernahmeanspruchs s. Müller, Aufhebungsverträge, S. 99.

[521] Bengelsdorf, Aufhebungsvertrag und Abfindungsvereinbarungen, S. 48.

[522] Vgl. Bauer, Aufhebungsverträge, Rn 288, für das Bestehen von Mutterschutz.

[523] Zöllner/Loritz, Arbeitsrecht, § 44 I.

Entscheidung beteiligt ist, ist auch bei den Befugnissen des Betriebsrates in Zusammenhang mit der Beendigung des Arbeitsvertrages die Unterscheidung zwischen beiden Rechtsinstituten zwingend erforderlich.

1. Aufhebungsverträge als Personalmaßnahmen gemäß § 92 BetrVG

Nach § 92 Abs. 1 S. 1 BetrVG hat der Arbeitgeber den Betriebsrat über die Personalplanung und damit zusammenhängende personelle Maßnahmen zu unterrichten. Diese Vorschrift eröffnet dem Betriebsrat folglich Mitbestimmung durch Information. Auch die Beendigung von Arbeitsverhältnissen kann Teil einer Personalplanung und die einzelne Auflösungsvereinbarung folglich eine personelle Maßnahme sein, die das Unterrichtungsrecht der Arbeitnehmervertretung auslöst. Voraussetzung ist aber zumindest, dass der Arbeitgeber Ermittlungen über den gegenwärtigen und Überlegungen über den zukünftigen Personalbedarf anstellt und in diesem Zusammenhang die Frage aufgeworfen wird, welche personellen Maßnahmen sich daraus ergeben[524].

Im Fall von „einfachen" Aufhebungsverträgen, die nicht Teil einer umfassenderen, betrieblichen Planung sind, muss der Betriebsrat demgegenüber nicht informiert werden. Soweit im Rahmen der Personalplanung Kündigungsrichtlinien nach § 95 BetrVG erlassen werden, betreffen diese nur betriebsbedingte Kündigungen, da bei anderen Beendigungstatbeständen eine Auswahl zwischen einzelnen Arbeitnehmern ausscheidet[525]. Dementsprechend hat der Betriebsrat auch im Rahmen dieser Vorschrift kein Mitbestimmungsrecht hinsichtlich des Abschlusses von Aufhebungsverträgen[526].

2. Anhörung des Betriebsrates gemäß § 102 BetrVG

Abschließende Regelung für personelle Einzelmaßnahmen, welche die Beendigung des Arbeitsverhältnisses betreffen, ist § 102 BetrVG[527].

Über § 102 Abs. 1 BetrVG, der die Anhörung des Betriebsrates vor Ausspruch einer Kündigung zwingend vorschreibt, wird zum Teil versucht, den Schutz des Arbeitnehmers, der vom Arbeitgeber ein Angebot zum Abschluss eines Aufhebungsvertrages erhält, zu verbessern[528]. Diese Vorschläge setzen sich über den eindeutigen Wortlaut der Vorschrift hinweg und fordern damit eine Korrektur der gesetzgeberi-

---

524 Richardi, BetrVG, § 92 Rn 24.

525 H.M.; vgl. nur Richardi, BetrVG, § 95 Rn 37 m.w.N.

526 Müller, Aufhebungsverträge, S. 187 f.

527 Zum (nicht einschlägigen) Mitbestimmungsrecht nach § 99 BetrVG bei Aufhebungsverträgen s. Müller, Aufhebungsverträge, S. 187; zur Anwendbarkeit von § 99 BetrVG, wenn eine Versetzung einvernehmlich erfolgte vgl. BAG, Beschl. v. 20.09.1990 - 1 ABR 37/90 = AP Nr. 84 zu § 99 BetrVG 1972 = NZA 1991, 195.

528 Becker/Rommelspacher, ZRP 1976, 40, 42; Keppeler, ArbuR 1996, 263, 265; Kotthaus, Aufhebungsvertrag, S. 80; weitere Nachweise bei Ernst, Aufhebungsverträge, S. 183 f.

schen Entscheidung - zum Teil durch diesen selbst[529], zum Teil im Wege analoger Anwendung[530]. Letzterem kann aus zweierlei Gründen nicht gefolgt werden: Zum einen ist nicht ersichtlich, dass hier ein „Versehen" des Gesetzgebers vorliegt, das dringend der Korrektur bedürfe und zum anderen ist auch nach der Intention der Vorschrift eine Neufassung nicht wünschenswert. Die Tatsache, dass Aufhebungsverträge auch ohne Beteiligung des Betriebsrates wirksam abgeschlossen werden können, wird der Vertragsfreiheit des Einzelnen gerecht[531] und entspricht ganz herrschender Meinung[532]. Das Problem, dass Aufhebungsverträge häufig überstürzt geschlossen werden und dass dann das Bedürfnis besteht, sich von seiner Willenserklärung loszusagen, kann nicht dadurch gelöst werden, dass der Betriebsrat angehört werden muss[533]. So wie jeder Arbeitnehmer grundsätzlich die Möglichkeit hat, ein Angebot auf Aufhebung des Arbeitsvertrages abzulehnen, kann er auch freiwillig den Betriebsrat um Unterstützung und Information ersuchen[534]. Der Vorschlag, dass der Betriebsrat oder einzelne seiner Mitglieder an den Verhandlungen teilnehmen dürfen, wenn nur der Arbeitnehmer dies wünsche[535], ist zwar erwägenswert, im Übrigen aber schon deshalb wenig hilfreich, weil die eigentlich problematischen Fälle, in denen der Arbeitnehmer von einem Angebot des Arbeitgebers überrascht wird und sich keine weitere Bedenkzeit erbittet, dadurch nicht gelöst würden.

Eine Verpflichtung der Vertragsparteien, sich trotz des Einvernehmens an die Arbeitnehmervertretung zu wenden, führt zu überflüssigen Zeitverzögerungen und unnötiger Publikation der Verhandlungen[536]. Es ist auch gar nicht sicher, dass eine solche Beteiligung für den überwiegenden Teil der Arbeitnehmer wünschenswert wä-

---

529 Becker/Rommelspacher, ZRP 1976, 40, 42; Kotthaus, Aufhebungsvertrag, S. 80.

530 Keppeler, ArbuR 1996, 263, 265.

531 Dies gilt im Gegensatz zu Keppeler, a.a.O., schon deshalb, weil ein Mitbestimmungsrecht des Betriebsrates den Abschluss eines Aufhebungsvertrages zwar nicht ausschließt, aber wegen der Wirksamkeitsvoraussetzung in § 102 Abs. 1 S. 2 BetrVG zumindest erschwert.

532 Hessisches LAG 6.11.1979 - 4/5 TaBV 1/78 – n.v.; Fitting/Kaiser/Heither/Engels/Schmidt, BetrVG, § 102 Rn 10; Richardi, BetrVG, § 102 Rn 21; MünchArbR/Wank, § 115 Rn 14; Schaub, Handbuch, § 122 Rn 8; Ernst, Aufhebungsverträge, S. 183; Müller, Aufhebungsverträge, S. 188; für den Fall der Versetzung s. BAG, Beschl. v. 20.09.1990 - 1 ABR 37/90 = AP Nr. 84 zu § 99 BetrVG 1972 = NZA 1991, 195.

533 Nach Keppeler, ArbuR 1996, 263, 265, könnte durch das Anhörungsrecht des Betriebsrates der Wissensvorsprung und die Überrumpelungswirkung ausgeglichen bzw. vermieden werden.

534 Müller, Aufhebungsverträge, S. 189, rät den Arbeitgebern eine freiwillige Information des Betriebsrates, um Missstimmungen zu vermeiden.

535 Kotthaus, Aufhebungsvertrag, S. 80, will dieses Recht in einem neu einzufügenden § 102 a BetrVG verankern.

536 Zu den Rechtsfolgen, wenn eine solche Beteiligung in einem Sozialplan/Interessenausgleich vereinbart, dann aber im konkreten Einzelfall nicht durchgeführt wird s. ArbG Darmstadt, Urt. v. 7.12.1993 – 3 Bv 4/93 = ArbuR 1994, 202, wonach in diesen Fällen ein grober Pflichtverstoß nach § 23 Abs. 3 S. 1 BetrVG vorliegt; wie hier Bauer, BB 1991, 274, für den Fall eines leitenden Angestellten.

re[537], die häufig selbst ein großes Interesse an einer schnellen, unbürokratischen Auflösung des Arbeitsverhältnisses haben. Der möglicherweise bestehenden Notwendigkeit eines stärkeren Arbeitnehmerschutzes im Einzelfall an dieser Stelle Rechnung zu tragen, wäre eine dem Wortlaut des § 102 BetrVG, aber auch der Systematik des Arbeitnehmerschutzes in anderen Gesetzen widersprechende Regelung: Der Arbeitnehmer ist frei in seinen Entscheidungen und muss die Verantwortung für diese grundsätzlich übernehmen, ohne dass eine Beteiligung Dritter daran zwingend vorgeschrieben wäre[538].

III. Aufhebungsverträge mit Leitenden Angestellten

Dasselbe Anhörungserfordernis, wie es § 102 BetrVG bestimmt, sieht § 31 Abs. 2 SprAuG für den Fall der Kündigung eines leitenden Angestellten vor. Auch hier kann daher nach Wortlaut und Intention der Vorschrift nichts anderes gelten[539]. Im Übrigen gehen die Rechte des Sprecherausschusses bzw. des Betriebsrates im Fall von leitenden Angestellten weiter, weil Veränderungen in diesem Bereich für die Arbeitnehmerschaft des Betriebes von erheblicher praktischer Bedeutung sind[540]: Der leitende Angestellte kann bei den Verhandlungen über den Abschluss eines Aufhebungsvertrages gemäß § 26 Abs. I SprAuG verlangen, dass ein Mitglied des Sprecherausschusses daran teilnimmt[541]. Das tatsächliche Ausscheiden des leitenden Angestellten durch Aufhebungsvertrag stellt außerdem eine personelle Veränderung dar, die gemäß § 105 BetrVG bzw. § 31 Abs. 1 SprAuG dem Betriebsrat und dem Sprecherausschuss mitzuteilen ist[542].

Umstritten ist, ob diese Mitteilungspflicht bereits dann greift, wenn Verhandlungen über den Abschluss eines Aufhebungsvertrages aufgenommen werden. Dagegen könnte sprechen, dass der leitende Angestellte die Mitwirkung der Personalvertretung nicht gewünscht hat[543] und das "Ausscheiden" als mitteilungsbedürftige "Veränderung" erst dann feststeht, wenn der Vertragsschluss erfolgt ist. Dem ist aber entgegenzusetzen, dass nach §§ 105 BetrVG, 31 Abs. 1 SprAuG die „Absicht" einer

---

537 So aber Becker/Rommelspacher, ZRP 1976, 40, 43; ebenso Ernst, Aufhebungsverträge, S. 183, der auf die Möglichkeiten des Betriebsrates zur Abfederung von Entlassungen und zur Aufklärung verweist.

538 Auch Ernst, Aufhebungsverträge, S. 185, hält es für zweifelhaft, ob der „Verlust" des Arbeitsplatzes mit dessen freiwilliger "Aufgabe" gleichgesetzt werden könne.

539 Löwisch, BB 1990, 1412; Müller, Aufhebungsverträge, S. 188.

540 Dazu Fitting/Kaiser/Heither/Engels/Schmidt, BetrVG, § 105 Rn 2.

541 Löwisch, BB 1990, 1412, 1413; zu den Einzelheiten Bauer, BB 1991, 274, der bezweifelt, dass ein leitender Angestellter auf diese Unterstützung Wert legt.

542 Fitting/Kaiser/Heither/Engels/Schmidt, BetrVG, § 105 Rn 4; KR/Etzel, § 105 BetrVG Rn 27; Löwisch, BB 1990, 1412; Bengelsdorf, Aufhebungsvertrag und Abfindungsvereinbarungen, S. 3; die Mitteilungspflicht gegenüber beiden Gremien besteht nebeneinander: Ernst, Aufhebungsverträge, S. 187 m.w.N.

543 Bauer, BB 1991, 274, 275.

personellen Veränderung genügt. Außerdem verlangen beide Vorschriften eine "rechtzeitige" Mitteilung an die Vertretungsgremien, das heißt, es muss noch die Möglichkeit bestehen, gegen die beabsichtigte Maßnahme Bedenken zu erheben[544]. Deshalb wird zu Recht darauf hingewiesen, dass eine Mitteilung nur dann Sinn macht und damit rechtzeitig ist, wenn das Vertretungsgremium noch etwas bewegen kann[545]. Dies ist aber nur vor Abschluss des Vertrages der Fall[546]. Zum Inhalt der Mitteilung gemäß §§ 105 BetrVG, 31 Abs. 1 SprAuG gehört dann allerdings nur die Tatsache, dass eine (einvernehmliche) Beendigung des Arbeitsverhältnisses geplant ist; der Inhalt des Aufhebungsvertrages muss nicht Gegenstand der Information sein[547]. Dies ist insbesondere im Hinblick auf die bei leitenden Angestellten im Regelfall beachtliche Abfindungssumme von Bedeutung. Im Übrigen ist aber die Mitteilung nach dem oben Gesagten auch dann noch als rechtzeitig anzusehen, wenn sie zwar nach Aufnahme von Verhandlungen, aber vor Vertragsschluss erfolgt[548]; dann können die betroffenen Belange noch erfolgreich geltend gemacht werden.
Allerdings hängt die Wirksamkeit des Aufhebungsvertrages nicht von der Beachtung der Mitwirkungsvorschriften ab[549]: Ein Verstoß gegen § 31 SprAuG nach § 36 Abs. 1 SprAuG ist bußgeldbewehrt, während der Verstoß gegen § 105 BetrVG ungeahndet bleibt[550].

IV. Aufhebungsverträge und Betriebsänderungen

Betriebsänderungen berühren die Rechte der Arbeitnehmer in starkem Maße, weil diese häufig auch mit Personalabbau oder zumindest -umstrukturierung einhergehen. Deshalb sieht das Betriebsverfassungsrecht hier umfangreiche Mitwirkungsrechte der Arbeitnehmervertretung vor[551], die vom BAG in einer ganzen Reihe von Entscheidungen - vornehmlich aus jüngerer Zeit - konkretisiert und ausgestaltet wurden[552].

---

[544] Richardi, BetrVG, § 105 Rn 13, unter Hinweis auf mögliche Fristen.

[545] Löwisch, BB 1990, 1412.

[546] A.A. Bauer, BB 1991, 274, 275.

[547] Löwisch, BB 1990, 1412, 1413; so für den Anstellungsvertrag auch Richardi, BetrVG, § 105 Rn 14.

[548] A.A. Löwisch, BB 1990, 1412, 1413, und Ernst, Aufhebungsverträge, S. 188, die eine Mitteilung nach § 31 Abs. 2 SprAuG vor Einleitung von Vertragsverhandlungen fordern; vermittelnd Hromadka, SprAuG, § 31 Rn 9, nach dem der Sprecherausschuss nur dann vor Vertragsschluss zu informieren ist, wenn sich der leitende Angestellte Bedenkzeit erbeten habe.

[549] Richardi, BetrVG, § 105 Rn 17; Ernst, Aufhebungsverträge, S. 188.

[550] Dazu Fitting/Kaiser/Heither/Engels/Schmidt, BetrVG, § 105 Rn 9.

[551] Zur Beteiligung des Betriebsrates am Entlassungsverfahren in der Praxis s. Hartmann, Betriebliche Personalpolitik durch Aufhebungsverträge, S. 94 ff.

[552] S. nur zum hier relevanten Themenkreis BAG, Urt. v. 19.07.1995 – 10 AZR 885/94 = AP Nr. 96 zu § 112 BetrVG 1972 = NZA 1996, 271 ("Zusammenfassung der Rspr. des Senats") m.w.N., sowie Urt. v. 11.02.1998 – 10 AZR 22/97 = AP Nr. 121 zu § 112 BetrVG 1972 = NZA 1998, 895.

1. Allgemeine Voraussetzungen für das Vorliegen einer Betriebsänderung durch Personalabbau

a) Grundlagen und Folgen der Betriebsänderung

Nach § 111 BetrVG hat der Arbeitgeber in Unternehmen mit in der Regel mehr als 20 wahlberechtigten Arbeitnehmern den Betriebsrat über geplante Betriebsänderungen, die wesentliche Nachteile für die Belegschaft oder erhebliche Teile der Belegschaft zur Folge haben können[553], rechtzeitig und umfassend zu unterrichten und die geplante Betriebsänderung mit dem Betriebsrat zu beraten. Ziel der Gespräche ist nach § 112 BetrVG die Vereinbarung eines Interessenausgleichs über die geplante Betriebsänderung oder eine Einigung über den Ausgleich oder die Milderung der wirtschaftlichen Nachteile, die den Arbeitnehmern infolge der geplanten Betriebsänderung entstehen, sog. Sozialplan. Dieser Sozialplan ist unter den Voraussetzungen des § 112a BetrVG auch erzwingbar, das heißt, soweit sich die Betriebspartner nicht einigen können, entscheidet die Einigungsstelle verbindlich über dessen Aufstellung. § 112 a BetrVG greift jedoch nur ein, wenn die Betriebsänderung durch Personalabbau in genau bestimmtem Umfang besteht[554]. Auf neugegründete Unternehmen ist die Vorschrift für die Dauer von vier Jahren nicht anwendbar (Abs. 2).

§ 111 Abs. 1 S. 3 Nr. 1 BetrVG bestimmt, dass Einschränkung und Stillegung[555] des ganzen Betriebes oder von wesentlichen Betriebsteilen[556] als Betriebsänderungen i.S.d. § 111 Abs. 1 S. 1 BetrVG gelten. Eine Betriebseinschränkung liegt vor im Fall einer erheblichen, ungewöhnlichen und nicht nur vorübergehenden Herabsetzung der Leistungsfähigkeit eines Betriebes[557]. Darunter fällt auch eine Betriebsänderung durch umfangreichen Personalabbau. Dies gilt auch dann, wenn keine sächlichen Betriebsmittel verringert werden[558]. Nach ständiger Rechtsprechung des BAG muss es sich allerdings um eine erhebliche Verminderung der Beschäftigtenzahl han-

[553] Zur Bedeutung dieses Relativsatzes Richardi, BetrVG, § 102 Rn 44 ff.

[554] Bei Unterschreitung dieser Zahlengrenzen soll § 112 a BetrVG die Anpassung an eine veränderte Auftragslage durch Entlassung von Arbeitnehmern erleichtern, weil kein Sozialplan vereinbart werden muss: BAG, Beschl. v. 6.12.1988 – 1 ABR 47/87 = AP Nr. 26 zu § 111 BetrVG 1972 = NZA 1989, 557.

[555] Zur Betriebsstilllegung durch den Abschluss von Aufhebungsverträgen s. BAG, Beschl. v. 4.07.1989 – 1 ABR 35/88 = AP Nr. 27 zu § 111 BetrVG = NZA 1990, 280.

[556] Vgl. BAG, Beschl. v. 6.12.1988 – 1 ABR 47/87 = AP Nr. 26 zu § 111 BetrVG 1972 = NZA 1989, 557, zur Definition eines wesentlichen Betriebsteils.

[557] BAG, a.a.O. und Urt. v. 2.08.1983 – 1 AZR 516/81 = AP Nr. 12 zu § 111 BetrVG 1972 = NJW 1984, 1781.

[558] Grundlegend BAG, Beschl. v. 22.05.1979 – 1 ABR 17/77 = AP Nr. 4 zu § 111 BetrVG 1972 = NJW 1980, 83.

deln[559]. Gewöhnliche Schwankungen der Betriebstätigkeit, die mit der Eigenart des jeweiligen Betriebes zusammenhängen, sind keine Betriebsänderungen, auch wenn eine größere Anzahl von Arbeitnehmern entlassen wird[560].

b) Die Rechtsprechung des BAG zu den Anforderungen an einen erheblichen Personalabbau

Für die Konkretisierung des unbestimmten Rechtsbegriffes der „Erheblichkeit" hat das BAG lange Zeit auf die Angaben in § 17 Abs. 1 KSchG über die Anzeigepflicht bei Massenentlassungen ohne den dort festgelegten Zeitraum bezug genommen[561]. Nachdem diese Vorschrift 1978 neu gefasst und die Mindestzahlen erheblich gesenkt wurden, entschied das BAG[562], dass die Zahlen- und Prozentangaben der Neufassung wie bisher auch nur als Richtschnur dienen könnten; es müssten daher dort Abwandlungen vorgenommen werden, wo die Besonderheiten des Regelungsgegenstandes des § 111 BetrVG dies erforderten. Daher sei zur Korrektur von Unstimmigkeiten bei der Anwendung von Zahlengrenzen auf Betriebe unterschiedlicher Größenordnungen für das Vorliegen einer Betriebsänderung durch erhebliche Personalreduzierung erforderlich, dass von dem Personalabbau mindestens 5 % der Belegschaft betroffen sein müssten[563]. Für die Ermittlung der Zahlenwerte sei darauf abzustellen, „wie viele Arbeitnehmer voraussichtlich von der geplanten unternehmerischen Maßnahme insgesamt nachteilig betroffen werden können, auch wenn die Durchführung der Maßnahme stufenweise erfolge und sich über einen längeren Zeitraum hinziehe"[564].

c) Die Grenzzahlen des § 112 a Abs. 1 S. 1 BetrVG

Durch die Einfügung des § 112 a BetrVG im Jahr 1985 aufgrund des Beschäftigungsförderungsgesetzes hat der Gesetzgeber die Rechtsprechung des BAG bestätigt, wonach Betriebsänderungen in Form von Betriebseinschränkungen allein durch den Abbau von Personal stattfinden können. Die vom BAG eingeführten Zahlengrenzen für § 111 Abs. 1 S. 3 Nr. 1 BetrVG wurden durch § 112 a BetrVG jedoch nicht verändert, da zu unterscheiden ist zwischen den Erfordernissen an einen Personalabbau,

---

[559] BAG, Beschl. v. 6.12.1988 – 1 ABR 47/87 = AP Nr. 26 zu § 111 BetrVG 1972 = NZA 1989, 557.

[560] BAG, Beschl. v. 22.05.1979 – 1 ABR 17/77 = AP Nr. 4 zu § 111 BetrVG 1972 = NJW 1980, 83.

[561] Vgl. nur BAG, Beschl.. v. 22.05.1979 – 1 ABR 17/77 = AP Nr. 4 zu § 111 BetrVG 1972 = NJW 1980, 83; Beschl. v. 15.10.1979 – 1 ABR 49/77 = AP Nr. 5 zu § 111 BetrVG 1972 = DB 1980, 549; zu den Anforderungen an den Zeitraum und den Planungsumfang s. Bauer/Röder, NZA 1985, 201, 204, und Müller, Aufhebungsverträge, S. 191 f.

[562] BAG, Urt. v. 2.08.1983 – 1 AZR 516/81 = AP Nr. 12 zu § 111 BetrVG 1972 = NJW 1984, 1781.

[563] BAG, a.a.O.; bestätigt in BAG, Beschl. v. 6.12.1988 – 1 ABR 47/87 = AP Nr. 26 zu § 111 BetrVG 1972 = NZA 1989, 557.

[564] BAG, Beschl. v. 22.05.1979 – 1 ABR 17/77 = AP Nr. 4 zu § 111 BetrVG 1972 = NJW 1980, 83.

der überhaupt als Betriebsänderung anzusehen ist und einem solchen, bei dem nach § 112 a BetrVG eine Sozialplanregelung erzwungen werden kann[565]. Die Grenzzahlen des § 112 a Abs. 1 S. 1 BetrVG haben nur Bedeutung für die Frage der Sozialplanpflichtigkeit[566]; die Voraussetzungen der Mitwirkungs- und Mitbestimmungsrechte des Betriebsrates und damit das Vorliegen einer Betriebsänderung richten sich weiterhin entsprechend der Rechtsprechung des BAG nach der Staffelung des § 17 KSchG mit der oben erläuterten Maßgabe[567]. Dabei ergibt sich allerdings aus der Systematik der Vorschriften, dass eine Personalreduzierung, die sozialplanpflichtig ist, zugleich immer auch eine Betriebsänderung i.S.v. § 111 S. 3 Nr. 1 BetrVG darstellt[568].

2. Betriebsänderungen durch Aufhebungsverträge: die Vorschrift des § 112 a Abs. 1 S. 2 BetrVG

a) Aufhebungsvertrag als Entlassung

§ 112 a Abs. 1 S. 2 BetrVG stellt klar, dass eine „Entlassung" im Sinne dieser Vorschrift auch durch den Abschluss von Aufhebungsverträgen stattfinden kann, wenn das Ausscheiden der Arbeitnehmer vom Arbeitgeber aus Gründen der Betriebsänderung veranlasst wurde[569]. Dadurch soll eine Umgehung der Mitwirkungsbefugnisse des Betriebsrates bei Betriebsänderungen durch den Abschluss von Aufhebungsverträgen ausgeschlossen werden[570]. Dementsprechend werden auch solche Arbeitnehmer, die im Wege einvernehmlicher Vertragsbeendigung ausscheiden, bei den Berechnungen nach § 112 a Abs. 1 BetrVG mitgezählt, wenn die genannten Voraussetzungen vorliegen. „Entlassung" in § 112 a BetrVG meint im Anschluss an § 17 KSchG die tatsächliche Beendigung des Arbeitsverhältnisses[571].

b) Der Begriff der arbeitgeberseitigen „Veranlassung"

aa) Allgemeines

Der Begriff der arbeitgeberseitigen „Veranlassung" in § 112 a Abs. 1 S. 2 BetrVG ist umstritten. Erforderlich ist nach dem klaren Wortlaut jedenfalls eine Kausalität zwischen Betriebsänderung und Beendigung des Arbeitsvertrages, wobei die rechtstech-

---

[565] Zur Kritik am Tatbestand der nicht sozialplanpflichtigen Betriebsänderung s. Müller, Aufhebungsverträge, S. 193 f. m.w.N.

[566] Krit. zu der Maßgeblichkeit unterschiedlicher Zahlenwerte: Bauer/Röder, NZA 1985, 201, 204; Scherer, NZA 1985, 764, 766; Müller, Aufhebungsverträge, S. 195.

[567] Zu den Zahlen im Einzelnen s. Fitting/Kaiser/Heither/Engels/Schmidt, BetrVG, § 111 Rn 73 ff.

[568] Vgl. BAG, Urt. v. 23.08.1988 – 1 AZR 276/87 = AP Nr. 17 zu § 113 BetrVG 1972 = NJW 1989, 1054.

[569] Vom BAG im Urt. v. 2.08.1983 – 1 AZR 516/81 = AP Nr. 12 zu § 111 BetrVG 1972 = NJW 1984, 1781, noch offen gelassen.

[570] Müller, Aufhebungsverträge, S. 191; Ernst, Aufhebungsverträge, S. 167. f. m.w.N.

[571] Scherer, NZA 1985, 764, 767.

nische Form der Auflösung eines Arbeitsverhältnisses unerheblich ist[572]. Auch eine vom Arbeitgeber veranlasste Eigenkündigung des Arbeitnehmers kann folglich für die Sozialplanpflichtigkeit nach § 112 a BetrVG eine Rolle spielen[573].

Der soziale Schutzzweck der Mitbestimmungsrechte bei Betriebsänderungen erfasst demgegenüber nicht die Fälle des Ausscheidens von Arbeitnehmern aus anderen betriebsbedingten Gründen[574]. Auch Aufhebungsverträge aus personen- oder verhaltensbedingten Gründen sind vom Anwendungsbereich des § 112 a BetrVG ebenso ausgeschlossen wie nicht mit der Betriebsänderung zusammenhängende Kündigungen. Gleiches gilt für die auf Wunsch des Arbeitnehmers erfolgte einvernehmliche Vertragsaufhebung[575]. Die Abgrenzung der nicht unter diese Vorschrift fallenden Fallgestaltungen hat sich demzufolge als einfacher herausgestellt als die Festlegung von Kriterien, nach denen eine entsprechende Veranlassung positiv festgestellt werden kann.

bb) Die Rechtsprechung des BAG

Nach einer Entscheidung des BAG aus dem Jahr 1995[576] liegt eine Veranlassung nur vor, wenn der Arbeitgeber den Arbeitnehmer im Hinblick auf eine konkret geplante Betriebsänderung bestimmt, selbst zu kündigen oder einen Aufhebungsvertrag abzuschließen, um so eine sonst notwendige Kündigung zu vermeiden. Ein bloßer Hinweis des Arbeitgebers auf eine unsichere Lage des Unternehmens, auf notwendig werdende Betriebsänderungen oder der Rat, sich eine neue Stelle zu suchen, genügt nach Auffassung des BAG nicht[577]. Dies gelte selbst dann, wenn der Arbeitnehmer aufgrund der Hinweise des Arbeitgebers um seine Stelle fürchte, sich deshalb eine neue Beschäftigung suche und das Arbeitsverhältnis beende[578]. Erforderlich sei vielmehr, dass der Arbeitgeber die geplante Betriebsänderung zumindest in Umrissen dargelegt und den Arbeitnehmer darauf hingewiesen habe, dass ein möglicherweise auch ihn treffender Personalabbau zu erwarten sei.

Damit ist zumindest im Ergebnis klargestellt, dass sich die Betriebsänderung bereits weitgehend konkretisiert haben muss, damit der erforderliche Zusammenhang zwischen dieser und der erfolgten „Entlassung" besteht. Den sehr allgemein gehaltenen

---

572 BAG, Urt. v. 23.08.1988 – 1 AZR 276/87 = AP Nr. 17 zu § 113 BetrVG 1972 = NZA 1989, 31; Richardi, BetrVG, § 113 Rn 42.

573 BAG, a.a.O.; Fitting/Kaiser/Heither/Engels/Schmidt, BetrVG, § 111 Rn 74 m.w.N.; ausführlich Scherer, NZA 1985, 764, 768, und Ernst, Aufhebungsverträge, S. 169.

574 BAG, v. 2.08.1983 – 1 AZR 516/81 = AP Nr. 12 zu § 111 BetrVG 1972 = NJW 1984, 1781.

575 Bauer/Röder, NZA 1985, 201, 204; näher zu den nicht von § 112 a BetrVG erfassten Fallgestaltungen Heinze, NZA 1987, 41, 48 f. und Scherer, NZA 1985, 764, 767.

576 BAG, Urt. v.19.07.1995 – 10 AZR 885/94 = AP Nr. 96 zu § 112 BetrVG 1972 = NZA 1996, 271.

577 Ebenso bereits BAG, Urt. v. 20.04.1994 – 10 AZR 323/93 = AP Nr. 77 zu § 112 BetrVG 1972 = NZA 1995, 489.

578 BAG, Urt. v. 20.04.1994 – 10 AZR 323/93 = AP Nr. 77 zu § 112 BetrVG 1972 = NZA 1995, 489.

Ausführungen des BAG[579] lässt sich im Übrigen entnehmen, dass es mehr auf die Ursächlichkeit der Mitteilung über eine bevorstehende Betriebsänderung bzw. auf die Ursächlichkeit dieses Vorhabens an sich für die Entscheidung des Arbeitnehmers ankommen soll als auf eine „Einwirkung" von Seiten des Arbeitgebers, wie dies der Begriff der "Veranlassung" zunächst vermuten lässt[580]. Fraglich ist, ob dies mit dem Gesetzeszweck vereinbar ist und ob hier nicht doch über den Einzelfall hinausgehende Kriterien gefunden werden können, die sich in den betriebsverfassungsrechtlichen Rahmen einfügen.

cc) Kritische Würdigung der Rechtsprechung

Ansatz für eine Konkretisierung des Begriffs der „Veranlassung" ist zunächst der Wortlaut der Vorschrift. Danach ist ein vom Arbeitgeber aus Gründen der Betriebsänderung *veranlasstes* Ausscheiden des Arbeitnehmers erforderlich. Hieran wird deutlich, dass es entscheidend auf das Verhalten des Arbeitgebers gegenüber dem Arbeitnehmer ankommt, das wiederum in Zusammenhang mit der Betriebsänderung stehen muss. Diese ist nur mittelbar „Anlass" der Entscheidung des Arbeitnehmers. Auf die Betriebsänderung und ihre Konkretisierung kommt es folglich nur an zweiter Stelle an. Entscheidend für die Frage der Ursächlichkeit ist, ob der Arbeitnehmer durch ein entsprechendes Gespräch mit dem Arbeitgeber veranlasst wurde, das Arbeitsverhältnis zu beenden, weil er mit einer Entlassung im Zuge eines als Betriebsänderung zu qualifizierenden Personalabbaus rechnete.

Diese Interpretation deckt sich auch mit der Intention des § 112 a Abs. 1 S. 2 BetrVG, nämlich der Gleichstellung von Arbeitgeberkündigungen wegen der Betriebsänderung mit deswegen veranlassten Aufhebungsverträgen. Muss der Arbeitnehmer aufgrund eines Gesprächs mit dem Arbeitgeber annehmen, dass er anlässlich einer Betriebsänderung seinen Arbeitsplatz verlieren wird und entschließt er sich deshalb, einen Aufhebungsvertrag abzuschließen, wird er betriebsverfassungsrechtlich nicht anders behandelt als derjenige, dem der Arbeitgeber direkt kündigt. Aus welchen Gründen der Arbeitgeber in einem Fall kündigt und im anderen Fall eine einvernehmliche Beendigung anstrebt, ist bezogen auf § 112 a BetrVG irrelevant.

Folglich ist der Rechtsprechung des BAG insoweit zuzustimmen, als der Arbeitgeber dem Arbeitnehmer deutlich gemacht haben muss, dass er möglicherweise seinen Arbeitsplatz verlieren wird[581]. Dabei ist es aber nicht erforderlich, dass sich die Planung des Arbeitgebers bereits dergestalt konkretisiert hat, dass jeder einzelne Arbeitnehmer feststeht, der von dem notwendigen und zur Betriebsänderung im rechts-

---

[579] Kraft, SAE 1996, 240, 241 f., bemängelt, dass das BAG den Begriff der „Veranlassung" nicht näher bestimmt hat.

[580] Kraft, SAE 1996, 240, 242.

[581] Nach LAG Brandenburg, Urt. v. 16.04.1993 – 4 (5) Sa 880/92 = LAGE § 4 TVG Ausschlussfristen Nr. 29, genügt es, wenn die Arbeitgeberseite mitgeteilt hatte, dass die Abteilung des Arbeitnehmers aufgelöst werde und dieser in Kurzarbeit „Null" gehen müsse.

technischen Sinn führenden Personalabbau betroffen sein wird[582]. Denn Arbeitgeber ohne genaue Planung wären dann privilegiert und könnten durch frühzeitige Gespräche mit nur möglicherweise betroffenen Arbeitnehmern verhindern, dass § 112 a BetrVG eingreift. Zudem bestünde die Gefahr, dass der Arbeitgeber sich auf eine fehlende konkrete Planung beruft, nachdem der Arbeitnehmer freiwillig den Betrieb verlassen hat.

Demzufolge erfordert das Gesetz auch nicht, dass der Aufhebungsvertrag an die Stelle einer ansonsten auszusprechenden Kündigung tritt, sondern es genügt, dass der Arbeitnehmer aufgrund der Ausführungen des Arbeitgebers davon ausgeht, er werde wahrscheinlich von der Umstrukturierung betroffen sein. Entschließt er sich deshalb zur Eigeninitiative, liegt eine „Veranlassung" in Zusammenhang mit der Betriebsänderung sowohl nach dem Wortsinn als auch nach der Intention der Vorschrift vor. Darauf, das der Arbeitgeber eine grobe Planung der Betriebsänderung vorliegen hat und diese dem Arbeitnehmer erläutert, kommt es entgegen der Auffassung des BAG[583] nicht an, weil die Gesamtzusammenhänge für den einzelnen Arbeitnehmer, der davon ausgeht, auf jeden Fall seinen Arbeitsplatz zu verlieren, keine Rolle spielen. Entscheidend ist nur, was ihm der Arbeitgeber mitteilt und welche Schlussfolgerungen er daraus zieht; das Planungsstadium kann allenfalls bei der Frage, ob überhaupt eine Betriebsänderung anzunehmen ist, eine Rolle spielen[584]. Handelt es sich dagegen nur um allgemeine oder fürsorgliche Hinweise des Arbeitgebers auf eine angespannte wirtschaftliche Lage, ohne dass eine Betriebsänderung in Rede steht, ist die Entscheidung des Arbeitnehmers zwar unter Umständen vom Arbeitgeber veranlasst worden[585]; dies geschah dann aber nicht aus Gründen der Betriebsänderung und fällt schon deshalb nicht unter § 112 a BetrVG. Insoweit ist der Auffassung des BAG zuzustimmen[586].

---

[582] Zu weit LAG Düsseldorf, Urt. v. 03.07.1991 – 4 Sa 469/91 = BB 1991, 1792, 1793, nach dem für eine „Veranlassung" die Person des zur Kündigung anstehenden Arbeitnehmers konkretisiert sein muss; anders LAG Düsseldorf, Urt. v. 20.03.1996 – 12 (8) (6) Sa 1553/95 = LAGE § 112 a BetrVG Nr. 4, S. 17, wonach es für den Begriff der "geplanten" Betriebsänderung nicht darauf ankomme, dass der Arbeitgeber den Personalabbau in dem später erfolgten Umfang von Anfang an konkret geplant hatte; wie hier auch Bauer/Röder, NZA 1985, 201, 204, und Müller, Aufhebungsverträge, S. 191 f., die allerdings nicht zwischen einer "Veranlassung" durch den Arbeitgeber und dem Vorliegen einer "Betriebsänderung" unterscheiden.

[583] BAG, Urt. v. 20.04.1994 – 10 AZR 323/93 = AP Nr. 77 zu § 112 BetrVG 1972 = NZA 1995, 489, fordert, dass der Arbeitgeber seine Planung „in Umrissen darlegt".

[584] Vgl. Bauer/Röder, NZA 1985, 201, 204, und Müller, Aufhebungsverträge, S. 191 f., die einen einheitlichen unternehmerischen Plan für erforderlich halten.

[585] Missverständlich Ernst, Anm. zu BAG, Urt. v. 20.04.1994, AP Nr. 77 zu § 112 BetrVG, S. 5, der hier schon das Tatbestandsmerkmal der "Veranlassung" verneint.

[586] BAG, Urt. v. 20.04.1994 – 10 AZR 323/93 = AP Nr. 77 zu § 112 BetrVG 1972 = NZA 1995, 489.

Gleichzeitig ergibt sich aus dem oben Gesagten, dass ein Personalabbau auch ausschließlich durch Aufhebungsverträge erfolgen kann, weil es nur auf den Zusammenhang mit einer geplanten Betriebsänderung ankommt. Ist die rechtstechnische Form der „Entlassung" gleichgültig, kann es für die Anwendbarkeit des § 112 a BetrVG keine Voraussetzung sein, dass der Arbeitgeber die Betriebsänderung notfalls auch gegen den Willen der Belegschaft durchsetzen will[587]. Wenn in einem Betrieb mehr Aufhebungsverträge anlässlich einer Betriebsänderung geschlossen werden als in einem anderen, lässt sich daraus keinesfalls schließen, die Arbeitnehmer seien dort mit dem Verlust ihrer Arbeitsplätze einverstanden.
Aufgrund der weit reichenden Ansprüche, die den Arbeitnehmern infolge der Betriebsänderung aus dem Sozialplan bzw. dem Interessen- oder Nachteilsausgleich zustehen können und dem Interesse des Arbeitgebers an einer geordneten Durchführung der Betriebsänderung[588], ist andererseits eine allzu großzügige Handhabung der Vorschrift zu vermeiden. Denn in § 112 a BetrVG geht es da-rum, welche Arbeitnehmer Sozialplanansprüche haben; je größer deren Anzahl ist, desto geringer ist die Zahlung an den einzelnen. Der Schutzzweck der §§ 111 ff. BetrVG erfasst nur diejenigen Arbeitnehmer, die tatsächlich ein „Opfer" der Umstrukturierung werden und nicht solche, die bereits vorsorglich und in diesem Sinn voreilig den Betrieb verlassen. Deshalb kann nicht jede subjektive Befürchtung eines Arbeitnehmers dazu führen, von einer Veranlassung durch den Arbeitgeber auszugehen. Hier ist allerdings eine objektive Korrektur insoweit möglich, als das Verhalten des Arbeitnehmers vor dem Hintergrund der Mitteilungen des Arbeitgebers nachvollziehbar sein muss und nicht nur eine Überreaktion aufgrund von Existenzängsten darstellt.

dd) Ergebnis

Nach hier vertretener Auffassung ergeben sich folgende Kriterien für den Begriff der „Veranlassung" i.S.v. § 112 a Abs. 1 S. 2 BetrVG: Der Arbeitnehmer muss nach Auskunft des Arbeitgebers wegen einer bevorstehenden Betriebsänderung seinen Arbeitsplatz zu verlieren drohen (objektives Kriterium) und aufgrund dieses Hinweises das Arbeitsverhältnis beenden (subjektives Kriterium), soweit seine Entscheidung angesichts des Verhaltens des Arbeitgebers objektiv nachvollziehbar ist (objektive Einschränkung des subjektiven Kriteriums).
Durch diese Kriterien wird der Begriff der „Veranlassung" zugunsten einer besseren Handhabung der Vorschrift des § 112 a BetrVG und damit größeren Rechtssicherheit bei Arbeitnehmern und Arbeitgebern allgemein definiert.

---

[587] So aber Bauer, Aufhebungsverträge, Rn 864.

[588] LAG Düsseldorf, Urt. v. 20.03.1996 – 12 (8) (6) Sa 1553/95 = LAGE § 112 a Nr. 4 BetrVG, S. 11, weist auf diese Problematik in Zusammenhang mit vorzeitigen Arbeitnehmerkündigungen hin.

3. Sozialplanansprüche bei einvernehmlicher Beendigung des Arbeitsvertrages?

So eindeutig der Gesetzgeber die Frage geklärt hat, ob die mittels Aufhebungsvertrag beendeten Arbeitsverhältnisse bei der Frage nach dem Umfang des Personalabbaus mitgezählt werden können, so umstritten ist es weiterhin, ob diejenigen Arbeitnehmer, die einen Aufhebungsvertrag abgeschlossen haben, im Rahmen der Sozialplanansprüche noch zu berücksichtigen sind[589]. Dies gilt insbesondere dann, wenn der im Zuge der Betriebsänderung geschlossene Sozialplan[590] die Beteiligung der durch Aufhebungsvertrag ausgeschiedenen Arbeitnehmer ausdrücklich ausschließt oder ein solcher erst nach der Beendigung dieser Arbeitsverhältnisse zustande kommt.

a) Verteilung der Sozialplanansprüche

aa) Die Auffassung des Bundesarbeitsgerichts

Das BAG hat in ständiger Rechtsprechung keinen Zweifel daran gelassen, dass auch denjenigen Arbeitnehmern, die im Wege der einvernehmlichen Vertragsbeendigung den Betrieb verlassen haben, Sozialplanansprüche zustehen, wenn ihr Ausscheiden i.S.v. § 112 a BetrVG vom Arbeitgeber „veranlasst" wurde[591]. Damit hat es klargestellt, dass diese Arbeitnehmer nicht nur bei der Prüfung, ob die Zahlengrenzen des § 112 a BetrVG überschritten sind, eine Rolle spielen, sondern auch hinsichtlich der betriebsverfassungsrechtlichen Folgen in den §§ 111 ff. BetrVG den übrigen Arbeitnehmern gleichgestellt sind.

Das BAG stützt diese Rechtsprechung überwiegend auf § 75 BetrVG[592], wonach der Betriebsrat darüber zu wachen hat, dass alle im Betrieb beschäftigten Personen gleich behandelt werden. Dieser Grundsatz sei auf die Behandlung von Arbeitnehmer in Sozialplänen, die eine Abfindungszahlung von bestimmten Kriterien abhängig machten, anwendbar. Die Einbeziehung von allen Arbeitnehmern, deren Ausscheiden vom Arbeitgeber aufgrund der Betriebsänderung veranlasst worden sei, entspreche

---

[589] Der Betriebsrat ist bei dem Abschluss eines Sozialplanes auch für diejenigen Arbeitnehmer zuständig, die aufgrund Aufhebungsvertrages bereits aus dem Betrieb ausgeschieden sind: BAG, Urt. v. 28.04.1993 – 10 AZR 222/92 = AP Nr. 67 zu § 112 BetrVG 1972 = BB 1993, 1807.

[590] Zum Wegfall der Geschäftsgrundlage und notwendiger Anpassung eines Sozialplans s. BAG, Urt. v. 28.08.1996 – 10 AZR 886/95 = AP Nr. 104 zu § 112 BetrVG 1972 = NZA 1997, 109.

[591] BAG, Urt. v. 28.04.1993 – 10 AZR 222/92 = AP Nr. 67 zu § 112 BetrVG 1972 = BB 1993, 1807; Urt. v. 20.04.1994 – 10 AZR 323/93 = AP Nr. 77 § 112 BetrVG 1972 = NZA 1995, 489; Urt. v. 19.07.1995 – 10 AZR 885/94 = AP Nr. 96 zu § 112 BetrVG 1972 = NZA 1996, 271; Urt. v. 6.08.1997 – 10 AZR 66/97 = AP Nr. 116 zu § 112 BetrVG 1972 = NZA 1998, 155; ebenso für den Fall der Eigenkündigung BAG, Urt. v. 15.01.1991 – 1 AZR 80/90 = BB 1991, 1488 und Urt. v. 17.04.1996 – 10 AZR 560/95 = ArbuR 1996, 408.

[592] So die Rspr. des 10. Senats: Urt. v. 28.04.1993 – 10 AZR 222/92 = AP Nr. 67 zu § 112 BetrVG 1972 = BB 1993, 1807; Urt. v. 19.07.1995 – 10 AZR 885/94 = AP Nr. 96 § 112 BetrVG = NZA 1996, 271; Urt. v. 6.08.1997 – 10 AZR 66/97 = AP Nr. 116 zu § 112 BetrVG 1972 = NZA 1998, 155; der 2. Senat, Urt. v. 25.11.1993 – 2 AZR 324/93 = AP Nr. 114 zu § 242 BGB Gleichbehandlung = NZA 1994, 788, 789, argumentiert auf der Grundlage des allgemeinen arbeitsrechtlichen Gleichbehandlungsgrundsatzes.

auch dem Normzweck des § 112 Abs. 1 S. 2 BetrVG, wonach diejenigen wirtschaftlichen Nachteile zu mildern seien, die dem Arbeitnehmer aufgrund der geplanten Betriebsänderung entstünden[593].

Wenn eine Entlassung i.S.d. § 112 a BetrVG vorliegt und der einschlägige Sozialplan seinem Wortlaut nach keine Abfindung für die durch Aufhebungsvertrag ausgeschiedenen Arbeitnehmer gewährt, ist er nach Auffassung des BAG in einer mit § 75 BetrVG vereinbaren Weise auszulegen[594]. Unter Umständen könnten die Betriebspartner aber einen Arbeitnehmer, der zum Zeitpunkt der Verhandlungen über einen Interessenausgleich bzw. Sozialplan bereits einen Aufhebungsvertrag gegen Zahlung einer Abfindung geschlossen hat, von ihren Überlegungen, wie die wirtschaftlichen Nachteile der wegen einer Betriebsstilllegung noch zu entlassenden Arbeitnehmer auszugleichen seien, ausnehmen; dieser müsse das Risiko tragen, dass die Abfindung als Gegenleistung für den Verlust des Arbeitsplatzes geringer sei als die nach dem Sozialplan bei betriebsbedingter Kündigung zu zahlende[595]. Auch Differenzierungen bei der Höhe der Abfindung sind nach dem BAG zulässig, soweit sie sachlich begründet sind[596]. Einen solchen sachlichen Grund stelle die Berücksichtigung der unterschiedlichen sozialen und wirtschaftlichen Lage, in der sich die Arbeitnehmer zum Zeitpunkt des Angebots eines Aufhebungsvertrages befanden, dar[597]. Das BAG bezieht sich hier darauf, dass manche Arbeitnehmer auf dem Arbeitsmarkt möglicherweise größere Chancen haben als andere[598]. Außerdem könnten die Betriebspartner im Sozialplan dann Stichtagsregelungen hinsichtlich des Ausscheidenszeitpunkts der anspruchsberechtigten Arbeitnehmer treffen, wenn die Wahl des Zeitpunkts am gegebenen Sachverhalt orientiert und damit sachlich vertretbar sei[599]. Diese Regelung könne allerdings im Wege einer sog. Nachbesserungsklausel im Aufhebungsvertrag umgangen werden, nach der der Arbeitnehmer anstelle der einzelvertraglich verein-

---

[593] BAG, Urt. v. 28.04.1993 – 10 AZR 222/92 = AP Nr. 67 zu § 112 BetrVG 1972 = BB 1993, 1807; es genügt, wenn an die zu erwartenden Nachteile angeknüpft wird, diese müssen nicht eingetreten sein: BAG, Urt. v. 20.04.1994 – 10 AZR 323/93 = AP Nr. 77 zu § 112 BetrVG = NZA 1995, 489.

[594] BAG, Urt. v. 28.04.1993 – 10 AZR 222/92 = AP Nr. 67 zu § 112 BetrVG 1972 = BB 1993, 1807.

[595] BAG, Urt. v. 13.11.1996 – 10 AZR 340/96 = AP Nr. 4 zu § 620 BGB Aufhebungsvertrag = NJW 1997, 3043.

[596] BAG, Urt. v. 11.02.1998 - 10 AZR 22/97 = AP Nr. 121 zu § 112 BetrVG 1972 = NZA 1998, 895.

[597] BAG, a.a.O.

[598] BAG, Urt. v. 25.11.1993 – 2 AZR 324/93 = AP Nr. 114 zu § 242 BGB Gleichbehandlung = NZA 1994, 788, wonach die Aussichten des betroffenen Arbeitnehmers auf dem Arbeitsmarkt entscheidend bei der Bemessung der Abfindung zu berücksichtigen sind und diese im Einzelfall auch auf Null sinken kann; vgl.a. Richardi, BetrVG, § 112 Rn 104.

[599] So BAG, Urt. v. 6.08.1997 – 10 AZR 66/97 = AP Nr. 116 zu § 112 BetrVG 1972 = NZA 1998, 155, für den Fall, dass Stichtage gewählt wurden, an denen der geplante Personalabbau offiziell bekannt gegeben wurde.

barten Abfindung auch die für ihn günstigeren Leistungen aus dem Sozialplan verlangen kann[600].

Liegt dagegen kein Fall des § 112 a BetrVG vor, das heißt wurde der Aufhebungsvertrag nicht vom Arbeitgeber veranlasst, soll ein Leistungsausschluss grundsätzlich zulässig sein. Die Arbeitnehmer seien in diesem Fall auf eigenen Wunsch oder zumindest freiwillig ausgeschieden und die Betriebspartner könnten deshalb davon ausgehen, dass sie dies nur dann tun würden, wenn sie bereits eine neue Arbeitsstelle gefunden hätten[601]. Dies gelte vor allem in den Fällen, in denen nach Ausspruch einer betriebsbedingten Kündigung ein Aufhebungsvertrag geschlossen wurde, um die Fristen abzukürzen[602].

bb) Kritische Würdigung der Rechtsprechung

Die gefestigte Rechtsprechung des BAG zu den Sozialplanansprüchen wird in der Literatur nur vereinzelt kritisch geprüft[603]. Soweit kritische Stimmen zu vernehmen sind, richten diese sich bereits gegen den grundsätzlichen Ansatz des BAG, Arbeitnehmern, die einen Aufhebungsvertrag geschlossen haben, Sozialplanansprüche zuzugestehen: Eine Gleichstellung mit anderen, im Rahmen der Betriebsänderung ausscheidenden Arbeitnehmern sei nicht erforderlich und auch von § 112 a BetrVG nicht beabsichtigt[604]. Es bestehe kein Wertungswiderspruch, wenn aufgrund von Aufhebungsverträgen ausgeschiedene Arbeitnehmer bei den Zahlenwerten des § 112 a BetrVG zu berücksichtigen seien, aber auf der anderen Seite keine Sozialplanansprüche hätten, weil der Schutzzweck des § 112 a BetrVG ausschließlich darin bestehe, zu verhindern, dass die Anwendbarkeit des § 112 Abs. 4 und 5 wegen der Aufhebungsverträge entfalle[605]. Die materielle Berücksichtigung eines mittels Aufhebungsvertrages ausgeschiedenen Arbeitnehmers sei nicht geboten, weil dessen Zustimmung zur Beendigung des Arbeitsverhältnisses erforderlich gewesen sei und er seine Interessen in den Vertragsverhandlungen vertreten konnte; außerdem hätten diese Arbeitnehmer häufig einen Anschlussarbeitsplatz[606]. Weiterhin wird gegen die

---

[600] BAG, Urt. v. 6.08.1997 – 10 AZR 66/97 = AP Nr. 116 zu § 112 BetrVG 1972 = NZA 1998, 155.

[601] BAG, Urt. v. 20.04.1994 – 10 AZR 323/93 = AP Nr. 77 zu § 112 BetrVG = NZA 1995, 489; vgl.a. BAG, Urt. v. 25.11.1993 – 2 AZR 324/93 = AP Nr. 114 zu § 242 BGB Gleichbehandlung = NZA 1994, 788; nach BAG, Urt. v. 19.07.1995 – 10 AZR 885/94 = NZA 1996, 271, verliert der Arbeitgeber bei einer Eigenkündigung des Arbeitnehmers ohne Veranlassung unter Umständen Arbeitnehmer, die er noch benötigt und eigentlich behalten möchte.

[602] BAG, Urt. v. 25.11.1993 – 2 AZR 324/93 = AP Nr. 114 zu § 242 BGB Gleichbehandlung = NZA 1994, 788.

[603] Fitting/Kaiser/Heither/Engels/Schmidt, BetrVG, §§ 112, 112 a Rn 160.

[604] Ernst, Anm. zur BAG, Urt. v. 20.04.1994, AP Nr. 77 zu § 112 BetrVG, S. 5; ders., Aufhebungsverträge, S. 170 ff.

[605] Ernst, a.a.O., S. 6. und S. 171; zur grundsätzlichen Kritik an der Regelung des § 112 a BetrVG Heinze, NZA 1987, 41.

[606] Ernst, a.a.O., S. 6 und S. 170.

Rechtsprechung des BAG eingewandt, aufgrund eines Sozialplans könnten nur begrenzte Mittel verteilt werden und diese müssten daher vorrangig den gekündigten Arbeitnehmer zugute kommen[607].

Diese Kritik überzeugt nicht, weil sie verkennt, dass die Unterscheidungen der einzelnen Urteile zu sachgerechten Ergebnissen führen. Dies gilt insbesondere insofern, als die Abfindungen für Arbeitnehmer mit Aufhebungsverträgen geringer bemessen und im Einzelfall sogar ganz ausgeschlossen sein können, wenn der Aufhebungsvertrag nicht unter § 112 a BetrVG fällt[608] oder bereits vor Abschluss des Sozialplans eine Abfindungszahlung vereinbart wurde[609]. Daraus ergibt sich, dass eine materielle Berücksichtigung der betreffenden Arbeitnehmer nicht zu einer finanziellen Bevorzugung führt, wie dies befürchtet wird. Es ist vielmehr nachvollziehbar, dass alle Arbeitnehmer, die infolge des Personalabbaus ihren Arbeitsplatz verlieren, an den betrieblichen Entschädigungsleistungen gleichberechtigt teilhaben.

Dementsprechend greift auch die grundsätzliche Kritik gegenüber der Gleichbehandlungsrechtsprechung nicht durch. Sie ist insbesondere nicht mit dem Normzweck des § 112 a BetrVG zu rechtfertigen. Zwar ist es richtig, dass die Einführung der Vorschrift die Anwendbarkeit der §§ 111 ff. BetrVG absichern sollte. Daraus ergibt sich aber nicht im Umkehrschluss, dass die darin vorgenommene Gleichstellung nur für die Ermittlung der entscheidenden Zahlenwerte relevant ist. Durch die Voraussetzungen der Vorschrift ist sichergestellt, dass nur jene Arbeitnehmer als von einer Betriebsänderung „betroffen" (§ 112 Abs. 4 S. 1 und S. 2 Nr. 2 BetrVG) angesehen werden, die gerade nicht von sich aus ihren Arbeitsplatz aufgegeben haben. Ob sie nach entsprechender Darstellung der betrieblichen Situation bereit waren, das Arbeitsverhältnis in gegenseitigem Einvernehmen aufzulösen oder ob sie dem Arbeitgeber die Trennung überließen, mag auch in den unterschiedlichen Chancen auf dem Arbeitsmarkt begründet sein. Aber auch das muss weder für jeden Fall noch für alle gleichermaßen gelten.

Außerdem ist die Verteilung der Sozialplanleistungen Sache der Betriebspartner und kann von diesen gerade auch vor dem Hintergrund der speziellen betrieblichen Situation besser gelöst werden als bei einem generellen Anspruchsausschluss. Soweit ein Arbeitnehmer für sich eine ungewöhnlich hohe Abfindung erzielen konnte, wird er am „Sozialplankuchen" in der Regel nicht mehr beteiligt. Im Übrigen ist nicht einzusehen, warum Arbeitnehmer, die die Notwendigkeit des Personalabbaus einsehen und ihren Platz frei machen, von damit zusammenhängenden Ansprüchen ausge-

---

[607] Ernst, Anm. zur BAG, Urt. v. 20.04.1994, AP Nr. 77 zu § 112 BetrVG, S. 6 f.

[608] BAG, Urt. v. 25.11.1993 – 2 AZR 324/93 = AP Nr. 114 zu § 242 BGB Gleichbehandlung = NZA 1994, 788; Urt. v. 20.04.1994 – 10 AZR 323/93 = AP Nr. 77 zu § 112 BetrVG 1972 = NZA 1995, 489; Urt. v. 6.08.1997 – 10 AZR 66/97 = AP Nr. 116 zu § 112 BetrVG 1972 = NZA 1998, 155.

[609] BAG, Urt. v. 13.11.1996 – 10 AZR 340/96 = AP Nr. 4 zu § 620 BGB Aufhebungsvertrag = NJW 1997, 3043.

schlossen werden sollten[610]. Schließlich verlieren auch sie mit ihrem Arbeitsplatz den erworbenen sozialen Besitzstand[611]. Dieser wird in § 112 Abs. 5 Nr. 1 BetrVG ausdrücklich für finanziell beachtenswert erklärt.
Nach alledem ist der Rechtsprechung des BAG zur Gleichbehandlung in Sozialplänen zuzustimmen.

b) Anrechnung von Abfindungen für den Verlust des Arbeitsplatzes auf den Sozialplananspruch

Für die Höhe der im Rahmen von Sozialplänen vereinbarten Abfindungen gibt es keine Regelung[612]. Sie richtet sich nach den betrieblichen Gegebenheiten, insbesondere nach den zur Verfügung stehenden Mitteln und der damit zu versorgenden Anzahl von Arbeitnehmern und steht im Übrigen im Ermessen der Betriebspartner[613]. Grundsätzlich kann der Arbeitnehmer auch ohne Nachbesserungsklausel anstelle der einzelvertraglich vereinbarten Abfindung die höhere Sozialplanabfindung verlangen[614], soweit er nicht zulässigerweise von den Sozialplanansprüchen ausgenommen wurde[615]. Da es sich um einen Günstigkeitsvergleich handelt, können allerdings nicht beide Zahlungen nebeneinander verlangt werden, zumal beide Ansprüche in der Betriebsänderung ihren Grund haben. Deshalb ist regelmäßig davon auszugehen, dass dann, wenn der Arbeitnehmer die höhere Sozialplanleistung verlangt, die Abfindung aus dem Arbeitsvertrag angerechnet wird[616]. Dies ergibt sich auch aus einem Urteil des BAG aus dem Jahr 1997, nach dem ein Arbeitnehmer, der auf Veranlassung des Arbeitgebers einen Aufhebungsvertrag abgeschlossen hatte, dann von Sozialplanregelungen ausgenommen werden könne, wenn ihm zum Ausgleich der Nachteile für den Arbeitsplatzverlust bereits eine Abfindung gezahlt wurde[617]. Um hier aber Streitigkeiten zu vermeiden, ist es den Betriebspartnern anzuraten, die Anrechenbarkeit von Abfindungen aus dem Aufhebungsvertrag auf solche aufgrund des Sozialplanes

---

610 So auch Müller, Aufhebungsverträge, S. 194.
611 BAG, Urt. v. 25.11.1993 – 2 AZR 324/93 = AP Nr. 114 zu § 242 BGB Gleichbehandlung = NZA 1994, 788.
612 S. aber die Abfindungsformeln bei Hartmann, Betriebliche Personalpolitik durch Aufhebungsverträge, S. 130 f.
613 Zu möglichen Differenzierungen s. Bauer, Aufhebungsverträge, Rn 870.
614 Dazu nur BAG, Urt. v. 6.08.1997 – 10 AZR 66/97 = AP Nr. 116 zu § 112 BetrVG 1972 = NZA 1998, 155.
615 S. dazu BAG, Urt. v. 28.08.1996 – 10 AZR 886/95 = AP Nr. 104 zu § 112 BetrVG 1972 = NZA 1997, 390, und LAG Düsseldorf, Urt. v. 20.06.1997 – 11 (7) Sa 415/97 = DB 1998, 319.
616 Bauer, DB 1994, 274, 278; ders., Aufhebungsvertäge, Rn 873; Burkard, Aufhebungsvertrag und Abwicklungsvertrag, S. 108; für das Verhältnis zwischen Sozialplananspruch und Nachteilsausgleich nach § 113 BetrVG ebenso Richardi, BetrVG, § 112 Rn 202 ff. m.w.N.
617 BAG, Urt. v. 13.11.1996 – 10 AZR 340/96 = AP Nr. 4 zu § 620 BGB Aufhebungsvertrag = NJW 1997, 3043.

ausdrücklich zu vereinbaren[618]. Dies kann sowohl im jeweiligen Aufhebungsvertrag als auch im Sozialplan erfolgen.

4. Aufhebungsvertrag und Nachteilsausgleich gemäß § 113 BetrVG

Dieselbe Frage wie bei der Berücksichtigung der durch Auflösungsvereinbarung ausgeschiedenen Arbeitnehmern im Fall eines Sozialplanes stellt sich auch bei dem im Gesetz vorgesehenen Nachteilsausgleich. Dahingehend bestimmt § 113 Abs. 1 BetrVG, dass die Arbeitnehmer dann, wenn der Arbeitgeber von einem Interessenausgleich über die geplante Betriebsänderung ohne zwingenden Grund abweicht und sie infolge dieser Abweichung entlassen werden, Klage auf Zahlung von Abfindungen entsprechend § 10 KSchG erheben können. Nach Abs. 3 gilt dies auch dann, wenn der Arbeitgeber einen Interessenausgleich gar nicht erst versucht hat.
Hier kann nichts anderes als für die Problematik in Zusammenhang mit der Aufstellung von Sozialplänen gelten. Da die Vorschrift des § 113 Abs. 1 BetrVG den Begriff der „Entlassung" enthält, ist hier noch offensichtlicher, dass dieselbe Definition wie in § 112 a BetrVG gilt: Der Anspruch besteht auch bei Abschluss eines Aufhebungsvertrages auf Veranlassung des Arbeitgebers[619]. Das heißt, dass alle Arbeitnehmer, die gemäß § 112 a BetrVG auf Veranlassung des Arbeitgebers aus Gründen der Betriebsänderung einen Aufhebungsvertrag schließen, nicht nur Anspruch auf eventuelle Sozialplanleistungen haben, sondern auch für den Fall, dass der Arbeitgeber von einem Interessenausgleich abweicht oder einen solchen erst gar nicht versucht, Abfindungen gerichtlich geltend machen können.

5. Ergebnis

Umfangreicher Personalabbau kann eine Betriebsänderung i.S.d. §§ 111 ff. BetrVG darstellen. Eine Betriebsänderung ist nur dann sozialplanpflichtig, wenn eine in § 112 a Abs. 1 S. 1 BetrVG festgesetzte Zahl von Arbeitnehmern entlassen wird. Dabei gilt als Entlassung auch das vom Arbeitgeber aus Gründen der Betriebsänderung veranlasste Ausscheiden von Arbeitnehmern aufgrund von Aufhebungsverträgen. Nach hier vertretener Auffassung werden davon diejenigen Arbeitnehmer erfasst, die nach Auskunft des Arbeitgebers aufgrund der Betriebsänderung ihren Arbeitsplatz zu verlieren drohen und die aufgrund dieses Hinweises das Arbeitsverhältnis beenden, soweit diese Entscheidung objektiv nachvollziehbar ist.

---

618 Eine solche Vereinbarung wurde in BAG, Urt. v. 6.08.1997 – 10 AZR 66/97 = AP Nr. 116 zu § 112 BetrVG 1972 = NZA 1998, 155, getroffen und vom BAG ohne weitere Erörterung für zulässig angesehen; s.a. LAG Düsseldorf, Urt. v. 20.06.1997 – 11 (7) Sa 415/97 = DB 1998, 319, nach dem ein durch Aufhebungsvertrag ausgeschiedener Arbeitnehmer dann keinen Anspruch auf Übergangsgeld hat, wenn darin eine Abfindung vereinbart wurde.

619 BAG, Urt. v. 23.08.1988 – 1 AZR 276/87 = AP Nr. 17 zu § 113 BetrVG = NJW 1989, 1054, gegen LAG Hamm, Urt. v. 30.01.1987 – 17 Sa 1597/86 = DB 1987, 1592 f.; ebenso Fitting/ Kaiser/Heither/Engels/Schmidt, BetrVG, § 113 Rn 22; Richardi, BetrVG, § 113 Rn 42; Löwisch, RdA 1989, 216, 220; a.A. Ernst, Aufhebungsverträge, S. 173 ff.

Nach zutreffender Auffassung haben diese Arbeitnehmer auch Anspruch auf Entschädigung aus dem Sozialplan. Nur unter Umständen können die Betriebspartner den Entschädigungsanspruch ausschließen oder gegenüber denjenigen von gekündigten Arbeitnehmern herabsetzen. Allerdings muss sich der Arbeitnehmer eine aus dem Aufhebungsvertrag bestehende Abfindung auf den Sozialplananspruch anrechnen lassen. Nach denselben Grundsätzen steht dem aufgrund der Betriebsänderung durch Aufhebungsvertrag ausgeschiedenen Arbeitnehmer ein Anspruch auf Nachteilsausgleich gemäß § 113 Abs. 1 BetrVG zu.

V. Aufhebungsverträge und Massenentlassungen nach § 17 KSchG

Wird eine größere Anzahl von Arbeitnehmer entlassen, stellt sich nicht nur die Frage der Qualifizierung der Maßnahme in betriebsverfassungsrechtlicher, sondern auch in kündigungsschutzrechtlicher Hinsicht. Dann treten im Fall des Abschlusses von Aufhebungsverträgen ähnliche Probleme wie die soeben geschilderten auf.

1. Grundlagen der Anzeigepflicht nach § 17 KSchG

Die Vorschrift des § 17 KSchG bestimmt, wann der Arbeitgeber die beabsichtigte Entlassung einer größeren Anzahl von Arbeitnehmern (Ausnahmen in Abs. 5) innerhalb eines Zeitraums von 30 Tagen dem Arbeitsamt anzeigen muss (Abs. 1) und welche Anforderungen an diese Anzeige (Abs. 3) und an die zuvor durchzuführende Anhörung des Betriebsrates gestellt werden (Abs. 2). Damit korrespondierend erklärt § 18 Abs. 1 KSchG, dass nur diejenigen Entlassungen wirksam sind, die dem Arbeitsamt angezeigt werden und denen es zustimmt[620]. Andernfalls gilt für die jeweilige Entlassung eine Sperrfrist von einem Monat nach Eingang der Anzeige, die vom Arbeitsamt nach Abs. 2 auch auf zwei Monate ausgedehnt werden kann.

Die Intention der Vorschrift ist nach allgemeiner Auffassung eine arbeitsmarktpolitische: Die Arbeitsverwaltung soll in die Lage versetzt werden, sich rechtzeitig auf Entlassungen größeren Umfangs einzustellen und entsprechende Maßnahmen zur Vermeidung bzw. Verzögerung umfangreicher Arbeitslosigkeit zu ergreifen[621]. Die in § 18 Abs. 1 KSchG auferlegte Sperrfrist für das Inkrafttreten der Entlassungswirkungen steckt dabei den zeitlichen Rahmen ab. In anderen europäischen Ländern wird bei den in ihrer heutigen Fassung im Wesentlichen auf Richtlinien des EU-Rates beruhenden Regelungen stärker der Schutz des einzelnen Arbeitnehmers betont[622]. Die folgenden Ausführungen zeigen, dass arbeitsmarktpolitische Zielsetzungen sich nicht von den Arbeitnehmerrechten im Einzelfall trennen lassen.

---

[620] Wird vom Landesarbeitsamt eine wirksame Anzeige angenommen, können die Arbeitsgerichte bei Bestandskraft dieses Verwaltungsaktes die Entscheidung nicht mehr nachprüfen: BAG, Urt. v. 24.10.1996 – 2 AZR 895/95 = AP Nr. 8 zu § 17 KSchG 1969 = NJW 1997, 2131.

[621] BAG, Urt. v. 6.12.1973 – 2 AZR 10/73 = AP Nr. 1 zu § 17 KSchG 1969 = NJW 1974, 1263; Urt. v. 11.03.1999 – 2 AZR 461/98 = AP Nr. 12 zu § 17 KSchG 1969 = NZA 1999, 761; KR/Weigand, § 17 KSchG Rn 7; Bauer/Röder, NZA 1985, 201; Ernst, Aufhebungsverträge, S. 176 f.

[622] Opolony, NZA 1999, 791, 792, m.w.N. zu den Rechtsquellen.

2. Voraussetzungen und Folgen der Anzeigepflicht

Maßgebend für das Auslösen der Anzeigepflicht ist gemäß § 17 Abs. 1 S. 1 KSchG die Zahl der beabsichtigten Entlassungen innerhalb eines Zeitraums von 30 Kalendertagen. Relevanter Zeitpunkt für die Berechnung ist der Termin der tatsächlichen Entlassung[623]. Das heißt, die Anzeigepflicht betrifft Entlassungen, die innerhalb von 30 Kalendertagen durchgeführt werden sollen, nicht die in diesem Zeitraum ausgesprochenen Kündigungen.

Durch den aufgrund des Gesetzes zur Anpassung arbeitsrechtlicher Bestimmungen an das EG-Recht vom 20.5.1995 eingefügten § 17 Abs. 1 S. 2 KSchG[624] hat der Gesetzgeber klargestellt, dass auch Aufhebungsverträge, soweit sie vom Arbeitgeber veranlasst werden, einer Beendigung des Arbeitsverhältnisses im Sinn dieser Vorschrift gleichstehen. Dies entsprach bereits zuvor der herrschenden Auffassung[625]. Damit ist die Parallele zu § 112 a Abs. 1 S. 2 BetrVG offensichtlich. Denn auch im Fall der Zahlengrenzen des § 17 Abs. 1 KSchG geht es nicht um die Rechtsform der Beendigung eines Arbeitsverhältnisses, sondern um den tatsächlichen Vorgang des Ausscheidens aus dem Betrieb[626]. Nur auf diesen bezieht sich die Wirkung des § 18 KSchG[627]. Dabei spielt es allerdings keine Rolle, aus welchen Gründen die Entlassung erfolgte; im Gegensatz zu § 112 a BetrVG sind daher nicht ausschließlich betriebliche Gründe relevant[628]. Die einzige Ausnahme besteht nach § 17 Abs. 4 KSchG für Fälle der fristlosen Entlassung. Alle anderen Beendigungstatbestände sind bei der Frage, ob eine Massenentlassung und damit eine Anzeigepflicht vorliegt, zu berücksichtigen.

Problematisch ist auch im Fall des § 17 Abs. 1 S. 2 KSchG die Frage, in welchem Fall die Beendigung des Arbeitsverhältnisses vom Arbeitgeber „veranlasst" wurde. Diese hatte das BAG bereits vor Einfügung der Vorschrift für die Frage des Ausspruchs einer Eigenkündigung entschieden[629]. Dabei stellte es maßgeblich darauf ab, ob für den betreffenden Arbeitnehmer eine konkrete Kündigungsabsicht bestand, die für die Entscheidung des Arbeitnehmers maßgeblich war und ob dieser durch seine eigene zum gleichen Zeitpunkt ausscheiden würde wie im Fall einer betriebsbeding-

---

623 S. BAG, Urt. v. 8.06.1989 – 2 AZR 624/88 = AP Nr. 6 zu § 17 KSchG 1969 = NZA 1990, 224; ausführlich dazu ErfK/Ascheid, § 17 KSchG Rn 9 ff.

624 Dazu näher Grünberger, NJW 1995, 2809, 2812.

625 BAG, Urt. v. 13.11.1996 – 10 AZR 340/96 = AP Nr. 4 zu § 620 BGB Aufhebungsvertrag = NJW 1997, 3043; vgl.a. Ernst, Aufhebungsverträge, S. 178 f. und Bauer/Röder, NZA 1985, 201, 202, jeweils m.w.N.; so für den Fall einer vom Arbeitgeber veranlassten Eigenkündigung bereits BAG, Urt. v. 6.12.1973 – 2 AZR 10/73 = AP Nr. 1 zu § 17 KSchG 1969 = NJW 1974, 1263.

626 BAG, a.a.O.; Urt. v. 8.06.1989 – 2 AZR 624/88 = AP Nr. 6 zu § 17 KSchG 1969 = NZA 1990, 224; ErfK/Ascheid, § 17 KSchG Rn 12; Opolony, NZA 1999, 791, 793; Bauer, Aufhebungsverträge, Rn 878.

627 BAG, Urt. v. 11.03.1999 – 2 AZR 461/98 = AP Nr. 12 zu § 17 KSchG 1969 = NZA 1999, 761.

628 Bauer/Röder, NZA 1985, 201, 202; zu den Einzelfällen KR/Weigand, § 17 KSchG Rn 32 ff.

629 BAG, Urt. v. 6.12.1973 – 2 AZR 10/73 = AP Nr. 1 zu § 17 KSchG 1969 = NJW 1974, 1263.

ten Arbeitgeberkündigung[630]. Diese strengen Anforderungen des BAG haben in der Literatur Zustimmung erfahren[631]. Demzufolge werden die Anforderungen an eine „Veranlassung" des Aufhebungsvertrages durch den Arbeitgeber sehr hoch gesteckt[632].

Dies erscheint angesichts der Ausführungen zu § 112 a BetrVG eine zu enge Begriffsinterpretation[633]. Auch im Fall des § 112 a BetrVG kann die Annahme einer „Veranlassung" weitreichende Konsequenzen (Sozialplanpflichtigkeit!) haben, so dass eine größere Zurückhaltung im Fall von § 17 KSchG nicht angebracht ist. Aus der Wortwahl der beiden Vorschriften ergibt sich vielmehr, dass von denselben Auslegungsgesichtspunkten ausgegangen werden muss. Dies bedeutet auch für § 17 KSchG, dass es entgegen der Auffassung des BAG[634] nicht auf eine konkrete Kündigungsabsicht ankommen kann, sondern allein darauf, ob der Arbeitnehmer aufgrund eines Gesprächs oder des Verhaltens seines Arbeitgebers davon ausging, dass er seinen Arbeitsplatz verlieren würde, ob er aufgrund dieser Annahme das Arbeitsverhältnis einverständlich auflöste und ob diese Annahme objektiv nachvollziehbar war[635]. Ob eine Abfindung gezahlt wurde, um dem Arbeitnehmer seinen Entschluss möglicherweise zu erleichtern, kann keine Rolle spielen, da mögliche individuelle Anreize im Hinblick auf die arbeitsmarktpolitische Zielsetzung irrelevant sein müssen, um den Gesetzeszweck gerade auch im Hinblick auf die gekündigten Arbeitnehmer erreichen zu können[636]. Insgesamt kann auf die obigen Ausführungen verwiesen werden. Auch in den Fällen des § 17 KSchG wird durch ein weniger strenges Begriffsverständnis verhindert, dass ein Nachweis des Vorliegens einer „Veranlassung" von Seiten des Arbeitnehmers oder des Betriebsrates unmöglich gemacht wird.

Hinsichtlich der Forderung des BAG, dass der Arbeitnehmer durch den vom Arbeitgeber i.S.v. § 17 Abs. 1 S. 2 BetrVG veranlassten Beendigungstatbestand zum gleichen Zeitpunkt ausscheiden muss wie im Fall einer betriebsbedingten Arbeitgeberkündigung[637], ist anzumerken, dass sich bereits aus § 17 KSchG der relevante zeitliche Rahmen (30 Tage) für die mitzuzählenden Entlassungen ergibt. Soweit das Ausscheiden aufgrund Aufhebungsvertrages folglich den Zeitraum, für den das Arbeitsverhältnis fortbesteht, nicht gegenüber den für eine Arbeitgeberkündigung relevanten

---

[630] BAG, Urt. v. 6.12.1973 – 2 AZR 10/73 = AP Nr. 1 zu § 17 KSchG 1969 = NJW 1974, 1263.

[631] Hueck, Anm. zu BAG, Urt. v. 6.12.1973, AP Nr. 1 zu § 17 KSchG 1969; KR/Weigand, § 17 KSchG Rn 39.

[632] Hueck/v. Hoyningen-Huene, KSchG, § 17 Rn 18b; ErfK/Ascheid, § 17 KSchG Rn 14; Bauer/Röder, NZA 1985, 201, 202; Opolony, NZA 1999, 791, 794.

[633] Einschränkend auch Ernst, Aufhebungsverträge, S. 179.

[634] BAG, Urt. v. 6.12.1973 – 2 AZR 10/73 = AP Nr. 1 zu § 17 KSchG 1969 = NJW 1974, 1263.

[635] So die hier vertretene Auffassung oben IV 2 b).

[636] Ähnlich KR/Weigand, § 17 KSchG Rn 43 b; Bauer/Röder, NZA 1985, 201, 203; Ernst, Aufhebungsverträge, S. 179; a.A. Hueck/v- Hoyningen-Huene, KSchG, § 17 Rn 19.

[637] BAG, a.a.O.

Fristen über den maßgeblichen Zeitraum hinaus verlängert, ist der Aufhebungsvertrag mitzuzählen[638].

Im Übrigen ist darauf hinzuweisen, dass die Anhörung des Betriebsrates nach § 17 Abs. 2 KSchG auch im Fall des Abschlusses eines Aufhebungsvertrages erforderlich ist, weil für diesen Fall eine spezielle und über die grundsätzliche Vorschrift des § 102 BetrVG hinausgehende Regelung getroffen wurde[639]. Dies bedeutet, dass auch der Abschluss eines Aufhebungsvertrages, weil er in Zusammenhang mit einer Massenentlassung steht und vom Arbeitgeber veranlasst wurde, ausnahmsweise eine Beteiligungspflicht des Betriebsrates auslöst. Diese betrifft gerade nur den tatsächlichen Vorgang der „Entlassung". Zu beachten ist dabei insbesondere, dass das Gesetz die schriftliche Benachrichtigung zwingend vorschreibt[640]. Diese muss zusammen mit der Stellungnahme des Betriebsrates der Anzeige an das Arbeitsamt beigefügt werden (Abs. 3).

3. Entlassungssperre nach § 18 Abs. 1 KSchG

§ 18 KSchG bestimmt, dass Entlassungen, die nach § 17 anzuzeigen sind, vor Ablauf eines Monats nach Eingang der Anzeige beim Arbeitsamt nur mit dessen Zustimmung wirksam werden. Diese sog. Sperrfrist kann vom Arbeitsamt nach § 18 Abs. 2 KSchG auf zwei Monate erhöht werden. Die Zustimmung beseitigt nur ein zusätzliches Hindernis für die Kündigung, die im Übrigen nach allgemeinen Grundsätzen voll rechtswirksam sein muss[641].

Hinsichtlich der Rechtsfolgen des § 18 Abs. 1 KSchG ist danach zu differenzieren, ob der Arbeitgeber überhaupt eine Anzeige erstattet hat oder ob er Entlassungen vorgenommen hat, ohne eine Anzeige zu erstatten[642]. Wurde eine wirksame Anzeige erstattet, ist die Wirksamkeit der Entlassung während des in § 18 KSchG bestimmten Zeitraums gehemmt[643]. Liegt bei einer nach § 17 KSchG anzeigepflichtigen Massenentlassung im vorgesehenen Entlassungszeitpunkt nicht die erforderliche Zustimmung der Arbeitsverwaltung vor, so darf der Arbeitgeber den Arbeitnehmer so lange nicht entlassen, bis die Zustimmung erteilt ist[644]. In dieser Zeit hat der Arbeitnehmer einen Anspruch auf Beschäftigung und Arbeitsentgelt.

---

[638] So auch Ernst, Aufhebungsverträge, S. 179, und Müller, Aufhebungsverträge, S. 103; Bauer/Röder, NZA 1985, 201, 202, begründen dies damit, dass der Arbeitnehmer durch Zustimmung zu einem Aufhebungsvertrag das Personalplanungskonzept des Arbeitgebers zur Vermeidung einer Anzeigepflicht nach § 17 KSchG nicht unterlaufen könne.

[639] Zum Zusammentreffen mehrerer Unterrichtungspflichten KR/Weigand, § 17 KSchG Rn 70.

[640] Gibt der Betriebsrat trotz Verstoßes gegen die Schriftform eine Stellungnahme ab, soll der Formfehler ausnahmsweise unbeachtlich sein: KR/Weigand, § 17 KSchG Rn 64 m.w.N.

[641] Vossen in Stahlhacke/Preis/Vossen, Kündigung und Kündigungsschutz, Rn 1585.

[642] ErfK/Ascheid, § 17 KSchG Rn 11; insoweit nicht zutreffend ist die Gleichstellung in KR/Weigand, § 18 KSchG Rn 51.

[643] ErfK/Ascheid, § 18 KSchG Rn 11.

[644] BAG, Urt. v. 13.04.2000 – 2 AZR 215/99 = AP Nr. 13 zu § 17 KSchG 1969 = DB 2000, 2175.

Fraglich ist, welche Rechtsfolgen eintreten, wenn gar keine oder eine fehlerhafte Anzeige erfolgte. Dies regelt § 18 KSchG nicht ausdrücklich. Überwiegend wird angenommen, eine ohne die erforderliche Anzeige vorgenommene Entlassung sei ebenso wie eine Entlassung während der Sperrfrist unwirksam[645]. Dies wirke sich dahingehend aus, dass auch die der Entlassung zugrundeliegende Kündigung unwirksam sei[646]. Dies galt nach der bislang anerkannten[647] Rechtsprechung des BAG allerdings nur dann, wenn der Arbeitnehmer dies (zu Recht) geltend macht[648]. Das heißt, die Wirksamkeit der Kündigung steht unter der auflösenden (Potestativ-) Bedingung, dass sich der Arbeitnehmer auf einen Verstoß gegen die Anzeigepflicht aus § 17 KSchG beruft. Es handelt sich dabei um einen anderen Nichtigkeitsgrund i.S.v. § 13 Abs. 3 KSchG, so dass der Arbeitnehmer mit seiner Klage nicht an die Einhaltung der Dreiwochenfrist des § 4 KSchG gebunden ist, sondern nur der Verwirkung unterliegt[649].
In einer jüngeren Entscheidung des BAG[650] sehen Stimmen in der Literatur allerdings eine Korrektur dieser Rechtsprechung dahingehend, dass nur die Entlassung, nicht aber die Kündigung selbst unwirksam sei[651]; nach anderer Auffassung hat das BAG seine Auffassung in dieser Entscheidung im Ergebnis nicht revidiert[652]. Eine nicht veröffentlichte Entscheidung eines anderen BAG-Senates ist widersprüchlich[653]. Daraus folgt, dass die Unterscheidung zwischen „Entlassung“ und „Kündigung“ durch das BAG nicht ganz eindeutig erfolgt. Zum einen stellt es fest, es sei „zumindest begrifflich unscharf, wenn das Berufungsgericht aus einer Verletzung der §§ 17 ff. KSchG eine Unwirksamkeit der Kündigung herleite“; die Besonderheiten der §§ 17 ff. KSchG seien mit der Konstruktion der Unwirksamkeit einer einseitigen Willenserklärung nicht sinnvoll zu vereinbaren[654]. Auf der anderen Seite ist nach

[645] ErfK/Ascheid, § 18 KSchG Rn 11; Vossen in Stahlhacke/Preis/Vossen, Kündigung und Kündigungsschutz, Rn 1586.
[646] ErfK/Ascheid, § 18 KSchG Rn 14; Hueck/v. Hoyningen-Huene, KSchG, § 18 Rn 29; a.A. Vossen in Stahlhacke/Preis/Vossen, Kündigung und Kündigungsschutz, Rn 1585.
[647] Nachweise bei ErfK/Ascheid, a.a.O.
[648] BAG, Urt. v. 6.12.1973 – 2 AZR 10/73 = AP Nr. 1 zu § 17 KSchG 1969 = NJW 1974, 1263; weitere Nachweise bei ErfK/Ascheid, § 18 KSchG Rn 14; ebenso Hueck/v. Hoyningen-Huene, KSchG, § 18 Rn 30.
[649] Hueck/v. Hoyningen-Huene, KSchG, § 18 Rn 32; ErfK/Ascheid, § 18 KSchG Rn 11; KR/Weigand, § 18 KSchG Rn 40; Wertheimer, EWiR 1999, 853, 854; Bauer, Aufhebungsverträge, Rn 887; BAG, Urt. v. 11.03.1999 – 2 AZR 461/98 = AP Nr. 12 zu § 17 KSchG 1969 = NZA 1999, 761, zieht eine Grenze für die Geltendmachung der Unwirksamkeit im Fall widersprüchlichen Verhaltens (§ 242 BGB).
[650] BAG, Urt. v. 13.04.2000 – 2 AZR 215/99 = AP Nr. 13 zu § 17 KSchG 1969 = DB 2000, 2175.
[651] Vossen in Stahlhacke/Preis/Vossen, Kündigung und Kündigungsschutz, Rn 1585.
[652] Hueck/v. Hoyningen-Huene, KSchG, § 18 Rn 27; i.E. ebenso KR/Weigand, § 18 KSchG Rn 33.
[653] BAG, Urt. v. 22.3.2001 - 8 AZR 565/00 – n.v.
[654] BAG, Urt. v. 13.04.2000 – 2 AZR 215/99 = AP Nr. 13 zu § 17 KSchG 1969 = DB 2000, 2175.

Auffassung des BAG dann, wenn zum vorgesehenen Entlassungstermin keine Anzeige nach § 17 KSchG erstattet worden ist, aufgrund der ausgesprochenen Kündigung eine Entlassung des Arbeitnehmers überhaupt nicht mehr möglich[655].

Fraglich ist, ob es gerechtfertigt ist, nicht nur die „Entlassung" selbst, sondern auch die zugrundliegende Kündigung für unwirksam zu erklären, wenn die Entlassung nicht ordnungsgemäß angezeigt wurde. Dahingehend ist der herrschenden Auffassung, dass die Unterlassung einer ordnungsgemäßen Anzeige zur Unwirksamkeit der Kündigung führt, wenn sich der Arbeitnehmer auf diese Unterlassung beruft, zuzustimmen[656]. Denn wenn die Erfüllung der Anzeigepflicht die Entlassung aufschiebt, kann sie bei Nichterfüllung der Anzeigepflicht gar nicht wirksam werden[657]. Dass die Unwirksamkeit der Entlassung aber nur Sinn macht, wenn auch die zugrundeliegende Kündigung unwirksam ist, ergibt sich daraus, dass allein die „Unwirksamkeit" der „Entlassung" trotz der missverständlichen Formulierung in § 18 Abs. 1 KSchG aus logischen Gründen nicht denkbar ist, da es sich bei der „Entlassung" nur um die tatsächliche Beendigung des Arbeitsverhältnisses handelt, die einer rechtlichen Bewertung als „wirksam" oder „unwirksam" nicht zugänglich ist[658]. Dies zeigt sich auch an dem Ergebnis des BAG in seiner neueren, die alte Rechtsprechung mutmaßlich aufgebende Entscheidung[659].

Die Entlassung kann stattfinden oder wie in § 18 Abs. 1 KSchG aufgeschoben werden, „unwirksam" sein kann aber nur der dem tatsächlichen Vorgang zugrundliegende Rechtsakt und nur auf dessen Unwirksamkeit kann sich der Arbeitnehmer sinnvollerweise auch berufen[660]. Nur das Verständnis der herrschenden Meinung wird der begrifflichen Trennung zwischen "Entlassung" und "Kündigung" ausreichend gerecht und ist darüber hinaus auch geeignet, in Fällen anzeigepflichtiger Entlassungen Rechtssicherheit zugunsten des gekündigten Arbeitnehmers herbeizuführen.

Da die Unwirksamkeit der Kündigung dem Arbeitnehmer nicht aufgezwungen werden kann und das Wahlrecht mit dem Gesetzeswortlaut und Zweck der Vorschrift in Übereinstimmung steht, bestehen auch gegen die rechtliche Konstruktion der „auflösenden Bedingung" in Form einer gerichtlichen Geltendmachung der Unwirksamkeit durch den Arbeitnehmer im Ergebnis keine Bedenken[661]. Diese Konstruktion ist eine

---

655 BAG, Urt. v. 13.04.2000 – 2 AZR 215/99 = AP Nr. 13 zu § 17 KSchG 1969 = DB 2000, 2175.

656 So auch nach dem Urteil des BAG vom 13.04.2000: ErfK/Ascheid, § 18 KSchG Rn 11; Hueck/ v. Hoyningen-Huene, KSchG, § 18 Rn 27; KR/Weigand, § 18 KSchG Rn 33 ff., 51; Weber/ Ehrich/Burmester, Aufhebungsverträge, Teil 2 Rn 13; a.A. Vossen in Stahlhacke/ Preis/Vossen, Kündigung und Kündigungsschutz, Rn 1585.

657 S. dazu ErfK/Ascheid, § 18 KSchG Rn 11.

658 Dazu Hueck/v. Hoyningen-Huene, KSchG, § 18 Rn 25 ff.

659 BAG, Urt. v. 13.04.2000 – 2 AZR 215/99 = AP Nr. 13 zu § 17 KSchG 1969 = DB 2000, 2175.

660 Das BAG, Urt. v. 11.03.1999 – 2 AZR 461/98 = AP Nr. 12 zu § 17 KSchG 1969 = NZA 1999, 761, 763, erwägt eine Heranziehung des Rechtsgedankens des § 139 BGB.

661 Im Übrigen ist ein Streit über die rechtliche Konstruktion allein dogmatischer Natur: KR/Weigand, § 18 KSchG Rn 37 ff.

Abweichung von der Rechtslage bei Vorhandensein anderer Unwirksamkeitsgründe und rechtfertigt sich aus der besonderen Situation bei Massenentlassungen und der Intention der §§ 17 ff. KSchG.
Zur Geltendmachung der Unwirksamkeit genügt es, wenn der Arbeitnehmer zu erkennen gibt, dass er mit der Entlassung jedenfalls zu diesem Zeitpunkt nicht einverstanden ist[662]. Eine Heilung durch rückwirkende Zustimmung des Arbeitsamtes scheidet demgegenüber aus; der Arbeitgeber kann allenfalls erneut kündigen[663].
Im Übrigen ist zu beachten, dass das BAG in einer Entscheidung aus dem Jahr 1999 ohne nähere Begründung eine Nachholbarkeit der Entlassungsanzeige bejaht[664]. Dies ist im Sinne der herrschenden Auffassung folgerichtig[665], weil die Unwirksamkeit der der Entlassung zugrundeliegenden Kündigung erst zum Tragen kommt, wenn sich der Arbeitnehmer darauf beruft; so lange ist die Kündigung (auflösend bedingt) wirksam. Holt der Arbeitgeber *vor* einer Geltendmachung der Unwirksamkeit der Kündigung[666] die Anzeige nach, kann die auflösende Bedingung nicht mehr eintreten und die Kündigung bleibt wirksam. Anschließend ist allerdings eine Nachholung ausgeschlossen, auch wenn sie noch vor dem beabsichtigten Entlassungstermin erfolgt[667], weil die Kündigung bereits endgültig unwirksam ist. Grundsätzlich kann sich der Arbeitnehmer auch noch nach dem Zeitpunkt der Entlassung auf die Unwirksamkeit der Kündigung berufen; dann wird aber in der Regel der Tatbestand der Verwirkung einschlägig sein[668].
Wird die Anzeige zulässigerweise nachgeholt, gilt bezogen auf die Entlassung des Arbeitnehmers § 18 Abs. 1 KSchG, das heißt die Entlassung wird erst bei Zustimmung des Arbeitsamtes oder einen Monat nach Eingang der Anzeige wirksam.

---

662 KR/Weigand, § 18 KSchG Rn 39.
663 S. KR/Weigand, § 18 KSchG Rn 52 m.w.N.
664 BAG, Urt. v. 11.03.1999 – 2 AZR 461/98 = AP Nr. 12 zu § 17 KSchG 1969 = NZA 1999, 761; ausführlich dazu Bauer/Powietzka, DB 2000, 1073 ff.; dies soll allerdings nur dann gelten, wenn die Nachholung noch vor der Entlassung erfolgt, so BAG, Urt. v. 13.04.2000 – 2 AZR 215/99 = AP Nr. 13 zu § 17 KSchG 1969 = DB 2000, 2175.
665 A.A. Hueck/v. Hoyningen-Huene, KSchG, § 18 Rn 33, mit unklarer Begründung.
666 Hier ist die Entscheidung des BAG, Urt. v. 11.03.1999 – 2 AZR 461/98 = AP Nr. 12 zu § 17 KSchG 1969 = NZA 1999, 761, allerdings nicht eindeutig; es erscheint so, dass das BAG dazu tendiert, die Nachholbarkeit auch noch nach Einreichung der Klage des Arbeitnehmers (= Eintritt der auflösenden Bedingung) zuzulassen.
667 Insoweit unklar BAG, Urt. v. 13.04.2000 – 2 AZR 215/99 = AP Nr. 13 zu § 17 KSchG 1969 = DB 2000, 2175.
668 Vgl. Hueck/v. Hoyningen-Huene, KSchG, § 18 Rn 25; insoweit ist dem BAG, Urt. v. 13.04.2000 – 2 AZR 215/99 = AP Nr. 13 zu § 17 KSchG 1969 = DB 2000, 2175, im Ergebnis zuzustimmen.

4. Konsequenzen für den Aufhebungsvertrag

a) Unwirksamkeit des Aufhebungsvertrages bei unterlassener Anzeige?

Nachdem § 17 Abs. 1 S. 2 BetrVG die Anwendbarkeit der Vorschrift auch auf vom Arbeitgeber veranlasste andere Beendigungsformen erstreckt hat, stellt sich die Frage, ob dies nur für die Ermittlung der Zahlenwerte und die Verpflichtung des Arbeitgebers gegenüber Arbeitsamt und Betriebsrat gilt, oder ob hier dieselben individualrechtlichen Konsequenzen zutreffen wie im Fall einer arbeitgeberseitigen Kündigung.

Da § 18 Abs. 1 KSchG auf alle nach § 17 Abs. 1 KSchG anzuzeigenden Entlassungen anwendbar ist, gelten diesbezüglich für einen nach § 17 Abs. 1 S. 2 KSchG anzuzeigenden Aufhebungsvertrag keine Besonderheiten, das heißt, die aus dem Aufhebungsvertrag resultierende Entlassung wird aufgeschoben, wenn ihr nicht das Arbeitsamt zustimmt. Fraglich ist aber, ob die bei der Unterlassung einer ordnungsgemäßen Anzeige nach Ausspruch einer anzeigepflichtigen Kündigung herrschende Auffassung auf die Beendigung durch einen vom Arbeitgeber veranlassten Aufhebungsvertrag übertragbar ist.

In einer Entscheidung aus dem Jahr 1999[669] übertrug das BAG seine oben dargestellte Rechtsprechung auch auf eine „Entlassung" durch vom Arbeitgeber veranlassten Aufhebungsvertrag. Allerdings musste das Gericht aufgrund des der Entscheidung zugrundeliegenden Sachverhaltes nicht den Aufhebungsvertrag an sich für unwirksam erklären, sondern es genügte nach dem Klagebegehren eine Feststellung der Unwirksamkeit der Entlassung bis zu einem bestimmten Zeitpunkt, so dass das Gericht die Frage, ob der gesamte Aufhebungsvertrag als unwirksam anzusehen ist, ausdrücklich offen ließ[670].

Die besseren Argumente sprechen dafür, die bezüglich der Unwirksamkeit einer Kündigung wegen Nichtanzeige einer Entlassung nach § 18 S. 1 KSchG herrschende Auffassung auf die Entlassung durch Aufhebungsvertrag zu übertragen mit der Folge, dass der Aufhebungsvertrag bei Geltendmachung der Nichtanzeige durch den Arbeitnehmer unwirksam ist und das Arbeitsverhältnisses fortbesteht. Dies ist damit zu begründen, dass im Rahmen der §§ 17, 18 KSchG die arbeitgeberseitige Kündigung und vom Arbeitgeber veranlasste Aufhebungsverträge nach § 17 Abs. 1 S. 2 KSchG gleichzustellen sind. Ebenso, wie § 18 Abs. 1 KSchG auf den vom Arbeitgeber veranlassten Aufhebungsvertrag anwendbar ist, muss auch der vom Gesetzgeber nicht geregelte Fall der unterlassenen Anzeige entsprechend der überwiegenden Auffassung wie bei Ausspruch einer anzeigepflichtigen Kündigung gelöst werden. Das hat zur Folge, dass bei Unterlassen der Anzeige nicht (nur) die Entlassung, sondern der

---

[669] BAG, Urt. v. 11.03.1999 – 2 AZR 461/98 = AP Nr. 12 zu § 17 KSchG 1969 = NZA 1999, 761.

[670] Im Urt. v. 24.10.1996 – 2 AZR 895/95 = AP Nr. 8 zu § 17 KSchG 1969 = NJW 1997, 2131, lässt es das BAG dahinstehen, ob an der bisherigen Rspr. im Hinblick auf die Unwirksamkeitsfolge und ihre rechtlichen Herleitung „überhaupt festzuhalten ist".

Aufhebungsvertrag an sich unwirksam ist, wenn sich der Arbeitnehmer auf die unterlassene Anzeige beruft[671].

Gegen die Anwendbarkeit dieser Rechtsfolge auf den anzeigepflichtigen Aufhebungsvertrag findet sich jedoch Widerspruch, der zum einen auf den Gesetzeszweck abstellt und sich zum anderen auf die privatautonome Entscheidung des Arbeitnehmers stützt[672]. Dabei wird von den Anhängern dieser Auffassung zum Teil versucht, zwischen der arbeitsmarktpolitischen Intention der Vorschrift und ihren individualrechtlichen Rechtsfolgen zu trennen. Dies ist schon deshalb nicht überzeugend, weil beide Aspekte in ihren Auswirkungen miteinander korrespondieren und es folglich auf die Gesamtbetrachtung ankommt. Die Annahme, dass die Unwirksamkeitsfolge vorwiegend im arbeitsmarktpolitischen Interesse liegt und nicht in einer Stärkung des individuellen Kündigungsschutzes[673], ist nicht zutreffend. Denn die Hauptintention der Vorschrift macht nur durch die angeordnete "Nebenfolge" Sinn und es ist kein Grund ersichtlich, Kündigungen und andere von § 17 KSchG erfasste Beendigungsformen unterschiedlich zu behandeln.

Außerdem ist darauf hinzuweisen, dass der Anzeigepflicht - unabhängig von der Frage, ob diese angesichts der heutigen Lage auf dem Arbeitsmarkt noch Sinn macht[674] - regelmäßig nur dann nachgekommen wird, wenn für den Fall eines Verstoßes Sanktionen eingreifen, die der Arbeitgeber fürchtet[675]. Denkbar wären aufgrund der öffentlichen Stoßrichtung der Vorschrift auch Bußgeldandrohungen gewesen. Der Gesetzgeber hat sich aber dafür entschieden, den Arbeitnehmer, um dessen Existenz es geht, in den Schutzbereich der Vorschrift einzubeziehen[676]. Dies ist konsequent, weil für Maßnahmen des Arbeitsamtes Zeit gewonnen und folglich die Arbeitslosigkeit hinausgeschoben werden soll. Demzufolge besteht hier ein Miteinander zwischen allgemeinem Ziel und individueller Rechtsfolge.

Ohne die Konsequenz des individuellen Kündigungsschutzes wäre die Verpflichtung zur Anzeige bei Massenentlassungen ein stumpfes Schwert. Warum dies im Fall von Aufhebungsverträgen, die einer Kündigung durch den Arbeitgeber zuvorkommen, hingenommen werden soll, ist weder aus dem Wortlaut der Vorschrift noch aus deren Intention herzuleiten. Im Gegenteil: Es entstünde die Gefahr, dass der Arbeitgeber die Massenentlassung ausschließlich mittels Aufhebungsverträgen durchführt - was durchaus nichts Ungewöhnliches wäre[677] - und damit zwar die Anzeigepflicht auslö-

---

[671] Ebenso Welslau, Anm. zu BAG, Urt. v. 11.03.1999, BuW 2000, 77, 78.

[672] Bauer/Röder, NZA 1985, 201, 203; Hueck, Anm. zu BAG, Urt. v. 11.03.1999, AP Nr. 1 zu § 17 KSchG 1969; Müller, Aufhebungsverträge, S. 104 f.

[673] So Bauer/Röder, NZA 1985, 201, 203, und Bauer, Aufhebungsverträge, Rn 888.

[674] Opolony, NZA 1999, 791, 795.

[675] Die Unwirksamkeitsfolge entspricht dabei der europarechtlich geforderten Sanktion: Löwisch, KSchG, § 17 Rn 56.

[676] So auch BAG, Urt. v. 11.03.1999 – 2 AZR 461/98 = AP Nr. 12 zu § 17 KSchG 1969 = NZA 1999, 761.

[677] S. die Analyse von Hartmann, Betriebliche Personalpolitik durch Aufhebungsverträge, S. 79 ff.

sen würde, diese aber praktisch "übersehen" kann, weil die Vertragsbeendigung nicht mehr angreifbar wäre und der Arbeitgeber folglich keine finanziellen Konsequenzen[678] zu befürchten hätte. Deshalb muss die Beseitigung des Aufhebungsvertrages im Rahmen von Massenentlassungen möglich sein[679].
Aber auch der Verweis auf den Grundsatz der Vertragsfreiheit[680], der die Grundlage der arbeitsrechtlichen Beendigungsfreiheit und damit des Aufhebungsvertrages ist, greift hier nicht durch. Die Tatsache, dass es den Vertragsparteien freisteht, einen geschlossenen Vertrag auch wieder aufzuheben, schließt nicht aus, dass sich einer der Vertragsparteien später auf dessen Unwirksamkeit beruft. In Fällen der Anfechtbarkeit oder Formnichtigkeit ist das unbestritten. Wenn der Gesetzgeber dies auch in anderen Fällen vorsieht, ist dies grundsätzlich nicht zu beanstanden, soweit nicht höheres Recht dem entgegensteht. Insofern ist dem BAG zuzustimmen, dass die §§ 17, 18 KSchG für eine rechtmäßige Einschränkung der in Art. 2 Abs. 1 GG verankerten Privatautonomie aufgrund öffentlicher Interessen hält[681]. Diese Einschränkung trifft nur den Arbeitgeber in seiner Entscheidungsfreiheit, da der Aufhebungsvertrag immer nur dann unwirksam ist, wenn der Arbeitnehmer sich auf einen Verstoß gegen § 17 KSchG beruft und deshalb seine Willenserklärung nicht gelten lassen will[682]. Diese Sanktion ist aber wie erläutert sowohl geeignet als auch erforderlich, um den öffentlichen Zweck der Vorschrift zu erreichen. Auch für eine Unverhältnismäßigkeit zwischen Mittel und Zweck bestehen keine Anhaltspunkte. Hinzu kommt, dass die aus dem Aufhebungsvertrag entstehenden Ansprüche wie z.B. der Anspruch des Arbeitnehmers auf Zahlung einer Abfindung trotz dauerhaft unwirksamer Entlassung weiter bestehen würden, weil der Aufhebungsvertrag selbst nicht unwirksam ist. Eine solche Diskrepanz zwischen tatsächlicher und rechtlicher Lage ist aber weder aus Arbeitnehmer- noch aus Arbeitgebersicht wünschenswert.
Im Übrigen ist darauf hinzuweisen, dass der Arbeitnehmer wie bei allen anderen Unwirksamkeitsgründen nicht gezwungen ist, den Verstoß geltend zu machen. Schließlich ist auch eine spätere, betriebsbedingte Kündigung damit nur aufgeschoben, aber nicht unmöglich. Wenn der Arbeitnehmer mit den Regelungen des Aufhebungsvertrages einverstanden ist, wird er es sich daher überlegen, ob er Klage auf Fortbeste-

---

[678] So etwa die Pflicht zur Lohnzahlung aufgrund Annahmeverzugs nach § 615 BGB: Hueck/v. Hoyningen-Huene, KSchG, § 18 Rn 38.
[679] Ebenso BAG, Urt. v. 6.12.1973 – 2 AZR 10/73 = AP Nr. 1 zu § 17 KSchG 1969 = NJW 1974, 1263; Ernst, Aufhebungsverträge, S. 180; a.A. Müller, Aufhebungsverträge, S. 105, nach dem der vom Arbeitgeber durch die Mitteilung der Kündigungsabsicht ausgelöste Druck nur unter den allgemeinen Voraussetzungen der Anfechtung zur Unwirksamkeit des Aufhebungsvertrages führen könne; ebenso Bauer, Aufhebungsverträge, Rn 889.
[680] Bauer/Röder, NZA 1985, 201, 203; Bauer, Aufhebungsverträge, Rn 888 f.; Müller, Aufhebungsverträge, S. 104 f.
[681] BAG, Urt. v. 11.03.1999 – 2 AZR 461/98 = AP Nr. 12 zu § 17 KSchG 1969 = NZA 1999, 761.
[682] Vossen in Stahlhacke/Preis/Vossen, Kündigung und Kündigungsschutz, Rn 1586; vgl.a. BAG, Urt. v. 6.12.1973 – 2 AZR 10/73 = AP Nr. 1 zu § 17 KSchG 1969 = NJW 1974, 1263.

hens des Arbeitsverhältnisses erhebt und damit riskiert, nach Ablauf der Sperrfrist betriebsbedingt entlassen zu werden. Dabei werden sicherlich auch eine möglicherweise zu zahlende Abfindung oder eine Anschlussanstellung eine Rolle spielen.
Der Aufhebungsvertrag ist demzufolge unwirksam, wenn die Anzeige nicht rechtzeitig[683] oder nicht in der gehörigen Form[684] erfolgt ist und der Arbeitnehmer dies gerichtlich geltend macht. Hinsichtlich der gerichtlichen Geltendmachung gilt das bereits im Hinblick auf die Kündigung Gesagte: Der Arbeitnehmer kann Feststellungsklage auf Fortbestehen des Arbeitsverhältnisses erheben, ohne dass eine Fristbindung besteht[685].

b) Verzicht auf Kündigungsschutz nach § 18 KSchG

Zwar kann der Arbeitnehmer im Gegensatz zu anderen, vom Gesetz als unabdingbar eingestuften Rechten[686] nicht daran gehindert werden, auf die Ausübung von Kündigungsschutz zu verzichten, weil ansonsten das ihm vom Gesetz zugestandene Wahlrecht umgangen würde[687]. Ebenso wie bei anderen Unwirksamkeitsgründen ist es aber auch im Fall von § 18 KSchG nicht überzeugend, wenn man allein in dem Abschluss eines Aufhebungsvertrages bereits einen Verzicht auf die Geltendmachung eines Verstoßes sehen will[688]. Dadurch, dass der Arbeitnehmer das Arbeitsverhältnis löst, weil er davon ausging, dass er seinen Arbeitsplatz ohnehin verlieren wird, verzichtet er nicht auf spätere Möglichkeiten, eine Weiterbeschäftigung geltend zu machen.
Dies könnte dann anders sein, wenn bereits im Aufhebungsvertrag, das heißt vor Entstehen des Rechts, vereinbart wurde, dass auf eine Geltendmachung der Unwirksamkeit des Vertrages verzichtet werde.
Das BAG hat für einen solchen Fall angenommen, dass dieser Verzicht auf Kündigungsschutz erst nach Abschluss der Aufhebungsvereinbarung vereinbart werden könne[689]. Zur Begründung führt das BAG an, der Arbeitnehmer könne den Arbeitgeber ansonsten von seiner Anzeigepflicht befreien; die Vorschrift des § 17 KSchG

---

[683] Zur Möglichkeit der Nachholung s. bereits oben unter 3., sowie Löwisch, KSchG, § 17 Rn 50 f., sowie die Ausführungen in BAG, Urt. v. 13.04.2000 – 2 AZR 215/99 = AP Nr. 13 zu § 17 KSchG 1969 = DB 2000, 2175 m. Anm. Bauer/Powietzka, DB 2000, 1073 ff.
[684] Zu den Anforderungen an eine wirksame Anzeige s. ErfK/Ascheid, § 17 KSchG Rn 26 ff.
[685] ErfK/Ascheid, § 17 KSchG Rn 35; KR/Weigand, § 17 KSchG Rn 10; Löwisch, KSchG, § 17 Rn 59.
[686] Z.B. § 13 Abs. 1 S. 3 BUrlG, § 12 EFZG; zum Verzicht auf unabdingbare gesetzliche Rechte s. Trieschmann, RdA 1976, 68.
[687] Vgl. BAG, Urt. v. 11.03.1999 – 2 AZR 461/98 = AP Nr. 12 zu § 17 KSchG 1969 = NZA 1999, 761; Hueck/v. Hoyningen-Huene, KSchG, § 1 Rn 11.
[688] So aber LAG Düsseldorf, Urt. v. 20.03.1996 – 12 (8) (6) Sa 1553/95 = LAGE § 112 a BetrVG Nr. 4.
[689] BAG, Urt. v. 11.03.1999 – 2 AZR 461/98 = AP Nr. 12 zu § 17 KSchG 1969 = NZA 1999, 761 m. zust. Anm. Wertheimer, EWiR 1999, 853, 854.

stehe aufgrund ihrer arbeitsmarktpolitischen Zielsetzung nicht zur Disposition der Vertragsparteien[690]. Dabei zieht das BAG eine Parallele zu einem Verzicht auf den allgemeinen Kündigungsschutz[691], der nach ganz herrschender Meinung erst nach Ausspruch der Kündigung möglich ist[692]. Dies wird damit begründet, dass § 1 KSchG gegenüber dem einzelnen Arbeitnehmer zwingend sei und er nicht daran gehindert werden könne, sich auf die Unwirksamkeit einer künftigen Kündigung zu berufen[693].

Dem kann nur einschränkend zugestimmt werden. Dies ergibt sich zum einen daraus, dass eine solche Klausel nicht die Zielsetzung des § 17 KSchG verhindern kann, nämlich dass ein vom Arbeitgeber i.S.v. § 17 Abs. 1 S. 2 KSchG veranlasster Aufhebungsvertrag bei der Ermittlung der Zahlenwerte dieser Vorschrift berücksichtigt wird. Sie kann allenfalls Einfluss auf die individualrechtliche Sanktion haben. Diese liegt aber nur insoweit im öffentlichen Interesse, als sie der Durchsetzung der Anzeigeverpflichtung dient. Fraglich ist dann aber, warum nicht in einem einzelnen Aufhebungsvertrag auf die Geltendmachung dieser Sanktion verzichtet werden kann. Insofern widerspricht sich das BAG, als es dies nach Abschluss des Aufhebungsvertrages durchaus für möglich hält. Es ist aber zweifelhaft, ob ein vor Entstehen der Anzeigeverpflichtung erklärter Verzicht dem Zweck des § 17 KSchG mehr abträglich ist als ein späterer.

Außerdem ist darauf hinzuweisen, dass sich der Kündigungsschutz des § 18 KSchG von dem des § 1 KSchG unterscheidet: Zum einen basiert er nicht auf einer dem Arbeitnehmer gegenüber zu Unrecht erklärten Kündigung, sondern alleine auf der Notwendigkeit einer Sanktion bei Fehlverhalten des Arbeitgebers gegenüber der Arbeitsverwaltung. Zum anderen sichert er nicht den Bestand des Arbeitsverhältnisses an sich, sondern nur für einen gewissen Zeitraum. Es ergibt sich eher eine Parallele zu dem Gestaltungsrecht der Anfechtung, wo der Anfechtungsberechtigte ebenfalls die Wahl hat, ob er das Rechtsgeschäft vernichten will[694]. Auf ein solches Gestaltungsrecht kann im Schuldrecht abweichend von § 397 BGB einseitig verzichtet werden[695]. Dementsprechend entscheidet auch die überwiegende Auffassung für Forderungen und Rechte außerhalb des Arbeitsrechts[696], wenn sich aus dem Gesetz nichts

---

690 BAG, Urt. v. 11.03.1999 – 2 AZR 461/98 = AP Nr. 12 zu § 17 KSchG 1969 = NZA 1999, 761 .

691 BAG, a.a.O.

692 BAG, Urt. v. 19.12.1974 – 2 AZR 565/73 = AP Nr. 3 zu § 620 BGB Bedingung = NJW 1975, 1531; Palandt/Putzo, BGB, vor § 620 Rn 74; Hueck/v- Hoyningen-Huene, KSchG, § 1 Rn 10; KR/Friedrich, § 4 KSchG Rn 296; Preis in Stahlhacke/Preis/Vossen, Kündigung und Kündigungsschutz, Rn 1253, jeweils m.w.N.

693 ErfK/Ascheid, § 1 KSchG Rn 15; KR/Friedrich, § 4 KSchG Rn 296 a ff.

694 Palandt/Heinrichs, BGB, vor § 104 Rn 33.

695 MünchKomm-BGB/Schlüter, § 397 Rn 19.

696 BGH, Urt. v. 28.11.1963 – II ZR 41/62 = BGHZ 40, 326, 330; MünchKomm-BGB/Schlüter, § 397 Rn 19; Medicus, SR AT, Rn 280; a.A. RG, Urt. v. 5.07.1935 – II 340/34 = RGZ 148, 257, 262; Palandt/Heinrichs, BGB, § 397 Rn 2.

anderes ergibt[697]. Begründet wird dies damit, dass auch die Abtretung einer künftigen Forderung möglich ist[698] und es bei beiden um die Verfügung über künftige Gläubigerpositionen geht[699].
Deshalb ist aus der Intention der §§ 17, 18 KSchG und aus dem Vergleich mit § 1 KSchG kein Verbot eines antizipierten Verzichts zu gewinnen. Da es im Fall des § 18 KSchG praktische Bedürfnisse für eine solche Regelung gibt und ein besonderer Schutz des Arbeitnehmers nicht erforderlich ist, kann folglich entgegen der Auffassung des BAG grundsätzlich auch schon im Aufhebungsvertrag auf die Geltendmachung des Rechts aus § 18 KSchG verzichtet werden.

5. Ergebnis

Im Fall einer Massenentlassung i.S.v. § 17 Abs. 1 KSchG besteht die Besonderheit, dass auch dem Arbeitnehmer, der der einverständlichen Aufhebung seines Arbeitsvertrages zustimmt, Kündigungsschutz zusteht. Dies ergibt sich daraus, dass nach § 17 Abs. 1 S. 2 KSchG auch Aufhebungsverträge als „Entlassungen" in diesem Sinne angesehen werden, wenn der Arbeitgeber sie veranlasst. Überschreitet der Arbeitgeber den Grenzwert der innerhalb eines Zeitraums von 30 Kalendertagen zulässigen Entlassungen, muss er dem Arbeitsamt die geplante Massenentlassung anzeigen. Die Anzeige hat zur Folge, dass die tatsächliche Entlassung des Arbeitnehmers erst nach Zustimmung des Arbeitsamtes oder nach Ablauf eines Monats erfolgen kann.
Erfolgt die Anzeige nicht, ist nach zutreffender Auffassung auch der der Entlassung zugrunde liegende Aufhebungsvertrag unwirksam, wenn sich der Arbeitnehmer gerichtlich auf die Unwirksamkeit des Aufhebungsvertrages und damit auf das Fortbestehen des Arbeitsverhältnisses beruft.
Auf dieses Recht kann der Arbeitnehmer bereits vor dessen Entstehen verzichten, weil insoweit die Intention des § 17 KSchG nicht entgegensteht und diese Situation nicht mit dem Verzicht auf den allgemeinen Kündigungsschutz vergleichbar ist.

VI. Zusammenfassung

Bei Abschluss eines Aufhebungsvertrages findet weder der allgemeine noch der besondere Kündigungsschutz Anwendung. Auch eine Frist für die Beendigung des Arbeitsverhältnisses muss nicht eingehalten werden. Darüber hinaus bedarf der Aufhebungsvertrag weder der Zustimmung des Betriebs- noch des Personalrates.
Mitbestimmungsrechte des Betriebsrates in Zusammenhang mit Aufhebungsverträgen können im Fall von Betriebsänderungen nach § 111 Abs. 1 S. 1 BetrVG bestehen. Eine Betriebsänderung kann auch durch umfangreichen Personalabbau erfolgen, wobei bei der Ermittlung der relevanten Zahlenwerte gemäß § 112 a Abs. 1 S. 2 BetrVG auch diejenigen Arbeitnehmer mitzählen, die auf Veranlassung des Arbeitgebers

[697] So § 225 BGB a.F. für die Einrede der Verjährung: Palandt/Heinrichs, BGB, § 222 Rn 5.
[698] Soergel/Zeiss, BGB, 12. Aufl., § 397 Rn 5; Larenz, SR AT, § 19 I a).
[699] Esser/Schmidt, SR AT, § 21 I 1 a).

durch Aufhebungsvertrag aus dem Betrieb ausscheiden. Nach zutreffender Auffassung haben diese Arbeitnehmer im Fall eines Sozialplans Anspruch auf Sozialplanabfindung; wird ein Nachteilsausgleich durchgeführt, sind sie ebenfalls anspruchsberechtigt. Allerdings ist eine im Rahmen des Aufhebungsvertrages zugesagte Abfindung mit diesen Ansprüchen zu verrechnen.
Auch im Rahmen von Massenentlassungen nach § 17 KSchG spielen diejenigen Arbeitnehmer, die auf Veranlassung des Arbeitgebers im Wege des Aufhebungsvertrages ausscheiden, eine Rolle. Zum einen sind sie bei den maßgeblichen Zahlen für eine dem Arbeitsamt gegenüber bestehende Anzeigepflicht zu berücksichtigen. Zum anderen können diese Arbeitnehmer dann, wenn die Anzeige nicht oder nicht ordnungsgemäß erfolgt, erfolgreich auf Feststellung des Fortbestehens des Arbeitsverhältnisses klagen, weil ihre Entlassung mangels Anzeige nicht wirksam wird (§ 18 Abs. 1 KSchG). Allerdings können sie auf dieses Recht bereits im Aufhebungsvertrag verzichten.

§ 9 Unwirksamkeit des Aufhebungsvertrages wegen Gesetzesumgehung

I. Die Lehre von der Gesetzesumgehung

Die Lehre von der Gesetzesumgehung geht auf die Rechtsprechung des Reichsgerichts zurück. Nach dieser wurde es als mit dem Rechtsempfinden nicht vereinbar angesehen, wenn ein nicht zulässiger Erfolg mit einem „Tarnungsgeschäft" erreicht werden sollte[700]. Das Reichsgericht sah darin einen Verstoß gegen ein gesetzliches Verbot gemäß § 134 BGB und erklärte das Umgehungsgeschäft für unwirksam.
Das BAG und der BGH haben sich dieser Rechtsprechung angeschlossen[701]: Ein vom Gesetz missbilligter Erfolg dürfe nicht durch Umgehung des Gesetzes erreicht werden. Im Gegensatz zur Rechtsprechung des Reichsgerichts verlangt die heute herrschende Meinung aber keine Umgehungsabsicht mehr, sondern lässt einen objektiven Gesetzesverstoß ausreichen[702]. Nach dem BAG liegt eine gesetzliche Umgehung dann

---

[700] RG, Urt. v. 1.06.1937 – VII 15/37 = RGZ 155, 138, 146.
[701] Vgl. nur BGH, Urt. v. 23.06.1971 – VIII ZR 166/70 = BGHZ 56, 285, 289; Urt. v. 23.09.1982 – VII ZR 183/80 = BGHZ 85, 39, 46 = NJW 1983, 109; BAG, Urt. v. 9.07.1981 – 2 AZR 788/78 = AP Nr. 4 zu § 620 BGB Bedingung = NJW 1982, 788; Urt. v. 13.12.1984 – 2 AZR 294/83 = AP Nr. 8 zu § 620 BGB Bedingung = NJW 1985, 1918; Urt. v. 10.12.1998 – 8 AZR 324/97 = AP Nr. 187 zu § 613 a BGB = NZA 1999, 422.
[702] BGH, Urt. v. 23.06.1971 – VIII ZR 166/70 = BGHZ 56, 285, 289; BAG, Beschl. v. 12.10.1960 – GS 1/59 = AP Nr. 16 zu § 620 BGB befristeter Arbeitsvertrag = NJW 1961, 798; Urt. v. 17.02.1983 – 2 AZR 208/81 = AP Nr. 74 zu § 620 BGB Befristung = NJW 1983, 1752; Urt. v. 10.12.1998 – 8 AZR 324/97 = AP Nr. 187 zu § 613 a BGB = NZA 1999, 422; LAG Düsseldorf, Urt. v. 24.06.1974 – 15 Sa 44/74 = DB 1974, 2111 f.; Palandt/Heinrichs, BGB, § 134 Rn 28; Staudinger/Sack, BGB, § 134 Rn 145 m.w.N.; a.A. MünchKomm-BGB/Mayer-Maly/ Armbrüster, § 134 Rn 18.

vor, wenn der Zweck zwingender Rechtsnormen objektiv dadurch vereitelt wird, dass andere rechtliche Gestaltungsmöglichkeiten missbräuchlich verwendet werden[703].
In der Literatur wird zum Teil bezweifelt, ob es eines selbständigen Instituts der Gesetzesumgehung tatsächlich bedarf oder ob die dadurch angestrebten Rechtsfolgen nicht bereits im Wege der Auslegung des Verbotsgesetzes erreicht werden könnten[704]. Gegen diese Auffassung wird vorgetragen, dass Verbotsgesetze keine unbegrenzte Auslegung erfahren könnten, weil andernfalls die Gefahr bestehe, dass die rechtsstaatlichen Grenzen der Gesetzesanwendung überschritten würden[705].
Der Streit ist hauptsächlich theoretischer Natur[706]. Vermittelnd könnte man sagen, dass der nach der neueren Rechtsprechung als „funktionswidrige Verwendung" einer dem Wortlaut nach zulässigen Gestaltungsform genannte Missbrauch von der Rechtsordnung her gesehen eine Frage der Gesetzesauslegung, aus der Sicht des Rechtssubjekts eine Frage der Gesetzesumgehung ist[707]. Auf die Einzelheiten der Auseinandersetzung – insbesondere auch in Zusammenhang mit der Abgrenzung zur Inhaltskontrolle[708] – kann in diesem Rahmen nicht eingegangen werden.
Für die Frage der Gesetzesumgehung ist von Inhalt und Zweck der maßgeblichen Verbotsnorm auszugehen. Ist dabei im Wege der Auslegung das bedenkliche Rechtsgeschäft nicht zu erfassen, ist das Rechtsgeschäft am Institut der Gesetzes-umgehung zu überprüfen, welches mittlerweile auch in einer Reihe von Vorschriften niedergelegt ist[709]. Führt die Prüfung zu dem Ergebnis, dass bei Wirksamkeit des Rechtsgeschäfts die Intention der Verbotsnorm vereitelt würde, das heißt, wurde ein an sich unzulässiger Erfolg auf zulässige Weise erreicht, ist das Geschäft nach § 134 BGB unwirksam[710].

---

[703] BAG, Urt. v. 5.12.1985 – 2 AZR 61/85 = AP Nr. 10 zu § 620 BGB Bedingung = NJW 1987, 279.
[704] Medicus, BGB AT, Rn 660; Larenz/Wolf, BGB AT, § 40 Rn 30; Bickel, SAE 1976, 115, 116; ders., Anm. zu BAG, Urt. v. 13.12.1984, AP Nr. 8 zu § 620 BGB Bedingung; Herschel, Anm. zu BAG, Urt. v. 9.07.1981, AP Nr. 4 zu § 620 BGB Bedingung, S. 6; zu anderen dogmatischen Ansätzen s. Hromadka, RdA 1983, 89, 90; zur Gesetzesumgehung als Unterfall des sittenwidrigen Handelns gemäß § 138 BGB vgl. Staudinger/Sack, BGB, § 134 Rn 152 f., dagegen BGH, Urt. v. 19.12.1968 – VII ZR 83 und 84/66 = BGHZ 51, 255, 262.
[705] MünchKomm-BGB/Mayer-Maly/Armbrüster, § 134 Rn 13 ff.; vgl.a. Preis, Vertragsgestaltung, S. 163.
[706] Palandt/Heinrichs, BGB, § 134 Rn 28; Larenz/Wolf, BGB AT, § 40 Rn 30.
[707] Hromadka, RdA 1983, 89, 91.
[708] Dazu insbesondere Preis, Vertragsgestaltung, S. 163 ff.
[709] Nachweise bei Palandt/Heinrichs, BGB, § 134 Rn 28.
[710] Zur Kritik an der Theorie der Gesetzesumgehung bei der Befristungskontrolle vgl. Staudinger/Preis, BGB, § 620 Rn 35 ff.

II. Fallgruppen für die Nichtigkeit von Aufhebungsverträgen gemäß § 134 BGB

Es steht nicht in Frage, dass das Verbot des Umgehungsgeschäfts auch im Arbeitsvertragsrecht gilt[711]. Insbesondere die Zulässigkeit von Bedingungen und Befristungen in Arbeitsverträgen wird unter dem Stichwort „Gesetzesumgehung" diskutiert. Beide Tatbestände spielen auch im Zusammenhang mit dem Abschluss von Aufhebungsverträgen eine Rolle, weil Aufhebungsverträge dazu führen können, dass ein an sich unbefristetes Arbeitsverhältnis (nachträglich) mit einer Bedingung oder Befristung versehen wird. Dabei beschäftigten sich Rechtsprechung und Schrifttum zunächst vor allem mit der Frage der Zulässigkeit aufschiebend bedingter Aufhebungsverträge; in jüngerer Zeit ist aber auch die Frage aufgetreten, wie Aufhebungsverträge zu behandeln sind, die erst zu einem weiter in der Zukunft liegenden Zeitpunkt das Arbeitsverhältnis beenden sollen und so mit einer nachträglichen Befristung des Arbeitsverhältnisses vergleichbar sind.

Neben den Fragen der Zulässigkeit von Bedingungen und Befristungen in Zusammenhang mit dem Abschluss eines Aufhebungsvertrages ist im Rahmen von § 134 BGB zu untersuchen, wann der Aufhebungsvertrag gegen das Kündigungsverbot des § 613 a BGB verstößt und welche anderen Normen zu einer Unwirksamkeit des Aufhebungsvertrages wegen Gesetzesumgehung führen können.

1. Der aufschiebend bedingte Aufhebungsvertrag

Ein aufschiebend bedingter Aufhebungsvertrag ist dadurch gekennzeichnet, dass die Parteien die einvernehmliche Beendigung des Arbeitsverhältnisses verabreden, diese Rechtsfolge aber unter eine (aufschiebende) Bedingung gemäß § 158 Abs. 1 BGB stellen. So zum Beispiel in einem vom Bundesarbeitsgericht entschiedenen Fall, in dem ein Berufsausbildungsverhältnis nach einer Vereinbarung zwischen Arbeitgeber und Auszubildenden ohne weiteres dann enden sollte, wenn dieser im kommenden Berufsschulhalbjahr in bestimmten Fällen die Note „mangelhaft" erhalte[712].

Ein solcher aufschiebend bedingter Aufhebungsvertrag könnte nach denselben Grundsätzen zulässig sein wie ein auflösend bedingter Arbeitsvertrag. Dieser ist gemäß § 21 i.V.m. § 14 Abs. 1 des am 1. Januar 2001 in Kraft getretenen Teilzeit- und Befristungsgesetzes (TzBfG) ebenso wie der befristete Arbeitsvertrag bei Vorliegen eines wichtigen Grundes zulässig. In Betracht kommt eine analoge Anwendung dieser Vorschriften auf den aufschiebend bedingten Aufhebungsvertrag.

Analogie ist die Übertragung eines gesetzlich vorgesehnen Tatbestandes auf einen anderen, rechtsähnlichen Tatbestand[713]. Das heißt, Voraussetzung für eine analoge Anwendung der genannten Vorschriften ist eine rechtstechnische Vergleichbarkeit

---

711 Preis, Vertragsgestaltung, S. 157.

712 BAG, Urt. v. 5.12.1985 – 2 AZR 61/85 = AP Nr. 10 zu § 620 BGB Bedingung = NJW 1987, 279.

713 Palandt/Heinrichs, BGB, Einl. Rn 40.

des auflösend bedingten Arbeitsvertrages mit dem aufschiebend bedingten Aufhebungsvertrag.

a) Vergleichbarkeit mit dem auflösend bedingten Arbeitsvertrag

Im Rahmen eines auflösend bedingten Arbeitsvertrages verabreden die Vertragspartner schon vor bzw. bei Begründung des Arbeitsverhältnisses, dass dieses bei Eintritt einer bestimmten Bedingung automatisch enden solle. So etwa, wenn der Vertrag mit einem Lizenzfußballspieler die Bedingung enthält, dass das Arbeitsverhältnis beendet sein soll, wenn der den Spieler beschäftigende Verein der 2. Bundesliga vom DFB wegen wirtschaftlicher Leistungsunfähigkeit keine neue Lizenz erhält[714].

In diesem Fall hat das BAG ebenso wie im oben beschriebenen Fall des aufschiebend bedingten Aufhebungsvertrages die Bedingung wegen unzulässiger Gesetzesumgehung gemäß § 134 BGB für nichtig erklärt. Dies führte im ersten Fall zu einer Unwirksamkeit des Aufhebungsvertrages insgesamt[715]; im zweiten Fall war das Arbeitsverhältnis auf unbefristete Dauer zustande gekommen[716].

Daraus könnte man schließen, dass beide Fälle von ihrer dogmatischen Konstruktion her vergleichbar sind, da sie zur automatischen Beendigung des Arbeitsverhältnisses führen, ohne dass es noch eines weiteren Rechtsgeschäfts – etwa in Form einer Kündigung – bedürfte. Dementsprechend findet sich in der Literatur die Auffassung, jeder auflösend bedingte Arbeitsvertrag enthalte – gleichsam als Spiegelbild – einen aufschiebend bedingten Aufhebungsvertrag[717]. In beiden Fällen sei der Arbeitnehmer dahingehend benachteiligt, dass er nicht in einem kündigungsrechtlich geschützten Arbeitsverhältnis auf unbestimmte Dauer stehe und dass ihm wegen der jederzeitigen Möglichkeit des Bedingungseintritts die Disposition für die zeitige Neugestaltung seines Arbeitslebens genommen sei[718].

Diese Beurteilung greift jedoch zu kurz und verkennt, dass beide Verträge in unterschiedlichen rechtlichen Situationen geschlossen werden. Denn der Arbeitnehmer, der mit dem Arbeitgeber einen auflösend bedingten Arbeitsvertrag schließt, steht am Beginn des Arbeitsverhältnisses und genießt deshalb noch keinen Kündigungsschutz. Insofern steht die auflösende Bedingung der Befristung nahe, weil beide bereits am Beginn des Arbeitsverhältnisses Ereignisse festlegen, die das Ende des Arbeitsverhältnisses herbeiführen sollen; im Fall der Befristung ist dies ein gewisses Ereignis,

---

[714] BAG, Urt. v. 9.07.1981 – 2 AZR 788/78 = AP Nr. 4 zu § 620 BGB Bedingung = NJW 1982, 788; ebenso i.E. für eine „Abstiegsklausel" im Arbeitsvertrag eines Eishockeyspielers LAG Düsseldorf, Urt. v. 26.05.1995 – 10 (15) Sa 1886/94 = LAGE § 620 Bedingung Nr. 5.

[715] BAG, Urt. v. 5.12.1985 – 2 AZR 61/85 = AP Nr. 10 zu § 620 BGB Bedingung = NJW 1987, 279.

[716] BAG, Urt. v. 9.07.1981 – 2 AZR 788/78 = AP Nr. 4 zu § 620 BGB Bedingung = NJW 1982, 788; LAG Düsseldorf, Urt. v. 26.05.1995 – 10 (15) Sa 1886/94 = LAGE § 620 Bedingung Nr. 5.

[717] Felix, NZA 1994, 1111, 1113; ebenso Hromadka, RdA 1983, 88, 94; Ehrich, DB 1992, 1186, 1188; Müller, Aufhebungsverträge, S. 108.

[718] Vgl. RGRK/Dörner, § 620 Rn 31.

im Fall der Bedingung ein ungewisses Ereignis. Deshalb ist die Gleichstellung des auflösend bedingten mit dem befristeten Arbeitsvertrag in § 21 TzBfG gerechtfertigt.
Demgegenüber befindet sich der Arbeitnehmer, der mit dem Arbeitgeber einen aufschiebend bedingten Aufhebungsvertrag schließt, zumindest dann in einer anderen Situation, wenn er bereits Kündigungsschutz genießt, weil der aufschiebend bedingte Aufhebungsvertrag im Ergebnis zu einem antizipierten Verzicht auf den Kündigungsschutz führt; denn eine Kündigung durch den Arbeitgeber bei Eintritt eines bestimmten Ereignisses wird damit entbehrlich.
Diese Beendigungsvereinbarung ist deshalb mit einer bedingten Kündigung vergleichbar, die der Arbeitgeber für den Fall ausspricht, dass ein bestimmtes, ungewisses Ereignis eintritt[719]. Die Tatsache, dass der Arbeitnehmer mit der aufschiebend bedingten Beendigung des Arbeitsverhältnisses einverstanden sein muss, während sein Einvernehmen bei dem Ausspruch einer Kündigung nicht erforderlich ist, steht dieser Vergleichbarkeit nicht entgegen, weil die Beendigung des Arbeitsverhältnisses gerade nicht durch das Einvernehmen der Arbeitsvertragsparteien erfolgt, sondern durch den (ungewissen) Eintritt des Ereignisses. Die Ungewissheit über die Beendigung des Arbeitsverhältnisses ist daher in beiden Fällen identisch.
Zwar besteht diese Ungewissheit auch bei der Vereinbarung eines auflösend bedingten Arbeitsvertrages; in diesem Fall liegt der Schwerpunkt der Vereinbarung aber nicht auf der Beendigung des Arbeitsverhältnisses, sondern, ebenso wie bei einer anfänglichen Befristung, auf dessen Begründung. Anders ist dies allenfalls bei Abschluss eines aufschiebend bedingten Aufhebungsvertrages vor Eintreten der Kündigungsschutzvoraussetzungen, weil dieser wegen der zeitlichen Nähe zur Begründung des Arbeitsverhältnisses in der Regel als auflösend bedingter Arbeitsvertrag zu behandeln sein wird; denn der Arbeitgeber könnte das Arbeitsverhältnis zu diesem Zeitpunkt auch ordentlich kündigen und dem Arbeitnehmer dann einen auflösend bedingten Arbeitsvertrag anbieten.
In allen anderen Fällen steht der unter einer Bedingung geschlossene Aufhebungsvertrag aber der bedingten Kündigung näher, so dass dessen rechtstechnische Vergleichbarkeit mit dem auflösend bedingten Arbeitsvertrag als Voraussetzung für eine Analogie nicht gegeben ist. Dies bedeutet, dass die Zulässigkeit des aufschiebend bedingten Aufhebungsvertrages unabhängig von den Vorschriften des TzBfG zu untersuchen ist.

b) Der aufschiebend bedingte Aufhebungsvertrages als Umgehungsgeschäft

Es ist kein ausdrückliches Verbot erkennbar, nach dem es im Arbeitsrecht die in § 158 Abs. 1 BGB allgemein geregelte aufschiebende Bedingung nicht geben darf. Deshalb ist grundsätzlich davon auszugehen, dass Bedingungen in Aufhebungsver-

[719] Ähnlich BAG, Urt. v. 19.12.1974 – 2 AZR 565/73 = AP Nr. 3 zu § 629 BGB Bedingung = NJW 1975, 1531.

trägen zulässig sind, soweit sich nicht aus sonstigen gesetzlichen Wertungen etwas anderes ergibt[720].

Etwas anderes könnte sich aus § 134 BGB ergeben, wenn der aufschiebend bedingte Aufhebungsvertrag gegen ein gesetzliches Verbot verstoßen würde.

Als durch den aufschiebend bedingten Aufhebungsvertrag umgangene Norm kommt § 626 BGB in Betracht[721]. Wie das BAG festgestellt hat, will § 626 BGB verhindern, dass der für die Wirksamkeit der außerordentlichen Kündigung erforderliche wichtige Grund durch eine besondere Gestaltung beseitigt oder eingeschränkt wird[722]. Daraus ergibt sich, dass es sich bei § 626 BGB um ein Verbotsgesetz handelt, da die Vorschrift eine nach der Rechtsordnung grundsätzlich mögliche rechtsgeschäftliche Regelung – die fristlose Kündigung eines Arbeitsverhältnisses ohne wichtigen Grund - wegen ihres Inhalts oder der Umstände ihres Zustandekommens untersagt[723].

Zu untersuchen ist daher, ob es sich bei einem Aufhebungsvertrag unter einer aufschiebenden Bedingung um ein im Verhältnis zu § 626 BGB als Umgehungsgeschäft zu bezeichnendes Rechtsgeschäft handelt. Voraussetzung wäre, dass diese Gestaltungsform genau den Erfolg herbeiführt, der nach § 626 BGB verboten ist.

Dies wäre nicht der Fall, wenn § 626 BGB nicht nur nach seinem Wortlaut, sondern auch nach seiner Intention nur die einseitige Beendigung von Arbeitsverhältnissen erfassen wollte. Dafür könnte sprechen, dass die einvernehmliche Beendigung unter dem Schutz der Vertragsfreiheit steht[724]. Dagegen sprechen aber folgende Überlegungen: Zum einen ist zu beachten, dass der Eintritt der verabredeten Bedingung und häufig auch der Zeitpunkt ihres Eintritts und damit die Beendigung des Arbeitsverhältnisses im Gegensatz zu einem „einfachen" Aufhebungsvertrag oder einer Befristung grundsätzlich nicht vorhersehbar sind. Dies kann dazu führen, dass das Arbeitsverhältnis von einem Tag auf den anderen (überraschend) endet. Das soll durch das Erfordernis eines wichtigen Grundes in § 626 BGB verhindert werden. Insbesondere der Arbeitnehmer soll seinen Arbeitsplatz von heute auf morgen nur dann verlieren, wenn er dazu in schwerwiegender Art und Weise Anlass gegeben hat. Die Notwendigkeit einer kurzfristigen Umstellung kann aber auch den Arbeitgeber betreffen, der den ausfallenden Arbeitnehmer ersetzen muss. Diese Situation wollte der Gesetzgeber für bestehende Arbeitsverhältnisse gerade vermeiden. Hinzu kommt, dass es den Parteien nach der Intention des § 626 BGB verboten wäre, solche Gründe, die zur

---

720 Felix, NZA 1994, 1111, 1115; Herschel, Anm. zu BAG, Urt. v. 9.07.1981, AP Nr. 4 zu § 620 BGB Bedingung, S. 7.

721 Zur zwingenden Natur des § 626 BGB s. BAG, Urt. v. 19.12.1974 – 2 AZR 565/73 = AP Nr. 3 zu § 629 BGB Bedingung = NJW 1975, 1531.

722 S. nur BAG, Urt. v. 5.12.1985 – 2 AZR 61/85 = AP Nr. 10 zu § 620 BGB Bedingung = NJW 1987, 279.

723 Definition bei Palandt/Heinrichs, BGB, § 134 Rn 5.

724 So Bickel, SAE 1976, 115 ff., nach dem die Unwirksamkeit einer solchen Vereinbarung nur nach den §§ 119, 123, 138 Abs. 2 BGB beurteilt werden kann.

Kündigung gemäß § 626 BGB berechtigen, im Voraus festzulegen[725]. Die Vereinbarung einer Bedingung käme aber einer solchen Festlegung im Ergebnis gleich.
Für eine Bewertung einer aufschiebenden Bedingung in einem Aufhebungsvertrag als nach § 134 BGB unwirksam spricht auch der Vergleich mit der bedingten Kündigung[726]. Diese ist nach allgemeiner Auffassung unwirksam, wenn der Eintritt der Bedingung von der Beurteilung des Kündigenden oder eines Dritten abhängt[727], weil sie dann zu einer Ungewissheit über den Fortbestand des Arbeitsverhältnisses führt und deshalb gegen den Grundsatz der Rechtsklarheit verstößt[728]. Dieselbe Unsicherheit tritt auch beim aufschiebend bedingten Aufhebungsvertrag auf. Hinzu kommt, dass immer dann, wenn der Arbeitnehmer bereits Kündigungsschutz genießt, die Vereinbarung einer Beendigung des Arbeitsverhältnisses unter einer aufschiebenden Bedingung im Ergebnis zu einem Verzicht auf den Kündigungsschutz führt, weil das Arbeitsverhältnis aufgrund des Eintritts eines Ereignisses endet und nicht aufgrund seiner Willenserklärung. Nach allgemeiner Auffassung ist ein Verzicht auf den Kündigungsschutz vor dessen Entstehung aber unzulässig[729].
Bedenken gegen bedingte Verträge dieser Art bestehen erst recht, wenn der Eintritt der Bedingung selbst nicht hinreichend bestimmt ist. Dies hat auch das BAG für den Fall erkannt, dass die Parteien das Arbeitsverhältnis mit Eintritt der Erwerbsunfähigkeit beenden wollten, ohne den Begriff der „Erwerbsunfähigkeit“ näher zu definieren[730]. Hier kommt zur Unsicherheit darüber, ob die Bedingung überhaupt eintritt noch die Frage, wann sie als eingetreten gilt. Auch wenn sich aufgrund des Einvernehmens der Vertragsparteien eine entsprechende Vereinbarung grundsätzlich als Aufhebungsvertrag darstellt, unterscheidet sie sich doch fundamental von dessen herkömmlicher Erscheinungsform, weil die Parteien den Beendigungszeitpunkt als den zentralen Vertragsinhalt offen lassen.
Daraus folgt, dass bedingte Aufhebungsverträge grundsätzlich als Umgehungsgeschäfte anzusehen sind.

---

[725] BAG, Urt. v. 19.12.1974 – 2 AZR 565/73 = AP Nr. 3 zu § 629 BGB Bedingung = NJW 1975, 1531; Hromadka, RdA 1983, 88, 92.
[726] S. Argumentation von BAG, Urt. v. 19.12.1974 – 2 AZR 565/73 = AP Nr. 3 zu § 629 BGB Bedingung = NJW 1975, 1531.
[727] BAG, Urt. v. 27.06.1968 2 AZR 329/67 = AP Nr. 1 zu § 626 BGB Bedingung = NJW 1968, 2078; Urt. v. 15.03.2001 – 2 AZR 705/99 = AP Nr. 26 zu § 620 BGB Bedingung = NJW 2001, 3355; ErfK/Müller-Glöge, § 620 BGB Rn 173; KR/Etzel, § 1 KSchG Rn 179 m.w.N.
[728] Vgl. KR/Rost § 2 KSchG Rn 15.
[729] Ähnlich wie hier Felix, NZA 1994, 1111, 1113; zur Unzulässigkeit des Verzichts auf Kündigungsschutz vor dessen Entstehung s. BAG, Urt. v. 19.12.1974 – 2 AZR 565/73 = AP Nr. 3 zu § 620 BGB Bedingung = NJW 1975, 1531; ErfK/Ascheid, § 1 KSchG Rn 15; KR/Friedrich, § 4 KSchG Rn 296 m.w.N.; Wollenschläger, ArbuR 1975, 222, 224.
[730] BAG, Urt. v. 27.10.1988 – 2 AZR 109/88 = DB 1989, 1730.

c) Ausnahmen von der Unzulässigkeit des aufschiebend bedingten Aufhebungsvertrages?

§ 134 BGB hat zur Folge, dass der als Umgehungsgeschäft anzusehende Vertrag unwirksam ist. Fraglich ist, ob diese Rechtsfolge jeden aufschiebend bedingten Aufhebungsvertrag betrifft oder ob Ausnahmen bestehen.

Diese Frage ist nur konsequent zu beantworten, wenn dabei Sinn und Zweck des Verbotsgesetzes berücksichtigt werden. Ausnahmen können bei genauer Befolgung dieser Grundsätze folglich nur dann vorliegen, wenn zwar eine Bedingung vereinbart wurde, diese aber nicht zu einer Umgehung des arbeitsrechtlichen Bestandsschutzes führt[731]. Dies ist insbesondere dann der Fall, wenn der Arbeitnehmer zum Zeitpunkt der Vereinbarung des Aufhebungsvertrages noch keinen Kündigungsschutz genießt, weil es dann an einem unzulässigen Verzicht fehlt. In diesem Fall liegt die Annahme eines auflösend bedingten Arbeitsvertrages wie erläutert näher, mit der Folge der Anwendbarkeit der § 21, 14 Abs. 1 TzBfG.

Teilweise wird vorgeschlagen, auch Potestativbedingungen[732] oder solche, die nur auf Wunsch oder zugunsten des Arbeitnehmers vereinbart wurden, für zulässig zu erachten[733]. Dies wäre nach der hier vertretenen Auffassung aber nur dann möglich, wenn diese keine Gesetzesumgehung darstellen würden.

Hinsichtlich von reinen Rechts- oder sog. Potestativbedingungen ist dem zuzustimmen: Bei einer Rechtsbedingung handelt es sich streng genommen nicht um eine Bedingung, weil die eintretende Rechtsfolge vom Gesetz angeordnet wird[734]; bei einer Potestativbedingung greift der Schutz vor Gesetzesumgehung deshalb nicht ein, weil der Arbeitnehmer die Beendigung des Arbeitsverhältnisses selbst in der Hand hat[735]. Denn bei einer Potestativbedingung wird das freie Belieben einer Vertragspartei zur Bedingung des Rechtsgeschäfts gemacht[736]. Da der Eintritt der Bedingung in diesem Fall allein von der Entscheidung des Arbeitnehmers und nicht von sonstigen Faktoren abhängt, ist diese Vertragsgestaltung zulässig[737]. Durch die Herbeiführung des Bedingungseintritts „vollendet" der Arbeitnehmer die einvernehmliche Beendigung des Arbeitsverhältnisses; von einem unzulässigen antizipierten Verzicht auf den

---

[731] Herschel, Anm. zu BAG, Urt. v. 9.07.1981, AP Nr. 4 zu § 620 BGB Bedingung, S. 7; Hromadka, RdA 1983, 88, 93; Felix, NZA 1994, 1111, 1115.

[732] Zur Abgrenzung der Potestativ- von der sog. Wollensbedingung Hromadka, RdA 1983, 88, 93, und Müller, Aufhebungsverträge, S. 111, die beide nur die sog. Wollensbedingung für zulässig erachten.

[733] Staudinger/Preis, BGB, § 620 Rn 24; Ehrich, DB 1992, 1186, 1189; Felix, NZA 1994, 1111, 1115; Müller, Aufhebungsverträge, S. 108 ff; einschränkend Hromadka, RdA 1983, 88, 93.

[734] S. Palandt/Heinrichs, BGB, vor § 158 Rn 5.

[735] Vgl. BAG, Urt. v. 15.03.2001 – 2 AZR 705/99 = AP Nr. 26 zu § 620 BGB Bedingung = NJW 2001, 3355.

[736] Palandt/Heinrichs, vor § 158 Rn 10.

[737] So auch die Auffassung bezüglich der Zulässigkeit einer bedingten Kündigung; s. dazu nur ErfK/Ascheid, § 620 BGB Rn 173.

Kündigungsschutz kann aufgrund des Einflusses des Arbeitnehmers in diesem Fall nicht gesprochen werden, weil alleine die Vereinbarung der Bedingung noch nicht zum Verlust des Kündigungsschutzes führt, sondern erst ein bestimmtes Verhalten des Arbeitnehmers. Die Beendigung des Arbeitsverhältnisses beruht ebenso wie beim „einfachen“ Aufhebungsvertrag auf der Entscheidung des Arbeitnehmers, das Arbeitsverhältnis zu beenden.

Anders stellt sich die Rechtslage aber bei solchen Bedingungen dar, die auf Wunsch oder zugunsten des Arbeitnehmers vereinbart werden, ohne dass es sich um Potestativbedingungen handelt. Denn in diesen Fällen verzichtet der Arbeitnehmer durch die Vereinbarung bereits vor der Beendigung des Arbeitsverhältnisses auf den Kündigungsschutz, weil der Eintritt der Bedingung nicht ausschließlich von seiner Entscheidung abhängt. Zugleich entsteht dadurch eine unzulässige Ungewissheit über den Fortbestand des Arbeitsverhältnisses. Zwingendes Gesetzesrecht wie die Vorschrift des § 626 BGB kann aber nicht dadurch dispositiv werden, dass der Einfluss des Arbeitnehmers auf die betreffende Vertragsgestaltung eine gewisse Größenordnung erreicht hat[738]. Denn der Arbeitnehmer kann sich in diesen Fällen nicht sicher sein, ob die Bedingung tatsächlich eintreten wird. Dies gilt z.B. bei der Vereinbarung solcher Bedingungen, nach denen das Arbeitsverhältnis automatisch endet, wenn der Arbeitnehmer zu spät aus dem (im Gegenzug vom Arbeitgeber verlängerten) Urlaub kommt[739], weil in diesen Fällen Ursachen für die Verspätung des Arbeitnehmers in Betracht kommen, die dieser nicht beeinflussen kann. Gleiches gilt für eine Bedingung, nach der ein Berufsausbildungsverhältnis enden soll, wenn das Berufsschulhalbjahreszeugnis in bestimmten Fächern die Note „mangelhaft“ aufweist[740]. An diesen Beispielen wird deutlich, dass durch die Vereinbarung einer Bedingung – selbst wenn sie dem Arbeitnehmer auf den ersten Blick entgegenkommt - genau die Nachteile eintreten können, die durch das Verbot des antizipierten Verzichts auf Kündigungsschutz verhindert werden sollen.

Ist dem Arbeitnehmer die Kündigungsfrist für eine ordentliche Kündigung zu lang, ist er gezwungen, sich mit dem Arbeitgeber auf eine einvernehmliche Beendigung des Arbeitsverhältnisses zu einigen. Im System des Kündigungsschutzes, das nicht ausschließlich zugunsten des Arbeitnehmers besteht, sondern insbesondere für den Fall einer fristlosen Beendigung des Arbeitsvertrages auch die Dispositionsmöglichkeiten des Arbeitgebers schützen will[741], stellt die Vereinbarung einer auflösenden Bedin-

[738] Vgl. Preis, Vertragsgestaltung, S. 167.

[739] BAG; Urt. v. 4.12.1997 – 2 AZR 799/96 = AP Nr. 41 zu § 626 BGB = NZA 1998, 420; LAG Düsseldorf, Urt. v. 24.06.1974 – 15 Sa 44/74 = EzA § 305 BGB Nr. 4; a.A. LAG Schleswig-Holstein, Urt. v. 11.04.1974 – (1) 3 Sa 72/74 = EzA § 305 Nr. 5 BGB, und LAG Baden-Württemberg, Urt. v. 5.06.1974 – 7 Sa 34/74 = DB 1974, 1391.

[740] BAG, Urt. v. 5.12.1985 – 2 AZR 61/85 = AP Nr. 10 zu § 620 Bedingung = NZA 1987, 20.

[741] Vgl. BAG; Urt. v. 4.12.1997 – 2 AZR 799/96 = AP Nr. 41 zu § 626 BGB = NZA 1998, 420: „Sinn und Zweck des § 626 BGB ist es, den Vertragspartner vor sofortiger Beendigung des Dauer-

gung einen Anachronismus dar, der nur hingenommen werden kann, wenn er die Wertungen des Systems nicht beeinträchtigt.
Trotz der genannten Bedenken wird teilweise die Vereinbarung einer Bedingung in einem Prozessvergleich für zulässig gehalten. Dies wurde entschieden für einen gerichtlichen Vergleich, nach dem das Arbeitsverhältnis ein Jahr lang fortgesetzt werden und dann enden soll, wenn der Arbeitnehmer im Laufe dieses Jahres an mehr als 10 % der in diesem Zeitraum fallenden Arbeitstage fehlt[742]. Begründet wurde diese Entscheidung damit, dass es bei einer solchen Vereinbarung vorrangig um die Abmilderung des Prozessrisikos gehe[743]. Eine solche Ausnahme ist aber vor dem Hintergrund der hier vertretenen Auffassung nicht begründbar[744]. Denn auch wenn in diesem Fall keine Unsicherheit bezüglich des Zeitpunkts des möglichen Bedingungseintritts besteht, ändert das nichts daran, dass der Arbeitnehmer während des Jahres und auch in der Zeit vor dem relevanten Tag nicht sicher sein kann, ob er seinen Arbeitsplatz behält, ohne dies beeinflussen zu können. Damit werden aber die Voraussetzungen, die das Gesetz an die fristlose Beendigung eines Arbeitsverhältnisses knüpft, umgangen. Diese Beurteilung gilt im Ergebnis entgegen der Auffassung des BAG ebenso, wenn in einem Prozessvergleich die Beschäftigung des Arbeitnehmers von der Neubesetzung einer Planstelle, aus der der Arbeitnehmer bezahlt wird, abhängig gemacht wird[745]. Hierbei handelt es sich um die Verlagerung eines nicht vom Arbeitnehmer zu tragenden Risikos. Entscheidend ist, dass der Arbeitgeber durch solche Vereinbarungen das Erfordernis eines Kündigungsgrundes umgeht. Dagegen kann auch nicht eingewandt werden, der Kündigungsschutz stehe nach der Kündigung zur Disposition der Parteien[746]. Denn in diesen Fällen geht es nicht darum, sich über das Schicksal einer bereits ausgesprochenen Kündigung zu verständigen, sondern darum, anstelle der angegriffenen Kündigung, über deren Rechtmäßigkeit Streit besteht, einen weiteren Beendigungstatbestand einzuführen. Deshalb liegt in dem Vergleich eine unzulässige Verabredung eines an sich nicht ausreichenden Kündigungsgrundes für eine fristlose Kündigung. Zwingende gesetzliche Kündigungsbestimmungen sind kein Tauschobjekt für einen Arbeitsplatz[747].
Aufschiebend bedingte Aufhebungsverträge sind deshalb immer dann im Verhältnis zu § 626 BGB als Umgehungsgeschäfte anzusehen, wenn der Arbeitnehmer zum

---

schuldverhältnisses zu schützen; der Vertragspartner soll sich darauf verlassen können, dass der andere im Regelfall die ordentliche Kündigungsfrist einhält."

[742] LAG Baden-Württemberg, Urt. v. 15.12.1981 – 1 Sa 39/81 = DB 1982, 1989.

[743] LAG Baden-Württemberg, a.a.O.

[744] Ebenso Weber/Ehrich/Burmester, Aufhebungsverträge, Teil 1 Rn 36.

[745] BAG, Urt. v. 9.02.1984 – 2 AZR 402/83 = AP Nr. 7 zu § 620 BGB Bedingung = NZA 1984, 266.

[746] Enderlein, RdA 1998, 90, 98.

[747] So LAG München, Urt. v. 29.10.1987 – 4 Sa 783/87 = DB 1988, 506, im Hinblick auf die Umgehung der maßgeblichen Kündigungsfrist im Fall einer Bedingung, nach der bei Verstoß gegen das Alkoholverbot das Arbeitsverhältnis von selbst enden soll.

Zeitpunkt der Vereinbarung bereits Kündigungsschutz genießt. Dies führt nach § 134 BGB zur Unwirksamkeit der jeweiligen Vereinbarung mit der Folge, dass das Arbeitsverhältnis auch nach dem Eintritt der Bedingung weiterbesteht. Etwas anderes gilt nur dann, wenn die vereinbarte Bedingung eine reine Rechts- oder Potestativbedingung ist, weil dann die gesetzlichen Wertungen nicht beeinträchtigt werden.

d) Sonderfall: Regelungen über die Beendigung eines Arbeitsverhältnisses bei Erreichen einer bestimmten Altersgrenze

Im Rahmen der Erörterung der Zulässigkeit von Bedingungen soll noch kurz darauf eingegangen werden, wie die Vereinbarung von Altersgrenzen in Tarif- oder Arbeitsverträgen dogmatisch einzuordnen ist. Die grundsätzliche Zulässigkeit einer solchen Vereinbarung ergibt sich aus § 41 S. 3 SGB VI[748]. Danach gilt jede Vereinbarung, die die Beendigung des Arbeitsverhältnisses eines Arbeitnehmers ohne Kündigung zu einem Zeitpunkt vorsieht, in dem der Arbeitnehmer vor Vollendung des 65. Lebensjahres eine Rente wegen Alters beantragen kann, dem Arbeitnehmer gegenüber als auf die Vollendung des 65. Lebensjahres abgeschlossen. Eine Ausnahme besteht dann, wenn die Vereinbarung innerhalb der letzten drei Jahre vor diesem Zeitpunkt abgeschlossen oder von dem Arbeitnehmer bestätigt worden ist.

Das BAG hat solche Regelungen als Bedingungen angesehen, weil das Erreichen einer Altersgrenze ein zukünftiges Ereignis sei, dessen Eintritt ungewiss sei, während der Zeitpunkt des Eintritts feststehe[749]. Dies ist verfehlt, weil Altersgrenzen auf ein zukünftiges gewisses Ereignis abstellen, dessen Eintrittszeitpunkt ebenfalls gewiss ist[750]. Es liegt ein Endtermin vor[751]. Darauf, ob der Arbeitnehmer den Zeitpunkt des Fristablaufs erlebt, kann es dabei nicht ankommen, weil diese Gefahr allen Fristen immanent ist und sonst jede Befristung als Bedingung angesehen werden müsste. Es besteht weder Ungewissheit über den Zeitpunkt des Fristablaufs noch über dessen Eintrittsdatum. Deshalb richtet sich die Beurteilung von Altersgrenzenvereinbarungen nach den Grundsätzen über Befristungen.

e) Ergebnis

Der aufschiebend bedingte Aufhebungsvertrag kann nicht mit dem auflösend bedingten Arbeitsvertrag verglichen werden, so dass eine analoge Anwendung der §§ 21, 14 Abs. 1 TzBfG auf den bedingten Aufhebungsvertrag zumindest dann ausscheidet, wenn der Arbeitnehmer bereits Kündigungsschutz genießt.

---

[748] Zur Entwicklung der Regelungen über Altersgrenzen s. Weber/Ehrich/Burmester, Aufhebungsverträge, Teil 1 Rn 42 ff.

[749] BAG, Urt. v. 20.12.1984 – 2 AZR 3/84 = AP Nr. 9 zu § 620 BGB Bedingung = NZA 1986, 325; anders noch BAG, Urt. v. 25.03.1971 – 2 AZR 185/70 = AP Nr. 5 zu § 57 BetrVG = NJW 1971, 1629.

[750] Staudinger/Preis, BGB, § 620 Rn 20.

[751] Hromadka, RdA 1983, 88, 89.

Die Vereinbarung eines aufschiebend bedingten Aufhebungsvertrages ist zulässig, wenn es sich bei der vereinbarten Bedingung um eine Rechts- oder Potestativbedingung handelt. Genießt der Arbeitnehmer bereits Kündigungsschutz, ist der bedingte Aufhebungsvertrag wegen Gesetzesumgehung nach § 134 unwirksam, weil er einen unzulässigen antizipierten Verzicht auf den dem Arbeitnehmer zustehenden Kündigungsschutz darstellt und aufgrund der Unsicherheit über das Fortbestehen des Arbeitsverhältnisses mit dem Grundsatz der Rechtsklarheit nicht vereinbar ist.

2. Aufhebungsvertrag mit bedingter Wiedereinstellungszusage

Der Aufhebungsvertrag mit bedingter Wiedereinstellungszusage ist auf den ersten Blick mit der Vereinbarung einer auflösenden Bedingung vergleichbar. Er wurde von der Praxis ins Leben gerufen, um die von den Gerichten überwiegend angenommene Unwirksamkeit der oben behandelten Bedingungen zu verhindern. Das BAG durchschaute diese Absicht und erklärte die neue Konstruktion grundsätzlich für unzulässig[752].

a) Inhalt der Vereinbarungen

Die beanstandeten Vereinbarungen lauteten z.B., das Arbeitsverhältnis zwischen den Parteien solle zum Ende des tariflichen Urlaubs enden, wobei dem Arbeitnehmer die Wiedereinstellung zu den bisherigen Arbeitsbedingungen zugesagt werde, wenn er dies spätestens an einem bestimmten, nach dem Urlaubsende liegenden Termin beantrage[753]. Hintergrund der Vereinbarung war die Weigerung des Arbeitgebers, dem Arbeitnehmer über den ihm tariflich zustehenden Urlaub hinaus unbezahlten Urlaub zu gewähren. Während in den Fällen der auflösenden Bedingung das Arbeitsverhältnis bei nicht rechtzeitiger Rückkehr aus dem Urlaub enden sollte, wurde hier die Wiederaufnahme der vertraglichen Beziehungen an dieses Verhalten des Arbeitnehmers geknüpft. Dieselbe Situation wird folglich auf rechtstechnisch unterschiedliche Weise gelöst.

b) Auffassung des BAG

Aufgrund der Parallelen zum aufschiebend bedingten Aufhebungsvertrag untersagte das BAG auch den Aufhebungsvertrag mit bedingter Wiedereinstellungszusage[754]. Es hielt die Unterscheidung für zu formalistisch, da der Arbeitgeber den Arbeitnehmer in beiden Fällen offensichtlich dazu anhalten wolle, zu einem bestimmten Termin

---

[752] BAG, Urt. v. 13.12.1984 – 2 AZR 294/83 = AP Nr. 8 zu § 620 BGB Bedingung = NJW 1985, 1918, Urt. v. 25.06.1987 – 2 AZR 541/86 = AP Nr. 14 zu § 620 BGB Bedingung = NZA 1988, 391.

[753] BAG, Urt. v. 13.12.1984 – 2 AZR 294/83 = AP Nr. 8 zu § 620 BGB Bedingung = NJW 1985, 1918, vgl.a. Urt. v. 25.06.1987 – 2 AZR 541/86 = AP Nr. 14 zu § 620 BGB Bedingung = NZA 1988, 391.

[754] BAG, Urt. v. 13.12.1984 – 2 AZR 294/83 = AP Nr. 8 zu § 620 BGB Bedingung = NJW 1985, 1918.

seine Arbeit wiederaufzunehmen. Dieses Interesse könne aber die gewählte Vertragsgestaltung ebenso wenig rechtfertigen wie einen bedingten Aufhebungsvertrag[755]. In beiden Fällen werde die Kündigung als die dem Gesetz entsprechende Sanktion vorweggenommen[756].

c) Stellungnahme

Diese Beurteilung greift zu kurz. Dies ist zum einen mit der unterschiedlichen dogmatischen Einordnung zu begründen. Zum anderen ergibt auch ein Vergleich der Interessenlage unter besonderer Beachtung der Schutzbedürftigkeit des Arbeitnehmers, dass der Aufhebungsvertrag mit bedingter Wiedereinstellungszusage nicht mit dem bedingten Aufhebungsvertrag gleichgesetzt werden kann.
Die Verwendung auflösender Bedingungen zur Beendigung eines Arbeitsverhältnisses ist nach der hier vertretenen Auffassung deshalb unzulässig, weil sie als Umgehung des § 626 BGB anzusehen sind. Dies ist damit begründet worden, dass die Beendigung eines Arbeitsvertrages von einem Tag auf den anderen aufgrund der besonderen Situation der Vertragsparteien grundsätzlich vermieden werden soll und dass der Arbeitnehmer grundsätzlich nicht vor Beendigung des Arbeitsverhältnisses auf den ihm zustehenden Kündigungsschutz verzichten darf.
Beide Argumente greifen im Fall der bedingten Wiedereinstellungszusage nicht: Zum einen wird das Arbeitsverhältnis durch einen „normalen" Aufhebungsvertrag beendet, so dass weder Arbeitnehmer noch Arbeitgeber über den Zustand ihrer vertraglichen Beziehungen im Unklaren sind. Zum anderen liegt zwischen der Beendigung des Arbeitsverhältnisses und dem möglichen Eintritt der Bedingung für die Wiedereinstellung ein gewisser Zeitraum, in dem der Arbeitnehmer „bewusst" arbeitslos ist. Tritt anschließend die Bedingung ein, hat er nur Anspruch auf Wiedereinstellung; ob er diesen Anspruch geltend macht, bedarf einer neuen Entscheidung. Diese Zusage ist eine einseitige Erklärung des Arbeitgebers, die von der einvernehmlichen Beendigung des Arbeitsverhältnisses unterschieden werden muss[757]. Die Situation ist vergleichbar mit der Aufhebung des Arbeitsverhältnisses bei einem Arbeitgeber, weil ein anderer Arbeitgeber eine Einstellung zugesagt hat. Auch wenn in den vom BAG entschiedenen Fällen die Wahrung des Besitzstandes zugesagt wurde und dies, wie das BAG zu Recht ausführt, darauf hindeutet, dass beide Parteien zur Fortsetzung des Arbeitsverhältnisses auf unbestimmte Zeit bereit sind[758], ändert dies nichts daran, dass der Vertrag zunächst einmal einvernehmlich aufgehoben wird.

---

[755] BAG, Urt. v. 13.12.1984 – 2 AZR 294/83 = AP Nr. 8 zu § 620 BGB Bedingung = NJW 1985, 1918.

[756] BAG, Urt. v. 25.06.1987 – 2 AZR 541/86 = AP Nr. 14 zu § 620 BGB Bedingung = NZA 1988, 391.

[757] So zu Recht Oßwald, Bedingter Aufhebungsvertrag, S. 248.

[758] BAG, Urt. v. 13.12.1984 – 2 AZR 294/83 = AP Nr. 8 zu § 620 BGB Bedingung = NJW 1985, 1918.

Dogmatisch gesehen unterscheidet sich dieser Aufhebungsvertrag in keiner Weise von jedem anderen Aufhebungsvertrag zur Beendigung eines Arbeitsvertrages.
Auch eine Betrachtung der Arbeitnehmerrechte ergibt nichts anderes: Der Arbeitnehmer hat an den Arbeitgeber eine Forderung gestellt, die dieser nicht zu erfüllen verpflichtet ist. Wenn der Arbeitnehmer trotzdem unbezahlten „Urlaub" erhalten will, muss er einer Beendigung des Arbeitsverhältnisses zustimmen. Soweit der Arbeitgeber ihm hier noch die Möglichkeit der Rückkehr einräumt, ist dies aus seiner Sicht nur zu begrüßen[759] und rechtfertigt damit entgegen der Auffassung des BAG die in Rede stehende Vertragskonstruktion. Der Arbeitnehmer kann sowohl entscheiden, ob er den Bedingungseintritt herbeiführt, als auch, ob er in diesem Fall von seinem Anspruch auf Wiedereinstellung Gebrauch macht. Er verzichtet nicht auf Kündigungsschutz, weil er einen Aufhebungsvertrag abschließt und dieser steht auch nicht in Konflikt zu kündigungsschutzrechtlichen Vorschriften, weil er keinen unsicheren rechtlichen Zustand herbeiführt. Der Arbeitgeber stellt es dem Arbeitnehmer frei, abzuwägen, ob er einen neuen Arbeitsvertrag erhalten will. Sollte dieser aus Gründen, die er nicht zu vertreten hat, die Bedingung nicht herbeiführen können, verwirklicht sich das in jedem Aufhebungsvertrag liegende Risiko der Arbeitslosigkeit endgültig. Die Frage, ob die tatsächlichen betrieblichen Verhältnisse der Vereinbarung nicht entsprechen[760], spielt in diesem Zusammenhang rechtlich keine Rolle, weil die Parteien ihre vertraglichen Beziehungen so regeln können, wie es ihnen vorteilhaft erscheint.
Dies sieht auch das BAG, wenn es in seinem Urteil vom 13.12.1984 ausführt[761]: „Formal bestand in der Tat, im Gegensatz zum bedingten Aufhebungsvertrag, wegen der unbedingten rechtlichen Beendigung des Arbeitsverhältnisses kein Anspruch der Bekl. auf rechtzeitige Wiederaufnahme der Arbeit und keine entsprechende Verpflichtung des Arbeitnehmers, dessen Nichterfüllung einen Grund zur fristlosen Kündigung oder zur sozialen Rechtfertigung einer ordentlichen Kündigung hätte geben können". Warum das BAG trotzdem zur Unwirksamkeit des Vertrages kommt, ist unklar, weil allein die Tatsache, dass beide Parteien unter gewissen Umständen ihre vertraglichen Beziehungen fortführen wollen, noch keine Umgehung von Kündigungsvoraussetzungen darstellt. Damit bleibt das BAG in diesen Fällen die Rechtfertigung für die Einschränkung der im Abschluss eines Aufhebungsvertrages zum Ausdruck kommenden Vertragsfreiheit schuldig. Allein die Tatsache, dass die Vertragskonstruktion gewählt wird, um die Unwirksamkeit einer möglichen anderen zu verhindern, führt noch nicht zu einer Anwendbarkeit des § 134 BGB, weil beide Verträge unterschiedliche Erfolge bewirken.

---

[759] Bickel, Anm. zu BAG, Urt. v. 13.12.1984, AP Nr. 8 zu § 620 BGB Bedingung, S. 6, befürchtete aufgrund der Rspr. des BAG bereits, dass Arbeitgeber den überwiegend betroffenen ausländischen Arbeitnehmern gar keinen Zusatzurlaub mehr gewähren würden.
[760] So das Argument des BAG, a.a.O.
[761] BAG, a.a.O.

Ein Aufhebungsvertrag im Schwebezustand ist mit § 626 BGB nicht zu vereinbaren, eine bedingte Wiedereinstellungszusage durchaus. Es handelt sich nicht um eine objektiv funktionswidrig verwendete auflösende Bedingung des Arbeitsvertrages, sondern um eine nicht mit dem unabdingbaren arbeitsrechtlichen Bestandsschutz in Konflikt stehende aufschiebende Bedingung für die Begründung eines neuen Arbeitsverhältnisses[762].

Eine neuere, noch nicht amtlich veröffentlichte Entscheidung des BAG lässt die Schlussfolgerung zu, dass auch das BAG dazu tendiert, zukünftig den unbedingten Aufhebungsvertrag mit bedingter Wiedereinstellungszusage zumindest nicht ohne weiteres dem auflösend bedingten Aufhebungsvertrag gleichzustellen[763].

3. Der auflösend bedingte Aufhebungsvertrag

Eine mit dem Aufhebungsvertrag mit Wiedereinstellungszusage vergleichbare Konstruktion stellt der auflösend bedingte Aufhebungsvertrag dar. Dieser unterscheidet sich vom Aufhebungsvertrag mit bedingter Wiedereinstellungszusage dadurch, dass das ungewisse Ereignis zu einer Zeit eintritt, zu der das Arbeitsverhältnis noch besteht. Das heißt, der Aufhebungsvertrag entfaltet keine Rechtsfolgen mehr, sondern fällt aufgrund des Eintritts der Bedingung weg. So z.B. ein Aufhebungsvertrag, der die Klausel enthält, das Arbeitsverhältnis bestehe über den eigentlichen Auflösungszeitpunkt hinaus fort, falls der Arbeitnehmer innerhalb eines bestimmten Zeitraums davor an weniger als 8 % der Arbeitstage arbeitsunfähig erkrankt[764].

Diese Vertragsgestaltung verknüpft Elemente der beiden bereits behandelten Aufhebungsvertragsvarianten: Zum einen ist ungewiss, ob das Arbeitsverhältnis zu einem bestimmten Zeitpunkt endet, weil der Eintritt einer Bedingung darüber entscheidet. Zum anderen endet das Arbeitsverhältnis - wenn überhaupt - aufgrund eines Aufhebungsvertrages, nicht aber aufgrund der Bedingung. Der Eintritt der Bedingung ist in diesen Fällen vielmehr die Voraussetzung für das Fortbestehen des Arbeitsvertrages. Auch eine solche Konstruktion wird von der Rechtsprechung wegen Umgehung zwingender Kündigungsschutzvorschriften als unzulässig angesehen[765].

Dem ist zuzustimmen. Der auflösend bedingte Aufhebungsvertrag steht dem aufschiebend bedingten Aufhebungsvertrag näher, weil hier ebenfalls eine Verknüpfung zwischen Beendigung des Arbeitsverhältnisses und Bedingung vorliegt und der Eintritt der Bedingung und damit der Fortbestand des Arbeitsverhältnisses nicht wie bei

---

762 Ebenso i.E. Weber/Ehrich/Burmester, Aufhebungsverträge, Teil 1 Rn 41; Oßwald, Bedingter Aufhebungsvertrag, S. 254 f.

763 So BAG, Urt. v. 7.03.2002 – 2 AZR 93/01 – bislang n.v. – für den Fall, dass im Anschluss an die Probezeit ein Aufhebungsvertrag mit längerer Auslauffrist geschlossen wird und der Arbeitgeber dem Arbeitnehmer die Wiedereinstellung für den Fall seiner Bewährung zusagt.

764 LAG Baden-Württemberg, Urt. v. 5.10.1990 – 15 Sa 92/90 = LAGE § 611 BGB Aufhebungsvertrag Nr. 3.

765 LAG Baden-Württemberg, a.a.O.; LAG Düsseldorf, Urt. v. 24.06.1974 – 15 Sa 44/74 = EzA § 305 BGB Nr. 4.

der Wiedereinstellungszuge von einer Erklärung, sondern allein von dem Verhalten des Arbeitnehmers abhängt. Dadurch entsteht zu Lasten des Arbeitnehmers eine Rechtsunsicherheit, die § 626 BGB verhindern will. Die Funktion des Vertrages besteht ausschließlich darin, dass bei Überschreiten einer bestimmten Anzahl an Krankheitstagen die Beendigung des Arbeitsverhältnisses nicht mehr in Streit stehen soll[766].

Ob der Aufhebungsvertrag unter einer aufschiebenden oder einer auflösenden Bedingung geschlossen wird, macht deshalb sowohl tatsächlich als auch rechtlich keinen Unterschied. In beiden Fällen ist die Auflösungsvereinbarung grundsätzlich nach § 134 BGB unwirksam.

4. Umgehung von § 613 a BGB

a) Problemstellung

Eine große Bedeutung in Zusammenhang mit der Prüfung von Gesetzesumgehungen durch Aufhebungsverträge hat das Kündigungsverbot des § 613 a Abs. 4 BGB, wonach die Kündigung des Arbeitsverhältnisses des Arbeitnehmers aus Anlass des Betriebsüberganges unzulässig ist.

Das BAG hat festgestellt, dass es sich bei § 613 a Abs. 2 BGB um ein eigenständiges Kündigungsverbot handelt, auf das § 4 KSchG grundsätzlich[767] keine Anwendung finde[768]. Dem hat sich mittlerweile die Literatur angeschlossen[769]. Das BAG hat weiterhin ausgeführt, § 613 a Abs. 4 BGB sei lediglich eine spezialgesetzliche Regelung des allgemeinen Umgehungsverbotes und habe aufgrund dessen nur deklaratorischen Charakter[770]. Auch ohne die Regelung des Abs. 4 wären Kündigungen zur Umgehung des in § 613 a Abs. 1 BGB gewährleisteten Bestandsschutzes unwirksam.

§ 613 a Abs. 4 BGB verbietet ausdrücklich nur die Kündigung gegenüber Arbeitnehmern aus Anlass eines Betriebsüberganges, um den Erhalt der Arbeitsplätze und den Inhalt der Arbeitsverträge zu sichern. Da die Vorschriften für Kündigungen grundsätzlich nicht für Aufhebungsverträge gelten, kommt nur eine Übertragung des Schutzzwecks dieser Norm auf die einvernehmliche Beendigung von Arbeitsverhältnissen in Frage. Als in der Praxis Gestaltungsformen verwendet wurden, die als offensichtliches Ziel die Aushebelung des in § 613 a Abs. 1 BGB gewährleisteten Bestandsschutzes hatten, griff das BAG zur Theorie der Gesetzesumgehung und kam so

766 LAG Baden-Württemberg, Urt. v. 5.10.1990 – 15 Sa 92/90 = LAGE § 611 BGB Aufhebungsvertrag Nr. 3.

767 S. die Ausnahme in § 113 Abs. 2 InsO bei Kündigung durch den Insolvenzverwalter.

768 Ausführlich BAG, Urt. v. 31.01.1985 – 2 AZR 530/83 = AP Nr. 40 zu § 613 a BGB = NJW 1985, 87.

769 Vgl. nur KR/Pfeiffer, § 613 a BGB Rn 78 f. m.w.N.; ebenso Preis in Stahlhacke/Preis/Vossen, Kündigung und Kündigungsschutz, Rn 967.

770 BAG, Urt. v. 31.01.1985 – 2 AZR 530/83 = AP Nr. 40 zu § 613 a BGB = NJW 1985, 87.

in einigen Fällen zur Unwirksamkeit von im Rahmen von Betriebsübergängen geschlossenen Aufhebungsverträgen nach § 134 BGB.

b) Entwicklung der Rechtsprechung und Meinungsstand

aa) Die Rechtsprechung zum sog. „Lemgoer Modell"

Nachdem die Rechtsprechung des BAG unter dem Einfluss der europäischen Urteile[771] zu der § 613 a BGB zugrundeliegenden Richtlinie den Begriff des „Betriebsüberganges" weiter fasste[772] und auch die grundsätzliche Anwendbarkeit der Vorschrift im Konkurs festgestellt wurde[773], sahen sich viele in ihrer Existenz bedrohte Betriebe und deren Belegschaft in der Klemme: Zum einen sollten so viele Arbeitsplätze wie möglich gerettet werden, zum anderen bestand aber die Gefahr, aufgrund der „Hypothek" des § 613 a BGB keinen Betriebsübernehmer zu finden. Dies versuchten Arbeitgeber und Arbeitnehmervertreter durch das sog. „Lemgoer Modell" abzuwenden[774].

Das Modell stützt sich darauf, dass das Verbot des § 613 a Abs. 4 BGB seinem Wortlaut nach nur für Arbeitgeberkündigungen gilt. Deshalb wurden die Arbeitnehmer durch eine Absprache zwischen Arbeitgebern und Betriebsrat veranlasst, ihre Arbeitsverhältnisse fristlos zu kündigen bzw. Aufhebungsverträge abzuschließen. Gleichzeitig erteilte ihnen der Betriebserwerber die Zusage, dass sie nach erfolgtem Betriebsübergang wieder neu – allerdings zu schlechteren Konditionen - eingestellt werden würden. Begründet wurden diese Absprachen damit, dass die Arbeitsplätze nur durch den Verzicht auf den Bestandsschutz des § 613 a Abs. 1 BGB zu retten seien.

Das BAG versagte dieser Gestaltungsform den rechtlichen Segen. Der Verstoß gegen die Grundsätze des § 613 a BGB war in diesen Fällen allzu offensichtlich. Das BAG führte dementsprechend aus, auch Aufhebungsverträge aus Anlass des Betriebsüberganges seien verboten, wenn sie vom Betriebsveräußerer oder –erwerber allein veranlasst würden, um dem bestehenden Kündigungsverbot auszuweichen[775]. Verträge,

---

[771] S. nur EuGH, Urt. v. 10.12.1998 - C-127/96, C-74/97, C-229/96 = NZA 1998, 253 ff.

[772] S. zuletzt BAG, Urt. v. 18.03.1999 – 8 AZR 159/98 = AP Nr. 189 zu § 613 a BGB = NJW 1999, 2461; Urt. v. 14.05.1998 - 8 AZR 418/96 = NZA 1999, 483 ff.; zu den Voraussetzungen des Betriebsübergangs s. nur Palandt/Putzo, BGB, § 613 a Rn 9 ff. m.w.N.; zum Begriff des Betriebs vgl. KR/Pfeiffer, § 613 a BGB Rn 18 ff.; zum Wiedereinstellungsanspruch nach betriebsbedingter Kündigung s. BAG, Urt. v. 27.02.1997 – 2 AZR 160/96 = AP Nr. 1 zu § 1 KSchG 1969 Wiedereinstellung = NJW 1997, 2257.

[773] S. nur BAG, Urt. v. 17.01.1980 - 3 AZR 160/7 = AP Nr. 18 zu § 613 a BGB = NJW 1980, 1124; Urt. v. 26.05.1983 - 2 AZR 477/81 = AP Nr. 34 zu § 613 a BGB = NJW 1984, 627; BAG, Urt. v. 26.02.1987 – 2 AZR 782/85 - n. v.; zur Haftungsbeschränkung des Betriebserwerbers im Konkurs BAG, Urt. v. 11.02.1992 – 3 AZR 117/91 = AP Nr. 13 zu § 1 BetrAVG Betriebsveräußerung = NZA 1993, 20.

[774] Dazu näher Pietzko, ZIP 1990, 1105 ff., und Ende, NZA 1994, 494 ff.

[775] BAG, Urt. v. 28.04.1987 – 3 AZR 75/86 = AP Nr. 5 zu § 1 BetrAVG Betriebsveräußerung = NZA 1988, 198.

durch die die Kontinuität des Arbeitsverhältnisses entgegen den gesetzlichen Wertungen unterbrochen werden solle, wodurch der Arbeitnehmer die bisher erdienten Besitzstände verliere, seien wegen Umgehung des § 613 a BGB[776] gemäß § 134 BGB unwirksam[777]. Darüber hinaus stellte das BAG einen Verstoß gegen § 4 BetrAVG fest, weil unverfallbare Versorgungsanwartschaften beim Betriebsveräußerer zurückblieben und so eine unzulässige Verschiebung der Haftungsmasse auf den Pensionssicherungsverein stattfinde[778]. Ebenso urteilte das BAG im Hinblick auf von den Arbeitnehmern unterzeichnete Erlassverträge über ihre beim Veräußerer erdienten Versorgungsanwartschaften[779].
Anders stellte sich die Situation nur dann dar, wenn der Aufhebungsvertrag auf ein endgültiges Ausscheiden des Arbeitnehmers aus dem Betrieb gerichtet war. Das BAG sah in diesen Fällen keine Gefahr der Umgehung des § 613 a BGB, weil der Arbeitnehmer dem Übergang des Arbeitsverhältnisses auf den Betriebserwerber auch widersprechen und damit den Eintritt der Rechtsfolgen des § 613 a BGB verhindern könne[780].
Das BSG und die Instanzgerichte haben sich dieser Rechtsprechung angeschlossen[781].

bb) Die Kritik der Literatur: „Perversion" des § 613 a BGB?

Die restriktive Rechtsprechung führte zum Teil zu erheblichen Bedenken in der Literatur[782].
Vereinzelt wurden sogar Strategien entwickelt, um der Anwendbarkeit des § 613 a BGB zu entgehen[783]. Dabei wurde vor allem befürchtet, der Schutzzweck des § 613 a BGB werde in sein Gegenteil verkehrt, weil die Vorschrift die Beendigung der Ar-

[776] Das BAG, Urt. v. 28.04.1987 – 3 AZR 75/86 = AP Nr. 5 zu § 1 BetrAVG Betriebsveräußerung = NZA 1988, 198, stützt sich dabei sowohl auf eine Umgehung von Abs. 1 als auch von Abs. 4.
[777] BAG, Urt. v. 11.07.1995 – 3 AZR 154/95 = AP Nr. 56 zu § 1 TVG Tarifverträge Einzelhandel = NZA 1996, 207.
[778] BAG, a.a.O.; ebenso BAG, Urt. v. 29.11.1988 – 3 AZR 250/87 = AP Nr. 7 zu § 1 BetrAVG Betriebsveräußerung = NZA 1989, 425.
[779] BAG, Urt. v. 12.05.1992 – 3 AZR 247/91 = NZA 1992, 1080 = AP Nr. 14 zu § 1 BetrAVG Betriebsveräußerung.
[780] BAG, Urt. v. 11.12.1997 – 8 AZR 654/95 = NZA 1999, 262, 263; der Abschluss eines Aufhebungsvertrages zu Lasten des Veräußerers ist demzufolge nur so lange möglich, wie der Arbeitnehmer von seinem Widerspruchsrecht Gebrauch machen könnte: LAG Hamm, Urt. v.12.12.1996 – 4 Sa 1258/94 = LAGE § 613 a BGB Nr. 60.
[781] Vgl. nur BSG, Urt. v. 14.03.1989 – 10 Rar 6/87 = ZIP 1989, 1415; LAG Thüringen, Urt. v. 6.09.1994 – 7/5 Sa 441/93 - n. v.; LAG Düsseldorf, Urt. v. 28.04.1997 – 10 Sa 1534/96 = LAGE § 613 a BGB Nr. 61; LAG Hamm, Urt. v.12.12.1996 – 4 Sa 1258/94 = LAGE § 613 a BGB Nr. 60 und Urt. v. 29.10.1998 – 8 Sa 2337/97 - n. v.
[782] Pietzko, ZIP 1990, 1105, 1107 ff.; Hanau ZIP 1998, 1817, 1821; einschränkend Willemsen, Anm. zu BAG, Urt. v. 28.04.1987, EzA § 613 a BGB Nr. 67, S. 11 ff.
[783] Vgl. die Beschreibung verschiedener Modelle bei Weimar/Alfes, NZA 1993, 155.

beitsverhältnisse verursache, die sie eigentlich erhalten solle[784]. Der Bestandsschutz des Arbeitsverhältnisses dürfe dem Arbeitnehmer nicht aufgedrängt werden[785]. Auch eine Auslegung des § 613 a BGB spreche nicht für eine Anwendbarkeit der Vorschrift auf Eigenkündigungen und Aufhebungsverträge[786].

Dem BAG wurde vorgeworfen, es mache es durch die extensive Anwendung des § 613 a BGB unmöglich, für marode Betriebe einen Übernehmer zu finden. Außerdem stelle es einen sachlichen Grund dar, wenn ein Aufhebungsvertrag zur Sicherung von Arbeitsplätzen erforderlich sei, so dass eine Umgehung nicht in Betracht käme[787].

cc) Das Urteil des BAG vom 10.12.1998

Das BAG hat zwar die dogmatischen Grundlagen seiner Rechtsprechung nicht geändert; in konsequenter Fortführung seine Argumentation gelangte es aber zu der Wirksamkeit von anlässlich eines Betriebsüberganges geschlossenen Aufhebungsverträgen. Dabei erklärte es ein Modell für grundsätzlich zulässig, das ebenfalls zur Rettung von Arbeitsplätzen ersonnen wurde: Die Einrichtung einer Beschäftigungsgesellschaft.

Der Entscheidung vom 10.12.1998[788] lag folgender Sachverhalt zugrunde: Um Massenentlassungen bei einer zum früheren Vulkanverbund gehörenden, am 7.06.1996 in Konkurs gefallenen AG zu vermeiden, schlossen die Arbeitnehmer mit der AG und der neu errichteten Beschäftigungsgesellschaft einen Vertrag, wonach das Arbeitsverhältnis mit der AG einvernehmlich aufgelöst und ein neues, auf ca. ein Jahr befristetes Arbeitsverhältnis mit der Beschäftigungsgesellschaft begründet wurde, die eine sog. Kurzarbeit gegen Null gemäß § 63 AFG a.F. und eine Fortbildung der Arbeitnehmer anbieten sollte. Im Rahmen des Sanierungskonzepts war geplant, dass ein Teil der Arbeitnehmer später ein Einstellungsangebot einer GmbH erhalten sollte, die auf dem gleichen Sektor mit den gleichen Betriebsmitteln tätig war wie die AG. Da sich dies jedoch nicht für alle Arbeitnehmer verwirklichte, erhob der nicht eingestellte Kläger Klage auf Feststellung, dass der Aufhebungsvertrag unwirksam und sein Arbeitsverhältnis nach § 613 a Abs. 1 BGB auf die GmbH übergegangen sei.

Das BAG ließ in seiner Entscheidung offen, ob überhaupt ein Betriebsübergang auf die GmbH stattgefunden hatte[789]. Zum Zeitpunkt des möglichen Betriebsüberganges habe jedenfalls kein übergangsfähiges Arbeitsverhältnis der AG mit dem Kläger bestanden, weil dieses durch den geschlossenen Aufhebungsvertrag wirksam beendet worden sei. Die Begründung dafür, dass der Aufhebungsvertrag in diesem Fall nicht nach § 134 BGB unwirksam war, sah das BAG darin, dass der dreiseitige Vertrag

784 Hanau, ZIP 1998, 1817.
785 Pietzko, ZIP 1990, 1105, 1107.
786 Pietzko, ZIP 1990, 1105, 1108 f.
787 Hanau, ZIP 1998, 1817, 1821.
788 BAG, Urt. v. 10.12.1998 – 8 AZR 324/97 = AP Nr. 187 zu § 613 a BGB = NZA 1999, 422.
789 BAG, a.a.O.

den Arbeitnehmern neben der sozialrechtlichen Positionsverbesserung die Chance eröffnet habe, ein neues Arbeitsverhältnis zu finden. Weil die Fortsetzung des alten Arbeitsverhältnisses nicht absehbar gewesen sei, habe der Vertrag nicht der Unterbrechung der Kontinuität des Arbeitsverhältnisses gedient, so dass es sich nicht um einen in Konflikt mit § 613 a BGB stehenden Aufhebungsvertrag zur unbedingten Beendigung des mit der AG bestehenden Arbeitsverhältnisses gehandelt habe[790].
Für diese Entscheidung, der sich auch die Instanzgerichte inzwischen angeschlossen haben[791], erhielt das BAG auch Anerkennung von den vormaligen Kritikern seiner Rechtsprechung[792].

c) Stellungnahme

Die Entscheidung des BAG ist sowohl rechtspolitisch begrüßenswert als auch dogmatisch konsequent. Dies ergibt sich aus folgenden Überlegungen:
Bei der Beantwortung der Frage, ob Aufhebungsverträge als Umgehung des § 613 a BGB nach § 134 BGB unwirksam sein können, ist nicht entscheidend, ob man § 613 a Abs. 4 S. 1 BGB als umgangenes Verbot ansieht oder die Unwirksamkeit auf § 613 a Abs. 1 S. 1 BGB stützt[793]. Auch das BAG entscheidet insoweit nicht einheitlich[794].
Der Gesetzgeber hat die arbeitgeberseitige Kündigung aus Anlass eines Betriebsüberganges als einen Fall angesehen, bei dem der Schutzzweck des Abs. 1 S. 1 BGB jedenfalls vereitelt würde. Dies schließt aber nicht aus, dass noch andere Umgehungstatbestände des im Fall eines Betriebsüberganges garantierten arbeitsrechtlichen Bestandsschutzes[795] denkbar sind.
Aufhebungsverträge oder Eigenkündigungen im Zusammenhang mit einem Betriebsübergang sind nach der Lehre von der Gesetzesumgehung gemäß § 134 BGB unwirksam, wenn sie einen gesetzlich untersagten Erfolg mit einem grundsätzlich zulässigen Mittel herbeiführen. Nach dem oben Gesagten will sowohl § 613 a Abs. 1 S. 1 BGB als auch § 613 a Abs. 4 S. 1 BGB verhindern, dass der anlässlich eines Betriebsüberganges gewährte Bestandsschutz auch im Hinblick auf den Inhalt des Arbeitsverhältnisses umgangen wird. Es handelt sich um zwingende Rechtsfolgen. Diese Rechtsfolgen vermeidet ein nach der Vertragsfreiheit grundsätzlich zulässiger Aufhebungsvertrag, wenn er allein deshalb abgeschlossen wird, weil der Arbeitsvertrag

---

790 BAG, Urt. v. 10.12.1998 – 8 AZR 324/97 = AP Nr. 187 zu § 613 a BGB = NZA 1999, 422.
791 Vgl. nur LAG Bremen, Urt. v. 10.05.1999 – 1 Sa 291/98 = ArbuR 1999, 316.
792 Hanau, ZIP 1999, 324; zust. Anm. auch von Joost, EWiR 1999, 247.
793 A.A. Heinze, Anm. zu LAG Düsseldorf, Urt. v. 28.04.1997, LAGE § 613 a BGB Nr. 61, S. 11, der allein § 613 a Abs. 4 BGB für ein Verbotsgesetz hält.
794 Verstoß gegen § 613 a Abs. 1 S. 1 BGB: BAG, Urt. v. 12.05.1992 – 3 AZR 247/91 = AP Nr. 14 zu § 1 BetrAVG Betriebsveräußerung = NZA 1992, 1080; Verstoß gegen § 613 a Abs. 4 BGB: BAG, Urt. v. 11.02.1992 – 3 AZR 117/91 = AP Nr. 13 zu § 1 BetrAVG Betriebsveräußerung = NZA 1993, 20.
795 Die Kontinuität der Arbeitsbedingungen wird auch europarechtlich garantiert: Ende, NZA 1994, 494 ff.

mit dem Betriebserwerber einen anderen Inhalt haben soll als derjenige mit dem Veräußerer. Würde man derart zustande gekommene Aufhebungsverträge zulassen, wäre die Intention des Gesetzes und vor allem seine Effektivität erheblich beeinträchtigt.
Voraussetzung für die Umgehung des § 613 a Abs.1 BGB ist, dass der Aufhebungsvertrag aus Anlass des Betriebsüberganges geschlossen wurde. Hinsichtlich der Veranlassung kann auf die zu § 17 KSchG und §§ 111 ff. BetrVG gemachten Ausführungen verwiesen werden[796]. Auch für eine Umgehung des § 613 a BGB genügt es daher, wenn der Betriebsübergang im Raum steht und die Entscheidung des Arbeitnehmers auslöste, zu kündigen oder einen Aufhebungsvertrag abzuschließen. Eine – wie auch immer geartete – Drohung mit einer Kündigung ist nicht unbedingt erforderlich[797].
Weiterhin liegt eine Unwirksamkeit nach § 134 BGB nur vor, wenn sich die Vereinbarung gegen den Schutzzweck des § 613 a Abs. 1 BGB, die Kontinuität des Arbeitsverhältnisses, richtet, nicht jedoch, wenn nur der Übergang des Arbeitsverhältnisses als solches verhindert werden soll[798]. Dies hat das BAG in der Entscheidung vom 10.12.1998 zu Recht unter Hinweis auf das dem Arbeitnehmer zustehende Widerspruchsrecht festgestellt[799]. Das Modell der Beschäftigungsgesellschaft[800] diente ersichtlich nicht der Aushebelung des von § 613 a Abs. 1 S. 1 BGB garantierten Bestandsschutzes, sondern einer sozialverträglichen Durchführung einer Massenentlassung unter Abfederung ihrer Folgen[801]. Die Freiheit, ein Arbeitsverhältnis einvernehmlich zu beenden, bedarf in diesen Fällen keiner Einschränkung, weil zwingende arbeitsrechtliche Vorschriften nicht tangiert sind. Insoweit ist zu Recht formuliert worden, Vertragsänderungen seien an § 613 a BGB zu messen, Vertragsbeendigungen aber nicht[802].
Gegen die Nichtigkeit des Aufhebungsvertrages nach § 134 BGB in diesen Fällen spricht auch nicht der Grundsatz der Vertragsfreiheit. Die grundsätzliche Zulässigkeit von Aufhebungsverträgen sagt nichts über die Bewertung vertraglicher Manipulationen anlässlich eines Betriebsüberganges aus[803]. Denn auch die Wirksamkeit einvernehmlich getroffener Regelungen endet dort, wo wichtige Prinzipien der Rechtsordnung bedroht sind. Bei der inhaltlich unveränderten Kontinuität eines Arbeitsver-

---

[796] S. oben § 8 IV 2 b).
[797] So aber Gaul, ZTR 1995, 387, 391 f.
[798] Willemsen, Anm. zu BAG, Urt. v. 28.04.1987, EzA § 613 a BGB Nr. 67, S. 14.
[799] Diesen Unterschied verkannte die Vorinstanz: LAG Düsseldorf, Urt. v. 28.04.1997 – 10 Sa 1534/96 = LAGE § 613 a BGB Nr. 61 m. abl. Anm. Heinze; Pietzko, ZIP 1990, 1105, 1107, wirft dem BAG dahingehend Wertungswidersprüche vor.
[800] Ausführlich zu Entwicklung, Gründung und Aufgabe einer Beschäftigungsgesellschaft Meyer, Anm. zu BAG, Urt. v. 10.12.1998, SAE 2000, 39 ff.
[801] So auch Heinze, Anm. zu LAG Düsseldorf, Urt. v. 28.04.1997, LAGE § 613 a BGB Nr. 61, S. 12.
[802] Hanau, ZIP 1999, 324 f.
[803] Willemsen, Anm. zu BAG, Urt. v. 28.04.1987, EzA § 613 a BGB Nr. 67, S. 13.

hältnisses trotz Betriebsüberganges handelt es sich um einen solchen wichtigen Grundsatz, weil dies die zentrale Funktion des § 613 a BGB ist[804].

Die in Anbetracht der strengen Rechtsprechung an die Adresse des BAG gerichteten Vorwürfe sind nicht berechtigt. Zum einen zeigt sich an der oben dargestellten Entscheidung, dass Arbeitgeber und Arbeitnehmervertreter durchaus Wege einschlagen können, die mit dem Schutzzweck des § 613 a BGB vereinbar sind. Zum anderen erleichtern die §§ 125, 128 InsO die Sanierung eines gefährdeten Unternehmens, weil dem Konkursverwalter die Möglichkeit eröffnet wird, zunächst erforderliche Sanierungsmaßnahmen durchzuführen und den so gestrafften Betrieb anschließend im Wege des Betriebsüberganges zu veräußern[805].

d) Ergebnis

Aufhebungsverträge, die anlässlich eines Betriebsübergangs vom Arbeitgeber veranlasst werden und darauf gerichtet sind, die nach § 613 a Abs. 1 BGB gewährleistete Kontinuität der Arbeitsbedingungen zu durchbrechen, sind als Umgehungsgeschäft gemäß § 134 BGB unwirksam[806]. Dies gilt unabhängig von der Tatsache, dass einige Autoren zu Recht daraufhin gewiesen haben, dass durch diese Gestaltung möglicherweise auch andere Regelungen, wie etwa des BetrAVG, umgangen werden und der Aufhebungsvertrag auch aus diesem Grund keinen Bestand haben kann[807].

Keine Umgehung liegt bei Einschaltung einer Beschäftigungsgesellschaft vor, wenn der dreiseitige Vertrag den Arbeitnehmern bessere Chancen auf einen neuen Arbeitsplatz eröffnet und der Übergang des Arbeitsverhältnisses auf den neuen Erwerber nicht absehbar ist. Denn dann ist der Aufhebungsvertrag vornehmlich auf die Beendigung des Arbeitsverhältnisses und nicht auf die Änderung der Arbeitsbedingungen gerichtet.

5. Aufhebungsvertrag als nachträgliche Befristung

Häufig wird der Aufhebungsvertrag das Arbeitsverhältnis nicht sofort beenden, sondern erst nach Ablauf einer gewissen Auslauffrist. Diese eröffnet beiden Parteien die Möglichkeit, sich auf das Ende ihrer vertraglichen Beziehungen einzustellen. Die Auslauffrist wird aus sozialversicherungsrechtlichen Gründen häufig der ordentlichen Kündigungsfrist entsprechen, weil dann eine gezahlte Abfindung nicht nach § 143 a Abs. 1 SGB III zum Ruhen des Arbeitslosengeldanspruchs bis zum Ende der einschlägigen Kündigungsfrist führt. Eine solche Vereinbarung ist unproblematisch, weil der Aufhebungsvertrag dann in seinen zeitlichen Wirkungen nicht über die Kündigung hinausgeht. Problematisch sind aber diejenigen Fälle, in denen die ver-

---

804 Willemsen, Anm. zu BAG, Urt. v. 28.04.1987, EzA § 613 a BGB Nr. 67, S. 13 f.

805 S. dazu LAG Hamm, Urt. v. 29.10.1998 – 8 Sa 2337/97 - n. v.

806 Preis in Stahlhacke/Preis/Vossen, Kündigung und Kündigungsschutz, Rn 981; Bauer, Aufhebungsverträge, Rn 896; einschränkend Staudinger/Richardi/Annuß, BGB, § 613 a Rn 260.

807 Staudinger/Richardi/Annuß, BGB, § 613 a Rn 260; Pietzko, ZIP 1990, 1105, 1111; Willemsen, Anm. zu BAG, Urt. v. 28.04.1987, EzA § 613 a BGB Nr. 67, S. 13 f.

einbarte Auslauffrist länger als die gesetzliche Kündigungsfrist ist. Dann stellt sich die Frage, ob hier nicht eine ähnlich strenge Bewertung angebracht ist wie bei der Zulässigkeit von befristeten Arbeitsverträgen.

a) Darstellung der Rechtsprechung zu Befristungen

aa) Befristete Arbeitsverhältnisse als Fall der Gesetzesumgehung

Arbeitsverträge können ebenso wie Dienstverträge nach § 620 Abs. 1 BGB grundsätzlich befristet abgeschlossen werden[808]. Wegen des Konflikts mit kündigungsschutzrechtlichen Bestimmungen wurden aber Grenzen der Vertragsgestaltung in dieser Hinsicht für erforderlich gehalten. In einer bis heute bahnbrechenden Entscheidung stellte deshalb der große Senat des BAG fest, befristete Arbeitsverträge seien nur zulässig, wenn für ihren Abschluss ein sachlicher Grund bestehe[809]. Ohne einen sachlichen Grund liege kein schutzwertes Interesse am Vertragsabschluss vor und der befristete Arbeitsvertrag sei als Missbrauch der rechtlichen Gestaltungsmöglichkeiten anzusehen[810].

Damit eröffnete das BAG der Lehre von der Gesetzesumgehung ihren bis heute weitestgehenden Anwendungsbereich, um den gesetzlichen Wertungswiderspruch zwischen § 620 Abs. 1 BGB einerseits und dem KSchG andererseits aufzulösen[811]. Es unterstellte dem deutschen Kündigungsschutzrecht die Intention, dem Arbeitnehmer seinen Arbeitsplatz zu erhalten, das freie Kündigungsrecht des Arbeitgebers zu begrenzen und zwingend in bestimmten Formen zu regeln[812]. Befristungen seien als eine Bedrohung dieser Zweckverwirklichung und in ihren nicht durch einen sachlichen Grund gerechtfertigten Ausprägungen als Gesetzesumgehung anzusehen. Konsequenz dieser Beurteilung war die Behandlung des befristeten Arbeitsvertrages als unbefristet[813].

Bei dieser Rechtsprechung ist das BAG ohne wesentliche Veränderungen geblieben[814]. Auch der Gesetzgeber trat dieser mittlerweile gewohnheitsrechtlich verankerten Beurteilung nicht entgegen, sondern signalisierte Zustimmung: Im 1985 geschaffenen Beschäftigungsförderungsgesetz (BeschFG), das die Befristung neuer Arbeitsverhältnisse bis zur Dauer von maximal zwei Jahren zulässt, heißt es dementsprechend in § 1 Abs. 4: „Die Zulässigkeit der Befristung des Arbeitsvertrages aus ande-

---

808 St. Rspr. seit BAG, Beschl. v. 12.10.1960 – GS 1/56 = AP Nr. 16 zu § 620 BGB Befristetes Arbeitsverhältnis = NJW 1961, 798.

809 BAG, a.a.O.

810 BAG, a.a.O.

811 Vgl. KR/Lipke, § 620 BGB Rn 65 ff.

812 BAG, Beschl. v. 12.10.1960 – GS 1/56 = AP Nr. 16 zu § 620 BGB Befristetes Arbeitsverhältnis = NJW 1961, 798.

813 Krit. zu dieser unterschiedlichen Verfahrensweise Preis, Vertragsgestaltung, S. 165 f.

814 Vgl. nur BAG, Urt. v. 8.07.1998 – 7 AZR 245/97 = AP Nr. 201 zu § 620 BGB Befristeter Arbeitsvertrag = NJW 1999, 597, und Urt. v. 26.08.1998 – 7 AZR 349/97 = AP Nr. 203 zu § 620 BGB Befristeter Arbeitsvertrag = NZA 1999, 476.

ren Gründen bleibt unberührt". In § 14 Abs. 1 S. 1 des Gesetzes über Teilzeitarbeit und befristete Arbeitsverträge (TzBfG), das am 1.01.2001 in Kraft trat, heißt es sogar: „Die Befristung eines Arbeitsvertrages ist zulässig, wenn sie durch einen sachlichen Grund gerechtfertigt ist." Damit ist die ständige Rechtsprechung des BAG von der Legislative endgültig bestätigt worden.

bb) Unzulässigkeit der nachträglichen Befristung eines unbefristeten Arbeitsverhältnisses

Lange unbeachtet blieb die Frage, wie nachträgliche Befristungen zu behandeln sind. Die Vorschrift des § 14 Abs. 2 TzBfG, die eine Befristung für die Dauer von zwei Jahren grundsätzlich gestattet, ist hier regelmäßig nicht einschlägig, weil es § 14 Abs. 2 S. 2 TzBfG verbietet, unbefristete Arbeitsverträge zu befristen.

Auch für diese Fallkonstellation blieb das BAG seiner Linie treu und forderte sachliche Gründe[815]. Begründet wurde dies damit, dass durch jede Vereinbarung eines automatisch eintretenden Beendigungstatbestandes das Eingreifen der für die Kündigung geltenden Rechtsvorschriften ausgeschlossen werde[816]. Als sachlicher Grund wurde es insbesondere angesehen, wenn die Befristung Gegenstand eines gerichtlichen[817] oder außergerichtlichen[818] Vergleiches war, wobei der zweite Fall nur dann als Grund für eine nachträgliche Befristung bewertet wurde, wenn zwischen den Parteien tatsächlich ein offener Streit über die Fortsetzung der arbeitsvertraglichen Beziehungen bestand[819]. Im Übrigen genügte es für die Wirksamkeit einer nachträglichen Befristung nicht, wenn der neue Arbeitsvertrag für den Arbeitnehmer günstigere Arbeitsbedingungen vorsah und der Arbeitnehmer zwischen diesem und der Fortsetzung seines unbefristeten Arbeitsverhältnisses frei wählen konnte[820].

Dass eine nachträglich Befristung nur bei sachlichem Grund zulässig ist, ergibt sich nach heutiger Rechtslage aus § 14 Abs. 2 S. 2 TzBfG i.V.m. § 14 Abs. 1 S. 1

---

[815] BAG, Urt. v. 24.01.1996 – 7 AZR 496/95 = AP Nr. 179 zu § 620 BGB Befristeter Arbeitsvertrag = NJW 1996, 3226; Urt. v. 8.07.1998 – 7 AZR 245/97 = AP Nr. 201 zu § 620 BGB Befristeter Arbeitsvertrag = NJW 1999, 597; Urt. v. 26.08.1998 – 7 AZR 349/97 = AP Nr. 203 zu § 620 BGB Befristeter Arbeitsvertrag = NZA 1999, 476; ebenso für die Befristung des Arbeitsvertrages mit einem leitenden Angestellten BAG, Urt. v. 26.04.1979 – 2 AZR 431/77 = AP Nr. 47 zu § 620 BGB Befristeter Arbeitsvertrag = SAE 1980, 345 m. zust. Anm. v. Hoyningen-Huene.

[816] BAG, Urt. v. 26.08.1998 – 7 AZR 349/97 = AP Nr. 203 zu § 620 BGB Befristeter Arbeitsvertrag = NZA 1999, 476.

[817] BAG, Urt. v. 27.06.1961 - 2 AZR 255/60 = AP Nr. 19 zu § 620 BGB Befristeter Arbeitsvertrag = NJW 1961, 2085; Urt. v. 9.02.1984 - 2 AZR 402/83 = AP Nr. 7 zu § 620 BGB Befristeter Arbeitsvertrag = NZA 1984, 266; unzulässig ist es dagegen, in einem Vergleich auch die Zulässigkeit künftig noch zu erwartender Befristungen zu vereinbaren: BAG, Urt. v. 4.12.1991 – 7 AZR 307/90 = EzA § 620 BGB Nr. 113.

[818] BAG, Urt. v. 22.02.1984 - 7 AZR 435/82 = AP Nr. 7 zu § 620 BGB Bedingung = NZA 1984, 34.

[819] BAG, Urt. v. 24.01.1996 – 7 AZR 496/95 = AP Nr. 179 zu § 620 BGB Befristeter Arbeitsvertrag = NJW 1996, 3226.

[820] BAG, Urt. v. 26.08.1998 – 7 AZR 349/997 = AP Nr. 203 zu § 620 BGB Befristeter Arbeitsvertrag = NZA 1999, 476.

TzBfG[821]. Durch diese Vorschrift wurde die Rechtsprechung des BAG auch im Hinblick auf nachträgliche Befristungen bestätigt, wenn auch die dogmatische Rechtfertigung eines Sachgrundes nunmehr überholt ist[822].
Weiterhin stellte das BAG in ständiger Rechtsprechung fest, dass bei Vorliegen einer Kettenbefristung nur die letzte Vereinbarung auf einen sachlichen Grund zu überprüfen sei, weil in dem Abschluss eines befristeten Arbeitsvertrages zugleich die konkludente Aufhebung des früheren Arbeitsverhältnisses liege[823]. An anderer Stelle sah das BAG eine Befristungsabrede als „einvernehmliche Aufhebung im weiteren Sinn" an, lehnte aber die Anwendung von für den Aufhebungsvertrag geltenden tarifvertraglichen Vorschriften darauf ab[824].
Das aus dieser Bewertung ersichtliche Spannungsverhältnis zwischen nachträglicher Befristung und Aufhebungsvertrag mit Auslauffrist veranlasste dann erstmals das LAG Berlin unter Verweis auf Stimmen in der Literatur zu einer abweichenden Rechtsauffassung[825]. Es betrachtete die nachträgliche Befristung eines an sich unbefristeten Arbeitsverhältnisses als Aufhebungsvertrag mit Auslauffrist und hielt die Befristung deshalb entgegen der Auffassung des BAG für grundsätzlich zulässig. Begründet wurde dies zum einen damit, dass es des Schutzes in Form einer Befristungskontrolle als Ausgleich gestörter Vertragsparität dann nicht bedürfe, wenn der Arbeitnehmer bereits Kündigungsschutz genieße[826]. Der Arbeitnehmer könne sich im Gegensatz zur Situation bei Begründung des Arbeitsverhältnisses darauf beschränken, das Befristungsangebot abzulehnen oder unter Vorbehalt anzunehmen, ohne dass sein Arbeitsplatz an sich in Frage stehe. Zum anderen sei auch der Aufhebungsvertrag nach dem Grundsatz der Vertragsfreiheit zulässig. Dass dieser auf die Beendigung des Arbeitsverhältnisses gerichtet sei und die Befristung vornehmlich die zukünftige Arbeitsleistung des Arbeitnehmers zum Gegenstand habe, sei kein Unterschied, der eine differenzierte Behandlung beider Vertragstypen rechtfertige[827].
Das BAG hat den Ansatz des LAG Berlin abgelehnt und die Parallele zum Aufhebungsvertrag für nicht einschlägig gehalten[828]. Die Befristungskontrolle sei auch dann vorzunehmen, wenn der Arbeitnehmer bereits Kündigungsschutz genieße, denn die Frage seiner Schutzbedürftigkeit und der Wahrung seiner Interessen sei nur bei

---

821 KR/Lipke, § 14 TzBfG Rn 9; s. dazu auch Straub, NZA 2001, 919, 926.
822 So KR/Lipke, § 14 TzBfG Rn 9 f.
823 S. nur BAG, Urt. v. 8.05.1987 – 7 AZR 191/84 = AP Nr. 97 zu § 620 BGB = NZA 1986, 569; krit. zur Frage der konkludenten Aufhebung unter Auslegungsgesichtspunkten Kleveman/Ziemann, DB 1989, 2608, 2612 f.
824 BAG, Urt. v. 24.11.1988 - 6 AZR 243/87 = AP Nr. 127 zu § 611 BGB Gratifikation = NZA 1989, 351.
825 LAG Berlin, Urt. v. 12.05.1995 – 6 Sa 17/95 = LAGE § 620 BGB Nr. 39.
826 LAG Berlin, a.a.O.
827 LAG Berlin, a.a.O.
828 BAG, Urt. v. 24.01.1996 – 7 AZR 496/95 = AP Nr. 179 zu § 620 BGB Befristeter Arbeitsvertrag = NJW 1996, 3226; zust. Schaub, EWiR 1996, 929 f.

der Frage des sachlichen Grundes, nicht aber bereits im Hinblick auf die grundsätzliche Zulässigkeit der Befristung zu prüfen. Denn gerade für den Beendigungszeitpunkt werde ihm durch die Vereinbarung der Kündigungsschutz genommen[829]. In einer weiteren Entscheidung stellte das BAG fest, die nachträgliche Befristung eines unbefristeten Arbeitsvertrages sei – bei Vorliegen eines sachlichen Grundes - auch dann wirksam, wenn sich der Arbeitnehmer des Bestehens eines unbefristeten Arbeitsverhältnisses nicht bewusst gewesen sei und deshalb auch nicht den Willen gehabt habe, auf den kündigungsrechtlichen Bestandsschutz zu verzichten[830]. Da der Verlust des Kündigungsschutzes nicht an eine Erklärung des Arbeitnehmers geknüpft sei, sondern sich unmittelbar aus § 620 Abs. 1 BGB ergebe, komme es auf den Willen des Arbeitnehmers nicht an[831].

Zusammengefasst bedeutet dies, dass das BAG streng zwischen nachträglicher Befristung und Aufhebungsvertrag unterscheidet und die Zulässigkeit der nachträglichen Befristung ausschließlich am Maßstab des sachlichen Grundes misst.

cc) Befristungskontrolle und Aufhebungsvertrag mit langer Auslauffrist

In einer Vereinbarung zwischen Arbeitnehmer und Arbeitgeber, das Arbeitsverhältnis zum Ablauf der ordentlichen Kündigungsfrist aus betrieblichen Gründen zu beenden, sah das BAG folglich keine nachträgliche Befristung, da die Parteien zu einer auf den Beendigungszeitpunkt gerichteten Vertragsänderung nach dem Grundsatz der Vertragsfreiheit berechtigt seien[832]. Damit machte das Gericht deutlich, dass es für den Fall eines Aufhebungsvertrages mit sozialer Auslauffrist einen Eingriff in die Vertragsfreiheit der Parteien nicht für notwendig und gerechtfertigt hält.

Doch auch bei der Beurteilung einvernehmlicher Vertragsbeendigung wurden der Vertragsfreiheit schließlich Grenzen gesetzt. In einer Entscheidung vom 12.01.2000 schloss das BAG das sog. „Probezeit-Schlupfloch" und erklärte einen Aufhebungsvertrag mit einer knapp dreijährigen (!) Auslauffrist für unzulässig, weil ein sachlicher Grund für die Regelung nicht erkennbar sei[833]. Damit unterstellte das Gericht erstmals einen als „Aufhebungsvertrag" geschlossenen Vertrag der arbeitsgerichtlichen Befristungskontrolle. Begründet wurde dies damit, dass es dann, wenn die Auslauffrist die Kündigungsfrist um ein Vielfaches überschreite, an sonstigen, einen Aufhebungsvertrag kennzeichnenden Vereinbarungen fehle; der Vertrag sei dann

---

[829] BAG, Urt. v. 08.07.1998 – 7 AZR 245/97 = AP Nr. 201 zu § 620 BGB Befristeter Arbeitsvertrag = NJW 1999, 597.

[830] BAG, Urt. v. 3.12.1997 – 7 AZR 651/96 = AP Nr. 196 zu § 620 BGB Befristeter Arbeitsvertrag = NZA 1998, 1000; krit. dazu unter schuldrechtlichen Gesichtspunkten Kleveman/Ziemann, DB 1989, 2608, 2613 ff.

[831] BAG, a.a.O.

[832] BAG, Urt. v. 13.11.1996 – 10 AZR 340/96 = AP Nr. 4 zu § 620 BGB Aufhebungsvertrag = NZA 1997, 390.

[833] BAG, Urt. v. 12.01.2000 – 7 AZR 48/99 = AP Nr. 16 zu § 620 BGB Aufhebungsvertrag = NJW 2000, 2042.

nicht auf die Beendigung, sondern auf die Befristung des Arbeitsverhältnisses gerichtet[834].

Demgegenüber hatte die Vorinstanz den Vertrag als Aufhebungsvertrag für zulässig erachtet, weil es für die Beurteilung der Zulässigkeit entscheidend darauf ankomme, ob die Parteien die Beendigung ihres Arbeitsverhältnisses regeln wollten oder ob das bislang unbefristete Arbeitsverhältnis in ein befristetes umgewandelt werden sollte[835]. Nach Auffassung des LAG Sachsen ist ein Arbeitnehmer, der bereits Kündigungsschutz genießt, auch nicht in einer „Verhandlungsposition struktureller Unterlegenheit", weil es seiner freien Entscheidung obliege, ob er an seinem Arbeitsvertrag festhalten wolle oder ob er sich zum Abschluss eines Aufhebungsvertrages bewegen lasse; er befinde sich dann aber nicht in einer die arbeitsgerichtliche Befristungskontrolle rechtfertigenden Interessenlage[836].

b) Beurteilung der Rechtsprechung

An diesen Entscheidungen ist zu erkennen, dass sich die Frage, wie längere Auslauffristen in einem Aufhebungsvertrag dogmatisch zu behandeln sind, nur im Zusammenhang mit der Beurteilung der nachträglichen Befristung beantworten lässt.

aa) Gleichbehandlung von Aufhebungsvertrag mit Auslauffrist und nachträglicher Befristung?

Weil Aufhebungsvertrag und Befristung sowohl Gemeinsamkeiten als auch Unterschiede aufweisen, war sich die Literatur in der Beurteilung der genannten Fälle nicht einig: Zum Einen wurde darauf hingewiesen, dass tragender Beweggrund sowohl des Aufhebungsvertrages als auch der nachträglichen Befristung die Beendigung des Arbeitsverhältnisses nach einer gewissen Frist sei, so dass eine unterschiedliche Behandlung nicht gerechtfertigt werden könne[837]. Auf der anderen Seite wehrten sich Stimmen in der Literatur dagegen, Aufhebungsvertrag und nachträgliche Befristung gleichzusetzen[838]: Der befristete Arbeitsvertrag müsse kontrolliert werden, weil der Arbeitnehmer wegen der zu erbringenden Arbeitsleistung und der damit verbundenen späteren Beendigung des Arbeitsverhältnisses schutzwürdig sei. Dagegen verzichte der Arbeitnehmer im Rahmen eines Aufhebungsvertrages auf Kündigungsschutz, so dass das Erfordernis eines sachlichen Grundes nicht benötigt werde.

Nach der Entscheidung des BAG zum Aufhebungsvertrag mit extrem langer Auslauffrist[839] kann diese Kontroverse nicht ohne weiteres als entschieden betrachtet wer-

---

[834] BAG, Urt. v. 12.01.2000 – 7 AZR 48/99 = AP Nr. 16 zu § 620 BGB Aufhebungsvertrag = NJW 2000, 2042.

[835] LAG Sachsen, Urt. v. 1.10.1998 – 8 (4) Sa 13/98 - n. v.

[836] LAG Sachsen, a.a.O.

[837] Ernst, Aufhebungsverträge, S. 308; s.a. Coester, Anm. zu BAG, Urt. v. 12.01.2000, SAE 2001, 220, 223 f.

[838] V. Hoyningen-Huene, Anm. zu BAG, Urt. v. 26.04.1979, SAE 1980, 349, 350; ebenso Müller, Aufhebungsverträge, S. 157.

[839] BAG, Urt. v. 12.01.2000 – 7 AZR 48/99 = AP Nr. 16 zu § 620 BGB Aufhebungsvertrag = NJW 2000, 2042.

den. Sie muss nach den Entscheidungsgründen sogar als irrelevant angesehen werden. Zwar versucht das BAG eine Abgrenzung zwischen nachträglicher Befristung und Aufhebungsvertrag, weil letzterer wegen des Grundsatzes der Vertragsfreiheit ohne Einschränkungen zulässig sei. Diese Prämisse stellt das Gericht aber anschließend selbst wieder in Frage, indem es ausführt, dass auch ein Aufhebungsvertrag, dessen Regelungsgehalt nicht auf die Beendigung, sondern auf die Fortsetzung gerichtet sei, eines sachlichen Grundes bedürfe[840]. Damit sagt das BAG im Ergebnis, Aufhebungsvertrag und nachträgliche Befristung seien zu unterscheiden, da nur letztere eines sachlichen Grundes bedürfe; im Einzelfall könne aber auch ein Aufhebungsvertrag als Befristung angesehen werden, so dass ausnahmsweise doch eine Gleichbehandlung angebracht sei.
Dass es für die Frage, ob ein Aufhebungsvertrag oder eine nachträgliche Befristung vorliegt, hauptsächlich auf die Länge der vereinbarten Auslauffrist ankommen soll, bestätigt eine Entscheidung aus dem Jahr 2002, in der das BAG einen Aufhebungsvertrag zur Verlängerung der Probezeit um vier Monate für zulässig erachtete und nicht dem TzBfG unterstellte[841].
An diesen Ausführungen zeigen sich sowohl die praktischen als auch die dogmatischen Abgrenzungsschwierigkeiten[842].
Entscheidend ist, dass sich Aufhebungsvertrag und Befristung nach dem Regelungsgehalt unterscheiden und dass es nicht auf die Bezeichnung des Vertrages ankommt[843], sondern auf den Parteiwillen. An dieser dogmatischen Unterscheidung muss auch dann festgehalten werden, wenn sich ein Aufhebungsvertrag seinem Inhalt nach im Einzelfall stark an eine nachträgliche Befristung annähert[844]. Denn während der Aufhebungsvertrag auf die Beendigung des Arbeitsverhältnisses abzielt und der Schwerpunkt der Parteien nach der Sach- und Rechtslage in diesem Fall auf der Beendigung des Arbeitsverhältnisses liegt, findet bei der nachträglichen Befristung eine Umgestaltung eines bereits bestehenden Arbeitsverhältnisses statt, dass auch weiterhin, wenn auch mit unterschiedlicher Grundlage, bestehen soll. Entscheidend für die Abgrenzung kann nur der (mutmaßliche) Parteiwille sein.
Dabei wird es darauf ankommen, in welcher Situation der Vertrag geschlossen wurde, das heißt, ob es den Parteien darauf ankam, dass das Arbeitsverhältnis zu einem bestimmten, wenn auch in weiterer Zukunft liegenden Zeitpunkt beendet wird oder ob die Parteien das unbefristete in ein befristetes Arbeitsverhältnis umwandeln wollten. Von dieser Unterscheidung hängt z.B. die Beantwortung der Frage ab, ob das Arbeitsverhältnis vor dem vereinbarten Endzeitpunkt ordentlich kündbar ist oder

840 Adam, Anm. zu BAG, Urt. v. 12.01.2000, AP Nr. 16 zu § 620 BGB Aufhebungsvertrag, S. 6.
841 BAG, Urt. v. 7.03.2002 – 2 AZR 93/01 – bislang n.v.
842 Vgl. Ausführung bei Coester, Anm. zu BAG, Urt. v. 12.01.2000, SAE 2001, 220, 222 ff.
843 Dazu Richardt, Anm. zu BAG, Urt. v. 12.01.2000, EzA § 611 BGB Aufhebungsvertrag Nr. 33, S. 9.
844 A.A. Müller, Aufhebungsverträge, S. 156.

nicht. Haben die Parteien ein befristetes Arbeitsverhältnis vereinbart, ist eine ordentliche Kündigung grundsätzlich gemäß § 15 Abs. 3 TzBfG ausgeschlossen.

Aus diesen Ausführungen ergibt sich, dass weiterhin eine sowohl begriffliche als auch rechtliche Trennung zwischen nachträglicher Befristung und Aufhebungsvertrag mit längerer Auslauffrist erforderlich ist[845]. Fraglich ist, anhand welcher Kriterien diese Unterscheidung vorgenommen werden kann. Die vom BAG entwickelten Entscheidungskriterien (Länge der Auslauffrist im Hinblick auf die geltende Kündigungsfrist, für die Beendigung eines Arbeitsverhältnisses typische weitere Vereinbarungen) sind zu einer klaren Abgrenzung nicht geeignet[846], weil sie den Parteiwillen nicht ausreichend beachten. Denn auch wenn die Dauer der Auslauffrist ein Indiz für das Vorliegen einer nachträglichen Befristung sein kann, müssen der eindeutige Wortlaut einer Vereinbarung sowie die Umstände ihres Zustandekommens grundsätzlich Vorrang haben[847]. Dies kann nur dann anders sein, wenn sich Anhaltspunkte für eine missbräuchliche Gestaltung ergeben. Andernfalls besteht tatsächlich die von den Vertretern der abweichenden Auffassung genannte Befürchtung, dass Arbeitgeber den Aufhebungsvertrag mit langer Auslauffrist gegenüber der Befristung als Umgehungsgeschäft verwenden[848]. Wenn das Gericht jedoch den Parteiwillen sorgfältig ermittelt, kann dieses Risiko weitgehend minimiert werden. Keinesfalls kann die abstrakte Gefahr der Umgehung aber dazu führen, dass der Parteiwille missachtet wird; in dieser Hinsicht ist die Entscheidung des BAG vor dem Hintergrund der Ausführungen des LAG Sachsens kritisch zu beurteilen.

Vereinbaren die Vertragspartner eine nachträgliche Befristung eines bislang unbefristeten Arbeitsverhältnisses, richtet sich dessen Zulässigkeit daher nach § 14 Abs. 1 S. 1 TzBfG, so dass ein sachlicher Grund erforderlich ist. Für einen Aufhebungsvertrag mit längerer Auslauffrist gilt diese Vorschrift nicht.

bb) Aufhebungsvertrag mit langer Auslauffrist als Umgehungsgeschäft?

Damit ist aber noch nicht die Frage beantwortet, ob der Aufhebungsvertrag mit langer Auslauffrist eines sachlichen Grundes bedarf. Dies wäre dann der Fall, wenn er in dieser Form als Umgehung zwingender kündigungsschutzrechtlicher Vorschriften anzusehen wäre. Dabei käme allenfalls eine Umgehung der gemäß § 1 KSchG für eine fristgemäße Kündigung erforderlichen Kündigungsgründe in Betracht.

Für eine Bewertung des Aufhebungsvertrages mit langer Auslauffrist als Umgehungsgeschäft könnte sprechen, dass der Arbeitnehmer in diesem Fall ebenso wie bei einer nachträglichen Befristung schon Kündigungsschutz genießt und seine Zustimmung zur Befristung einem (unzulässigen) antizipierten Verzicht auf Kündigungs-

---

845 Ebenso i.E. MünchArbR/Wank, Ergänzungsband Individualarbeitsrecht, § 116 Rn 70; Müller, Aufhebungsverträge, S. 157; a.A. Coester, Anm. zu BAG, Urt. v. 12.01.2000, SAE 2001, 220, 225; Ernst, Aufhebungsverträge, S. 308 ff.

846 Adam, Anm. zu BAG, Urt. v. 12.01.2000, AP Nr. 16 zu § 620 BGB Aufhebungsvertrag, S. 6.

847 So die Vorinstanz: LAG Sachsen, Urt. v. 1.10.1998 – 8 (4) Sa 13/98 - n. v.

848 Zu dieser Praxis s. Reiserer, Anm. zu BAG, Urt. v. 12.01.2000, BB 2000, 1679.

schutz entsprechen würde. Dies soll nach Auffassung des BAG jedenfalls dann gelten, wenn der Arbeitgeber dem Arbeitnehmer klar gemacht habe, dass er zu einer unbefristeten Fortsetzung des Arbeitsverhältnisses nicht mehr bereit sei[849].

Diese Argumentation verkennt Folgendes: Im Fall eines Aufhebungsvertrages erklärt sich der Arbeitnehmer mit einer Beendigungsform einverstanden, die das Eingreifen des arbeitsrechtlichen Bestandsschutzes nicht auslöst. Dem Arbeitnehmer droht in einer solcher Situation zwar möglicherweise eine (Änderungs-) Kündigung, wenn er das Angebot des Arbeitgebers nicht annimmt; er muss aber im Gegensatz zur ursprünglichen Befristung nicht befürchten, dass er in Bezug auf den ihm angebotenen Arbeitsplatz am Ende mit leeren Händen dasteht[850]. Damit ist klar, dass der Arbeitnehmer in diesen Fällen genauso wenig (oder genauso viel) „erpressbar" ist wie bei jedem „gewöhnlichen" Aufhebungsvertrag. Er hat für den Abschluss eines Aufhebungsvertrages mit langer Auslauffrist genauso viel und genauso wenig Anlass wie für den Abschluss eines Aufhebungsvertrages mit sofortiger Beendigung des Arbeitsverhältnisses. Warum er mit zunehmender Dauer der Auslauffrist, die ihm tatsächlich einen Vorteil einbringt, stärker schutzbedürftig sein soll, leuchtet weder tatsächlich ein noch ist es rechtlich begründbar[851]. Fühlt er sich vom Arbeitgeber unter Druck gesetzt oder überrumpelt, muss er sich auf die Anfechtungsregelungen ebenso verweisen lassen wie ein Arbeitnehmer, der hinsichtlich des Abschlusses eines „normalen" Aufhebungsvertrages eine Täuschung oder widerrechtliche Drohung behauptet[852].

Der Aufhebungsvertrag mit langer Auslauffrist ist dementsprechend nicht als Umgehung des Kündigungsschutzes anzusehen[853]. Dies ist auch deshalb gerechtfertigt, weil § 622 Abs. 5 BGB ausdrücklich die einzelvertragliche Verlängerung von Kündigungsfristen zulässt. Daraus ergibt sich, dass es eine bestimmte Spanne, die zwischen Trennungsabsicht und Vertragswirkung liegen muss, nach dem Gesetz nicht gibt. Selbst wenn diese Spanne im Einzelfall mehrere Jahre dauern sollte und damit auch die Übergangszeitspanne größer ist als üblich, ist kein Interesse des Arbeitnehmers ersichtlich, das eine Einschränkung der Vertragsfreiheit rechtfertigen würde.

---

[849] BAG, Urt. v. 24.01.1996 – 7 AZR 496/95 = AP Nr. 179 zu § 620 BGB Befristeter Arbeitsvertrag = NJW 1996, 3226.

[850] Darauf weist auch Müller, Aufhebungsverträge, S. 161 f., hin, der die Frage der (unbeschränkten) Zulässigkeit nachträglicher Befristungen aber offen lässt.

[851] Ähnlich Adam, Anm. zu BAG, Urt. v. 12.01.2000, AP Nr. 16 zu § 620 BGB Aufhebungsvertrag, S. 6.

[852] Nach Adam, Anm. zu BAG, Urt. v. 12.01.2000, AP Nr. 16 zu § 620 BGB Aufhebungsvertrag, S. 6 f., hätte das BAG in seiner Entscheidung die Grundsätze über die Anfechtung arbeitsrechtlicher Aufhebungsverträge wegen widerrechtlicher Drohung anwenden müssen.

[853] A.A. Richardt, Anm. zu BAG, Urt. v. 12.01.2000, EzA § 611 BGB Aufhebungsvertrag Nr. 33, S. 14, nach dem die Anwendung der Befristungsregelungen auf Aufhebungsverträge, die in Wirklichkeit auf eine befristete Weiterbeschäftigung gerichtet sind, auf einer „doppelten Anwendung des Umgehungsgedankens" beruht.

c) Ergebnis

Aufhebungsverträge mit über die Kündigungsfrist hinausgehender Auslauffrist sind von nachträglichen Befristungen zu unterscheiden mit der Folge, dass die Vereinbarung nicht nach § 14 Abs. 2 S. 2 TzBfG i.V.m. § 14 Abs. 1 S. 1 TzBfG eines sachlichen Grundes bedarf. Für die Abgrenzung zwischen nachträglicher Befristung und Aufhebungsvertrag kommt es ausschließlich auf den Parteiwillen an; dabei kann die Länge der Auslauffrist entgegen der Auffassung des BAG nur ein Anhaltspunkt für den Parteiwillen sein; es ist aber nicht gerechtfertigt, jeden Aufhebungsvertrag mit besonders langer Auslauffrist der Befristungskontrolle zu unterstellen.

III. Zusammenfassung

Aufhebungsverträge können wegen Gesetzesumgehung nach § 134 BGB unwirksam sein.

Nach der hier vertretenen Auffassung ist ein aufschiebend bedingter Aufhebungsvertrag wegen Umgehung von § 626 BGB immer dann unwirksam, wenn der Arbeitnehmer bereits Kündigungsschutz genießt. Gleiches gilt für den auflösend bedingten Aufhebungsvertrag. Demgegenüber ist eine andere Bewertung für den Aufhebungsvertrag mit bedingter Wiedereinstellungszusage gerechtfertigt, weil die Unsicherheit des Arbeitnehmers in diesem Fall nicht das Ende des Arbeitsverhältnisses, sondern dessen Neugründung betrifft.

Aufhebungsverträge, die anlässlich eines Betriebsübergangs vom Arbeitgeber veranlasst werden und darauf gerichtet sind, die nach § 613 a Abs. 1 BGB gewährleistete Kontinuität der Arbeitsbedingungen zu durchbrechen, sind als Umgehungsgeschäft gemäß § 134 BGB unwirksam. Dies gilt entsprechend der Rechtsprechung des BAG nicht bei Einschaltung einer Beschäftigungsgesellschaft, wenn der dreiseitige Vertrag den Arbeitnehmern bessere Chancen auf einen neuen Arbeitsplatz eröffnet und der Übergang des Arbeitsverhältnisses auf den neuen Erwerber nicht absehbar ist.

Ein Aufhebungsvertrag, der mit über die Kündigungsfrist hinausgehender Auslauffrist geschlossen wird, ist von einer nachträglichen Befristung zu unterscheiden und unterliegt daher nicht der Befristungskontrolle gemäß § 14 TzBfG. Er ist auch nicht als Umgehung zwingender Kündigungsschutzvorschriften anzusehen. Bei der Abgrenzung zwischen nachträglicher Befristung und Aufhebungsvertrag ist ausschließlich auf den Parteiwillen abzustellen.

§ 10 Sittenwidrigkeit des Aufhebungsvertrages und Inhaltskontrolle

I. Unwirksamkeit des Aufhebungsvertrages gemäß § 138 BGB

§ 138 Abs. I BGB bestimmt, dass ein Rechtsgeschäft, das gegen die guten Sitten verstößt, nichtig ist. Dies gilt nach Abs. 2 insbesondere für ein Rechtsgeschäft, durch das jemand unter Ausbeutung der Zwangslage, der Unerfahrenheit, des Mangels an Urteilsvermögen oder der erheblichen Willensschwäche eines anderen sich oder einem Dritten Vermögensvorteile für eine Leistung versprechen oder gewähren lässt, die in einem auffälligen Missverhältnis zu der Leistung stehen (sog. Wucher). Im

Gegensatz zu § 134 BGB bezieht sich § 138 BGB nicht auf einen Verstoß gegen eine bestimmte Rechtsnorm. Denn die Grenze, die § 138 BGB jedem Rechtsgeschäft setzt, beruht nicht auf einem speziellen gesetzlichen Verbot, sondern auf einem Verstoß gegen die guten Sitten als zumindest „ursprünglich außerrechtlicher Ordnung“[854]. Über § 138 BGB als sog. „Generalklausel“ wirkt das im Grundgesetz verkörperte Wertesystem auf die Privatrechtsordnung ein[855].
Die Grenze der Sittenwidrigkeit gilt für alle Rechtsgeschäfte und damit auch für den Aufhebungsvertrag. Dessen Wirksamkeit im Einzelfall ist folglich davon abhängig, ob er als mit den guten Sitten vereinbar anzusehen ist oder nicht. Dabei stellt sich zunächst die Frage nach dem Verständnis dieses Begriffs.

1. Die Voraussetzungen der Sittenwidrigkeit eines Vertrages

Für den Begriff der guten Sitten ist das Durchschnittsempfinden, das „Anstandsgefühl aller billig und gerecht Denkenden“ maßgeblich[856]. Er knüpft folglich an die - zum Zeitpunkt der Entscheidung herrschende - Sozialmoral an[857]. Ein Verstoß gegen dieses Empfinden kommt allerdings nur in besonders krassen Fällen in Betracht, weil § 138 BGB nur die Einhaltung des "ethischen Minimums" verlangt[858]. Die Rechtsprechung hat einige typische Fallgruppen herausgebildet, die aber keinen abschließenden Charakter haben[859].
Voraussetzung für die Sittenwidrigkeit eines Vertrages ist jedenfalls, dass nach objektiven Gesichtspunkten ein Sittenverstoß vorliegt. Liegt der Verstoß gerade in Motiv oder Zweck, ist darüber hinaus erforderlich, dass der Handelnde die Umstände erkennt, aus denen sich die Sittenwidrigkeit ergibt[860]. Soweit sich der Sittenverstoß gegen Dritte oder die Allgemeinheit richtet, muss der Sittenverstoß beiden Vertragsparteien zur Last fallen, weil sonst der Vorwurf des sittenwidrigen Handelns gegenüber der redlichen Partei nicht gerechtfertigt ist[861]. Bei der Frage der Sittenwidrigkeit ist dementsprechend nicht nur der objektive Inhalt des Rechtsgeschäfts zu berück-

---

[854] Medicus, BGB AT, Rn 679; daraus ergibt sich, dass § 134 BGB vorgeht, da sich bei einem Verstoß gegen eine Rechtsnorm die Prüfung der Sittenwidrigkeit des Vertrages erübrigt: BAG, Urt. v. 24.03.1993 - 4 AZR 258/92 = AP Nr. 7 zu § 134 BGB = NZA 1993, 792.
[855] Vgl. BVerfG, Beschl. v. 19.10.1993 - 1 BvR 567/89, 1 BvR 1044/89 = BVerfGE 89, 214, 229 = NJW 1994, 36, sog. mittelbare Drittwirkung; zur Auffassung der unmittelbaren Geltung der Grundrechte im Arbeitsverhältnis s. MünchArbR/Richardi, § 10 Rn 8 ff.
[856] S. nur BGH, Urt. v. 28.11.1990 - XII ZR 16/90 = NJW 1991, 913, 914; Urt. v. 5.10.1993 – XI ZR 200/92 = NJW 1994, 187 f.; BAG, Urt. v. 1.04.1976 - 4 AZR 96/75 = AP Nr. 34 zu § 138 BGB = NJW 1976, 1958; Jauernig/Jauernig, BGB, vor § 138 Rn 6; Medicus, BGB AT, Rn 682, erläutert die Nachteile dieser Formel.
[857] Brox, BGB AT, Rn 283.
[858] BAG, Urt. v. 2.04.1987 - 2 AZR 227/86 = AP Nr. 1 zu § 612 a BGB = NZA 1988, 18.
[859] S. dazu Jauernig/Jauernig, BGB, vor § 138 Rn 12 ff.
[860] BGH, Urt. v. 5.10.1993 - XI ZR 200/92 = NJW 1994, 187, 188; s.a. Medicus, BGB AT, Rn 690.
[861] Jauernig/Jauernig, BGB, vor § 138 Rn 11; Brox, BGB AT, Rn 285.

sichtigen, sondern ebenso alle Umstände, die zum Abschluss des Rechtsgeschäfts geführt haben, die Absichten und Beweggründe, die die Parteien verfolgt haben, und die objektiven Verhältnisse, unter denen der Vertrag geschlossen worden ist[862].

2. Fallgruppen für die Sittenwidrigkeit des Aufhebungsvertrages

Aus den Ausführungen zu den Anforderungen an die Sittenwidrigkeit eines Vertrages ergibt sich, dass die Nichtigkeit eines Rechtsgeschäfts aufgrund von Sittenwidrigkeit auf unterschiedlichen Aspekten beruhen kann. Bezogen auf den Abschluss eines Aufhebungsvertrages kommen folgende Konstellationen in Betracht:

a) Sittenwidrigkeit aufgrund des Inhalts des Aufhebungsvertrages

Der wesentliche Inhalt des Aufhebungsvertrages, die Beendigung des Arbeitsverhältnisses, ist wie erläutert ein im Rahmen der Privatautonomie zulässiger Vertragsgegenstand. Deshalb wird der Aufhebungsvertrag inhaltlich regelmäßig nicht die strengen Voraussetzungen der Sittenwidrigkeit erfüllen[863]. Nur wenn über die Aufhebungsvereinbarung hinausgehende Aspekte wie z.B. die Zahlung einer Abfindung geregelt werden, ist die Übervorteilung eines der Vertragspartner denkbar[864]. Allerdings ist eine Aufhebungsvereinbarung nicht schon deshalb sittenwidrig, weil der Arbeitnehmer für sein Einverständnis zur Vertragsauflösung keine Abfindung erhält. Denn die §§ 9, 10 KSchG regeln insoweit nur einen besonderen Fall, stellen aber nicht eine allgemeine Verpflichtung auf[865]. Eine Sittenwidrigkeit kommt nur dann in Betracht, wenn gewichtige Anhaltspunkte dafür vorliegen, dass der Arbeitgeber den Arbeitnehmer bei der Vereinbarung einer Abfindung als Gegenleistung für dessen Einverständnis zur Vertragsauflösung im Sinn des Wuchertatbestandes (§ 138 Abs. 2 BGB) erheblich übervorteilt hat[866]. Ein extremes Missverhältnis zwischen Leistung und Gegenleistung wird in diesen Fällen aber schwerlich festzustellen sein, da sich der „Wert" eines Arbeitsplatzes nicht in absoluten Zahlen ausdrücken lässt[867].

b) Sittenwidrigkeit aufgrund der Umstände des Zustandekommens

Wie erläutert sind bei der Beurteilung der Sittenwidrigkeit eines Vertrages die Umstände seines Zustandekommens zu berücksichtigen. Fraglich ist, welche Anforderungen an solche, zur Sittenwidrigkeit führenden Umstände zu stellen sind. Zum einen ist daran zu denken, dass der Arbeitnehmer vom Arbeitgeber unter Druck gesetzt wird. Dies erfolgt häufig in Verbindung mit der Androhung einer Kündigung. Denk-

---

862 BGH, Urt. v. 1.02.1956 - IV ZR 249/55 = NJW 1956, 585; Urt. v. 29.03.1995 - IV ZR 207/94 = NJW 1995, 2284.

863 Müller, Aufhebungsverträge, S. 112.

864 Dazu näher Müller, Aufhebungsverträge, S. 112 f.

865 Vgl. BAG, Urt. v. 7.05.1987 – 2 AZR 271/86 = AP Nr. 19 zu § 9 KSchG 1969 = NJW 1988, 159 zu § 134 BGB.

866 Das BAG fordert darüber hinaus eine verwerfliche Gesinnung des überlegenen Vertragspartners: Urt. v. 30.07.1985 – 3 AZR 401/83 = AP Nr. 39 zu § 138 BGB = NZA 1986, 519.

867 Ernst, Aufhebungsverträge, S. 161 f.

bar ist auch ein gewisser Zeitdruck. In eine ähnliche Richtung führt das Stichwort „Ungleiche Verhandlungsstärke", das auf eine unterlegene Position des Arbeitnehmers bei den Vertragsverhandlungen anspielt.
Dazu ist Folgendes zu bemerken: Die Frage, ob der Arbeitgeber den Arbeitnehmer im Rahmen der Auflösung des Arbeitsverhältnisses unzulässig unter Druck gesetzt hat, ist im Rahmen einer Anfechtung wegen widerrechtlicher Drohung gemäß § 123 Abs. 1 Alt. 2 BGB zu klären. Nur wenn besondere Umstände hinzutreten, die das Geschäft nach seinem Gesamtcharakter als sittenwidrig erscheinen lassen, kann § 138 Abs. 1 BGB neben § 123 Abs. 1 BGB anwendbar sein[868]. Daraus folgt aber, dass der Vorwurf an den Arbeitgeber, dieser habe mit einer unzulässigen Kündigung gedroht, auch dann nicht zur Überprüfung des Aufhebungsvertrages nach § 138 BGB führt, wenn § 123 BGB abzulehnen ist. Denn wenn sich die Sittenwidrigkeit allein aus einer rechtswidrigen Einflussnahme auf die Willensfreiheit ergeben soll, ist dies in § 123 Abs. 1 BGB gesondert geregelt[869].
Dasselbe gilt für den Vortrag einer Täuschung ebenso wie für den Vorwurf unzulässigen Zeitdruckes. Allein die psychologische Situation des Arbeitnehmers, die den Abschluss des Aufhebungsvertrages begünstigt, kann eine Sittenwidrigkeit nicht begründen[870]. Der Umstand, dass der Arbeitnehmer für eine Entscheidung wenig oder gar keine Zeit hatte, rechtfertigt die Annahme besonderer Umstände i.S.v. § 138 BGB nicht[871]. Denn allein die Tatsache, dass sich ein Arbeitnehmer unter Zeitdruck gesetzt fühlt, verstößt nicht gegen das Durchschnittsempfinden[872]. Insoweit stellen die strengen Maßstäbe, die an die Prüfung der Sittenwidrigkeit zu stellen sind, hier eine Grenze dar, die dem Schutz der Privatautonomie dient.

c) Sittenwidrigkeit wegen Zusammenwirkens zum Nachteil der Allgemeinheit

Es wurde festgestellt, dass eine Nichtigkeit des Rechtsgeschäfts gemäß § 138 Abs. 1 BGB in Betracht kommen kann, wenn beide Vertragspartner zum Nachteil eines Dritten in sittenwidriger Weise zusammenwirken. Dritter in diesem Sinn ist insbesondere die Allgemeinheit. Aus der Durchsicht der Rechtsprechung zur Sittenwidrigkeit des Aufhebungsvertrages ergibt sich hier die praktisch relevanteste Konstellation. Dabei handelt es sich um Fälle, in denen Aufhebungsverträge bzw. einzelne Vereinbarungen im Rahmen von Aufhebungsverträgen wegen Täuschung der Arbeitsverwaltung für sittenwidrig erachtet wurden.

---

868 Vgl. BGH, Urt. v. 26.09.1995 - XI ZR 159/94 = NJW 1995, 3315; BAG, Urt. v. 30.09.1993 – 2 AZR 268/93 = AP Nr. 37 zu § 123 BGB = NZA 1994, 409.
869 LAG Hamburg, Urt. v. 24.02.1995 – 5 Sa 688/94 = LAGE § 611 BGB Inhaltskontrolle Nr. 2.
870 Schacht, Übereilungsschutz, S. 123.
871 Ebenso BAG, Urt. v. 30.09.1993 - 2 AZR 268/93 = AP Nr. 37 zu § 123 BGB = NZA 1994, 409.
872 Nach Schacht, Übereilungsschutz, S. 123, entspricht solches Arbeitgeberverhalten sogar der „Normalität".

aa) Täuschung der Arbeitsverwaltung

Die Täuschung liegt dabei in der Regel in der Rückdatierung des Vertragsschlusses. Dabei handelt es sich typischerweise um folgende Fallkonstellationen: Arbeitnehmer und Arbeitgeber einigen sich kurzfristig auf die einvernehmliche Beendigung des Arbeitsverhältnisses. Weil dem Arbeitnehmer im Fall der Zahlung einer Abfindung nach § 143 a Abs. 1 SGB III das Ruhen des Arbeitslosengeldanspruchs bis zum Ablauf der (fiktiven) ordentlichen Kündigungsfrist droht, datieren Arbeitgeber und Arbeitnehmer einvernehmlich das Abschlussdatum des Aufhebungsvertrages so weit zurück, dass der Arbeitnehmer bereits umgehend Anspruch auf Arbeitslosengeld hat[873]. Zum Beispiel: Arbeitnehmer und Arbeitgeber beenden das Arbeitsverhältnis am 23.03.2000 zum 30.03.2000 gegen Zahlung einer Abfindung. Die Kündigungsfrist hätte drei Monate betragen, so dass der Anspruch auf Arbeitslosengeld gemäß § 143 a Abs. 1 SGB III bis zum 30.06.2000 ruht. Damit der Arbeitnehmer bereits am 1.04.2000 Arbeitslosengeld erhält, beschließen Arbeitgeber und Arbeitnehmer, das Datum des Aufhebungsvertrages um drei Monate vorzulegen, nämlich auf den 23.12.2000. Dann läuft die (fiktive) Kündigungsfrist am 30.03.2000 ab und der Arbeitnehmer kann zum 01.04.2000 Arbeitslosengeld beantragen.

Eine andere Konstellation ist die Umgehung der Rechtsfolge des § 144 Abs. 1 Nr. 1 SGB III[874]. Nach dieser Vorschrift erhält der Arbeitnehmer hinsichtlich des Bezuges von Arbeitslosengeld eine Sperrzeit von zwölf Wochen, wenn er das Beschäftigungsverhältnis selbst gelöst oder durch ein arbeitsvertragswidriges Verhalten Anlass zu Lösung seines Arbeitsverhältnisses gegeben und dadurch zumindest grob fahrlässig seine Arbeitslosigkeit herbeigeführt hat. Das bedeutet, dass sowohl ein Aufhebungsvertrag als auch eine verhaltensbedingte Kündigung in der Regel zu einer entsprechenden Sperrzeit führen. Arbeitgeber und Arbeitnehmer umgehen diese Rechtsfolge, indem sie neben dem Aufhebungsvertrag oder der verhaltensbedingten Kündigung einen Aufhebungsvertrag aus betriebsbedingten Gründen schließen bzw. indem der Arbeitgeber eine betriebsbedingte Kündigung ausspricht, um die entsprechenden Dokumente dann zur Vorlage beim Arbeitsamt zu verwenden. Da in diesem Fall betriebsbedingte Gründe als Auslöser der Arbeitslosigkeit erscheinen, ist § 144 Abs. 1 Nr. 1 SGB III nicht einschlägig.

In beiden Fällen werden dem Arbeitsamt hinsichtlich Datum bzw. Beendigungsgrund gefälschte Dokumente vorgelegt, um eine Ruhens- bzw. Sperrzeit bei dem Bezug von Arbeitslosengeld zugunsten des Arbeitnehmers zu vermeiden.

---

[873] S. dazu ArbG Mannheim, Urt. v. 20.07.1990 – 2 Ca 208/90 = EzA § 611 BGB Aufhebungsvertrag Nr. 8, sowie LAG Baden-Württemberg, Urt. v. 25.04.1991 – 13 Sa 115/90 = LAGE § 611 BGB Aufhebungsvertrag Nr. 5.

[874] S. Entscheidung des LAG Hamm, Urt. v. 27.11.1997 – 8 Sa 1263/97 = LAGE § 611 BGB Aufhebungsvertrag Nr. 22.

bb) Sittenwidrigkeit des gesamten Rechtsgeschäfts ?

Fraglich ist, ob allein die Veränderung des Datums bzw. die Angabe eines nicht zutreffenden Beendigungsgrundes die Sittenwidrigkeit des Aufhebungsvertrages zur Folge haben. Dagegen könnte sprechen, dass der Hauptzweck des Vertrages nicht in der Täuschung der Bundesanstalt für Arbeit, sondern in der Beendigung des Arbeitsvertrages liegt und deshalb eine Sittenwidrigkeit des Vertrages an sich nicht festgestellt werden kann[875]. In dieselbe Richtung führt die Argumentation, dass das Rechtsgeschäft „Aufhebungsvertrag" selbst nicht sittenwidrig ist und sich die Sittenwidrigkeit auch nicht auf den Inhalt oder die Rechtsfolge des Vertrages bezieht, sondern lediglich auf das darauf vermerkte Datum bzw. den angegeben Auflösungsgrund[876].

Gegen diese Einwände spricht zweierlei: Zum einen kann sich die Sittenwidrigkeit des Vertrages auch aus den damit verbundenen Umständen ergeben. Diese besonderen Umstände liegen hier in der Umgehung gewisser mit dem Vertragsschluss unmittelbar zusammenhängender Rechtsfolgen. Zum anderen ist die Frage, ob die Sittenwidrigkeit der Abrede, das Arbeitsamt über Datum bzw. Beweggrund des Vertrages zu täuschen, zur Unwirksamkeit des gesamten Aufhebungsvertrages führt, eine Frage, die nicht nach § 138 BGB, sondern nach § 139 BGB zu beantworten ist[877].

Fest steht, dass die Parteien in den beiden oben geschilderten Fallkonstellationen in Zusammenhang mit dem Aufhebungsvertrag Vereinbarungen zur Täuschung des Arbeitsamtes und zur Erschleichung von dem Arbeitnehmer nicht zustehenden Leistungen geschlossen haben. Solche Vereinbarungen sind mit dem Anstandsgefühl nicht zu vereinbaren, weil sie der Vorbereitung eines Betruges (§ 263 StGB) dienen und darüber hinaus auch zu Lasten der Allgemeinheit gehen. Denn nicht geschuldete, aber gezahlte Leistungen führen zu höheren Beiträgen der Arbeitslosenversicherung. Es ist aber mit den guten Sitten nicht vereinbar, in missbilligenswerter Weise private Lasten auf die Allgemeinheit abzuwälzen[878].

cc) Subjektive Voraussetzungen

Weil es im vorliegenden Fall um sittenwidrige Handlungen gegenüber der Allgemeinheit geht, ist einvernehmliches Handeln der Vertragsparteien erforderlich, das heißt, alle Beteiligten müssen die Tatsachen, aus denen sich die Sittenwidrigkeit des Vertrages ergibt, kennen oder sich ihrer Kenntnis grob fahrlässig verschließen[879]. Auf

---

[875] So LAG Baden-Württemberg, Urt. v. 22.05.1991 – 12 Sa 160/90 = LAGE § 611 BGB Aufhebungsvertrag Nr. 4.

[876] So der Argumentationsansatz des LAG Baden-Württemberg, Urt. v. 25.04.1991 – 13 Sa 115/90 = LAGE § 611 BGB Aufhebungsvertrag Nr. 5.

[877] Vgl. dazu LAG Hamm. Urt. v. 27.11.1997 – 8 Sa 1263/97 = LAGE § 611 BGB Aufhebungsvertrag Nr. 22.

[878] Erman/Palm, BGB, § 138 Rn 84; vgl.a. Ausführungen des LAG Hamm, a.a.O.

[879] BGH, Urt. v. 6.12.1989 - VIII ZR 310/88 = NJW 1990, 567, 569; Palandt/Heinrichs, BGB, § 138 Rn 40; Jauernig/Jauernig, BGB, vor § 138 Rn 11; Brox, BGB AT, Rn 284 f.; die Erstellung zweier unterschiedlicher Vertragsexemplare ist ein zwingendes Indiz dafür, dass die Parteien sich

das Bewusstsein der Sittenwidrigkeit des Handelns kommt es nicht an; es reicht vielmehr aus, dass die Parteien sich der Tatumstände, aus denen sich die Sittenwidrigkeit ergibt, bewusst sind[880]. Denn in diesen Fällen liegt die Sittenwidrigkeit nicht bereits in dem Inhalt des Vertrages selbst begründet, sondern bezieht sich auf die Umstände des Vertragsschlusses und die damit verbundenen Motive. Das heißt, dass dann, wenn der Arbeitgeber die Rückdatierung nicht bemerkt oder sich der Tatsache, dass das Arbeitsamt über den Zeitpunkt des Vertragsschlusses getäuscht werden soll, nicht im klaren ist, eine Sittenwidrigkeit des Vertrages ausscheidet, weil es an einer entsprechenden Täuschungsabrede fehlt[881]. Es ist dann allenfalls noch zu prüfen, ob der Arbeitgeber den Vertrag anfechten kann[882]. Daran wird er aber regelmäßig kein Interesse haben.

3. Rechtsfolge der Sittenwidrigkeit

a) Grundsatz: Nichtigkeit des Vertrages

Ein Verstoß gegen die guten Sitten führt gemäß § 138 BGB zur Nichtigkeit des Rechtsgeschäfts. Fraglich ist, ob dies für den gesamten Aufhebungsvertrag auch dann gilt, wenn nicht die Aufhebungsvereinbarung selbst, sondern nur eine Nebenabrede oder damit verbundene, abteilbare Umstände, sittenwidrig sind. Dies ist unter dem Gesichtspunkt der Teilnichtigkeit gemäß § 139 BGB zu erörtern.

b) Ausnahme: Teilnichtigkeit gemäß § 139 BGB

aa) Voraussetzungen der Teilnichtigkeit

§ 139 BGB geht davon aus, dass ein Rechtsgeschäft, von dem ein Teil nichtig ist, als Ganzes ebenfalls nichtig ist. Etwas anderes gilt nur dann, wenn anzunehmen ist, dass es auch ohne den unwirksamen Teil vorgenommen sein würde. Die hier in Rede stehenden Täuschungsabreden sind von dem Hauptzweck des Aufhebungsvertrages, der Beendigung des Arbeitsverhältnisses, abtrennbar, so dass grundsätzlich auch eine Nichtigkeit nur der entsprechenden sittenwidrigen Vereinbarungen in Betracht kommt[883].

---

darauf verständigt haben, die Vertragsbeendigung gegenüber dem Arbeitsamt als zur Vermeidung einer betriebsbedingten Entlassung geboten darzustellen: LAG Hamm, Urt. v. 27.11.1997 – 8 Sa 1263/97 = LAGE § 611 BGB Aufhebungsvertrag Nr. 22.

[880] Vgl. BGH, Urt. v. 27.01.1988 - VIII ZR 155/87 = NJW 1988, 1373, 1374; LAG Baden-Württemberg, Urt. v. 22.05.1991 – 12 Sa 160/90 = LAGE § 611 BGB Aufhebungsvertrag Nr. 4.

[881] Deshalb ist dem LAG Baden-Württemberg, Urt. v. 25.04.1991 – 13 Sa 115/90 = LAGE § 611 BGB Aufhebungsvertrag Nr. 5 und Urt. v. 22.05.1991 – 12 Sa 160/90 = LAGE § 611 BGB Aufhebungsvertrag Nr. 4, i.E. zuzustimmen.

[882] Vgl. LAG Baden-Württemberg, Urt. v. 22.05.1991 – 12 Sa 160/90 = LAGE § 611 BGB Aufhebungsvertrag Nr. 4.

[883] Vgl. LAG Hamm, Urt. v. 27.11.1997 – 8 Sa 1263/97 = LAGE § 611 BGB Aufhebungsvertrag Nr. 22.

bb) Teilnichtigkeit des Aufhebungsvertrages?

Bei der Prüfung des § 139 BGB kommt es darauf an, ob Arbeitgeber und Arbeitnehmer das Arbeitsverhältnis auch dann beendet hätten, wenn der Arbeitnehmer nicht sofort Arbeitslosengeld in Anspruch nehmen könnte, weil die Abrede allein diesem Zweck diente. Entscheidend ist der mutmaßliche Parteiwille[884]. Dabei ist auch die finanzielle Situation des Arbeitnehmers vor dem Hintergrund seiner Chancen auf dem Arbeitsmarkt zu beachten. Beruft sich der Arbeitgeber auf die Wirksamkeit der Aufhebungsvereinbarung, trägt er für die entsprechenden Tatsachen die Beweislast[885]. Ist nach dem Vortrag ein Vertragsschluss unter anderen Umständen zu verneinen, ist auch die Beendigungsvereinbarung unwirksam.

4. Rechtsmissbräuchliche Berufung auf die Sittenwidrigkeit?

Fraglich ist aber weiterhin, ob sich der Arbeitnehmer auf die Unwirksamkeit des gesamten Aufhebungsvertrages berufen kann, obwohl er an der zur Sittenwidrigkeit führenden Täuschungsabrede beteiligt war[886]. Dies könnte ihm als Rechtsmissbrauch gemäß § 242 BGB verwehrt sein. Dagegen sprechen jedoch dieselben Argumente, die bereits im Rahmen der Formnichtigkeit erörtert wurden[887]: Eine Unwirksamkeit des Vertrages nach § 138 BGB ist sinnlos, wenn sich die Vertragsparteien nicht darauf berufen können, weil andernfalls ein mittelbarer Erfüllungszwang im Hinblick auf das sittenwidrige Geschäft entstehen würde; das heißt, der Arbeitnehmer wäre gezwungen, die Täuschung des Arbeitsamtes in die Tat umzusetzen[888]. Schließlich waren beiden Vertragspartnern die zur Sittenwidrigkeit des Vertrages führenden Umstände und damit auch das damit verbundene Risiko bewusst.
In Frage käme allenfalls die Versagung der Rechtsausübung aufgrund des Verbots des venire contra factum proprium (widersprüchliches Verhalten). Dies kommt nur in bestimmten Einzelfällen in Betracht und erfordert zumindest, dass für den anderen Vertragspartner ein Vertrauenstatbestand geschaffen wurde.[889] Allein aufgrund der Tatsache, dass die sittenwidrige Abrede zugunsten des Arbeitnehmers erfolgt ist, kann der Arbeitgeber nicht darauf vertrauen, dass dieser sich nicht auf die Unwirksamkeit des Vertrages berufen wird. Denn da ihm die sittenwidrigen Umstände bewusst sind, hat er auch Kenntnis hinsichtlich des Risikos, das der Arbeitnehmer mit der Antragstellung angeht. Er kann aber nicht darauf vertrauen, dass der Arbeitnehmer sich strafbar macht. Im Gegenteil: Der Arbeitnehmer, der die Sittenwidrigkeit des Vertrages erkennt und auf dessen Durchführung verzichtet, handelt grundsätzlich

---

[884] Jauernig/Jauernig, BGB, vor § 139 Rn 13 m.w.N.
[885] Palandt/Heinrichs, BGB, § 139 Rn 14.
[886] Wie hier ArbG Mannheim, Urt. v. 20.07.1990 – 2 Ca 208/90 = EzA § 611 BGB Aufhebungsvertrag Nr. 8.
[887] Oben § 5 I 4.
[888] LAG Hamm, Urt. v. 27.11.1997 – 8 Sa 1263/97 = LAGE § 611 BGB Aufhebungsvertrag Nr. 22.
[889] S. BGH, Urt. v. 5.05.1992 – X ZR 134/90 = BGHZ 118, 182, 191 f. = NJW 1992, 1557.

nicht widersprüchlich, wenn er vom Arbeitgeber verlangt, den alten Rechtszustand wieder herzustellen, weil ihm insoweit ein „Reuerecht" zusteht.
Anders kann sich die Rechtslage allenfalls darstellen, wenn der Arbeitnehmer beim Versuch, das Arbeitsamt zu täuschen, ertappt wird und sich dann aufgrund der Erfolglosigkeit des Unterfangens auf die Unwirksamkeit des Aufhebungsvertrages beruft. Denn in diesem Fall hat er versucht, die sittenwidrige Vereinbarung in die Tat umzusetzen, so dass von „Reue" keine Rede sein kann. Hier ist es eher denkbar, dass auf der Seite des Arbeitgebers schutzwürdiges Vertrauen entsteht. Aber auch dabei ist zu beachten, dass der Arbeitgeber an der sittenwidrigen Vereinbarung beteiligt war. Im Rahmen einer Interessenabwägung kommt es daher darauf an, wer die Täuschung der Arbeitsverwaltung maßgeblich initiierte.
Gleiches gilt für den Fall, dass die Täuschung erfolgreich war, der Arbeitnehmer aber nach einer Zeit der Arbeitslosigkeit seinen Arbeitsplatz zurück verlangt. In diesem Fall sind außerdem die Voraussetzungen der Verwirkung zu prüfen[890].

5. Ergebnis

In seltenen Fällen kommt eine Unwirksamkeit des Aufhebungsvertrages wegen Sittenwidrigkeit nach § 138 BGB in Betracht. Allerdings wird der Verstoß regelmäßig nicht im Inhalt des Vertrages begründet sein. Auch eine Sittenwidrigkeit wegen der Umstände des Vertragsschlusses scheidet aus, weil insoweit die Regelung des § 123 BGB Vorrang hat. Denkbar ist allenfalls eine sittenwidrige Vereinbarung zu Lasten der Allgemeinheit dergestalt, dass die Vertragsparteien durch Rückdatierung oder falsche Darstellungen im Vertrag die Verhängung von Sperr- und Ruhenszeiten durch das Arbeitsamt verhindern. Soweit eine Teilnichtigkeit des Aufhebungsvertrages nach § 139 BGB ausscheidet, weil der Vertrag nicht ohne die entsprechende Vereinbarung geschlossen worden wäre, wird es dem Arbeitnehmer in diesen Fällen in der Regel nicht nach § 242 BGB verwehrt sein, sich auf die Unwirksamkeit der Beendigungsvereinbarung zu berufen.

II. Inhaltskontrolle des Aufhebungsvertrages nach den §§ 307 ff. BGB

1. Die Grundlagen der Inhaltskontrolle von Verträgen

Der Grundsatz der Vertragsfreiheit erfährt im Zivilrecht eine Reihe von Einschränkungen. Dabei handelt es sich zum einen um eine Rechtskontrolle im engeren Sinn nach den §§ 134, 138 BGB, auf die bereits eingegangen wurde. Nach diesen Vorschriften ist ein Vertrag unwirksam, wenn er gegen ein gesetzliches Verbot oder gegen die guten Sitten verstößt. Zum anderen können Verträge bzw. Vertragsbestandteile auch im Wege einer Angemessenheitskontrolle für nichtig erklärt werden. Diese Möglichkeit eröffnet neben der Generalklausel des § 242 BGB[891] vor allem

[890] S. dazu Jauernig/Vollkommer, BGB, § 242 Rn 53 ff.
[891] Dazu sogleich unter III.

§ 307 BGB, der nach der Schuldrechtsreform gemäß § 310 Abs. 4 BGB grundsätzlich auch im Arbeitsrecht gilt[892].

Im Folgenden soll untersucht werden, was die seit 1.01.2002 bestehende Anwendbarkeit der Regelungen über Allgemeine Geschäftsbedingungen für den arbeitsrechtlichen Aufhebungsvertrag bedeutet.

2. Voraussetzungen für eine Inhaltskontrolle des Aufhebungsvertrages anhand von § 307 BGB

Bislang ordnete § 23 Abs. 1 AGBG an, dass die Vorschriften des AGBG auf Verträge auf dem Gebiet des Arbeitsrechts keine Anwendung finden. Die Möglichkeit einer Inhaltskontrolle war daher allenfalls auf der Grundlage der Generalklausel des § 242 BGB gegeben.

Mit Wirkung zum 1.01.2002 wurde das AGBG in das überarbeitete Schuldrecht des BGB integriert. § 310 Abs. 4 S. 2 BGB bestimmt nun, dass bei der Anwendung der Vorschriften betreffend die Gestaltung rechtsgeschäftlicher Schuldverhältnisse durch Allgemeine Geschäftsbedingungen auf Arbeitsverträge die im Arbeitsrecht geltenden Besonderheiten angemessen zu berücksichtigen sind[893]. Daraus folgt, dass die Anwendung der genannten Regelungen auf das (Individual-) Arbeitsrecht nicht mehr ausgeschlossen ist.

Der Gesetzgeber hat die Einbeziehung des Arbeitsrechts damit begründet, dass auch im Arbeitsrecht ein Bedürfnis nach richterlicher Kontrolle der einseitig vom Arbeitgeber festgesetzten Arbeitsbedingungen bestehe; dies sei insbesondere vor dem Hintergrund des existenziellen Angewiesenseins auf einem Arbeitsplatz von besonderer Bedeutung[894]. Außerdem habe die arbeitsvertragliche Rechtsprechung auch bisher schon eine Inhaltskontrolle vorgenommen, allerdings mit unterschiedlichen Voraussetzungen und Maßstäben, so dass die Aufhebung der Bereichsausnahme zu mehr Rechtssicherheit beitrage[895]. Außerdem werde so dafür gesorgt, dass das Schutzniveau der Vertragsinhaltskontrolle im Arbeitsrecht nicht hinter demjenigen des Zivilrechts zurückbleibe[896].

a) Eröffnung des Anwendungsbereichs nach § 310 Abs. 4 BGB

Wenn § 310 Abs. 4 S. 2 BGB die Anwendung der §§ 305 ff. BGB auf Geschäftsbedingungen in Arbeitsverträgen regelt, soll dies nach den oben ausgeführten Intentionen des Gesetzgebers grundsätzlich eine Anwendung der AGB-Regelungen auf das

---

892 Außerdem kennt das Gesetz eine Ausübungskontrolle als reine Billigkeitskontrolle, die nur eingreift, wenn ein Leistungsbestimmungsrecht einer Vertragspartei gegeben ist, so z.B. in § 315 BGB.

893 Auf Tarifverträge, Betriebs- und Dienstvereinbarung finden die §§ 305 ff. BGB weiterhin keine Anwendung, § 310 Abs. 1 S. 1 BGB.

894 Gegenäußerung Bundesregierung, BT-Drs. 14/6857, S. 53.

895 Vgl. Gegenäußerung Bundesregierung, BT-Drs. 14/6857, S. 54.

896 Gegenäußerung Bundesregierung, a.a.O.

gesamte Arbeitsrecht zur Folge haben. Dies bedeutet auch die Anwendbarkeit auf solche Allgemeinen Geschäftsbedingungen, die sich in Aufhebungsverträgen befinden[897]. Denn die Beendigung eines Arbeitsverhältnisses ist Teil des Arbeitsverhältnisses; werden bei einer einvernehmlichen Aufhebung vom Arbeitgeber Allgemeine Geschäftsbedingungen verwendet, sind diese ebenso einer Inhaltskontrolle nach den §§ 307 ff. BGB zu unterziehen wie solche Regelungen in Arbeitsverträgen.

b) Die Regelungen eines Aufhebungsvertrages als „Allgemeine Geschäftbedingungen"

Zunächst ist Voraussetzung für eine Inhaltskontrolle nach §§ 307 ff. BGB, dass es sich bei dem zwischen Arbeitnehmer und Arbeitgeber geschlossenen Aufhebungsvertrag um Allgemeine Geschäftsbedingungen handelt. Allgemeine Geschäftsbedingungen sind nach § 305 Abs. 1 S. 1 BGB alle für eine Vielzahl von Verträgen vorformulierten Vertragsbedingungen, die eine Vertragspartei der anderen Vertragspartei bei Abschluss eines Vertrages stellt.

Regelungen in einem Aufhebungsvertrag sind dann als vorformuliert anzusehen, wenn sie für eine mehrfache Verwendung schriftlich aufgezeichnet oder in sonstiger Weise fixiert sind[898]. Dies trifft auf die in großer Zahl veröffentlichten und dementsprechend von Arbeitgebern häufig verwendeten Aufhebungsvertragsmuster, die neben der Beendigungsvereinbarung noch sonstige Abreden wie Wettbewerbsverbote, Ausgleichsklausel usw. enthalten, in der Regel zu. Legt der Arbeitgeber dem Arbeitnehmer ein solches, in seinem Betrieb üblicherweise verwendetes Muster zur Unterschrift vor, stellt er die Vertragsbedingungen einseitig i.S.v. § 305 Abs. 1 S. 1 BGB. Nur dann, wenn einzelne Klauseln zwischen den Vertragsparteien nach § 305 Abs. 1 S. 3 BGB ausgehandelt wurden, sind diese nicht als Allgemeine Geschäftsbedingungen anzusehen mit der Folge, dass sie einer Inhaltskontrolle nicht unterliegen. Allerdings liegt ein solches Aushandeln nur dann vor, wenn der Arbeitgeber den „gesetzesfremden Kerngehalt" seiner AGB ernsthaft zur Disposition gestellt hat[899].

Ein Aushandeln wird beim Aufhebungsvertrag vor allem bei solchen Klauseln in Betracht kommen, die finanzielle Zugeständnisse z.B. in Gestalt einer Abfindung enthalten, da es sich dabei um auf den bestimmten Arbeitnehmer zugeschnittene Regelungen handeln wird. Allerdings bestehen keine Anhaltspunkte dafür, dass über diese speziellen Regelungen hinaus alle Inhalte eines Aufhebungsvertrages grundsätzlich zwischen Arbeitnehmer und Arbeitgeber ausgehandelt werden[900]. Denn eine individuell ausgehandelte Klausel liegt nicht schon dann vor, wenn das Aufhebungsvertragsmuster bei bestimmten Regelungen (z.B. Wettbewerbsverbot, Rückzahlung von

---

897 Ebenso Henssler, RdA 2002, 129, 139; Bauer, NZA 2002, 169, 172.

898 Palandt/Heinrichs, Ergänzungsband BGB, § 305 Rn 8.

899 Ausführlich dazu Palandt/Heinrichs, Ergänzungsband BGB, § 305 Rn 21.

900 So aber Weber/Ehrich/Burmester, Aufhebungsverträge, Teil 1 Rn 809 a; ähnlich Bauer, NZA 2002, 169, 173.

Aus- und Weiterbildungskosten) verschiedene Alternativen vorsieht[901]. Auch bei ausfüllungsbedürftigen Leerräumen kommt es darauf an, ob der Arbeitnehmer die freie Stelle nach seiner freien Entscheidung ausfüllen kann, ohne dass vom Arbeitgeber vorformulierte Entscheidungsvorschläge hinzugefügt sind[902]. Dies wird bei arbeitsrechtlichen Aufhebungsverträgen in der Regel nicht vorkommen, da der Arbeitgeber bezüglich der zu treffenden Nebenabreden eine größere Sachkenntnis und Erfahrung als der Arbeitnehmer besitzt und dementsprechend in der Regel großen Einfluss auf die abschließende Formulierung haben wird.
Daraus folgt, dass Aufhebungsverträge häufig vom Arbeitgeber gestellte Allgemeine Geschäftsbedingungen enthalten. Da § 305 Abs. 2 und 3 BGB auf Arbeitsverträge gemäß § 310 Abs. 4 S. 2 letzter Hs. BGB keine Anwendung finden, folgt die Einbeziehung allgemeiner Vertragsbedingungen den allgemeinen rechtsgeschäftlichen Regeln[903].

3. Unwirksamkeit von Bestimmungen in Aufhebungsverträgen nach §§ 307 ff. BGB

a) Unwirksamkeit von Bestimmungen wegen Verstoßes gegen §§ 308, 309 BGB

Die nach den §§ 308, 309 BGB untersagten Klauseln werden in der Regel nicht in Aufhebungsverträgen zu finden sein, weil sie fast ausschließlich nur bei Begründung eines Schuldverhältnisses vereinbart werden, aber nicht bei dessen Beendigung. In Betracht kommt allenfalls ein Änderungsvorbehalt bezogen auf die zu zahlenden Abfindung, der nur unter den in § 308 BGB Nr. 4 BGB genannten Voraussetzungen zulässig ist oder ein Aufrechnungsverbot, bei dessen Vereinbarung § 309 Nr. 3 BGB zu beachten ist.

b) Unwirksamkeit von Bestimmungen wegen unangemessener Benachteiligung eines Vertragspartners gemäß § 307 BGB

§ 307 BGB bestimmt, dass Bestimmungen in Allgemeinen Geschäftsbedingungen unwirksam sind, wenn sie den Vertragspartner des Verwenders entgegen den Geboten von Treu und Glauben unangemessen benachteiligen. Eine solche unangemessene Benachteiligung ist gemäß § 307 Abs. 2 Nr. 1 BGB im Zweifel dann anzunehmen, wenn eine Bestimmung mit den wesentlichen Grundgedanken der gesetzlichen Regelung, von der abgewichen wird, nicht zu vereinbaren ist. Eine unangemessene Benachteilung kann außerdem nach § 307 Abs. 1 S. 2 BGB auch darin liegen, dass die Bestimmung nicht klar und verbindlich ist.

---

[901] Vgl. BGH, Urt. v. 3.12.1991 – XI ZR 77/91 = NJW 1992, 503 = DB 1992, 522; Urt. v. 7.02.1996 – IV ZR 16/95 = NJW 1996, 1676 = DB 1996, 1513.

[902] BGH, Urt. v. 13.11.1997 – X ZR 135/95 = NJW 1998, 1066 = DB 1998, 616; Palandt/ Heinrichs, Ergänzungsband BGB, § 305 Rn 12.

[903] Annuß, BB 2002, 458, 460.

aa) Unwirksamkeit einzelner Klauseln

Fraglich ist, welche in Aufhebungsverträgen vorkommenden Bestimmungen nach § 307 Abs. 1 BGB als unwirksam anzusehen sind. Dabei kommen insbesondere solche Regelungen in Betracht, die mit dem gesetzlichen Leitbild nicht zu vereinbaren sind[904]. Dabei sind gemäß § 310 Abs. 4 S. 2 BGB die im Arbeitsrecht geltenden Besonderheiten zu berücksichtigen[905].

Eine wichtige Rolle bei der Inhaltskontrolle arbeitsrechtlicher Regelungen nach § 307 BGB werden voraussichtlich Verfallklauseln oder Ausschlussfristen spielen. Diese sind teilweise auch Gegenstand von Aufhebungsverträgen. Als gesetzliche Leitbilder kommen die durch die Schuldrechtsreform geänderten Verjährungsfristen in Betracht[906]; auch tarifvertragliche und betriebsverfassungsrechtliche Ausschlussfristen können für eine wertende Betrachtung herangezogen werden[907].

Darüber hinaus können auch Regelungen im Aufhebungsvertrag, die ein nachvertragliches Wettbewerbsverbot betreffen, der Inhaltskontrolle unterliegen, wenn sie den Arbeitnehmer unangemessen benachteiligen[908]. Ist eine Karenzentschädigung vereinbart, kann eine Ausschlussfrist[909] für die Geltendmachung dieser Entschädigung nach einer Entscheidung des BAG vor der Schuldrechtsreform auch in einem Formulararbeitsvertrag vereinbart werden[910].

Da die Rechtsprechung bereits vor der Anwendbarkeit der AGB-Regelungen auf das Arbeitsrecht zugunsten des Arbeitsnehmers eine Billigkeitskontrolle vornahm, ist nicht davon auszugehen, dass sich die Bewertung im Einzelfall bei Zugrundelegung des § 307 BGB grundlegend ändern wird[911]. Es ist aber denkbar, dass bei Streitigkeiten über Ausgleichsklauseln in Zukunft unter Anwendung der Unklarheitenregel des § 305 c Abs. 2 BGB zugunsten des Arbeitnehmers entschieden wird[912].

Grundsätzlich ist daher nicht damit zu rechnen, dass Regelungen, die üblicherweise in Aufhebungsverträgen vereinbart werden, nach § 307 BGB als unwirksam anzusehen sind[913]. Bei Ihrer Formulierung ist aber das sog. Transparenzgebot in § 307

---

904 Einen Mangel an vorgegebenen gesetzlichen Leitbildern im Arbeitsrecht beklagt Reichold, ZTR 2002, 202, 205.

905 Dazu ausführlich Hromadka, NJW 2002, 2523, 2528; Annuß, BB 2002, 458, 460 f.

906 Zu den Grenzen der Gestaltungsmöglichkeiten s. Reichold, ZTR 2002, 202, 207.

907 Nach Henssler, RdA 2002, 129, 138, lässt sich prognostizieren, das sich die Rechtsprechung in Richtung einer Drei-Monats-Frist als zulässiger Ausschlussfrist entwickeln wird.

908 Ausführlich dazu Bauer/Diller, NJW 2002, 1609, 1613 f.

909 Zur Verjährungsfrist bezogen auf die einzelnen Raten der Karenzentschädigung nach der Schuldrechtsreform s. Bauer/Diller, NJW 2002, 1609, 1610.

910 BAG, Urt. v. 17.06.1997 – 9 AZR 801/95 = AP Nr. 2 zu § 74 b HGB = NJW 1998, 1732.

911 Vgl. Einschätzung von Reichhold, ZTR 2002, 203, 205.

912 So Bauer/Diller, NJW 2002, 1609, 1614, für die Frage, ob eine Ausgleichklausel im Aufhebungsvertrag auch ein nachvertragliches Wettbewerbsverbot erfasst.

913 Weber/Ehrich/Burmester, Aufhebungsverträge, Teil 1 Rn 809 a.

Abs. 1 S. 2 BGB zu beachten, dass heißt, die einzelnen Regelungen müssen klar und verständlich sein[914].

bb) Unwirksamkeit der Beendigungsvereinbarung?

Fraglich ist, ob die Inhaltskontrolle nach § 307 BGB dazu führen kann, dass die Beendigungsvereinbarung an sich unwirksam ist.

Nach § 306 Abs. 1 BGB führt die Unwirksamkeit von einzelnen Geschäftsbedingungen nicht dazu, dass der Vertrag im Übrigen unwirksam ist. Das heißt, einzelne unwirksame Klauseln in Aufhebungsverträgen haben auf die Wirksamkeit der Beendigungsvereinbarung keinen Einfluss. Insofern ist § 306 BGB lex specialis zu § 139 BGB[915]. Man könnte allenfalls daran denken, dass die Beendigungsvereinbarung selbst nach § 307 BGB unwirksam ist.

Bei der Beendigungsvereinbarung handelt es sich um den Mindestinhalt eines Aufhebungsvertrages; ohne die einvernehmliche Beendigung kann von einem Aufhebungsvertrag nicht gesprochen werden. Deshalb ist es nicht denkbar, dass alleine die Beendigungsvereinbarung den Arbeitnehmer unangemessen benachteiligt, so dass eine Unwirksamkeit nach § 307 BGB nicht in Betracht kommt. Dies ergibt sich auch aus § 307 Abs. 3 BGB, der klarstellt, dass bezüglich der essentialia negotii eine Inhaltskontrolle nicht greift[916]. Kontrollfrei sind auch die Vergütungsregelungen, soweit es an einem gesetzlichen Leitbild fehlt[917]. Da es für die Abfindung im Rahmen eines Aufhebungsvertrages keinerlei gesetzliche Vorschriften gibt und der Arbeitnehmer darüber hinaus nicht einmal einen Anspruch auf Zahlung der Abfindung hat, ist die Abfindungsvereinbarung ebenfalls grundsätzlich keiner Angemessenheitskontrolle zu unterwerfen[918].

Allein die Tatsache, dass der Aufhebungsvertrag das Arbeitsverhältnis beendet, ist nicht als eine besonders schwere Belastung zu sehen. Denn dabei handelt es sich um die Rechtsfolge der vom Arbeitnehmer abgegebenen Willenserklärung, nicht aber um eine Vertragsbedingung, die der Arbeitgeber aufgrund seiner Überlegenheit in den Vertragsverhandlungen durchsetzen konnte[919]. Diese Rechtsfolge stellt sich auch nur dann als belastend dar, wenn der Arbeitnehmer keinen anderen Arbeitsplatz mehr findet, was aber nicht vom Vertrag selbst, sondern vor allem von der Situation auf dem Arbeitsmarkt abhängt[920]. Einen stärkeren Schutz des Arbeitnehmers vor der übereilten Aufgabe seines Arbeitsplatzes bietet § 307 BGB nicht.

---

[914] Dazu Hromadka, NJW 2002, 2524, 2528; Reichold, ZTR 2002, 202, 205.

[915] Palandt/Heinrichs, Ergänzungsband BGB, § 306 Rn 1; s.a. Annuß, BB 2002, 458, 461.

[916] Annuß, BB 2002, 458, 460; Bauer, NZA 2002, 169, 173; Hromadka, NJW 2002, 2524, 2526; Reichold, ZTR 2002, 202, 205.

[917] Hromadka, NJW 2002, 2524, 2526.

[918] Bauer, NZA 2002, 169, 172.

[919] Vgl.a. Ausführungen bei Ernst, Aufhebungsverträge, S. 192.

[920] Schacht, Übereilungsschutz, S. 132.

4. Ergebnis

Eine Inhaltskontrolle von Aufhebungsverträgen gemäß § 307 BGB kommt nach der Einbeziehung des Arbeitsrechts in den Anwendungsbereich der AGB-Regelungen durch § 310 Abs. 4 S. 2 BGB in Betracht. Die Verwendung von Allgemeinen Geschäftsbedingungen durch den Arbeitgeber wird dabei häufig anzutreffen sein.

Bei der Beurteilung, ob eine Klausel im Aufhebungsvertrag wegen unangemessener Benachteiligung des Arbeitnehmers nach § 307 Abs. 1 BGB unwirksam ist, kommt es vor allem auf den Verstoß gegen gesetzlichen Vorgaben an. Da viele der in Aufhebungsvertragsmustern zu findenden Regelungen üblicherweise verwendet werden und eine unangemessene Benachteiligung des Arbeitnehmers dabei nur in Ausnahmefällen in Betracht kommen wird, ist nicht zu erwarten, dass die Inhaltskontrolle des arbeitsrechtlichen Aufhebungsvertrages nach § 307 BGB die Gerichte in Zukunft übermäßig beschäftigen wird[921].

III. Richterliche Inhaltskontrolle des Aufhebungsvertrages aufgrund strukturell ungleicher Verhandlungsstärke zwischen Arbeitnehmer und Arbeitgeber

Die Einbeziehung des Arbeitsrechts in den Anwendungsbereich der AGB-Regeln hat den Arbeitnehmerschutz nur im Fall der Verwendung Allgemeiner Geschäftsbedingungen durch den Arbeitgeber und dort allenfalls in Bezug auf einzelne Klauseln verbessert; die Problematik übereilter oder unter einem gewissen Druck durch den Arbeitgeber zustande gekommenen Entscheidungen des Arbeitnehmers zugunsten eines Aufhebungsvertrages wird davon nicht berührt. Daher ist diesbezüglich auf die bereits vor Einbeziehung des Arbeitsrechts in den Anwendungsbereich der AGB-Regelungen bestehende Diskussion um einen stärkeren Arbeitnehmerschutz durch richterliche Inhaltskontrolle von Aufhebungsverträgen anhand von § 242 BGB einzugehen.

Diese Diskussion wurde durch die sog. Bürgschaftsentscheidung des Bundesverfassungsgerichts vom 19.10.1993[922] angestoßen und machte auch vor dem arbeitsrechtlichen Aufhebungsvertrag nicht Halt, da in den durch das BVerfG festgelegten Grundsätzen eine Möglichkeit zur Gewährleistung eines stärkeren Arbeitnehmerschutzes gesehen wurde.

Die Frage einer richterlichen Inhaltskontrolle aufgrund strukturell ungleicher Verhandlungsstärke kann mit der Einführung der §§ 310 Abs. 4, 307 BGB nicht als beendet betrachtet werden. Denn diese Form der Inhaltskontrolle erfasst den arbeitsrechtlichen Aufhebungsvertrag wie erläutert nur in Ausnahmefällen. Sie betrifft insbesondere nicht das Zustandekommen des Aufhebungsvertrages, das heißt die Beendigungsvereinbarung selbst, sondern allenfalls einzelne Nebenabreden und diese nur dann, wenn der Arbeitgeber sie als Allgemeine Geschäftsbedingungen verwendet. Zur Gewährleistung eines stärkeren Arbeitnehmerschutzes beim Abschluss eines

[921] Bauer, NZA 2002, 169, 173.

[922] BVerfG, Beschl. v. 19.10.1993 – 1 BvR 567/89 = BVerfGE 89, 214 ff. = NJW 1994, 36.

Aufhebungsvertrages, wie in Teilen von Rechtsprechung und Literatur gefordert, ist die Inhaltskontrolle nach § 307 BGB nicht geeignet.
Im Folgenden sollen deshalb die von Literatur und Rechtsprechung anhand der Urteile des BVerfG entwickelten Lösungsvorschläge dargestellt und auf ihre Begründbarkeit und Notwendigkeit in Bezug auf den arbeitsrechtlichen Aufhebungsvertrag untersucht werden.

1. Die Rechtsprechung des BVerfG zur Inhaltskontrolle von Verträgen wegen strukturell ungleicher Verhandlungsstärke

Das BVerfG hatte sich erstmals in der sog. Handelsvertreterentscheidung[923] zu den Voraussetzungen einer Vertragskontrolle im Zivilrecht geäußert. Dabei stellte das Gericht klar, dass der Staat grundsätzlich die im Rahmen der Privatautonomie getroffenen Entscheidungen zu respektieren habe. Allerdings stelle das Grundgesetz keine wertneutrale Ordnung dar, sondern habe in seinem Grundrechtsabschnitt objektive Grundentscheidungen getroffen, die für alle Bereiche des Rechts gelten würden. Wenn eine der Vertragsparteien ein so starkes Übergewicht habe, dass sie vertragliche Regelungen faktisch einseitig setzen könne, bewirke dies für den anderen Teil Fremdbestimmung. Dann könne das Vertragsrecht allein keinen sachgerechten Interessenausgleich gewährleisten. Dieser müsse über die zivilrechtlichen Generalklauseln der §§ 138, 242, 315 BGB erreicht werden[924].
In seinem Beschluss zur Wirksamkeit von Bürgschaftsverpflichtungen einkommens- und vermögensloser Familienangehöriger wurde das BVerfG dann deutlicher[925]. Dort heißt es im Leitsatz: „Die Zivilgerichte müssen [...] die grundrechtliche Gewährleistung der Privatautonomie in Art. 2 GG beachten. Daraus ergibt sich ihre Pflicht zur Inhaltskontrolle von Verträgen, die einen der beiden Vertragspartner ungewöhnlich stark belasten und das Ergebnis strukturell ungleicher Verhandlungsstärke sind." Durch das Kriterium der „strukturell ungleichen Verhandlungsstärke" setzte das Gericht den Maßstab, der die Diskussion um eine Inhaltskontrolle im Arbeitsrecht entfachte. Zwar stellte das Gericht fest, dass ein Vertrag aus Gründen der Rechtssicherheit nicht bei jeder Störung des Verhandlungsgleichgewichts nachträglich in Frage gestellt oder korrigiert werden dürfe. Wenn es sich allerdings um eine typisierbare Fallgestaltung handele, die eine strukturelle Unterlegenheit des einen Vertragsteils erkennen lasse, und die Folgen des Vertrages für den unterlegenen Vertragsteil ungewöhnlich belastend seien, müsse die Zivilrechtsordnung darauf reagieren und Korrekturen ermöglichen. Dahingehend begründe der in § 242 BGB verankerte Grundsatz von Treu und Glauben die Befugnis zu einer richterlichen Inhaltskontrolle des Vertrages. Die Gerichte dürften sich in diesen Fällen nicht mit der Feststellung be-

923 BVerfG, Beschl. v. 7.02.1990 – 1 BvR 26/84 = BVerfGE 81, 242 ff. = NJW 1990, 1469.
924 BVerfG, Beschl. v. 7.02.1990 – 1 BvR 26/84 = BVerfGE 81, 242, 255 f. = NJW 1990, 1469.
925 BVerfG, Beschl. v. 19.10.1993 – 1 BvR 567/89 = BVerfGE 89, 214 ff. = NJW 1994, 36.

gnügen: „Vertrag ist Vertrag“[926]. Dass in der Zivilrechtsordnung nicht das „Recht des Stärkeren“ gelten dürfe, machte das BVerfG unter Hinweis auf die oben dargestellten Grundsätze in einer weiteren Bürgschaftsentscheidung 1994 deutlich[927].

Bei der Inhaltskontrolle, wie sie das BVerfG von den Zivilgerichten verlangt hat, handelt es sich nicht um eine Billigkeits-, sondern um eine Rechtskontrolle am Maßstab der Angemessenheit[928]. Ihre Rechtsgrundlage wird überwiegend in § 242 BGB gesehen[929].

Nach Auffassung des BAG muss es nicht näher erläutert werden, dass das Arbeitsrecht durch eine strukturelle Unterlegenheit des einzelnen Arbeitnehmers gekennzeichnet ist, die durch kollektive Regelungen nicht beseitigt werden kann und die auch in Zeiten der Vollbeschäftigung besteht[930]. In dieser Feststellung, die einer richterlichen Inhaltskontrolle einen weiten Spielraum eröffnet, findet sich wohl auch der Grund dafür, dass sich das BAG gegenüber den Arbeitnehmern insgesamt großzügig bei der Ausübung richterlichen Ermessens zeigt[931].

Fraglich ist deshalb, ob nach den vom BVerfG entwickelten Kriterien auch eine Unwirksamkeit der Aufhebungsvereinbarung wegen strukturell ungleicher Verhandlungsstärke des Arbeitnehmers in Betracht kommt.

2. Inhaltskontrolle von arbeitsrechtlichen Aufhebungsverträgen?

Die Möglichkeit einer Inhaltskontrolle von Aufhebungsverträgen löste nur deshalb eine Kontroverse im arbeitsrechtlichen Schrifttum aus, weil sowohl einige Instanzgerichte als auch Stimmen in der Literatur den bestehenden Arbeitnehmerschutz beim Abschluss eines Aufhebungsvertrages als nicht ausreichend ansahen. Aus der Diskussion ist eine Art „Glaubenskrieg“ entbrannt zwischen denen, die dem geltenden Arbeitsrecht „Schutzlücken“ attestieren[932], und denjenigen, nach deren Auffassung die Inhaltskontrolle eine „Abkehr von der unbeschränkten Vertragsfreiheit als einer Grundüberzeugung des Liberalismus“ ist[933].

Nachdem das Landesarbeitsgericht Hamburg 1991 einen Aufhebungsvertrag wegen „Überrumpelung“ nach § 242 BGB für unwirksam erklärte hatte[934], war das Urteil des BVerfG zur strukturellen Ungleichheit vor allem für Zwanziger der Anlass, die fragwürdige dogmatische Konstruktion des LAG auf eine verfassungsrechtlich trag-

[926] BVerfG, Beschl. v. 19.10.1993 – 1 BvR 567/89 = BVerfGE 89, 214, 234 = NJW 1994, 36.

[927] BVerfG, Kammerbeschl. v. 5.08.1994 – 1 BvR 1402/89 = NJW 1994, 2749 ff.

[928] Fastrich, RdA 1997, 65, 70.

[929] S. nur BGH, Urt. v. 17.09.1987 – VII ZR 153/86 = BGHZ 101, 350, 353 = NJW 1988, 135; BAG, Urt. v. 16.03.1994 – 5 AZR 339/92 = AP Nr. 18 zu § 611 BGB Ausbildungsbeihilfe = NZA 1994, 937; ErfK/Preis, § 611 BGB Rn 552.

[930] BAG, a.a.O.; krit. dazu Weth, NZA 1998, 680, 682.

[931] Näher dazu Fastrich, RdA 1997, 65, 72.

[932] Dieterich, RdA 1995, 129, 134.

[933] Adomeit, NJW 1994, 2467, 2468.

[934] LAG Hamburg, Urt. v. 3.07.1991 – 5 Sa 20/91 = LAGE § 611 BGB Aufhebungsvertrag Nr. 6.

fähigere Grundlage zu stellen, indem er hinsichtlich des arbeitsrechtlichen Aufhebungsvertrages eine Inhaltskontrolle durch die Arbeitsgerichte für erforderlich hielt[935].

a) Darstellung der verschiedenen Ansätze

aa) Die Konstruktion des LAG Hamburg

Das LAG Hamburg ging in seiner Entscheidung vom 3.07.91[936] nicht auf die Möglichkeit einer Inhaltskontrolle ein. Dies ist schon damit zu erklären, dass die Bürgschaftsentscheidung des Verfassungsgerichts und die dadurch ausgelöste arbeitsrechtliche Debatte erst gut zwei Jahre später erfolgten. Gleichwohl stützte das LAG seine Argumentation auf § 242 BGB, ohne dass sich in den Entscheidungsgründen eine überzeugende dogmatische Konstruktion findet[937]. Es gesteht dem Arbeitnehmer ein Widerrufsrecht zu, wenn er vom Arbeitgeber ohne Mitteilung des Themas zu einem Gespräch gebeten wird, in dem ihn dieser zum Abschluss eines Aufhebungsvertrages veranlasst, ohne ihm eine Bedenkzeit oder ein Rücktrittsrecht einzuräumen[938]. Durch diesen Überrumpelungsversuch habe sich der Arbeitgeber, der dem Arbeitnehmer gegenüber zu besonderer Fürsorge verpflichtet sei, unredlich verhalten. Deshalb hält es das LAG für unzulässige Rechtsausübung, wenn der Arbeitgeber dem Begehren des Arbeitnehmers auf Weiterbeschäftigung nicht nachkomme[939]. In dogmatischer Hinsicht lässt das LAG offen, ob der Aufhebungsvertrag erst während der Bedenkzeit durch eine Erklärung des Arbeitnehmers wirksam wird oder ob der Vertrag zunächst abgeschlossen wurde und durch die Ausübung des Widerrufsrechts aufgehoben werden kann[940]. Die Rechtsgrundlage dieses Widerrufsrechts sieht das Gericht offensichtlich in § 242 BGB.

Diese Entscheidung des LAG stellt den Beginn der Auseinandersetzung um Notwendigkeit und dogmatische Begründbarkeit eines stärkeren Arbeitnehmerschutzes beim Abschluss von Aufhebungsverträgen dar. Die Intention des LAG, neue Instrumente zugunsten eines stärkeren Arbeitnehmerschutzes zu entwickeln, wird umso deutlicher angesichts der Tatsache, dass das BAG in der Revision der Klage der Arbeitnehmerin stattgab und zugleich die Richtigkeit der Würdigung des LAG ausdrücklich offen ließ[941]: Entgegen der Auffassung des LAG hielt es im zu behandelnden

---

935 Zwanziger, DB 1994, 982 ff.; ders., BB 1996, 903 f.

936 LAG Hamburg, Urt. v. 3.07.1991 – 5 Sa 20/91 = LAGE § 611 BGB Aufhebungsvertrag Nr. 6.

937 Bengelsdorf, Anm. zu LAG Hamburg, Urt. v. 3.07.1991, LAGE § 611 BGB Aufhebungsvertrag Nr. 6, S. 28, nennt es einen „missglückten Versuch der Rechtsfortbildung".

938 LAG Hamburg, Urt. v. 3.07.1991 – 5 Sa 20/91 = LAGE § 611 BGB Aufhebungsvertrag Nr. 6.

939 LAG Hamburg, a.a.O.

940 Bengelsdorf, Anm. zu LAG Hamburg, Urt. v. 3.07.1991, LAGE § 611 BGB Aufhebungsvertrag Nr. 6, S. 11.

941 BAG, Urt. v. 16.01.1992 – 2 AZR 412/91 = NZA 1992, 1023.

Fall die Voraussetzungen einer Anfechtung wegen widerrechtlicher Drohung gemäß § 123 BGB für gegeben[942].

bb) Die Auffassung Zwanzigers

Die Entscheidung des LAG Hamburg wurde in der Literatur nicht zuletzt aufgrund ihrer dogmatischen Unschärfe heftig kritisiert[943]. Erst in Zwanziger fand das LAG einen Fürsprecher für den gewählten Ansatz. Denn infolge der Entscheidung des BVerfG sah dieser die Inhaltskontrolle von Aufhebungsverträgen als dogmatisch begründbares Instrument zur Verbesserung des Arbeitnehmerschutzes beim Abschluss von Aufhebungsverträgen an. Die Argumente des LAG zugunsten des Arbeitnehmers gewannen damit - vor allem in Bezug auf den Begriff der „strukturellen Ungleichheit“ - neue Bedeutung.

Nach der Auffassung von Zwanziger ist die vom LAG Hamburg anhand von § 242 BGB vorgenommene Begründung eines Widerrufsrechts verfassungsrechtlich nicht geboten[944]. Stattdessen hält er die Kriterien des BVerfG bei der rechtlichen Bewertung arbeitsrechtlicher Aufhebungsverträge für in vollem Umfang heranziehbar[945]. Entsprechend dessen Bürgschaftsentscheidung seien auch die konkurrierenden Interessen von Arbeitgeber und Arbeitnehmer im Wege praktischer Konkordanz in Ausgleich zu bringen. Dabei kommt Zwanziger zu dem Ergebnis, dass Aufhebungsverträge als für den Arbeitnehmer besonders belastend anzusehen sind. Dies entspreche der gesetzlichen Wertung, die im Kündigungsschutzrecht zum Ausdruck komme[946]. Weiterhin geht Zwanziger davon aus, dass die Möglichkeit der Anfechtung von Aufhebungsverträgen nicht ausreiche, um die verfassungsrechtlichen Vorgaben zu erfüllen[947]. Aufhebungsverträge müssten vielmehr auch dann als unwirksam angesehen werden, wenn sie offensichtlich keinen angemessenen Interessenausgleich darstellten und das Ergebnis strukturell ungleicher Verhandlungsstärke seien. Diese Unterlegenheit des Arbeitnehmers sei dann anzunehmen, wenn der Arbeitgeber durch sein Direktionsrecht eine Verhandlungssituation schaffe, um auf den Arbeitnehmer mit dem Ziel einzuwirken, einen Aufhebungsvertrag zu schließen, ohne dass eine Überlegungsfrist eingeräumt werde[948].

An die Stelle eines vom LAG Hamburg nach § 242 BGB begründeten Widerrufsrechts tritt bei Zwanziger eine anhand der Kriterien des BVerfG ermittelte Sittenwid-

---

[942] Bengelsdorf, Anm. zu LAG Hamburg, Urt. v. 3.07.1991, LAGE § 611 BGB Aufhebungsvertrag Nr. 6, S. 11, wirft dem LAG deshalb vor, sein Urteil lasse eine gewissenhafte Arbeit am Sachverhalt vermissen.

[943] Bengelsdorf, Anm. zu LAG Hamburg, Urt. v. 3.07.1991, LAGE § 611 BGB Aufhebungsvertrag Nr. 6; Ehrich, NZA 1992, 2239, 2242 ff.; ders., NZA 1994, 438 ff.; Boemke, NZA 1993, 532, 537; Haller, BB 1994, 787, 788 ff.; Wisskirchen/Worzalla, DB 1994, 577, 580 f.

[944] Zwanziger, DB 1994, 982, 983.

[945] Zwanziger, DB 1994, 982.

[946] Zwanziger, a.a.O.

[947] Zwanziger, DB 1994, 982, 983.

[948] Zwanziger, DB 1994, 982, 984.

rigkeit des Aufhebungsvertrages gemäß § 138 Abs. 1 BGB. In der Folgezeit nahmen auch einige Instanzgerichte diese Prüfung vor[949]. Außerdem sprach sich Dieterich im Hinblick auf den Aufhebungsvertrag für die Heranziehung der vom BVerfG entwickelten Grundsätze aus, weil ein schlichtes „Vertrag ist Vertrag“ der Sachlage vielfach nicht gerecht werde[950].

b) Kritik von Literatur und Rechtsprechung

aa) Gegenstimmen in der Literatur

Stärksten Widerspruch erhielt Zwanziger vor allem von Bengelsdorf, der bereits die Entscheidung des LAG Hamburg umfassend kritisiert hatte[951]. Nach seiner Auffassung setzt Zwanziger die Anforderungen, die § 138 BGB an die Sittenwidrigkeit eines Vertrages stelle, in nicht gerechtfertigter Weise herab. Denn bei der Fallgestaltung der einvernehmlichen Beendigung eines Arbeitsverhältnisses sei eine Disparität, wie sie das BVerfG gefordert habe, nicht gegeben[952]. Insbesondere im Vergleich mit der Situation des Arbeitnehmers bei Begründung des Arbeitsverhältnisses sei die Verfahrenssituation bei Abschluss eines Aufhebungsvertrages nicht von einer Überlegenheit des Arbeitgebers gekennzeichnet. Denn der Arbeitnehmer könne die Vertragsbeendigung und deren Bedingungen von seinem Einverständnis abhängig machen und damit seine Interessen als „mündiger Bürger“ selbständig wahrnehmen[953]. Er sei aus „arbeitsverhältnisspezifischen Bedingungen“ nicht überfordert[954]. Außerdem vertritt Bengelsdorf die Auffassung, das Direktionsrecht sei nicht geeignet, den Arbeitnehmer zu einer einvernehmlichen Beendigung des Arbeitsverhältnisses zu bewegen[955]. Über diese rechtliche Bewertung hinaus kritisiert er auch die Sicht der Lebenswirklichkeit durch Zwanziger und wirft diesem ideologische Wertungen und Vorstellungen vor[956]. Folge man dessen Auffassung, würden die Rechtsfragen der Wirksamkeit eines abgeschlossenen Aufhebungsvertrages nicht mehr anhand von Normsätzen entschieden, sondern nur noch als Einzelfälle geschlichtet[957].

---

[949] LAG Hamburg, Urt. v. 14.10.1994 – 13 Ca 195/94 = ArbuR 1995, 29; LAG Hamm, Urt. v. 24.02.1995 – 5 Sa 688/94 = LAGE § 611 BGB Inhaltskontrolle Nr. 2; ArbG Osnabrück, Urt. v. 21.02.1995 – 1 Ca 574/94 = AiB 1995, 466; abl. LAG Mecklenburg-Vorpommern, Urt. v. 6.07.1995 – 1 Sa 629/94 = NZA 1996, 535, 538; LAG Köln, Urt. v. 6.06.1997 – 11 Sa 1310/96 = LAGE § 123 BGB Nr. 24.

[950] Dieterich, RdA 1995, 129, 135.

[951] Bengelsdorf, BB 1995, 978 ff.; ders., BB 1996, 904 ff.; ders., DB 1997, 874 ff., sowie Anm. zu LAG Hamburg, Urt. v. 3.07.1991, LAGE § 611 BGB Aufhebungsvertrag Nr. 6.

[952] Bengelsdorf, BB 1995, 978, 979 f.

[953] Bengelsdorf, BB 1995, 978, 982 f.

[954] Bengelsdorf, BB 1996, 904, 907.

[955] Bengelsdorf, BB 1995, 978, 983 f.

[956] Bengelsdorf, BB 1995, 978, 984.

[957] Bengelsdorf, BB 1996, 904, 905.

Die zweite Ebene seiner gegen die Inhaltskontrolle von Aufhebungsverträgen vorgebrachten Kritik ist verfassungsrechtlicher Art und betrifft den Schutz der Beendigungsfreiheit als Grundlage des arbeitsrechtlichen Aufhebungsvertrages. Der Gesetzgeber habe die Beseitigungsmöglichkeiten von Verträgen vor allem in den §§ 119, 123 BGB geregelt[958]. Diesen Normen liege die Wertung zugrunde, dass die Beseitigung von Verträgen wegen Beeinträchtigung der rechtsgeschäftlichen Entscheidungsfreiheit nur unter engen Voraussetzungen zulässig sei, so dass eine Ausweitung der Beseitigungsmöglichkeiten eine Kompetenzüberschreitung der Gerichte darstelle[959]. Der Einsatz der Generalklausel des BVerfG sei deshalb nicht erforderlich[960]. Diese Schlussfolgerung traf in der Literatur überwiegend auf Zustimmung[961].

bb) Die Auffassung des BAG

Das BAG verwarf in zwei Entscheidungen sowohl den Ansatz des LAG Hamburg als auch den Vorschlag, Aufhebungsverträge in Zukunft einer Inhaltskontrolle zu unterziehen. In einem Urteil vom 30.09.1993 und damit zeitlich vor der Bürgschaftsentscheidung des BVerfG sprach es sich zunächst ausdrücklich gegen die Konstruktion des LAG aus[962]: „Nur eine durch widerrechtliche Drohung verursachte Zwangslage berechtigt zur Anfechtung nach § 123 Abs. 1 BGB. Die rechtsgeschäftliche Entscheidungsfreiheit wird nicht allgemein gegen jede Art von Beeinträchtigung durch eine Zwangslage geschützt, sondern nur gegen die rechtswidrige Beeinflussung durch arglistige Täuschung und widerrechtliche Drohung." Unter Hinweis auf die arbeitsrechtliche Beendigungsfreiheit verneinte das BAG auch ein im Wege der Rechtsfortbildung gewonnenes Rücktritts- oder Widerrufsrecht. Es obliege grundsätzlich der freien Entscheidung des Arbeitnehmers, ob er an seinem Arbeitsvertrag festhalten wolle und deshalb den angebotenen Aufhebungsvertrag ablehne, oder ob er sich durch gute Worte oder ein lukratives Vertragsangebot zum Abschluss eines Aufhebungsvertrages bewegen lasse. Diese Entscheidung habe der Arbeitnehmer selbst zu treffen und selbst zu verantworten[963].

Gleichzeitig erteilte das BAG auch der richterrechtlichen Begründung eines Widerrufsrechts eine Abfuhr[964]: „Der Rückgriff auf § 242 BGB ist nicht geeignet, einen derart schwerwiegenden Eingriff in die Privatautonomie [...] zu begründen. Die allgemeinen zivilrechtlichen Generalklauseln sind weder Quelle noch Grundlage einer freien richterlichen Rechtsschöpfung. Die Regelung einer solchen Frage ist Sache

---

958 Bengelsdorf, BB 1996, 904, 905.

959 Bengelsdorf, BB 1996, 904, 906.

960 Bengelsdorf, DB 1997, 874, 879.

961 Bauer/Diller, DB 1995, 1810, 1813; Wank, Anm. zu BAG, Urt. v. 14.12.1996, EzA § 611 BGB Aufhebungsvertrag Nr. 21, S. 7 f.; Germelmann, NZA 1997, 236, 240.

962 BAG, Urt. v. 30.09.1993 – 2 AZR 263/93 = AP Nr. 37 zu § 123 BGB = NJW 1994, 1021.

963 BAG, a.a.O.; ebenso LAG Köln, Urt. v. 6.06.1997 – 11 Sa 1310/96 = LAGE § 123 BGB Nr. 24.

964 BAG, Urt. v. 30.09.1993 – 2 AZR 263/93 = AP Nr. 37 zu § 123 BGB = NJW 1994, 1021.

des Gesetzgebers [...].“ In einer Entscheidung aus dem Jahr 1996 wies es außerdem darauf hin, dass es beim Abschluss von Aufhebungsverträgen an der strukturell ungleichen Verhandlungssituation zwischen Arbeitgeber und Arbeitnehmer fehle und deshalb eine abweichende Rechtsfortbildung auch nicht unter Verweis auf die Bürgschaftsentscheidung des BVerfG geboten sei[965]. Damit hat das BAG die Inhaltskontrolle von Aufhebungsverträgen abgelehnt, ohne sich ausdrücklich mit den von Zwanziger und Dieterich vorgebrachten Argumenten zu beschäftigen.
Im Übrigen stellte das BAG klar, dass der Gesetzgeber den Schutzpflichten des Staates für den Bereich der Beendigung von Arbeitsverhältnissen durch die geltenden Kündigungsschutzvorschriften hinreichend Rechnung getragen habe[966].

c) Stellungnahme

Die Dokumentation des Meinungsstreites zeigt, dass eine an der Bürgschaftsentscheidung des BVerfG orientierte Inhaltskontrolle von Aufhebungsverträgen keine befriedigende Antwort auf die mit dem Abschluss von Aufhebungsverträgen zusammenhängenden Probleme geben kann. Dies ergibt sich auch daraus, dass es beim Aufhebungsvertrag weniger um ein strukturelles Ungleichgewicht der Vertragspartner geht als um den Schutz vor Übereilung[967]. Dementsprechend ist die Inhaltskontrolle auch nur ein Vorschlag unter anderen, den Arbeitnehmerschutz beim Abschluss von Aufhebungsverträgen zu verbessern und dem Arbeitnehmer unter Umständen ein gesetzlich nicht vorgesehenes Beseitigungsrecht einzuräumen. Mit den sonstigen Vorschlägen wird sich diese Arbeit noch an anderer Stelle auseinander setzen[968]. Die Inhaltskontrolle des Aufhebungsvertrages nach den Grundsätzen der Bürgschaftsentscheidung des BVerfG stellt aus mehreren Gründen keinen vertretbaren Ansatz dar:

aa) Inhaltskontrolle oder Abschlusskontrolle?

Die Forderung nach einer Inhaltskontrolle von Aufhebungsverträgen verkennt die Unterscheidung zwischen der Situation beim Vertragsschluss (Abschlusskontrolle) und dem Inhalt des Vertrages (Inhaltskontrolle), wie sie auch in § 138 Abs. 1 und Abs. 2 BGB zu finden ist[969]. Den Entscheidungen des BVerfG kann nicht entnommen werden, dass auch die Hauptleistungspflichten und die Umstände des Vertragsschlusses einer verstärkten Inhaltskontrolle unterzogen werden sollen[970]. Sie machen vielmehr nur den Maßstab deutlich, den die Gerichte vor dem Hintergrund einer verfassungskonformen Auslegung bei der Interpretation von § 138 BGB anzulegen haben[971]. Dies ergibt sich auch daraus, dass die Bürgschaftsverträge mittelloser Angehöriger nicht aufgrund der Umstände ihres Zustandekommens für unwirksam erklärt

[965] BAG, Urt. v. 14.02.1996 – 2 AZR 234/95 = NJW 1996, 2593.
[966] BAG, Urt. v. 11.06.1997 – 7 AZR 186/96 = AP Nr. 7 zu § 41 SGB VI = NZA 1997, 1290.
[967] Bauer/Diller, DB 1995, 1810, 1812.
[968] Unten § 12.
[969] Wank, Anm. zu BAG, Urt. v. 14.02.1996, EzA § 611 BGB Aufhebungsvertrag Nr. 21, S. 7.
[970] Vgl. Fastrich, RdA 1997, 65, 73.
[971] Preis/Rolfs, DB 1997, 261, 266.

wurden, sondern aufgrund ihres außergewöhnlich belastenden Inhalts. Allein in der Tatsache, dass der Aufhebungsvertrag das Arbeitsverhältnis beendet, ist aber wie bereits im Rahmen von § 307 BGB erläutert eine besonders schwere Belastung nicht zu sehen. Denn dabei handelt es sich um die Rechtsfolge der vom Arbeitnehmer abgegebenen Willenserklärung, nicht aber um eine Vertragsbedingung, die der Arbeitgeber aufgrund seiner Überlegenheit in den Vertragsverhandlungen durchsetzen konnte[972].

Für den arbeitsrechtlichen Aufhebungsvertrag bleibt es daher bei der Angemessenheitskontrolle nach § 138 BGB bzw. der Inhaltskontrolle nach § 307 BGB.

bb) Inhaltskontrolle als Eingriff in die Beendigungsfreiheit

Die Inhaltskontrolle von Aufhebungsverträgen in Form der Abschlusskontrolle ist darüber hinaus verfassungsrechtlich weder geboten noch zulässig. Denn die Möglichkeit, einen Aufhebungsvertrag auch außerhalb der gesetzlich vorgesehenen Regelungen für unwirksam zu erklären, würde einen Eingriff in die Vertragsfreiheit der Parteien darstellen, der zumindest in dieser absoluten Form dem Gesetzgeber vorbehalten bleiben muss[973]. Insoweit ist den Ausführungen des BAG[974] in vollem Umfang zuzustimmen. Auch die Einführung des § 307 BGB und die damit verbundene Intention des Gesetzgebers lässt keine andere Wertung zu; dass sich der Gesetzgeber nur zu einem stärkeren Arbeitnehmerschutz bei Allgemeinen Geschäftsbedingungen entschlossen hat, spricht eher dagegen, eine weitere Inhaltskontrolle von Verträgen im Arbeitsrecht durchzuführen.

cc) Anmerkungen zur Vertragsparität

Die Frage der strukturellen Ungleichheit stellt sich vor diesem dogmatischen Hintergrund nicht mehr. An dieser Stelle sollen gleichwohl einige Anmerkungen zu den in der Literatur geäußerten Meinungen gemacht werden, um im Hinblick auf die Erörterung der zum Arbeitnehmerschutz gemachten unterschiedlichen Vorschläge zu verdeutlichen, vor welchem sozialen und rechtspolitischen Hintergrund sich die Diskussion zum Übereilungsschutz bei Aufhebungsverträgen abspielt.

Nach Bauer/Diller und Bengelsdorf ist der Arbeitnehmer beim Abschluss eines Aufhebungsvertrages in einer „glänzenden Verhandlungssituation"[975]. Zwanziger ist der Auffassung, diese Einschätzung verwechsle die objektive mit der subjektiven Argumentationsstärke des Arbeitnehmers; Menschen seien typischerweise nicht in der Lage, in einer als existenzbedrohend empfundenen Situation rational zu reagieren und ihre Verhandlungsstärke auszuspielen[976]. Dieterich fügt dieser Einschätzung

---

[972] Vgl.a. Ausführungen bei Ernst, Aufhebungsverträge, S. 192.

[973] Wank, Anm. zu BAG, Urt. v. 14.02.1996, EzA § 611 BGB Aufhebungsvertrag Nr. 21, S. 7; ebenso bereits Ernst, Aufhebungsverträge, S. 193 f.

[974] BAG, Urt. v. 30.09.1993 – 2 AZR 263/93 = AP Nr. 37 zu § 123 BGB = NJW 1994, 1021; Urt. v. 14.02.1996 – 2 AZR 234/95 = NJW 1996, 2593.

[975] S. Bauer/Diller, DB 1995, 1810, 1812; eingehend auch Bengelsdorf, BB 1995, 978, 981f.

[976] Zwanziger, BB 1996, 903, 904.

hinzu, dass man als Richter häufig das Gefühl habe, dass nur situationsbedingte Unbedachtheit oder Unkenntnis über die arbeits- und sozialrechtlichen Konsequenzen einen „solchen Akt der Selbstschädigung“ erklärbar machten[977].
Diese Beispiele belegen, dass die Diskussion um die Vertragsparität beim Abschluss des Aufhebungsvertrages durch unterschiedliche tatsächliche Einschätzungen sowie durch unterschiedliche Ideologien geprägt ist. Sie kann in dogmatischer Hinsicht schon deshalb nicht entschieden werden, weil die Situation des Arbeitnehmers beim Abschluss eines Aufhebungsvertrages nicht verallgemeinert werden kann[978]. Es trifft zu, dass der Arbeitnehmer das Angebot des Arbeitgebers zum Abschluss eines Aufhebungsvertrages nur ablehnen muss und insoweit keine gegenüber dem Arbeitgeber unterlegene Verhandlungsposition hat. Auf der anderen Seite ist es aber auch unbestritten, dass es ebenso Arbeitnehmer gibt, die sich vom Arbeitgeber überrumpeln lassen wie es Arbeitgeber gibt, die Unsicherheiten des Vertragspartners ausnutzen. Letzteres hat zwar dazu geführt, dass der Ruf nach einem verstärkten Übereilungsschutz beim Abschluss von Aufhebungsverträgen lauter geworden ist. Die Inhaltskontrolle kann dazu aber nicht beitragen[979]. Sie führt im Fall des Aufhebungsvertrages nicht zu mehr Vertragsgerechtigkeit, sondern nur zu einem Reuerecht des Arbeitnehmers, das weder rechtlich noch rechtspolitisch begründbar ist[980]. Eine verfassungsrechtliche Dimension ist dem Aufhebungsvertrag und seinen Rechtsfolgen nicht zuzugestehen[981].
Es liegt daher nahe, auch das Vorliegen einer typisierbaren Fallgestaltung struktureller Ungleichheit[982], wie sie das BVerfG fordert, für den Fall des Aufhebungsvertrages zu verneinen.

d) Ergebnis

Die Inhaltskontrolle wegen strukturell ungleicher Verhandlungsstärke kann unabhängig von ihrer Ausprägung im Einzelnen und ihrem Umfang nicht zu einem stärkeren Übereilungsschutz des Arbeitnehmers beim Abschluss eines Aufhebungsvertrages beitragen. Sie betrifft grundsätzlich nur den Vertragsgegenstand, aber nicht die Umstände des Vertragsschlusses. Außerdem würde sie einen nicht zu rechtfertigenden Eingriff in die Vertragsfreiheit der Parteien bedeuten. Es ist darüber hinaus zu bezweifeln, dass zwischen Arbeitgeber und Arbeitnehmer beim Abschluss des Auf-

---

977 Dieterich, RdA 1995, 129, 135.
978 S.a. Schacht, Übereilungsschutz, S. 136.
979 Vgl.a. Wank, Anm. zu BAG, Urt. v. 14.02.1996, EzA § 611 BGB Aufhebungsvertrag Nr. 21, S. 7.
980 Ähnlich LAG Mecklenburg-Vorpommern, Urt. v. 6.07.1995 – 1 Sa 629/94 = NZA 1996, 535, 538.
981 Ähnlich Germelmann, NZA 1997, 236, 240.
982 Zur Kritik an diesen Begrifflichkeiten s. Adomeit, NJW 1994, 2467 ff; Germelmann, NZA 1997, 236, 238, sowie Schacht, Übereilungsschutz, S. 128 ff.

hebungsvertrages eine typisierbare Fallgestaltung struktureller Ungleichheit vorliegt, die nach dem BVerfG Voraussetzung für eine Inhaltskontrolle von Verträgen ist.

IV. Zusammenfassung

Die Sittenwidrigkeit eines Aufhebungsvertrages gemäß § 138 BGB kommt nur ausnahmsweise in Betracht. Vor allem in den Fällen, in denen Arbeitnehmer und Arbeitgeber eine Täuschung des Arbeitsamtes vereinbaren, um Sperr- oder Ruhenszeiten zu umgehen, ist ein Verstoß gegen die guten Sitten zu Lasten der Allgemeinheit zu prüfen. Dann ist unter Umständen (§ 139 BGB) der gesamte Aufhebungsvertrag unwirksam und der Arbeitgeber muss den Arbeitnehmer weiterhin beschäftigen.

Nach der Schuldrechtsreform ist der arbeitsrechtliche Aufhebungsvertrag gemäß § 310 Abs. 4 BGB einer Inhaltskontrolle nach § 307 BGB unterworfen. Diese Inhaltskontrolle wird nur in Ausnahmefällen zu einer Unwirksamkeit einzelner Klauseln im Aufhebungsvertrag führen. Darüber hinaus ist eine Inhaltskontrolle des Aufhebungsvertrages wegen strukturell ungleicher Verhandlungsstärke auf der Grundlage der Bürgschaftsentscheidung des BVerfG abzulehnen.

5. Kapitel: Die Beseitigung des Aufhebungsvertrages

Ist ein Vertrag wirksam zustande gekommen, sieht das Gesetz nur eine begrenzte Anzahl von Möglichkeiten vor, sich von der vertraglichen Bindung wieder zu lösen. Deren Voraussetzungen sind aber beim arbeitsrechtlichen Aufhebungsvertrag, wie noch zu zeigen ist, in der Regel nicht gegeben. Dies hat dazu geführt, dass in Teilen der Rechtsprechung und der Literatur in den letzten Jahren Forderungen nach einem stärkeren Arbeitnehmerschutz hinsichtlich der Vereinbarung von Aufhebungsverträgen lauter geworden sind. Einige darauf gerichtete Ansätze (Aufklärungspflichten, Inhaltskontrolle), die den Abschluss oder die Wirksamkeit des Vertrages betreffen, wurden bereits behandelt und weitestgehend abgelehnt. Nach der Erläuterung der gesetzlich vorgesehenen Beseitigungstatbestände, die für den Aufhebungsvertrag in Betracht kommen, werden die von Literatur und Rechtsprechung vorgenommenen Rechtsfortbildungen, die die Beseitigung des Aufhebungsvertrages betreffen, einer kritischen Betrachtung unterzogen. Danach wird festgestellt, welche Möglichkeiten der Arbeitnehmer hat, sich vom Aufhebungsvertrag zu lösen und ob diese unter rechtspolitischen Aspekten als ausreichend angesehen werden können.

§ 11 Die Anfechtung des Aufhebungsvertrages

Ein Rechtsgeschäft ist vernichtbar, wenn die darauf gerichtete Willenserklärung einen Willensmangel aufweist. In diesen Fällen kann die Beseitigung durch eine Irrtums-, eine Täuschungs- oder eine Drohungsanfechtung erfolgen.

I. Die Irrtumsanfechtung nach § 119 BGB

Die Anfechtung gemäß § 119 BGB kommt nur im Fall eines Inhalts-, Erklärungs- oder Eigenschaftsirrtums in Betracht.

1. Die Voraussetzungen eines Inhalts- oder Erklärungsirrtums

Ein Inhaltsirrtum gemäß § 119 Abs. 1 Alt. 1 BGB ist gegeben, wenn der Erklärende über die rechtliche Bedeutung seiner Erklärung irrt[983]. Das heißt, der Erklärende weiß zwar, was er sagt, er misst seiner Erklärung aber einen anderen Sinn bei, als diese in Wirklichkeit hat.

Für den Aufhebungsvertrag bedeutet dies, dass eine Anfechtung wegen Inhaltsirrtums nur dann in Betracht kommt, wenn der Erklärende zwar eine auf den Abschluss eines Aufhebungsvertrages gerichtete Willenserklärung abgibt, diese Erklärung aber für eine andere hält. Nach der Einführung der Schriftform für die Beendigung des Arbeitsverhältnisses in § 623 BGB ist es nur schwer vorstellbar, dass ein Arbeitnehmer einen Aufhebungsvertrag unterschreibt, ohne seine Erklärung als solche anzusehen. Auch derjenige, der ein Schriftstück unterschreibt, ohne es gelesen oder von seinem

---

[983] BGH, Urt. v. 27.10.1994 – IX ZR 168/93 = NJW 1995, 190, 191; Erman/H. Palm, BGB, § 119 Rn 34; Jauernig/Jauernig, BGB, vor § 119 Rn 7; Brox, BGB AT, Rn 366; Medicus, BGB AT, Rn 745.

Inhalt eine bestimmte Vorstellung zu haben, ist zur Anfechtung nicht berechtigt[984]. Etwas anderes gilt nur, wenn er sich über den Inhalt des Schriftstückes, das er ungelesen unterschreibt, eine unrichtige Vorstellung macht[985]. Dementsprechend kommt die Anfechtung eines Aufhebungsvertrages wegen Inhaltsirrtums vor allem dann in Betracht, wenn der Arbeitnehmer irrigerweise denkt, er bestätige durch seine Unterschrift nur eine arbeitgeberseitige Kündigung. Dies müsste er allerdings beweisen[986]. Im Gegensatz zum Inhaltsirrtum weiß der Erklärende beim Erklärungsirrtum nicht, was er erklärt, weil er ein Erklärungszeichen benutzt, das er nicht benutzen will[987]. Typische Fälle des Erklärungsirrtums sind Versprechen oder Verschreiben oder Vergreifen[988]. Für den Abschluss eines Aufhebungsvertrages ist ein solcher Irrtum praktisch nicht denkbar[989].

2. Der Irrtum über verkehrswesentliche Eigenschaften

Der Irrtum über eine verkehrswesentliche Eigenschaft gemäß § 119 Abs. 2 BGB[990] ist im Zusammenhang mit dem Abschluss eines Aufhebungsvertrages nur dann diskutiert worden, wenn der Aufhebungsvertrag von einer schwangeren Arbeitnehmerin abgeschlossen wurde, die von ihrer Schwangerschaft nichts wusste und bei Kenntnis dieses Umstandes den Vertrag nicht geschlossen hätte. Da in diesem Fall der Kündigungsschutz des § 9 KSchG wegen der einvernehmlichen Vertragsbeendigung nicht eingreift, stellt sich die Frage, ob der Irrtum über das Bestehen einer Schwangerschaft einen zur Anfechtung berechtigenden Irrtum über eine verkehrswesentliche Eigenschaft darstellt. Als Eigenschaft in diesem Sinne kommen alle tatsächlichen und rechtlichen Verhältnisse in Betracht, die infolge ihrer Beschaffenheit und Dauer auf die Brauchbarkeit und den Wert der Sache bzw. der Person von Einfluss sind[991]. Dies wird von der ganz überwiegenden Auffassung für eine Schwangerschaft zu Recht verneint[992]. Es kann schon damit begründet werden, dass es sich nur um einen

---

[984] BAG, Urt. v. 27.08.1970 – 2 AZR519/69 = AP § 133 BGB Nr. 33 = NJW 1971, 639; Palandt/Heinrichs, BGB, § 119 Rn 9; Brox, BGB AT, Rn 375.

[985] BGH, Urt. v. 27.10.1994 – IX ZR 168/93 = NJW 1995, 190, 191; BAG, Urt. v. 27.08.1970 – 2 AZR519/69 = AP § 133 BGB Nr. 33 = NJW 1971, 639; Brox, BGB AT, Rn 375.

[986] Palandt/Heinrichs, BGB, § 119 Rn 32.

[987] Brox, BGB AT, Rn 366; s.a. Erman/H. Palm, BGB, § 119 Rn 33.

[988] S. Palandt/Heinrichs, BGB, § 119 Rn 9.

[989] Gamillscheg, Arbeitsrecht, § 13 3 c).

[990] Zur (umstrittenen) rechtlichen Einordnung des Eigenschaftsirrtums s. Medicus, BGB AT, Rn 767 ff.

[991] BGH, Urt. v. 18.11.1977 – V ZR 172/76 = BGHZ 70, 47, 48 = NJW 1978, 370; Medicus, BGB AT, Rn 769.

[992] BAG, Urt. v. 10.05.1984 – 2 AZR 112/83 – n. v.; Erman/H. Palm, BGB, § 119 Rn 45; Jauernig/Jauernig, BGB, vor § 119 Rn 14; Schmidt in Ascheid/Preis/Schmidt, AufhebVtr Rn 63; Weber/Ehrich, NZA 1997, 414, 419; Müller, Aufhebungsverträge, S. 118; Burkard, Aufhebungsvertrag und Abwicklungsvertrag, S. 57; a.A. MünchArbR/Wank, § 115 Rn 30.

vorübergehenden Zustand, nicht aber um eine dauerhafte Eigenschaft handelt[993]. Insoweit gilt für die Beendigung des Arbeitsverhältnisses keine andere Beurteilung als bei dessen Begründung[994]. Hinzu kommt, dass von einer „verkehrswesentlichen" Eigenschaft auch nur dann gesprochen werden kann, wenn eine Beziehung zwischen ihr und der Erklärung für den Erklärungsempfänger erkennbar ist[995]. Denn nach § 119 Abs. 2 BGB sollen solche Eigenschaften ausgeschlossen werden, die nur vom Standpunkt des Erklärenden erheblich sind[996]. Da die Nichtschwangerschaft keine „wesentliche" Voraussetzung für den Abschluss eines Aufhebungsvertrages darstellt, scheidet auch aus diesem Grund eine Anfechtung gemäß § 119 Abs. 2 BGB aus[997].

3. Der unbeachtliche Motiv- bzw. Rechtsfolgenirrtum

Außerhalb von § 119 Abs. 2 BGB scheidet eine Anfechtung aus, wenn ein Fehler bei der Willensbildung vorliegt, sog. Motivirrtum[998]. Das heißt, die Erwartungen, Vorüberlegungen und Beweggründe, die zum Abschluss eines Aufhebungsvertrages geführt haben, sind für die Frage der Anfechtbarkeit unbeachtlich[999]. Dies gilt z. B. für den Fall, dass der Arbeitnehmer den Aufhebungsvertrag abschließt, weil er sicher ist, einen Anschlussarbeitsplatz zu erhalten und sich diese Hoffnung nicht erfüllt[1000]. Auch das Nichtvorliegen einer Schwangerschaft ist ein solcher Motivirrtum[1001].

In den meisten Fällen ist der Aufhebungsvertrag schon deshalb nicht wegen Irrtums anfechtbar, weil sich der Arbeitnehmer nur über mittelbare Auswirkungen des Aufhebungsvertrages, wie z.B. sozialversicherungsrechtliche Konsequenzen, in einem Irrtum befindet[1002]. Ein solcher Irrtum ist als sog. Rechtsfolgenirrtum unbeachtlich, wenn er nicht die sich aus dem Inhalt des Geschäfts ergebenden, sondern die kraft

---

993 BAG, Urt. v. 8.06.1955 - 2 AZR 14/54 = AP Nr. 2 zu § 9 MuSchG = BB 1955, 835; Urt. v. 16.02.1983 – 7 AZR 134/81 = AP Nr. 22 zu § 123 BGB m. insoweit abl. Anm. Herschel = NJW 1983, 2958; Urt. v. 06.02.1992 – 2 AZR 408/91 = AP Nr. 13 zu § 119 BGB = NJW 1992, 2173.

994 Vgl. BAG, Urt. v. 06.02.1992 – 2 AZR 408/91 = AP Nr. 13 zu § 119 BGB = NJW 1992, 2173; krit. dazu Ernst, Aufhebungsverträge, S. 200 ff.; zur Anfechtbarkeit des Arbeitsvertrages s. nur Schaub, Handbuch, § 22 Rn 20 ff.

995 BAG, Urt. v. 06.02.1992 – 2 AZR 408/91 = AP Nr. 13 zu § 119 BGB = NJW 1992, 2173.

996 Brox, BGB AT, Rn 373.

997 S. Ausführungen bei Ernst, Aufhebungsverträge, S. 201 f.; ebenso Müller, Aufhebungsverträge, S. 118 f., und Bengelsdorf, Aufhebungsvertrag und Abfindungsvereinbarungen, S. 15.

998 Medicus, BGB AT, Rn 744.

999 Vgl. Erman/H. Palm, BGB, § 119 Rn 50.

1000 Ernst, Aufhebungsverträge, S. 197 Fn 2; Bengelsdorf, Aufhebungsvertrag und Abfindungsvereinbarungen, S. 15.

1001 Müller, Aufhebungsverträge, S. 115 m.w.N.

1002 S. dazu BAG, Urt. v. 10.03.1988 – 8 AZR 420/85 = AP Nr. 99 zu § 611 BGB Fürsorgepflicht = NZA 1988, 837; Urt. v. 29.01.1997 – 2 AZR 472/96 = AP Nr. 43 zu § 123 BGB = NZA 1997, 485 m. insoweit zust. Anm. Wank, EzA § 611 BGB Aufhebungsvertrag Nr. 21; Hessisches LAG, Urt. v. 21.03.1985 – 3 Sa 979/84 = LAGE § 119 BGB Nr. 4.

Gesetzes eintretenden Rechtsfolgen betrifft[1003]. Denn wer bewusst und gewollt eine rechtsgeschäftliche Erklärung in Kenntnis ihrer unmittelbaren Wirkungen und Folgen abgibt, muss auch die ihm möglicherweise nachteiligen mittelbaren Folgen in Kauf nehmen[1004]. Außer im Hinblick auf den Irrtum über sozialversicherungsrechtliche Konsequenzen scheidet eine Anfechtbarkeit nach diesen Grundsätzen auch bei einem Irrtum über die Auswirkungen des Aufhebungsvertrages auf den Sonderkündigungsschutz (z.B. wegen Schwerbehinderung oder Schwangerschaft) aus[1005]. Ein Irrtum über die Rechtsfolgen einer Willenserklärung ist nur dann ausnahmsweise ein Inhaltsirrtum, wenn die Rechtsfolgen selbst Inhalt der Willenserklärung geworden sind und dem Erklärenden über diesen Inhalt ein Irrtum unterläuft[1006]. Dies wäre zum Beispiel dann der Fall, wenn eine Arbeitnehmerin bei Abschluss eines Aufhebungsvertrages deutlich macht, dass sie davon ausgeht, ihren Sonderkündigungsschutz nicht zu verlieren und dass sie sonst den Aufhebungsvertrag nicht abschließen würde[1007].

Abweichend davon besteht in den genannten Fällen die Möglichkeit der Beseitigung der abgegebenen Willenserklärung, wenn die – im Rahmen von § 119 BGB irrelevanten - Fehlvorstellungen durch Einwirkung auf die Willensbildung des Erklärenden zustande gekommen sind. Denn dann kommt eine Anfechtung des Aufhebungsvertrages wegen arglistiger Täuschung durch den Erklärungsempfänger oder einen Dritten nach § 123 BGB in Betracht.

II. Die Anfechtung wegen arglistiger Täuschung nach § 123 BGB

Der Tatbestand der arglistigen Täuschung gemäß § 123 Abs. 1 Alt. 1 BGB setzt in objektiver Hinsicht voraus, dass der Täuschende durch Vorspiegelung oder Entstellung von Tatsachen beim Erklärungsgegner einen Irrtum erregt und ihn zur Abgabe einer Willenserklärung veranlasst[1008].

[1003] BGH, Urt. v. 18.11.1977 – V ZR 172/76 = BGHZ 70, 47, 48 = NJW 1978, 370; Urt. v. 15.12.1994 – IX ZR 252/93 = NJW 1995, 1484, 1485; BAG, Urt. v. 10.03.1988 – 8 AZR 420/85 = AP Nr. 99 zu § 611 BGB Fürsorgepflicht = NZA 1988, 837; Urt. v. 29.01.1997 – 2 AZR 472/96 = AP Nr. 43 zu § 123 BGB = NZA 1997, 485; Brox, BGB AT, Rn 377.

[1004] Hessisches LAG, Urt. v. 21.03.1985 – 3 Sa 979/84 = LAGE § 119 BGB Nr. 4.

[1005] S. BAG, Urt. v. 16.02.1983 – 7 AZR 134/81 = AP Nr. 22 zu § 123 BGB = NJW 1983, 2958; MünchKomm-BGB/Schwerdtner, 3. Aufl., vor § 620 Rn 23; MünchArbR/Wank, § 115 Rn 29; Schacht, Übereilungsschutz, S. 142 f.

[1006] BAG, Urt. v. 06.02.1992 – 2 AZR 408/91 = AP Nr. 13 zu § 119 BGB = NJW 1992, 2173; Palandt/Heinrichs, BGB, § 119 Rn 15; Dörner in Dörner/Luczak/Wildschütz, D Rn 1744; Bengelsdorf, Aufhebungsvertrag und Abfindungsvereinbarungen, S. 15.

[1007] Dies muss allerdings ausdrücklich geschehen; allein im Abschluss eines Aufhebungsvertrages kann keine „fiktive Verzichtserklärung" gesehen werden, die zur Anfechtbarkeit wegen Inhaltsirrtums berechtigen würde: BAG, Urt. v. 16.02.1983 – 7 AZR 134/81 = AP Nr. 22 zu § 123 BGB = NJW 1983, 2958; s. dazu auch Müller, Aufhebungsverträge, S. 116.

[1008] BAG, Urt. v. 29.01.1997 – 2 AZR 472/96 = AP Nr. 43 zu § 123 BGB = NZA 1997, 485.

Eine Täuschung kann sowohl durch aktives Tun als auch durch Unterlassen erfolgen. Eine Täuschung durch Unterlassen kommt aber nur in Betracht, wenn hinsichtlich der verschwiegenen Tatsache eine Aufklärungspflicht besteht[1009]. Dabei gelten hinsichtlich der Aufklärungspflicht des Arbeitgebers die oben erläuterten Grundsätze[1010]. Nur soweit nach der hier vertretenen Auffassung eine Aufklärungspflicht besteht, kann auch eine Täuschung (durch Unterlassen) gegeben sein, wenn der Arbeitgeber dieser Pflicht nicht nachkommt.
Im Übrigen ist eine Täuschung in der Praxis vor allem dann denkbar, wenn der Arbeitgeber den Arbeitnehmer dadurch zum Abschluss eines Aufhebungsvertrages veranlasst, dass er falsche Angaben über die wirtschaftliche Situation des Betriebes und seiner Zukunft macht[1011]. Alle falschen Informationen, ohne die der Arbeitnehmer sein Einverständnis mit der Vertragsauflösung nicht erklärt hätte[1012], sind als Täuschung im Sinne des § 123 Abs. 1 Alt 1 BGB anzusehen[1013].
Denkbar ist auch eine Täuschung durch den Arbeitnehmer. So wird bei Vergleichserörterungen im Kündigungsschutzprozess eine Wahrheitspflicht des Arbeitnehmers hinsichtlich des Vorhandenseins einer Anschlussbeschäftigung angenommen, wenn er danach gefragt wird[1014]. Dies hat zur Folge, dass eine bewusste Falschinformation den Arbeitgeber dann zur Anfechtung des Aufhebungsvertrages gemäß § 123 Abs. 1 Alt 1 BGB berechtigt, wenn er bei wahrheitsgemäßen Angaben den Vertrag nicht geschlossen hätte. Hält er an dem Vertrag fest, hat er nach höchstrichterlicher Rechtsprechung einen Schadensersatzanspruch aus Verschulden bei Vertragsschluss[1015].

1009 BGH, Urt. v. 13.07.1983 – VIII ZR 142/82 = NJW 1983, 2493 f.; BAG, Urt. v. 29.01.1997 – 2 AZR 472/96 = AP Nr. 43 zu § 123 BGB = NZA 1997, 485; Palandt/Heinrichs, BGB, § 123 Rn 5 m.w.N.; Erman/H. Palm, BGB, § 123 Rn 13; Brox, BGB AT, Rn 402; Schmidt in Ascheid/Preis/Schmidt, AufhebVtr Rn 65.

1010 S. oben § 6.

1011 S. dazu LAG Köln, Urt. v. 7.01.1994 – 4 Sa 938/93 = LAGE § 611 BGB Aufhebungsvertrag Nr. 15, sowie Beispiele bei Ernst, Aufhebungsverträge, S. 244 f und Burkard, Aufhebungsvertrag und Abwicklungsvertrag, S. 58 f.; umgekehrt ist der Arbeitgeber aber nicht verpflichtet, den Arbeitnehmer über eine geplante sozialplanpflichtige Betriebsänderungen aufzuklären: LAG Düsseldorf, Urt. v. 20.03.1996 – 12 (8) (6) Sa 1553/95 = LAGE § 112 a BetrVG Nr. 4.

1012 Zu den Voraussetzungen der Kausalität zwischen Irrtum und Willenserklärung s. nur Erman/H. Palm, BGB, § 123 Rn 22 ff. m.w.N.; nach Weber/Ehrich, NZA 1985, 414, 418, wird es an dieser Ursächlichkeit in der Regel fehlen.

1013 Dies ergibt sich daraus, dass alle Angaben des Arbeitgebers eindeutig, vollständig und richtig sein müssen: BAG, Urt. v. 23.05.1989 – 3 AZR 257/88 = AP Nr. 28 zu § 1 BetrAVG Zusatzversorgungskassen = BB 1990, 211.

1014 LAG Hamm, Urt. v. 19.05.1994 – 16 (10) Sa 1545/93 = LAGE § 794 ZPO Nr. 7; Bauer, Aufhebungsverträge, Rn 112.

1015 Vgl. nur BGH, Urt. v. 12.12.1980 – V ZR 168/78 = NJW 1981, 1035, 1036; im Fall des LAG Hamm, Urt. v. 19.05.1994 – 16 (10) Sa 1545/93 = LAGE § 794 ZPO Nr. 7, wurde zugunsten des Arbeitgebers ein Schadensersatzanspruch abgelehnt, weil die dem Arbeitnehmer aufgrund seiner

Soweit eine Täuschung gegeben ist, muss diese gemäß § 123 Abs. 1 Alt. 1 BGB auch arglistig sein. Arglist setzt einen Täuschungswillen voraus, wobei bedingter Vorsatz genügt[1016]. Er muss sich auf die Tatbestandsmerkmale Täuschungshandlung, Irrtumserregung und Willenserklärung beziehen[1017]. Bedingter Vorsatz liegt auch vor, wenn der Täuschende ins Blaue hinein unrichtige Angaben macht, obwohl er mit deren Unrichtigkeit rechnet[1018].

III. Die Drohungsanfechtung

Nach § 123 Abs. 1 Alt. 2 BGB kann derjenige eine Willenserklärung anfechten, der zu ihrer Abgabe widerrechtlich durch Drohung bestimmt wurde. Dieser Anfechtungsgrund liegt den weitaus meisten Arbeitsgerichtsprozessen um die Beseitigung eines Aufhebungsvertrages zugrunde und ist dementsprechend in Literatur und Rechtsprechung sehr umfangreich diskutiert worden. Da hinsichtlich der Anforderungen an eine widerrechtliche Drohung im Sinne von § 123 Abs. 1 Alt. 2 BGB mittlerweile eine gefestigte Rechtsprechung besteht, die überwiegend auf Zustimmung gestoßen ist, ist diese Diskussion in den vergangenen Jahren angesichts der umstrittenen Vorschläge zur Rechtsfortbildung zugunsten des Arbeitnehmerschutzes auf anderen Gebieten weitgehend verstummt.

1. Vorliegen einer Drohung

a) Allgemeine Anforderungen an eine Drohung i.S.d. § 123 Abs. 1 Alt. 2 BGB

Drohung ist die Ankündigung eines künftigen Übels, auf dessen Eintritt oder Nichteintritt der Drohende einwirken zu können behauptet und das verwirklicht werden soll, wenn der Bedrohte nicht die von dem Drohenden gewünschte Willenserklärung abgibt[1019]. Die Drohung kann auch schlüssig erfolgen[1020]; dabei genügt als Übel jeder Nachteil[1021].

Angaben gezahlte Abfindung nach den in der arbeitsgerichtlichen Praxis üblichen Regeln bestimmt worden war.

1016 Palandt/Heinrichs, BGB, § 123 Rn 11.

1017 Brox, BGB AT, Rn 405.

1018 BGH, Urt. v. 19.12.1980 - V ZR 185/79 = NJW 1981, 864, 865; Palandt/Heinrichs, BGB, § 123 Rn 11; Schmidt in Ascheid/Preis/Schmidt, AufhebVtr Rn 65.

1019 BGH, Urt. v. 7.06.1988 – IX ZR 245/86 = NJW 1988, 2599, 2601; BAG, Urt. v. 22.10.1998 – 8 AZR 457/97 = AP Nr. 5 zu § 781 BGB = NZA 1999, 417; Erman/H. Palm, BGB, § 123 Rn 56; Medicus, BGB AT, Rn 814.

1020 S. nur BGH, Urt. v. 30.01.1963 - VIII ZR 256/61 = BB 1963, 452, 453; Palandt/Heinrichs, BGB, § 123 Rn 17.

1021 Erman/H. Palm, BGB, § 123 Rn 57; Brox, BGB AT, Rn 414.

b) Einzelfälle

aa) Drohung bei bereits ausgesprochener Kündigung

Unproblematisch liegt in dem Inaussichtstellen einer Kündigung eine Drohung[1022]. Dies gilt für eine außerordentliche Kündigung gleichermaßen wie für eine ordentliche[1023]. Denn auch wenn die Existenzgrundlage des Arbeitnehmers von der Kündigung nicht betroffen ist, bedeutet es einen empfindlichen Makel, im Wege der Kündigung entlassen zu werden[1024]. Da eine Drohung auch konkludent erfolgen kann, wird eine solche auch bei bloßem Hinweis auf eine mögliche Kündigung gegeben sein[1025]. Denn es kommt nicht auf den Wortlaut an, sondern darauf, ob dem Arbeitnehmer zwei Alternativen (Aufhebungsvertrag oder Kündigung) vor Augen geführt werden. Daher kann auch der Hinweis des Arbeitgebers, „eine Weiterbeschäftigung mache keinen Sinn mehr“, als Drohung mit einer Kündigung anzusehen sein[1026].

Fraglich ist aber, ob eine Drohung auch dann vorliegt, wenn der Arbeitgeber die Kündigung bereits ausgesprochen hat und dann unter Hinweis auf die Kündigung den Arbeitnehmer zur einvernehmlichen Vertragsaufhebung bewegt. Diese Frage ist umstritten. Man könnte mit einer verbreiteten Auffassung annehmen, wenn die Kündigung bereits ausgesprochen worden sei, fehle es an einem Übel, das erst noch eintreten könne[1027] bzw. an der Kausalität zwischen Drohung und Abgabe der Willenserklärung[1028]. Dies hätte zur Folge, dass der Arbeitgeber in der Regel geschickter vorgeht, wenn er eine Kündigung ausspricht[1029], weil dann, selbst wenn die Kündi-

---

1022 LAG Düsseldorf, Urt. v. 26.01.1993 – 16 Sa 1037/92 = NZA 1993, 702, 703; Hueck, Anm. zu BAG, Urt. v. 30.03.1960, AP Nr. 8 zu § 123 BGB; grundsätzlich noch offen gelassen von BAG, Urt. v. 30.03.1960 – 3 AZR 201/58 = AP Nr. 8 zu § 123 BGB = DB 1960, 956.

1023 BAG, Urt. v. 16.01.1992 – 2 AZR 412/91 = NZA 1992, 1023, 1024; LAG Baden-Württemberg, Urt. v. 19.05.1995 – 19 Sa 23/95 – n. v.; Hofmann, Anm. zu BAG, Urt. v. 20.11.1969, SAE 1971, 74; Schmidt in Ascheid/Preis/Schmidt, AufhebVtr Rn 68; Schaub, Handbuch, § 122 Rn 19; Falkenberg, ZTR 1994, 410, 415; Müller, Aufhebungsverträge, S. 122.

1024 So BAG, Urt. v. 14.07.1960 – 2 AZR 64/59 = AP Nr. 13 zu § 123 BGB = DB 1960, 1101, für die Entlassung durch fristlose Kündigung.

1025 S. dazu BAG, Urt. v. 21.03.1996 – 2 AZR 543/95 = AP Nr. 42 zu § 123 BGB = NZA 1996, 1030; LAG Düsseldorf, Urt. v. 30.04.1991 – 16 Sa 98/91 = LAGE § 123 BGB Nr. 14.

1026 A.A. Schacht, Übereilungsschutz, S. 47, der allerdings auch einräumt, dass der Arbeitnehmer in diesen Fällen in der Regel mit einem Ausspruch der Kündigung bei Scheitern der Verhandlungen rechnen muss.

1027 LAG Brandenburg, Urt. v. 16.10.1997 – 3 Sa 196/97 = MDR 1998, 851 f.; Schmidt in Ascheid/Preis/Schmidt, AufhebVtr Rn 68; AR-Blattei/Glatzel, Aufhebungsvertrag Rn 37; Bauer, NZA 1992, 1014, 1016; unklar MünchKomm-BGB/Schwerdtner, 3. Aufl., vor § 620 Rn 22.

1028 So Hofmann, Anm. zu BAG, Urt. v. 20.11.1969, SAE 1971, 74.

1029 Vgl. KasselerArbR/Welslau, 6.1 Rn 74, der den Rat gibt, zunächst eine Kündigung auszusprechen und dann „unter Fortwirkung des erzeugten Drucks“ in Aufhebungsverhandlungen einzutreten.

gung vor Gericht keinen Bestand haben sollte, der Aufhebungsvertrag nicht angefochten werden kann[1030].

Dies überzeugt indes schon deshalb nicht, weil sich die Einwirkung auf den Willen des Arbeitnehmers durch Ausspruch der Kündigung nicht erledigt, sondern eher noch verstärkt. Denn das eigentliche Übel ist in Anbetracht der dem Arbeitnehmer drohenden Nachteile nicht die Erklärung einer Kündigung, sondern das endgültige Ausscheiden aufgrund dieser. Dieses Übel ist aber in der oben genannten Konstellation gerade noch nicht eingetreten. Insofern ist dem BAG zuzustimmen, nach dem die angedrohte Kündigung auch nach ihrem Ausspruch vom Empfängerhorizont des Bedrohten noch im Raum stehen und daher als Androhung eines künftigen Übels fortwirken kann[1031]. Die gegenteilige Meinung beruht auf einem bloßen „Buchstabenargument“[1032].

bb) Zeitdruck als Drohung

Häufig versucht der Arbeitnehmer nach Abschluss des Aufhebungsvertrages, sich von diesem zu lösen, weil er sich bei Abgabe seiner Willenserklärung über die damit verbundenen Rechtsfolgen nicht im Klaren war. Dies ist oft auf einen übereilten Entschluss zurückzuführen. Deshalb könnte man im Rahmen der Gewährung eines stärkeren, quasi „nachträglichen“ Übereilungsschutzes überlegen, ob nicht die Ausübung zeitlichen Drucks eine Drohung im Sinne des § 123 Abs. 1 Alt 2. BGB darstellt. Dies wird vom BAG und der ganz herrschenden Auffassung in Rechtsprechung und Literatur zu Recht abgelehnt[1033]. Denn Zeitdruck ist für sich genommen nicht das Inaussichtstellen eines Übels[1034]. Auch eine analoge Anwendung des § 123 Abs. 1 BGB kommt nicht in Betracht, weil nach der gesetzlichen Regelung die rechtsgeschäftliche Entscheidungsfreiheit des Einzelnen nicht allgemein gegen jede Art von Beeinträchtigung, sondern nur gegen bestimmte schwer wiegende Störungen geschützt wird[1035]. Das Drängen auf unverzügliche Abgabe einer Willenserklärung

[1030] Zur Frage, ob der Aufhebungsvertrag eine konkludente Aufhebung der früheren Kündigung beinhaltet, noch unten § 16 II 1 a).

[1031] BAG, Urt. v. 12.08.1999 - 2 AZR 832/98 = AP Nr. 51 zu § 123 BGB = NZA 2000, 27.

[1032] Adam, Anm. zu BAG, Urt. v. 12.08.1999, SAE 2000, 204, 205.

[1033] BAG, Urt. v. 16.02.1983 – 7 AZR 134/81 = AP Nr. 22 zu § 123 BGB m. insoweit zust. Anm. Herschel = NJW 1983, 2958; LAG Düsseldorf, Urt. v. 26.01.1993 – 16 Sa 1037/92 = NZA 1993, 702, 703; Hessisches LAG, Urt. v. 29.03.1994 – 7 Sa 1063/93 – n. v.; LAG Köln, Urt. v. 6.06.1997 – 11 Sa 1310/96 = LAGE § 123 BGB Nr. 24; LAG Brandenburg, Urt. v. 4.09.1997 – 8 Sa 286/97 = LAGE § 123 BGB Nr. 25; LAG Baden-Württemberg, Urt. v. 18.01.1999 – 14 Sa 101/98 – n. v.; MünchArbR/Wank, § 115 Rn 31; Schmidt in Ascheid/Preis/Schmidt, AufhebVtr Rn 68; Schaub, Handbuch, § 122 Rn 20; Dörner in Dörner/Luczak/Wildschütz, D Rn 1750; AR-Blattei/Glatzel, Aufhebungsvertrag Rn 45; Weber/Ehrich, NZA 1997, 414, 417; zum abweichenden Ansatz des LAG Hamburg, Urt. v. 3.07.1991 – 5 SA 20/91 = LAGE § 611 BGB Aufhebungsvertrag Nr. 6, bereits oben § 10 III 2 a).

[1034] BAG, Urt. v. 16.02.1983 – 7 AZR 134/81 = AP Nr. 22 zu § 123 BGB = NJW 1983, 2958.

[1035] BAG, a.a.O.; s. dazu auch Schacht, Übereilungsschutz, S. 149 f.

kann deshalb nach zutreffender Auffassung des BAG nicht mit den gesetzlich normierten Anfechtungstatbeständen, durch die rechtsgeschäftliche Entscheidungsfreiheit wesentlich gravierender beeinträchtigt wird, gleichgesetzt werden.
Etwas anderes kann auch dann nicht gelten, wenn der Arbeitgeber eine vom Arbeitnehmer erbetene Bedenkzeit abgelehnt hat[1036]. Denn die bloße Ablehnung einer Bedenkzeit bedeutet als solche kein Inaussichtstellen eines Übels und kann nicht als derart schwer wiegender Eingriff in die rechtsgeschäftliche Entscheidungsfreiheit gewertet werden, der an Intensität eine Täuschung oder Drohung i.S.v. § 123 BGB gleichsteht[1037]. Der Arbeitnehmer hat in diesem Fall die Möglichkeit, das Aufhebungsvertragsangebot abzulehnen. Eine Verweigerung des Arbeitgebers, dem Arbeitnehmer Bedenkzeit zu geben, kann nur da Konsequenzen haben, wo er dazu verpflichtet ist.
Dieses Ergebnis deckt sich auch mit der Wertung des § 105 Abs. 2 BGB. Denn bloßer Zeitdruck, Überrumpelung oder eine vorübergehende "Verwirrung" begründen nicht den Tatbestand der vorübergehenden Störung der Geistestätigkeit gemäß § 105 Abs. 2 BGB. Die Unwirksamkeit einer Willenserklärung nach dieser Vorschrift setzt vielmehr voraus, dass bei dem Erklärenden krankhafte Vorstellungen und Empfindungen oder Einflüsse Dritter derart herrschend geworden wären, dass eine Bestimmung des Willens durch vernünftige Erwägungen ausgeschlossen gewesen wäre[1038]. Soweit dies nicht der Fall ist, ist eine psychische Beeinträchtigung nach der gesetzlichen Wertung grundsätzlich unbeachtlich.

cc) Sonstiges

Als Drohung ist auch die Ankündigung der Anfechtung eines Arbeitsverhältnisses anzusehen, weil damit grundsätzlich gemäß § 142 BGB Abs. 1 BGB die Unwirksamkeit des Arbeitsvertrages von Anfang an verbunden ist[1039]. Hinsichtlich des Erfordernisses der Widerrechtlichkeit gelten die Ausführungen zur Kündigung entsprechend.

2. Das Erfordernis der Widerrechtlichkeit der Drohung

Die Widerrechtlichkeit der Drohung kann sich grundsätzlich aus dem angedrohten Übel, dem erstrebten Erfolg oder aus dem Verhältnis zwischen beiden ergeben[1040].

[1036] Offen gelassen von LAG Düsseldorf, Urt. v. 26.01.1993 – 16 Sa 1037/92 = NZA 1993, 702, 703; unklar auch KasselerArbR/Welslau, 6.1 Rn 77.
[1037] Weber/Ehrich, NZA 1997, 414, 418; Ernst, Aufhebungsverträge, S. 240 f.; Schacht, Übereilungsschutz, S. 149.
[1038] BAG, Urt. v. 30.01.1986 – 2 AZR 196/85 – n. v.; LAG Köln, Urt. v. 13.11.1998 – 11 Sa 25/98 = LAGE § 105 BGB Nr. 1; LAG Baden-Württemberg, Urt. v. 18.01.1999 – 14 Sa 101/98 – n. v.
[1039] LAG Brandenburg, Urt. v. 4.09.1997 – 8 Sa 286/97 = LAGE § 123 BGB Nr. 25, zur Anfechtung des Arbeitsverhältnisses wegen Verschweigens einer früheren Tätigkeit für das Ministerium für Staatssicherheit der DDR.
[1040] BAG, Urt. v. 22.10.1998 – 8 AZR 457/97 = AP Nr. 5 zu § 781 BGB = NZA 1999, 417; MünchArbR/Wank, § 115 Rn 31; Brox, BGB AT, Rn 417; s. im Einzelnen dazu Jauernig/Jauernig, BGB, vor § 123 Rn 13 ff.

Erstrebter Erfolg ist der Abschluss eines Aufhebungsvertrages. Dieser ist per se nicht widerrechtlich[1041], so dass sich die Widerrechtlichkeit nur aus dem angedrohten Übel oder der Zweck-Mittel-Relation ergeben kann.

a) Widerrechtlichkeit bei Drohung mit einer Kündigung

Eine früher vertretene Auffassung sieht jede Kündigung, die nicht den gesetzlichen Anforderungen entspricht, per se als widerrechtliches Mittel an[1042]. Dem ist zu erwidern, dass eine Kündigung, auch wenn sie vor Gericht keinen Bestand hätte, kein widerrechtliches Mittel sein kann, weil die Rechtsordnung dem Arbeitgeber dieses Gestaltungsrecht zur Beendigung eines Arbeitsverhältnisses zu Verfügung stellt[1043]. Außerdem ist eine unbegründete Kündigung nicht rechtswidrig, sondern rechtsunwirksam (vgl. z.B. §§ 1 Abs. 1, 4 - 7 KSchG)[1044]. Eine Ausnahme kommt allenfalls dann in Betracht, wenn die Kündigung in einem bestimmten Fall gesetzlich untersagt ist[1045].

Die Widerrechtlichkeit bei Drohung mit einer Kündigung kann sich folglich nur aus der Verwerflichkeit des Mittels Kündigung im Verhältnis zum erstrebten Zweck Aufhebungsvertrag ergeben[1046]. Das BAG hat hinsichtlich dieser Verwerflichkeit genaue Prüfungsmaßstäbe entwickelt:

aa) Die Rechtsprechung des BAG: Der verständig denkende Arbeitgeber

Schon in einer Entscheidung aus dem Jahr 1960 führte das BAG aus, eine Widerrechtlichkeit könne nicht erst dann angenommen werden, wenn ein Gericht die angedrohte (fristlose) Entlassung, falls sie ausgesprochen worden wäre, für unwirksam erklärt haben würde[1047]. Entscheidend sei vielmehr, wie der Arbeitgeber zurzeit der Verhandlung die Rechts- und Sachlage in Bezug auf den Ausspruch der Kündigung angesehen habe und auch ansehen durfte[1048]. Wenn ein verständiger Arbeitgeber in der gleichen Lage eine Kündigung ausgesprochen hätte, sei die Drohung mit einer (fristlosen) Entlassung zum Zwecke der Beendigung des Arbeitsverhältnisses nicht widerrechtlich[1049]. Diese Formel vom „verständig denkenden Arbeitgeber", die das

---

[1041] Die Widerrechtlichkeit ergibt sich auch nicht daraus, dass der Arbeitgeber auf den Abschluss des Vertrages keinen Anspruch hat: Ernst, Aufhebungsverträge, S. 219.

[1042] Deubner, Anm. zu BAG, Urt. v. 20.11.1969, JuS 1971, 71, 72; Hofmann, Anm. zu BAG, Urt. v. 20.11.1969, SAE 1971, 74, 75; Schlüter/Schröder, Anm. zu BAG, Urt. v. 16.11.1979, SAE 1981, 123, 124.

[1043] Müller, Aufhebungsverträge, S. 125; s.a. Erman/H. Palm, BGB, § 123 Rn 61.

[1044] Ernst, Aufhebungsverträge, S. 223 f.

[1045] So z.B. nach § 9 MuSchG; eingehend Ernst, Aufhebungsverträge, S. 237 f.

[1046] BAG, Urt. v. 30.03.1960 – 3 AZR 201/58 = AP Nr. 8 zu § 123 BGB = DB 1960, 956.

[1047] BAG, a.a.O.

[1048] BAG, a.a.O.

[1049] BAG, a.a.O.

BAG später auch auf die Drohung mit einer ordentlichen Kündigung übertrug[1050], wird in der Rechtsprechung seither verwendet[1051].
Die Frage, ob die in Aussicht gestellte Kündigung nach der objektiven Rechtslage wirksam gewesen sein muss, so dass der Anfechtungs- wie ein fiktiver Kündigungsschutzprozess geführt werden müsste, wurde vom BAG in einer früheren Entscheidung bejaht[1052], später jedoch ausdrücklich verneint[1053]. Dabei wurde auf die zivilrechtliche Rechtsprechung verwiesen, nach der eine Drohung dann widerrechtlich ist, wenn Mittel und Zweck zwar für sich allein betrachtet nicht widerrechtlich sind, ihre Verbindung aber - die Benutzung dieses Mittels zu diesem Zweck - gegen das Anstandsgefühl aller billig und gerecht Denkenden oder gegen Treu und Glauben verstößt[1054]. Dementsprechend komme es nicht darauf an, wie die Rechtslage ohne Drohung und ohne das durch Drohung beeinflusste Handeln gewesen wäre, sondern darauf, ob die Rechtsgemeinschaft in Form des „verständigen Arbeitgebers" die Verknüpfung von Drohung und Ziel missbillige[1055].
Ob ein verständiger Arbeitgeber die (fristlose) Kündigung ernsthaft erwogen hätte, richtet sich nach ständiger Rechtsprechung nicht nur nach dem tatsächlichen subjektiven Wissensstand des bestimmten Arbeitgebers; zu berücksichtigen sind auch die – z.B. erst im Prozess gewonnenen - Ergebnisse weiterer Ermittlungen, die ein verständiger Arbeitgeber zur Aufklärung des Sachverhalts angestellt hätte[1056]. Maßgeblich ist der objektiv mögliche und damit hypothetische Wissensstand des Arbeitgebers[1057]. Unter Umständen muss er deshalb vor der Drohung Ermittlungen zur Aufklärung des Kündigungssachverhaltes anstellen[1058]. Es ist aber nicht erforderlich, dass die angedrohte Kündigung, wenn sie ausgesprochen worden wäre, sich in einem

[1050] BAG, Urt. v. 16.01.1992 – 2 AZR 412/91 = NZA 1992, 1023, 1024.
[1051] BAG, Urt. v. 14.07.1960 – 2 AZR 64/59 = AP Nr. 13 zu § 123 BGB = DB 1960, 1101; Urt. v. 6.05.1980 – 6 AZR 230/78 – n. v.; Urt. v. 22.12.1982 – 2 AZR 282/82 = AP Nr. 23 zu § 123 BGB = NJW 1983, 2782; Urt. v. 16.01.1992 – 2 AZR 412/91 = NZA 1992, 1023, 1024; Urt. v. 21.03.1996 – 2 AZR 543/95 = AP Nr. 42 zu § 123 BGB = NZA 1996, 1030; Urt. v. 12.08.1999 - 2 AZR 832/98 = AP Nr. 51 zu § 123 BGB = NZA 2000, 27; Urt. v. 6.12.2001 – 2 AZR 396/00 = NZA 2002, 731.
[1052] BAG, Urt. v. 14.07.1960 – 2 AZR 64/59 = AP Nr. 13 zu § 123 BGB = DB 1960, 1101.
[1053] BAG, Urt. v. 20.11.1969 – 2 AZR 51/69 = AP Nr. 16 zu § 123 BGB = NJW 1970, 775.
[1054] S. nur BGH, Urt. v. 4.11.1982 – VII ZR 11/82 = BGHZ 85, 240 = NJW 1983, 384 f.; Palandt/Heinrichs, BGB, § 123 Rn 21 m.w.N.; krit. zu dieser Rspr. Hofmann, Anm. zu BAG, Urt. v. 20.11.1969, SAE 1971, 74 f.
[1055] BAG, Urt. v. 20.11.1969 – 2 AZR 51/69 = AP Nr. 16 zu § 123 BGB = NJW 1970, 775; Urt. v. 6.05.1980 – 6 AZR 230/78 – n. v.
[1056] BAG, Urt. v. 16.11.1979 – 2 AZR 1041/77 = AP Nr. 21 zu § 123 BGB = DB 1980, 1450; Urt. v. 22.12.1982 – 2 AZR 282/82 = AP Nr. 23 zu § 123 BGB = NJW 1983, 2782.
[1057] BAG, Urt. v. 22.12.1982 – 2 AZR 282/82 = AP Nr. 23 zu § 123 BGB = NJW 1983, 2782; Urt. v. 30.01.1986 – 2 AZR 196/85 – n. v.
[1058] BAG, Urt. v. 21.03.1996 – 2 AZR 543/95 = AP Nr. 42 zu § 123 BGB = NZA 1996, 1030.

Kündigungsschutzprozess als rechtsbeständig erwiesen hätte[1059]. Das BAG wehrt sich in diesem Zusammenhang gegen die Verwendung des Begriffes „Idealarbeitgeber"[1060].

Die Beweislast für die Tatsachen, aus denen sich die Widerrechtlichkeit der Drohung ergibt, trägt – im Gegensatz zur Lage in einem Kündigungsschutzprozess – der anfechtende Arbeitnehmer[1061].

Die Formel vom „verständig denkenden Arbeitgeber" wird in dem vom BAG entwickelten Umfang auch von den Instanzgerichten fast durchgehend verwendet[1062]. In der Mehrzahl der Fälle wird vor diesem Hintergrund eine Anfechtung wegen widerrechtlicher Drohung nicht zugelassen[1063].

bb) Die Kritikpunkte der Literatur

Die Rechtsprechung des BAG zum „verständig denkenden Arbeitgeber" ist in der Literatur überwiegend auf Zustimmung gestoßen[1064]. Kritik gab es hinsichtlich der Figur des verständig denkenden Arbeitgebers vor allem in zweierlei Hinsicht: Zum einen sei dies ein zu subjektiver Maßstab[1065] und zum anderen führe er zu Rechtsun-

---

[1059] BAG, Urt. v. 16.01.1992 – 2 AZR 412/91 = NZA 1992, 1023, 1024; Urt. v. 30.09.1993 – 2 AZR 268/93 = AP Nr. 37 zu § 123 BGB = NZA 1994, 209; Urt. v. 21.03.1996 – 2 AZR 543/95 = AP Nr. 42 zu § 123 BGB = NZA 1996, 1030; Urt. v. 12.08.1999 - 2 AZR 832/98 = AP Nr. 51 zu § 123 BGB = NZA 2000, 27.

[1060] BAG, Urt. v. 21.03.1996 – 2 AZR 543/95 = AP Nr. 42 zu § 123 BGB = NZA 1996, 1030.

[1061] S. nur BAG, Urt. v. 12.08.1999 - 2 AZR 832/98 = AP Nr. 51 zu § 123 BGB = NZA 2000, 27; s. dazu auch Ernst, Aufhebungsverträge, S. 217.

[1062] LAG München, Urt. v. 29.04.1986 – 7 Sa 756/85 – n. v.; LAG Düsseldorf, Urt. v. 30.04.1991 – 16 Sa 98/91 = LAGE § 123 BGB Nr. 14, und Urt. v. 26.01.1993 – 16 Sa 1037/92 = NZA 1993, 702, 703; Hessisches LAG, Urt. v. 29.03.1994 – 7 Sa 1063/93 – n. v.; LAG Baden-Württemberg, Urt. v. 19.05.1995 – 19 Sa 23/95 – n. v.; LAG Mecklenburg-Vorpommern, Urt. v. 6.07.1995 – 1 Sa 629/94 = NZA 1996, 535, 537; LAG Köln, Urt. v. 6.06.1997 – 11 Sa 1310/96 = LAGE § 123 BGB Nr. 24; LAG Brandenburg, Urt. v. 4.09.1997 – 8 Sa 286/97 = LAGE § 123 BGB Nr. 25; LAG Baden-Württemberg, Urt. v. 18.01.1999 – 14 Sa 101/98 – n. v.

[1063] LAG Düsseldorf, Urt. v. 30.04.1991 – 16 Sa 98/91 = LAGE § 123 BGB Nr. 14, bei Unstimmigkeiten und Widersprüchlichkeiten in der Spesenabrechnung eines Außendienstmitarbeiters; LAG Düsseldorf, Urt. v. 26.01.1993 – 16 Sa 1037/92 = NZA 1993, 702, 703, wegen Verdachts auf Unterschlagung; LAG Mecklenburg-Vorpommern, Urt. v. 6.07.1995 – 1 Sa 629/94 = NZA 1996, 535, 537, bei einem ehemaligen Stasi-Mitarbeiter; LAG Köln, Urt. v. 6.06.1997 – 11 Sa 1310/96 = LAGE § 123 BGB Nr. 24, bei Verletzung eines Wettbewerbsverbotes; LAG Baden-Württemberg, Urt. v. 18.01.1999 – 14 Sa 101/98 – n. v., bei Hinweis auf Urkundenfälschung durch den Arbeitnehmer.

[1064] MünchKomm-BGB/Schwerdtner, 3. Aufl., vor § 620 Rn 22; MünchArbR/Wank, § 115 Rn 31; Schmidt in Ascheid/Preis/Schmidt, AufhebVtr Rn 69; Schaub, Handbuch, § 122 Rn 16; Dörner in Dörner/Luczak/Wildschütz, D Rn 1747 ff.; Hoß/Kothe-Heggemann, MDR 1997, 1077, 1084; Weuster, BuW 2000, 645, 646; Bengelsdorf, Aufhebungsvertrag und Abfindungsvereinbarungen, S. 19.

[1065] Scheuerle, BB 1962, 882, 884; Hofmann, Anm. zu BAG, Urt. v. 20.11.1969, SAE 1971, 74, 75; Schlüter/Schröder, Anm. zu BAG, Urt. v. 16.11.1979, SAE 1981, 123, 124.

sicherheiten bei den Arbeitgebern[1066]. Außerdem ist in den vergangenen Jahren – parallel zur Debatte um mehr Arbeitnehmerschutz – auch die Auffassung vertreten worden, dem Arbeitgeber müsse das Recht gegeben werden, mit einer (ordentlichen) Kündigung zu drohen, da der Arbeitnehmer selbst entscheiden könne und müsse, was seinen Interessen entspricht[1067].
Die Vertreter der Literatur, die dem BAG vorwerfen, es trage subjektive Elemente in die Widerrechtlichkeitsprüfung[1068], fordern eine rein objektive Betrachtung der Wirksamkeit einer Kündigung; das heißt, der Anfechtungsprozess müsse wie ein fiktiver Kündigungsschutzprozess geführt werden. Sie sind der Auffassung, dass es nach den gesetzlichen Wertungen des Kündigungsrechts gerade nicht darauf ankomme, dass der Kündigende glaube oder glauben dürfe, dass er einen (wichtigen) Grund zur Kündigung habe[1069]. Ein berechtigtes Interesse an einer Drohung könne diese gesetzliche Wertung nicht verschieben, weil sonst das Risiko des Bedrohten zu seinen Ungunsten verändert und seine Beweislast vergrößert würde[1070]. Diese Auffassung wird von denjenigen vertreten, die eine (objektiv) unwirksame Kündigung für ein widerrechtliches Mittel halten[1071]. Allerdings anerkennt auch diese Auffassung, dass aufgrund des objektiv möglichen, hypothetischen Wissensstandes des Arbeitgebers, den das BAG seiner Widerrechtlichkeitsprüfung zugrunde legt, im Ergebnis kaum Unterschiede zu einer rein objektiven Betrachtung vorhanden sind[1072].
Außerdem wird dem BAG der Vorwurf gemacht, es trage mit seiner Rechtsprechung zu mehr Rechtsunsicherheit bei, weil es für den Arbeitgeber schwierig sei, zu beurteilen, wann er sich nun als „verständiger Arbeitgeber“ fühlen dürfe; denn bei der vom BAG geschaffenen Formel handele es sich nur um eine Leerfloskel, an der im Interesse der Rechtssicherheit nicht festgehalten werden solle[1073].
Hinsichtlich des Ausspruchs einer ordentlichen Kündigung wird in der Literatur zum Teil eine widerrechtliche Drohung grundsätzlich abgelehnt, soweit der Arbeitnehmer unter das KSchG fällt. Wenn der Arbeitnehmer wisse, dass er Kündigungsschutz genießt, fehle es für diesen im Allgemeinen an einer Zwangslage[1074]. Denn gegenüber einer ordentlichen Kündigung sei der Aufhebungsvertrag nicht ohne weiteres das „kleinere Übel“, weil in beiden Fällen der Arbeitnehmer seinen Arbeitsplatz verlie-

---

[1066] Weber/Ehrich, NZA 1997, 414, 416.
[1067] Ernst, Aufhebungsverträge, S. 207;
[1068] So Schlüter/Schröder, Anm. zu BAG, Urt. v. 16.11.1979, SAE 1981, 123, 124.
[1069] Hofmann, Anm. zu BAG, Urt. v. 20.11.1969, SAE 1971, 74, 75.
[1070] Hofmann, Anm. zu BAG, Urt. v. 20.11.1969, SAE 1971, 74, 76.
[1071] Scheuerle, BB 1962, 882, 884; Hofmann, Anm. zu BAG, Urt. v. 20.11.1969, SAE 1971, 74, 75; Schlüter/Schröder, Anm. zu BAG, Urt. v. 16.11.1979, SAE 1981, 123, 124; vgl.a. Kramer, Anm. zu BAG, Urt. v. 16.11.1979 = AP Nr. 21 zu § 123 BGB.
[1072] Schlüter/Schröder, Anm. zu BAG, Urt. v. 16.11.1979, SAE 1981, 123, 124.
[1073] Weber/Ehrich, NZA 1997, 414, 416; ebenso i. E. Bauer, NZA 1992, 1014, 1016.
[1074] Schaub, Handbuch, § 122 Rn 19; Bauer, NZA 1992, 1014, 1015; ders., Aufhebungsverträge, Rn 98.

re[1075]. Außerdem sei eine ordentliche Kündigung eine „Alltagserscheinung", die weder psychischen noch physischen Druck auslöse[1076]. Dem Arbeitnehmer müsse vielmehr zugemutet werden können, „nein" zu sagen[1077].
Eine Steigerung dieser Kritik stellt die unlängst von Adam vertretene Auffassung dar[1078]: Nach dieser ist jede offensichtlich unbegründete Kündigung für einen „verständigen Arbeitnehmer" gar keine Drohung, so dass er des Schutzes einer Anfechtung überhaupt nicht bedürfe[1079]. Vielmehr dürfe eine unbegründete Kündigung in den Aufhebungsverhandlungen erwähnt werden, weil es dort um die Beendigung des Arbeitsverhältnisses gehe. Der Vergleich, der in jedem Aufhebungsvertrag stecke, werde weder im allgemeinen Zivilrecht noch im Arbeitsrecht von § 123 BGB verdrängt. Der Arbeitnehmer brauche einen Vertragsschluss nur abzulehnen oder eine Bedenkzeit fordern, um sich beraten zu lassen. Der Vorstellung von einer intellektuellen Überlegenheit des Arbeitgebers liege ein „unzeitgemäßes Bild" des Arbeitnehmers zugrunde[1080]. Adam will eine Anfechtung wegen widerrechtlicher Drohung nur zulassen, wenn zu dem fehlenden Kündigungsgrund noch weitere Umstände wie die Drohung mit einem Prozessbetrug oder solcher Übel hinzukämen, welche über die Beendigung des Arbeitsverhältnisses hinausgingen[1081].

cc) Stellungnahme

α) Kein fiktiver Kündigungsschutzprozess

Die Kritik der Literatur dahingehend, dass das BAG einen zu subjektiven Ansatz bei der Frage der Widerrechtlichkeit der Drohung verfolge, überzeugt nicht. Zum einen kommt es auch nach dem BAG auf den objektiv möglichen Wissensstand an[1082]. Zum anderen ist die Auffassung des BAG, das zwar keinen „idealen", wohl aber einen ausreichend informierten und besonnenen Arbeitgeber als Maßstab nimmt, geeignet und erforderlich, um die Verwerflichkeit zwischen angedrohtem Mittel und verfolgtem Zweck in Übereinstimmung mit den gesetzlichen Wertungen zu ermitteln. Es handelt sich um einen „generell-konkreten Maßstab"[1083].
Außerdem ist die sich aus dieser abweichenden Auffassung ergebende Konsequenz, dass für die Beurteilung der Widerrechtlichkeit ein fiktiver Kündigungsschutzprozess erforderlich ist, nicht von § 123 BGB gedeckt. Denn Gegenstand der Wider-

---

1075 Ernst, Aufhebungsverträge, S. 207; Bauer, NZA 1992, 1014, 1015 f.; ders., Aufhebungsverträge, Rn 98.
1076 Bauer, NZA 1992, 1014, 1015 f.; ders., Aufhebungsverträge, Rn 98.
1077 Bauer, NZA 1992, 1014, 1016; ders., Aufhebungsverträge, Rn 98.
1078 Adam, Anm. zu BAG, Urt. v. 12.08.1999, SAE 2000, 204 ff.
1079 Adam, Anm. zu BAG, Urt. v. 12.08.1999, SAE 2000, 204, 208.
1080 Adam, Anm. zu BAG, Urt. v. 12.08.1999, SAE 2000, 204, 209.
1081 Adam, Anm. zu BAG, Urt. v. 12.08.1999, SAE 2000, 204, 210.
1082 So schon Hueck, Anm. zu BAG, Urt. v. 30.03.1960, AP Nr. 8 zu § 123 BGB, nach dem das BAG zu Recht nicht auf die subjektive Ansicht des Arbeitgebers, sondern auf das Verhalten eines „verständigen Arbeitgebers in der gleichen Lage" abstelle.
1083 Ernst, Aufhebungsverträge, S. 235 f.

rechtlichkeitsprüfung ist die Verknüpfung der angedrohten Kündigung mit dem abzuschließenden Aufhebungsvertrag, so dass die objektive Widerrechtlichkeit der Kündigung nicht allein ausschlaggebend sein kann[1084]. Vielmehr ist eine normative Beurteilung der konkreten Situation zwischen Drohendem und Bedrohtem erforderlich. Kündigungsschutzklage und Anfechtungsklage müssen klar getrennt bleiben; nur die unvertretbare Drohung ist widerrechtlich[1085]. Unterhalb der kündigungsrechtlichen Verdachtsschwelle gibt es eine anfechtungsrechtliche Verdachtsschwelle, die jedenfalls die Drohung mit einer (fristlosen) Kündigung rechtfertigen kann[1086]. Zu Recht hat das BAG darauf hingewiesen, dass von einem verständigen Arbeitgeber nicht generell verlangt werden kann, dass er bei seiner Abwägung die Beurteilung des Tatsachengerichts „trifft"[1087]. Im Übrigen bleibt es dabei, dass die Beweislast für die im Rahmen von § 123 Abs. 1 Alt. 2 BGB relevanten Umstände den Bedrohten und damit in der Regel den Arbeitnehmer trifft[1088]. Dies macht einen entscheidenden Unterschied zwischen Anfechtungs- und Kündigungsschutzprozess aus.

β) Keine unzumutbare Rechtsunsicherheit

Was den Vorwurf der Förderung der Rechtsunsicherheit an die Adresse der Arbeitsgerichte angeht, ist zu erwidern, dass auch ein Arbeitgeber, der kündigt, sich über die Berechtigung dieser Kündigung Gedanken machen muss und insbesondere nicht davor gefeit ist, dass das zuständige Arbeitsgericht zu einer anderen Einschätzung kommt. Bei der Drohung mit einer Kündigung ist der Prüfungsmaßstab zwar weniger streng, inhaltlich ergeben sich aber keine Unterschiede. Hinzu kommt, dass die Anforderungen an den Arbeitgeber dadurch gerechtfertigt sind, dass der Arbeitnehmer ohne die Drohung den Aufhebungsvertrag nicht geschlossen hätte und die kündigungsschutzrechtlichen Vorschriften für diesen Vertrag nicht gelten. Deshalb ist dem drohenden Arbeitgeber das Risiko, die Sachlage bei der Drohung mit einer Kündigung anders einzuschätzen als ein „verständiger Arbeitgeber in gleicher Lage", durchaus zuzumuten.

χ) Kein Recht des Arbeitgebers auf Drohung

Die weitestgehende Kritik von Adam, die wie eine Gegenbewegung zur Diskussion um mehr Arbeitnehmerschutz beim Abschluss von Aufhebungsverträgen wirkt, ist weder mit dem Gesetz vereinbar, noch wird sie der vorherrschenden Interessenlage gerecht.

[1084] Müller, Aufhebungsverträge, S. 128.

[1085] Lingemann, Anm. zu BAG, Urt. v. 21.03.1996, NJW 1997, 640.

[1086] Lingemann, Anm. zu BAG, Urt. v. 21.03.1996, NJW 1997, 640, 641.

[1087] BAG, Urt. v. 12.08.1999 - 2 AZR 832/98 = AP Nr. 51 zu § 123 BGB = NZA 2000, 27; vgl. aber auch Weber/Ehrich, NZA 1997, 414, 416, die zu Recht kritisieren, dass die Begründungen der neueren Entscheidungen des BAG hinsichtlich der Frage der Verwerflichkeit auf einen fiktiven Kündigungsschutzprozess hinauslaufen.

[1088] S. dazu auch Ernst, Aufhebungsverträge, S. 228 f.

Hinsichtlich der Voraussetzungen einer widerrechtlichen Drohung wurde bereits festgestellt, dass es gerade auf die Verbindung zwischen Mittel und Zweck ankommt. Dabei handelt es sich um eine Wertungsfrage. Diese ist aufgrund einer Abwägung des Schutzes der Entschließungsfreiheit des Bedrohten und der Interessen des Drohenden an der Erreichung des erstrebten Zweckes zu beantworten. Könnte der Drohende nach seiner berechtigten Auffassung sein Ziel, nämlich die Beendigung des Arbeitsverhältnisses mit dem Arbeitnehmer, auch durch die angedrohte Alternative erreichen, besteht kein Grund, dem Arbeitnehmer die Beseitigung seiner Willenserklärung zu gestatten. Nach der Auffassung aller billig und gerecht Denkenden ist die Verknüpfung von Mittel und Zweck dann nicht verwerflich.
Kann der Drohende das vom ihm gewünschte Ziel aber auf andere Weise nicht erlangen und ist ihm das bewusst, sind seine Mittel in Verbindung mit dem erreichten Zweck unlauter, weil er einen Willensentschluss herbeiführt, der aufgrund seiner Darstellung auf falschen Vorstellungen beruht. Im Rahmen von § 123 BGB ist dem Arbeitgeber kein „Bluff" erlaubt, das heißt, der Arbeitnehmer darf darauf vertrauen, dass nicht mit verwerflichen Mitteln auf seine Willensbildung eingewirkt wird. Dies ist eine Frage des Einzelfalles. Sie kann aber nicht damit beantwortet werden, dass der Arbeitnehmer grundsätzlich in der Lage ist, „nein" zu sagen. Es kommt vielmehr darauf an, ob er dies deshalb nicht getan hat, weil er in der konkreten Situation von seinem Arbeitgeber darauf hingewiesen wurde, dass er nur noch den Weg seines Ausscheidens, nicht aber die Tatsache an sich beeinflussen könne. § 123 BGB ist unabhängig davon zu prüfen, ob eine bestimmte Gesellschaftsgruppe besonders schutzwürdig ist oder nicht. Der Schutz der Willensentschließungsfreiheit durch § 123 BGB würde auf den Kopf gestellt, wenn dem Arbeitnehmer eine Anfechtungsmöglichkeit immer dann genommen wird, wenn jeder „vernünftige" oder „verständige" Arbeitnehmer in seiner Situation den Vertrag nicht geschlossen hätte. Denn dies hätte zur Konsequenz, dass diejenigen Arbeitnehmer, die am wenigsten informiert und durchsetzungsfähig oder besonders vertrauensselig oder leichtgläubig und damit am ehesten schutzwürdig sind, sich nie auf eine widerrechtliche Drohung berufen könnten. Insoweit müssen im Rahmen von § 123 Abs. 1 Alt. 2 BGB die Interessen des Bedrohten denen des Drohenden vorgehen, weil es auf ein Ungleichgewicht im konkreten Fall ankommt und nicht auf eine rechtspolitische Beurteilung.
Hinzu kommt, dass im Anfechtungsprozess nicht der Arbeitgeber, sondern der Arbeitnehmer die Beweislast für den Ausspruch der Drohung und deren Widerrechtlichkeit trägt. Damit steht der Arbeitgeber in dem Fall, dass er den Arbeitnehmer durch widerrechtliche Drohung zu einer Kündigung bewegt, in prozessualer Hinsicht jedenfalls besser, als wenn er die angedrohte Kündigung tatsächlich ausgesprochen hätte. Vor diesem Hintergrund ist aber der Schutz des Drohenden als ausreichend anzusehen.
Allerdings ist Adam insoweit zuzustimmen, als an der Gleichstellung zwischen ordentlicher und außerordentlicher Kündigung bei der Prüfung der Widerrechtlichkeit grundsätzlich festzuhalten ist, weil eine ordentliche Kündigung ebenso mit einem

Unwerturteil verbunden sein kann wie eine außerordentliche[1089]. Auch wenn eine Kündigung aufgrund der wirtschaftlichen Lage allgemein betrachtet heute eine Alltagserscheinung ist, ändert dies nichts daran, dass die Aussicht auf Arbeitslosigkeit den Arbeitnehmer psychisch unter Druck setzt; in dieser Lage wird es jedem Arbeitnehmer vorzugswürdiger erscheinen, eine einvernehmliche Trennung zu akzeptieren, als den Makel der Entlassung durch den Arbeitgeber hinzunehmen[1090]. Deshalb ist der Aufhebungsvertrag als das „kleinere Übel" anzusehen[1091].

δ) Beachtung sonstiger Umstände

Bei der Würdigung der Widerrechtlichkeit einer Drohung sind alle Umstände zu berücksichtigen, „die dem Vorgang sein Gepräge gegeben haben"[1092]. Dementsprechend ist es im Sinne der hier vertretenen Auffassung zutreffend, dass eine Drohung in der Regel nicht widerrechtlich sein wird, wenn dem Arbeitnehmer eine angemessene Bedenkzeit eingeräumt wurde[1093]. Insoweit gelten dieselben Grundsätze wie im Rahmen der Aufklärungspflichten[1094]. Denn bei der nach § 123 BGB zu untersuchenden, rechtlich zu missbilligenden, Einwirkung auf die Willensentschließung des Arbeitnehmers kann es nicht allein auf die Rechtmäßigkeit der Kündigung ankommen, sondern es sind alle für die rechtliche Entscheidungsfreiheit maßgeblichen Umstände einzubeziehen[1095]. Auch das Übermaßverbot und das Gebot von Treu und Glauben (§ 242 BGB) sind zu beachten[1096]. Hat der Arbeitnehmer die Möglichkeit, sich über die Aussichten der angedrohten Kündigung vor Abschluss des Aufhebungsvertrages zu informieren, relativiert diese Möglichkeit die Tatsache, dass der Arbeitgeber mit einer möglicherweise nicht gerechtfertigten Kündigung gedroht hat. Nimmt er diese Gelegenheit nicht wahr, kommt es vor allem darauf an, ob dies auf seinen eigenen Entschluss oder auf eine entsprechende Beeinflussung durch den Arbeitgeber zurückzuführen ist. Hat er ausreichend Bedenkzeit, wird es in der Regel ohnehin an dem ursächlichen Zusammenhang zwischen Drohung und Willenserklärung fehlen, weil der Arbeitnehmer den Aufhebungsvertrag dann nicht mehr direkt „unter dem Eindruck der Drohung" abschließt.

Steht dem Arbeitnehmer das Recht zu, den Aufhebungsvertrag innerhalb einer bestimmten Frist zu widerrufen, beeinflusst dies die Widerrechtlichkeit der Drohung grundsätzlich nicht. Denn das Recht steht dem Arbeitnehmer erst im Anschluss an den Aufhebungsvertrag zu und spielt für die Verhandlungssituation keine Rolle[1097].

[1089] Adam, Anm. zu BAG, Urt. v. 12.08.1999, SAE 2000, 204, 207.
[1090] S. Ausführungen von Burkard, Aufhebungsvertrag und Abwicklungsvertrag, S. 68 f.
[1091] A.a. Ernst, Aufhebungsverträge, S. 207.
[1092] BGH, Urt. v. 23.09.1957 – VII ZR 403/56 = BGHZ 25, 217, 220.
[1093] Bauer, NZA 1992, 1014, 1016; ders., Aufhebungsverträge, Rn 101.
[1094] Dazu oben § 6 III 3 c).
[1095] Müller, Aufhebungsverträge, S. 130.
[1096] S. Ernst, Aufhebungsverträge, S. 241 f.
[1097] A.A. Bauer, NZA 1992, 1014, 1016; ders., Aufhebungsverträge, Rn 101.

Etwas anderes kann allenfalls dann gelten, wenn der Arbeitgeber den Arbeitnehmer auf dieses Recht hinweist und dies als eine Art „Bedenkzeit“ hinsichtlich der Wirksamkeit der angedrohten Kündigung auslegt, weil dem Arbeitnehmer damit verdeutlicht wird, dass er „Herr der Lage“ ist.

dd) Ergebnis

Bei der Beurteilung der Widerrechtlichkeit der Drohung mit einer Kündigung kommt es entsprechend der Rechtsprechung des BAG auf einen „verständigen Arbeitgeber“ an. Das heißt, es ist der objektiv mögliche Wissensstand des Arbeitgebers in der konkreten Situation zu ermitteln; ob die Kündigung vor dem Arbeitsgericht Bestand hätte, ist nicht entscheidend. Bei der Beurteilung der Widerrechtlichkeit bestehen keine Unterschiede zwischen der Drohung mit einer ordentlichen und der Drohung mit einer außerordentlichen Kündigung, weil der Arbeitnehmer in beiden Fällen unter psychischen Druck gerät und sich der Aufhebungsvertrag dann als das „kleinere Übel“ darstellt.

Auch eine Drohung mit einer unberechtigten Kündigung ist unter Umständen nicht widerrechtlich, wenn sich die Verhandlungssituation insgesamt so darstellt, dass der Arbeitnehmer in seiner Willensbildung nicht unzulässig beeinflusst wurde, so z.B., wenn der Arbeitgeber ihm eine angemessene Bedenkzeit einräumt.

ee) Konsequenzen für die Praxis

Die dargestellten Anforderungen an die Widerrechtlichkeit der Drohung haben für die praktische Handhabung einer Drohung mit einer Kündigung folgende Konsequenzen[1098]:

- Will der Arbeitgeber das Arbeitsverhältnis wegen Störungen im Leistungs- oder Verhaltensbereich, die nach der Rechtsprechung eine vorherige Abmahnung erfordern, durch Aufhebungsvertrag beenden, so darf er bei den darauf gerichteten Verhandlungen eine ordentliche Kündigung nur dann androhen, wenn der Arbeitnehmer zuvor wegen gleichartiger Pflichtverletzung bereits wirksam abgemahnt worden ist[1099].
- Will der Arbeitgeber das Arbeitsverhältnis aus personenbedingten Gründen beenden, ist die Androhung einer Kündigung nur dann nicht widerrechtlich, wenn nach seinem objektiv möglichen Wissensstand die Voraussetzungen einer krankheitsbedingten Kündigung i.S.d. Rechtsprechung des BAG gegeben sind.
- Bei der Androhung einer Kündigung wegen betriebsbedingter Gründe muss ein verständiger Arbeitgeber davon ausgehen (können), dass betriebliche Erfordernisse gegeben sind, eine anderweitige Beschäftigung nicht möglich ist und soziale Gesichtspunkte i.S.v. § 1 Abs. 3 KSchG einer Kündigung des Arbeitnehmers nicht entgegenstehen würden.

[1098] Ausführlich dazu Weber/Ehrich, NZA 1997, 414, 416 f.

[1099] Vgl. BAG, Urt. v. 16.01.1992 – 2 AZR 412/91 = NZA 1992, 1023, 1024.

- Die Drohung mit einer fristlosen Kündigung ist nicht widerrechtlich, wenn der Arbeitgeber den Arbeitnehmer einer strafbaren Handlung überführt hat oder nach Ausschöpfung aller zur Verfügung stehenden Ermittlungsmöglichkeiten gegen den Arbeitnehmer der schwerwiegende Verdacht einer strafbaren Handlung besteht[1100].
- Eine Kündigungsandrohung ist nicht bereits dann widerrechtlich, wenn eine Anhörung des Betriebs- bzw. Personalrates nicht stattgefunden hat, weil eine Anhörung nach den einschlägigen Vorschriften nur vor Ausspruch der Kündigung, nicht aber vor deren Androhung erfolgen muss[1101].
- Abgesehen von den an das Vorliegen eines Kündigungsgrundes gestellten Anforderungen kommt eine widerrechtliche Drohung immer dann nicht in Betracht, wenn bei der Drohung mit einer außerordentlichen Kündigung die Ausschlussfrist des § 626 Abs. 2 BGB zum Zeitpunkt des Abschlusses des Aufhebungsvertrages bereits verstrichen war[1102], denn wenn der Arbeitgeber schon aus zeitlichen Gründen gar nicht mehr kündigen kann, muss dasselbe gelten, wie wenn es an einem Kündigungsgrund fehlen würde.
- Demgegenüber ist eine Widerrechtlichkeit der Drohung dann ausgeschlossen, wenn dem Arbeitnehmer noch kein Kündigungsschutz zustand und das Arbeitsverhältnis durch den Aufhebungsvertrag zu einem Zeitpunkt beendet wird, zu dem es ohne weiteres auch durch die Kündigung hätte beendet werden können[1103], es sei denn, eine ordentliche Kündigung wäre generell unzulässig, wie dies bei befristeten Arbeitsverhältnissen ohne abweichende Vereinbarung der Fall ist[1104].

b) Widerrechtlichkeit bei Drohung mit einer Strafanzeige

Auch in dem Inaussichtstellen einer Strafanzeige liegt eine Drohung i.S.d. § 123 Abs. 1 Alt. 2 BGB[1105].

1100 Vgl. BAG, Urt. v. 21.03.1996 – 2 AZR 543/95 = AP Nr. 42 zu § 123 BGB = NZA 1996, 1030, für den Fall einer vorgetäuschten Erkrankung, sowie Urt. v. 12.08.1999 - 2 AZR 832/98 = AP Nr. 51 zu § 123 BGB = NZA 2000, 27, bei Verdacht einer Gleitzeitmanipulation.

1101 Weber/Ehrich, NZA 1997, 414, 416, Fn 18; Adam, Anm. zu BAG, Urt. v. 12.08.1999, SAE 2000, 204, 206; Bengelsdorf, Aufhebungsvertrag und Abfindungsvereinbarungen, S. 20; Müller, Aufhebungsverträge, S. 131; Ernst, Aufhebungsverträge, S. 220 f.; a.A. BAG, Urt. v. 14.07.1960 – 2 AZR 64/59 = AP Nr. 13 zu § 123 BGB = DB 1960, 1101; Becker-Schaffner, BB 1981, 1340 ff.

1102 ArbG Darmstadt, Urt. v. 6.09.1984 – 2 Ca 253/84 = AiB 1984, 176; Weuster, BuW 2000, 645, 647; a.A. offenbar Ernst, Aufhebungsverträge, S. 230, der dies nur im Fall der Durchführung eines „fiktiven Kündigungsschutzprozesses" für begründbar hält.

1103 KasselerArbR/Welslau, 6.1 Rn 75; AR-Blattei/Glatzel, Aufhebungsvertrag Rn 37; Bauer, NZA 1992, 1014, 1016.

1104 Vgl. LAG Hamm, Urt. v. 21.10.1993 – 17 Sa 437/93 = LAGE § 611 BGB Aufhebungsvertrag Nr. 12.

1105 LAG Baden-Württemberg, Urt. v. 27.10.1983 – 11 Sa 103/83 – n. v.; LAG Düsseldorf, Urt. v. 26.01.1993 – 16 Sa 1037/92 = NZA 1993, 702, 703; Flume, Rechtsgeschäft, § 28 2 c).

Allerdings ist die Drohung mit einer Strafanzeige für sich genommen nicht widerrechtlich, sondern ein von Gesetzes wegen erlaubtes Mittel[1106]. In Frage kommt allerdings eine Verwerflichkeit der Mittel-Zweck-Relation. Von der Rechtsprechung wird die Androhung einer Strafanzeige zum Zwecke der Auflösung eines Arbeitsverhältnisses nur dann als unangemessen und somit widerrechtlich beurteilt, wenn dies das Ergebnis einer Gesamtwürdigung aller Umstände unter besonderer Berücksichtigung der Belange des Bedrohten als auch des Drohenden ist[1107]. Folglich ist die Drohung mit einer Strafanzeige nach herrschender Auffassung dann nicht widerrechtlich, wenn das Begehren des Drohenden mit einer Straftat in einem inneren Zusammenhang stand[1108].

Dabei müssen die Verdachtsmomente gegen einen Arbeitnehmer bei der Androhung einer Strafanzeige nicht schwerwiegender sein als bei der Androhung einer außerordentlichen Kündigung; vielmehr kommt es jeweils auf das Gewicht des erhobenen Vorwurfs an, ob bei einem bestimmten Sachverhalt ein verständiger Arbeitgeber eine außerordentliche Kündigung oder eine Strafanzeige ernsthaft in Erwägung ziehen würde[1109].

Zweifelhaft ist, ob die Drohung mit der Anzeige genügt, oder ob der Bedrohte auch davon ausgehen muss, dass eine Bestrafung in Frage kommt. Dafür könnte sprechen, dass der Arbeitnehmer dann, wenn er unschuldig ist, von einer Strafanzeige objektiv nichts zu befürchten hätte[1110]. Dagegen spricht allerdings, dass bereits in der Möglichkeit staatsanwaltlicher Ermittlungen ein Übel zu sehen ist. Stimmt der Arbeitnehmer dem Aufhebungsvertrag zu, weil er solche Unannehmlichkeiten vermeiden will, genügt die Androhung einer Strafanzeige auch dann, wenn der Arbeitnehmer zwar keine Bestrafung, wohl aber ein Verfahren befürchtet.

Fraglich ist, ob es an der Ursächlichkeit einer angedrohten Strafanzeige fehlt, wenn zugleich eine Kündigung angedroht wurde und der Arbeitnehmer sich darauf beruft, durch diese zur Abgabe der das Arbeitsverhältnis beendenden Willenserklärung veranlasst worden zu sein. Dies wird zum Teil so vertreten, weil bei Hinwegdenken dieser Drohung gleichwohl der Erfolg nicht entfiele[1111]. Dagegen spricht aber, dass es

---

[1106] BAG, Urt. v. 22.10.1998 – 8 AZR 457/97 = AP Nr. 5 zu § 781 BGB = NZA 1999, 417; LAG Baden-Württemberg, Urt. v. 6.05.1999 – 12 Sa 115/97 = BB 1999, 1439.

[1107] BGH, Urt. v. 23.09.1957 – VII ZR 403/56 = BGHZ 25, 217, 220; BAG, Urt. v. 30.01.1986 – 2 AZR 196/85 – n. v.; LAG Baden-Württemberg, Urt. v. 27.10.1983 – 11 Sa 103/83 – n. v.

[1108] BAG, Urt. v. 3.05.1963 – 1 AZR 136/62 = AP Nr. 1 zu § 781 BGB = SAE 1963, 230; Urt. v. 30.01.1986 – 2 AZR 196/85 – n. v.; Urt. v. 22.10.1998 – 8 AZR 457/97 = AP Nr. 5 zu § 781 BGB = NZA 1999, 417; LAG Düsseldorf, Urt. v. 26.01.1993 – 16 Sa 1037/92 = NZA 1993, 702, 703; MünchKomm-BGB/Kramer, § 123 Rn 48; MünchArbR/Wank, § 115 Rn 31; Flume, Rechtsgeschäft, § 28 2 c).

[1109] BAG, Urt. v. 30.01.1986 – 2 AZR 196/85 – n. v.

[1110] So LAG Köln, Urt. v. 6.06.1997 – 11 Sa 1310/96 = LAGE § 123 BGB Nr. 24.

[1111] LAG Köln, Urt. v. 6.06.1997 – 11 Sa 1310/96 = LAGE § 123 BGB Nr. 24; differenzierend für den Fall der Drohungskumulation Ernst, Aufhebungsverträge, S. 239 f.

im Einzelfall erst die Kumulation von mehreren Drohungen sein kann, die den Bedrohten zur Abgabe der Willenserklärung veranlasst[1112]. Die Ursachenzusammenhänge müssen daher im Einzelfall genau geprüft werden.

c) Andere Drohungen

Die Äußerung der Kündigungsabsicht unter gleichzeitiger Ankündigung der Einberufung des Betriebsrates, um über die Kündigung zu beraten, soll keine widerrechtliche Drohung sein, weil es an der Unmittelbarkeit des Druckes fehle und die in Aussicht gestellte Beteiligung des Betriebsrates nicht als widerrechtlich bezeichnet werden könne[1113]. Dies ist aber zweifelhaft, weil der Arbeitnehmer angesichts der möglichen Einschaltung des Betriebsrates nicht weniger Druck empfinden wird, als wenn nur der Kündigungsausspruch angedroht wird.
Die Androhung von Schadensersatzforderungen kommt dann als Anfechtungsgrund in Betracht, wenn der bezweckte Abschluss des Aufhebungsvertrages mit der Schadensersatzforderung in keinem inneren Zusammenhang steht[1114] oder eine Realisierung ohnehin nicht zu erwarten wäre[1115].

3. Sonstige Voraussetzungen

In subjektiver Hinsicht ist beim Arbeitgeber sog. Nötigungswille erforderlich, das heißt, die Drohung muss bewusst darauf gerichtet sein, den Bedrohten zu der Einschätzung zu verleiten, nur zwischen zwei Übeln wählen zu können, von denen die Abgabe der empfohlenen Erklärung nach der Ansicht des Drohenden als das geringere Übel gegenüber den sonst zu erwartenden Maßnahmen erscheinen soll[1116]. Außerdem muss der Erklärende zur Abgabe der Willenserklärung durch die Drohung bestimmt worden sein[1117]. An der Kausalität zwischen der Androhung der Kündigung und dem Abschluss des Aufhebungsvertrages fehlt es immer dann, wenn der Arbeitnehmer gewusst hat, dass der Arbeitgeber nicht zur Kündigung berechtigt ist, weil die Drohung dann wirkungslos ist.

4. Verfristung und Verwirkung des Klage- bzw. Anfechtungsrechts

a) Die Anfechtungsfristen

Die Anfechtungsfrist richtet sich danach, ob ein Irrtum nach § 119 BGB oder eine Anfechtbarkeit gemäß § 123 BGB gegeben ist. Ist Ersteres der Fall, muss die Anfechtung gemäß § 121 Abs. 1 S. 1 BGB unverzüglich, das heißt ohne schuldhaftes

---

[1112] Vgl. Ernst, Aufhebungsverträge, S. 239 f.
[1113] LAG Baden-Württemberg, Urt. v. 6.12.1973 – 7 Sa 63/73 = DB 1974, 195; Welslau, BuW 2000, 467, 468; Bengelsdorf, Aufhebungsvertrag und Abfindungsvereinbarungen, S. 20.
[1114] LAG Baden-Württemberg, Urt. v. 29.12.1966 – 4 Sa 85/66 = BB 1967, 1421.
[1115] Weuster, BuW 2000, 645, 647.
[1116] BAG, Urt. v. 5.04.1978 – 4 AZR 621/76 = AP Nr. 20 zu § 123 BGB = BB 1978, 1467; Urt. v. 30.01.1986 – 2 AZR 196/85 – n. v.; s. dazu auch Erman/H. Palm, BGB, § 123 Rn 69.
[1117] Zur Kausalität s. Palandt/Heinrichs, BGB, § 123 Rn 24.

Zögern, erfolgen, nachdem der Anfechtungsberechtigte von dem Anfechtungsgrund Kenntnis erlangt hat. Für die Anfechtung eines Arbeitsvertrages wegen Irrtums hat das BAG ausgeführt, dass die von der Rechtsprechung des Bundesarbeitsgerichts aufgestellten Grundsätze zu § 626 Abs. 2 BGB entsprechende Anwendung fänden, so dass eine Anfechtung nur dann "unverzüglich" i.S.d. § 121 Abs. 1 BGB erklärt sei, wenn sie spätestens innerhalb einer Frist von zwei Wochen nach Kenntnis der für die Anfechtung maßgebenden Tatsachen erfolge[1118]. Allerdings kann die Übertragung dieser Rechtsprechung auf die Anfechtung eines Aufhebungsvertrages wegen der unterschiedlichen Sach- und Rechtslage nur eingeschränkt erfolgen[1119]. Unter Umständen kann auch eine längere Frist in Betracht kommen.

Liegt eine Täuschung oder Drohung nach § 123 BGB vor, ist die Anfechtung gemäß § 124 Abs. 1 BGB binnen eines Jahres zu erklären. Die Frist gemäß § 124 Abs. 2 BGB beginnt im Fall der Täuschung dann, wenn der Anfechtungsberechtigte die Täuschung entdeckt und im Fall der Drohung mit dem Zeitpunkt, zu dem die Zwangslage endet. Im Fall der Drohung mit einer Kündigung ist dies grundsätzlich dann der Fall, wenn die Verhandlungen, in deren Rahmen die Drohung erfolgte, abgeschlossen sind; dies wird in der Regel der Zeitpunkt des Abschlusses des Aufhebungsvertrages sein[1120]. Die Anfechtungsfrist des § 124 BGB ist nach der herrschenden Auffassung nicht verkürzt, da § 4 KSchG weder unmittelbar noch entsprechend anwendbar ist[1121]. Eine solche Rechtsfortbildung contra legem wurde vereinzelt gefordert[1122], sie verbietet sich aber angesichts der klaren Regelung des § 124 Abs. 1 BGB[1123]. Außerdem kommt es nach hier vertretener Auffassung gerade nicht auf die Wirksamkeit der potentiellen Arbeitgeberkündigung an, sondern auf den „verständigen Arbeitgeber". Warum der drohende Arbeitgeber schützenswert sein soll, leuchtet vor diesem Hintergrund nicht ein[1124]. Denn dem Drohenden ist kein Interesse zuzugestehen, schnell zu erfahren, ob die unter dem Einfluss der Drohung abgegebene Willenserklärung angefochten wird.

b) Verwirkung des Anfechtungsrechts

Fraglich ist, ob der Arbeitnehmer vor Ablauf der Anfechtungsfrist das Anfechtungsrecht oder das Recht, die Unwirksamkeit des Aufhebungsvertrages aufgrund der Anfechtung geltend zu machen, materiellrechtlich oder prozessual verwirken kann.

[1118] BAG, Urt. v. 14.12.1979 – 7 AZR 38/78 = AP Nr. 4 zu § 119 BGB = NJW 1980, 1302.

[1119] Bengelsdorf, Aufhebungsvertrag und Abfindungsvereinbarungen, S. 22.

[1120] Bengelsdorf,a.a.O.

[1121] LAG Schleswig-Holstein, Urt. v. 15.08.1983 – 5 (2) Sa 759/82 – n. v.; MünchArbR/Wank, § 115 Rn 31; Schaub, Handbuch, § 122 Rn 25; KasselerArbR/Welslau, 6.1 Rn 83; AR-Blattei/Glatzel, Aufhebungsvertrag Rn 53 a; Bengelsdorf, a.a.O.

[1122] Schlüter/Schröder, Anm. zu BAG, Urt. v. 16.11.1979 = SAE 1981, 121, 125; Bauer, NZA 1992, 1015, 1017; ders., Aufhebungsverträge, Rn 108.

[1123] Ernst, Aufhebungsverträge, S. 229.

[1124] Müller, Aufhebungsverträge, S. 136.

aa) Die Rechtsprechung des BAG

Das BAG befasst sich in einer neueren Entscheidung mit diesen Fragen, wobei es die Verwirkung in allen drei Fällen getrennt prüft und in jedem Fall ablehnt[1125]. Dabei verneint es auch hinsichtlich der Verwirkung die Möglichkeit, die Frist des § 4 KSchG heranzuziehen: Der Arbeitgeber setze mit Ausspruch einer Kündigung einen Tatbestand, der es nach Treu und Glauben erwarten lasse, dass der Arbeitnehmer in zumutbarer Zeit den Fortbestand des Arbeitsverhältnisses einer Klärung zuführe, wenn er die Kündigung nicht hinnehmen wolle; demgegenüber müsse derjenige Arbeitgeber, der den Arbeitnehmer durch eine nach § 123 BGB als widerrechtlich anzusehende Drohung zum Abschluss eines Aufhebungsvertrages bewogen habe, gemäß § 124 BGB ein Jahr damit rechnen, dass dieser vom Arbeitnehmer angefochten werde. Es sei sachlich nicht gerechtfertigt, den Vertrauensschutz, den man bei der Prüfung der Verwirkung dem Arbeitgeber zubillige, auf einen Arbeitgeber auszudehnen, der trotz erfolgter Anfechtung das Ergebnis seiner widerrechtlichen Drohung über das Rechtsinstitut der Verwirkung perpetuieren wolle[1126]. Auch die Klagebefugnis könne gegenüber einem Drohenden nur in ganz außergewöhnlichen Fällen verwirkt werden. Der Gesetzgeber gewähre dem Bedrohten eine einjährige Überlegungsfrist und zeige damit, dass er das Recht des Drohenden, schnellstmöglich über die Rechtslage Bescheid zu wissen, als verhältnismäßig gering einschätze[1127].

bb) Stellungnahme

Dieser Rechtsprechung ist entgegen der in der Literatur vereinzelt geübten Kritik[1128] zuzustimmen. Eine Verwirkung des Anfechtungsrechts wegen widerrechtlicher Drohung ist in der Regel nicht begründbar.

Die Voraussetzungen der Verwirkung wurden bereits in Zusammenhang mit der Formvorschrift des § 623 BGB erörtert[1129]. Es handelt sich dabei um ein Zeit- sowie um ein Umstandsmoment. Hinsichtlich der Verwirkung des Anfechtungsrechts fehlt es bereits am Zeitmoment, denn es ist nicht ersichtlich, warum die eindeutige Fristenregelung des § 124 BGB nicht gelten soll. Die Übertragung der in § 4 KSchG geregelten Frist ist nicht begründbar. Denn die kündigungsrechtlichen Schutzvorschriften gelten gerade nicht für den Aufhebungsvertrag.

Dies ist auch einer der Gründe, warum der Arbeitgeber in der Regel den Abschluss eines Aufhebungsvertrages dem Ausspruch einer Kündigung vorzieht. Mit dessen Abschluss begeben sich die Parteien aus dem Bereich des KSchG heraus und müssen

---

1125 BAG, Urt. v. 6.11.1997 – 2 AZR 162/97 = AP Nr. 45 zu § 242 BGB Verwirkung = NZA 1998, 374.

1126 BAG, Urt. v. 6.11.1997 – 2 AZR 162/97 = AP Nr. 45 zu § 242 BGB Verwirkung = NZA 1998, 374.

1127 BAG, Urt. v. 6.11.1997 – 2 AZR 162/97 = AP Nr. 45 zu § 242 BGB Verwirkung = NZA 1998, 374.

1128 Hromadka, Anm. zu BAG, Urt. v. 6.11.1997, EWiR 1998, 251; ders., FS Zöllner, S. 785 ff.

1129 S. oben § 5 I 4 b) cc).

die damit verbundenen Konsequenzen tragen[1130]. Wenn der Arbeitgeber in den „Genuss" des § 4 KSchG hätte kommen wollen, hätte er nicht mit einer unbegründeten Kündigung drohen, sondern eine solche aussprechen sollen. Dann hätte er zwar den Kündigungsschutzprozess verloren, dies aber in „angemessener Frist". Es kann aber nicht sein, dass der Arbeitgeber erst den Arbeitnehmer zum Abschluss eines Aufhebungsvertrages mittels widerrechtlicher Drohung bewegt, weil er nicht kündigen kann, sich aber später auf kündigungsrechtliche Vorschriften zu seinen Gunsten beruft[1131]. Das Argument, die Drohung mit einer Kündigung sei gegenüber deren Ausspruch allemal ein Minus[1132], ist vor diesem Hintergrund weder rechtlich noch tatsächlich überzeugend.

Im Übrigen ist in diesen Fällen auch das Umstandsmoment nicht gegeben. Denn der widerrechtlich drohende Arbeitgeber kann keinen Vertrauensschutz in Anspruch nehmen. Insofern ist die Aussage des § 124 BGB in dem vom BAG erläuterten Sinne eindeutig[1133]: Die Interessen des Drohenden an einer schnellen Klärung der Rechtslage müssen (im Gegensatz zur Rechtslage bei einer Anfechtung wegen Irrtums!) zurücktreten[1134]. Dies gilt für den Arbeitgeber ebenso wie für jeden anderen Drohenden. Das Unwerturteil ist von der Bewertung einer Drohung als widerrechtlich abhängig; ist die Anfechtung berechtigt, muss der Arbeitgeber die damit verbundenen Nachteile tragen. Es ist nicht so, dass eine Kündigungsandrohung nur deshalb widerrechtlich ist, weil der Arbeitgeber die „fein gesponnenen Anforderungen der Rechtsprechung verfehlt"[1135], sondern dem Arbeitgeber wird der Vorwurf gemacht, dass er erkannte oder zumindest hätte erkennen müssen, dass eine Kündigung in Anbetracht der Sachlage nicht in Betracht kam. Im Übrigen ist das Risiko des Arbeitgebers, einen Anfechtungsprozess zu verlieren, weitaus geringer, als in einem Kündigungsschutzprozess zu unterliegen[1136].

Auch der Vergleich mit der Regelung bei der Änderungskündigung überzeugt nicht[1137], weil es bei der Drohung mit einer Beendigungskündigung gerade an einer Möglichkeit des Arbeitnehmers fehlt, das Aufhebungsvertragsangebot des Arbeitgebers unter Vorbehalt anzunehmen[1138].

[1130] Mankowski, Anm. zu BAG, Urt. v. 6.11.1997, EzA § 242 BGB Prozessverwirkung Nr. 2, S. 10.

[1131] Mankowski, Anm. zu BAG, Urt. v. 6.11.1997, EzA § 242 BGB Prozessverwirkung Nr. 2, S. 11, spricht von einer „arbeitgeberbegünstigenden Rosinentheorie".

[1132] So Hromadka, Anm. zu BAG, Urt. v. 6.11.1997, EWiR 1998, 251, 252.

[1133] S.a. Ernst, Aufhebungsverträge, S. 249.

[1134] Vgl.a. Flume, Rechtsgeschäft, § 10 3 c), Fn 28.

[1135] So Hromadka, FS Zöllner, 785, 796.

[1136] Mankowski, Anm. zu BAG, Urt. v. 6.11.1997, EzA § 242 BGB Prozessverwirkung Nr. 2, S. 13.

[1137] Hromadka, FS Zöllner, 785, 792, befürwortet in den genannten Fällen die analoge Anwendung des § 2 S. 2 KSchG.

[1138] S.a. Ausführungen bei Ernst, Aufhebungsverträge, S. 230 ff.

Ficht der Arbeitnehmer den Aufhebungsvertrag außergerichtlich innerhalb eines Jahres an, muss der Arbeitgeber damit rechnen, dass er das Fortbestehen des Arbeitsverhältnisses notfalls auch gerichtlich geltend machen wird. Will er selbst die Klärung der Rechtslage erreichen, ist ihm nach erfolgter Anfechtung eine Feststellungsklage dahingehend, dass das Arbeitsverhältnis durch den Aufhebungsvertrag beendet wurde, zuzugestehen, wenn sich der Arbeitnehmer hinsichtlich der Geltendmachung seiner Rechte auf Nachfrage nicht äußert[1139]. Wenn der Arbeitnehmer nach Erklärung der Anfechtung so lange mit der gerichtlichen Klärung der Rechtslage wartet, dass der Arbeitgeber nur davon ausgehen kann, er werde seine Rechte nicht mehr geltend machen, ist ausnahmsweise eine Verwirkung des materiellrechtlichen Rechts[1140] auf Geltendmachung der Unwirksamkeit des Aufhebungsvertrages[1141] nach allgemeinen Grundsätzen denkbar.

5. Rechtsfolgen der Anfechtung

Liegen hinsichtlich der einvernehmlichen Vertragsbeendigung die Voraussetzungen für einen dieser Anfechtungstatbestände vor und wird die Anfechtung gegenüber dem anderen Vertragspartner rechtzeitig erklärt, ist der Aufhebungsvertrag gemäß § 142 Abs. 1 BGB als von Anfang an unwirksam anzusehen. Daraus folgt, dass der Arbeitsvertrag nie aufgehoben wurde und daher das Arbeitsverhältnis unverändert fortbesteht[1142].

Die Rückabwicklung des Aufhebungsvertrages erfolgt dann nach den § 812 ff. BGB. Dies ist insbesondere im Hinblick auf eine vereinbarte Abfindungszahlung von Belang. Hat der Arbeitnehmer die Abfindung bereits erhalten, ist er nach § 812 Abs. 1 S. 2 BGB zur Rückzahlung verpflichtet. Wurde die Abfindung noch nicht gezahlt, hat der Arbeitnehmer keinen Anspruch mehr auf diese Leistung gegen den Arbeitgeber, da der Aufhebungsvertrag als Anspruchsgrundlage unwirksam ist.

[1139] In diesem Fall ist die für das Feststellungsinteresse erforderliche Unsicherheit wohl zu bejahen, vgl. Musielak/Foerste, ZPO, § 256 Rn 9 m.w.N.

[1140] Die Möglichkeit der Verwirkung des Klagerechts ist umstritten und wird von der herrschenden Auffassung in der Literatur zu Recht abgelehnt, s. Argumente bei Hromadka, FS Zöllner, 785, 794 f., sowie die Nachweise bei Mankowski, Anm. zu BAG, Urt. v. 6.11.1997, EzA § 242 BGB Prozessverwirkung Nr. 2, S. 14.

[1141] Nach Mankowski, Anm. zu BAG, Urt. v. 6.11.1997, EzA § 242 BGB Prozessverwirkung Nr. 2, S. 14 f., ist eine solche „gewisse Gestaltungsfunktion" keine verwirkungsfähige Rechtsposition; zur Verwirkung der Möglichkeit, sich auf Mängel eines Rechtsgeschäfts zu berufen, s. aber Flume, Rechtsgeschäft, § 10 3 d).

[1142] S. nur BAG, Urt. v. 22.12.1982 – 2 AZR 282/82 = AP Nr. 23 zu § 123 BGB = NJW 1983, 2782; Urt. v. 16.01.1992 – 2 AZR 412/91 = NZA 1992, 1023, 1024; Urt. v. 6.11.1997 – 2 AZR 162/97 = AP Nr. 45 zu § 242 BGB Verwirkung = NZA 1998, 374; Weber/Ehrich/Burmester, Aufhebungsverträge, Teil 1 Rn 909; Schacht, Übereilungsschutz, S. 140; zu Ansprüchen des Arbeitnehmers auf Entgeltzahlung für Zeiten, in denen er aufgrund der Auseinandersetzungen über die Wirksamkeit des Aufhebungsvertrages keine Arbeitsleistung erbrachte, s. unten § 17 III 2.

IV. Zusammenfassung

Die Anfechtung des Aufhebungsvertrages kommt hauptsächlich wegen widerrechtlicher Drohung mit einer Kündigung gemäß § 123 Abs. 1 Alt. 2 BGB in Betracht. Dabei gelten für die Drohung mit einer ordentlichen Kündigung dieselben Grundsätze wie für die Drohung mit einer außerordentlichen Kündigung, weil der Aufhebungsvertrag gegenüber jeder Kündigung grundsätzlich das „kleinere Übel" ist. Eine Drohung kann auch dann vorliegen, wenn die Kündigung bereits ausgesprochen wurde.
Für die Widerrechtlichkeit der Drohung kommt es im Rahmen der Prüfung der Verwerflichkeit der Zweck-Mittel-Relation nach der zutreffenden Rechtsprechung des BAG nicht auf die objektive Wirksamkeit der Kündigung an, sondern darauf, ob ein verständig denkender Arbeitgeber den Ausspruch der Kündigung in Erwägung gezogen hätte. Maßgeblich ist der objektiv-mögliche, also hypothetische Wissensstand des Arbeitgebers. Nicht entscheidend ist, dass die Kündigung vor dem Arbeitsgericht Bestand gehabt hätte. Räumt der Arbeitgeber dem Arbeitnehmer eine Bedenkzeit ein, wird es in der Regel an der Verwerflichkeit der Zweck-Mittel-Relation bzw. an der Kausalität zwischen Drohung und Willenserklärung fehlen, auch wenn ein verständiger Arbeitgeber die Kündigung nicht in Erwägung gezogen hätte.
Für die Anfechtungsfrist gilt § 124 BGB, das heißt, der Arbeitnehmer hat ein Jahr lang die Möglichkeit, den Aufhebungsvertrag wegen widerrechtlicher Drohung anzufechten. Eine Verwirkung des Anfechtungsrechts vor Ablauf dieses Zeitraums kommt mangels Schutzwürdigkeit des Arbeitgebers regelmäßig nicht in Betracht.
Die fristgerechte Anfechtung des Aufhebungsvertrages durch den Arbeitnehmer führt nach § 142 Abs. 1 BGB dazu, dass der Aufhebungsvertrag als von Anfang an unwirksam anzusehen ist und das Arbeitsverhältnis unverändert fortbesteht.

§ 12 Widerrufs- und Rücktrittsrechte des Arbeitnehmers

Neben der Anfechtung des Aufhebungsvertrages wegen widerrechtlicher Drohung bestehen vereinzelt noch andere – praktisch aber weniger relevante - Möglichkeiten des Arbeitnehmers, den Aufhebungsvertrag zu beseitigen. Darüber hinaus haben einige Instanzgerichte und einzelne Stimmen in der Literatur dem Arbeitnehmer im Wege der Rechtsfortbildung Beseitigungsrechte zugebilligt.

I. Widerrufsrechte des Arbeitnehmers

Der Gesetzgeber ist Forderungen nach Einführung eines speziellen Widerrufs- oder Rücktrittsrechts des Arbeitnehmers nach Abschluss des Aufhebungsvertrages bislang nicht nachgekommen. Es sind auch keine Anzeichen für sein Tätigwerden ersichtlich. Demgegenüber haben sich manche Tarifvertragsparteien des Problems angenommen[1143]. Auch die einzelvertragliche Vereinbarung eines Widerrufsrechts ist denkbar, in der Praxis aber eher selten[1144].

[1143] Vgl. Nachweise bei Bauer, Aufhebungsverträge, Rn 89.
[1144] Schacht, Übereilungsschutz, S. 69 m.w.N.

Abgesehen von diesen Möglichkeiten hat die Einfügung der verbraucherschützenden Gesetze in das BGB die Diskussion um die Frage angefacht, ob dem Arbeitnehmer ein Widerrufsrecht des Aufhebungsvertrages nach § 312 i.V.m. § 355 BGB zusteht.

1. Widerrufsrecht nach § 312 Abs. 1 S. 1 BGB i.V.m. § 355 Abs. 1 S. 1 BGB

a) Grundsätzliche Anwendbarkeit der verbraucherschützenden Gesetze auf den Aufhebungsvertrag

Vor Überführung der verbraucherschützenden Vorschriften in das BGB wurde zumeist nur die analoge Anwendung der verbraucherschützenden Gesetze auf den arbeitsrechtlichen Aufhebungsvertrag geprüft[1145] und von der überwiegenden Auffassung abgelehnt[1146]. Auch nach der Auffassung des BAG vor der Schuldrechtsreform scheide jedenfalls eine analoge Anwendung aus, da diese Gesetze sowohl andere Tatbestände als auch andere Personenkreise beträfen[1147].

Mit der Einfügung der verbraucherschützenden Gesetze in das BGB wurde zumindest das Argument der Gegner einer Anwendbarkeit entkräftet, der Gesetzgeber habe die verbraucherschützenden Gesetze als Sondergesetze konzipiert[1148]. Denn eine der Intentionen des Gesetzgebers für die Abschaffung des HausTWG war die Vermeidung von Wertungswidersprüchen zwischen den verbraucherschützenden Sondergesetzen und den Prinzipien des BGB[1149].

Es kommt deshalb ausschließlich darauf an, ob die Voraussetzungen des § 312 Abs. 1 BGB beim Abschluss eines Aufhebungsvertrages vorliegen können.

b) Voraussetzungen des Widerrufsrechts nach § 312 Abs. 1 S. 1 BGB i.V.m. § 355 Abs. 1 S. 1 BGB

aa) Arbeitnehmer als Verbraucher i.S.d. § 13 BGB

Voraussetzung für einen Anwendbarkeit des § 312 Abs. 1 S. 1 BGB ist ein Vertrag zwischen einem Unternehmer und einem Verbraucher. Bei dem Arbeitgeber handelt es sich um einen Unternehmer, weil er bei Abschluss des Aufhebungsvertrages zur Beendigung eines Arbeitsverhältnisses in der Ausübung seiner beruflichen Tätigkeit gemäß § 14 Abs. 1 BGB handelt[1150].

[1145] Für eine direkte Anwendung der Vorschriften des HausTWG auf den Aufhebungsvertrag sprach sich bereits vor der Schuldrechtsreform Lorenz, JZ 1997, 277 ff. aus.

[1146] Schmidt in Ascheid/Preis/Schmidt, AufhebVtr Rn 80; Schaub, Handbuch, § 122 Rn 27; AR-Blattei/Glatzel, Aufhebungsvertrag Rn 30; Bengelsdorf, Anm. zu LAG Hamburg, Urt. v. 3.07.1991, LAGE § 611 BGB Aufhebungsvertrag Nr. 6, S. 29 f; Ehrich, DB 1992, 2239, 2242; Boemke, Anm. zu BAG, Urt. v. 30.09.1993, AP Nr. 37 zu § 123 BGB, S. 5; Pauly, MDR 1995, 1080, 1085; Bauer, FS Zöllner, 143, 144; Bengelsdorf, Aufhebungsvertrag und Abfindungsvereinbarungen, S. 18; ausführlich dazu Schacht, Übereilungsschutz, S. 81 ff.

[1147] BAG, Urt. v. 30.09.1993 – 2 AZR 268/93 = AP Nr. 37 zu § 123 BGB = NJW 1994, 1021.

[1148] Nägele, BB 1992, 1274, 1276.

[1149] BT-Drs. 14/6040, S. 166.

[1150] S. Bauer/Kock, DB 2002, 42.

Der Arbeitnehmer ist Verbraucher, wenn er nach der Legaldefinition des § 13 BGB eine natürliche Person ist, die ein Rechtsgeschäft zu einem Zweck abschließt, der weder ihrer gewerblichen noch ihrer selbständigen beruflichen Tätigkeit zugerechnet werden kann. Dies trifft seinem Wortlaut nach grundsätzlich auf den Arbeitnehmer als unselbständigen Erwerbstätigen zu[1151].
Fraglich ist aber, ob der Arbeitnehmer auch dann als Verbraucher anzusehen ist, wenn er mit dem Arbeitgeber einen Vertrag schließt, der sein Arbeitsverhältnis betrifft. Dagegen wird eingewandt, der Gesetzgeber sehe den Arbeitnehmer nur dann als Verbraucher an, wenn er als Käufer, Mieter oder Darlehensnehmer handele[1152]. Seinem Sinn nach diene § 13 BGB der Abgrenzung zwischen privatem und beruflichem Erwerb[1153].
Für eine derartige Einschränkung des Verbraucherbegriffs besteht kein Grund. Denn mit § 13 BGB hat sich der deutsche Gesetzgeber für einen weiten Verbraucherbegriff entschieden. Die Betrachtung des Verbraucherbegriffs im BGB ergibt, dass alle Rechtsgeschäfte, die ein Arbeitnehmer im Rahmen der Begründung, Durchführung und Beendigung des Arbeitsverhältnisses eingeht, ihn sowohl als Arbeitnehmer als auch als Verbraucher tangieren[1154]. Die Definition des Verbraucherbegriffs und die Abgrenzung des beruflichen vom privaten Zweck erfolgt in § 13 BGB nicht positiv sondern negativ[1155]: Verbraucher ist nicht, wer in Ausübung seiner gewerblichen oder selbständigen beruflichen Tätigkeit handelt. In jedem anderen Fall muss der Vertragsschließende als Verbraucher angesehen werden, weil es andernfalls zu Abgrenzungsproblemen kommen würde, die mit dem klaren Wortlaut der Vorschrift nicht zu vereinbaren sind.
Auch der Verweis auf eine notwendige Abgrenzung des Verbraucherschutzes vom Arbeitsvertragsrecht kann nicht zugunsten der Gegenauffassung herangezogen werden[1156]: Indem der Gesetzgeber die Notwendigkeit sah, die Vertragskontrolle im Arbeitsrecht auf das allgemeine Schutzniveau des Zivilrechts zu heben, entschied er sich zugleich dafür, die Trennung zwischen Verbraucherschutz- und Arbeitsrecht aufzuheben - mit der Folge, dass der Arbeitnehmer grundsätzlich als Verbraucher anzusehen ist und als solcher auch geschützt wird[1157]. Wenn die Voraussetzungen einer verbraucherschützenden Vorschrift im Übrigen erfüllt sind, kommt sie daher immer auch dem Arbeitnehmer zugute. Gegen die Einbeziehung von Arbeitnehmern

---

[1151] Lorenz, JZ 1997, 277.
[1152] Bauer/Kock, DB 2002, 42, 44.
[1153] Natzel, NZA 2002, 595, 596.
[1154] Hümmerich/Holthausen, NZA 2002, 173, 175.
[1155] S. Boemke, BB 2002, 96, 97.
[1156] Zur Argumentation der Gegenansicht s. Bauer/Kock, DB 2002, 42, 43 f. und Natzel, NZA 2002, 595, 596.
[1157] Hümmerich/Holthausen, NZA 2002, 173, 176.

in den Verbraucherbegriff streitet daher allenfalls die angesichts der gesetzgeberischen Intention überkommene Terminologie[1158].

Der persönliche Anwendungsbereich des § 312 BGB ist daher bei Abschluss eines Aufhebungsvertrages gegeben[1159].

bb) Der Aufhebungsvertrag als „Vertrag über eine entgeltliche Leistung"

Der Aufhebungsvertrag zwischen Arbeitnehmer und Arbeitgeber müsste weiterhin ein Vertrag sein, der eine entgeltliche Leistung zum Gegenstand hat.

Dagegen wird eingewendet, es erscheine als abwegig, den Aufhebungsvertrag als einen „Vertrag über eine entgeltliche Leistung" anzusehen, da primäres Ziel der Parteien die Beendigung des Arbeitsverhältnisses und nicht der Austausch von Leistungen sei[1160].

Daraus ergibt sich, dass die Problematik bei diesem Tatbestandsmerkmal hauptsächlich darin liegt, dass die Unterscheidbarkeit des Verpflichtungs- vom Verfügungsgeschäft beim arbeitsrechtlichen Aufhebungsvertrag nicht so offensichtlich ist wie z.B. bei einem Kaufvertrag. Im Rahmen dieser Arbeit wurde aber bereits festgestellt, dass der Aufhebungsvertrag nicht nur verfügenden, sondern auch verpflichtenden Charakter hat[1161]. Denn unter Aufhebungsvertrag wird auch die der Beendigung des Arbeitsverhältnisses zugrundeliegende Abrede verstanden.

Diese Abrede müsste auf eine „entgeltliche Leistung" gerichtet sein. Als Entgelt könnte eine eventuell zu zahlende Abfindung anzusehen sein. Dagegen spricht aber zweierlei: Zum einen wird die Abfindung vom Arbeitgeber erbracht und nicht vom Arbeitnehmer, so dass das Entgelt nicht auf der Seite des Verbrauchers geschuldet wird, sondern auf der Seite des Unternehmers. Zum anderen käme nach diesem Verständnis nur ein Widerrufsrecht derjenigen Arbeitnehmer in Betracht, die eine Abfindung erhalten; diejenigen Arbeitnehmer, die eigentlich stärker schutzbedürftig sind, weil sie keinen finanziellen Ausgleich für die Aufgabe des Arbeitsplatzes erhalten, müssten sich am Aufhebungsvertrag festhalten lassen. Dies würde nicht mit der Intention der verbraucherschützenden Vorschriften in Einklang stehen.

Fraglich ist aber, ob es für die Bewertung einer Leistung als „entgeltlich" unbedingt einer finanziellen Verpflichtung in Form einer Geldzahlung bedarf. Dagegen spricht, dass sich eine so enge Begriffsinterpretation weder dem Gesetzeswortlaut noch dem Gesetzeszweck entnehmen lässt. Denn „entgeltlich" i.S.v. § 312 Abs. 1 BGB ist als das Gegenteil von „unentgeltlich" zu verstehen mit der Folge, dass alle Verträge unter die Vorschrift fallen, bei denen der Verbraucher eine Gegenleistung zu erbringen

---

[1158] Vgl. Däubler, NZA 2001, 1329, 1333.

[1159] Ebenso Preis in Stahlhacke/Preis/Vossen, Kündigung und Kündigungsschutz, Rn 35; Däubler, NZA 2001, 1329, 1333; Boemke, BB 2002, 96, 97; Hümmerich/Holthausen, NZA 2002, 173ff.; Reinecke, DB 2002, 583, 587; a.A. Bauer, NZA 2002, 169, 171; Natzel, NZA 2002, 595 f.

[1160] Schacht, Übereilungsschutz, S. 78 f.

[1161] S. oben § 3 II 3.

hat[1162]. Dabei genügt jedwede Verpflichtung[1163]. Auch ein „unentgeltlicher" Aufhebungsvertrag hat daher schuldrechtliche Auswirkungen für beide Parteien[1164]. Die Gegenleistung bzw. Verpflichtung des Arbeitnehmers als Verbraucher liegt beim Aufhebungsvertrag in der Aufgabe des Arbeitsplatzes; mit dem Aufhebungsvertrag begibt sich der Arbeitnehmer seines Anspruchs auf Beschäftigung und Bezahlung, der Arbeitgeber verliert den Anspruch auf die Arbeitsleistung[1165].
Der Aufhebungsvertrag ist deshalb als „Vertrag über eine entgeltliche Leistung" i.S.v. § 312 Abs. 1 S. 1 BGB anzusehen.

cc) Verhandlung des Aufhebungsvertrages am Arbeitsplatz

Weitere Voraussetzung des § 312 Abs. 1 Nr. 1 BGB ist, dass die zum Abschluss des Vertrages führende Verhandlung mündlich am Arbeitsplatz des Verbrauchers geführt worden ist. Mündliche Verhandlungen sind alle Besprechungen, die den Vertragsschluss vorbereiten oder selbst enthalten[1166].
Auch dieses Kriterium wird bei den meisten Aufhebungsverträgen erfüllt sein. Denn in der Regel bittet der Arbeitgeber den Arbeitnehmer am Arbeitsplatz zu einem Gespräch über die Beendigung des Arbeitsverhältnisses. Unter den Begriff „Arbeitsplatz" fällt daher jeder Ort im Betriebsgelände[1167], weil dort überall überraschende Einflussnahmen möglich sind[1168].
Daraus ergibt sich aber zugleich, dass ein Widerrufsrecht nach § 312 BGB ausscheidet, wenn der Arbeitnehmer den Aufhebungsvertrag nicht direkt abschließt, sondern den Vertragsentwurf des Arbeitgebers zur Prüfung mit nach Hause nimmt. Gleiches gilt, wenn die Kommunikation zwischen Arbeitgeber und Arbeitnehmer ausschließlich fernmündlich, schriftlich oder per Email erfolgt ist[1169]. Ferner scheidet ein Widerrufsrecht nach § 312 Abs. 3 Nr. 1 BGB aus, wenn die Verhandlung auf Bestellung des Verbrauchers geführt wurde. Das heißt, geht die Initiative für den Vertragsschluss vom Arbeitnehmer aus, ist § 312 BGB nicht einschlägig.
In allen anderen Fällen, in denen der Aufhebungsvertrag auf dem Betriebsgelände des Arbeitgebers geschlossen wird, ist der situative Anwendungsbereich des § 312 BGB gegeben[1170].

1162 Vgl. a. MünchKomm-BGB/Ulmer, 3. Aufl., § 1 HausTWG Rn 8a.
1163 Staudinger/Köhler, BGB, vor § 1 HausTWG Rn 58.
1164 Lorenz, JZ 1997, 277, 278.
1165 Ähnlich Lorenz, JZ 1997, 277, 278.
1166 Soergel/Wolf, BGB, 12. Aufl., § 1 HausTWG Rn 13.
1167 S. Soergel/Wolf, BGB, 12. Aufl., § 1 HausTWG Rn 16.
1168 Ausführlich dazu Schacht, Übereilungsschutz, S. 71 f.
1169 S. Bauer/Kock, DB 2002, 42, 44.
1170 Es kann ausnahmsweise auch vorkommen, dass der Aufhebungsvertrag in der Wohnung des Arbeitnehmers geschlossen wird, dann ist § 312 Abs. 1 S. 1 Nr. 1 BGB ebenfalls einschlägig, s. Sachverhalt bei BAG, Urt. v. 14.02. 1996 – 2 AZR 234/95 = NJW 1996, 2593.

dd) Bestimmung zum Vertragsabschluss

Der Arbeitnehmer muss nach § 312 Abs. 1 S. 1 BGB vom Arbeitgeber zum Abschluss des Aufhebungsvertrages bestimmt worden sein. Das Kausalitätsmerkmal „bestimmt worden ist" geht auf § 123 Abs. 1 BGB zurück, so dass es genügt, wenn der Arbeitnehmer seine auf den Abschluss des Aufhebungsvertrages gerichtete Willenserklärung nicht ohne Einwirkung des Arbeitgebers abgegeben hätte[1171].

ee) Anwendbarkeit des § 312 BGB auf den Aufhebungsvertrag als Widerspruch zu gesetzlicher Systematik und Intention der Vorschrift?

Aus den obigen Ausführungen ergibt sich, dass die Tatbestandmerkmale des § 312 Abs. 1 BGB beim Abschluss eines Aufhebungsvertrages am Arbeitsplatz auf Initiative des Arbeitgebers erfüllt sind. Gleichwohl ist die überwiegende Auffassung in der Literatur auch nach Einführung des § 312 BGB gegen die Anwendbarkeit der Vorschrift auf den Aufhebungsvertrag[1172]. Fraglich ist, ob die Argumente der herrschenden Meinung ausreichen, um das gefundene Ergebnis aufgrund Systematik oder Intention des § 312 BGB zu revidieren.

Gegen die Einbeziehung des arbeitsrechtlichen Aufhebungsvertrag spricht zunächst nicht die gesetzgeberische Vorlage der §§ 312 ff. BGB in Form einer Europäischen Richtlinie, die nur für Verträge gelten sollte, die „mit einem Gewerbetreibenden, der Waren liefert oder Dienstleistungen erbringt", geschlossen werden[1173]. Denn nach Art. 8 der Richtlinie sind die Mitgliedstaaten an einem die Richtlinie übersteigenden Schutz nicht gehindert. Eine richtlinienkonforme Auslegung, die zur Einschränkung des einzelstaatlich gewährten Schutzbereichs führt, ist daher weder zulässig noch erforderlich[1174].

Die Gegner der hier vertretenen Auffassung führen weiterhin an, dass der „Verbraucher" vor der überstürzten Eingehung z. T. langfristiger Verpflichtungen für die Zukunft geschützt werden solle, während es bei einem Aufhebungsvertrag um die Beendigung eines Dauerschuldverhältnisses gehe[1175]. Dieses Argument überzeugt schon in zweifacher Hinsicht nicht: Zum einen werden in § 312 BGB nach dem Willen des Gesetzgebers alle diejenigen Rechtsgeschäfte zusammengefasst, die außerhalb fester Verkaufs- und Geschäftsräume, also nicht als sog. „Ladengeschäft" geschlossen werden[1176]; dies wird auf den Aufhebungsvertrag regelmäßig zutreffen. Zum anderen

---

[1171] Vgl. MünchKomm-BGB/Ulmer, 3. Aufl., § 1 HausTWG Rn 14; Soergel/Wolf, BGB, 12. Aufl., § 1 HausTWG Rn 12.

[1172] Palandt/Heinrichs, Ergänzungsband BGB, § 312 Rn 8; Däubler, NZA 2001, 1329, 1334; Bauer, NZA 2002, 169, 171; Bauer/Kock, DB 2002, 42, 44; Preis in Stahlhacke/Preis/Vossen, Kündigung und Kündigungsschutz, Rn 35; Weber/Ehrich/Burmester, Aufhebungsverträge, Teil 1 Rn 865.

[1173] RiL 85/577/EWG des Rates v. 20.12.1985 betreffend den Verbraucherschutz im Fall von außerhalb von Geschäftsräumen geschlossenen Verträgen, Abl.EG Nr. L 372/31 v. 31.12.1985.

[1174] Lorenz, JZ 1997, 277, 278.

[1175] Vgl. ArbG Köln, Urt. v. 25.05.1993 – 16 Ca 9583/92 = BB 1994, 787.

[1176] BT-Drs. 14/6040, S. 167.

kommt es nach dem Wortlaut des Gesetzes nicht auf die „Begründung“ eines Schuldverhältnisses an, sondern lediglich auf das Vorliegen eines „Vertrages“, der in der gesetzlich vorgesehenen Situation geschlossen wurde. Dass der Vertrag nicht zur Beendigung eines Dauerschuldverhältnisses führen darf, ist aus dem Gesetz nicht zu entnehmen.

Die herrschende Auffassung bezweifelt außerdem, dass der Aufhebungsvertrag von der Intention der Vorschrift erfasst wird. Diese Zweifel sind nicht angebracht. Schon das HausTWG wollte seiner Intention nach davor schützen, dass der Verbraucher in seiner rechtsgeschäftlichen Entscheidungsfreiheit überfordert wird[1177]. Diese Gefahr ist auch beim Abschluss eines Aufhebungsvertrages gegeben. Dies zeigt nicht zuletzt auch die sog. „Überrumpelungsentscheidung“ des LAG Hamburg, das sich noch mit der Konstruktion eines aus § 242 BGB resultierenden Widerrufsrechts des Arbeitnehmers behalf[1178]. Aus dieser Entscheidung und der seit Jahren geführten Diskussion um einen stärkeren Arbeitnehmerschutz beim Abschluss des Aufhebungsvertrages zeigt sich, dass ein tatsächliches Bedürfnis für einen Schutz des Arbeitnehmers vor unsachgemäßer Beeinflussung und Überrumpelung besteht[1179].

Weiterhin trifft es nicht zu, dass eine unsachgemäße und übereilte Entscheidung bei Abschluss eines Aufhebungsvertrages nichts mit dem Ort der Vertragsanbahnung zu tun habe, wie dies von § 312 Abs. 1 S. 1 BGB vorausgesetzt werde, sondern auf den Umständen des Vertragsschlusses beruhe[1180]. Denn es liegt auf der Hand, dass die Räumlichkeiten des Arbeitgebers und die mit der Initiierung des Gesprächs durch den Arbeitgeber zusammenhängende Gesprächsatmosphäre den Abschluss eines Aufhebungsvertrages durch den Arbeitnehmer in der Regel beeinflussen werden. Der Arbeitnehmer kann sich daher einem Vertragsschluss am Arbeitsplatz ungleich schwerer entziehen als in anderen Situationen[1181]. Es entspricht gerade nicht einer gewöhnlichen Situation am Arbeitsplatz, dass der Arbeitnehmer vom Arbeitgeber zu einem Gespräch über die Beendigung des Arbeitsverhältnisses gebeten wird[1182]; meistens wird der einzige Vertrag, mit dem der Arbeitnehmer in den Räumen des Arbeitgebers konfrontiert ist, der Arbeitsvertrag sein. Darüber hinaus ist es aber abseits der Lebenswirklichkeit, anzunehmen, der Arbeitnehmer müsse jederzeit damit rechnen, am Arbeitsplatz zu einem Personalgespräch gebeten zu werden, in dem das Arbeitsverhältnis und seine Beendigung angesprochen wird[1183]. Wahrscheinlich muss ein Arbeitnehmer eher damit rechnen, an seiner Haustür ein Zeitschriftenabonnement angeboten zu bekommen, als dass eine Entscheidung über den Abschluss eines Auf-

---

1177 MünchKomm-BGB/Ulmer, 3. Aufl., § 1 HausTWG Rn 1.

1178 LAG Hamburg, Urt. v. 3.07.1991 – 5 Sa 20/91 = LAGE § 611 BGB Aufhebungsvertrag Nr. 6.

1179 So auch Fischer/Machunsky, HausTWG, § 1 Rn 36.

1180 Schacht, Übereilungsschutz, S. 73;

1181 Fischer/Machunsky, HausTWG, § 1 Rn 36.

1182 A.A. Däubler, NZA 2001, 1329, 1334.

1183 So aber Schacht, Übereilungsschutz, S. 72.

hebungsvertrages von ihm gefordert wird. Die Entscheidung, die vom Arbeitnehmer an seinem Arbeitsplatz verlangt wird, ist existenzieller und dementsprechend ist der vom Arbeitgeber und der ungewohnten Situation aufgebaute Druck erheblich höher. Warum der Arbeitnehmer in der einen Situation schützenswerter sein soll als in der anderen, ist nicht ersichtlich[1184]. Auch in dieser Hinsicht besteht kein Grund, den als Verbraucher anzusehenden Arbeitnehmer nicht dem Schutzbereich des § 312 BGB zu unterstellen.

Dafür, dass § 312 BGB zumindest nach der Schuldrechtsreform seiner Intention nach auch Verträge innerhalb eines Arbeitsverhältnisses erfasst, spricht neben der Überführung des HausTWG in das BGB auch die Erweiterung des Anwendungsbereichs der AGB-Vorschriften im BGB auf arbeitsrechtliche Verträge. Ziel des Gesetzgebers war es dabei ausdrücklich, Wertungswidersprüche zwischen allgemeinem Zivilrecht und Arbeitsrecht zu beheben bzw. zu vermeiden. Damit hat der Gesetzgeber die klare Trennung zwischen Verbraucherschutz- und Arbeitsrecht aufgehoben[1185]. Da das Arbeitsrecht zuvor ausdrücklich aus dem sachlichen Anwendungsbereich des AGBG ausgenommen war, musste der Gesetzgeber in Fall des 310 Abs. 4 BGB eine ausdrückliche Einbeziehung vornehmen. Im Fall des HausTWG ist eine solche Klarstellung nicht erforderlich, da sich hier für alle zivilrechtlichen Verträge alleine die Frage stellt, ob die Voraussetzungen der Vorschrift vorliegen.

Auch der Verweis darauf, dass § 312 BGB zum Untertitel „Besondere Vertriebsformen“ gehört und Aufhebungsverträge keine Verträge im Direktvertrieb sind[1186], vermag die Argumente für eine Anwendbarkeit des § 312 BGB auf den Aufhebungsvertrag nicht zu entkräften. Denn wenn eine Vorschrift nach ihrem Wortlaut und ihrer Intention auf eine praktische Konstellation Anwendung findet, kann die gesetzliche Einteilung nicht zu einem anderen Ergebnis führen; dies gilt zumindest so lange, wie ein entgegenstehender Wille des Gesetzgebers nicht nur aus der Bezeichnung eines Untertitels gefolgert wird, sondern sich aus eindeutigen Wertungen oder Gesetzesbegründungen ergibt. Insoweit mag es praktische Argumente vor allem in Bezug auf die Belehrungsverpflichtung des Arbeitgebers geben[1187], die gegen eine Anwendbarkeit des § 312 BGB auf Aufhebungsverträge sprechen, diese können aber den eindeutigen Wortlaut des Gesetzes nicht entkräften; dies vermag nur der Gesetzgeber selbst[1188]. Die besseren Argumente sprechen deshalb für eine Anwendbarkeit des § 312 BGB auf den arbeitsrechtlichen Aufhebungsvertrag[1189].

1184 Ähnlich Lorenz, JZ 1997, 277, 279.

1185 Hümmerich/Holthausen, NZA 2002, 173, 174.

1186 Bauer, NZA 2002, 169, 171; Bauer/Kock, DB 2002, 42, 45; ebenso Preis in Stahlhacke/Preis/Vossen, Kündigung und Kündigungsschutz, Rn 35.

1187 Dazu Bauer, NZA 2002, 169, 171 f., für den der Abschluss eines Aufhebungsvertrag nach der Schuldrechtsreform „gefahrgeneigte Arbeit“ ist.

1188 Vgl. Hümmerich/Holthausen, NZA 2002, 173, 178.

1189 So im Ergebnis ebenso Hümmerich/Holthausen, NZA 2002, 173, 179.

Im Ergebnis bedeutet dies, dass dem Arbeitnehmer in den Fällen, in denen ihn der Arbeitgeber zum Gespräch über die Beendigung des Arbeitsverhältnisses innerhalb der Räumlichkeiten des Unternehmens bittet und dies zum Abschluss eines Aufhebungsvertrages führt, der Arbeitnehmer diesen Aufhebungsvertrag nach § 355 BGB widerrufen kann.

c) Ausübung des Widerrufsrechts

Nach § 355 Abs. 1 S. 2 BGB muss der Widerruf des Arbeitnehmers keine Begründung enthalten; er ist in Textform innerhalb von zwei Wochen gegenüber dem Arbeitgeber zu erklären, wobei zur Fristwahrung die rechtzeitige Absendung des Widerrufs genügt. Die Anforderungen an die Textform ergeben sich aus § 126 b BGB.
Die zweiwöchige Frist beginnt zu dem Zeitpunkt, zu dem der Arbeitnehmer eine deutlich gestaltete Belehrung über sein Widerrufsrecht, die ihm entsprechend den Erfordernissen des eingesetzten Kommunikationsmittels seine Rechte deutlich macht, in Textform mitgeteilt worden ist, die auch Namen und Anschrift des Arbeitgebers sowie einen Hinweis auf den Fristbeginn und die Regelung des § 355 Abs. 1 S. 2 BGB enthält. Im Rahmen von § 312 BGB muss die Belehrung nach § 312 Abs. 2 BGB auch auf die Rechtsfolgen des § 357 Abs. 1 und 3 BGB hinweisen.
Die Belehrung ist vom Arbeitnehmer außer bei notariell beurkundeten Aufhebungsverträgen gesondert zu unterschreiben oder mit einer qualifizierten elektronischen Signatur zu versehen. Da der Aufhebungsvertrag nach § 623 BGB schriftlich zu schließen ist, beginnt die Widerrufsfrist keinesfalls zu laufen, bevor dem Arbeitnehmer nicht eine Vertragsurkunde oder eine Abschrift dieser zur Verfügung gestellt wurde (§ 355 Abs. 2 S. 3). Im Zweifel trifft gemäß § 355 Abs. 2 S. 4 BGB die Beweislast den Arbeitgeber.
Das Widerrufsrecht des Arbeitnehmers erlischt spätestens sechs Monate nach Vertragsschluss (§ 355 Abs. 3 S. 1 BGB).

d) Rechtsfolgen des Widerrufs

Nach § 355 Abs. 1 S. 1 BGB führt der Widerruf dazu, dass der Verbraucher nicht mehr an die auf den Abschluss des Vertrages gerichtete Willenserklärung gebunden ist, wenn er sie fristgerecht widerrufen hat[1190]. Der Widerruf betrifft dementsprechend den verpflichtenden Teil des Aufhebungsvertrages, nicht aber den verfügenden Teil, das heißt, es bleibt grundsätzlich bei der Beendigung des Arbeitsverhältnisses[1191].
Nach § 357 Abs. 1 S. 2 BGB finden auf das Widerrufsrecht die gesetzlichen Rücktrittsvorschriften entsprechende Anwendung. Daraus folgt, dass Arbeitgeber und Arbeitnehmer nach § 346 S. 1 BGB verpflichtet sind, einander die aufgrund des Aufhe-

---

[1190] Damit ist die bislang h.M. überholt, die bis zum Widerruf schwebende Unwirksamkeit der Willenserklärung angenommen hatte: Medicus, SR AT, Rn 572.
[1191] I.E. ebenso Lorenz, JZ 1997, 277, 278.

bungsvertrages empfangen Leistungen zurückzugewähren. Primäransprüche, auf die noch nicht geleistet wurde, erlöschen[1192].

Die aufgrund des Aufhebungsvertrages erbrachte „Leistung" des Arbeitnehmers bestand darin, dass er nach der Beendigung des Arbeitverhältnisses seine Arbeitsleistung nicht mehr angeboten hat und daher auch keinen Anspruch auf Entgeltzahlung erwerben konnte. Die Leistung des Arbeitgebers bestand unter Umständen in der Zahlung einer Abfindung. Die Rückabwicklung der Abfindungszahlung erfolgt durch Rückzahlung des empfangenen Betrages durch den Arbeitnehmer; erfolgte noch keine Zahlung, erlischt der Anspruch mit dem Widerruf des Vertrages. Die Rückgewähr der vom Arbeitnehmer erbrachten Leistung kann nur dadurch erfolgen, dass das Beschäftigungsverhältnis zu den zum Zeitpunkt der Beendigung bestehenden Bedingungen fortbesteht. Denn der Rücktritt bzw. der Widerruf macht den Aufhebungsvertrag nicht unwirksam, sondern gestaltet ihn in ein Abwicklungsverhältnis um[1193]; es bleibt daher grundsätzlich bei der beendigenden Wirkung des Aufhebungsvertrages im Bezug auf den Arbeitsvertrag.

Ist diese beendigenden Wirkung bereits eingetreten, ist eine Rückabwicklung des Aufhebungsvertrages nur dadurch möglich, dass zwischen Arbeitnehmer und Arbeitgeber ein neuer Arbeitvertrag geschlossen wird; ist das Arbeitsverhältnis zum Zeitpunkt des Widerrufs noch nicht beendet, besteht der Anspruch des Arbeitnehmers auf den Abschluss eines auf die Aufhebung des Aufhebungsvertrages gerichteten Vertrages[1194]. Insoweit ergeben sich zu der Situation bei dem Anspruch auf Schadensersatz wegen Verletzung der Aufklärungspflichten keine Abweichungen[1195]. Auch der Rücktritt hat zum Ziel, den Zustand wiederherzustellen, der ohne den rückabzuwickelnden Vertrag bestanden hätte[1196].

Fraglich ist aber, ob der Arbeitnehmer auch im Fall des Rücktritts einen Anspruch auf Ersatz seines Verdienstausfalls hat. Da der Rücktritt lediglich zur Rückabwicklung der Leistungen führt, aber nicht zum Ausgleich erlittener Vermögensschäden, ergibt sich nach den §§ 346 ff. BGB kein Anspruch auf Ersatz von Verdienstausfall. Ein solcher könnte allenfalls dann bestehen, wenn neben dem Rücktritt noch die Voraussetzungen für einen Schadensersatzanspruch, z.B. nach § 280 Abs. 1 BGB erfüllt wären[1197]. Alleine die Tatsache, dass der Arbeitgeber mit dem Arbeitnehmer einen widerruflichen Vertrag geschlossen hat, führt aber nicht zu einer für § 280 Abs. 1 BGB erforderlichen Pflichtverletzung. Sind darüber hinaus keine Anhaltspunkte für eine schuldhafte Pflichtverletzung des Arbeitgebers gegeben, kann der

---

[1192] Medicus, SR AT, Rn 543.

[1193] Soergel/Hadding, BGB, 12. Aufl., vor § 346 Rn 4; Palandt/Heinrichs, vor § 346 Rn 2.

[1194] Lorenz, JZ 1997, 277, 278.

[1195] S. dazu bereits oben § 7 III.

[1196] Staudinger/Kaiser, BGB, vor §§ 346 ff. Rn 18.

[1197] Vgl. Medicus, SR AT, Rn 543, 550 a.

Arbeitnehmer nur Wiedereinstellung zu den alten Konditionen verlangen, ohne eventuell erlittene Vermögensnachteile geltend machen zu können.

e) Ergebnis

Dem Arbeitnehmer kann in den Fällen, in denen ihn der Arbeitgeber zum Gespräch über die Beendigung des Arbeitsverhältnisses innerhalb der Räumlichkeiten des Unternehmens bittet und dies zum Abschluss eines Aufhebungsvertrages führt, diesen Aufhebungsvertrag nach § 355 BGB widerrufen. Der Arbeitgeber hat den Arbeitnehmer über das Widerrufsrecht zu belehren (§ 355 Abs. 2 BGB). Auf das Widerrufsrecht kann nicht verzichtet werden, da die verbraucherschützenden Vorschriften gemäß § 312 BGB zwingend ausgestaltet sind[1198].

Der Widerruf führt dazu, dass der Arbeitnehmer einen Anspruch auf Abschluss eines Arbeitsvertrages zu den bei Beendigung des Arbeitsverhältnisses bestehenden Bedingungen hat. Verdienstausfall für die Zeit zwischen Beendigung des Arbeitsverhältnisses und Neuabschluss des Arbeitsvertrages schuldet der Arbeitgeber nicht.

2. Tarifliche Vereinbarung von Widerrufsrechten

a) Inhalt und Ausübung

Der tarifvertraglich geregelte Widerruf eines Aufhebungsvertrages weist seiner rechtlichen Ausgestaltung nach Ähnlichkeit mit den verbraucherschützenden Widerrufsrechten auf[1199]; er stellt die Rücknahme einer bereits existenten, aber noch nicht endgültig wirksamen Willenserklärung dar, die den Eintritt der gewollten Rechtsfolge mit rückwirkender Kraft verhindert[1200]. Sinn dieser Möglichkeit ist die Einräumung einer nachträglichen Bedenkzeit[1201]. Deshalb ist auch in der Formulierung „jede Partei kann eine Bedenkzeit von 3 Werktagen in Anspruch nehmen", die Vereinbarung eines Widerrufsrechts zu sehen, da diese nach ihrem Wortsinn die Parteien vor übereilten rechtlichen Entscheidungen schützen soll[1202].

Das für eine Ausgleichsquittung tarifvertraglich vereinbarte Widerrufsrecht gilt nicht für einen Aufhebungsvertrag. Es handelt sich um zwei verschiedene Institute, wobei die Ausgleichsquittung wegen ihrer weit reichenden Wirkungen in der Regel ein besonderes Schutzbedürfnis des gekündigten Arbeitnehmers begründet[1203]. Dasselbe muss auch dann gelten, wenn Aufhebungsvertrag und Ausgleichsquittung in dersel-

---

[1198] S. Bauer, NZA 2002, 169, 172.

[1199] Vgl. Regelung in § 355 BGB n.F.

[1200] BAG, Urt. v. 24.01.1985 – 2 AZR 317/84 = AP Nr. 8 zu § 1 TVG Tarifverträge-Einzelhandel = NZA 1986, 25.

[1201] Erman/I. Saenger, HausTWG, § 1 Rn 1.

[1202] S. BAG, Urt. v. 24.01.1985 – 2 AZR 317/84 = AP Nr. 8 zu § 1 TVG Tarifverträge-Einzelhandel = NZA 1986, 25; Urt. v. 30.09.1993 – 2 AZR 268/93 = AP Nr. 37 zu § 123 BGB = NJW 1994, 1021; LAG Köln, Urt. v. 11.04.1990 – 7 Sa 67/90 = LAGE § 4 TVG Einzelhandel Nr. 11; Ehrich, DB 1992, 2239, 2242.

[1203] LAG Köln, Urt. v. 20.01.1994 – 5 Sa 907/93 = LAGE § 611 BGB Aufhebungsvertrag Nr. 13.

ben Urkunde niedergelegt sind, weil allein die körperliche Verbindung nicht zu einer rechtlichen Einheit führt[1204]. Etwas anderes kommt nur in Frage, wenn die Tarifvertragsparteien den Aufhebungsvertrag entgegen des Wortlautes der entsprechenden Regelung von dieser erfasst sehen wollten.

Enthält der Tarifvertrag eine Regelung, nach der jede Partei bis zu einem gewissen Zeitpunkt den Aufhebungsvertrag widerrufen kann, bedarf es für die Inanspruchnahme des Widerrufsrechts keiner besonderen Voraussetzungen, soweit nichts anderes bestimmt ist[1205]. Auch durch die Möglichkeit der Inanspruchnahme anderer Rechte zur Beseitigung wird das tarifliche Recht nicht verdrängt.

Die Widerrufsfrist beginnt unabhängig davon zu laufen, ob der Arbeitgeber den Arbeitnehmer darauf hingewiesen hat, wenn nicht etwas anderes bestimmt ist[1206]. Denn es handelt sich um ein besonderes Recht des Arbeitnehmers, über dass er sich, spätestens unmittelbar nach Abschluss des Aufhebungsvertrages, selbst informieren muss. Hat er dann Zweifel an dem Vertrag, wird er in der Regel noch rechtzeitig den Widerruf erklären können. Kommen ihm diese erst später, ist er nicht mehr als schutzbedürftig anzusehen. Vielmehr ist dann das Interesse des Arbeitgebers, der sich nach Fristablauf auf die Wirksamkeit des Vertrages verlässt, als höher zu bewerten.

Der Widerruf erfolgt - wie bei allen anderen Gestaltungsrechten - durch Erklärung gegenüber dem anderen Teil. Die Fristwahrung richtet sich nach § 188 BGB, das heißt, wirksam wird der Widerruf wie jede Willenserklärung gemäß § 130 BGB mit Zugang beim Empfänger[1207]. Hinsichtlich der Rechtsfolgen des Widerrufs gilt das zum verbraucherschützenden Widerrufsrecht bereits Gesagte. Auch hier wird man die Vorschriften über den Rücktritt entsprechend anwenden können, wenn sich aus dem Parteiwillen nichts anderes ergibt.

b) Möglichkeiten des Verzichts von Seiten des Arbeitnehmers

Enthält die Tarifbestimmung keine Regelung über einen Verzicht, ist dieser gemäß § 4 Abs. 4 S. 1 TVG unzulässig[1208]. Ist die Verzichtsmöglichkeit festgelegt, handelt es sich bei dem Widerrufsrecht um ein tarifdispositives Recht gemäß § 4 Abs. 3

[1204] A.A. ArbG Wesel, Urt. v. 27.09.1989 – 3 Ca 2037/89 – n. v.

[1205] ArbG Nürnberg, Urt. v. 6.08.1993 – 12 Ca 1500/93 = EzA § 611 BGB Aufhebungsvertrag Nr. 12.

[1206] LAG Köln, Urt. v. 11.04.1990 – 7 Sa 67/90 = LAGE § 4 TVG Einzelhandel Nr. 11; Ehrich, DB 1992, 2239, 2242; Bengelsdorf, Aufhebungsvertrag und Abfindungsvereinbarungen, S. 24.

[1207] Vgl. die Fristwahrung bei Widerruf eines gerichtlichen Vergleiches: Zöller/Stöber, ZPO, § 794 Rn 10 a.

[1208] ArbG Nürnberg, Urt. v. 6.08.1993 – 12 Ca 1500/93 = EzA § 611 BGB Aufhebungsvertrag Nr. 12; a.A. wohl Schaub, Handbuch, § 122 Rn 27.

TVG, auf das nach dem Willen der Tarifvertragsparteien verzichtet werden kann[1209], auch wenn dies die Effektivität des Widerrufsrechts stark einschränkt[1210].
Fraglich ist, ob der Verzicht bereits in dem Aufhebungsvertrag selbst erklärt werden kann. Dies ist grundsätzlich zu bejahen, weil nicht davon auszugehen ist, dass nach dem Parteiwillen eine gesonderte Urkunde erforderlich ist[1211]. In einer allgemeinen Ausgleichsklausel kann ein solcher Verzicht grundsätzlich nicht gesehen werden, weil es sich dabei nicht um einen mit dem Arbeitsverhältnis in Zusammenhang stehenden Anspruch handelt. Außerdem ist nach dem Parteiwillen regelmäßig nicht davon auszugehen, dass die Klausel auch die Möglichkeit, den Vertrag insgesamt zu Fall zu bringen, beseitigen soll.

3. Ergebnis

Neben der Möglichkeit der Vereinbarung eines tariflichen Widerrufsrechtes kommt zugunsten des Arbeitnehmers auch ein Widerrufsrecht aus § 312 Abs. 1 S. 1 BGB i.V.m. § 355 Abs. 1 S. 1 BGB in Betracht. Voraussetzung dafür ist, dass der Aufhebungsvertrag auf Initiative des Arbeitgebers in den betrieblichen Räumlichkeiten oder in der Privatwohnung des Arbeitnehmers geschlossen wird. Der Arbeitgeber muss den Arbeitnehmer über das Widerrufsrecht ordnungsgemäß belehren; andernfalls verlängert sich die zweiwöchige Widerrufsfrist auf 6 Monate.

II. Das gesetzliche Rücktrittsrecht nach § 323 BGB

1. Grundsätzliche Anerkennung eines Rücktrittsrechts

Für die Vorgängervorschrift des § 323 BGB, § 326 BGB, war es weitgehend anerkannt, dass der Arbeitnehmer vom Aufhebungsvertrag zurücktreten kann, wenn der Arbeitgeber mit der Abfindungszahlung in Verzug ist und ihm der Arbeitnehmer eine entsprechende Frist gesetzt hat[1212]. Da sich mit der Neufassung des § 323 BGB insbesondere die Frage, ob es beim arbeitsrechtlichen Aufhebungsvertrag ein Gegenseitigkeitsverhältnis zwischen dem Einverständnis des Arbeitnehmers in die Ver-

---

[1209] BAG, Urt. v. 24.01.1985 – 2 AZR 317/84 = AP Nr. 8 zu § 1 TVG Tarifverträge-Einzelhandel = NZA 1986, 25; ArbG Nürnberg, Urt. v. 6.08.1993 – 12 Ca 1500/93 = EzA § 611 BGB Aufhebungsvertrag Nr. 12; a.A. Falkenberg, ZTR 1994, 410, 415 f.

[1210] Ehrich, DB 1992, 2239, 2242; Ernst, Aufhebungsverträge, S. 360; Schacht, Übereilungsschutz, S. 70.

[1211] BAG, Urt. v. 24.01.1985 – 2 AZR 317/84 = AP Nr. 8 zu § 1 TVG Tarifverträge-Einzelhandel = NZA 1986, 25; Urt. v. 30.09.1993 – 2 AZR 268/93 = AP Nr. 37 zu § 123 BGB = NJW 1994, 1021; Ehrich, DB 1992, 2239, 2242; Bauer, NJW 1994, 980, 981; Müller, Aufhebungsverträge, S. 137; unklar MünchKomm-BGB/Schwerdtner, 3. Aufl., vor § 620 Rn 28, nach dem der Arbeitgeber den Arbeitnehmer auf die „Tragweite seines Verzichts" aufmerksam machen muss.

[1212] MünchArbR/Wank, § 115 Rn 34; Schmidt in Ascheid/Preis/Schmidt, AufhebVtr Rn 79; Schaub, Handbuch, § 122 Rn 28; AR-Blattei/Glatzel, Aufhebungsvertrag Rn 30; Ehrich, DB 1992, 2239, 2242; Bauer, FS Zöllner, S. 143; ders., Aufhebungsverträge, Rn 91; Bengelsdorf, Aufhebungsvertrag und Abfindungsvereinbarungen, S. 23.

tragsaufhebung und der Zahlung einer Abfindung durch den Arbeitgeber gibt[1213], erledigt hat[1214], ist es nach neuer Rechtslage nicht zweifelhaft, dass der Arbeitnehmer bei Verzögerung bzw. Nichtleistung der Abfindungszahlung durch den Arbeitgeber bei Vorliegen der Voraussetzungen des § 323 BGB vom verpflichteten Teil des Aufhebungsvertrages zurücktreten kann[1215].
Hinsichtlich der Rechtsfolgen des Rücktritts gelten die oben zum Widerrufsrecht gemachten Ausführungen[1216].

2. Konkludenter Ausschluss des Rücktrittsrechts?

a) Die Entscheidung des LAG Köln

Von einem Rücktrittsrecht nach § 326 Abs. 1 BGB a.F. in diesen Fällen geht offenbar auch das LAG Köln in seiner beachteten Entscheidung aus, obwohl es die Voraussetzungen des Rücktrittsrechts nicht weiter erörtert[1217]. Dabei kommt das LAG zu dem Ergebnis, dass ein gerichtlicher Vergleich, durch den ein Kündigungsrechtsstreit mit Zahlung einer Abfindung und Einigung auf die Beendigung des Arbeitsverhältnisses erledigt werde, in der Regel einen konkludenten Ausschluss der Rücktrittsrechte nach §§ 325, 326 BGB a.F. enthalte.
Begründet wird dies damit, dass bei rechtsgestaltenden Regelungen innerhalb eines schuldrechtlichen Vertrages im Regelfall vom konkludenten Ausschluss eines Rücktrittsrechts auszugehen sei. Dies entspreche der typischen Interessenlage der Parteien, die angesichts der Ausgestaltung des Kündigungsschutzrechts auf eine schnelle, endgültige Regelung der Bestandsfrage angelegt sei[1218]. Denn bei Beendigung des Kündigungsschutzverfahrens durch Klagerücknahme sei der Arbeitnehmer ein für alle Mal mit der erneuten Geltendmachung der Sozialwidrigkeit der Kündigung ausgeschlossen[1219]. Außerdem sei vor allem das Interesse des Arbeitgebers, die Beendigung des Arbeitsverhältnisses endgültig zu regeln und die Ansprüche des Arbeitnehmers auf die Abfindung zu reduzieren, offensichtlich und für den Gegner erkennbar. Im Übrigen stünde der Arbeitnehmer dann, wenn der Arbeitgeber nicht zahlen könne, auch nicht schlechter, als er stünde, wenn das Arbeitsverhältnis noch bestehen würde, weil er dann seinen Lohnanspruch auch nicht durchsetzen könnte.

[1213] S. dazu Ernst, Aufhebungsverträge, S. 56; widersprüchlich Müller, Aufhebungsverträge, S. 45 und 47.

[1214] Der Rücktritt nach § 323 Abs. 1 BGB erfordert nun nicht mehr, dass der Schuldner eine im Gegenseitigkeitsverhältnis stehende Pflicht verletzt hat: Palandt/Heinrichs, Ergänzungsband BGB, § 323 Rn 1.

[1215] Bauer, NZA 2002, 169, 170.

[1216] Oben § 12 I 1 d).

[1217] LAG Köln, Urt. v. 5.01.1996 – 4 Sa 909/94 = LAGE § 794 ZPO Nr. 8.

[1218] LAG Köln, Urt. v. 5.01.1996 – 4 Sa 909/94 = LAGE § 794 ZPO Nr. 8.

[1219] LAG Köln, a.a.O.

b) Kritik an dieser Entscheidung

Die Entscheidung ist zu Recht auf heftige Kritik gestoßen[1220]. Das LAG hätte es in der rechtlichen Begründung einfacher gehabt, wenn es ein Rücktrittsrecht im Fall eines Aufhebungsvertrages von vornherein abgelehnt hätte[1221].

Nimmt man aber wie das LAG an, dass der Arbeitnehmer unter den Voraussetzungen des § 326 Abs. 1 S. 1 BGB bei Nichtzahlung der Abfindung vom Aufhebungsvertrag zurücktreten kann, besteht nach den allgemeinen Auslegungsregeln kein Grund, einen Verzicht auf das gesetzliche Rücktrittsrecht als „Regelfall" anzunehmen. Dafür bedarf es vielmehr besonderer Anhaltspunkte im Aufhebungsvertrag[1222]. Allgemeine Überlegungen können den Parteiwillen regelmäßig nicht ersetzen. Im Übrigen wird die „typische Interessenlage" vom LAG unzutreffend gewürdigt. Das LAG übersieht, dass der Arbeitnehmer in der Regel nur unter den Voraussetzungen der Zahlung einer Abfindung seinen Arbeitsplatz aufgeben wird[1223]. Dies entspricht der ganz überwiegenden Praxis gerade bei gerichtlichen Aufhebungsvergleichen. § 323 BGB stellt eine für alle Verträge eröffnete Möglichkeit für einen Vertragspartner dar, die Vertragsuntreue des anderen zu sanktionieren, indem er ebenfalls nicht mehr am Vertrag festhält oder sein finanzielles Interesse an diesem Vertrag in Form einer Schadensersatzforderung[1224] geltend macht. Warum diese Möglichkeit dem Arbeitnehmer nicht eröffnet sein soll, ist nicht ersichtlich. Denn das Streben nach einer schnellen, endgültigen Einigung zwischen den Arbeitsvertragsparteien endet immer dann, wenn die Vereinbarung unter falschen Voraussetzungen zustande gekommen ist oder nicht eingehalten wird[1225].

Auch mit der Situation des Arbeitnehmers bei Fortbestehen des Arbeitsverhältnisses ist ein Vergleich nicht möglich. Selbst wenn der Arbeitnehmer seinen Lohnzahlungsanspruch nicht durchsetzen könnte, stünde ihm zumindest ein Zurückbehaltungsrecht hinsichtlich seiner vertraglichen Leistung zu[1226]. Außerdem hat der Arbeitnehmer bei Fortbestehen des Arbeitsverhältnisses Anspruch auf Insolvenzgeld[1227].

Nach alledem ist der vom LAG angenommene „Regelfall" weder rechtlich noch tatsächlich begründbar. Dies gilt für den gerichtlichen Aufhebungsvergleich ebenso wie für den außergerichtlichen Aufhebungsvertrag[1228].

[1220] Ausführlich Bauer/Haußmann, BB 1996, 901 ff.; Burkard, Aufhebungsvertrag und Abwicklungsvertrag, S. 53 f.; s.a. Löwisch, KSchG, vor § 1 Rn 125.

[1221] S. Auffassung von Puttkamer, Anm. zu LAG Köln, Urt. v. 5.01.1996, BB 1996, 1440 f.

[1222] Schaub, Handbuch, § 122 Rn 28.

[1223] Bauer/Haußmann, BB 1996, 901; ebenso Burkard, a.a.O., S. 53.

[1224] Ein Schadensersatzanspruch ist nach § 325 BGB n.F. auch bei Ausübung des Rücktrittsrechts nicht ausgeschlossen.

[1225] Bauer/Haußmann, a.a.O.

[1226] Bauer/Haußmann, BB 1996, 901, 902.

[1227] Löwisch, KSchG, vor § 1 Rn 125.

[1228] Dazu Burkard, Aufhebungsvertrag und Abwicklungsvertrag, S. 54.

3. Ergebnis

Ein Rücktritt des Arbeitnehmers kommt insbesondere nach § 323 Abs. 1 S. 1 BGB in Betracht, wenn der Arbeitgeber mit der Zahlung der zugesagten Abfindung in Verzug gerät.

III. Abschließende Anmerkung zur Diskussion über die Notwendigkeit eines stärkeren Arbeitnehmerschutzes beim arbeitsrechtlichen Aufhebungsvertrag

Einzelne Stimmen in Literatur und Rechtsprechung hielten den Arbeitnehmer, der einen Aufhebungsvertrag abschließt, bislang für nicht ausreichend geschützt. Deshalb wurden außerhalb der bereits vorgestellten Beseitigungsvorschriften andere Beseitigungsrechte entwickelt, die dem Arbeitnehmer eine Art „nachträglichen Übereilungsschutz" gewährleisten sollen. Insbesondere die „Überrumpelungs-Entscheidung" des LAG Hamburg vom 3.07.1991[1229] wurde in diesem Zusammenhang bereits erwähnt[1230]. In dieser Entscheidung gewährt das LAG aus dem Rechtsgedanken der unzulässigen Rechtsausübung ein Widerrufsrecht nach § 242 BGB. Zu den Voraussetzungen heißt es in der Entscheidung[1231]: „Es handelt sich in der Regel um eine unzulässige Rechtsausübung, wenn sich der Arbeitgeber gegen den alsbald bzw. unverzüglich erklärten Willen des Arbeitnehmers auf eine Vereinbarung über die Auflösung des Arbeitsverhältnisses beruft, wenn diese Vereinbarung in der Weise zustande gekommen ist, dass der Arbeitgeber den Arbeitnehmer zu einem Gespräch bittet, das Thema dieses Gespräches nicht mitteilt, in diesem Gespräch den Arbeitnehmer zu einer Vereinbarung über die einvernehmliche Auflösung des Arbeitsverhältnisses veranlasst und dem Arbeitnehmer weder eine angemessene Bedenkzeit in Abwesenheit des Arbeitgebers noch ein Rücktritts- oder Widerrufsrecht einräumt." Aus diesen Ausführungen wird ersichtlich, dass die Bejahung der Anwendbarkeit des § 312 BGB auf den konkreten Sachverhalt das vom LAG erwünschte Ergebnis gebracht hätte, ohne dass ein Rückgriff auf § 242 BGB notwendig gewesen wäre.

Nach der hier vertretenen Auffassung ist eine Gewährleistung stärkeren Arbeitnehmerschutzes beim Abschluss eines arbeitsrechtlichen Aufhebungsvertrages nicht erforderlich. Dies ergibt sich daraus, dass der Schutz des Arbeitnehmers im Zusammenhang mit dem Abschluss eines Aufhebungsvertrages nach der hier vertretenen Auffassung durch folgende Eckpunkte gekennzeichnet ist:

- Der Arbeitgeber ist dann, wenn das Angebot zum Abschluss des Aufhebungsvertrages von ihm ausgeht, verpflichtet, den Arbeitnehmer über solche Folgen des Vertrages aufzuklären, die dem Arbeitnehmer üblicherweise nicht bekannt sind; an die Stelle der Aufklärung kann die Verweisung an zuständige Stellen oder die Einräumung von ausreichender Bedenkzeit treten; eine Verletzung

[1229] LAG Hamburg, Urt. v. 3.07.1991 – 5 Sa 20/91 = LAGE § 611 BGB Aufhebungsvertrag Nr. 6.
[1230] S. oben § 10 III 2 a).
[1231] LAG Hamburg, Urt. v. 3.07.1991 – 5 Sa 20/91 = LAGE § 611 BGB Aufhebungsvertrag Nr. 6.

dieser Pflicht kann einen Anspruch auf Rückgängigmachung des Aufhebungsvertrages begründen [1232].

- Der Arbeitnehmer kann den Aufhebungsvertrag nur dann wegen widerrechtlicher Drohung anfechten, wenn ein verständiger Arbeitnehmer eine Kündigung nicht ausgesprochen hätte[1233].
- Darüber hinaus kommt eine Unwirksamkeit des Vertrages wegen Sittenwidrigkeit oder aufgrund von Inhaltskontrolle nicht in Betracht[1234].
- Der Arbeitnehmer ist nach § 312 Abs. 1 S. 1 BGB i.V.m. § 355 BGB zum Widerruf des Aufhebungsvertrages berechtigt, wenn dieser auf Initiative des Arbeitgebers in den Betriebsräumen oder in der Wohnung des Arbeitnehmers geschlossen wurde[1235].

An dieser Aufstellung zeigt sich, dass sich aus der Kombination zwischen vorvertraglicher Fürsorgepflicht und nachvertraglichem Widerrufsrecht ein angemessener Schutz des Arbeitnehmers ergibt. Soweit seine finanziellen Interessen hinsichtlich von mit dem Aufhebungsvertrag möglicherweise verbundenen Nachteilen betroffen sind, steht ihm bei Verletzung von Hinweis- bzw. Aufklärungspflichten durch den Arbeitgeber ein Anspruch aus § 280 BGB zu, der auch auf Rückgängigmachung des Vertrages gerichtet sein kann. Soweit seine Willensbildung in unzulässiger Weise beeinflusst wurde, hat er die Möglichkeit der Anfechtung; bei Vorliegen der Voraussetzungen des § 312 BGB steht ihm sogar ein Widerrufsrecht zu. Es ist davon auszugehen, dass damit grundsätzlich alle Fälle, in denen der Arbeitnehmer unzulässig übervorteilt wird, erfasst werden können. Eine darüber hinausgehende Einschränkung der Privatautonomie ist nicht geboten.

IV. Zusammenfassung/Fazit

Nach Abschluss des Aufhebungsvertrages können dem Arbeitnehmer Widerrufs- oder Rücktrittsrechte zustehen. Nach hier vertretener Auffassung hat der Arbeitnehmer ein Widerrufsrecht nach § 312 Abs. 1 S. 1 BGB i.V.m. § 355 BGB, wenn der Aufhebungsvertrag auf Initiative des Arbeitgebers in den Betriebsräumen oder in der Wohnung des Arbeitnehmers geschlossen wird. Außerdem ist an ein tarifvertragliches Widerrufsrecht zu denken, auf das nur verzichtet werden kann, wenn dies die Tarifvertragsparteien ausdrücklich bestimmt haben.

Darüber hinaus kann der Arbeitnehmer nach § 323 Abs. 1 S. 1 BGB vom Aufhebungsvertrag zurücktreten, wenn der Arbeitgeber mit der Zahlung einer im Gegenzug zum Einverständnis des Arbeitnehmers zugesagten Abfindung in Verzug gerät und der Arbeitnehmer ihm deshalb eine Nachfrist gesetzt hat. Dieses Recht wird nicht durch einen gerichtlichen Aufhebungsvergleich konkludent ausgeschlossen.

[1232] S. oben § 7 III.
[1233] S. oben § 11 III 2.
[1234] S. oben § 10 III 2.
[1235] S. oben § 12 I 1.

Die Frage des Arbeitnehmerschutzes ist eine der am kontroversesten geführten Diskussionen in Zusammenhang mit dem arbeitsrechtlichen Aufhebungsvertrag. Auf der Grundlage der hier vertretenen Auffassung ist der Arbeitnehmer als ausreichend geschützt anzusehen. Der Gesetzgeber scheint das Problem ebenfalls nicht für dringlich zu halten, da er trotz Einführung einer Schriftform für Aufhebungsverträge in § 623 BGB keine weitergehenden Regelungen vorgenommen hat. Auch die Reform der Betriebsverfassung blieb im Hinblick auf den Aufhebungsvertrag ohne Auswirkungen.

§ 13 Aufhebungsvertrag und Störung der Geschäftsgrundlage

Die Lehre vom Wegfall der Geschäftsgrundlage wurde von der Rechtsprechung entwickelt und hatte ihre Grundlage in § 242 BGB. Mit der Schuldrechtsreform wurde sie als „Störung der Geschäftsgrundlage" in das BGB aufgenommen. Ihre Voraussetzungen und Rechtsfolgen ergeben sich nun aus § 313 BGB.

Nach § 313 Abs. 1 BGB kann eine Vertragsanpassung verlangt werden, wenn sich Umstände, die zur Grundlage des Vertrages geworden sind, nach Vertragsschluss schwerwiegend verändert haben und die Parteien den Vertrag nicht oder mit anderem Inhalt geschlossen hätten, wenn sie diese Veränderung vorausgesehen hätten. Die Vertragsanpassung soll nur insoweit erfolgen, wie einem Teil unter Berücksichtigung aller Umstände des Einzelfalles, insbesondere der vertraglichen und gesetzlichen Risikoverteilung, das Festhalten am unveränderten Vertrag nicht zugemutet werden kann. Nach § 313 Abs. 2 BGB steht es der Veränderung der Umstände i.S.v. S. 1 gleich, wenn wesentliche Vorstellungen, die zur Grundlage des Vertrages geworden sind, sich als falsch herausstellen.

Für die Anwendbarkeit des § 313 BGB auf den Aufhebungsvertrag kommen in der Praxis zwei Konstellationen in Frage, die vorliegend besprochen werden sollen. Da § 313 BGB nach dem Willen des Gesetzgebers die von der Rechtsprechung entwickelten Leitlinien in allgemeiner Form gesetzlich niederlegen soll[1236], haben die vor dem 1.01.2002 entwickelten Fallgestaltungen grundsätzlich auch nach der neuen Rechtslage bestand[1237].

I. Schicksal des Aufhebungsvertrages bei nachträglicher Änderung der Sachlage

Die Anwendung der Grundsätze von der Störung der Geschäftsgrundlage nach § 313 BGB auf die einvernehmliche Beendigung eines Arbeitsverhältnisses ist zunächst dann denkbar, wenn Arbeitnehmer und Arbeitgeber aus bestimmten Gründen einen Aufhebungsvertrag schließen, diese Gründe sich aber nachträglich als nicht gegeben bzw. weggefallen herausstellen. Fraglich ist, ob sich der Arbeitnehmer in diesen Fällen auf ein Fortbestehen des Arbeitsverhältnisses berufen kann.

1236 Vgl. BT-Drs. 14/7052, S. 175.

1237 Ebenso Bauer, NZA 2002, 170, 173; Weber/Ehrich/Burmester, Aufhebungsverträge, Teil 1 Rn 883.

Das BAG hat diese Frage in Zusammenhang mit dem von ihm entwickelten Wiedereinstellungsanspruch nach betriebsbedingten Kündigungen beantwortet.

1. Die Rechtsprechung des BAG zum Wiedereinstellungsanspruch als Anknüpfungspunkt

a) Darstellung der Rechtsprechung

Nach dieser Rechtsprechung, mit der sich das BAG der Auffassung einiger Instanzgerichte anschloss[1238], ist der Arbeitgeber grundsätzlich nach § 242 BGB zur Wiedereinstellung verpflichtet, wenn eine betriebsbedingte Kündigung auf der Prognose des Arbeitgebers beruht, den Arbeitnehmer bei Ablauf der Kündigungsfrist nicht mehr weiterbeschäftigen zu können, und sich diese Prognose noch während des Laufs der Kündigungsfrist als falsch erweist, soweit der Arbeitgeber mit Rücksicht auf die Wirksamkeit der Kündigung noch keine Dispositionen getroffen hat und ihm die unveränderte Fortsetzung des Arbeitsverhältnisses zumutbar ist[1239].

Offen gelassen hat das BAG bislang, ob der Wiedereinstellungsanspruch auch auf verhaltens- und personenbedingte Kündigungen übertragbar ist, bei denen sich die Prognose nachträglich als fehlerhaft erweist[1240].

Die Notwendigkeit der Begründung eines Wiedereinstellungsanspruchs im Wege der Rechtsfortbildung in den genannten Fällen beruht darauf, dass es für die Beurteilung der Wirksamkeit einer Kündigung ausschließlich auf den Zeitpunkt des Zugangs der Kündigung ankommt[1241], sog. Prognoseprinzip[1242]. Der Wiedereinstellungsanspruch wird von der Literatur und von den Instanzgerichten in den vom BAG entschiedenen Fällen überwiegend anerkannt[1243].

b) Die Störung der Geschäftsgrundlage beim Aufhebungsvertrag als Begründung des Wiedereinstellungsanspruchs

Methodisch wurde der Wiedereinstellungsanspruch bislang aus der Fürsorgepflicht, dem Verbot des venire contra factum proprium, dem Grundsatz des Vertrauensschut-

---

[1238] LAG Köln, Urt. v. 10.01.1989 – 4/2 Sa 860/88 = LAGE § 611 BGB Einstellungsanspruch Nr. 1; LAG Hamburg, Urt. v. 26.04.1990 – 2 Sa 90/89 = LAGE § 611 BGB Einstellungsanspruch Nr. 2.

[1239] BAG, Urt. v. 27.02.1997 – 2 AZR 160/96 = AP Nr. 1 zu § 1 KSchG 1969 Wiedereinstellung = NZA 1997, 757; s.a. Urt. v. 4.12.1997 – 2 AZR 140/97 = AP Nr. 4 zu § 1 KSchG 1969 Wiedereinstellung = NZA 1998, 254; so auch der 8. Senat für den Fall des Betriebsübergangs: Urt. v. 12.11.1998 – 8 AZR 265/97 = AP Nr. 5 zu § 1 KSchG 1969 Wiedereinstellung = NZA 1999, 311.

[1240] BAG, Urt. v. 17.06.1999 – 2 AZR 639/98 = AP Nr. 37 zu § 1 KSchG 1969 Krankheit = NZA 1999, 1328.

[1241] S. Preis in Stahlhacke/Preis/Vossen, Kündigung und Kündigungsschutz, Rn 611.

[1242] Eingehend Boewer, NZA 1999, 1121, 1123 ff.

[1243] LAG Bremen, Urt. v. 18.02.1998 – 2 Sa 178/97 – n. v.; LAG Hamm, Urt. v. 20.09.1999 – 19 Sa 658/99 = BB 2000, 308, 310; KR/Etzel, § 1 KSchG Rn 729; Löwisch, KSchG, § 1 Rn 76 ff.; MünchArbR/Buchner, § 40 Rn 108 ff.; Nicolai/Noack, ZfA 2000, 81, 113.

zes oder auch aus der erweiterten Auslegung des § 1 Abs. 3 KSchG hergeleitet[1244]. Darüber hinaus zog das BAG Überlegungen zum Wegfall der Geschäftsgrundlage beim Aufhebungsvertrag zur Begründung seiner Auffassung heran. In seiner Entscheidung vom 27.02.1997 heißt es[1245]: „Ist mit Rücksicht auf eine beabsichtigte Betriebsstilllegung ein Vertrag, etwa ein Aufhebungsvertrag, abgeschlossen worden, so ist dieser Vertrag nach den Regeln über den Wegfall der Geschäftsgrundlage anzupassen, wenn es doch zu einer Betriebsübernahme kommt. [...] Es würde den Schutzzweck des § 1 KSchG missachten, wollte man allein im Hinblick darauf, dass die Vertragsbeendigung nicht durch einen Aufhebungsvertrag, sondern eine Kündigung, also eine einseitige Willenserklärung, erfolgt, dem betroffenen Arbeitnehmer eine Anpassung an die veränderten Umstände versagen."
Die Auffassung, dass ein Aufhebungsvertrag in diesen Fällen wegen Wegfalls der Geschäftsgrundlage anzupassen sei, vertrat das BAG wenig später auch hinsichtlich eines gerichtlichen Abfindungsvergleiches[1246]: „Haben die Parteien noch während der Kündigungsfrist durch einen gerichtlichen Vergleich das Arbeitsverhältnis gegen Zahlung einer Abfindung aufgehoben, so kann dieser Vergleich wegen Wegfall der Geschäftsgrundlage an die geänderte betriebliche Situation anzupassen sein, u.U. mit dem Ergebnis, dass der Arbeitnehmer wiedereinzustellen ist und die Abfindung zurückzuzahlen hat." Damit hat das BAG klargestellt, dass ein Aufhebungsvertrag nach den Grundsätzen über den Wegfall bzw. die Störung der Geschäftsgrundlage zu behandeln ist, wenn die für seinen Abschluss bestehende Motivation nachträglich wegfällt bzw. sich als nicht begründet herausstellt[1247].
Die dogmatische Konstruktion des BAG hinsichtlich des Wiedereinstellungsanspruchs nach einer Kündigung ist Gegenstand ausführlicher Erörterungen. Auf ihre Stärken und Schwächen soll hier nicht weiter eingegangen werden[1248].
Fraglich ist aber, ob die Selbstverständlichkeit, mit der das Gericht die Grundsätze vom Wegfall bzw. der Störung der Geschäftsgrundlage hinsichtlich eines Aufhebungsvertrages für anwendbar erklärt, berechtigt ist.

[1244] BAG, Urt. v. 28.06.2000 – 7 AZR 904/98 = AP Nr. 6 zu § 1 KSchG 1969 Wiedereinstellung = NZA 2000, 1097 m.w.N. zu den einzelnen Auffassungen; s. dazu auch Raab, RdA 2000, 147, 149 ff., und Ertl, DStR 2001, 442 f.

[1245] BAG, Urt. v. 27.02.1997 – 2 AZR 160/96 = AP Nr. 1 zu § 1 KSchG 1969 Wiedereinstellung = NZA 1997, 757.

[1246] BAG, Urt. v. 4.12.1997 – 2 AZR 140/97 = AP Nr. 4 zu § 1 KSchG 1969 Wiedereinstellung = NZA 1998, 254.

[1247] S.a. LAG Bremen, Urt. v. 18.02.1998 – 2 Sa 178/97 – n. v.; LAG Hamm, Urt. v. 20.09.1999 – 19 Sa 658/99 = BB 2000, 308, 309.

[1248] S. dazu nur Boewer, NZA 1999, 1121, 1125 ff., sowie Raab, RdA 2000, 147, 149 ff.

2. Die Störung der Geschäftsgrundlage beim Aufhebungsvertrag

a) Grundsätzliche Anwendbarkeit

Entscheidend für die Anwendbarkeit des § 313 BGB ist, ob ein Aufhebungsvertrag Zweckvorstellungen enthält, die eine Geschäftsgrundlage bilden[1249]. Die Tatsache, dass der Aufhebungsvertrag mit seinem Abschluss hinsichtlich seines Mindestinhalts bereits erfüllt ist, kann zwar bei den Rechtsfolgen der Störung der Geschäftsgrundlage eine Rolle spielen bzw. den zeitlichen Anwendungsbereich einschränken; so lange der Aufhebungsvertrag bei seinem Abschluss eine Geschäftsgrundlage hat, ist eine Korrektur über § 313 BGB nicht von vornherein ausgeschlossen[1250]. Denn in der Rechtsprechung ist anerkannt, dass die Berücksichtigung einer Veränderung der Geschäftsgrundlage grundsätzlich auch dann in Betracht kommt, wenn der Vertrag beiderseits erfüllt ist[1251].

Der Aufhebungsvertrag ist Ausdruck der Vertragsfreiheit der Parteien. Weil sich der Arbeitnehmer privatautonom für die Beendigung des Arbeitsverhältnisses entscheidet, könnte der Grundsatz „pacta sunt servanda" gegen eine Anwendung des § 313 BGB sprechen[1252]. Diese Bedenken greifen indes nicht durch. Denn das Institut von der Störung bzw. dem Wegfall der Geschäftsgrundlage dient dem Schutz der Privatautonomie[1253]. Der Vertrag soll nur das regeln, was die Parteien wirklich regeln wollten[1254]. Eine Begrenzung der Rechtsfolgen des Aufhebungsvertrages ist deshalb primär eine Bewertung des Verhaltens der Parteien[1255]. Der Grundsatz der Vertragstreue muss nach den Regeln über die Störung der Geschäftsgrundlage nur dann zurücktreten, wenn sonst ein untragbares, mit Recht und Gerechtigkeit schlechthin unvereinbares Ergebnis nicht zu vermeiden wäre[1256].

b) Die Geschäftsgrundlage des Aufhebungsvertrages

aa) Allgemeines

Geschäftsgrundlage nach § 313 Abs. 1 BGB sind Umstände, die zur Grundlage des Vertrages geworden sind. Dies sind nach ständiger Rechtsprechung des BGH und des BAG die bei Abschluss des Vertrages zu Tage getretenen, dem anderen Teil erkennbar gewordenen und von ihm nicht beanstandeten Vorstellungen einer Partei

---

1249 So bereits für die alte Rechtslage Larenz/Wolf, BGB AT, § 38 Rn 49.

1250 A.A. Germelmann, NZA 1997, 236, 240, der die Anwendbarkeit der Grundsätze des Wegfalls der Geschäftsgrundlage auf den Aufhebungsvertrag für zweifelhaft hält, weil dessen Hauptzweck die Beendigung des Arbeitsverhältnisses sei.

1251 BGH, Urt. v. 1.06.1979 – V ZR 80/77 = BGHZ 74, 370, 373 = NJW 1979, 1818; Urt. v. 17.06.1992 – VII ZR 253/90 = NJW 1992, 2690, 2691.

1252 Vgl. Nicolai/Noack, ZfA 2000, 87, 110.

1253 S. Raab, RdA 2000, 147, 150.

1254 Vgl. Medicus, BGB AT, Rn 858.

1255 Otto, FS Kraft, 451, 464.

1256 BGH, Urt. v. 25.05.1977 – VIII ZR 196/75 = NJW 1977, 2262, 2263.

oder die gemeinsamen Vorstellungen beider Parteien vom Vorhandensein gewisser Umstände, sofern der Geschäftswille der Parteien hierauf aufbaut[1257].
Als Geschäftsgrundlage des Aufhebungsvertrages kommen wie im Fall einer Kündigung die jeweiligen Beendigungsgründe in Betracht[1258]. Die Störung muss, um rechtserheblich sein, von dem Vorausgesehenen erheblich abweichen[1259].
Entscheidend ist, dass der Grund der Beendigung wesentliche Motivation für den Vertragsschluss auf beiden Seiten war. Einseitige Erwartungen werden nicht geschützt[1260]. Auch die bloße Offenlegung eines Motivs während der Vertragsverhandlungen genügt dafür nicht[1261]. Haben die Parteien kein Einvernehmen über den Beendigungsgrund erzielt, kann dieser ebenfalls nicht zur Geschäftsgrundlage werden[1262]. Haben sie für eine vorhersehbare Entwicklung keine Regelung getroffen, so spricht dies dafür, dass der Nachteil dort bleiben soll, wohin er fällt[1263]. Darüber hinaus spielt nach § 313 Abs. 1 BGB die vertragliche oder gesetzliche Risikoverteilung eine Rolle; das heißt, es ist eine wertende Entscheidung erforderlich, die sich an der Verkehrsanschauung unter Berücksichtigung von Beherrschungsmöglichkeiten orientiert[1264]. Denn eine Anpassung oder Auflösung des Vertrages kommt immer dann nicht in Betracht, wenn der Umstand im Risikobereich nur einer Partei gelegen hat[1265].
Hinsichtlich der Risikoverteilung ergeben sich für die einzelnen, in Frage kommenden Beendigungsgründe Besonderheiten.

bb) Fallgruppen

α) Betrieblich bedingter Aufhebungsvertrag

Wird der Aufhebungsvertrag geschlossen, um einer betriebsbedingten Kündigung zuvorzukommen[1266], und stellt sich anschließend heraus, dass eine Weiterbeschäftigung des Arbeitnehmers möglich ist, sind die Voraussetzungen für eine Störung der

---

1257 S. nur BGH, Urt. v. 23.10.1957 – V ZR 219/55 = BGHZ 25, 390, 392 = NJW 1958, 297; BAG, Urt. v. 9.07.1986 – 5 AZR 44/85 = AP Nr. 7 zu § 242 BGB Geschäftsgrundlage = NZA 1987, 16; Urt. v. 28.06.2000 – 7 AZR 904/98 = AP Nr. 6 zu § 1 KSchG 1969 Wiedereinstellung = NZA 2000, 1097.

1258 Genau genommen handelt es sich um die sog. subjektive Geschäftsgrundlage, vgl. Larenz/ Wolf, BGB AT, § 38 Rn 20.

1259 Medicus, BGB AT, Rn 865.

1260 Vgl. LAG Baden-Württemberg, Urt. v. 22.05.1991 – 12 Sa 160/90 = LAGE § 611 BGB Aufhebungsvertrag Nr. 4, für den Fall, dass der Arbeitnehmer nicht wusste, dass sein Anspruch auf Arbeitslosengeld bei Abschluss eines Aufhebungsvertrages ruht.

1261 Medicus, BGB AT, Rn 870.

1262 Otto, FS Kraft, 451, 464.

1263 LAG Hamm, Urt. v. 20.09.1999 – 19 Sa 658/99 = BB 2000, 308, 309 m.w.N.

1264 Larenz/Wolf, BGB AT, § 38 Rn 28.

1265 BGH, Urt. v. 17.06.1992 – VII ZR 253/90 = NJW 1992, 2690 f.

1266 Hier wird - wie beim Betriebsübergang - auf eine nachvollziehbare Veranlassung abzustellen sein: Ertl, DStR 2001, 442, 444; zum Begriff der Veranlassung bereits oben § 8 IV 2 b).

Geschäftsgrundlage des Aufhebungsvertrages in der Regel gegeben[1267]. Denn dann gingen beide Parteien davon aus, dass das Arbeitsverhältnis aufgrund der wirtschaftlichen Lage des Betriebes ohnehin enden wird. Stellt sich die Vorstellung als von vornherein nicht zutreffend heraus (§ 313 Abs. 2 BGB) bzw. ergeben sich nachträglich andere Umstände (§ 313 Abs. 1 BGB), und hätte der Arbeitnehmer bei Kenntnis dieser Lage den Vertrag nicht geschlossen, so liegt darin eine derartige Veränderung der Vertragssituation, auf die sich auch der Arbeitgeber hätte einlassen müssen. Dies ist z. B. der Fall, wenn der Vertrag aufgrund einer geplanten Betriebsstilllegung geschlossen wird und sich später doch noch ein Übernehmer findet, oder wenn sich die wirtschaftliche Lage nach der Aufhebungsvereinbarung so ändert, dass der Arbeitgeber den Arbeitnehmer weiterbeschäftigen kann[1268]. Der Arbeitnehmer kann die Argumentation des Arbeitgebers hinsichtlich der betrieblichen Situation kaum dezidiert nachprüfen[1269].

Hinzu kommt, dass der Arbeitnehmer dann, wenn ihm vom Arbeitgeber in derselben Lage betriebsbedingt gekündigt wird, nach der Rechtsprechung einen Wiedereinstellungsanspruch hat[1270]; lässt er sich auf eine einvernehmliche Vertragsaufhebung ein, kann er nicht schlechter stehen[1271]. Damit hat das BAG mit seiner Rechtsfortbildung auch für den betriebsbedingten Aufhebungsvertrag praktisch vollendete Tatsachen geschaffen.

β) Krankheitsbedingter Aufhebungsvertrag

Fraglich ist, ob eine Störung der Geschäftsgrundlage auch dann denkbar ist, wenn der Aufhebungsvertrag aus krankheitsbedingten Gründen geschlossen wurde, diese aber später wegfallen. Das BAG hat hinsichtlich eines Wiedereinstellungsanspruchs bisher lediglich festgestellt, dass ein solcher nicht schon dann begründet sei, wenn der Arbeitnehmer Tatsachen vortrage, die die negative Prog-nose erschütterten, sondern dass dieser allenfalls dann in Betracht komme, wenn nach dem Vorbringen des Arbeitnehmers von einer positiven Gesundheitsprog-nose auszugehen sei[1272]. In Teilen der Literatur wird der Wiedereinstellungsanspruch in diesem Fall für begründet erachtet[1273].

[1267] Ebenso Löwisch, KSchG, § 1 Rn 84; Meinel/Bauer, NZA 1999, 575, 577; Raab, RdA 2000, 147, 150; Otto, FS Kraft, 451, 465; a.A. Nicolai/Noack, ZfA 2000, 87, 110 f.; Weber/Ehrich/Burmester, Aufhebungsverträge, Teil 1 Rn 893.

[1268] S. Beispiele bei Weber/Ehrich/Burmester, Aufhebungsverträge, Teil 1 Rn 891.

[1269] BAG, Urt. v. 27.02.1997 – 2 AZR 160/96 = AP Nr. 1 zu § 1 KSchG 1969 Wiedereinstellung = NZA 1997, 757.

[1270] Zu den Einzelheiten s. Ertl, DStR 2001, 442, 444 ff.

[1271] Vgl. Meinel/Bauer, NZA 1999, 575, 577; Nicolai/Noack, ZfA 2000, 87, 110 f.

[1272] BAG, Urt. v. 17.06.1999 – 2 AZR 639/98 = AP Nr. 37 zu § 1 KSchG 1969 Krankheit = NZA 1999, 1328.

[1273] Löwisch, KSchG, § 1 Rn 81; Gallner in HaKo-KSchG, § 1 Rn 544; Ertl, DStR 2001, 442, 443; a.A. Meinel/Bauer, NZA 1999, 575, 577.

Nach hier vertretener Auffassung ist in diesen Fällen eine Anwendung des § 313 BGB nicht vertretbar[1274], da die Fähigkeit, die geschuldete Arbeitsleistung zu erbringen, in den Risikobereich des Arbeitnehmers fällt und die spätere Entwicklung häufig auch von einer Willensentscheidung des Arbeitnehmers, z.B. im Fall einer Alkoholkrankheit, abhängt, die dieser schon vor Beendigung des Arbeitsverhältnisses hätte treffen können[1275]. Bei einem aus krankheitsbedingten Gründen geschlossenen Aufhebungsvertrag muss diese Risikoverteilung noch eher gelten als bei einer krankheitsbedingten Kündigung. Der Arbeitnehmer hat den besseren Überblick über seinen Gesundheitszustand. Wenn er sich zu einer einvernehmlichen Vertragsbeendigung entschließt, darf der Arbeitgeber annehmen, dass der Arbeitnehmer selbst für die Zukunft keine Besserung sieht. Bei einer Änderung der Sachlage bleibt dieses Vertrauen des Arbeitgebers schützenswert und der Arbeitnehmer an seine Willenserklärung gebunden[1276]. Der Fortbestand des Gesundheitszustandes wird nicht zur gemeinsamen Geschäftsgrundlage. Etwas anderes kann ausnahmsweise dann gelten, wenn der Arbeitnehmer aufgrund einer Erkrankung eine bestimmte Tätigkeit nicht mehr ausüben kann und eine andere Beschäftigung nicht besteht; ergibt sich diese später, verwirklicht sich darin gerade nicht das vom Arbeitnehmer zu tragende „Risiko“ der Gesundung, sondern das vom Arbeitgeber zu tragende Risiko einer betrieblichen Veränderung[1277].

Bei einem verhaltensbedingten Kündigungsgrund kommt eine Störung der Geschäftsgrundlage wegen der Verantwortlichkeit des Arbeitnehmers für das Entstehen des Kündigungsgrundes von vornherein nicht in Betracht[1278].

χ) Aufhebungsvertrag anstelle Verdachtskündigung

Im Fall einer Verdachtskündigung, bei der sich der Verdacht nachträglich als nicht haltbar herausstellt, ist die Begründung eines Wiedereinstellungsanspruchs am wenigsten problematisch. Allerdings stellt das BAG bei einer Verdachtskündigung erstaunlicherweise auf den Kenntnisstand zum Zeitpunkt der letzten mündlichen Verhandlung ab, so dass ein Wiedereinstellungsanspruch nicht erforderlich ist[1279].

1274 A.A. Weber/Ehrich/Burmester, Aufhebungsverträge, Teil 1 Rn 887.

1275 MünchArbR/Buchner, § 40 Rn 115.

1276 Vgl. Ausführungen von Preis, Anm. zu LAG Köln, Urt. v. 10.01.1989, LAGE § 611 BGB Einstellungsanspruch Nr. 1, S. 21 f., 25 f.

1277 Beispiel bei Weber/Ehrich/Burmester, Aufhebungsverträge, Teil 1 Rn 887, unter Berufung auf BAG, Urt. v. 29.01.1997 – 2 AZR 9/96 = AP Nr. 32 zu § 1 KSchG 1969 Krankheit = NZA 1997, 709.

1278 Preis, Anm. zu LAG Köln, Urt. v. 10.01.1989, LAGE § 611 BGB Einstellungsanspruch Nr. 1, S. 24; s.a. Ertl, DStR 2001, 442, 444.

1279 S. BAG, Urt. v. 14.09.1994 – 2 AZR 164/94= AP Nr. 24 zu § 626 BGB Verdacht strafbarer Handlung = NZA 1995, 269; zur Kritik an dieser Rspr. s. Walker, Anm. zu BAG, Urt. v. 27.02.1997, SAE 1998, 103, 104 f. m.w.N.

Die Literatur gesteht dem Arbeitnehmer demgegenüber in diesen Fällen einen Wiedereinstellungsanspruch zu[1280]. Denn wenn der Grund für die Zerstörung des Vertrauensverhältnisses später entfällt, hat der Arbeitgeber keinen Grund mehr, an einer weiteren sachdienlichen Zusammenarbeit zu zweifeln[1281].
Fraglich ist, ob dies auch für den Aufhebungsvertrag gilt, der zur Vermeidung einer Verdachtskündigung geschlossen wird. Hier ist die Lage anders als im Fall einer Verdachtskündigung, weil der Arbeitnehmer weiß, ob der Verdacht, der sich gegen ihn richtet, begründet ist. Schließt er, obwohl er seine Unschuld kennt, einen Aufhebungsvertrag, um einer Verdachtskündigung zu entgehen, fehlt es bereits an einer entsprechenden Geschäftsgrundlage des Aufhebungsvertrages[1282]. Denn diese kann nicht in der Erwartung bestehen, das Arbeitsverhältnis werde ohnehin aufgrund der Verdachtskündigung enden. Ist der Arbeitnehmer schuldig, muss er sich an seiner Willenserklärung unabhängig davon festhalten lassen, ob der Verdacht anschließend als begründet oder unbegründet erscheint.

cc) Sonderfall: Aufhebungsvergleich

Fraglich ist, wie sich die Sachlage bei Abschluss eines Aufhebungsvergleiches z.B. im Kündigungsschutzprozess darstellt. Der Vergleich besteht nach § 779 Abs. 1 BGB in gegenseitigem Nachgeben und ist nur unwirksam, wenn der nach dem Inhalt des Vertrages als feststehend zugrunde gelegte Sachverhalt der Wirklichkeit nicht entspricht und der Streit oder die Ungewissheit bei Kenntnis der Sachlage nicht entstanden sein würde. Es handelt sich bei dieser Vorschrift um einen Sonderfall eines gemeinsamen Irrtums über die Geschäftsgrundlage[1283]. Der gemeinsame Irrtum muss dabei jedoch das gegenwärtige Bestehen des Sachverhaltes betreffen, nicht dagegen die zukünftige Entwicklung[1284]. Demzufolge kommt eine Unwirksamkeit eines Abfindungs- oder Aufhebungsvergleiches nach § 779 Abs. 1 BGB nur in Betracht, wenn diejenigen Voraussetzungen, die einen Vergleich erforderlich machen, zum Zeitpunkt seines Abschlusses nicht vorlagen. Es betrifft daher nicht die Vergleichsgrundlage, wenn Grund für den Vergleich eine zuvor ausgesprochene (betriebsbedingte) Kündigung war und sich später das Fehlen des betriebsbedingten Kündigungsgrundes herausstellt, weil dies gerade Gegenstand des gegenseitigen Nachgebens war. Der Irrtum nach § 779 BGB darf sich nicht auf einen Umstand beziehen, der vor dem Vergleich als streitig oder ungewiss angesehen wurde[1285]. Insoweit besteht ein Unterschied zur Rechtslage beim „gewöhnlichen" Aufhebungsvertrag, der

---

[1280] Löwisch, KSchG, § 1 Rn 225; Gallner in HaKo-KSchG, § 1 Rn 581; KR/Etzel, § 1 KSchG Rn 741; Preis in Stahlhacke/Preis/Vossen, Kündigung und Kündigungsschutz, Rn 766; Zwanziger, BB 1997, 42, 44 f.; Meinel/Bauer, NZA 1999, 575, 577.
[1281] MünchArbR/Buchner, § 40 Rn 109.
[1282] A.A. Weber/Ehrich/Burmester, Aufhebungsverträge, Teil 1 Rn 888.
[1283] Erman/M. Terlau, BGB, § 779 Rn 23.
[1284] Staudinger/Schmidt, BGB, § 242 Rn 1445.
[1285] S. dazu Palandt/Sprau, BGB, § 779 Rn 14.

auch dann anzupassen sein kann, wenn sich herausstellt, dass die betriebbedingten Gründe schon bei Vertragsschluss nicht gegeben waren (vgl. § 313 Abs. 2 BGB).
Fraglich ist, ob § 313 BGB neben § 779 Abs. 1 BGB anwendbar ist. Die überwiegende Auffassung bejahte dies bereits vor der Schuldrechtsreform[1286]. Da § 313 BGB keine Einschränkung in Bezug auf § 779 BGB enthält, ist dies auch nach neuer Gesetzeslage nicht zweifelhaft.
Daraus folgt, dass eine Störung der Geschäftsgrundlage eines Aufhebungsvergleiches nach § 313 Abs. 2 BGB grundsätzlich auch dann in Betracht kommt, wenn sich die dem Vergleich zugrunde liegenden Tatsachen später ändern, so z.B., wenn sich aufgrund nachträglich auftretender Tatsachen herausstellt, dass eine Weiterbeschäftigung des Arbeitnehmers möglich wäre.
Gegen eine Anwendbarkeit der Lehre vom Wegfall der Geschäftsgrundlage auf den Abfindungsvergleich wurde in der Literatur zum Teil eingewandt, der Sinn des Vergleiches bestehe regelmäßig in der Beilegung von Unklarheiten über den Bestand des Arbeitsverhältnisses[1287]. Dementsprechend führte auch das BAG aus, dass der Vergleich gerade zu den Geschäften gehöre, die ihrem Typus nach die vertragliche Übernahme gewisser Risiken beinhalten sollten und dass bei Abfindungsvergleichen in Kündigungsschutzprozessen nicht ohne weiteres davon ausgegangen werden könne, Geschäftsgrundlage sei die gemeinsame Vorstellung der Parteien, bis zum vereinbarten Ende des Arbeitsverhältnisses werde sich keine anderweitige Beschäftigungsmöglichkeit ergeben[1288]. Gleichwohl soll nach dem BAG ein Abfindungsvergleich dann entfallen, wenn das Festhalten an ihm einer Partei unzumutbar ist[1289].
Die Zumutbarkeit kann allerdings keine Antwort darauf geben, welche Geschäftsgrundlage der Aufhebungsvergleich hat, sondern spielt entgegen der Auffassung des BAG nur auf der Rechtsfolgenseite eine Rolle. Die Geschäftsgrundlage ist dem Parteiwillen zu entnehmen. Geht dem Vergleich eine betriebsbedingte Kündigung voraus, enthält er in der Regel die Feststellung, dass das Arbeitsverhältnis aus betriebsbedingten Gründen endet. Die Parteien einigen sich im Wege gegenseitigen Nachgebens darauf, dass eine Weiterbeschäftigung des Arbeitnehmers aus betriebsbedingten Gründen zum Zeitpunkt des Vergleichsschlusses nicht möglich ist. Die zwischen den Parteien getroffene Vereinbarung wird aber in der Regel nicht unter der Voraussetzung geschlossen, dass sich auch in der Zukunft keine Beschäftigungsmöglichkeit ergibt. Denn die Parteien bringen mit dem Abschluss eines Aufhebungsvergleiches regelmäßig zum Ausdruck, dass sie das Arbeitsverhältnis nicht im Anschluss an seine

---

[1286] BGH, Urt. v. 8.02.1984 – VIII ZR 254/82 = NJW 1984, 1746, 1747; BAG, Urt. v. 28.06.2000 – 7 AZR 904/98 = AP Nr. 6 zu § 1 KSchG 1969 Wiedereinstellung = NZA 2000, 1097; Palandt/Sprau, BGB, § 779 Rn 13; Jauernig/Vollkommer, BGB, § 779 Rn 20; Medicus, BGB AT, Rn 873.
[1287] Zwanziger, BB 1997, 42, 45; ähnlich Ertl, DStR 2001, 442, 448 f.
[1288] BAG, Urt. v. 28.06.2000 – 7 AZR 904/98 = AP Nr. 6 zu § 1 KSchG 1969 Wiedereinstellung = NZA 2000, 1097.
[1289] BAG, a.a.O.

Beendigung zu unveränderten Bedingungen fortsetzen wollen[1290]. Vor allem dann, wenn der Arbeitnehmer eine Abfindung erhält, spricht dies dafür, dass er das Risiko der Fehleinschätzung hinsichtlich der zukünftigen Entwicklung seines Arbeitsplatzes zu tragen hat[1291].

Nur wenn die Parteien davon ausgegangen sind, dass der Arbeitgeber den Arbeitnehmer auch in Zukunft nicht beschäftigen kann und der Arbeitnehmer den Vergleich andernfalls nicht geschlossen hätte, liegt in dieser Vorstellung die Geschäftsgrundlage des Vergleiches. Dies ist eine Frage der Auslegung. Wenn in den Verhandlungen der Parteien die zukünftige Entwicklung des Betriebs eine Rolle spielt und der Arbeitgeber erkennen kann, dass es dem Arbeitnehmer darauf ankommt, scheitert eine Anwendbarkeit der Grundsätze von der Störung der Geschäftsgrundlage jedenfalls nicht an dem Vergleichscharakter des Vertrages.

c) Rolle des Beendigungszeitpunkts

Fraglich ist, bis zu welchem Zeitpunkt eine Änderung der Sachlage noch zu berücksichtigen ist. Hinsichtlich der Grenzen eines Wiedereinstellungsanspruchs nach Ausspruch einer Kündigung hat der 7. Senat des BAG ausdrücklich darauf hingewiesen, dass ein Wiedereinstellungsanspruch nur dann in Betracht komme, wenn sich der Wegfall des Kündigungsgrundes innerhalb der Kündigungsfrist ergebe, weil dann die Vertragsbeziehungen zwischen Arbeitgeber und Arbeitnehmer endgültig gelöst seien[1292]. Demgegenüber hat der 2. Senat dies bislang offen gelassen, weil er wegen der unterschiedlichen Dauer der Kündigungsfristen Probleme sieht und befürchtet, dass im Fall einer Betriebsübernahme diese bis zum Ablauf der Kündigungsfristen vom Übernehmer verzögert werden könnte, um Wiedereinstellungsansprüche zu vermeiden[1293].

In der Literatur spricht sich die überwiegende Auffassung für die Begrenzung des Anspruchs durch die Dauer der Kündigungsfrist aus[1294]. Die Begrenzung durch die Dauer der Kündigungsfrist entspreche der Herleitung des Anspruchs als Korrektiv zu der Möglichkeit, die Kündigung auf eine auf den Zeitpunkt des Ablaufs der Kündi-

---

[1290] BAG, Urt. v. 28.06.2000 – 7 AZR 904/98 = AP Nr. 6 zu § 1 KSchG 1969 Wiedereinstellung = NZA 2000, 1097.

[1291] Ertl, DStR 2001, 442, 449.

[1292] BAG, Urt. v. 6.08.1997 – 7 AZR 557/96 = AP Nr. 2 zu § 1 KSchG 1969 Wiedereinstellung = NZA 1998, 254; Urt. v. 28.06.2000 – 7 AZR 904/98 = AP Nr. 6 zu § 1 KSchG 1969 Wiedereinstellung = NZA 2000, 1097.

[1293] BAG, Urt. v. 4.12.1997 – 2 AZR 140/97 = AP Nr. 4 zu § 1 KSchG 1969 Wiedereinstellung = NZA 1998, 254.

[1294] Löwisch, KSchG, § 1 Rn 83; MünchArbR/Buchner, § 40 Rn 113; Preis in Stahlhacke/Preis/Vossen, Kündigung und Kündigungsschutz, Rn 1026; Hergenröder, Anm. zu BAG, Urt. v. 4.12.1997, EzA § 1 KSchG Wiedereinstellungsanspruch Nr. 3, S. 21; Boewer, NZA 1999, 1177, 1178; Ertl, DStR 2001, 442, 446; a.A. Nicolai/Noack, ZfA 2000, 87, 102 ff.

gungsfrist bezogene Prognose zu stützen[1295]. Nach Ablauf dieser Frist sei der Rechtssicherheit und der Dispositionsfreiheit des Arbeitgebers Vorrang einzuräumen[1296]. Im Übrigen lasse sich den vom BAG befürchteten Verzögerungen durch die allgemeinen Rechtsinstitute Rechnung tragen[1297].

Für den Aufhebungsvertrag hätte diese Auffassung zur Folge, dass eine Anpassung nach § 313 BGB nur bis zum vereinbarten Ende des Arbeitsverhältnisses in Betracht käme. Dies entspricht auf den ersten Blick auch der Auffassung der Rechtsprechung, die eine Vertragsanpassung grundsätzlich nur bei noch nicht abgewickelten Vertragsverhältnissen für erforderlich hält[1298]. Es ist aber fraglich, ob es für die Anwendbarkeit der Grundsätze von der Störung der Geschäftsgrundlage eine Rolle spielen kann, ob das Arbeitsverhältnis sofort oder mit einer mehr oder weniger langen Auslauffrist einvernehmlich beendet wird. Insofern ist darauf zu verweisen, dass das Rechtsinstitut des Wegfalls der Geschäftsgrundlage seine Grundlage in dem Grundsatz von Treu und Glauben hat. Auch der BGH richtet sich bei der Frage, ob die Grundsätze ausnahmsweise auch auf bereits erfüllte Verträge angewendet werden, nach den Interessen beider Parteien an der Anpassung bzw. der Beibehaltung der Vereinbarung[1299]. Insoweit spielen der Parteiwille und die Parteiinteressen bei der Anpassung des Aufhebungsvertrages nach § 313 BGB eine größere Rolle als dies bei dem vom BAG entwickelten Wiedereinstellungsanspruch der Fall sein kann, weil dieser ein einseitiges Rechtsgeschäft betrifft. Weil es sich um eine Vertragsanpassung handelt, ist diese deshalb grundsätzlich auch noch dann möglich, wenn der Aufhebungsvertrag den Arbeitsvertrag bereits beendet hat[1300]. Ob die Anpassung dann noch erforderlich ist, ist eine Frage der Zumutbarkeit[1301].

d) Rechtsfolge der Störung der Geschäftsgrundlage

aa) Zumutbarkeit der Weiterbeschäftigung

Rechte wegen der Störung der Geschäftsgrundlage ergeben sich gemäß § 313 Abs. 1 BGB grundsätzlich nur, wenn der von der Störung betroffenen Partei das Festhalten am unveränderten Vertrag nicht zugemutet werden kann[1302]. Dabei sind nicht nur die

---

[1295] MünchArbR/Buchner, § 40 Rn 113.

[1296] Preis in Stahlhacke/Preis/Vossen, Kündigung und Kündigungsschutz, Rn 1026.

[1297] MünchArbR/Buchner, § 40 Rn 113.

[1298] BGH, Urt. v. 27.04.1972 – II ZR 122/70 = BGHZ 58, 327, 363; BAG, Urt. v. 9.07.1986 – 5 AZR 44/85 = AP Nr. 7 zu § 242 BGB Geschäftsgrundlage = NZA 1987, 16.

[1299] BGH, Urt. v. 27.04.1972 – II ZR 122/70 = BGHZ 58, 327, 363; Urt. v. 1.06.1979 – V ZR 80/77 = BGHZ 74, 370, 373 = NJW 1979, 1818; Urt. v. 17.06.1992 – VII ZR 253/90 = NJW 1992, 2690, 2691.

[1300] Wie hier Otto, FS Kraft, 451, 465; a.A. Weber/Ehrich/Burmester, Aufhebungsverträge, Teil 1 Rn 889.

[1301] Ähnlich Walker, Anm. zu BAG, Urt. v. 27.02.1997, SAE 1998, 103, 106.

[1302] Vgl. a. BGH, Urt. v. 27.04.1972 – II ZR 122/70 = BGHZ 58, 327, 363; Erman/O. Werner, BGB, § 242 Rn 177 f.

Interessen des Schuldners, sondern auch die des Gläubigers mit dem Ziel, die beiden widerstreitenden Interessen auszugleichen, zu berücksichtigen[1303].

Mit der Rechtsprechung des BAG ist anzunehmen, dass ein überwiegendes Interesse des Arbeitgebers an der Beendigung des Arbeitsverhältnisses immer dann anzunehmen ist, wenn er in schutzwürdigem Vertrauen auf die Rechtslage bereits Dispositionen getroffen hat und ihm aufgrund der betrieblichen Situation eine Weiterbeschäftigung des Arbeitnehmers nicht zugemutet werden kann[1304]. Sind betriebsbedingte Beendigungsgründe für den Aufhebungsvertrag maßgeblich gewesen, hat der Arbeitgeber allerdings regelmäßig kein schutzwürdiges Interesse daran, den Arbeitsplatz neu zu besetzen[1305]. Eine Ausnahme besteht dann, wenn der Arbeitgeber in Unkenntnis des Wiedereinstellungsverlangens verschiedener Arbeitnehmer und damit in gutem Glauben an die Wirksamkeit der Vertragsbeendigung den wieder- bzw. neuentstandenen Arbeitsplatz anderweitig besetzt hat[1306].

Ergibt sich eine Weiterbeschäftigungsmöglichkeit des Arbeitnehmers noch innerhalb der Auslauffrist, spricht dies für ein Überwiegen seines Interesses an einer Neubewertung des Aufhebungsvertrages gegenüber dem Interesse des Arbeitgebers an dem Festhalten der Vereinbarung[1307]. Treten die neuen Tatsachen nach dem Ende des Arbeitsverhältnisses auf, sind die Interessen des Arbeitgebers regelmäßig stärker zu berücksichtigen. Insbesondere dann, wenn der Aufhebungsvertrag den Arbeitnehmer nicht mehr belastet, weil er nicht (mehr) arbeitslos ist, werden die Interessen des Arbeitgebers an dem Festhalten der Vereinbarung diejenigen des Arbeitnehmers an einer Wiederbegründung des Arbeitsverhältnisses überwiegen. Auch die Frage, ob der Vertrag aufgrund von Zugeständnissen beider Parteien zustande kam, ist bei der Interessenabwägung zu berücksichtigen[1308]. Daraus ergibt sich, dass auch die Höhe einer Abfindung und sonstige, dem Arbeitnehmer aufgrund des Aufhebungsvertrages zustehenden Vorteile eine Rolle spielen können[1309]. Letztlich kommt es auf die Umstände des Einzelfalles an.

bb) Vertragsanpassung oder Vertragsauflösung?

Nach den Grundsätzen vom Wegfall der Geschäftsgrundlage gab es vor dem 1.01.2002 zwei denkbare Rechtsfolgen: Die Vertragsanpassung und die Vertragsauf-

---

1303 RG, Urt. v. 21.09.1920 – III 143/20 = RGZ 100, 129, 133.

1304 BAG, Urt. v. 27.02.1997 – 2 AZR 160/96 = AP Nr. 1 zu § 1 KSchG 1969 Wiedereinstellung = NZA 1997, 757; Urt. v. 28.06.2000 – 7 AZR 904/98 = AP Nr. 6 zu § 1 KSchG 1969 Wiedereinstellung = NZA 2000, 1097.

1305 Boewer, NZA 1999, 1121, 1131.

1306 S. Ausführungen von Ertl, DStR 2001, 442, 447, der sich auf den allgemeinen Rechtsgedanken des § 162 BGB bezieht.

1307 Vgl. Weber/Ehrich/Burmester, Aufhebungsverträge, Teil 1 Rn 893.

1308 Vgl. BGH, Urt. v. 27.04.1972 – II ZR 122/70 = BGHZ 58, 327, 363.

1309 Vgl. BAG, Urt. v. 28.06.2000 – 7 AZR 904/98 = AP Nr. 6 zu § 1 KSchG 1969 Wiedereinstellung = NZA 2000, 1097; zur Abfindungshöhe als Kriterium der Rechtsprechung s.a. Ertl, DStR 2001, 442, 450.

lösung. Letztere kam allerdings nur in Ausnahmefällen in Betracht und war so gestaltet, dass der benachteiligte Teil ein außerordentliches Kündigungs- oder Rücktrittsrecht hat[1310].

Diese Grundsätze hat der Gesetzgeber in § 313 BGB übernommen. Regelmäßige Rechtsfolge nach § 313 Abs. 1 BGB ist die Anpassung des Vertrages. Ist eine Anpassung nicht möglich oder einem Teil nicht zumutbar, kann der benachteiligte Teil nach § 313 Abs. 3 S. 1 BGB vom Vertrag zurücktreten.

Auf den ersten Blick scheint eine Anpassung eines Aufhebungsvertrages nicht möglich zu sein, weil der Arbeitnehmer eine Beseitigung des Aufhebungsvertrages anstrebt, damit das alte Arbeitsverhältnis nicht beendet wird[1311]. Allerdings wäre die Unwirksamkeit des Aufhebungsvertrages genau das Gegenteil von dem, was die Parteien mit dem Aufhebungsvertrag erreichen wollten[1312]. Dafür bedarf es einer besonderen Rechtfertigung. Insbesondere darf keine weniger einschneidende Möglichkeit gegeben sein.

Fraglich ist, ob im vorliegenden Fall nicht doch eine Vertragsanpassung in Betracht kommt. Denn dem Begehren des Arbeitnehmers kann nicht nur dadurch abgeholfen werden, dass der Aufhebungsvertrag als unwirksam angesehen wird, sondern auch dadurch, dass der Arbeitgeber den Arbeitnehmer wiedereinstellen muss, wenn dieser es verlangt. Dementsprechend besteht die Vertragsanpassung nach Auffassung des BAG nach Ausspruch einer Kündigung nicht in einem Fortsetzungs-, sondern in einem Wiedereinstellungsanspruch[1313], gegebenenfalls gegen Rückzahlung der geleisteten Abfindung, so dass der Arbeitnehmer die Wahl hat, ob er das Arbeitsverhältnis fortsetzen will[1314]. Diese Konstruktion ist in der Literatur auf Zustimmung gestoßen[1315].

Demgegenüber hat der 7. Senat in einer neueren Entscheidung ausgeführt, auch die Wiedereinstellung sei keine Anpassung des Aufhebungsvertrages, sondern das Gegenteil dessen, was die Parteien vereinbart hätten[1316]. Dagegen lässt sich zweierlei einwenden: Zum einen kann man die Unwirksamkeit des Aufhebungsvertrages mit der Folge des Wiederauflebens des alten Arbeitsverhältnisses sowohl tatsächlich als auch rechtlich von einem Wiedereinstellungsanspruch unterscheiden. Denn es ist

---

[1310] S. Jauernig/Vollkommer, BGB, § 242 Rn 91 ff.

[1311] So Germelmann, NZA 1997, 237, 240.

[1312] So Nicolai/Noack, ZfA 2000, 87, 110; Ertl, DStR 2001, 442, 449.

[1313] Zu dieser Unterscheidung s. Walker, Anm. zu BAG, Urt. v. 27.02.1997, SAE 1998, 103, 107; Boewer, NZA 1999, 1177 f.

[1314] BAG, Urt. v. 4.12.1997 – 2 AZR 140/97 = AP Nr. 4 zu § 1 KSchG 1969 Wiedereinstellung = NZA 1998, 254.

[1315] Schmidt in Ascheid/Preis/Schmidt, AufhebVtr Rn 83; Hergenröder, Anm. zu BAG, Urt. v. 4.12.1997, EzA § 1 KSchG Wiedereinstellungsanspruch Nr. 3, S. 19 f.; Otto, FS Kraft, 451, 465; krit. Weber/Ehrich/ Hoß, Aufhebungsverträge, Teil 1 Rn 897.

[1316] BAG, Urt. v. 28.06.2000 – 7 AZR 904/98 = AP Nr. 6 zu § 1 KSchG 1969 Wiedereinstellung = NZA 2000, 1097.

durchaus denkbar, dass sich der neue Arbeitsvertrag, der ex nunc entsteht, wegen der geänderten Umstände von dem alten unterscheidet[1317], z.B. dann, wenn ein möglicher Betriebserwerber den Kauf in zulässiger Weise (§ 613 a BGB!) von der Änderung der Arbeitsbedingungen der Arbeitnehmer abhängig macht[1318]. Hinzu kommt, dass bei dieser Konstruktion zwischen der Beendigung des alten Arbeitsverhältnisses und der Begründung eines neuen keinerlei Rechte, z.B. aus Annahmeverzug, entstanden sind[1319]. Gegen eine Unwirksamkeit der Vereinbarung spricht auch die Lage beim Abfindungsvergleich. Denn wenn dieser wegen einer Störung der Geschäftsgrundlage unwirksam wäre, hätte dies zur Folge, dass der Kündigungsschutzprozess wiederaufzunehmen ist[1320]. Dies ist aber nicht im Interesse der Parteien.

Zum anderen kann die Auffassung, ein Wiedereinstellungsanspruch sei keine Vertragsanpassung, nicht dazu führen, dass der Arbeitnehmer keine Möglichkeit hat, den alten Zustand wiederherzustellen. Denn wenn sich die Störung der Geschäftsgrundlage beim Aufhebungsvertrag nicht von der Situation bei dem nachträglichen Wegfall eines betriebsbedingten Kündigungsgrundes unterscheiden soll, müssen beide Fälle zumindest im Ergebnis gleichgestellt werden.

Im Übrigen ist darauf hinzuweisen, dass auch der Rücktritt vom Aufhebungsvertrag nach § 313 Abs. 3 S. 1 BGB nach hier vertretener Auffassung nur einen Anspruch auf Wiedereinstellung, nicht aber die Unwirksamkeit des Aufhebungsvertrages zur Folge hätte[1321].

Handelt es sich um einen Aufhebungsvertrag aus betriebsbedingten Gründen, ist mit der Rechtsprechung des BAG davon auszugehen, dass der Arbeitgeber bei der Auswahl der wiedereinzustellenden Arbeitnehmer die Kriterien des § 1 Abs. 3 KSchG berücksichtigen muss[1322]. Denn wenn man den Wiedereinstellungsanspruch als Korrektiv zu der Kündigungsmöglichkeit aufgrund einer sich später als unzutreffend erweisenden Prognose ansieht, so erscheint eine Anwendung dieser Vorschrift als angemessene Lösung[1323].

cc) Ausschluss des Anspruchs

Hinsichtlich der Geltendmachung des Wiedereinstellungsanspruchs bestehen grundsätzlich keine Fristen. In Betracht kommt aber die Heranziehung der Frist des

---

[1317] Vgl. Otto, FS Kraft, 451, 465.

[1318] Vgl. BAG, Urt. v. 27.02.1997 – 2 AZR 160/96 = AP Nr. 1 zu § 1 KSchG 1969 Wiedereinstellung = NZA 1997, 757; Weber/Ehrich/Burmester, Aufhebungsverträge, Teil 1 Rn 891.

[1319] S. Meinel/Bauer, NZA 1999, 575, 581.

[1320] S. nur MünchKomm-ZPO/Wolfsteiner, § 794 Rn 81 ff. m.w.N.

[1321] S. oben § 7 III.

[1322] BAG, Urt. v. 4.12.1997 – 2 AZR 140/97 = AP Nr. 4 zu § 1 KSchG 1969 Wiedereinstellung = NZA 1998, 254; LAG Köln, Urt. v. 10.01.1989 – 4/2 Sa 860/88 = LAGE § 611 BGB Einstellungsanspruch Nr. 1.

[1323] MünchArbR/Buchner, § 40 Rn 114; ebenso Hergenröder, Anm. zu BAG, Urt. v. 4.12.1997, EzA § 1 KSchG Wiedereinstellungsanspruch Nr. 3, S. 18; Meinel/Bauer, NZA 1999, 575, 579; Boewer, NZA 1999, 1177, 1179; Weber/Ehrich/Burmester, Aufhebungsverträge, Teil 1 Rn 894.

§ 121 BGB oder der §§ 4, 7 KSchG. Für Ersteres spricht der Umstand, dass es sich bei der Störung der Geschäftsgrundlage um einen (beiderseitigen) Irrtum handelt. Dann müsste der Arbeitnehmer den Anspruch unverzüglich nach Kenntnis vom Wegfall der Geschäftsgrundlage geltend machen. Zur Konkretisierung dieser Anforderung könnte man an eine Anwendbarkeit der §§ 4, 7 KSchG denken[1324]. Dies entspricht offenbar auch der Auffassung des BAG für den Fortsetzungsanspruch beim Betriebsübergang[1325].
Diese Frist erscheint insoweit angemessen, als sie dem Arbeitnehmer genügend Zeit zur Entscheidung lässt und zum anderen das Bedürfnis des Arbeitgebers nach Rechtssicherheit berücksichtigt. Denn da dem Arbeitgeber in diesem Fall im Unterschied zur Lage nach einer widerrechtlichen Drohung kein Vorwurf gemacht werden kann, ist es als angemessen anzusehen, dem Arbeitnehmer eine zeitliche Begrenzung für die Geltendmachung seines Anspruchs zu setzen. Wegen der ähnlichen Wirkungen der Geltendmachung der Sozialwidrigkeit einer Kündigung und der Störung der Geschäftsgrundlage eines Aufhebungsvertrages erscheint deshalb eine entsprechende Anwendung der §§ 4, 7 KSchG über § 122 BGB auf den vorliegenden Fall vertretbar[1326].
Fraglich ist allenfalls, ob eine außergerichtliche Geltendmachung zur Fristwahrung genügt. Dafür spricht, dass die Fristbegrenzung auf § 121 BGB und nicht direkt auf das KSchG gestützt wird. Auf der anderen Seite ist der Arbeitnehmer nicht unzumutbar belastet, wenn er innerhalb der Dreiwochenfrist nach Kenntnis der maßgeblichen Umstände bei Scheitern der außergerichtlichen Verhandlungen das Arbeitsgericht anruft. Dies ist die Konsequenz aus der Heranziehung der §§ 4, 7 KSchG aufgrund der vergleichbaren Interessenlage[1327]. Im Übrigen bleibt es hinsichtlich der Geltendmachung des Anspruchs bei der allgemeinen Grenze der Verwirkung[1328].
Fraglich ist, ob der Wiedereinstellungsanspruch durch eine allgemeine Ausgleichsklausel ausgeschlossen wird. Dafür hat sich das LAG Hamm ausgesprochen[1329]. Dagegen spricht allerdings, dass die Frage, ob eine Störung der Geschäftsgrundlage vorliegt, vom Parteiwillen abhängt. Haben die Vertragsparteien einen bestimmten Umstand zu ihrer Geschäftsgrundlage gemacht, kann die Ausgleichsklausel nicht dahingehend verstanden werden, dass die Parteien bei einer Störung bzw. einem Wegfall dieser Geschäftsgrundlage den sich daraus ergebenden Anspruch ausschließen woll-

---

1324 Dazu Meinel/Bauer, NZA 1999, 575, 580.
1325 BAG, Urt. v. 19.03.1998 – 8 AZR 139/97 = AP Nr. 177 zu § 613 a BGB = NZA 1998, 750; Urt. v. 12.11.1998 – 8 AZR 265/97 = AP Nr. 5 zu § 1 KSchG 1969 Wiedereinstellung = NZA 1999, 311.
1326 A.A. Ertl, DStR 2001, 442, 451, der nur die Grundsätze der Verwirkung heranziehen will.
1327 Meinel/Bauer, NZA 1999, 575, 581; a.A. Boewer, NZA 1999, 1177, 1180.
1328 Vgl. Zwanziger, BB 1997, 42, 45.
1329 LAG Hamm, Urt. v. 20.09.1999 – 19 Sa 658/99 = BB 2000, 308, 309.

ten. Das wäre zumindest von der Seite desjenigen, der sich auf die Vertragsanpassung einlassen muss, ein venire contra factum proprium.

3. Ergebnis

Eine Anpassung des Aufhebungsvertrages nach § 313 BGB kommt nur in Ausnahmefällen in Betracht. Dies ist in Anlehnung an den vom BAG entwickelten Wiedereinstellungsanspruch in der Regel dann der Fall, wenn der Aufhebungsvertrag aus betrieblichen Gründen geschlossen wird und diese später wegfallen oder sich als nicht bestehend herausstellen. Auch auf Aufhebungs- und Abfindungsvergleiche können die Grundsätze vom Wegfall der Geschäftsgrundlage, die seit 1.01.2002 in § 313 BGB kodifiziert sind, neben § 779 BGB Anwendung finden; allerdings ist in diesen Fällen regelmäßig davon auszugehen, dass die Parteien eine abschließende Entscheidung über das Fortbestehen des Arbeitsverhältnisses treffen wollten.
Für die Anwendbarkeit des § 313 BGB spielt der Beendigungszeitpunkt keine Rolle. Das Ende des Arbeitsverhältnisses ist allerdings bei der Interessenabwägung in Zusammenhang mit der Zumutbarkeit einer Vertragsanpassung zu berücksichtigen.
Die Störung der Geschäftsgrundlage führt zur Anpassung des Aufhebungsvertrages in Gestalt eines Wiedereinstellungsanspruchs des Arbeitnehmers gemäß § 313 Abs. 1 BGB. Der Aufhebungsvertrag fällt nicht weg, sondern das Arbeitsverhältnis wird auf Verlangen des Arbeitnehmers ex nunc neu begründet.

II. Störung der Geschäftsgrundlage – Auswirkungen auf einen Abfindungsanspruch

In der oben genannten Fallgruppe der Störung der Geschäftsgrundlage beim Aufhebungsvertrag kommt es zu einer Vertragsanpassung mit der Folge eines Wiedereinstellungsanspruchs zugunsten des Arbeitnehmers. Der Anpassungsanspruch kann aber auch auf Seiten des Arbeitgebers bestehen und die im Aufhebungsvertrag zugesagte Abfindung betreffen.

1. Schicksal der Abfindung bei Wiedereinstellungsanspruch

Dieses Problem ergibt sich zum einen in den oben erörterten Fällen, in denen der Arbeitnehmer einen Wiedereinstellungsanspruch hat. Weil der Aufhebungsvertrag nicht beseitigt wird, sondern eine Neubegründung des Arbeitsverhältnisses erfolgt, bleibt der Abfindungsanspruch bestehen. Dies ist jedoch nicht interessengerecht, wenn der Arbeitnehmer wieder eingestellt wird. In diesem Fall wird auch der Abfindungsanspruch von der Anpassung des Aufhebungsvertrages erfasst mit der Folge, dass er nicht mehr besteht bzw. eine bereits erfolgte Abfindung zu erstatten ist[1330]. Etwas anderes ist allenfalls denkbar, wenn sich die Arbeitsbedingungen im Rahmen

[1330] Dazu BAG, Urt. v. 4.12.1997 – 2 AZR 140/97 = AP Nr. 4 zu § 1 KSchG 1969 Wiedereinstellung = NZA 1998, 254; Weber/Ehrich/Burmester, Aufhebungsverträge, Teil 1 Rn 898.

der Neueinstellung derart verändern, dass ein Teil der Abfindung als Entschädigung für die erlittenen Nachteile anzusehen ist.

2. Schicksal der Abfindung bei vorzeitigem Ausscheiden des Arbeitnehmers

Fraglich ist aber, ob eine Anpassung des Abfindungsanspruchs nach § 313 BGB auch dann in Betracht kommt, wenn der Aufhebungsvertrag aus anderen Gründen praktisch „gegenstandslos" wird. So z.B., wenn der Arbeitnehmer nicht aufgrund des Aufhebungsvertrages, sondern aufgrund einer nach dem Vertragsschluss ausgesprochenen Kündigung ausscheidet.

a) Rechtsprechung des BAG

Das BAG hat sich mit dieser Frage beschäftigt, sie allerdings nicht eindeutig beantwortet, sondern die zu entscheidenden Fälle nach anderen Kriterien beurteilt. So hat das Gericht festgestellt, dass die Geschäftsgrundlage für einen Aufhebungsvertrag nicht ohne weiteres wegfällt, wenn nach dessen Abschluss zum gleichen Zeitpunkt noch eine verhaltensbedingte Kündigung ausgesprochen werde[1331]. Der Aufhebungsvertrag stehe jedoch unter der aufschiebenden Bedingung, dass das Arbeitsverhältnis bis zum Ende fortgesetzt werde, so dass er einschließlich einer darin vereinbarten Abfindung gegenstandslos werde, wenn eine außerordentliche Kündigung das Arbeitsverhältnis vor dem vorgesehenen Auflösungszeitpunkt beende[1332]. Zur Begründung führte das Gericht aus, die Parteien hätten es nicht zur Grundlage des Aufhebungsvertrages gemacht, dass keine weiteren Kündigungsgründe das Arbeitsverhältnis zu dem vorgesehenen Zeitpunkt eventuell auflösen würden[1333]. In dieselbe Richtung gehen zwei Entscheidungen, nach denen die Geschäftsgrundlage für eine Abfindungszahlung nicht wegfalle, wenn der Arbeitnehmer vor dem vereinbarten Ausscheidenstermin berufsunfähig werde[1334] bzw. versterbe[1335].

b) Stellungnahme

Fraglich ist, wann eine Störung der Geschäftsgrundlage in den Fällen, in denen das Arbeitsverhältnis nicht unmittelbar aufgrund des Aufhebungsvertrages endet, in Betracht kommt. Entscheidend ist dies für die Frage nach der Anpassung des sich aus dem Aufhebungsvertrag ergebenden Abfindungsanspruchs.
Voraussetzung für eine Anpassung der Abfindungsvereinbarung ist zunächst, dass ihr die Geschäftsgrundlage zugrunde liegt, dass der Arbeitnehmer aufgrund des Auf-

---

[1331] BAG, Urt. v. 29.01.1997 – 2 AZR 292/96 = AP Nr. 131 zu § 626 BGB = NZA 1997, 813; ebenso Schmidt in Ascheid/Preis/Schmidt, AufhebVtr Rn 84.

[1332] BAG, a.a.O.; ebenso Schmidt in Ascheid/Preis/Schmidt, a.a.O.

[1333] BAG, a.a.O.

[1334] BAG, Urt. v. 14.08.1990 – 3 AZR 285/89 = AP Nr. 10 zu § 1 BetrAVG Invaliditätsrente = NZA 1991, 147.

[1335] BAG, Urt. v. 25.06.1987 – 2 AZR 504/86 = NZA 1988, 466, 467; ebenso LAG Rheinland-Pfalz, Urt. v. 13.11.1987 – 6 Sa 704/87 = LAGE § 9 KSchG Nr. 8.

hebungsvertrages und nicht aufgrund anderer, zwischenzeitlich eintretender Umstände, aus dem Arbeitsverhältnis ausscheidet. Dafür bedarf es entsprechend übereinstimmender Vorstellungen der Parteien. Diese werden sich regelmäßig danach richten, welchen Charakter die Abfindungszusage hat. Außerdem ist im Rahmen von § 313 Abs. 1 BGB zu berücksichtigen, welche Partei das Risiko für eine Veränderung der Sachlage trägt und ob eine Vertragsanpassung zumutbar ist.

aa) Erleben des Beendigungszeitpunktes als Geschäftsgrundlage

Die Tatsache, dass der Arbeitnehmer den vereinbarten Beendigungszeitpunkt erlebt, wird regelmäßig nicht Geschäftsgrundlage des Aufhebungsvertrages sein. Außerdem machen der Tod des Gläubigers und der Anspruchsübergang auf dessen Erben eine Leistung des Schuldners noch nicht unzumutbar. Ein überwiegendes Interesse des Arbeitgebers, die Abfindung aufgrund des Todes des Arbeitnehmers nicht leisten zu müssen, ist nicht erkennbar[1336]. Es besteht kein Grund, wieso der Arbeitnehmer bzw. dessen Erben in diesem Fall das Risiko einer vorzeitigen Vertragsbeendigung tragen sollen. Ist dem Arbeitnehmer die Abfindung im Gegenzug zu seinem Einverständnis mit der Vertragsauflösung gezahlt worden, um dem Arbeitgeber die mit einer Kündigung zusammenhängenden Risiken zu ersparen, hat er seinen Teil der Vereinbarung erfüllt; sollte sie vornehmlich als Ersatz für den Verlust des Arbeitsplatzes gezahlt werden, behält sie diese Funktion auch den Erben gegenüber[1337]. Dieselben Überlegungen gelten dann, wenn der Arbeitnehmer vor Eintritt der Beendigungswirkung berufsunfähig wird.

bb) Fristlose Kündigung vor dem Beendigungszeitpunkt

Anders kann sich die Interessenlage demgegenüber dann darstellen, wenn dem Arbeitnehmer nach Abschluss des Aufhebungsvertrages aus verhaltensbedingten Gründen fristlos gekündigt wird[1338]. Denn hier hat sich der Arbeitnehmer nicht vertragstreu verhalten. Insoweit muss er sich die nachträgliche Änderung der Geschäftsgrundlage des Aufhebungsvertrages entgegenhalten lassen, die da lautet, dass keine vom Arbeitnehmer zu vertretenden Umstände den Aufhebungsvertrag wirkungslos machen werden. Denn wenn der Arbeitgeber gewusst hätte, dass sich der Arbeitnehmer bis zur Beendigung des Arbeitsverhältnisses noch erheblicher Verfehlungen schuldig machen wird, hätte er ihm keine Abfindung versprochen.

Darauf hätte sich auch der Arbeitnehmer einlassen müssen. Denn dem Arbeitgeber kann es nicht zugemutet werden, einem Arbeitnehmer, dem er fristlos kündigt, auch noch eine Abfindung zu zahlen. Die Anpassung des Vertrages nach § 313 Abs. 1

[1336] Preis, Anm. zu LAG Rheinland-Pfalz, Urt. v. 13.11.1987, LAGE § 9 KSchG Nr. 8, S. 12.

[1337] Vgl. Ausführungen des LAG Rheinland-Pfalz, Urt. v. 13.11.1987 – 6 Sa 704/87 = LAGE § 9 KSchG Nr. 8.

[1338] Dies ist grundsätzlich zulässig, soweit es dem Arbeitgeber unzumutbar ist, das Arbeitsverhältnis bis zum Beendigungszeitpunkt fortzusetzen: BAG, Urt. v. 5.04.2001 – 2 AZR 217/00 – zur Veröffentlichung vorgesehen.

BGB führt dazu, dass der Arbeitgeber nicht zur Zahlung der Abfindung verpflichtet ist[1339].

cc) Ordentliche Kündigung vor dem Beendigungszeitpunkt

Anders könnte sich die Sachlage allerdings bei einer ordentlichen Kündigung darstellen, die das Arbeitsverhältnis vorzeitig beendet. Denn in diesen Fällen ist der Vorwurf gegenüber dem Arbeitnehmer weniger schwer. Zumindest im Fall einer personen- oder betriebsbedingten Kündigung muss das Risiko, dass der Aufhebungsvertrag gegenstandslos wird, der Arbeitgeber tragen. Denn es besteht kein Grund, dem Arbeitnehmer die Entschädigung für den Verlust des Arbeitsplatzes zu versagen. Geschäftsgrundlage des Aufhebungsvertrages ist nicht, dass bis zum Ende des Arbeitsverhältnisses keine personen- oder betriebsbedingten Kündigungsgründe mehr auftreten, weil der Arbeitnehmer eine solche Vorstellung in der Regel nicht hat und sich auf diese auch nicht redlicherweise einlassen müsste; denn auf die künftige Entwicklung hat er insoweit keinen Einfluss. Anders kann dies nur sein, wenn die Parteien sich konkrete Gedanken darüber machen, etwa deshalb, weil die Auslauffrist des Aufhebungsvertrages sehr lang ist und gewisse Anhaltspunkte dafür bestehen, dass „etwas dazwischen kommen könnte". Dann liegt die konkludente Vereinbarung einer Bedingung bzw. das Hinausschieben des Entstehungszeitpunktes der Abfindung nahe.

Handelt es sich um eine „überholende" ordentliche verhaltensbedingte Kündigung, muss deshalb eine Interessenabwägung im Einzelfall erfolgen. Ist die Abfindung in diesem Fall eher Ausgleich für den Verlust des Arbeitsplatzes, kommt die Anwendung von § 313 Abs. 1 BGB in Frage, weil der Arbeitnehmer, der aus verhaltensbedingten Gründen durch Kündigung ausscheidet, keinen sozialen Besitzstand mehr hat[1340]. Wird die Abfindung als Gegenleistung für das Einverständnis zur einvernehmlichen Vertragsbeendigung versprochen, liegt es näher, bei einer „überholenden" verhaltensbedingten Kündigung keine Vertragsanpassung nach § 313 Abs. 1 BGB zuzulassen[1341]. Denn hier ist das Fehlverhalten des Arbeitnehmers nicht so schwerwiegend, dass ihm der Anspruch auf die Abfindung nach Treu und Glauben versagt werden müsste.

c) Schlussfolgerung

Im Ergebnis entspricht dies der Auffassung des BAG, das eine aufschiebende Bedingung konstruiert[1342]. Für eine solche Bedingung bedarf es allerdings einer entsprechenden Vereinbarung, während die Grundsätze des § 313 BGB auf einer Bewertung

---

[1339] I.E. ebenso Sächsisches LAG, Urt. v. 17.06.1997 – 7 Sa 1244/96 – n. v.; Schaub, Handbuch, § 122 Rn 12.

[1340] Thüsing, Anm. zu BAG, Urt. v. 29.01.1997, EWiR 1997, 689, 690.

[1341] Vgl. BAG, Urt. v. 29.01.1997 – 2 AZR 292/96 = AP Nr. 131 zu § 626 BGB = NZA 1997, 813.

[1342] BAG, Urt. v. 29.01.1997 – 2 AZR 292/96 = AP Nr. 131 zu § 626 BGB = NZA 1997, 813; anders noch BAG, Urt. v. 25.06.1987 – 2 AZR 504/86 = NZA 1988, 466, 467.

des Parteiverhaltens nach Treu und Glauben beruhen. Ob die Parteien – auch konkludent – den Aufhebungsvertrag unter eine aufschiebende Bedingungen stellen wollten, ist eine Frage der Auslegung; an der Schlussfolgerung des BAG, der Aufhebungsvertrag stehe regelmäßig unter einer solchen Bedingung, sind Zweifel angebracht, weil diese an den Parteiwillen im Einzelfall zu geringe Anforderungen stellt[1343]. Dies ist nicht nur aus dogmatischen Gründen, sondern auch vor dem Hintergrund, dass damit die Entstehung des Abfindungsanspruchs hinausgezögert wird, nicht vertretbar[1344].

Als Ergebnis ist festzuhalten, dass der Abfindungsanspruch des Arbeitnehmers nach § 313 BGB bei „überholender Kündigung" in der Regel nur dann entfällt, wenn es sich um eine fristlose Kündigung handelt. Ansonsten kommt eine entsprechende Anpassung des Aufhebungsvertrages allenfalls dann in Betracht, wenn es sich um eine ordentliche verhaltensbedingte Kündigung handelt und die Interessenabwägung ergibt, dass die Leistung der Abfindung dem Arbeitgeber nicht zugemutet werden kann.

III. Sonstige Fragestellungen

Neben den genannten Fällen spielt die Frage der Störung der Geschäftsgrundlage in Zusammenhang mit einem Aufhebungsvertrag vor allem in sozialversicherungsrechtlicher Hinsicht eine Rolle. Hier stellt sich die Frage, ob Änderungen der Gesetzeslage eine Anpassung des Vertrages hinsichtlich der Höhe der Abfindung erforderlich machen. Das BAG hat eine Anpassung in Form eines Ausgleichsanspruchs für den Fall bejaht, dass der Arbeitnehmer wegen Leistungen des Arbeitsamtes 30 % mehr an Gegenwert erhalten habe als im Aufhebungsvertrag vereinbart; dies habe zu einer erheblichen Äquivalenzstörung geführt, weil der Arbeitgeber aufgrund der nachträglichen Gesetzesänderung verpflichtet sei, die zusätzlich geflossenen Leistungen der BA zu erstatten[1345]. Demgegenüber entschied das LAG Düsseldorf, dass eine Minderung des Arbeitslosengeldes infolge einer späteren Gesetzesänderung den Arbeitnehmer nicht berechtige, den Differenzbetrag nach den Grundsätzen des Wegfalls der Geschäftsgrundlage vom Arbeitgeber ersetzt zu verlangen; zum einen handele es sich dabei um das jedem Vertrag innewohnende Risiko, zum anderen sei eine Äquivalenzstörung, die eine Vertragsanpassung rechtfertigen würde, vorliegend nicht erkennbar[1346].

Bei beiden Urteilen handelt es sich um Einzelfallentscheidungen. Ihnen ist insoweit zuzustimmen, als auch eine Gesetzesänderung zu einer Anwendbarkeit des § 313

[1343] Vgl. Ausführungen des BAG, Urt. v. 25.06.1987 – 2 AZR 504/86 = NZA 1988, 466, entgegen LAG Hamburg, Urt. v. 16.07.1986 – 8 Sa 45/86 = LAGE § 9 KSchG Nr. 4.

[1344] Dazu noch unten § 14 VI 3 a).

[1345] BAG, Urt. v. 4.04.1990 – 5 AZR 99/88 – n. v.

[1346] LAG Düsseldorf, Urt. v. 15.03.1995 – 4 Sa 1805/94 = LAGE § 611 BGB Aufhebungsvertrag Nr. 16.

BGB führen kann, soweit sie das Gleichgewicht zwischen Leistung und Gegenleistung unzumutbar beeinträchtigt.
Über die genannten Fallgestaltungen hinaus stellt sich die Frage der Anwendbarkeit des § 313 BGB in Zusammenhang mit der einvernehmlichen Beendigung des Arbeitsvertrages vor allem hinsichtlich versorgungsrechtlicher Zusagen[1347] und bei Sozialplanansprüchen[1348]. Dabei steht die Bewertung der wirtschaftlichen Lage des Arbeitgebers im Hinblick auf den Anspruch des Arbeitnehmers im Vordergrund.

IV. Zusammenfassung

Der Aufhebungsvertrag kann unter Umständen nach den Grundsätzen über eine Störung der Geschäftsgrundlage gemäß § 313 Abs. 1 BGB anzupassen sein. Dies kommt – in Anlehnung an den vom BAG entwickelten Wiedereinstellungsanspruch bei Kündigungen - vor allem dann in Betracht, wenn der Arbeitsvertrag aufgrund betrieblicher Gründe einvernehmlich beendet wurde und diese Gründe später wegfallen bzw. sich als nicht zutreffend herausstellen. Bei Abschluss eines gerichtlichen Abfindungsvergleiches gilt dies nur ausnahmsweise, weil grundsätzlich davon auszugehen ist, dass die Parteien ihre Vertragsbeziehungen durch diesen abschließend regeln wollten und der Arbeitnehmer das Risiko hinsichtlich eventuell eintretender Veränderungen zu tragen hat.
Ist die Geschäftsgrundlage gestört, hat der Arbeitnehmer einen Anspruch auf Vertragsanpassung nach § 313 Abs. 1 BGB dergestalt, dass er vom Arbeitgeber Wiedereinstellung verlangen kann. Dieser Anspruch besteht in der Regel dann nicht mehr, wenn das Arbeitsverhältnis zum Zeitpunkt der Veränderungen bereits beendet war, weil dem Arbeitgeber dann die Wiedereinstellung nicht mehr zumutbar ist. Gleiches gilt, wenn der Arbeitgeber zu recht bereits anderweitige Dispositionen getroffen hat.
Soweit dem Arbeitnehmer aufgrund des Aufhebungsvertrages eine Abfindung zusteht, kann dieser Anspruch nach § 313 Abs. 1 BGB ebenfalls anzupassen sein. Dabei ist vor allem darauf abzustellen, ob die Abfindung als Entschädigung für den Verlust des Arbeitsplatzes oder als Gegenleistung für das Einverständnis des Arbeitnehmers gezahlt werden sollte. Außerdem ist zu fragen, ob dem Arbeitgeber die Leistung weiterhin zumutbar ist. In der Regel wird im Fall einer die Beendigungswirkung des Aufhebungsvertrages „überholenden“ fristlosen Kündigung kein Anspruch auf die Abfindung mehr bestehen. Etwas anderes gilt grundsätzlich bei „überholender“ ordentlicher Kündigung und in den Fällen, in denen der Arbeitnehmer den Beendigungszeitpunkt nicht erlebt.

[1347] S. BAG, Beschl. v. 23.09.1997 – 3 ABR 85/96 = AP Nr. 26 zu § 1 BetrAVG Ablösung = NZA 1998, 719; Urt. v. 28.07.1998 – 3 AZR 100/98 = AP Nr. 4 zu § 1 BetrAVG Überversorgung = NZA 1999, 444.
[1348] S. BAG, Beschl. v. 10.08.1994 – 10 ABR 61/93 = AP Nr. 86 zu § 112 BetrVG 1972 = NZA 1995, 314; LAG Hamburg, Urt. v. 11.11.1998 – 5 Sa 25/98 – n. v.

6. Kapitel: Inhalt und Folgen des Aufhebungsvertrages

Der Aufhebungsvertrag beendet das Arbeitsverhältnis unmittelbar. Fraglich kann aber die Reichweite dieser Beendigungswirkung sein. Dabei ist zwischen inhaltlicher und zeitlicher Reichweite der Beendigungswirkung zu unterscheiden.

§ 14 Beendigungswirkung, Nebenabreden und Rechtsfolgen des Aufhebungsvertrages

I. Die Beendigung des Arbeitsvertrages – Einfluss auf Haupt- und Nebenpflichten

1. Die Beendigung der Hauptleistungspflichten des Arbeitsverhältnisses durch den Aufhebungsvertrag

Eine Besonderheit für die inhaltliche Reichweite der Beendigungswirkung ergibt sich daraus, dass es sich bei dem Arbeitsverhältnis, das Arbeitgeber und Arbeitnehmer beenden wollen, um ein Dauerschuldverhältnis handelt, bei dem die gegenseitigen Hauptleistungspflichten immer wieder neu entstehen[1349]. Endet das Arbeitsverhältnis, enden zugleich auch die Hauptleistungspflichten, das heißt die Arbeitspflicht des Arbeitnehmers und die Lohnzahlungspflicht des Arbeitgebers[1350]. Für die Vergangenheit bleibt das Arbeitsverhältnis als Rechtsgrund i.S.v. § 812 BGB für die erbrachten Leistungen bestehen[1351]. Insoweit bestehen zwischen einer Beendigung des Arbeitsverhältnisses durch Aufhebungsvertrag und der Beendigung durch Kündigung keine Unterschiede.

Fürsorge- und Treuepflichten verlieren mit der Beendigung des Arbeitsverhältnisses ebenso ihre Wirkungen wie die Hauptleistungspflichten, wenn und soweit sie ihrer Natur nach an den Fortbestand des Arbeitsverhältnisses anknüpfen[1352].

2. Grundsätzliche Rechtsfolgen bei der Beendigung des Arbeitsverhältnisses

Aufgrund der Beendigung des Arbeitsverhältnisses können sich nachvertragliche Verhaltens- oder Schutzpflichten der Vertragsparteien ergeben.

So z.B. die Pflicht des Arbeitgebers zur Zeugniserteilung[1353] oder die Verpflichtung, an einen potentiellen neuen Arbeitgeber Auskünfte über Leistung und Verhalten des Arbeitnehmers zu geben[1354]; auf Seiten des Arbeitnehmers sind die Verpflichtungen

---

[1349] Larenz, SR AT, § 19 II c).

[1350] MünchArbR/Wank, § 126 Rn 1.

[1351] Ernst, Aufhebungsverträge, S. 269.

[1352] Dazu Müller, Aufhebungsverträge, S. 201.

[1353] Ausführlich dazu Brox/Rüthers, Arbeitsrecht, Rn 226.

[1354] Dazu Müller, Aufhebungsverträge, S. 201.

zu nennen, Verschwiegenheit über die Geschäfts- und Betriebsgeheimnisse des Arbeitgebers zu bewahren[1355] oder Wettbewerbsverbote einzuhalten[1356].
Soweit die gesetzlichen Nebenfolgen der Abwicklung des beendeten Arbeitsverhältnisses dienen, knüpfen sie in der Regel an die Tatsache der Beendigung des Arbeitsverhältnisses an, ohne eine Unterscheidung zwischen Aufhebungsvertrag, Kündigung und anderen Beendigungsformen zu treffen[1357]. Eine Übertragung gesetzlicher, tariflicher oder betrieblicher Vorschriften, welche die Beendigung des Arbeitsverhältnisses betreffen, die durch eine Kündigung erfolgt ist, ist auf die Beendigung durch Aufhebungsverträge grundsätzlich nicht möglich. Dies ergibt sich aus den bereits oben angeführten grundlegenden Unterschieden zwischen den beiden Rechtsinstituten[1358]. Etwas anderes könnte allerdings dann gelten, wenn es nach dem Gesetzeszweck eindeutig nur auf die Tatsache bzw. den Anlass der Beendigung des Arbeitsverhältnisses ankommt, die Art der Beendigung aber keine Rolle spielt. Dies richtet sich nach Regelungsgehalt und Intention der jeweiligen Vorschrift.

3. Typische Vereinbarungen und gesetzliche Nebenfolgen bei der Beendigung von Arbeitsverhältnissen durch Aufhebungsvertrag als Gegenstand der Untersuchung

Im Folgenden sollen Rechtsfolgen, die bei der Beendigung des Arbeitsverhältnisses eintreten, nur insoweit Gegenstand der Untersuchung sein, wie sich für die Beendigung durch Aufhebungsvertrag Besonderheiten ergeben; dabei werden vor allem diejenigen Abreden der Aufhebungsvertragsparteien besprochen, die besondere Probleme mit sich bringen können bzw. die Rechtsprechung und Literatur bereits beschäftigt haben. Darüber hinaus ist hinsichtlich möglicher Regelungen auf die einschlägigen Formulare zu verweisen[1359].
Dabei hängt es vom jeweiligen Einzelfall ab, welche Fragen im Rahmen eines Aufhebungsvertrages geregelt werden sollten. Je umfangreicher die Rechte und Pflichten im Rahmen des Arbeitsverhältnisses waren, desto mehr Regelungspunkte wird der Aufhebungsvertrag enthalten. Dies gilt vor allem dann, wenn dem Arbeitnehmer ein Dienstwagen oder eine Werkswohnung zur Verfügung gestellt wurde[1360] oder wenn der Arbeitgeber besondere Kosten seiner Fort- und Weiterbildung übernahm und

---

[1355] Zur nachvertraglichen Pflicht zur Geheimniswahrung s. BAG, Urt. v. 15.12.1987 – 3 AZR 474/86 = AP Nr. 5 zu § 611 BGB Betriebsgeheimnis = NZA 1988, 502, sowie Brox/Rüthers, Arbeitsrecht, Rn 228, und Weber/Ehrich/Burmester, Aufhebungsverträge, Teil 1 Rn 726 f.
[1356] Brox/Rüthers, Arbeitsrecht, Rn 229.
[1357] Ausführlich zur Abwicklung des durch Aufhebungsvertrag beendeten Arbeitsverhältnisses Müller, Aufhebungsverträge, S. 199 ff.
[1358] S. dazu oben § 3 II 3 a).
[1359] S. insbesondere Bengelsdorf, Aufhebungsvertrag und Abfindungsvereinbarungen, S. 123 ff.; Bauer, Aufhebungsverträge, Rn 1160 ff. und Rn 1184; Weber/Ehrich/Burmester, Aufhebungsverträge, Teil 1 Rn 807.
[1360] Dazu ausführlich Bauer, Aufhebungsverträge, Rn 621 ff. und Rn 635 ff.

aufgrund der Beendigung des Arbeitsverhältnisses eine teilweise Erstattung dieser Kosten verlangt[1361].

II. Auswirkungen einer Freistellung von der Arbeitsleistung auf Vergütungs- und Urlaubsanspruch

Es wurde bereits festgestellt, dass der Zeitpunkt der Aufhebungsvereinbarung nicht mit dem Zeitpunkt der Beendigung des Arbeitsverhältnisses übereinstimmen muss. Ebenso wie die rückwirkende Beendigung ist auch eine Regelung, die das Ende des Arbeitsverhältnisses auf einen in der Zukunft liegenden Zeitpunkt festlegt, grundsätzlich von der Vertragsfreiheit der Parteien gedeckt. Die gegenseitigen Rechte und Pflichten aus dem Arbeitsverhältnis bleiben dann bis zum vereinbarten Zeitpunkt bestehen, das heißt, der Arbeitnehmer ist weiterhin zur Erbringung der Arbeitsleistung verpflichtet[1362] und der Arbeitgeber muss die dafür vereinbarte Vergütung zahlen.

1. Die Freistellungsvereinbarung

Denkbar ist auch, dass der Arbeitnehmer in der Zeit zwischen Abschluss des Aufhebungsvertrages und Beendigungszeitpunkt nicht mehr beschäftigt werden soll. In diesem Fall liegt eine Freistellungsvereinbarung vor, wie sie auch häufig im Anschluss an eine Kündigungserklärung vereinbart wird[1363]. Freistellung in diesen Fällen bedeutet, dass der Arbeitnehmer nicht zur Arbeitsleistung, der Arbeitgeber aber weiterhin zur Vergütungszahlung verpflichtet ist[1364]. Die Freistellung kann widerruflich oder unwiderruflich vereinbart werden. Ist Unwiderruflichkeit vereinbart, erlöschen die Ansprüche des Arbeitgebers auf Arbeitsleistung und des Arbeitnehmers auf Beschäftigung[1365]; ansonsten ruhen diese Ansprüche[1366]. Das Arbeitsverhältnis als Ganzes wird jedoch von dieser Vereinbarung ebenso wenig berührt wie der Vergütungsanspruch des Arbeitnehmers und alle sonstigen Nebenleistungs-, Treue- und Sorgfaltspflichten[1367]. Eine einseitige Suspendierung des Arbeitnehmers durch den Arbeitgeber kommt nur in Betracht, wenn der Arbeitgeber ein schutzwürdiges Interesse

---

1361 S. dazu Weber/Ehrich/Burmester, Aufhebungsverträge, Teil 1 Rn 731 ff.

1362 Er hat darüber hinaus grundsätzlich auch einen Anspruch auf tatsächliche Beschäftigung, näher dazu Bauer, Aufhebungsverträge, Rn 452 ff.

1363 Zu den wichtigsten Fallgruppen längerfristiger Freistellung unter Fortzahlung der Bezüge s. Bauer/Baeck, NZA 1989, 784.

1364 AR-Blattei/Glatzel, Aufhebungsvertrag Rn 58; zu den Fällen unbezahlter Freistellung s. Gamillscheg, Arbeitsrecht, S. 332.

1365 Zum Teil wird deshalb in der Freistellungsvereinbarung auch ein Erlassvertrag gesehen: LAG Brandenburg, Urt. v. 27.02.1991 – 2 Sa 1289/90 = LAGE § 615 BGB Nr. 26 und Urt. v. 17.03.1998 – 2 Sa 670/97 = LAGE § 615 BGB Nr. 56; näher dazu Bauer/Baeck, NZA 1989, 785.

1366 AR-Blattei/Glatzel, Aufhebungsvertrag Rn 58.

1367 BFH, Urt. v. 27.04.1994 – XI R 41/93 = AP Nr. 1 zu § 3 EStG = NZA 1995, 118; Bauer, Aufhebungsverträge, Rn 529.

daran hat, dass der Arbeitnehmer seiner Beschäftigung nicht mehr nachgeht[1368]. Allerdings beseitigt auch die einseitige Suspendierung die Vergütungspflicht grundsätzlich nicht[1369].
Einen Anspruch auf Freistellung hat der Arbeitnehmer grundsätzlich nicht[1370]. Ein Sonderfall ist der Freistellungsanspruch zum Zweck der Stellensuche gemäß § 629 BGB. Nach seinem Wortlaut betrifft § 629 BGB zwar nur die Beendigung eines Dienstverhältnisses aufgrund einer Kündigung. Da dieser Freistellungsanspruch es dem Arbeitnehmer aber ermöglichen soll, sich frühzeitig um ein neues Arbeitsverhältnis zu bemühen, entsteht er auch nach Abschluss eines Aufhebungsvertrages mit einer Auslauffrist[1371]. Während der Zeit der Freistellung ist dem Arbeitnehmer das Arbeitsentgelt gemäß § 616 Abs. 1 S. 1 BGB fortzuzahlen[1372].
Die folgenden Ausführungen beschäftigen sich mit der zwischen Arbeitnehmer und Arbeitgeber im Zusammenhang mit dem Aufhebungsvertrag vereinbarten Freistellung.

2. Der Vergütungsanspruch bei Freistellung

Bei einer vertraglichen Freistellungsvereinbarung ist nach der Anspruchsgrundlage für den Vergütungsanspruch des Arbeitnehmers, der ja keine Arbeitsleistung erbringt, zu fragen.
Außerdem ist zu prüfen, in welcher Höhe dieser Anspruch besteht.

a) Grundlage des Vergütungsanspruchs

Wenn der Arbeitnehmer nicht mehr beschäftigt wird, ist an einen Vergütungsanspruch aus § 615 S. 1 BGB zu denken. Voraussetzung dafür wäre, dass sich der Arbeitgeber im Hinblick auf die Arbeitsleistung des Arbeitnehmers im Annahmeverzug befindet. Allerdings besteht der Inhalt der Freistellungsabrede darin, dass die Arbeitsleistung des Arbeitnehmers bis zum Beendigungszeitpunkt erlischt und sich der Arbeitgeber trotzdem zur Zahlung des vereinbarten Entgeltes verpflichtet[1373]. Deshalb fehlt es an einer vom Arbeitnehmer geschuldeten Leistung, mit deren Annahme

---

[1368] Näher dazu Schaub, Handbuch, § 110 Rn 31 ff., Schiefer/Köster, WiB 1995, 489, 493; Hoß/Lohr, BB 1998, 2575 f.
[1369] ErfK/Müller-Glöge, § 620 BGB Rn 192; Gamillscheg, Arbeitsrecht, S. 332, jeweils m.w.N.
[1370] Schiefer/Köster, WiB 1995, 489, 493; Weber/Ehrich/Burmester, Aufhebungsverträge, Teil 1 Rn 702; anders kann dies allerdings sein, wenn es um vertretungsberechtigte Organmitglieder geht, die abberufen wurden, weil diese grundsätzlich nur Dienste als Organ schulden, vgl. Bauer, Aufhebungsverträge, Rn 451.
[1371] Staudinger/Preis, BGB, § 629 Rn 11; Erman/D.W. Belling, BGB, § 629 Rn 2; ErfK/Müller-Glöge, § 629 BGB Rn 12 m.w.N.; Schaub, Handbuch, § 26 Rn 1; Müller, Aufhebungsverträge, S. 199.
[1372] S. nur BAG, Urt. v. 13.11.1969 – 4 AZR 35/69 = AP Nr. 41 zu § 616 BGB = DB 1970, 211; Erman/D.W. Belling, BGB, § 629 Rn 7.
[1373] Gamillscheg, Arbeitsrecht, S. 332; Formulierungsvorschlag bei Weuster, BuW 2000, 510.

der Arbeitgeber in Verzug geraten könnte[1374]. Der Vergütungsanspruch des Arbeitnehmers ergibt sich deshalb nicht aus § 615 S. 1 BGB.
Rechtsgrundlage für den Vergütungsanspruch während des Freistellungszeitraums ist die Aufhebungsvereinbarung i.V.m. dem Arbeitsvertrag[1375]. Will der Arbeitgeber geltend machen, die Parteien hätten eine unbezahlte Freistellung vereinbart, muss der Arbeitgeber dies beweisen, denn nicht die unbezahlte, sondern die bezahlte Freistellung ist der Regelfall[1376].

b) Anrechnung anderweitigen Erwerbs

aa) Problemstellung

Es ist möglich, dass der Arbeitnehmer während der Freistellung bei einem anderen Arbeitgeber arbeitet. Daraus ergibt sich die Frage, ob der Arbeitgeber die dem Arbeitnehmer zu zahlende Vergütung um den Verdienst kürzen kann, den der Arbeitnehmer bei dem anderen Arbeitgeber erzielt. Dies wäre nur dann möglich, wenn § 615 S. 2 BGB auf diesen Fall anwendbar wäre. Eine direkte Anwendung dieser Anrechnungsregelung scheidet allerdings aus, weil der Arbeitgeber wie erläutert bei einer Freistellung des Arbeitnehmers nicht in Annahmeverzug gerät[1377]. In Frage käme allerdings eine entsprechende Anwendung.

bb) Auffassung von Rechtsprechung und Literatur

Das BAG hat sich für eine Anrechnung anderweitigen, während der Freistellung erzielten Erwerbs ausgesprochen[1378]. Dies begründete es damit, dass es sich bei § 615 S. 2 BGB um einen allgemeinen Rechtsgedanken handele[1379]. Die Parteien hätten durch die Freistellungsabrede vereinbart, dass der Arbeitgeber auch ohne Inverzugsetzung und trotz Nichtleistung der Arbeit das Gehalt nach § 615 S. 1 BGB weiterzahlen solle[1380]. Dann entspreche aber auch die Anwendbarkeit des § 615 S. 2 BGB dem Parteiwillen. Diese Auffassung hat das BAG allerdings in einer späteren, nicht veröffentlichten Entscheidung auf eine Freistellung des Arbeitnehmers im Anschluss an eine Kündigung durch den Arbeitgeber begrenzt[1381]. Im Fall einer Freistellungsvereinbarung im Rahmen eines Vergleiches fehle es an einer Anrechnungsverpflich-

---

[1374] ErfK/Preis, § 615 BGB Rn 91; AR-Blattei/Glatzel, Aufhebungsvertrag Rn 59; Hoß/Lohr, BB 1995, 2525, 2578; Bauer, Aufhebungsverträge, Rn 530; vgl.a. BAG, Urt. v. 6.02.1964 – 5 AZR 93/63 = AP Nr. 24 zu § 615 BGB = NJW 1964, 1243.
[1375] Vgl. BAG, Urt. v. 30.09.1982 – 6 AZR 802/79 - n. v.
[1376] Hoß/Lohr, BB 1998, 2575, 2577.
[1377] S. nur Ausführungen des LAG Hamm, Urt. v. 27.02.1991 – 2 Sa 1289/90 = LAGE § 615 BGB Nr. 26, und Urt. v. 11.10.1996 – 10 Sa 104/96 = LAGE § 615 BGB Nr. 49.
[1378] BAG, Urt. v. 6.02.1964 – 5 AZR 93/63 = AP Nr. 24 zu § 615 BGB = NJW 1964, 1243; Urt. v. 2.08.1971 – 3 AZR 121/71 = AP Nr. 25 zu § 615 BGB = BB 1971, 1412; ebenso LAG Schleswig-Holstein, Urt. v. 20.02.1997 – 4 Sa 567/96 = LAGE § 615 BGB Nr. 52.
[1379] BAG, Urt. v. 6.02.1964 – 5 AZR 93/63 = AP Nr. 24 zu § 615 BGB = NJW 1964, 1243.
[1380] BAG, a.a.O.
[1381] BAG, Urt. v. 30.09.1982 – 6 AZR 802/79 - n. v.

tung, weil die Parteien ihre Rechtsbeziehungen dann auf eine neue Grundlage gestellt hätten[1382]. Dann bestehe aber keine Regelungslücke, die zur Anwendung des § 615 S. 2 BGB erforderlich wäre.
Diese Auffassung, wonach es entscheidend auf den Vertrag, in dem die Parteien die Freistellung vereinbart haben, ankommt, wird auch in der Literatur[1383] und in den Instanzgerichten[1384] vertreten. Lasse sich deren Wille nicht durch Auslegung der Vereinbarung ermitteln, liege eine Regelungslücke vor, die durch ergänzende Vertragsauslegung geschlossen werden könne, so dass es auf den hypothetischen Parteiwillen ankomme[1385].

cc) Stellungnahme

Diesem Ansatz ist zuzustimmen, das heißt, die Anrechenbarkeit muss sich entweder aus der Parteivereinbarung (Vertrag/Vergleich) oder, falls dies nicht der Fall ist, durch ergänzende Auslegung ergeben[1386]. Bei der Auslegung sind neben dem Wortlaut die Begleitumstände und die Entstehungsgeschichte des Vertrages als Hilfsmittel heranzuziehen[1387].
Eine analoge Anwendung des § 615 S. 2 BGB auf alle Freistellungsvereinbarungen scheidet demgegenüber aus. Denn indem der Arbeitgeber durch die Vereinbarung auf die Arbeitsleistung des Arbeitnehmers verzichtet, verliert er seine Gläubigerstellung gemäß § 615 S. 1 BGB, so dass es an einer Vergleichbarkeit der beiden Tatbestände als Voraussetzung für eine Rechtsanalogie zu § 615 S. 2 BGB fehlt[1388]. Der Arbeitgeber unterwirft sich vielmehr freiwillig der Pflicht zur Gehaltsfortzahlung ohne Arbeitsleistung, so dass grundsätzlich keine Veranlassung des objektiven Rechts besteht, für eine Milderung zu sorgen[1389]. Wenn die Parteien keine ausdrückliche oder konkludente Anrechnungsvereinbarung getroffen haben, kommt die analoge Anwendung des § 615 S. 2 BGB nur im Wege ergänzender Vertragsauslegung in Betracht[1390]. Erforderlich dafür ist allerdings, dass der Vertrag in einem regelungsbedürftigen Punkt Lücken aufweist[1391]. Nur in diesem Fall ist die vertragliche Regelung entsprechend dem hypothetischen Parteiwillen zu ergänzen[1392].

[1382] BAG, Urt. v. 30.09.1982 – 6 AZR 802/79 - n. v.
[1383] ErfK/Preis, § 615 BGB Rn 91; Hoß/Lohr, BB 1998, 2575, 2678 f.; Bauer, Aufhebungsverträge, Rn 531.
[1384] S. LAG Brandenburg, Urt. v. 17.03.1998 – 2 Sa 670/97 = LAGE § 615 BGB Nr. 56; LAG Köln, Urt. v. 24.08.1991 – 7 (5) Sa 385/91 = LAGE § 615 BGB Nr. 30.
[1385] Näher dazu Ausführungen bei Bauer, Aufhebungsverträge, Rn 531 f.
[1386] So auch ErfK/Preis, § 615 BGB Rn 91; Hoß/Lohr, BB 1998, 2575, 2578 f.
[1387] Bauer/Baeck, NZA 1989, 784, 785.
[1388] LAG Brandenburg, Urt. v. 17.03.1998 – 2 Sa 670/97 = LAGE § 615 BGB Nr. 56.
[1389] LAG Köln, Urt. v. 24.08.1991 – 7 (5) Sa 385/91 = LAGE § 615 BGB Nr. 30.
[1390] Näher dazu Bauer/Baeck, NZA 1989, 784, 785.
[1391] Erman/W. Hefermehl, BGB, § 157 Rn 16 m.w.N.
[1392] Palandt/Heinrichs, BGB, § 157 Rn 7 m.w.N.

Voraussetzung für eine ergänzende Vertragsauslegung ist, dass die Parteien an einen anderweitigen Erwerb nicht gedacht haben, der Arbeitnehmer sich aber redlicherweise auf eine Anrechnung hätte einlassen müssen, weil er sonst durch den Doppelverdienst ungerechtfertigte Vorteile erzielt hätte. In diesem Fall ist eine Anrechnung entsprechend § 615 S. 2 BGB durchzuführen[1393]. Denn der Arbeitgeber will den Arbeitnehmer in der Regel nicht besser stellen als im Fall des Annahmeverzuges[1394]. Hat die Fortzahlung des Arbeitsentgeltes dagegen den Charakter einer Abfindung, würde die Anrechnung anderweitigen Erwerbs dem (hypothetischen) Parteiwillen nicht gerecht werden[1395] und ist daher abzulehnen. Gleiches gilt, wenn sich aus dem Vertrag und den Umständen ergibt, dass die Parteien eine umfassende Regelung treffen wollten bzw. an einen anderweitigen Erwerb gedacht haben. Denn dann fehlt es sowohl an einer ausdrücklichen oder konkludenten Anrechnungsvereinbarung als auch an einer ausfüllungsbedürftigen Regelungslücke[1396].

Die Darlegungs- und Beweislast für den Ausschluss der Anrechenbarkeit trägt der Arbeitnehmer, weil dies die Ausnahme von dem allgemeinen Rechtsgedanken des § 615 S. 2 BGB ist und der Arbeitnehmer grundsätzlich für die Höhe der Arbeitsvergütung darlegungs- und beweispflichtig ist[1397].

dd) Ausschluss der Anrechnung durch Erledigungsklausel?

Fraglich ist, ob eine Anrechnung auf jeden Fall ausscheidet, wenn die Parteien eine umfassende Erledigungsklausel in den Vertrag aufgenommen haben.

Die Regelung des § 615 S. 2 BGB ist nicht zwingend, so dass Arbeitgeber und Arbeitnehmer im Aufhebungsvertrag vereinbaren können, dass eine Anrechnung nicht stattfindet[1398]. Dies kann auch in Form einer allgemeinen Erledigungsklausel erfolgen[1399], soweit der Parteiwille im Einzelfall nichts anderes ergibt[1400]. Kommt man zu dem Ergebnis, dass die Parteien dem Arbeitnehmer anderweitig verdientes Entgelt

---

[1393] Bauer Rn 532; a.A. Hoß/Lohr, BB 1998, 2575, 2579.

[1394] ErfK/Preis, § 615 BGB Rn 92.

[1395] Vgl. LAG Brandenburg, Urt. v. 17.03.1998 – 2 Sa 670/97 = LAGE § 615 BGB Nr. 56; Gamillscheg, Arbeitsrecht, S. 332.

[1396] S. LAG Hamm, Urt. v. 27.02.1991 – 2 Sa 1289/90 = LAGE § 615 BGB Nr. 26, und Urt. v. 11.10.1996 – 10 Sa 104/96 = LAGE § 615 BGB Nr. 49.

[1397] Weber/Ehrich/Burmester, Aufhebungsverträge, Teil 1 Rn 701; s.a. BAG, Urt. v. 6.02.1964 – 5 AZR 93/63 = AP Nr. 24 zu § 615 BGB = NJW 1964, 1243; LAG Schleswig-Holstein, Urt. v. 20.02.1997 – 4 Sa 567/96 = LAGE § 615 BGB Nr. 52; ErfK/Preis, § 615 BGB Rn 90; a.A. LAG Köln, Urt. v. 24.08.1991 – 7 (5) Sa 385/91 = LAGE § 615 BGB Nr. 30.

[1398] BAG, Urt. v. 6.02.1964 – 5 AZR 93/63 = AP Nr. 24 zu § 615 BGB = NJW 1964, 1243; Urt. v. 2.08.1971 – 3 AZR 121/71 = AP Nr. 25 zu § 615 BGB = BB 1971, 1412; Palandt/Putzo, BGB, § 615 Rn 5; vgl.a. die Ausführungen des BAG zum Betriebsrisiko: Urt. v. 9.03.1983 – 4 AZR 301/80 = AP Nr. 31 zu § 615 BGB Betriebsrisiko = DB 1983, 1496.

[1399] BAG, Urt. v. 30.09.1982 – 6 AZR 802/79 - n. v.; LAG Hamm, Urt. v. 27.02.1991 – 2 Sa 1289/90 = LAGE § 615 BGB Nr. 26.

[1400] Zur Auslegung von Ausgleichsklauseln in Aufhebungsverträgen noch unten VIII.

belassen wollten, kann sich der Arbeitgeber nicht auf § 615 S. 2 BGB berufen[1401]. Vor dem Hintergrund der obigen Ausführungen empfiehlt es sich jedenfalls, die Geltung von § 615 S. 2 BGB entweder ausdrücklich festzulegen oder ausdrücklich auszuschließen[1402].

c) Höhe des Vergütungsanspruchs

Der Vergütungsanspruch richtet sich nach der im Arbeitsvertrag vereinbarten Höhe, das heißt, der Arbeitnehmer behält seinen Anspruch auf die regelmäßige Vergütung bis zum vereinbarten Beendigungszeitpunkt.
Der Anspruch erfasst folglich das Bruttogehalt einschließlich Provisionen, Gratifikationen, Gefahren- und Erschwerniszulagen[1403]. Auch eine dem Arbeitnehmer nach dem Arbeitsvertrag zustehende Gehaltserhöhung, die in den Freistellungszeitraum fällt, ist Gegenstand der Vergütung[1404]. Bei Arbeitnehmern mit einem variablen Einkommensteil ist es bei einer mehrwöchigen oder mehrmonatigen Freistellung ratsam, zur Vermeidung von Auseinandersetzungen die Einkommenshöhe für den Freistellungszeitraum zu regeln[1405].

3. Urlaubsgewährung durch Freistellung?

Die Anrechnung der Zeit der Freistellung auf einen noch bestehenden Urlaubsanspruch des Arbeitnehmers ist unproblematisch, wenn die Parteien ausdrücklich eine Anrechnung vereinbaren[1406]. Anders stellt sich die Rechtslage dar, wenn es an einer ausdrücklichen Abrede fehlt. Dann ist fraglich, ob sich der Arbeitgeber darauf berufen kann, dass mit der Freistellung auch der Urlaubsanspruch des Arbeitnehmers in entsprechendem Umfang erloschen ist.
Nach Auffassung des BAG muss die zur Erfüllung des Urlaubsanspruchs erforderliche Erklärung des Arbeitgebers hinreichend deutlich erkennen lassen, dass durch die zeitliche Festlegung der Arbeitsbefreiung Urlaub erteilt wird[1407]. Denn andernfalls sei nicht erkennbar, ob der Arbeitgeber als Schuldner des Urlaubsanspruchs eine Erfüllungshandlung bewirken (§ 362 Abs. 1 BGB), den Beschäftigungsanspruch des Arbeitnehmers ausschließen oder aus sonstigen Gründen als Gläubiger der Arbeitsleistung auf deren Annahme verzichten wolle[1408].

[1401] S. Bauer, Aufhebungsverträge, Rn 532.
[1402] S. Formulierungsvorschlag bei Weuster, BuW 2000, 510, 511.
[1403] Dazu ErfK/Preis, § 615 BGB Rn 76; zum Anspruch auf Gratifikationen s.a. Weber/Ehrich/Burmester, Aufhebungsverträge, Teil 1 Rn 662 ff.
[1404] LAG Köln, Urt. v. 5.10.1995 – 10 Sa 665/95 = LAGE § 611 BGB Aufhebungsvertrag Nr. 19.
[1405] Weuster, BuW 2000, 510.
[1406] Zur Formulierung s. Weber/Ehrich/Burmester, Aufhebungsverträge, Teil 1 Rn 701, Fn 1.
[1407] BAG, Urt. v. 28.02.1991 – 8 AZR 196/90 = AP Nr. 4 zu § 6 BUrlG = NZA 1991, 944; Urt. v. 9.06.1998 – 9 AZR 43/97 = AP Nr. 23 zu § 7 BUrlG = NJW 1999, 1496.
[1408] BAG, Urt. v. 9.06.1998 – 9 AZR 43/97 = AP Nr. 23 zu § 7 BUrlG = NJW 1999, 1496.

Dem ist zuzustimmen[1409], weil Freistellung zunächst einmal nur den Beschäftigungsanspruch bzw. die Beschäftigungspflicht betrifft. Dabei kommt es darauf an, ob der Empfänger der Willenserklärung des Arbeitgebers, hier der Arbeitnehmer, sie so verstehen musste, dass sie eine Urlaubsgewährung beinhaltete[1410]. Die Erklärung des Arbeitgebers besteht somit nicht kraft Gesetzes, sondern muss nach allgemeinen Auslegungskriterien ermittelt werden[1411]. Allein aus der Tatsache, dass der Arbeitgeber verpflichtet ist, den Urlaub zu gewähren, kann nicht geschlossen werden, dass die auf Freistellung gerichtete Erklärung zugleich eine Urlaubsgewährung beinhaltet[1412]. Denn Urlaubsanspruch und Freistellung sind weder hinsichtlich ihrer Voraussetzungen noch in ihren Auswirkungen gleichzustellen[1413]. Dies gilt vor allem für den Aufhebungsvertrag, weil im Rahmen der einvernehmlichen Beendigung die Freistellung teilweise als Gegenleistung für den Verzicht auf andere Ansprüche, z.B. eine höhere Abfindung, gewährt wird, und der Arbeitnehmer dann benachteiligt wäre, wenn mit der Freistellung zugleich auch sein Urlaubsanspruch erlöschen würde.

Soweit der Urlaub wegen der Beendigung des Arbeitsverhältnisses nicht mehr genommen werden kann, ist er gemäß § 7 Abs. IV BUrlG abzugelten[1414]. Der Urlaubsanspruch des Arbeitnehmers wandelt sich von Gesetzes wegen in einen Abgeltungsanspruch um[1415]. Es stellt sich allenfalls noch die Frage, ob sich ein freigestellter Arbeitnehmer im Vorfeld der Beendigung des Arbeitsverhältnisses um die Urlaubsgewährung bemühen muss. Dies hat das BAG zu Recht abgelehnt[1416], weil eine solche Verpflichtung dem Gesetz nicht entnommen werden kann[1417]. Es liegt am Arbeitgeber, den Urlaub entsprechend den Wünschen des Arbeitnehmers zu gewähren. Auch insoweit gilt § 7 Abs. 1 BUrlG[1418].

1409 Ebenso ErfK/Dörner, § 7 BUrlG Rn 8 f.; Schiefer/Köster, WiB 1995, 489, 494; Hohmeister, Anm. zu BAG, Urt. v. 9.06.1998, DB 1999, 53 f.; Hoß, Anm. zu BAG, Urt. v. 9.06.1998, AP Nr. 23 zu § 7 BUrlG, S. 3; Weuster, BuW 2000, 510; Müller, Aufhebungsverträge, S. 203 f.; Bengelsdorf, Aufhebungsvertrag und Abfindungsvereinbarungen, S. 133.

1410 Ähnlich Hohmeister, Anm. zu BAG, Urt. v. 9.06.1998, DB 1999, 53 f.

1411 Hoß, Anm. zu BAG, Urt. v. 9.06.1998, AP Nr. 23 zu § 7 BUrlG, S. 3; a.A. Bauer, Aufhebungsverträge, Rn 477, der in einer unwiderruflichen Freistellungserklärung regelmäßig eine stillschweigende Urlaubserteilung sieht.

1412 So aber Nägele, DB 1998, 1132.

1413 I.E. ebenso Hohmeister, Anm. zu BAG, Urt. v. 9.06.1998, DB 1999, 53; Hoß, Anm. zu BAG, Urt. v. 9.06.1998, AP Nr. 23 zu § 7 BUrlG, S. 3.

1414 Näher zum Urlaubsabgeltungsanspruch Weber/Ehrich/Burmester, Aufhebungsverträge, Teil 1 Rn 706 ff.

1415 S. nur BAG, Urt. v. 20.01.1998 – 9 AZR 812/96 = AP Nr. 14 zu § 13 BUrlG = NZA 1998, 816; zu beachten ist allerdings, dass nach § 143 Abs. 2 SGB III der Anspruch auf Arbeitslosengeld ruht, wenn der Arbeitnehmer einen Urlaubsabgeltungsanspruch hat.

1416 BAG, Urt. v. 28.02.1991 – 8 AZR 196/90 = AP Nr. 4 zu § 6 BUrlG = NZA 1991, 944.

1417 Hoß, Anm. zu BAG, Urt. v. 9.06.1998, AP Nr. 23 zu § 7 BUrlG, S. 3.

1418 BAG, Urt. v. 10.01.1974 – 5 AZR 208/73 = AP Nr. 6 zu § 7 BUrlG = DB 1974, 1023.

Soweit es an einer Vorstellung des Arbeitnehmers fehlt, ist der Arbeitgeber berechtigt, durch eine Zuweisung des Urlaubs während der Freistellung die Urlaubsabgeltung zu vermeiden[1419]. Diese Zuweisung ist nicht bindend, wenn sie für den Arbeitnehmer unzumutbar ist; dies hat der Arbeitnehmer allerdings zu beweisen[1420].

III. Vergütungsanspruch bei Arbeitsunfähigkeit

Grundsätzlich hat der Arbeitnehmer, der durch Arbeitsunfähigkeit infolge Krankheit an seiner Arbeitsleistung gehindert ist, gemäß § 3 Abs. 1 S. 1 EFZG Anspruch auf Entgeltfortzahlung im Krankheitsfall durch den Arbeitgeber für die Zeit der Arbeitsunfähigkeit bis zur Dauer von sechs Wochen. Der Anspruch auf Vergütungsfortzahlung erlischt, wenn die Sechswochenfrist abgelaufen ist oder früher, wenn das Arbeitsverhältnis zuvor endet, weil dann die Grundlage für den Anspruch entfällt. Von dieser logischen Rechtsfolge besteht gemäß § 8 Abs. 1 S. 1 EFZG dann eine Ausnahme, wenn das Arbeitsverhältnis vom Arbeitgeber aus Anlass der Arbeitsunfähigkeit gekündigt wird.

Fraglich ist, ob diese Vorschrift auch im Fall der einvernehmlichen Vertragsbeendigung Anwendung finden kann.

Das BAG hat dies für den Fall bejaht, dass der Aufhebungsvertrag aus Anlass der Arbeitsunfähigkeit des Arbeitnehmers auf Initiative des Arbeitgebers geschlossen wird[1421]. Zur Begründung führte das Gericht an, dass es in Zusammenhang mit dem Ausscheiden des Arbeitnehmers aus dem Arbeitsverhältnis nicht entscheidend auf die formale Seite – Aufhebungsvertrag oder Kündigung - ankomme, sondern mehr auf den Anlass, den materiellen Auflösungsgrund. Da § 6 Abs. 1 S. 1 LohnFG a.F. es dem Arbeitgeber unmöglich machen solle, sich durch Beendigung des Arbeitsverhältnisses seiner Leistungspflicht nach § 1 Abs. 1 LohnFG a.F. zu entziehen, müssten Aufhebungsverträge, die aus Anlass einer Arbeitsunfähigkeit des Arbeitnehmers und auf Initiative des Arbeitgebers geschlossen würden, Kündigungen aus Anlass der Arbeitsunfähigkeit gleichgestellt werden[1422]. Die analoge Anwendung auf Aufhebungsverträge soll daher auch dann erfolgen, wenn dem Aufhebungsvertrag keine Anlasskündigung vorausgegangen ist[1423]. Dem steht nach Auffassung des BAG auch nicht entgegen, dass § 8 Abs. 2 EFZG bestimmt, dass die Entgeltfortzahlungspflicht dann nicht weiter besteht, wenn das Arbeitsverhältnis endet, ohne dass es einer Kündigung bedarf[1424].

[1419] BAG, Urt. v. 18.12.1986 – 8 AZR 481/84 = AP Nr. 19 zu § 11 BUrlG = NZA 1987, 633.
[1420] BAG, Urt. v. 10.01.1974 – 5 AZR 208/73 = AP Nr. 6 zu § 7 BUrlG = DB 1974, 1023.
[1421] BAG, Urt. v. 28.11.1979 – 5 AZR 955/77 = AP Nr. 10 zu § 6 LohnFG = NJW 1980, 2325; Urt. v. 20.08.1980 – 5 AZR 589/79 = AP Nr. 15 zu § 6 LohnFG = NJW 1981, 1286.
[1422] BAG, Urt. v. 28.11.1979 – 5 AZR 955/77 = AP Nr. 10 zu § 6 LohnFG = NJW 1980, 2325.
[1423] BAG, Urt. v. 20.08.1980 – 5 AZR 589/79 = AP Nr. 15 zu § 6 LohnFG = NJW 1981, 1286.
[1424] BAG, a.a.O.

Diese Auffassung des BAG ist überwiegend auf Zustimmung gestoßen[1425]. Ihr kann jedoch aus folgenden Gründen nicht gefolgt werden[1426]:
Zum einen spricht bereits der eindeutige Wortlaut sowohl des § 8 Abs. 1 als auch des Abs. 2 EFZG gegen eine Analogie[1427]. Zum anderen fehlen auch deren Voraussetzungen, weil weder ein vergleichbarer Tatbestand noch eine Regelungslücke besteht[1428]. Denn indem der Arbeitnehmer sich mit der Beendigung des Arbeitsverhältnisses einverstanden erklärt, macht er von seiner Vertragsfreiheit Gebrauch. Selbst wenn man annimmt, dass § 8 EFZG verhindern will, dass der Arbeitnehmer durch Druck seine Rechte verliert[1429], ist doch zu beachten, dass die Vertragsfreiheit grundsätzlich erst dann zurücktritt, wenn die Voraussetzungen des § 123 Abs. 1 BGB gegeben sind.
Im Übrigen sind auch die praktischen Probleme, die aus einer teilweisen Gleichstellung von Aufhebungsvertrag und Kündigung resultieren, nicht zu unterschätzen. Denn wenn das Gericht § 8 Abs. 1 EFZG auch bei einem Aufhebungsvertrag anwenden will, muss es zum einen feststellen, dass dieser aufgrund der Arbeitsunfähigkeit des Arbeitnehmers geschlossen wurde. Zum anderen muss eine Initiative des Arbeitgebers im Hinblick auf diesen Abschluss vorliegen. Aus der Forderung, das Auflösungsverhalten des Arbeitgebers müsse sich in der Nähe einer Kündigung bewegen[1430], wird deutlich, dass hier zwei verschiedene Rechtsinstitute unzulässig vermischt werden.
Im Fall des § 8 EFZG kommt es entgegen der Auffassung des BAG nicht ausschließlich auf den Anlass der Beendigung an, sondern auch auf die Frage, ob der Arbeitnehmer auf die Beendigung Einfluss hatte. Nur wenn er an der Entscheidung nicht beteiligt war, ist eine Anwendung des § 8 Abs. 1 EFZG gerechtfertigt, weil nur dann eine „Umgehung" der Entgeltfortzahlung durch den Arbeitgeber denkbar ist. Ansonsten ist es weder notwendig, noch entspricht es den gesetzgeberischen Intentionen, einen erkrankten Arbeitnehmer auch vor eigenem, ihm nachteiligen Verhalten zu schützen[1431]. Folglich kann hinsichtlich dieser Regelung der Abschluss eines Aufhebungsvertrages durch den Arbeitnehmer mit dem Ausspruch einer Kündigung durch den Arbeitgeber nicht gleichgestellt werden[1432].

[1425] LAG Rheinland-Pfalz, Urt. v. 16.10.1980 - 5 Sa 97/80 – n. v.; Küchenhoff, Anm. zu BAG, Urt. v. 28.11.1979, AP Nr. 10 zu § 6 LohnFG; Herschel, Anm. zu BAG, Urt. v. 20.08.1980, AP Nr. 15 zu § 6 LohnFG; Dunkl in Kaiser/Dunkl/Hold/Kleinsorge, EFZG, § 8 Rn 9; Schmitt, EFZG, § 8 Rn 17 f.; KasselerArbR/Vossen, 2.2 Rn 290; Schaub, Handbuch, § 98 Rn 80; Gamillscheg, Arbeitsrecht, S. 358; Bauer, Aufhebungsverträge, Rn 491; Müller, Aufhebungsverträge, S. 214 f.
[1426] Wie hier MünchArbR/Boecken, § 84 Rn 66; ErfK/Dörner, § 8 EFZG Rn 30 f.
[1427] MünchArbR/Boecken, § 84 Rn 66.
[1428] Vgl. Palandt/Heinrichs, BGB, Einl. Rn 40.
[1429] So Küchenhoff, Anm. zu BAG, Urt. v. 28.11.1979, AP Nr. 10 zu § 6 LohnFG, S. 6.
[1430] S. Küchenhoff, Anm. zu BAG, Urt. v. 28.11.1979, AP Nr. 10 zu § 6 LohnFG, S. 7.
[1431] Schulin, Anm. zu BAG, Urt. v. 28.07.1976, SAE 1978, 34, 35.
[1432] ErfK/Dörner, § 8 EFZG Rn 31.

IV. Vereinbarung eines Wettbewerbsverbotes

Dem Wettbewerbsverbot kommt die Funktion zu, den Arbeitgeber vor unerwünschter Konkurrenz des ausgeschiedenen Arbeitnehmers zu schützen[1433]. Besteht ein solches nicht, kann der Arbeitnehmer nach Beendigung des Arbeitsverhältnisses in Wettbewerb zum bisherigen Arbeitgeber treten, weil die nachträgliche Verschwiegenheits- und Treuepflicht regelmäßig keine Ansprüche auf Unterlassung von Wettbewerbshandlungen begründet[1434]. Will der Arbeitgeber verhindern, dass der Arbeitnehmer nach der Auflösung des Arbeitsverhältnisses unmittelbar zur Konkurrenz wechselt, so muss er mit dem Arbeitnehmer ein Wettbewerbsverbot vereinbaren[1435].

1. Vereinbarung eines Wettbewerbsverbotes im Aufhebungsvertrag – Geltung der §§ 74 ff. HGB

Ein Wettbewerbsverbot für die Zeit nach Beendigung des Arbeitsverhältnisses kann bereits im Arbeitsvertrag oder während des Arbeitsverhältnisses vereinbart worden sein. Es ist allerdings auch denkbar, dass das Wettbewerbsverbot erst im Aufhebungsvertrag, das heißt anlässlich der Beendigung des Arbeitsverhältnisses zwischen Arbeitgeber und Arbeitnehmer geschlossen wird. Dann handelt es sich um ein sog. nachvertragliches Wettbewerbsverbot.

Die Vereinbarung muss ausdrücklich und unter Berücksichtigung der einschlägigen gesetzlichen Bestimmungen der §§ 74 ff. HGB erfolgen[1436]. Denn diese gelten nach herrschender Meinung auch für ein im Rahmen eines Aufhebungsvertrages vereinbartes Wettbewerbsverbot[1437]. So lange das Wettbewerbsverbot noch in Zusammenhang mit dem Arbeitsverhältnis steht, ist die persönliche und wirtschaftliche Abhängigkeit, mithin die Drucksituation, der die §§ 74 ff. HGB Rechnung tragen, noch aktuell[1438]. Nach der Gegenansicht geht die Intention des Gesetzes, den Arbeitnehmer davon abzuhalten, ungünstige Arbeitsbedingungen zu akzeptieren, um einen Arbeitsplatz zu bekommen oder zu erhalten, bei einem im Aufhebungsvertrag vereinbarten Wettbewerbsverbot ins Leere; die §§ 74 ff. HGB schützten nicht grundsätzlich vor ungünstigen Wettbewerbsverboten[1439].

1433 Wertheimer, NZA 1997, 522.

1434 BAG, Urt. v. 19.05.1998 – 9 AZR 394/97 = AP Nr. 11 zu § 611 BGB Treuepflicht = NZA 1999, 200.

1435 Hoß/Kothe-Heggemann, MDR 1997, 1077, 1082.

1436 Weuster, BuW 2000, 510, 512; zu der Anwendbarkeit der Vorschriften über den Handlungsgehilfen (§§ 59 bis 83 HGB) s. nur Baumbach/Hopt, HGB, § 59 Rn 1.

1437 BAG, Urt. v. 3.05.1994 – 9 AZR 606/92 = AP Nr. 65 zu § 74 HGB = NJW 1995, 151; Urt. v. 18.01.2000 – 9 AZR 929/97 – n. v.; Baumbach/Hopt, HGB, § 74 Rn 4; Köster, WiB 1995, 489, 495; Wertheimer, BB 1996, 1714, 1716; Hoß/Kothe-Heggemann, MDR 1997, 1077, 1082; Weber/Ehrich/Burmester, Aufhebungsverträge, Teil 1 Rn 717; Bengelsdorf, Aufhebungsvertrag und Abfindungsvereinbarungen, S. 138 ff.

1438 Wertheimer, BB 1996, 1714, 1716.

1439 Bauer, Aufhebungsverträge, Rn 576.

Allein die Tatsache, dass diese Vorschriften auf Wettbewerbsverbote, die *nach* Beendigung des Arbeitsverhältnisses abgeschlossen werden, keine Anwendung finden[1440], rechtfertigt aber nicht, sie auf Verträge, in denen die Vertragsbeendigung Gegenstand ist, auch nicht anzuwenden. Denn der Aufhebungsvertrag legt regelmäßig auch die Gegenleistung für die freiwillige Aufgabe des Arbeitsplatzes fest. Je höher diese ausfällt, desto größer wird die Bereitschaft des Arbeitnehmers sein, sich auf ein Wettbewerbsverbot einzulassen. Deshalb steht die Sorge um dieses Surrogat auf gleicher Stufe wie das Interesse am Erhalt des Arbeitsplatzes[1441]. Aus Sicht des Gesetzes muss der Arbeitnehmer folglich in beiden Fällen gleichsam schützenswert sein, weil das Wettbewerbsverbot in beiden Fällen wichtige „Verhandlungsmasse" ist. Nach Beendigung des Arbeitsverhältnisses steht der Arbeitsplatz demgegenüber nicht mehr zur Disposition, so dass ein Eingreifen des Gesetzgebers dann auch nicht mehr gerechtfertigt ist. Deshalb ist mit der herrschenden Meinung anzunehmen, dass die §§ 74 ff. HGB auch auf das im Aufhebungsvertrag vereinbarte Wettbewerbsverbot Anwendung finden. Daraus ergeben sich einige wichtige Konsequenzen:

2. Nichtigkeit eines Wettbewerbsverbotes ohne Karenzentschädigung

Aus der Anwendbarkeit der §§ 74 ff. HGB auf ein im Aufhebungsvertrag geregeltes nachvertragliches Wettbewerbsverbot folgt insbesondere, dass ein Wettbewerbsverbot nichtig ist, wenn es nicht die Zusage einer Karenzentschädigung enthält (§ 74 Abs. 2 HGB)[1442]. Eine Abfindung, die der Arbeitgeber für den Verlust des Arbeitsplatzes an den Arbeitnehmer zahlt, steht einer Karenzentschädigung grundsätzlich nicht gleich[1443]. Diese muss vielmehr ausdrücklich neben der Abfindung vereinbart werden[1444].

Ist die Karenzentschädigung in zu geringer Höhe oder nur unter Bedingungen[1445] zugesagt, so ist das Verbot unverbindlich mit der Folge, dass der Arbeitnehmer hinsichtlich seiner Geltung ein Wahlrecht hat (vgl. § 75 d HGB)[1446].

3. Unwirksamkeit des Wettbewerbsverbotes gemäß § 75 HGB

a) Voraussetzungen des § 75 HGB

Nach § 75 Abs. 1 HGB wird das Wettbewerbsverbot unwirksam, wenn der Arbeitnehmer das Arbeitsverhältnis wegen vertragswidrigen Verhaltens des Arbeitgebers

---

1440 BAG, Urt. v. 11.03.1968 – 3 AZR 37/67 = AP Nr. 23 zu § 74 HGB = BB 1968, 1120; Baumbach/Hopt, HGB, § 74 Rn 5; Wertheimer, BB 1996, 1714.

1441 Wertheimer, BB 1996, 1714, 1716.

1442 BAG, Urt. v. 3.05.1994 – 9 AZR 606/92 = AP Nr. 65 zu § 74 HGB = NJW 1995, 151; Wertheimer, BB 1996, 1714, 1716; Hoß/Kothe-Heggemann, MDR 1997, 1077, 1082.

1443 Vgl. BAG, Urt. v. 3.05.1994 – 9 AZR 606/92 = AP Nr. 65 zu § 74 HGB = NJW 1995, 151.

1444 S. dazu Bauer, Aufhebungsverträge, Rn 579.

1445 Zu den bedingten Wettbewerbsverboten s. Bauer, Aufhebungsverträge, Rn 556 f.

1446 Baumbach/Hopt, HGB, § 74 Rn 22.

auflöst[1447] und der Arbeitnehmer vor Ablauf eines Monats nach der Kündigung schriftlich erklärt, dass er sich an die Vereinbarung nicht gebunden fühlt. Gleiches gilt gemäß § 75 Abs. 2 HGB dann, wenn der Arbeitgeber das Arbeitsverhältnis kündigt, es sei denn, dass für die Kündigung ein erheblicher Anlass in der Person des Arbeitnehmers vorliegt oder dass der Arbeitgeber bei der Kündigung bereits erklärt hat, während der Dauer der Beschränkung dem Arbeitnehmer die zuletzt bezogenen vertragsgemäßen Leistungen zu gewähren.

b) Anwendbarkeit bei Abschluss eines Aufhebungsvertrages

Fraglich ist, ob diese Vorschriften im Wege der Analogie auch dann anwendbar sind, wenn das Arbeitsverhältnis aus den genannten Gründen durch Aufhebungsvertrag beendet wird und bereits vor Abschluss dieses Vertrages ein Wettbewerbsverbot vereinbart worden war.

aa) Standpunkt von Literatur und Rechtsprechung

Dies wird von einem Teil der Literatur unter Hinweis auf den Wortlaut der Vorschrift und die Unterschiede zwischen Kündigung und Aufhebungsvertrag abgelehnt[1448]. Man könne von den Parteien erwarten, dass sie eine entsprechende Klausel aufnähmen, wenn das Wettbewerbsverbot nach ihrem Willen nicht wirksam werden solle[1449]. Die Partei, die an dem Widerruf der Wettbewerbsabrede interessiert sei, möge diese Frage in den Aufhebungsvertrag einbeziehen[1450].

Die herrschende Meinung hält dagegen eine analoge Anwendung beider Absätze für begründbar, weil die äußere Form der Beendigung nicht entscheidend sei[1451]. Dies entsprach auch der Auffassung des BAG für die von ihm für verfassungswidrig erklärte Vorschrift des § 75 Abs. 3 HGB[1452]. Zur Begründung führte das Gericht aus, dass § 75 Abs. 3 HGB Sanktionscharakter habe und dass die in der Unwirksamkeit des Wettbewerbsverbotes bestehende Sanktion an den Anlass der Vertragsbeendigung geknüpft sei[1453]. Weil § 75 Abs. 3 HGB es dem einen Vertragspartner überlasse, ob er das Verhalten des anderen zum Anlass nehme, das Arbeitsverhältnis zu beenden und die Unwirksamkeit des Wettbewerbsverbotes erst dann eintreten könne, sei im Fall eines Aufhebungsvertrages zu fordern, dass die gewählte Art der Ver-

---

[1447] Damit ist die außerordentliche Kündigung gemeint: Baumbach/Hopt, HGB, § 75 Rn 1.

[1448] Heymann/Henssler, HGB, § 75 Rn 22; Wertheimer, NZA 1997, 522, 523.

[1449] Wertheimer, a.a.O.

[1450] Heymann/Henssler, HGB, § 75 Rn 22.

[1451] BAG, Urt. v. 26.09.1963 – 5 AZR 2/63 = AP Nr. 1 zu § 75 HGB = NJW 1964, 317; Baumbach/Hopt, HGB, § 75 Rn 6; Schaub, Handbuch, § 58 Rn 103; AR-Blattei/Glatzel, Aufhebungsvertrag Rn 100; Weber/Ehrich/Burmester, Aufhebungsverträge, Teil 1 Rn 714; Müller, Aufhebungsverträge, S. 211; Bengelsdorf, Aufhebungsvertrag und Abfindungsvereinbarungen, S. 138.

[1452] BAG, Urt. v. 2.12.1963 – 5 AZR 496/62 = AP Nr. 2 zu § 75 HGB = NJW 1964, 610; Urt. v. 18.11.1967 – 3 AZR 471/66 = AP Nr. 21 zu § 74 HGB = DB 1968, 577; Urt. v. 24.04.1970 – 3 AZR 328/69 = AP Nr. 25 zu § 74 HGB = DB 1970, 1790.

[1453] BAG, Urt. v. 2.12.1963 – 5 AZR 496/62 = AP Nr. 2 zu § 75 HGB = NJW 1964, 610.

tragsbeendigung nur der Ersatz für die gesetzliche vorgesehene Form ist und der andere Vertragsteil dies auch so verstehen könne[1454].

bb) Eigener Standpunkt

Fraglich ist, ob diese Argumentation auch auf die ersten beiden Absätze des § 75 HGB erstreckt werden kann. Dies ist im Hinblick auf § 75 Abs. 1 HGB zu bejahen, weil hier die Unwirksamkeit des Wettbewerbsverbotes die Sanktion dafür ist, dass der Arbeitnehmer durch vertragswidriges Verhalten des Arbeitgebers veranlasst wird, das Arbeitsverhältnis zu beenden. Gleiches gilt für den umgekehrten Fall, der sich aus § 75 Abs. 2 Hs. 2 ergibt. In beiden Fällen kommt es nicht auf die Form der Vertragsbeendigung an, sondern auf den Anlass. Andernfalls wäre der vertragstreue Teil gezwungen, eine Kündigung auszusprechen, die eher zu einer gerichtlichen Auseinandersetzung führen kann als eine einvernehmliche Vertragsbeendigung und darüber hinaus den anderen Teil stärker belastet[1455]. Macht er dem anderen Vertragspartner deutlich, dass der Aufhebungsvertrag nur anstelle einer ebenfalls möglichen außerordentlichen Kündigung aufgrund des vertragswidrigen Verhaltens geschlossen wird, besteht kein Grund, ihm das Wahlrecht darüber, ob das Wettbewerbsverbot weiter Geltung haben sollte, zu versagen. Denn insoweit ist die Situation mit der bei Ausspruch einer Kündigung vergleichbar.

Folglich sind die Voraussetzungen einer Analogie bezüglich § 75 Abs. 1 bzw. § 75 Abs. 2 Hs. 2 HGB gegeben[1456]. Das hat zur Folge, dass das Gericht feststellen muss, ob ein Grund zur außerordentlichen Kündigung bestand. Außerdem muss der zur Kündigung berechtigte Vertragsteil innerhalb der Zweiwochenfrist des § 626 Abs. 2 BGB auf den anderen Teil mit seinem Begehren zur Auflösung des Arbeitsverhältnisses herangetreten sein. Dabei muss er ausdrücklich auf die Pflichtverletzung hingewiesen haben, denn diese Frist bezweckt auch den Schutz des anderen Vertragsteils und muss deshalb auch bei der Anwendung des § 75 HGB auf eine einvernehmliche Vertragsbeendigung Gültigkeit haben[1457].

Anders ist die Lage allerdings bei § 75 Abs. 2 Hs. 1 HGB. In diesem Fall ist die Sanktion nicht an den Anlass der Beendigung, sondern an die Form der Beendigung geknüpft. Das heißt, allein der Wunsch des Arbeitgebers, das Arbeitsverhältnis zu beenden, kann nicht zur Unwirksamkeit des Wettbewerbsverbotes führen[1458]. Erst wenn der Arbeitgeber tatsächlich einseitig den Arbeitsvertrag beendet, kann dem Arbeitnehmer ein Wahlrecht hinsichtlich des Wettbewerbsverbotes zustehen, wenn die

---

1454 BAG, Urt. v. 18.11.1967 – 3 AZR 471/66 = AP Nr. 21 zu § 74 HGB = DB 1968, 577.

1455 S. Ausführungen des BAG, Urt. v. 2.12.1963 – 5 AZR 496/62 = AP Nr. 2 zu § 75 HGB = NJW 1964, 610.

1456 Bauer/Diller, Wettbewerbsverbote, Rn 425.

1457 Bauer/Diller, Wettbewerbsverbote, Rn 426 ff.

1458 Heymann/Henssler, HGB, § 75 Rn 23; a.A. BAG, Urt. v. 26.09.1963 – 5 AZR 2/63 = AP Nr. 1 zu § 75 HGB = NJW 1964, 317; Baumbach/Hopt, HGB, § 75 Rn 6; Müller, Aufhebungsverträge, S. 211 f.; s.a. BAG, Urt. v. 30.06.1981 – 3 AZR 665/78 – n. v.

übrigen Voraussetzungen erfüllt sind. Denn bei § 75 Abs. 2 HGB trifft die Sanktion nicht den Erklärungsempfänger sondern den Erklärenden. Will der Arbeitgeber statt der (ordentlichen) Kündigung einen Aufhebungsvertrag, muss er sich mit dem Arbeitnehmer neben der Beendigung des Arbeitsverhältnisses über das Schicksal des Wettbewerbsverbotes einigen. Der Abschluss eines Aufhebungsvertrages stellt in diesem Fall eine Möglichkeit für den Arbeitgeber dar, die Unwirksamkeit des Wettbewerbsverbotes abzuwenden und trotzdem die Vertragsbeziehungen zum Arbeitnehmer zu beenden. Dass diese Möglichkeit dem Arbeitgeber genommen werden soll, ist aus dem Gesetz nicht zu entnehmen.

Dies ergibt sich auch aus folgendem Beispiel: Kündigt der Arbeitgeber dem Arbeitnehmer ordentlich aus betriebsbedingten Gründen, hat dies gemäß § 75 Abs. 2 HGB grundsätzlich die Unwirksamkeit des Wettbewerbsverbotes zur Folge. Dies ist darauf zurückzuführen, dass der Arbeitnehmer nicht doppelt benachteiligt werden soll: zum einen durch den Verlust seines Arbeitsplatzes ohne sein Verschulden und zum anderen durch das Verbot jeder Konkurrenztätigkeit. Schließen die Arbeitsvertragsparteien allerdings auf Initiative des Arbeitgebers einen Aufhebungsvertrag und trifft dieser keine Regelung über das vereinbarte Wettbewerbsverbot, ist kein Grund ersichtlich, warum dieses automatisch unwirksam oder aufgehoben sein sollte[1459]. Denn der Arbeitnehmer ist mit der Beendigung des Arbeitsverhältnisses einverstanden und deshalb weniger schutzwürdig. Er macht lediglich von seiner Vertragsfreiheit Gebrauch. Das heißt aber zugleich, dass er sich hinsichtlich des Schicksals des Wettbewerbsverbotes ebenso entscheiden muss wie hinsichtlich aller anderen Vertragsgegenstände auch. Hat der Arbeitnehmer ein Interesse an der Aufhebung des Wettbewerbsverbotes, kann er sein Einverständnis zum Aufhebungsvertrag von einer entsprechenden Vereinbarung abhängig machen. Andernfalls kann er auf die Kündigung des Arbeitgebers warten oder selber kündigen, ohne dass das Wettbewerbsverbot beeinträchtigt wäre. Jedenfalls ist in diesem Fall nicht einzusehen, warum das Schicksal des Wettbewerbsverbotes sich nicht nach der Parteivereinbarung richten soll. Insoweit ist den eingangs genannten Argumenten der Gegenansicht[1460] zuzustimmen. Eine vergleichbare Interessenlage als Voraussetzung einer analogen Anwendung des § 75 Abs. 2 HGB liegt deshalb bei Abschluss eines Aufhebungsvertrages auf Betreiben des Arbeitgebers nicht vor.

c) Ergebnis

Als Ergebnis ist festzuhalten, dass ein Aufhebungsvertrag nur dann zu einem Wahlrecht über den Bestand des Wettbewerbsverbotes führen kann, wenn entweder der Arbeitnehmer das Recht gehabt hätte, den Arbeitsvertrag aufgrund eines vertragswid-

---

[1459] Vgl. BAG, Urt. v. 30.06.1981 – 3 AZR 665/78 – n. v.; LAG Baden-Württemberg, Urt. v. 22.09.1995 – 5 Sa 28/95 = LAGE § 74 HGB Nr. 14; es ist aber denkbar, dass die Vereinbarung dahingehend auszulegen ist, s. nur Bauer/Diller, Wettbewerbsverbote, Rn 425.

[1460] Heymann/Henssler, HGB, § 75 Rn 22; Wertheimer, NZA 1997, 522, 523.

rigen Verhaltens des Arbeitgebers zu kündigen und dies dem Arbeitgeber auch deutlich macht, oder wenn der Arbeitgeber den Aufhebungsvertrag anstelle des Ausspruchs einer außerordentlichen Kündigung abschließt. In allen anderen Fällen berührt der Aufhebungsvertrag die Wirksamkeit des nachvertraglichen Wettbewerbsverbotes nicht.

4. Verzicht auf das Wettbewerbsverbot

In Zusammenhang mit dem Abschluss eines Aufhebungsvertrages kann es sich für den Arbeitgeber empfehlen, nach § 75 a HGB schriftlich auf das nachvertragliche Wettbewerbsverbot zu verzichten. Dann wird er mit Ablauf eines Jahres von der Verpflichtung zur Zahlung einer Karenzentschädigung frei, wenn die Erklärung dem Arbeitnehmer vor dem rechtlichen Ende des Arbeitsverhältnisses zugeht[1461]. Nach der Beendigung des Arbeitsverhältnisses ist dagegen ein einseitiger Verzicht auf das nachvertragliche Wettbewerbsverbot durch den Arbeitgeber nicht mehr möglich[1462]. Denn Ziel des § 75 a HGB ist es nicht, den Arbeitgeber von der Zahlung der Entschädigung zu befreien, wenn er sieht, dass der Arbeitnehmer keine Konkurrenztätigkeit ausübt[1463].
Die Pflicht zur Zahlung kann nur dann ganz entfallen, wenn dem Arbeitnehmer der Verzicht schon ein Jahr vor Beendigung des Arbeitsverhältnisses zugeht. Demgegenüber wird der Arbeitnehmer durch den Verzicht sofort von der Einhaltung des Wettbewerbsverbotes befreit.

5. Erstattung des Arbeitslosengeldes bei Bestehen eines nachvertraglichen Wettbewerbsverbotes

In sozialversicherungsrechtlicher Hinsicht ist bei Vereinbarung eines Wettbewerbsverbotes vor allem die Vorschrift des § 148 Abs. 1 S. 1 SGB III zu beachten[1464], weil diese nicht notwendig eine Kündigung durch den Arbeitgeber voraussetzt[1465]. Danach hat der bisherige Arbeitgeber der BA vierteljährlich das Arbeitslosengeld, das dem Arbeitslosen für diese Zeit gezahlt worden ist, zu erstatten, wenn der Arbeitslose durch seine Vereinbarung mit dem Arbeitgeber in seiner beruflichen Tätigkeit als Arbeitnehmer beschränkt ist. Nach Abs. 2 der Vorschrift schließt die Pflicht zur Erstattung des Arbeitslosengeldes die auf diese Leistung entfallenden Beiträge zur Kranken-, Renten- und Pflegeversicherung mit ein. Der Arbeitgeber wird allerdings von der Erstattungspflicht frei, wenn und sobald er auf die Einhaltung der Wettbe-

---

[1461] S. nur Bengelsdorf, Aufhebungsvertrag und Abfindungsvereinbarungen, S. 139.
[1462] Weber/Ehrich/Burmester, Aufhebungsverträge, Teil 1 Rn 716.
[1463] Weuster, BuW 2000, 510, 512 mit Formulierungsbeispiel.
[1464] Näher zu diesem Problemkreis Weber/Ehrich/Burmester, Aufhebungsverträge, Teil 1 Rn 720 f.
[1465] BSG, Urt. v. 9.08.1990 – 11 RAr 119/88 = BSGE 67, 183, 187 = NJW 1991, 862.

werbsabrede verzichtet[1466]. Da die Möglichkeit des Verzichts und seine Folgen aber nicht hinreichend bekannt sind, muss die BA den Arbeitgeber über diese Möglichkeit belehren und darauf hinwirken, dass er den Arbeitnehmer für die Vermittlung freistellt[1467].
Das vom Arbeitgeber erstattete Arbeitslosengeld muss sich der Arbeitnehmer wie Arbeitsentgelt auf die Karenzentschädigung anrechnen lassen (vgl. § 74 c HGB)[1468].

V. Betriebliche Altersversorgung

Die Auswirkungen der Beendigung des Arbeitsverhältnisses auf die betriebliche Altersversorgung sind unterschiedlicher Natur[1469]. Sie richten sich vornehmlich nach der Natur der erworbenen Anwartschaft zum Zeitpunkt der Beendigung.

1. Unterscheidung zwischen unverfallbarer und verfallbarer Anwartschaft

Je nachdem, ob die Anwartschaft des Arbeitnehmers verfallbar oder unverfallbar ist, ergeben sich für die Regelungen über die betriebliche Altersversorgung in einem Aufhebungsvertrag unterschiedliche Konsequenzen. Deshalb ist der Arbeitgeber gemäß § 2 Abs. 6 BetrAVG verpflichtet, dem ausgeschiedenen Arbeitnehmer Auskunft darüber zu erteilen, ob für ihn die Voraussetzungen einer unverfallbaren betrieblichen Altersversorgung erfüllt sind und in welcher Höhe er Versorgungsleistungen bei Erreichen der in der Versorgungsregelung vorgesehenen Altersgrenze beanspruchen kann. Die Auskunft ist nur auf Verlangen des Arbeitnehmers zu erteilen[1470].
Die Unverfallbarkeitsvoraussetzungen ergeben sich aus § 1 b BetrAVG und richten sich vornehmlich nach dem Alter des Arbeitnehmers und nach dem Bestehen einer Versorgungszusage[1471]. Unverfallbarkeit heißt, dass die Anwartschaft nicht erlischt, sondern zeitanteilig bestehen bleibt, wenn das Arbeitsverhältnis vor Eintritt des Versorgungsfalles endet.
Sind die Voraussetzungen des § 1 b BetrAVG nicht erfüllt, ist der Anspruch auf Altersversorgung verfallbar, das heißt, der Arbeitnehmer verliert seine Anwartschaft

---

[1466] BSG, Urt. v. 9.08.1990 – 11 RAr 119/88 = BSGE 67, 183, 189 = NJW 1991, 862; hier ergibt sich ein Unterschied zu der arbeitsrechtlichen Lage gemäß § 75 a HGB, s. Gagel/Vogt, Beendigung von Arbeitsverhältnissen, Rn 270.

[1467] Dies folgt aus § 14 SGB I und aus der Vermittlungspflicht der BA: Gagel/Vogt, Beendigung von Arbeitsverhältnissen, Rn 271.

[1468] S. dazu BAG, Urt. v. 22.05.1990 – 3 AZR 373/88 = AP Nr. 19 zu § 74 c HGB = NZA 1990, 975; Bauer, Aufhebungsverträge, Rn 586 ff.

[1469] Ausführliche Ausführungen zu diesem Problembereich macht Bauer, Aufhebungsverträge, Rn 709 ff.

[1470] Weber/Ehrich/Burmester, Aufhebungsverträge, Teil 1 Rn 774.

[1471] Das BetrAVG wurde durch Art. 9 des Gesetzes zur Reform der gesetzlichen Rentenversicherung und zur Förderung eines kapitalgedeckten Altersvermögens (AltersvermögensG) vom 26.06.2001 geändert; die Anforderungen an die Unverfallbarkeit der Anwartschaft wurden durch die Gesetzesänderung geringer; s. dazu und zur Übergangsregelung in § 30 f S. 1 BetrAVG Weber/Ehrich/Burmester, Aufhebungsverträge, Teil 1, Rn 757 ff.

und hat später keinerlei Anspruch auf Leistungen aus der betrieblichen Altersversorgung. Dies ist nur dann anders, wenn die Parteien im Aufhebungsvertrag abweichend von § 1 b BetrAVG die Unverfallbarkeit vereinbaren[1472]. Allerdings unterliegt auch diese Zusage dem Widerrufsvorbehalt der Geschäftsgrundlage[1473] im Fall einer sog. wirtschaftlichen Notlage[1474]. Die vertraglich zugesagte Unverfallbarkeit hat nur Wirkung gegenüber dem Arbeitgeber, nicht aber gegenüber dem Pensionssicherungsverein[1475].

2. Auswirkungen der unverfallbaren Anwartschaft auf den Aufhebungsvertrag

Eine unverfallbare Anwartschaft kann bzw. muss „im Falle der Beendigung des Arbeitsverhältnisses"[1476] abgefunden werden, wenn die für die Abfindung bestehenden Voraussetzungen erfüllt sind. Diese ergeben sich aus § 3 BetrAVG, wobei unterschieden wird, ob die Abfindung der Anwartschaft einvernehmlich oder einseitig erfolgt[1477]. Nach § 3 Abs. 1 S. 2 BetrAVG muss die Anwartschaft auf Verlangen des Arbeitgebers oder des Arbeitnehmers abgefunden werden, wenn die dort genannten Bedingungen erfüllt sind. Unter gewissen Umständen (Abs. 1 S. 3) kann die Anwartschaft nicht ohne Zustimmung des Arbeitnehmers abgefunden werden.
Verstößt die Abfindung der gesetzlich unverfallbaren Anwartschaft gegen das gesetzliche Verbot des § 3 Abs. 1 S. 3 BetrAVG, ist die getroffene Abrede gemäß § 134 BGB nichtig (§ 17 Abs. 3 S. 2 BetrAVG)[1478]. Zahlt der Arbeitgeber gleichwohl die Abfindung an den Arbeitnehmer, kann ihm nach § 812 Abs. 1 S. 2 BGB ein Bereicherungsanspruch zustehen; nach heutiger Auffassung des BAG ist ihm die bereicherungsrechtliche Rückforderung dann nicht gemäß § 817 S. 2 BGB verwehrt[1479].

1472 Weber/Ehrich/Burmester, Aufhebungsverträge, Teil 1 Rn 762; Bengelsdorf, Aufhebungsvertrag und Abfindungsvereinbarungen, S. 137; zu Formulierungsvorschlägen s. Bauer, Aufhebungsverträge, Rn 714 ff.

1473 LAG Köln, Urt. v. 25.08.1998 – 13 Sa 194/98 = DB 1999, 697.

1474 Dazu BAG, Urt. v. 26.04.1988 – 3 AZR 277/87 = AP Nr. 3 zu § 1 BetrAVG Geschäftsgrundlage = NZA 1989, 305; zum umstrittenen Begriff der wirtschaftlichen Notlage nach Änderung des § 7 Abs. 1 S. 3 BetrAVG a.F. s. ErfK/Steinmeyer, § 7 BetrAVG Rn 36 ff.

1475 Bauer, Aufhebungsverträge, Rn 714 ff.

1476 So der Wortlaut des § 3 Abs. 1 BetrAVG n.F.; damit ist gegenüber der alten Formulierung „bei Beendigung" klargestellt, dass es weniger auf den Zeitpunkt des Eintritts der Beendigung ankommt als auf den der Beendigungsvereinbarung; zur früheren Rechtslage s. Müller, Aufhebungsverträge, S. 213 f.; Voraussetzung ist aber, dass die Abfindung in Zusammenhang mit der Beendigung des Arbeitsverhältnisses steht; § 3 BetrAVG gilt nicht für fortbestehende Arbeitsverhältnisse: BAG, Urt. v. 14.08.1990 – 3 AZR 301/89 = AP Nr. 4 zu § 3 BetrAVG = NZA 1991, 174.

1477 Zu den Einzelheiten s. Weuster, BuW 2000, 510, 514.

1478 BAG, Urt. v. 17.10.2000 – 3 AZR 7/00 = AP Nr. 10 zu § 3 BetrAVG; vgl. a. BAG, Urt. v. 14.08.1990 – 3 AZR 301/89 = AP Nr. 4 zu § 3 BetrAVG = NZA 1991, 174.

1479 BAG, Urt. v. 17.10.2000 – 3 AZR 7/00 = AP Nr. 10 zu § 3 BetrAVG; Weber/Ehrich/ Burmester, Aufhebungsverträge, Teil 1 Rn 767; a.A. Weuster, BuW 2000, 510, 514; Bengelsdorf, Aufhebungsvertrag und Abfindungsvereinbarungen, S. 137.

Soweit es sich um eine gesetzlich noch verfallbare Anwartschaft handelt, ist eine Abfindungsvereinbarung jederzeit unproblematisch möglich[1480].
Die Höhe der Abfindung wird gemäß § 3 Abs. 2 BetrAVG nach dem Barwert der nach § 2 BetrAVG zu bemessenden Versorgungsleistung im Zeitpunkt der Beendigung des Arbeitsverhältnisses berechnet[1481].

3. Auswirkungen betrieblicher Versorgungsregelungen auf den Aufhebungsvertrag

Zum Teil enthalten betriebliche Versorgungsregelungen die Vorschrift, dass eine Unverfallbarkeit der Versorgungsanwartschaft nach Ablauf einer bestimmten Dienstzeit immer dann eintritt, wenn der Arbeitgeber das Arbeitsverhältnis kündigt, ohne dass ein wichtiger Grund in der Person des Arbeitnehmers vorliegt, oder wenn der Arbeitnehmer seinerseits aus wichtigem Grund kündigt. Dahingehend stellt sich die Frage, ob diese Regelung auch bei Abschluss eines Aufhebungsvertrages eingreift. Dies wäre der Fall, wenn die Regelung nicht an die Art der Vertragsbeendigung anknüpfen würde, sondern an deren Anlass.
Dies hat das BAG zu Recht bejaht[1482]. Denn in solchen Fällen wird die Auslegung in der Regel ergeben, dass es den Vertragsparteien darauf ankommt, dass der Arbeitgeber immer dann, wenn er ohne wichtigen Grund die Vertragsbeendigung betreibt, zur Versorgungsleistung verpflichtet ist. Würde man bei vertraglichen Regelungen solcher Art den Versorgungsanspruch des Arbeitnehmers von der Form des Ausscheidens abhängig machen, wäre der Arbeitnehmer praktisch gezwungen, es zu einer Kündigung kommen zu lassen, um sich den Versorgungsanspruch zu erhalten[1483].
Insoweit besteht in den Fällen, in denen der Arbeitgeber einen Aufhebungsvertrag mit dem Arbeitnehmer schließen will, ohne dass ein wichtiger Grund vorliegt, eine vergleichbare Interessenlage, so dass die genannte Vorschrift auch bei der Beendigung des Arbeitsverhältnisses durch Aufhebungsvertrag einschlägig ist.

VI. Der Abfindungsanspruch

1. Rechtsnatur der Abfindung – Abgrenzung zum Anspruch auf Arbeitsentgelt

Bei der Abfindung handelt es sich um eine für den Arbeitsplatzverlust und dessen Folgen gezahlte Entschädigung[1484].
Der Abgeltungscharakter bzw. die Entschädigungsfunktion der Abfindung zeigt sich darin, dass mit der Gewährung des Abfindungsbetrages alle unmittelbar mit dem Ver-

---

1480 Bauer, Aufhebungsverträge, Rn 717.
1481 Dazu ErfK/Steinmeyer, § 3 BetrAVG Rn 25 ff.
1482 BAG, Urt. v. 3.06.1966 – 3 AZR 413/65 = AP Nr. 111 zu § 242 BGB Ruhegehalt = NJW 1966, 1983.
1483 BAG, a.a.O.
1484 BAG, Urt. v. 25.06.1987 – 2 AZR 504/86 = AP Nr. 16 zu § 611 BGB Fleischbeschauer-Dienstverhältnis = NZA 1988, 466; Falkenberg, ZTR 1994, 410, 411; Ernst, Aufhebungsverträge, S. 314.

lust des Arbeitsplatzes verbundenen vermögensrechtlichen und immateriellen Nachteile des Arbeitnehmers abgegolten werden[1485]. Daraus ergibt sich auch, dass die Abfindung eine Überleitungs- und Vorsorgefunktion hat, da sie etwaige Nachteile ausgleichen soll, die mit dem Verlust des Arbeitsplatzes in Zukunft verbunden sind[1486]. In welchem Umfang die Abfindung Entschädigungs- und/oder Überbrückungsfunktion hat, kommt auf die Vereinbarung zwischen Arbeitgeber und Arbeitnehmer an[1487]. Darüber hinaus kann die Abfindung vor allem bei Aufhebungsvergleichen auch als Gegenleistung für die Einwilligung des Arbeitnehmers in die Auflösung des Arbeitsverhältnisses anzusehen sein[1488].

Die Abgrenzung des Abfindungsanspruchs zum Anspruch auf Arbeitsentgelt ist vornehmlich im Bereich der Sozialversicherung und des Steuerrechts erforderlich. Das Arbeitsentgelt dient der Sicherung des Lebensunterhaltes für einen bestimmten Zeitraum und ist als Gegenleistung für erbrachte Dienste lohnsteuer- und sozialversicherungspflichtig[1489]. Abfindungen werden demgegenüber nicht für Zeiten des Arbeitsverhältnisses gezahlt, sondern für Zeiten nach Beendigung des Arbeitsverhältnisses und sind daher nicht Arbeitsentgelt im sozialversicherungsrechtlichen Sinn[1490].

Die Frage, ob eine Abfindung auch Arbeitsentgelt enthält, ist grundsätzlich anhand der Gestaltung im Einzelfall zu beantworten[1491]. Ist in einem Vergleich eine Abgeltungsklausel vereinbart, nach der alle gegenseitigen Ansprüche aus dem beendeten Arbeitsverhältnis abgegolten sein sollen, so folgt daraus, dass die im Vergleich vereinbarte Abfindung lediglich Entschädigungscharakter hat[1492]. Denn in diesem Fall wird die Abfindung für den Verzicht auf die Fortführung des Rechtsstreites unter gleichzeitigem Verlust des Arbeitsplatzes gezahlt[1493]. Schließen Arbeitgeber und Arbeitnehmer einen außergerichtlichen Aufhebungsvertrag, kann die Abfindung zumindest teilweise Gegenleistung für das Einverständnis des Arbeitnehmers zur Vertragsauflösung sein[1494]. Sie hat Entgeltcharakter, wenn durch sie bereits geleistete Arbeit entlohnt oder Ansprüche des Arbeitnehmers gegen den Arbeitgeber aus Annahmeverzug erfüllt werden sollen.

[1485] BAG, Urt. v. 6.12.1984 – 2 AZR 348/81 = AP Nr. 14 zu § 61 KO = NJW 1985, 1724.

[1486] BAG, Urt. v. 27.11.1991 – 4 AZR 533/89 = AP Nr. 103 zu § 1 TVG Tarifvertr. Metallindustrie = NZA 1992, 561; Bengelsdorf, Aufhebungsvertrag und Abfindungsvereinbarungen, S. 93 f.

[1487] S. Kreßel, NZA 1997, 1138, 1141.

[1488] BAG, Urt. v. 25.06.1987 – 2 AZR 504/86 = NZA 1988, 466, entgegen Urt. v. 16.10.1969 – 2 AZR 373/68 = AP Nr. 20 zu § 794 ZPO = DB 1970, 259.

[1489] Vgl. BAG, Urt. v. 6.12.1984 – 2 AZR 348/81 = AP Nr. 14 zu § 61 KO = NJW 1985, 1724.

[1490] Deshalb unterliegen sie auch nicht der Beitragspflicht: BAG, Urt. v. 9.11.1988 – 4 AZR 433/88 = AP Nr. 6 zu § 10 KSchG 1969 = NJW 1989, 1381.

[1491] So auch KR/Spilger, § 10 KSchG Rn 12.

[1492] BAG, Urt. v. 6.12.1984 – 2 AZR 348/81 = AP Nr. 14 zu § 61 KO = NJW 1985, 1724.

[1493] BAG, a.a.O.

[1494] Vgl. BAG, Urt. v. 25.06.1987 – 2 AZR 504/86 = AP Nr. 16 zu § 611 BGB Fleischbeschauer-Dienstverhältnis = NZA 1988, 466.

Bei der Frage, ob die anlässlich der Beendigung des Arbeitsverhältnisses zugesagte Zahlung im sozialversicherungsrechtlichen Sinne eine Abfindung oder Arbeitsentgelt darstellt, sind die gesetzlichen Wertungen zu berücksichtigen[1495]. Dies gilt vor allem für die Regelung des § 143 a Abs. 1 S. 1 SGB III, die das Ruhen des Anspruchs auf Arbeitslosengeld für den Fall anordnet, dass das Arbeitsverhältnis ohne Einhaltung einer der ordentlichen Kündigungsfrist des Arbeitgebers entsprechenden Frist beendet wird und der Arbeitnehmer wegen der Beendigung des Arbeitsverhältnisses eine Abfindung zu beanspruchen hat. Diese Vorschrift beruht auf der Vermutung, dass eine Abfindung, die nach vorausgegangener fristloser Kündigung vergleichsweise vereinbart wird, in aller Regel nicht nur den Verlust sozialer Besitzstände abgelten, sondern auch ausgefallenes Arbeitsentgelt ersetzen soll[1496]. Gleiches gilt, wenn das Arbeitsverhältnis ohne Einhaltung der ordentlichen Kündigungsfrist durch Aufhebungsvertrag endet, für die Zeit der vom Tag der Vereinbarung gerechneten ordentlichen Kündigungsfrist[1497]. In diesen Fällen ist die Abfindung zumindest aus Sicht des Arbeitsförderungsrechts dem Arbeitsentgelt gleichzustellen.
Im Ergebnis bedeutet dies, dass die Einordnung einer Geldleistung durch den Arbeitgeber davon abhängt, welchen Zweck die Parteien mit der Vereinbarung einer solchen Zahlung verfolgt haben, soweit nicht gesetzliche Vermutungen eingreifen. In jedem Fall ist den Parteien zu raten, sowohl die eigentliche Abfindung als auch diejenigen Ansprüche, die der Arbeitnehmer während der Dauer des Arbeitsverhältnisses erlangt hat, in der Beendigungsvereinbarung gesondert aufzuführen[1498]. Die folgenden Ausführungen beschränken sich auf Abfindungen mit Entschädigungscharakter, wie sie anlässlich der Beendigung des Arbeitsverhältnisses normalerweise gezahlt werden.

2. Gestaltungsmöglichkeiten und Höhe der Zahlung

Eine Pflicht, dem Arbeitnehmer für den Verlust des Arbeitsplatzes eine Abfindung zu zahlen, besteht nur, wenn das Arbeitsverhältnis durch Gerichtsurteil aufgelöst wird. Für diesen Fall bestimmt § 9 Abs. 1 S. 1 KSchG, dass das Gericht den Arbeitgeber zur Zahlung einer angemessenen Abfindung zu verurteilen hat. Diese Vorschrift enthält aber keinen allgemeinen Rechtsgedanken, so dass die Parteien bei Abschluss eines außergerichtlichen oder auch gerichtlichen Aufhebungsvertrages frei

---

[1495] Zur mittlerweile gestrichenen Anrechnungsregelung des § 140 SGB III s. Kreßel, NZA 1997, 1138, 1141.
[1496] Vgl. BAG, Urt. v. 13.01.1982 – 5 AZR 546/79 = AP Nr. 7 zu § 9 KSchG 1969 = NJW 1982, 2207.
[1497] S. dazu Gagel/Vogt, Beendigung von Arbeitsverhältnissen, Rn 97 f. und Rn 102.
[1498] Bengelsdorf, Aufhebungsvertrag und Abfindungsvereinbarungen, S. 93 f.

darin sind, eine Abfindung zu vereinbaren[1499]; Gleiches gilt für die Höhe der zu leistenden Zahlung[1500].
Hinsichtlich der Höhe kommt es auf die Verhandlungspositionen an: Je größer das Interesse des Arbeitgebers ist, das konkrete Arbeitsverhältnis möglichst bald einvernehmlich zu beenden, umso höher wird sein finanzielles Angebot ausfallen[1501]. Außerdem richtet sich die Höhe der Abfindung nach dem vom Arbeitnehmer errungenen sozialen Besitzstand (Einkommenshöhe und Betriebszugehörigkeitszeit) und nach den Erfolgsaussichten einer vom Arbeitgeber auszusprechenden bzw. ausgesprochenen Kündigung[1502]. Ihre Höhe schwankt nach einer verbreiteten Daumenregel zwischen 50 und 100 % eines Bruttomonatseinkommens je Dienstjahr im Unternehmen[1503]. Um Unklarheiten zu vermeiden, sollte ein eindeutiger EURO-Betrag vereinbart werden[1504]. Die Abfindung kann in einer Summe, in Teilbeträgen oder in fortlaufenden Beträgen ausbezahlt werden[1505].

3. Fälligkeit, Vererbbarkeit, Pfändbarkeit und insolvenzrechtliche Behandlung des Abfindungsanspruchs

a) Fälligkeit des Abfindungsanspruchs

Formulierungen wie „bei Ausscheiden" oder „mit der letzten Abrechnung" klären den Zeitpunkt der Auszahlung der Abfindung; dieser muss allerdings nicht mit dem Beendigungszeitpunkt des Arbeitsverhältnisses übereinstimmen[1506].
Fraglich ist aber, wann der Abfindungsanspruch fällig wird, wenn der Aufhebungsvertrag keine Regelung über die Auszahlung enthält. Da die Abfindung an die Beendigung des Arbeitsverhältnisses geknüpft ist, nimmt die überwiegende Meinung an, dass die Abfindung grundsätzlich auch erst mit der Vertragsbeendigung fällig wird[1507]. Denn mit der Zahlung einer Abfindung solle dem Arbeitnehmer für die Zeit nach der Beendigung des Arbeitsverhältnisses ein Ausgleich geschaffen werden[1508].

[1499] Die Vereinbarung richtet sich nach den §§ 145 ff. BGB; zum Einfluss dieser Vorschriften auf den Verhandlungsverlauf s. Bauer, Aufhebungsverträge, Rn 754 ff.
[1500] BAG, Urt. v. 7.05.1987 – 2 AZR 271/86 = AP Nr. 19 zu § 9 KSchG 1969 = NJW 1988, 159; KasselerArbR/Welslau, 6.1 Rn 88; Weuster, BuW 2000, 206, 207; Weber/Ehrich/Burmester, Aufhebungsverträge, Teil 1 Rn 690; Bengelsdorf, Aufhebungsvertrag und Abfindungsvereinbarungen, S. 93 f.; Ernst, Aufhebungsverträge, S. 312.
[1501] Falkenberg, ZTR 1994, 410, 412.
[1502] Hoß/Kothe-Heggemann, MDR 1997, 1077, 1080.
[1503] Weuster, BuW 2000, 206, 207.
[1504] Weuster, a.a.O.
[1505] S. Ernst, Aufhebungsverträge, S. 315 m.w.N.
[1506] Weuster, BuW 2000, 206, 207.
[1507] LAG Köln, 21.09.1983 – 9 Ta 148/83 = DB 1984, 568; LAG Düsseldorf, Urt. v. 23.05.1989 – 16 Sa 475/89 = LAGE § 9 KSchG Nr. 16; AR-Blattei/Glatzel, Aufhebungsvertrag Rn 71; Gerauer, BB 1988, 1817; Weuster, BuW 2000, 206, 207; Weber/Ehrich/Burmester, Aufhebungsverträge, Teil 1 Rn 695; Bengelsdorf, Aufhebungsvertrag und Abfindungsvereinbarungen, S. 94; Bauer,

Dem kann nicht uneingeschränkt zugestimmt werden. Denn grundsätzlich ist die Forderung gemäß § 271 Abs. 1 BGB sofort fällig, wenn sich aus den Umständen nichts anderes ergibt. Fraglich ist daher, ob bzw. wann die Umstände im Falle eines Aufhebungsvertrages mit Abfindungsvereinbarung darauf hinweisen, dass die Abfindung nicht bereits mit dem Vertragsschluss, sondern erst mit dem Eintritt des Vertragserfolges fällig wird. Geht man davon aus, dass die Abfindung ein Ausgleich für den Verlust des Arbeitsplatzes ist, liegt es zwar nahe, anzunehmen, dass der Arbeitnehmer die Abfindung auch erst dann verlangen kann, wenn der Verlust tatsächlich eingetreten ist[1509]. Nimmt man auf der anderen Seite aber an, dass es sich bei der Zusage einer Abfindung um eine Gegenleistung für das Einverständnis des Arbeitnehmers in die Vertragsbeendigung handelt, erscheint es vertretbar, den Vertragsschluss als Fälligkeitszeitpunkt anzusehen[1510].

Da die Abfindung mehrere Funktionen haben kann, je nachdem, in welcher Situation sie vereinbart wird, kann die Frage der Fälligkeit nur für den jeweiligen Einzelfall beantwortet werden. Wird sie in einem außergerichtlichen Aufhebungsvertrag vom Arbeitgeber zugesagt, liegt es näher anzunehmen, dass sie eine Gegenleistung für das Einverständnis des Arbeitnehmers in die Vertragsbeendigung ist und deshalb mit dem Vertragsschluss fällig werden soll. Anders kann dies dann sein, wenn es sich um eine Frühpensionierung handelt, weil dann die Einkommenssicherung des Arbeitnehmers bis zum Eintritt in das Rentenalter als ausschlaggebendes Motiv für die Zahlung erscheint[1511]. Handelt es sich um eine Abfindungsvereinbarung im Rahmen eines gerichtlichen Vergleiches zur Beendigung eines Kündigungsschutzprozesses, wird ihr Entschädigungscharakter ebenfalls im Vordergrund stehen, so dass die Fälligkeit erst zum Zeitpunkt des Endes des Arbeitsverhältnisses eintritt. Ergibt sich aus den Umständen allerdings keine Fälligkeitsregelung, ist diese Lücke anhand von § 271 Abs. 1 BGB zu schließen[1512] mit der Folge, dass die Abfindung mit Vertragsschluss fällig wird[1513].

Aufhebungsverträge, Rn 759; Müller, Aufhebungsverträge, S. 205; Ernst, Aufhebungsverträge, S. 316 f.; das BAG, Urt. v. 26.08.1997 – 9 AZR 227/96 = AP Nr. 8 zu § 620 BGB Aufhebungsvertrag = NZA 1998, 643, beschränkt sich auf Ausführungen zur Entstehung des Anspruchs; ebenso Urt. v. 16.05.2000 – 9 AZR 277/99 = AP Nr. 20 zu § 620 BGB Aufhebungsvertrag, dazu sogleich.

1508 LAG Düsseldorf, Urt. v. 23.05.1989 – 16 Sa 475/89 = LAGE § 9 KSchG Nr. 16.

1509 So Gerauer, BB 1988, 1817, unter Hinweis auf BAG, Urt. v. 29.11.1983 – 1 AZR 523/82 = AP Nr. 10 zu § 113 BetrVG = NJW 1984, 1650, zum Abfindungsanspruch wegen unterlassenen Interessenausgleichs nach § 113 Abs. 1 BetrVG.

1510 Vgl. Ausführungen des BAG, Urt. v. 25.06.1987 – 2 AZR 504/86 = NZA 1988, 466, entgegen Urt. v. 16.10.1969 – 2 AZR 373/68 = AP Nr. 20 zu § 794 ZPO = DB 1970, 596.

1511 Vgl. BAG, Urt. v. 26.08.1997 – 9 AZR 227/96 = AP Nr. 8 zu § 620 BGB Aufhebungsvertrag = NZA 1998, 643, das allerdings bereits die Entstehung des Abfindungsanspruchs vor Beendigung des Arbeitsverhältnisses verneint.

1512 Vgl. Erman/Kuckuck, BGB, § 270 Rn 2.

1513 Wie hier KR/Spilger, § 10 KSchG Rn 19 a.

Hat ein Arbeitnehmer Zweifel, ob der Arbeitgeber die Abfindung nach Vertragsabschluss zahlen wird, sollte er eine sofortige Fälligkeit der Abfindung vereinbaren[1514].

b) Vererbbarkeit des Abfindungsanspruchs

aa) Problemstellung

Grundsätzlich ändert sich an der Pflicht des Arbeitgebers zur Zahlung einer Abfindung nichts, wenn der Arbeitnehmer stirbt. Denn der Abfindungsanspruch ist wie jede andere Forderung nach § 1922 BGB vererbbar[1515]. Dies gilt auch dann, wenn es sich um eine noch nicht fällige Forderung handelt, weil der Anspruch dann besteht und nur in seiner Durchsetzbarkeit gehemmt ist. Dies ergibt sich aus § 271 Abs. 2 BGB, wonach dann, wenn ein Termin für die Leistung bestimmt ist, der Gläubiger die Leistung im Zweifel nicht vorher verlangen, der Schuldner sie aber vorher bewirken kann. Damit sagt das Gesetz, dass auch bei Vereinbarung eines späteren Leistungstermins die Forderung im Zweifel sofort entsteht[1516]. Übertragen auf die vorliegende Fragestellung bedeutet dies, dass auch dann, wenn nach dem Parteiwillen davon auszugehen ist, dass die Abfindung erst bei Beendigung des Arbeitsverhältnisses fällig sein soll, ihre Entstehung bereits mit Abschluss der Abfindungsvereinbarung als Verpflichtungsgeschäft erfolgt.

Allerdings stellt § 271 Abs. 2 BGB auch klar, dass dies nur „im Zweifel" gilt. Das bedeutet, dass die Parteien auch hinsichtlich des Entstehenszeitpunktes vom Gesetz Abweichendes vereinbaren können. Dies ist insbesondere dann der Fall, wenn die Vertragsparteien eine aufschiebende Bedingung gemäß § 158 Abs. 1 BGB vereinbart haben. Eine solche wäre etwa die Abrede, dass der Anspruch nur dann entstehen soll, wenn der Arbeitnehmer den Tag der Beendigung des Arbeitsverhältnisses tatsächlich auch erlebt[1517].

Fraglich ist, wann davon auszugehen ist, dass die Parteien den Entstehungszeitpunkt entgegen § 271 Abs. 2 BGB auf einen späteren Termin verschieben wollen.

bb) Auffassung des BAG zur Entstehung des Abfindungsanspruchs

Der 2. Senat des BAG hat einen außergerichtlichen Aufhebungsvertrag mit Abfindungsvereinbarung entgegen der Vorinstanz nicht so verstanden, dass das Erleben des vereinbarten Auflösungstermins durch den Arbeitnehmer Voraussetzung für das Entstehen des Abfindungsanspruchs sei mit der Folge, dass dieser mit dessen Tod

---

1514 Weuster, BuW 2000, 206, 207.

1515 KR/Spilger, § 10 KSchG Rn 18; s.a. Ausführungen von Preis, Anm. zu LAG Rheinland-Pfalz, Urt. v. 13.11.1987, LAGE § 9 KSchG Nr. 8, S. 8; umstritten ist dies hinsichtlich des Rechts des Arbeitnehmers, das Ende des Arbeitsverhältnisses nach den §§ 9, 10 KSchG zu beantragen, s. dazu Vossen in Stahlhacke/Preis/Vossen, Kündigung und Kündigungsschutz, Rn 2011.

1516 Larenz/Wolf, BGB AT, § 25 V.

1517 Gehen die Parteien davon aus, dass der Arbeitnehmer den vereinbarten Termin erleben wird, liegt darin ein gewisses Ereignis, so dass es sich eher um eine Befristung handelt, s. Larenz/Wolf, BGB AT, § 25 V Fn 48; wegen des Verweises in § 163 BGB ergeben sich aber dann in den Rechtsfolgen keine Unterschiede.

auf die Erben übergegangen war[1518]. Demgegenüber ging der 9. Senat davon aus, dass zumindest im Fall einer Frühpensionierung der in einem Aufhebungsvertrag vereinbarte Abfindungsanspruch nach dem Parteiwillen erst zum vereinbarten Ausscheidenszeitpunkt entstehen solle[1519]. Dies begründete der Senat mit der im Vertrag verlautbarten Interessenlage der Parteien: Weil die Abfindung zumindest auch der Einkommenssicherung des Arbeitnehmers bis zum Eintritt in das Rentenalter diene, könne die Verpflichtung zur Abfindungszahlung nicht von der tatsächlichen Beendigung des Arbeitsverhältnisses abgekoppelt werden. Mit der Tatsache, dass der Aufhebungsvertrag unmittelbar auf das Recht einwirke und deshalb die Rechte und Pflichten aus dem Arbeitsvertrag ohne weitere Voraussetzungen mit dem vereinbarten Endtermin erlöschen würden, sei nicht die Aussage verbunden, dass schuldrechtlich der Anspruch auf die Abfindung auch dann entstehen solle, wenn das Arbeitsverhältnis aus anderen Gründen vorzeitig ende[1520]. Die Vereinbarung einer aufschiebenden Bedingung lehnte das Gericht mit dem Hinweis ab, dass § 158 BGB eine tatsächlich bestehende subjektive Ungewissheit beider Vertragsparteien über den Eintritt der Bedingung voraussetze und es dahingehend bezüglich des Verstorbenen an Feststellungen fehle.

Aus diesen Ausführungen folgt nicht nur, dass sich das Entstehen des Abfindungsanspruchs nach Auffassung des BAG hauptsächlich nach dem Zahlungszweck richtet. Das BAG neigt vielmehr immer stärker dazu, zwischen Abfindung und Verlust des Arbeitsplatzes einen ursächlichen Zusammenhang herzustellen[1521]. Dies belegen auch zwei Entscheidungen des 10. Senats zu tariflichen Regelungen bzw. zu Abfindungsansprüchen aus Sozialplänen[1522].

cc) Stellungnahme

Dem BAG ist insoweit zuzustimmen, als sich die Frage, ob die Parteien eine Regelung entgegen § 271 Abs. 2 BGB treffen wollten oder sogar eine entsprechende Bedingung vereinbart haben, nur anhand der Intention der Abfindungszusage in Verbindung mit der Interessenlage ermitteln lässt.

Demgegenüber werden die Anforderungen, die das BAG an eine Verknüpfung zwischen Abfindungsanspruch und Arbeitsplatzverlust stellt, der Aussage des § 271 Abs. 2 BGB nicht gerecht[1523]. Denn die Rechtsprechung führt dazu, dass die Vereinbarung eines späteren Entstehenszeitpunktes nicht die Ausnahme, sondern die Regel

---

[1518] BAG, Urt. v. 25.06.1987 – 2 AZR 504/86 = NZA 1988, 466.

[1519] BAG, Urt. v. 26.08.1997 – 9 AZR 227/96 = AP Nr. 8 zu § 620 BGB = NZA 1998, 643.

[1520] BAG, a.a.O.

[1521] Kreßel, NZA 1997, 1138, 1140.

[1522] BAG, Urt. v. 22.05.1996 – 10 AZR 907/95 = AP Nr. 13 zu § 4 TVG Rationalisierungsschutz = NZA 1997, 386; Urt. v. 25.09.1996 – 10 AZR 311/96 = AP Nr. 105 zu § 112 BetrVG 1972 = NZA 1997, 163.

[1523] Krit. auch Thüsing, Anm. zu BAG, Urt. v. 16.05.2000, EWiR 2001, 105 f.; Boecken, NZA 2002, 421 ff.

ist[1524]. Zwar ist die Auslegung grundsätzlich eine Frage des Einzelfalles, das BAG misst der Vorsorge- und Entschädigungsfunktion der Abfindung aber zum Teil eine zu große Bedeutung bei. Denn alleine aus der Tatsache, dass die Abfindung den Arbeitnehmer für den Verlust des Arbeitsplatzes entschädigen soll, kann nicht geschlossen werden, dass sie tatsächlich nur dann gezahlt werden muss, wenn das Arbeitsverhältnis auch durch Aufhebungsvertrag endet. Das würde vor allem auch die Interessen der Erben des Arbeitnehmers außer Acht lassen. Denn der Arbeitnehmer kann grundsätzlich davon ausgehen, dass alle Verträge, die er vor seinem Tod abgeschlossen hat, auch seinen Erben zugute kommen[1525]. Das gebietet auch der Grundsatz der Vertragstreue[1526]. Grundsätzlich ist davon auszugehen, dass die Parteien nicht wollen, dass das Geschäft in der Schwebe bleibt[1527].

Soll dies gleichwohl der Fall sein, muss sich dies eindeutig aus der Vereinbarung ergeben. Das ist zum Beispiel denkbar, wenn die Abfindungszusage an eine Beendigungsform bzw. an einen bestimmten Beendigungsgrund geknüpft wurde. Denn in diesen Fällen ist der Zweck der Abfindungszahlung in der Regel mit der Beendigungsform bzw. dem Beendigungsgrund verknüpft, so dass auch der Arbeitnehmer erkennen kann, dass der Arbeitgeber die Abfindung nur unter diesen Umständen zahlen will (vgl. §§ 133, 157 BGB)[1528].

Deshalb kann dem BAG darin zugestimmt werden, dass tarifliche Abfindungen, die nur bei betriebsbedingter Kündigung gezahlt werden sollen, auch erst zum Zeitpunkt des betriebsbedingten Ausscheidens entstehen[1529]. Gleiches gilt für das Entstehen einer Sozialplanabfindung vor dem Hintergrund, dass diese als Ausgleich für eine betriebsbedingte Entlassung gezahlt werden soll und dass dort auch Verteilungsgesichtspunkte hinsichtlich der betroffenen Arbeitnehmer eine Rolle spielen[1530]. Für den Fall der Frühpensionierung ist dies allerdings zweifelhaft, weil hier die Abfindung weder an eine bestimmte Beendigungsform noch einen besonderen Beendigungsgrund geknüpft ist. Die Tatsache, dass die Abfindung in diesen Fällen auch

---

[1524] S.a. Formulierung bei Löwisch, KSchG, § 10 Rn 35; nach Meyer, Anm. zu BAG, Urt. v. 26.08.1997, BB 1998, 1479, 1480, soll die vorzeitige Beendigung des Arbeitsverhältnisses nur ausnahmsweise bei entsprechender Vereinbarung in die Risikosphäre des Arbeitgebers fallen.

[1525] Nach dem BAG, Urt. v. 25.06.1987 – 2 AZR 504/86 = NZA 1988, 466, „liegt eine gewisse Unsicherheit über die Lebensdauer des Vertragspartners bei der stets vom Tode bedrohten Existenz des Menschen ohnehin über allen von Menschen geschlossenen Verträgen".

[1526] LAG Rheinland-Pfalz, Urt. v. 13.11.1987 – 6 Sa 704/87 = LAGE § 9 KSchG Nr. 8.

[1527] Preis, Anm. zu LAG Rheinland-Pfalz, Urt. v. 13.11.1987, LAGE § 9 KSchG Nr. 8, S. 10.

[1528] BAG, Urt. v. 22.05.1996 – 10 AZR 907/95 = AP Nr. 13 zu § 4 TVG Rationalisierungsschutz = NZA 1997, 386.

[1529] BAG, a.a.O.

[1530] Vgl. BAG, Urt. v. 25.09.1996 – 10 AZR 311/96 = AP Nr. 105 zu § 112 BetrVG 1972 = NZA 1997, 163.

finanzielle Absicherung für die Erben darstellt, darf nicht unbeachtet bleiben[1531]. Deshalb wird die Abfindungsvereinbarung in diesen Fällen in der Regel nicht dahingehend ausgelegt werden können, dass die Vertragsparteien konkludent den Entstehenszeitpunkt des Abfindungsanspruchs hinausgeschoben haben[1532]. Das Hinausschieben des Entstehenszeitpunktes wird auch dann nicht gewollt sein, wenn der Arbeitnehmer durch die Annahme des Aufhebungsvertragsangebots des Arbeitgebers diesem den Ausspruch einer Kündigung und die damit zusammenhängenden Risiken erspart hat, weil er sich dann bereits mit Vertragsschluss die vereinbarte Gegenleistung „verdient" hat[1533].

An die Vereinbarung einer aufschiebenden Bedingung mit dem Inhalt, dass der Anspruch nur entstehen soll, wenn das Arbeitsverhältnis auch tatsächlich durch Aufhebungsvertrag endet, müssen vergleichbare Anforderungen gestellt werden; in der Regel wird es sich in diesem Fall auch eher um eine Befristung nach § 163 BGB handeln, wenn die Parteien davon ausgehen, dass der Arbeitnehmer den Beendigungstermin erlebt. In jedem Fall existiert aber keine Regel, nach der ein Aufhebungsvertrag mit Auslauffrist unter einer aufschiebenden Bedingung geschlossen wird[1534]. Dass im Fall des Todes des Arbeitnehmers vor dem festgelegten Ausscheidenstermin die Erben des verstorbenen Arbeitnehmers die Abfindung gegen den Arbeitnehmer geltend machen können, wenn nichts anderes vereinbart ist, bedeutet keine Begünstigung der Erben, sondern ist schlicht die Konsequenz der in § 1922 Abs. 1 BGB angeordneten Gesamtrechtsnachfolge[1535].

Auch das Entfallen des Abfindungsanspruchs nach § 313 BGB wegen Störung der Geschäftsgrundlage des Aufhebungsvertrages wird in diesen Fällen nicht in Betracht kommen[1536]. Das Erleben des Auflösungstermins durch den Arbeitnehmer müsste dann bei Vertragsschluss erkennbare Bedingung für den Geschäftswillen der Vertragsparteien gewesen sein[1537], was aufgrund der obigen Ausführungen zweifelhaft ist. Außerdem wäre eine Berufung auf den Wegfall der Geschäftsgrundlage nur möglich, wenn dem Betroffenen nach Treu und Glauben nicht zugemutet werden kann, trotz der vereinbarten Umstände an der Vereinbarung in unverändertem Ausmaß fest-

---

[1531] S. Ausführungen des LAG Rheinland-Pfalz, Urt. v. 13.11.1987 – 6 Sa 704/87 = LAGE § 9 KSchG Nr. 8 m. zust. Anm. Preis.

[1532] So aber BAG, Urt. v. 26.08.1997 – 9 AZR 227/96 = AP Nr. 8 zu § 620 BGB Aufhebungsvertrag = NZA 1998, 643, m. zust. Anm. Meyer, BB 1998, 1479, 1480.

[1533] LAG Rheinland-Pfalz, Urt. v. 13.11.1987 – 6 Sa 704/87 = LAGE § 9 KSchG Nr. 8 m. zust. Anm. Preis; ebenso Boecken, NZA 2002, 421, 424.

[1534] So aber BAG, Urt. v. 29.01.1997 – 2 AZR 292/96 = AP Nr. 131 zu § 626 BGB = NZA 1997, 813, für den Fall, dass eine außerordentliche Kündigung das Arbeitsverhältnis vor dem im Aufhebungsvertrag vorgesehenen Zeitpunkt auflöst.

[1535] Boecken, NZA 2002, 421, 424.

[1536] Thüsing, Anm. zu BAG, Urt. v. 16.05.2000, EWiR 2001, 105 f.

[1537] Vgl. BAG, Urt. v. 25.09.1996 – 10 AZR 311/96 = AP Nr. 105 zu § 112 BetrVG 1972 = NZA 1997, 163.

zuhalten[1538]; ein überwiegendes Interesse des Arbeitgebers, die Abfindung nicht leisten zu müssen, ist aber regelmäßig nicht erkennbar[1539]. In Betracht kommt allenfalls noch eine ergänzende Vertragsauslegung für den Fall, dass die Parteien nicht daran gedacht haben, eine Regelung für den vorzeitigen Tod des Arbeitnehmers zu treffen und dies bei Kenntnis dieses Umstandes dergestalt getan hätten, dass der Abfindungsanspruch erst mit dem Zeitpunkt des Vertragsendes entstehen soll. Allerdings ist eine solche ergänzende Auslegung gerade in den Fällen, in denen die Ermittlung des tatsächlichen Parteiwillens Schwierigkeiten bereitet, mit Vorsicht zu genießen[1540].

dd) Ergebnis

Immer dann, wenn der Parteiwille nichts anderes ergibt, davon auszugehen ist, dass der Abfindungsanspruch mit dem Tod des Arbeitnehmers auf die Erben übergeht[1541]. Allerdings ist zu beachten, dass das BAG dazu neigt, eine im Aufhebungsvertrag zugesagte Abfindung als Ersatz für den Verlust des Arbeitsplatzes zu bewerten, woraus sich nach Auffassung des Gerichts eine (stillschweigende) Vereinbarung der Vertragsparteien dahingehend ergibt, dass die Abfindung nur gezahlt werden soll, wenn der Arbeitnehmer den Beendigungszeitpunkt erlebt. Wollen die Parteien dies anders regeln, empfiehlt sich daher eine Klarstellung im Aufhebungsvertrag dahingehend, dass der Abfindungsanspruch mit der Vertragsunterzeichnung entsteht[1542] bzw. vererbbar ist[1543].

c) Pfändbarkeit des Abfindungsanspruchs

Abfindungen gehören nach überwiegender Auffassung zum pfändbaren Arbeitseinkommen i.S.d. § 850 ZPO[1544]. Dies wird damit begründet, dass die Abfindung ihrer Zweckbestimmung nach zumindest auch den Lebensunterhalt sichern soll[1545] und damit zu den Leistungen gehört, die der Arbeitnehmer aufgrund des Arbeitsverhältnisses vom Arbeitgeber erhält[1546]. Dagegen wird eingewandt, nur das Arbeitsentgelt

---

1538 S. nur Palandt/Heinrichs, BGB, § 242 Rn 129 m.w.N.

1539 Preis, Anm. zu LAG Rheinland-Pfalz, Urt. v. 13.11.1987, LAGE § 9 KSchG Nr. 8, S. 11.

1540 So Preis, a.a.O.

1541 I.E. ebenso KR/Spilger, § 10 KSchG, Rn 18, 19a; MünchArbR/Blomeyer, § 48 Rn 10; Vossen in Stahlhacke/Preis/Vossen, Kündigung und Kündigungsschutz, Rn 2012; Müller, Aufhebungsverträge, S. 206; Ernst, Aufhebungsverträge, S. 318.

1542 AR-Blattei/Glatzel, Aufhebungsvertrag Rn 74b.

1543 Weber/Ehrich/Burmester, Aufhebungsverträge, Teil 1 Rn 696.

1544 BAG, Urt. v. 12.09.1979 – 4 AZR 420/77 = AP Nr. 10 zu § 750 ZPO = NJW 1980, 800 m.w.N.; KR/Spilger, § 10 KSchG Rn 17; Hueck/v. Hoyningen-Huene, KSchG, § 10 Rn 24; Löwisch, KSchG, § 10 Rn 23; Weuster, BuW 2000, 206, 208; Bengelsdorf, Aufhebungsvertrag und Abfindungsvereinbarungen, S. 96; Bauer, Aufhebungsverträge, Rn 764; Müller, Aufhebungsverträge, S. 206.

1545 KasselerArbR/Welslau, 6.1 Rn 95.

1546 Löwisch, KSchG, § 10 Rn 23.

diene primär der Sicherung des Lebensunterhaltes und sei Gegenleistung für erbrachte Arbeit im Rahmen eines Arbeitsverhältnisses[1547].

Folgt man der überwiegenden Meinung ergibt sich Folgendes: Weil es sich bei einer Abfindung um eine „nicht wiederkehrende Vergütung“ handelt, gelten für sie nicht die Pfändungsfreigrenzen des § 850 c ZPO, sondern nur der Schutz des § 850 i ZPO[1548]. Das heißt, der Arbeitnehmer hat gemäß § 850 i Abs. 1 S. 1 ZPO die Möglichkeit, im Fall der Pfändung der Abfindung beim Vollstreckungsgericht einen Pfändungsschutzantrag zu stellen, demzufolge das Gericht einen Teil der Abfindung für unpfändbar erklären kann. Erfolgt dies, kann gegen die Abfindung, soweit sie unpfändbar ist, nach § 394 BGB nicht aufgerechnet werden[1549].

Im Übrigen werden Abfindungen ebenso wie Arbeitsentgelt i.e.S. von einem formularmäßig erlassenen Lohnpfändungs- und Überweisungsbeschluss erfasst[1550].

d) Der Abfindungsanspruch in der Insolvenz

Hinsichtlich der konkursrechtlichen Behandlung des Abfindungsanspruchs vertrat das BAG die Auffassung, es handele sich um einfache Konkursforderungen gemäß § 61 Abs. 1 Nr. 6 KO[1551]. Begründet wurde dies mit dem Entschädigungs-charakter der Abfindung, die nicht der Sicherung des Lebensunterhaltes diene[1552]. Es müsse deshalb eine Sonderstellung der Arbeitnehmer gegenüber anderen Konkursgläubigern verhindert werden[1553].

Nach Inkrafttreten der Insolvenzordnung am 1.01.1999 hängt die insolvenzrechtliche Behandlung von Abfindungen nur noch von deren Entstehungszeitpunkt ab[1554]: Ansprüche aufgrund eines vor Eröffnung des Insolvenzverfahrens abgeschlossenen Aufhebungsvertrages sind in der Insolvenz keine Masseschulden, sondern einfache Insolvenzforderungen (vgl. § 38 InsO), weil sie nur den sozialen Besitzstand als solchen entschädigen[1555]. Einigt sich der Arbeitnehmer nach Verfahrenseröffnung mit dem Insolvenzverwalter in einem Aufhebungsvertrag auf eine Abfindung, so liegt eine Masseverbindlichkeit nach § 55 Abs. 1 Nr. 1 InsO vor[1556].

[1547] Ernst, Aufhebungsverträge, S. 324.

[1548] BAG, Urt. v. 12.09.1979 – 4 AZR 420/77 = AP Nr. 10 zu § 750 ZPO = NJW 1980, 800; Urt. v. 13.11.1991 – 4 AZR 39/91 – n. v.; Urt. v. 20.08.1996 – 9 AZR 964/94 = AP Nr. 7 zu § 767 ZPO = NJW 1997, 1868; Hueck/v. Hoyningen-Huene, KSchG, § 10 Rn 24 m.w.N.; Musielak/Becker, ZPO, § 850 i Rn 4; Vossen in Stahlhacke/Preis/Vossen, Kündigung und Kündigungsschutz, Rn 2005.

[1549] S. KasselerArbR/Welslau, 6.1 Rn 93.

[1550] BAG, Urt. v. 13.11.1991 – 4 AZR 39/91 – n. v.

[1551] BAG, Urt. v. 6.12.1984 – 2 AZR 348/81 = AP Nr. 14 zu § 61 KO = NJW 1985, 1724; Urt. v. 13.11.1986 – 2 AZR 771/85 = AP Nr. 57 zu § 613 a BGB = NZA 1987, 458.

[1552] BAG, a.a.O.

[1553] BAG, Urt. v. 13.11.1986 – 2 AZR 771/85 = AP Nr. 57 zu § 613 a BGB = NZA 1987, 458.

[1554] S. AR-Blattei/Glatzel, Aufhebungsvertrag Rn 77 f.

[1555] MünchArbR/Peters-Lange, § 77 Rn 10.

[1556] AR-Blattei/Glatzel, Aufhebungsvertrag Rn 78.

4. Verjährung des Abfindungsanspruchs und Einfluss von tariflichen Ausschlussfristen

Vor der am 1.01.2002 in Kraft getretenen Schuldrechtsreform war es herrschende Meinung, dass Abfindungsansprüche ebenso wie rückständige Lohn- und Gehaltsansprüche gemäß § 196 Abs. 1 Nr. 8 bzw. Nr. 9 BGB a.F. in zwei Jahren verjähren[1557]. Dies wurde mit dem Sinn und Zweck des § 196 BGB begründet, wonach der Arbeitgeber vor unnötigem Verwaltungsaufwand durch die Ausstellung und Aufbewahrung von Belegen verschont werden soll und Abfindungen nicht außergewöhnlich seien, sondern zu den Geschäften des täglichen Lebens zählten[1558]. Die Gegenauffassung berief sich auf den Entschädigungscharakter der Abfindung, die nicht als Arbeitsentgelt i.S.v. § 196 Nr. 8 bzw. 9 BGB angesehen werden könne[1559], weil sie nicht laufend monatlich oder zu bestimmten Zeitpunkten erbracht werde[1560].
Nach der Schuldrechtsreform beträgt die regelmäßige Verjährungsfrist nach § 195 BGB drei Jahre. Da eine Ausnahme von dieser Regel im Fall der Abfindung nicht einschlägig ist, ist der Meinungsstreit als erledigt anzusehen.
Beim Ausbleiben (monatlicher Raten) der Abfindung kann der Arbeitnehmer den Ablauf der Verjährungsfrist insbesondere durch die Zustellung eines Mahnbescheides (§ 204 Abs. 1 Nr. 3 BGB) oder durch Klageerhebung (§ 204 Abs. 1 Nr. 1 BGB) hemmen. Die Hemmung endet gemäß § 204 Abs. 2 S. 1 BGB sechs Monate nach der rechtskräftigen Entscheidung oder anderweitigen Beendigung des eingeleiteten Verfahrens. Eine Hemmung tritt nach der neuen Gesetzeslage gemäß § 203 BGB auch dann ein, wenn zwischen Arbeitnehmer und Arbeitgeber Verhandlungen über den Anspruch oder die den Anspruch begründenden Umstände schweben; die Verjährung tritt in diesem Fall spätestens drei Monate nach dem Ende der Hemmung ein.
Ist der Anspruch durch Leistungs- oder Feststellungsurteil festgestellt oder ergibt er sich aus einem gerichtlichen Prozessvergleich, tritt die Verjährung gemäß § 197 Abs. 1 Nr. 3 bzw. Nr. 4 BGB erst in 30 Jahren ein.
Hinsichtlich tariflicher Verfallklauseln ist eine enge Auslegung erforderlich, weil sie die Durchsetzung erworbener Rechte stark einschränken[1561]. Deshalb ist dem BAG zuzustimmen, wonach solche Ausschluss- und Verfallklauseln keine Individualabfindungen für den Verlust des Arbeitsplatzes erfassen, weil diese auch Vorsorge-

---

1557 LAG Hamm, Urt. v. 15.01.1990 – 19 Sa 1148/89 = EWiR 1990, 1053 m. zust. Anm. Bauer/Hahn; Erman/W. Hefermehl, BGB, § 196 Rn 17; AR-Blattei/Glatzel, Aufhebungsvertrag Rn 75; Bauer, Aufhebungsverträge, Rn 765; a.A. LAG, Bremen, Urt. v. 23.11.1982 – 4 Sa 152/82 = NJW 1983, 1631; Biehl in Ascheid/Preis/Schmidt, § 10 KSchG Rn 47; Löwisch, KSchG, § 10 Rn 36; Ernst, Aufhebungsverträge, S. 320.

1558 Bauer/Hahn, Anm. zu LAG Hamm, Urt. v. 15.01.1990, EWiR 1990, 1053, 1054.

1559 Biehl in Ascheid/Preis/Schmidt, § 10 KSchG Rn 47; Ernst, Aufhebungsverträge, S. 320.

1560 KR/Spilger, § 10 KSchG Rn 22b.

1561 Näher dazu Ernst, Aufhebungsverträge, S. 318 f.

funktion haben[1562]. Außerdem fehlt es im Fall einer anlässlich eines Aufhebungsvertrages vereinbarten Abfindung an einem schutzwürdigen Vertrauen des Arbeitgebers, da dieser nicht auf der einen Seite dem Arbeitnehmer die Zahlung zusagen und sie auf der anderen Seite unter Hinweis auf tarifvertragliche Regelungen verweigern kann[1563].

5. Steuerrechtliche Behandlung von Abfindungen

a) Grundsätzliches

Bei der Angabe der Abfindung im Aufhebungsvertrag handelt es sich in der Regel um Bruttobeträge, so dass eventuell anfallende Steuern zu Lasten des Arbeitnehmers gehen[1564].

Dies gilt nach herrschender Meinung auch im Fall einer (widersprüchlichen) Vereinbarung, nach der eine Abfindung brutto = netto gezahlt werden soll, wenn die Abfindung ganz oder zum Teil steuerpflichtig ist, soweit sich nicht aus dem übereinstimmenden Parteiwillen etwas anderes ergibt[1565]. Soll die Abfindung ohne jegliche Abzüge an den Arbeitnehmer ausgezahlt werden, sollte deshalb ausdrücklich eine sog. „Netto-Abfindung" vereinbart werden[1566].

b) Steuerbefreiung gemäß § 3 Nr. 9 EStG

aa) Grundsätze der Steuerbefreiung

Abfindungen sind in steuerrechtlicher Hinsicht privilegiert. Bis zu einem gewissen Betrag sind sie gemäß § 3 Nr. 9 EStG sogar ganz von der Steuer befreit. Zweck dieser Norm ist es, zu verhindern, dass die einem Steuerpflichtigen für den Verlust des Arbeitsplatzes gewährte Entschädigung durch deren steuerliche Belastung teilweise wieder rückgängig gemacht wird[1567].

1562 BAG, Urt. v. 13.01.1982 – 5 AZR 546/79 = AP Nr. 7 zu § 9 KSchG 1969 = NJW 1982, 2207; ebenso Bauer, Aufhebungsverträge, Rn 766; a.A. Bengelsdorf, Aufhebungsvertrag und Abfindungsvereinbarungen, S. 96.

1563 S. BAG, Urt. v. 22.01.1987 – 2 AZR 98/87 – n. v.; ebenso Ernst, Aufhebungsverträge, S. 319, und Bauer, Aufhebungsverträge, Rn 766; dies kann nach zweifelhafter Auffassung der Rspr. allerdings dann anders sein, wenn der Arbeitnehmer vor Ende des Arbeitsverhältnisses stirbt, weil dann eine neue Ungewissheit über den Fortbestand des Arbeitsverhältnisses entsteht: BAG, Urt. v. 25.06.1987 – 2 AZR 504/86 – n. v.

1564 LAG Berlin, Urt. v. 21.02.1994 – 9 Sa 126/93 = NZA 1995, 792; Biehl in Ascheid/Preis/Schmidt, § 10 KSchG Rn 52; Schiefer/Köster, WiB 1995, 489, 495; Hoß/Kothe-Heggemann, MDR 1997, 1077, 1080; Weber/Ehrich/Burmester, Aufhebungsverträge, Teil 1 Rn 691.

1565 LAG Bremen, Urt. v. 22.01.1988 – 4 Sa 94/87 = NZA 1988, 433; LAG Köln, Urt. v. 20.03.1997 – 6 Sa 1424/96 = LAGE § 9 KSchG Nr. 30; Biehl in Ascheid/Preis/Schmidt, a.a.O; Hoß/Kothe-Heggemann, MDR 1997, 1077, 1080; Weuster, BuW 2000, 383; Bengelsdorf, Aufhebungsvertrag und Abfindungsvereinbarungen, S. 113; Bauer, Aufhebungsverträge, Rn 977.

1566 Hoß/Kothe-Heggemann, MDR 1997, 1077, 1080; Bengelsdorf, Aufhebungsvertrag und Abfindungsvereinbarungen, S. 113.

1567 BFH, Urt. v. 23.04.1996 – VIII R 53/94 = BB 1996, 1812.

Die Höhe des Freibetrages richtet sich – aufgrund sozialpolitischer Motivation - nach dem Lebensalter und der Dauer der Betriebszugehörigkeit zu dem Zeitpunkt, zu dem das Arbeitsverhältnis beendet wird[1568]. Der Freibetrag steht jedem Arbeitnehmer aus demselben Dienstverhältnis nur einmal zu[1569]. Ratenzahlung ist für die Steuerbefreiung auch dann unschädlich, wenn zwei Kalenderjahre tangiert werden[1570]; der Freibetrag wird in der Reihenfolge der Ratenzahlung verbraucht, bis der einschlägige Höchstbetrag erreicht ist[1571].
Nach § 3 Nr. 9 EStG sind derzeit 8.181 EURO steuerfrei. Bestand das Arbeitsverhältnis 15 Jahre und hat der Arbeitnehmer das 50. Lebensjahr vollendet, erhöht sich der Freibetrag auf 10.226 EURO. Nach Vollendung des 55. Lebensjahres und nach mindestens 20jähriger Betriebszugehörigkeit beträgt der Freibetrag 12.271 EURO. Hinsichtlich dieser Kriterien kommt es auf die Verhältnisse zum formellen Ende des Arbeitsverhältnisses an[1572].
Maßgeblich ist also – soweit keine rechtsmissbräuchliche Gestaltung vorliegt - der von den Beteiligten vereinbarte Zeitpunkt der Beendigung des Arbeitsverhältnisses[1573].

bb) Voraussetzungen der Steuerbefreiung

Voraussetzung für das Vorliegen einer steuerbefreiten Abfindung nach § 3 Nr. 9 EStG ist, dass es sich bei dem Steuerschuldner um einen Arbeitnehmer im Sinne des Steuerrechts handelt, dass das Arbeitsverhältnis aufgelöst wird, dass die Auflösung vom Arbeitgeber veranlasst oder gerichtlich ausgesprochen wird und dass die Abfindung wegen der Auflösung gezahlt wird.

α) Steuerrechtliche Arbeitnehmereigenschaft

Der steuerrechtliche Arbeitnehmerbegriff ist weiter als der arbeitsrechtliche und stimmt auch mit dem sozialversicherungsrechtlichen nicht vollständig überein[1574]. Er ergibt sich aus § 19 EStG, § 1 Abs. 1 LStDV und erfasst auch den Vorstand einer börsennotierten Aktiengesellschaft sowie den beherrschenden Geschäftsführer einer GmbH, nicht jedoch den Mitunternehmer einer Personengesellschaft[1575].

[1568] Zu den anrechenbaren Beschäftigungszeiten s. Bengelsdorf, Aufhebungsvertrag und Abfindungsvereinbarungen, S. 106.
[1569] Schaub, BB 1999, 1059, 1060.
[1570] S. Bauer, Aufhebungsverträge, Rn 924; anders ist dies im Rahmen des § 34 EStG.
[1571] Prinz, DStR 1998, 1585, 1586; Weuster, BuW 2000, 383, 384; Bengelsdorf, Aufhebungsvertrag und Abfindungsvereinbarungen, S. 106 f.
[1572] Weuster, BuW 2000, 383, 384.
[1573] BFH, Urt. v. 27.04.1994 – XI R 41/93 = AP Nr. 1 zu § 3 EStG = NZA 1995, 118; Schaub, BB 1999, 1059.
[1574] Hümmerich/Spirolke, NZA 1998, 225, 226.
[1575] Prinz, DStR 1998, 1585 mit Nachweisen zur Rspr.; ausführlich auch Bauer, Aufhebungsverträge, Rn 901.

Der Arbeitnehmer ist gemäß § 38 Abs. 2 S. 1 EStG Schuldner der Lohnsteuer, die Durchführung des Abzugs obliegt aber nach Abs. 3 S. 1 der Vorschrift dem Arbeitgeber[1576].

β) Auflösung des Dienstverhältnisses

Unter Auflösung eines Dienstverhältnisses i.S.d. § 3 Nr. 9 EStG fällt jede endgültige Beendigung einer nichtselbstständigen Haupt- oder Nebentätigkeit[1577]. Ob und zu welchem Zeitpunkt das Arbeitsverhältnis aufgelöst worden ist, richtet sich nach bürgerlichem Recht bzw. Arbeitsrecht[1578]. Die Finanzbehörden sind an die Vereinbarungen der Parteien gebunden, soweit kein Gestaltungsmissbrauch (§ 42 AO) vorliegt[1579].

Entscheidend für die Frage, ob eine endgültige Beendigung des Arbeitsverhältnisses vorliegt, ist nach neuerer Auffassung des BFH nicht nur die rein formale Betrachtung, sondern sind auch die konkreten Umstände der Vertragsaufhebung und der Wille der Arbeitsvertragsparteien, das Arbeitsverhältnis nicht unter geänderten Bedingungen als einheitliches Dienstverhältnis fortzusetzen[1580]. Eine Arbeitsfreistellung ist der Beendigung des Arbeitsverhältnisses deshalb nicht gleichzustellen[1581]. Andererseits wird ein bestehendes Dienstverhältnis nicht fortgesetzt, wenn nach Beendigung dieses Verhältnisses mit demselben Arbeitgeber ein neues Dienstverhältnis zu anderen Bedingungen begründet wird, es sei denn, eine Weiterbeschäftigung des Arbeitnehmers war von vornherein geplant[1582]. Dann kommt die Versagung der Steuerfreiheit wegen Missbrauchs rechtlicher Gestaltungsmöglichkeiten nach § 42 AO in Betracht[1583].

Keine Beendigung liegt in der Regel im Fall eines Betriebsüberganges vor, wenn der Arbeitnehmer vom alten Arbeitgeber eine Abfindung erhält, sein Arbeitsverhältnis

---

[1576] Zum Rückgriffsanspruch des Arbeitgebers gegen den Arbeitnehmer wegen Zahlung von Lohnsteuer aus einem erst nach Abschluss eines Aufhebungsvertrag festgestellten Sachverhalt und den Auswirkungen einer Ausgleichsklausel auf diesen Anspruch s. OLG Frankfurt, Urt. v. 19.12.1995 – 5 U 182/94 = EzA § 611 BGB Aufhebungsvertrag Nr. 20 m. Anm. Stolz.

[1577] Prinz, DStR 1998, 1585.

[1578] BFH, Urt. v. 27.04.1994 – XI R 41/93 = AP Nr. 1 zu § 3 EStG = NZA 1995, 118; Hümmerich/Spirolke, NZA 1998, 225, 226; Schaub, BB 1999, 1059.

[1579] BFH, Urt. v. 13.10.1978 – VI R 91/77 = BB 1979, 304 f.; zu den Einschränkungen bei der rückwirkenden Beendigung s. Bengelsdorf, Aufhebungsvertrag und Abfindungsvereinbarungen, S. 103 ff.

[1580] S. dazu Naumann, Anm. zu BFH, Urt. v. 16.07.1997, BB 1998, 74 f.

[1581] BFH, Urt. v. 27.04.1994 – XI R 41/93 = AP Nr. 1 zu § 3 EStG = NZA 1995, 118.

[1582] BFH, Urt. v. 10.10.1986 – VI R 178/83 = BB 1987, 457; Urt. v. 21.06.1990 – X R 48/86 = BB 1990, 2317, 2318; Hümmerich/Spirolke, NZA 1998, 225, 226; Bauer, Aufhebungsverträge, Rn 914; gleiches gilt dann, wenn ein Arbeitsverhältnis beendet und als freies Mitarbeiterverhältnis fortgeführt wird, s. Bauer, Aufhebungsverträge, Rn 902.

[1583] S. Selder in Ascheid/Preis/Schmidt, § 3 EStG Rn 36.

aber nach § 613 a BGB auf den Betriebserwerber übergeht[1584]. Denn in diesem Fall findet nur ein Vertragspartnerwechsel ohne Einfluss auf den Bestand des Arbeitsvertrages statt[1585]. Bei der Umsetzung von einem Konzernunternehmen in ein anderes kommt es auf die Umstände des Einzelfalles (Konzernversetzungsklausel im Dienstvertrag, Veränderung der Arbeitsbedingungen, Fortbestand des Kündigungsschutzes, Anrechnung von Dienstjahren, Rückkehrrecht, Fortgeltung der Pensionsordnung) an, ob die Fortsetzung des bisherigen Arbeitsverhältnisses oder ob die Beendigung des bisherigen und die Aufnahme eines neuen Arbeitsverhältnisses vorliegt[1586]. Erfolgt die Umsetzung innerhalb eines Betriebes aufgrund des Direktionsrechts des Arbeitgebers, ist eine Abfindung in keinem Fall steuerlich begünstigt[1587].

χ) Vom Arbeitgeber veranlasste Vertragsbeendigung

Die steuerrechtliche Privilegierung des § 3 Nr. 9 EStG erfolgt nur bei Abfindungen, die „wegen einer vom Arbeitgeber veranlassten oder gerichtlich ausgesprochenen Auflösung des Arbeitsverhältnisses" gezahlt werden. Daraus ergibt sich, dass es nicht auf die Form der Beendigung, sondern auf die Veranlassung ankommt.

Die Veranlassung liegt dann beim Arbeitgeber, wenn er die entscheidende Ursache für die Auflösung des Arbeitsverhältnisses gesetzt hat[1588]. Auf ein Verschulden seinerseits kommt es nicht an[1589]. Zum Teil fordert die Rechtsprechung aber, dass es dem Arbeitnehmer aufgrund dieses Verhaltens nicht mehr zumutbar sein darf, am Arbeitsverhältnis festzuhalten[1590]. Ob diese Voraussetzung nach der heutigen Rechtslage obsolet ist, ist umstritten[1591]. Von den Finanzbehörden wird ihr Vorliegen jedenfalls nicht geprüft[1592].

Die Tatsache, dass der Arbeitnehmer bei dem Abschluss eines Aufhebungsvertrages mitgewirkt hat, hindert für sich allein nicht die Annahme, dass der Arbeitgeber die entscheidende Ursache für die Auflösung gesetzt hat[1593]. Eine Veranlassung durch den Arbeitgeber scheidet aber dann aus, wenn ein Fehlverhalten des Arbeitnehmers der Beendigung zugrunde liegt.

1584 BFH, Urt. v. 16.07.1997 – XI R 85/86 = BB 1997, 2144, m. zust. Anm. Naumann, BB 1998, 74 f.; Hümmerich/Spirolke, NZA 1998, 225, 227.

1585 Naumann, BB 1998, 74.

1586 Vgl. BFH, Urt. v. 21.06.1990 – X R 48/86 = BB 1990, 2317, 2318; Weuster, BuW 2000, 383, 384; Müller, ArbRB 2002, 25; Bauer, Aufhebungsverträge, Rn 912.

1587 Selder in Ascheid/Preis/Schmidt, § 3 EStG Rn 38; Bauer, Aufhebungsverträge, Rn 910.

1588 BFH, Urt. v. 13.10.1978 – VI R 91/77 = BB 1979, 304, 305; Biehl in Ascheid/Preis/Schmidt, § 10 KSchG Rn 52; Schaub, BB 1999, 1059.

1589 Bengelsdorf, Aufhebungsvertrag und Abfindungsvereinbarungen, S. 101.

1590 Vgl. BFH, Urt. v. 11.01.1980 – VI R 165/77 = BB 1980, 667.

1591 Dafür Heinicke in Schmidt, EStG, § 3 ABC, unter „Abfindungen wegen Auflösung eines Dienstverhältnisses", c); Selder in Ascheid/Preis/Schmidt, § 3 EStG Rn 43; Gagel/Vogt, Beendigung von Arbeitsverhältnissen, Rn 306; Bauer, Aufhebungsverträge, Rn 908 f.

1592 S. Nachweis bei Selder in Ascheid/Preis/Schmidt, § 3 EStG Rn 43.

1593 BFH, Urt. v. 13.10.1978 – VI R 91/77 = BB 1979, 304, 305.

Allerdings ist zu beachten, dass nicht jedes Fehlverhalten des Arbeitnehmers eine verhaltensbedingte Kündigung rechtfertigt und es – der Rechtsnatur eines Vergleiches entsprechend – regelmäßig ungeklärt bleibt, ob das Verhalten des Arbeitnehmers eine Kündigung sozial rechtfertigen konnte[1594]. In der Regel wird eine (widerlegliche) Vermutung dafür sprechen, dass der Arbeitgeber eine Abfindung nur dann zahlt, wenn er die Ursache gesetzt hat[1595]. Deshalb reicht für die Behauptung der Veranlassung eine Glaubhaftmachung aus, gegebenenfalls ist eine wertende Betrachtung im Einzelfall geboten, wobei eine Mitveranlassung durch den Arbeitgeber genügt[1596]. Soweit die Parteien im Aufhebungsvertrag oder im Aufhebungsvergleich den Umstand, dass der Arbeitgeber die Beendigung veranlasst hat, festhalten, werden die Finanzbehörden diesem in der Regel Glauben schenken[1597].

Im Einzelnen veranlasst der Arbeitgeber den Aufhebungsvertrag immer dann, wenn[1598]

- er kündigt, es sei denn, er kündigt wegen vertragswidrigen Verhaltens des Arbeitnehmers;
- er kündigt und das Arbeitsverhältnis auf Antrag des Arbeitgebers oder des Arbeitnehmers oder aufgrund beiderseitigen Antrags gemäß §§ 9, 10 KSchG aufgelöst wird;
- die Kündigung vom Arbeitnehmer ausgesprochen wird und dieser hierzu durch schwerwiegende, vom Arbeitgeber gesetzte Gründe veranlasst wird, so dass dem Arbeitnehmer die Fortsetzung des Arbeitsverhältnisses nicht mehr zuzumuten ist;
- die Parteien ohne vorangegangene Kündigung die Auflösung des Dienstverhältnisses vereinbaren, die Veranlassung hierzu jedoch vom Arbeitgeber ausgegangen ist;
- sich die Parteien nach vorausgegangener Kündigung durch den Arbeitgeber außergerichtlich vergleichen.

Demgegenüber fehlt eine Veranlassung typischerweise bei[1599]:

- Auflösung (durch Vertrag oder Kündigung) gegen Abfindung auf Wunsch des Arbeitnehmers;

1594 Hümmerich/Spirolke, NZA 1998, 225, 227.

1595 Niedersächsisches FG, Urt. v. 14.12.1988 – VII 319/87 = DStR 1989, 608; Heinicke in Schmidt, EStG, § 3 ABC, unter „Abfindungen wegen Auflösung eines Dienstverhältnisses", c); Selder in Ascheid/Preis/Schmidt, § 3 EStG Rn 44; Hümmerich/Spirolke, NZA 1998, 225, 227; Gagel/Vogt, Beendigung von Arbeitsverhältnissen, Rn 314; Bauer, Aufhebungsverträge, Rn 907.

1596 Prinz, DStR 1998, 1585, 1586.

1597 Selder in Ascheid/Preis/Schmidt, SteuerR, § 3 EStG Rn 44; Hümmerich/Spirolke, NZA 1998, 225, 227.

1598 S. Bauer, Aufhebungsverträge, Rn 903; s.a. Weber/Ehrich/Burmester, Aufhebungsverträge, Teil 5 Rn 27 ff.

1599 S. Hümmerich/Spirolke, NZA 1998, 225, 227.

- Zahlung einer Abfindung bei Auslaufen eines befristeten Arbeitsverhältnisses[1600];
- Kündigung des Arbeitgebers aus verhaltensbedingten Gründen.

δ) Steuerrechtlicher Begriff der Abfindung und Kausalität zwischen Beendigung des Arbeitsverhältnisses und Abfindungszahlung

In steuerrechtlicher Hinsicht setzt der Begriff der Abfindung voraus, dass an die Stelle einer bisher geschuldeten Leistung eine andere tritt[1601]; das heißt, der Arbeitnehmer bezieht kein Arbeitsentgelt mehr, sondern eine Entschädigung für den Verlust des Arbeitsplatzes. Dabei kommt es aber nicht darauf an, dass der Arbeitnehmer tatsächlich einen wirtschaftlichen Nachteil erleidet[1602]. Auch die Bezeichnung ist unerheblich[1603]. Insgesamt kann auf die bereits vorgenommene Begriffsklärung verwiesen werden.

Folglich sind Zahlungen an einen von der Arbeit freigestellten Arbeitnehmer, die aufgrund eines arbeitsgerichtlichen Vergleiches bis zum vereinbarten Ende des Arbeitsverhältnisses geleistet werden, keine Abfindungen im Sinne von § 3 Nr. 9 EStG[1604]. Denn Leistungen, auf die der Arbeitnehmer bereits einen vertraglichen Anspruch erworben hat, sind nicht privilegiert[1605]. Wird das Arbeitsverhältnis demgegenüber in einem gerichtlichen oder außergerichtlichen Aufhebungsvertrag beendet, ohne dass die einschlägige Kündigungsfrist beachtet wird, sind Abfindungen steuerfrei, wenn mit ihnen entgangene Verdienstmöglichkeiten für die Zeit bis zum Ende der Kündigungsfrist abgegolten werden[1606]. Die Parteien können somit durch eine Vorverlegung des Endes des Arbeitsverhältnisses selbst bestimmen, in welchem Um-

---

[1600] Vgl. BFH, Urt. v. 16.04.1980 – VI R 86/77 = DB 1980, 1376; das gilt vor allem bei Erreichen einer tariflichen Altersgrenze: Weuster, BuW 2000, 383, 386; anders ist dies nur denkbar, wenn über die Wirksamkeit der Befristung Streit besteht, s. Bauer, Aufhebungsverträge, Rn 915.

[1601] Schaub, BB 1999, 1059.

[1602] Heinicke in Schmidt, EStG, § 3 ABC, unter „Abfindungen wegen Auflösung eines Dienstverhältnisses", b); Selder in Ascheid/Preis/Schmidt, § 3 EStG Rn 27; Bengelsdorf, Aufhebungsvertrag und Abfindungsvereinbarungen, S. 77.

[1603] Selder in Ascheid/Preis/Schmidt, § 3 EStG Rn 27; Bauer, Aufhebungsverträge, Rn 921.

[1604] BFH, Urt. v. 27.04.1994 – XI R 41/93 = AP Nr. 1 zu § 3 EStG = NZA 1995, 118; dies ist vor allem im Fall von rückwirkenden Aufhebungsverträgen zu beachten, vgl. Hümmerich/Spirolke, NZA 1998, 225, 227, und Bengelsdorf, Aufhebungsvertrag und Abfindungsvereinbarungen, S. 102 f.

[1605] Hierzu gehören neben rückständigen Löhnen auch anteilige, auf die Zeit bis zur Beendigung des Arbeitsverhältnisses entfallende Tantiemen und Urlaubsgelder sowie andere erdiente Sonderzahlungen: Selder in Ascheid/Preis/Schmidt, § 3 EStG Rn 27, zur Einordnung der Abgeltung einer betrieblichen Versorgungsanwartschaft ders., Rn 31, sowie Bauer, Aufhebungsverträge, Rn 926; zur Karenzentschädigung, ders., Aufhebungsverträge, Rn 927.

[1606] BFH, Urt. v. 13.10.1978 – VI R 91/77 = BB 1979, 304.

fang anstatt steuerpflichtigen Arbeitslohns steuerfreie Abfindungen gewährt werden[1607].

Weiterhin kommt es für die Steuerbefreiung gemäß § 3 Nr. 9 EStG darauf an, dass die Beendigung des Arbeitsverhältnisses für die Abfindungszahlung kausal war. Dabei genügt es aber nicht, dass zwischen der Leistung und dem aufgelösten Dienstverhältnis ein ursächlicher Zusammenhang im Sinne einer "conditio sine qua non" besteht. Die Abfindung muss gerade wegen der Auflösung des Dienstverhältnisses und nicht nur zu diesem Anlass gezahlt werden[1608]. Deshalb liegt eine Abfindung dann nicht vor, wenn maßgeblicher Grund der Leistung die Begründung eines neuen Dienstverhältnisses ist und sie vom neuen Arbeitgeber erbracht wird[1609]. Die Rechtsprechung unterstellt diesen kausalen Zusammenhang in der Regel ohne weitere Prüfung für Zahlungen im Anschluss an ein aufgelöstes Dienstverhältnis[1610].

c) Steuerprivilegierung nach §§ 24 Nr. 1 a) i.V.m. 34 Abs. 2 Nr. 2 EStG

Unter den Voraussetzungen des § 3 Nr. 9 EStG ist eine Abfindung steuerfrei. Übersteigt sie den geltenden Freibetrag, so ist der darüber hinausgehende Teil zu versteuern. Allerdings kann auch für diesen Teil eine Steuerprivilegierung eingreifen.

aa) Allgemeines

Eine weitere Steuerbegünstigung für Entschädigungszahlungen enthält § 24 Nr. 1 EStG i.V.m. § 34 EStG. Diese Vorschriften hängen zwar mit der Regelung des § 3 Nr. 9 EStG zusammen, weil steuerprivilegiert nur der Teil der Abfindung sein kann, der nicht ohnehin schon nach § 3 Nr. 9 EStG von jeglicher Steuer befreit ist. Im Übrigen handelt es sich bei § 3 Nr.9 EStG und § 34 Abs.1, Abs. 2 EStG aber um selbstständige Begünstigungsnormen, deren Voraussetzungen unabhängig voneinander zu beurteilen sind; der steuerfreie Betrag nach § 3 Nr. 9 EStG ist nicht in die Prüfung der §§ 24 Nr. 1, 34 Abs. 1 EStG einzubeziehen[1611]. Es ist vielmehr eine mehrstufige Prüfung erforderlich[1612]. Bestehen Zweifel über die steuerliche Behandlung einer im Aufhebungsvertrag vereinbarten Abfindung, so kann beim Betriebsstättenfinanzamt des Arbeitgebers eine Lohnsteuerauskunft gemäß § 42 e EStG eingeholt werden[1613].

[1607] Bengelsdorf, Aufhebungsvertrag und Abfindungsvereinbarungen, S. 103; nach Gagel/Vogt, Beendigung von Arbeitsverhältnissen, Rn 325, „macht Einigkeit von Arbeitgeber und Arbeitnehmer steuerlich stark“.

[1608] BFH, Urt. v. 16.12.1992 – XI R 33/91 = DB 1993, 1334; Bauer, Aufhebungsverträge, Rn 919.

[1609] BFH, a.a.O.

[1610] So Heinicke in Schmidt, EStG, § 3 ABC, unter „Abfindungen wegen Auflösung eines Dienstverhältnisses“, b).

[1611] S. BFH, Urt. v. 2.09.1992 – XI R 44/91 = BB 1993, 990, 991; Prinz, DStR 1998, 1585 und 1587.

[1612] Dies beeinträchtigt nach Ansicht von Prinz, DStR 1998, 1585, die Rechtssicherheit von Arbeitnehmer und Arbeitgeber.

[1613] Diese bindet allerdings nicht das Wohnsitzfinanzamt des Arbeitnehmers im Rahmen der Einkommensteuerveranlagung: BFH, Urt. v. 9.10.1992 – VI R 97/90 = NJW 1993, 2071.

Bis zum Steuerentlastungsgesetz 1999 sah § 34 Abs. 1 EStG eine Steuerermäßigung um die Hälfte vor. Mit Wirkung zum 1.1.1999 wurde diese Regelung ersetzt. Nach dem seither geltenden § 34 Abs. 1 S. 1 EStG ist die auf alle im Veranlagungszeitraum bezogenen außerordentlichen Einkünfte entfallende Einkommenssteuer nach den (äußerst komplizierten) Grundsätzen des § 34 Abs. 1 S. 2 bis 4 EStG zu berechnen ist.

bb) Voraussetzung für die Steuerbegünstigung

Die Tarifbegünstigung der §§ 24, 34 EStG beruht auf dem Gedanken der Steuergerechtigkeit, weil durch die Entschädigung in einem Veranlagungszeitraum Einnahmen zufließen, die sich bei normalem Verlauf über mehrere Jahre verteilt hätten mit der Folge, dass sie einer geringeren Steuerprogression unterfallen wären[1614]. Durch die Tarifbegünstigung soll mithin der Progressionsnachteil abgefangen werden.

Aus diesem Gesetzeszweck ergeben sich auch die Voraussetzungen dieser Vorschriften:

α) Begriff der Entschädigung i.S.v. § 34 Nr. 2 EStG

Die besondere Bedeutung des § 24 EStG liegt darin, dass es sich um eine Vorschaltbestimmung zu der Tarifvorschrift des § 34 EStG handelt[1615]. Denn nach § 34 Abs. 2 Nr. 2 EStG kommen als –steuerlich privilegierte - außerordentliche Einkünfte Entschädigungen im Sinne des § 24 Nr. 1 a) EStG in Betracht. Diese Entschädigungen stellen Einkünfte i.S.d. § 2 Abs. 1 EStG dar, wenn sie als Ersatz für entgangene oder entgehende Einnahmen gewährt worden sind. Gleiches gilt gemäß § 24 Nr. 1 b), wenn sie für die Aufgabe oder Nichtausübung einer Tätigkeit gezahlt werden.

Der Begriff der Entschädigung im Sinne von § 24 Nr. 1 a) EStG setzt voraus, dass der Steuerpflichtige einen Schaden durch Wegfall von Einnahmen erlitten hat und die Zahlung unmittelbar dazu bestimmt ist, diesen Schaden auszugleichen[1616]. Bei der Anwendung des § 24 Nr. 1 a) EStG ist wichtig, dass die zu beurteilende Entschädigung auf einer neuen Rechts- oder Billigkeitsgrundlage beruht; sie darf nicht der Erfüllung einer vertraglich bereits eingegangenen Verpflichtung dienen[1617]. Hierfür reicht es nicht aus, dass die bisherige vertragliche Grundlage bestehen geblieben ist und sich nur die Zahlungsmodalitäten geändert haben oder dass die Vertragsparteien den Vertrag zwar einverständlich beenden, aber sich noch zu Zahlungen verpflichten, die bürgerlich-rechtlich Erfüllungsleistungen aus dem beendeten Rechtsverhältnis darstellen[1618]. Es gelten folglich dieselben Kausalitätsanforderungen wie

---

[1614] Hümmerich/Spirolke, NJW 1999, 1663, 1665.

[1615] Gagel/Vogt, Beendigung von Arbeitsverhältnissen, Rn 341.

[1616] BFH, Urt. v. 22.01.1988 – VI R 135/84 = NJW 1989, 126, 128; Urt. v. 21.09.1993 – IX R 32/90 – n. v.

[1617] BFH, Urt. v. 22.01.1988 – VI R 135/84 = NJW 1989, 126, 128; Seeger in Schmidt, EStG, § 24 Rn 10 m.w.N.; Prinz, DStR 1998, 1585, 1586; Bauer, Aufhebungsverträge, Rn 946; ausführlich auch Weber/Ehrich/Burmester, Aufhebungsverträge, Teil 5 Rn 70 ff.

[1618] BFH, Urt. v. 21.09.1993 – IX R 32/90 – n. v.

im Rahmen von § 3 Nr. 9 EStG[1619]. Aufhebungsvertrag, arbeitsgerichtliche Urteile, Prozessvergleiche und Betriebsvereinbarungen sind als die gängigen Rechtsgrundlagen für die Entschädigung anzusehen[1620].

Der Annahme einer Entschädigung steht es nicht entgegen, wenn der Empfänger der Zahlung bei dem zum Einnahmeausfall führenden Ereignis mitgewirkt hat, denn es ist nicht erforderlich, dass das schädigende Ereignis ohne oder gegen seinen Willen eingetreten ist. Nach der ständigen Rechtsprechung liegt ein außerordentliches Schadensereignis dann vor, wenn es von einem Dritten durch Ausübung eines nicht unerheblichen Drucks veranlasst wird und dem Steuerpflichtigen dadurch die Grundlage zum Abschluss einer unbestimmten Vielzahl von Geschäften dergestalt verloren geht, dass dem Unternehmen - zumindest teilweise - die Ertragsgrundlage entzogen wird[1621]. Auch hier wird der Bezug zum Veranlassungsbegriff des § 3 Nr. 9 EStG deutlich, so dass immer dann, wenn es sich um eine steuerfreie Abfindung nach dieser Vorschrift handelt, auch der Veranlassungsbegriff des § 24 Nr. 1 a) EStG erfüllt ist[1622].

Anders ist die Sachlage bei Entschädigungen i.S.v. § 24 Nr. 1 b) EStG. Denn zum einen muss die Aufgabe der Tätigkeit in diesen Fällen nicht auf tatsächlichem, rechtlichem oder wirtschaftlichem Druck des Arbeitgebers beruhen[1623]. Zum anderen ist für die Annahme des § 24 Nr. 1 b) EStG eine neue Rechts- oder Billigkeitskontrolle nicht erforderlich[1624]. Die Entschädigung i.S.d. Buchst. b) der Norm dient - im Unterschied zu der des Buchst. a) - nicht der Abgeltung und Abwicklung von Interessen aus dem bisherigen Rechtsverhältnis; sie umfasst vielmehr - in gewisser Weise zukunftsorientiert - jegliche Gegenleistung für die Aufgabe oder Nichtausübung einer Tätigkeit[1625]. Sie betrifft vor allem Karenzentschädigungen[1626]. Da die Abfindung eine Entschädigung für den Verlust des Arbeitsplatzes darstellt, wird sie regelmäßig ein Ersatz für entgangene bzw. entgehende Einnahmen aufgrund der Beendigung des Arbeitsverhältnisses sein und folglich unproblematisch die Voraussetzungen des

---

1619 Vgl. BFH, Urt. v. 16.12.1992 – XI R 33/91 = DB 1993, 1334 f.; Hümmerich/Spirolke,NZA 1998, 225, 229.

1620 Gagel/Vogt, Beendigung von Arbeitsverhältnissen, Rn 347.

1621 BFH, Urt. v. 20.07.1978 – IV R 43/74 = BB 1978, 1347, 1348 f.; Urt. v. 5.02.1987 – IV R 121/83 – n. v.; Urt. v. 24.10.1990 – X R 161/88 = AP Nr. 115 zu Art. 9 GG Arbeitskampf = NJW 1991, 1007; nach Auffassung des Saarl. FG, Urt. v. 9.02.1990 – 1 K 231/89 = EFG 1990, 361, bedarf es keiner Druckausübung auf den Steuerpflichtigen.

1622 Seeger in Schmidt, EStG, § 24 Rn 26 ff. m.w.N.; Hümmerich/Spirolke, NZA 1998, 225, 229; Weber/Ehrich/Burmester, Aufhebungsverträge, Teil 5 Rn 78.

1623 BFH, Urt. v. 8.08.1986 – VI R 28/84 = DB 1986, 2415, 2416.

1624 BFH, Urt. v. 13.02.1987 – VI R 230 = DB 1987, 1070.

1625 BFH, Urt. v. 21.11.1980 – VI R 179/78 = BB 1981, 344; Urt. v. 12.06.1996 – XI R 43/94 = AP Nr. 69 zu § 74 HGB = NJW 1997, 151; Hoß/Kothe-Heggemann, MDR 1997, 1077, 1080; krit. dazu Gagel/Vogt, Beendigung von Arbeitsverhältnissen, Rn 353.

1626 Dazu Hümmerich/Spirolke, NZA 1998, 225, 230.

§ 24 Nr. 1 a) EStG erfüllen[1627]. Liegt sowohl eine Abfindung gemäß § 24 Nr. 1 a) EStG als auch eine Entschädigung nach § 24 Nr. 1 b) EStG vor, so können, da die gesetzlichen Tatbestände unterschiedliche Sachverhalte regeln und unterschiedlichen Voraussetzungen unterliegen, die beiden Entschädigungszahlungen nicht zu einer einheitlich zu beurteilenden Entschädigung zusammengefasst werden[1628].

β) Zusammenballung von Einkünften i.S.d. § 34 EStG

Als außerordentliche Einkünfte gemäß § 34 Abs. 1, 2 Nr. 2 EStG sind nur solche Entschädigungen im Sinne des § 24 Nr. 1 EStG anzusehen, die durch einen einmaligen Betrag entgangene oder entgehende Einnahmen abgelten, die sich im normalen Verlauf auf mehrere Jahre verteilt hätten[1629]. Für die Auszahlung in einem „einmaligen Betrag" genügt es, wenn die Entschädigung in einem Veranlagungszeitraum (= Kalenderjahr) geleistet wird[1630], weil es für den Progressionsnachteil unerheblich ist, ob die Zahlung im selben Veranlagungszeitraum auf mehrere Raten verteilt wird[1631].

Der Umstand, dass es sich bei einer Abfindung nur dann um außerordentliche Einkünfte im Sinne von § 34 Abs. 2 Nr. 2 EStG handelt, wenn die Entschädigung dem Arbeitnehmer in einem Veranlagungszeitraum zufließt, wird als „Zusammenballung von Einkünften" bezeichnet. Allerdings berührt nach Auffassung des BFH die Auszahlung der steuerfreien Einkünfte nach § 9 Nr. 3 EStG im Vorjahr die (progressive) Besteuerung der Einkünfte im Streitjahr nicht[1632]. Es ist aber zu beachten, dass Sachleistungen, die über den Veranlagungszeitraum hinaus erbracht werden (z.B. Weiterbenutzung eines Dienstwagens) einen geldwerten Vorteil darstellen, der die Zusammenballung der einheitlichen Abfindung und damit die Steuerbegünstigung aufhebt[1633]. Denn der BFH behandelt eine Entschädigung stets einheitlich, auch wenn sie sich in sachlicher oder zeitlicher Hinsicht aus mehreren Teilen zusammensetzt[1634]. Bislang hatten die Finanzbehörden die Auffassung vertreten, dass bei der Einmalabfindung eines Arbeitgebers infolge der Beendigung des Arbeitsverhältnisses grundsätzlich nicht davon ausgegangen werden könne, dass sie lediglich die Einnahmen

---

[1627] Vgl. zur Abgrenzung Bauer, Aufhebungsverträge, Rn 948 ff.

[1628] BFH, Urt. v. 16.03.1993 – XI R 10/92 = DB 1993, 1268, 1269.

[1629] BFH, Urt. v. 20.10.1978 – VI R 107/77 = BB 1979, 506; Urt. v. 20.07.1988 – I R 250/83 = DB 1988, 2337 f.; Urt. v. 2.09.1992 – XI R 63/89 = DB 1993, 2008, 2009; Seeger in Schmidt, EStG, § 24 Rn 19 m.w.N.; zur Behandlung von Entschädigungen, die nur entgangene Einnahmen eines Jahres ersetzen s. nur BFH, Urt. v. 2.09.1992 – XI R 63/89 = DB 1993, 2008, 2009.

[1630] Nur ausnahmsweise dürfen Entschädigungen bei „planwidrigem Zufluss" auch in mehreren Veranlagungszeiträumen erfolgen: s. BMF, Schr. v. 18.12.1998, IV A 5 – S 2290 – 18/989, unter Rn 20; s. dazu Strohner/Schmidt-Keßeler, DStR 1999, 693, 699.

[1631] Hümmerich/Spirolke, NZA 1998, 225, 230.

[1632] BFH, Urt. v. 2.09.1992 – XI R 44/91 = BB 1993, 990, 991.

[1633] Hümmerich/Spirolke, NZA 1998, 225, 230; zu (neuerdings) abweichenden Urteilen der Instanzgerichte in bezug auf Dienstwagen s. Müller, ArbRB 2002, 25, 27.

[1634] BFH, Urt. v. 21.03.1996 – XI R 51/95 = AP Nr. 1 zu § 24 EStG = NJW 1996, 2328.

eines Kalenderjahres entschädigt, und zwar auch dann nicht, wenn sie der Höhe nach in etwa den Betrag eines früheren Jahresgehaltes nicht übersteigt[1635]. Das führte dazu, dass der Steuerschuldner auch dann auf den Steuervorteil hoffen konnte, wenn die Entschädigung die entgehenden Einnahmen von der Beendigung des Arbeitsverhältnisses bis zum Ende des Veranlagungszeitraumes nicht erreichte[1636].
Dies änderte sich mit der Entscheidung des BFH vom 4.03.1998[1637] und der darauf beruhenden Verwaltungsanweisung des BMF[1638]. In seiner Entscheidung machte der BFH deutlich, dass es nicht allein darauf ankomme, ob die Entschädigung entgehende Einnahmen mehrerer Jahre abdecken solle; entscheidend sei vielmehr, ob es unter Einschluss der Entschädigung infolge der Beendigung des Arbeitsverhältnisses in dem jeweiligen Veranlagungszeitraum insgesamt zu einer über die normalen Verhältnisse hinausgehenden Zusammenballung von Einkünften komme, weil nur in diesem Fall eine progressionsbedingte Härte auftreten könne[1639]. Aus diesem Grund erklärte der 11. Senat des BFH die zu diesem Zeitpunkt herrschende Verwaltungspraxis für nicht gesetzeskonform[1640]. Ob es im Einzelfall tatsächlich zu einer Erhöhung der Steuerprogression kommt, ist nach seiner Auffassung ohne Bedeutung.
Das BMF hat aufgrund dieses Urteils die Verwaltungsanweisung vom 18.12.1998, IV A 5 – S. 2290 – 18/98 erlassen[1641]. Darin werden die vom BFH aufgestellten Anforderungen an eine „Zusammenballung von Einkünften" gemäß § 34 EStG übernommen und die Prüfung ab dem Veranlagungszeitraum 1999 entsprechend der oben gemachten Ausführungen genau festgelegt. Für die Zukunft bedeutet dies, dass es dann, wenn die beendigungsbedingte Entschädigungszahlung die bis zum Ende des Veranlagungszeitraumes entgehenden Einnahmen nicht übersteigt (1. Bedingung) und der Steuerpflichtige keine weiteren aus einem neuen Arbeitsverhältnis oder anderen zusätzlichen Erwerbsquellen resultierenden Einnahmen bezieht (2. Bedingung), an der Zusammenballung fehlt[1642]. Vereinfacht ausgedrückt heißt das, dass der Steuerpflichtige, um in den Genuss der Privilegierung zu kommen, infolge der Entschädigung in einem Veranlagungszeitraum mehr erhalten muss, als er bei normalem Verlauf der Dinge erhalten hätte[1643].
Deshalb muss eine auf den Veranlagungszeitraum bezogene Vergleichsrechnung aufgestellt werden. Diese bezieht sich jedoch nur auf die Höhe der Einkünfte und nicht auf das Entstehen einer Steuerprogression und ist aus Sicht der Arbeitsvertragspar-

---

1635 S. Nachweise bei Hümmerich/Spirolke, NJW 1999, 1663, 1665 f.
1636 Hümmerich/Spirolke, NJW 1999, 1663, 1666.
1637 BFH, Urt. v. 4.03.1998 – XI R 46/97 = DB 1998, 1266.
1638 Abgedruckt in DStR 1999, 112 ff.
1639 BFH, Urt. v. 4.03.1998 – XI R 46/97 = DB 1998, 1266.
1640 BFH, Urt. v. 4.03.1998 – XI R 46/97 = DB 1998, 1266, 1267.
1641 Abgedruckt in DStR 1999, 112 ff.
1642 Prinz, DStR 1998, 1585, 1587.
1643 Wisskirchen, NZA 1999, 405, 406.

teien zum Zeitpunkt der Vereinbarung eine prognostische Betrachtung[1644]. Der Arbeitgeber kann bei Auszahlung der Abfindung in einem Normalbetrag in den Fällen, in denen diese die Steuerfreibeträge des § 3 Nr. 9 EStG überschreitet, nicht mehr ohne weiteres von einer Steuerprivilegierung nach § 34 EStG ausgehen. Vielmehr muss er dann, wenn der Arbeitnehmer im Laufe des Kalenderjahres ausscheidet, auch prognostizieren, welchen Verdienst der Arbeitnehmer im verbleibenden Kalenderjahr nach der Beendigung des Arbeitsverhältnisses erzielen wird, denn er ist nach § 39 b Abs. 3 S. 9 EStG gehalten, auf steuerpflichtige Entlassungsentschädigungen die Vorschrift des § 34 EStG anzuwenden. Die Vergleichsrechnung wird dabei grundsätzlich anhand des Steuerbescheides oder der Steuerklärung des Vorjahres vorzunehmen sein, wobei auch steuerfreie Einkünfte zu berücksichtigen sind[1645].
Die neuere Rechtsprechung ist streng gesetzessystematisch orientiert[1646]. Zum Teil wird befürchtet, die Tarifbegünstigung für Entschädigungszahlungen könnte in der Praxis zum Ausnahmefall werden[1647].

cc) Berechnung der Vergünstigung

Für die Berechnung stellt der Gesetzgeber ein kompliziertes Verfahren zur Verfügung[1648]: Von dem zu versteuernden Einkommen sind zunächst die außerordentlichen Einkünfte, soweit sie die Freibeträge des § 3 Nr. 9 EStG übersteigen, abzuziehen. Damit ergibt sich das verbleibende, zu versteuernde Einkommen. Alsdann können sich zwei Fallgestaltungen ergeben. Im ersten Fall beträgt die für die außerordentlichen Einkünfte anzusetzende Einkommenssteuer das Fünffache des Unterschiedsbetrages zwischen der Einkommenssteuer des verbleibenden zu versteuernden Einkommens und der Einkommenssteuer für das verbleibende zu versteuernde Einkommen zuzüglich eines Fünftels dieser Einkünfte. Ergibt sich dagegen bei der Berechnung des verbleibenden zu versteuernden Einkommens, dass dieses negativ und dass zu versteuernde Einkommen positiv ist, so erfolgt die Berechnung nach § 34 Abs. 1 S. 3 EStG. In diesem Fall beträgt die Einkommenssteuer das Fünffache der auf ein Fünftel des zu versteuernden Einkommens entfallenden Einkommenssteuer.

d) Schlussfolgerungen für die Gestaltung von Abfindungsvereinbarungen

Die Parteien sollten in ihrer Vereinbarung klarstellen, wer eventuell anfallende Steuern zu tragen hat. Das setzt eine Einigung darüber voraus, ob der im Aufhebungsvertrag bezifferte Abfindungsbetrag vor oder nach Steuern gewährt wird und wie er sich exakt zusammensetzt.

[1644] Zur Vergleichsrechnung s. Hümmerich/Spirolke, NJW 1999, 1663, 1167; Beispiele aus der BFH-Rechtsprechung geben Weber/Ehrich/Burmester, Aufhebungsverträge, Teil 5 Rn 110 ff.

[1645] Wisskirchen NZA 1999, 405, 407; zum Verfahren s.a. Strohner/Schmidt-Keßeler, DStR 1999, 693, 698 f.

[1646] Prinz, Anm. zur Verwaltungsanweisung vom 18.12.1998, DStR 1999, 116.

[1647] Prinz, DStR 1998, 1585, 1587.

[1648] Sog. Fünftelprinzip, s. dazu Schaub, BB 1999, 1959, 1060; Weber/Ehrich/Burmester, Aufhebungsverträge, Teil 5 Rn 99 ff.

Wegen der steuerlichen Privilegierung der Abfindung ist eine vorzeitige Beendigung des Arbeitsverhältnisses meist günstiger als eine bezahlte Freistellung von der Arbeitsleistung[1649]. Vor diesem Hintergrund sollte der Aufhebungsvertrag auch klar zum Ausdruck bringen, dass die Beendigung des Arbeitsverhältnisses vom Arbeitgeber veranlasst wurde.

Übersteigt die Abfindung den Betrag des § 3 Nr. 9 EStG, sollte hinsichtlich des Kriteriums der „Zusammenballung von Einkünften" Ratenzahlung vermieden werden; unschädlich ist diese nur, wenn alle Raten innerhalb eines Kalenderjahres gezahlt werden[1650]. Im Übrigen wird es aufgrund des vorzunehmenden Einkommensvergleiches in der Regel günstiger sein, den Zeitpunkt der Beendigung des Arbeitsverhältnisses auf das Ende des Jahres zu legen[1651]. Denn wenn das Arbeitsverhältnis zu Anfang eines Jahres beendet wird und der Arbeitnehmer sodann nur Arbeitslosengeld erhält, kann sehr schnell der Fall eintreten, dass die in dem Veranlagungszeitraum erzielten Einkünfte (altes Arbeitsverhältnis, Abfindungen, Arbeitslosengeld) nicht die im Vorjahr erzielten Gesamteinkünfte übersteigen, so dass die Anwendung des § 34 EStG ausscheidet[1652]. Allerdings dürfte auch eine Verteilung von Abfindungszahlung und Beendigung des Arbeitsverhältnisses auf zwei Veranlagungszeiträume zulässig sein[1653].

Außerdem ist vor Vereinbarung der Abfindung zu berücksichtigen, dass je nach Resultat des Einkommensvergleiches bereits eine geringfügige Erhöhung der Abfindung zu einer Zusammenballung von Einkünften i.S.d. § 34 EStG und damit zu einer erheblich höheren Nettoabfindung für den Arbeitnehmer führen kann[1654]. Bei der Gewährung von Sachleistungen ist wegen der einheitlichen Betrachtung darauf zu achten, dass diese nicht über den Veranlagungszeitraum hinaus erbracht werden[1655]. Im Übrigen kann es empfehlenswert sein, den steuerfreien Teil der Abfindung in einem anderen Veranlagungszeitraum zu zahlen als die nach § 34 EStG zu besteuernde Entschädigung[1656].

[1649] Prinz, DStR 1998, 1585, 1589.

[1650] Zu den unschädlichen Gestaltungsmöglichkeiten s. Weber/Ehrich/Burmester, Aufhebungsverträge, Teil 5 Rn 120 ff.

[1651] So Wisskirchen, NZA 1999, 405, 407.

[1652] Wisskirchen, a.a.O.

[1653] Strohner/Schmidt-Keßeler, DStR 1999, 693, 698.

[1654] Wisskirchen, NZA 1999, 405, 407.

[1655] Lebenslängliche Bar- oder Sachleistungen werden allerdings nach der Verwaltungsanweisung des BMF v. 18.12.1998 als Einkünfte i.S.d. § 24 Nr. 2 EStG und nicht als außerordentliche Einkünfte nach § 34 Abs. 2 EStG behandelt; dies betrifft vor allem versorgungsrechtliche Ansprüche, s. Strohner/Schmidt-Keßeler, DStR 1999, 693, 699 f.; zur Behandlung von Aktienoptionen als Teil einer Abfindung s. Prinz, DStR 1998, 1585, 1587.

[1656] Hümmerich/Spirolke, NZA 1998, 225, 231.

VII. Sonstige Folgen des Aufhebungsvertrages

Die Anwendbarkeit von Regelungen, die nach ihrem Wortlaut nur für eine Vertragsbeendigung durch Kündigung gelten, auf die Beendigung durch Aufhebungsvertrag ist außer in den oben aufgeführten Fällen auch noch für § 628 Abs. 2 BGB anzunehmen, wonach derjenige, der aufgrund eines vertragswidrigen Verhaltens des anderen Teils zu einer Kündigung veranlasst wird, von dem anderen Ersatz des durch die Aufhebung des Dienstverhältnisses entstandenen Schadens verlangen kann. In diesem Fall tritt der Schadensersatzanspruch auch dann ein, wenn der eine Teil aufgrund des Verhaltens des anderen Teils zu einer Beendigung des Arbeitsverhältnisses durch Aufhebungsvertrag veranlasst wird, weil es für § 628 Abs. 2 BGB allein auf das Aufhebungsverschulden[1657] ankommt, nicht aber darauf, auf welche Weise die Beendigung erfolgt[1658].

Auf der anderen Seite steht ein Aufhebungsvertrag dann einer Kündigung nicht gleich, wenn eine tarifliche Regelung den Anspruch auf eine Jahreszahlung davon abhängig macht, dass das Arbeitsverhältnis an einem Stichtag „ungekündigt" ist. Denn in diesem Fall kommt es nicht allein auf die Betriebstreue an, weil die Parteien bestimmt haben, dass die Beendigung des Arbeitsverhältnisses durch Kündigung herbeigeführt wurde[1659]. Der Arbeitnehmer, der infolge Aufhebungsvertrages aus dem Betrieb ausscheidet, kann daher die Sonderzahlung grundsätzlich verlangen.

VIII. Ausgleichsklauseln

1. Inhalt und Bedeutung von Ausgleichsklauseln

Häufig enthält der Aufhebungsvertrag am Ende eine Ausgleichsklausel, auch Erledigungs- oder Verzichtsklausel genannt. Intention dieser Klausel ist es, die zwischen Arbeitnehmer und Arbeitgeber bestehenden Rechtsbeziehungen sachlich möglichst klar und zeitlich möglichst rasch abzuschließen[1660]. Allerdings ist diese Vertragsbestimmung für die Vertragsparteien sehr fehlerträchtig: Entweder wird aus Versehen auf bedeutende finanzielle Ansprüche verzichtet, oder aber es stellt sich nachträglich heraus, dass trotz Ausgleichsklausel noch bedeutende Ansprüche auf eine Partei zu-

---

[1657] S. dazu Palandt/Putzo, BGB, § 628 Rn 6; Erman/D.W. Belling, BGB, § 628 Rn 23.

[1658] S. dazu BAG, Urt. v. 10.05.1971 – 3 AZR 126/70 = AP Nr. 6 zu § 628 BGB = NJW 1971, 2091; Urt. v. 28.11.1979 – 5 AZR 955/77 = AP Nr. 10 zu § 6 LohnFG = NJW 1980, 2325; Müller, Aufhebungsverträge, S. 215.

[1659] BAG, Urt. v. 7.10.1992 – 10 AZR 186/91 = AP Nr. 146 zu § 611 BGB Gratifikation = NZA 1993, 948; ebenso für den Fall einer einzelvertraglichen Rückzahlungsklausel hinsichtlich einer Gratifikation bei vorzeitigem Ausscheiden aufgrund einer Kündigung LAG Hamm, Urt. v. 12.02.1999 – 10 Sa 1621/98 = NZA-RR 1999, 514; zu dem Anspruch auf Gratifikationsleistungen nach Abschluss eines Aufhebungsvertrag s.a. Burkard, Aufhebungsvertrag und Abwicklungsvertrag, S. 119 ff.

[1660] Schulte, DB 1981, 937.

kommen[1661]. Dies ist nicht zuletzt auch darauf zurückzuführen, dass hinsichtlich der Formulierung solcher Klauseln unterschiedliche Möglichkeiten und Interpretationen bestehen.

2. Reichweite der Ausgleichsklausel

Der Rechtscharakter und der Umfang der in einem Aufhebungsvertrag enthaltenen Ausgleichsklausel sind durch Auslegung zu ermitteln.

a) Ermittlung der Rechtsnatur der Klausel

Die Grundsätze der Auslegung ergeben sich aus den §§ 133, 157 BGB. Dabei sind der Wortlaut, die Gesamtumstände des Zustandekommens sowie der von den Parteien verfolgte Zweck der Regelung zu beachten[1662].

Die Ausgleichsklausel ist ihrer Rechtsnatur nach mit der Ausgleichsquittung, die häufig neben der Bestätigung i.S.d. § 368 S. 1 BGB auch einen Verzicht auf Kündigungsschutz enthält, vergleichbar. Beide regeln das Schicksal von zwischen den Arbeitsvertragsparteien bestehenden Ansprüchen. Allerdings geht der Unterzeichnung einer Ausgleichsquittung in der Regel eine Kündigung voraus, während die im Aufhebungsvertrag enthaltene Ausgleichsklausel das Ergebnis der Verhandlungen über die einvernehmliche Beendigung des Arbeitsverhältnisses ist. Gleiches gilt für einen Aufhebungsvergleich. Diese Unterschiede zur Ausgleichsquittung sind bei der Auslegung der Klausel zu beachten.

Bei der Vereinbarung einer Ausgleichsklausel handelt es sich je nach den Umständen ihres Zustandekommens entweder um einen Vergleich gemäß § 779 BGB oder um einen Erlassvertrag gemäß § 397 Abs. 1 BGB bzw. um ein negatives (konstitutives oder deklaratorisches) Schuldanerkenntnis gemäß § 397 Abs. 2 BGB[1663].

Es existieren verschiedene Formulierungen, die erhebliche Auswirkungen auf die Reichweite der Klausel haben. Die weitgehendste Klausel ist folgende: „Mit der Erfüllung der Ansprüche aus dieser Vereinbarung sind alle wechselseitigen Ansprüche der Parteien aus dem Arbeitsverhältnis und seiner Beendigung, gleich aus welchem Rechtsgrund, bekannt oder unbekannt, erledigt[1664]“. Fraglich ist, welche Rechtsnatur dieser „allgemeinen Ausgleichsklausel“ zukommt. Sie könnte als Vergleich gemäß § 779 BGB anzusehen sein, wenn die Vertragsparteien über das Bestehen oder Nichtbestehen von Ansprüchen gestritten haben, und der Streit im Wege gegenseitigen Nachgebens bereinigt worden ist[1665]. Dann ist davon auszugehen, dass von ihr grundsätzlich nur solche Ansprüche ausgeschlossen werden, auf die sich der Ver-

[1661] Diller, FA 2000, 270.

[1662] Zum Verfahren bei der Auslegung s. nur Palandt/Heinrichs, BGB, § 133 Rn 14 ff.

[1663] S. ErfK/Preis, § 611 BGB Rn 604.

[1664] S. Becker-Schaffner/Schäfer, Abwicklung des Arbeitsverhältnisses, Rn 186 f.; Wber/Ehrich/Burmester, Aufhebungsverträge, Teil 1 Rn 800.

[1665] S. Schulte, DB 1981, 937.

gleich nach der übereinstimmenden Vorstellung der Parteien erstreckt[1666]. Dagegen spricht aber, dass die Parteien alle Ansprüche, auch unbekannte, als von der Ausgleichsklausel erfasst sehen wollten. Diese Formulierung spricht auch gegen ihre Einordnung als Erlass i.S.v. § 397 Abs. 1 BGB, weil ein solcher lediglich in den Fällen des unstreitigen Bestehens bzw. Nichtbestehens weiterer Forderungen in Betracht kommt[1667]. Damit ein Erlassvertrag gegeben ist, müssten die Parteien zumindest mit der Möglichkeit des Bestehens weiterer Ansprüche rechnen[1668].
Die oben genannte allgemeine Ausgleichsklausel könnte ein negatives Schuldanerkenntnis gemäß § 397 Abs. 2 BGB enthalten, wonach der Gläubiger dem Schuldner durch Vertrag anerkennt, dass das Schuldverhältnis nicht bestehe. Dabei ist zwischen konstitutivem und deklaratorischem Schuldanerkenntnis zu unterscheiden. Ein deklaratorisches Schuldanerkenntnis ist gegeben, wenn die Parteien nur die von ihnen angenommene Rechtslage dokumentieren und damit fixieren wollen[1669]. Es wird nur abgegeben, um dem Gegner eine Bekräftigung des Nichtbestehens einer Schuld an die Hand zu geben[1670]. Da es sich dabei nur um eine Wissenserklärung handelt, besteht ein (als nicht erloschen bezeichneter) Anspruch weiterhin, wenn sein Bestand nachgewiesen wird[1671].
Gegen eine Einordnung der allgemeinen Ausgleichsklausel als (nur) deklaratorisches Schuldanerkenntnis spricht aber die Tatsache, dass eine Ausgleichsklausel in einem Aufhebungsvertrag in der Regel spätere Streitigkeiten über das Bestehen von Ansprüchen, an die die Parteien möglicherweise nicht gedacht haben, ausschließen und nicht nur die bekannte Rechtslage wiedergeben will. Wenn sich der Erklärende nach den Umständen bewusst sein muss, dass der andere eine abschließende Regelung erwartet oder erstrebt, auf die er sich verlassen kann, ergibt die Auslegung deshalb das Vorliegen eines konstitutiven negativen Schuldanerkenntnisses[1672]. Auch die Zahlung einer Abfindung spricht dafür, dass mit Erfüllung des Aufhebungsvertrages alle Ansprüche des Arbeitnehmers gegen den Arbeitgeber abgegolten sein sollen[1673]. Insoweit unterscheidet sich die im Rahmen eines Aufhebungsvertrages unterzeichnete Ausgleichsklausel von einer im Anschluss an eine Kündigung unterzeichneten Ausgleichsquittung: Denn bei letzterer hat der Arbeitnehmer grundsätzlich keinen Grund, auf Ansprüche zu verzichten, weil das Arbeitsverhältnis ohnehin durch die

---

1666 BAG, Urt. v. 17.04.1970 – 1 AZR 302/69 = AP Nr. 32 zu § 133 BGB = DB 1970, 1600; Schaub, Handbuch, § 72 Rn 7.
1667 OLG Düsseldorf, Urt. v. 9.07.1997 – 3 U 11/97 = BB 1997, 2237, 2238; Lücke, Anm. zu LAG München, Urt. v. 24.04.1997, BB 1998, 270.
1668 Schulte, DB 1981, 937.
1669 OLG Düsseldorf, Urt. v. 9.07.1997 – 3 U 11/97 = BB 1997, 2237, 2238.
1670 Schulte, DB 1981, 937.
1671 Schaub, Handbuch, § 72 Rn 11.
1672 Vgl. Larenz, SR AT, § 19 I a.
1673 Das Hessische LAG, Urt. v. 11.11.1998 – 2 Sa 2186/97 – n. v., spricht von der „Befriedungsfunktion des Abfindungsvergleiches".

Kündigung beendet wurde[1674]. Demgegenüber sind noch bestehende, möglicherweise bestehende oder auch noch unbekannte Ansprüche im Rahmen eines Aufhebungsvertrages „Verhandlungsmasse“. Wenn die Parteien deshalb eine weite Formulierung wählen, ist davon auszugehen, dass sie ihrer Klausel auch die entsprechenden Wirkungen zugestehen wollen. Dementsprechend handelt es sich bei der oben angeführten „allgemeinen Ausgleichsklausel“ nach herrschender Auffassung grundsätzlich um ein konstitutives negatives Schuldanerkenntnis[1675].

Daraus folgt entsprechend der Auffassung des BAG, dass eine Ausgleichsklausel anlässlich der Beendigung des Arbeitsverhältnisses alle Ansprüche ausschließt, die nicht unmissverständlich in der Vereinbarung als weiterbestehende Ansprüche bezeichnet werden[1676]. Immer wenn ein auf eine umfassende Regelung ausgerichteter Wortlaut verwendet wird, ist darin im Zweifel ein Verzicht auf bekannte oder unbekannte, auf streitige oder unstreitige Ansprüche der Parteien zu sehen[1677]. Aber auch einfache Ausgleichsklauseln sind nach der Rechtsprechung im Interesse klarer Verhältnisses grundsätzlich weit auszulegen[1678]. Denn immer dann, wenn die Parteien ausdrücklich auch unbekannte Ansprüche ausschließen würden, könne dem Verzicht auf Differenzierungen Erklärungswert nur insofern beigemessen werden, dass Differenzierungen nicht gewollt seien[1679]. Dies entspricht auch der herrschenden Auffassung der zivil- und arbeitsrechtlichen Instanzgerichte[1680].

Diese Einordnung gilt nur dann, wenn nicht ein abweichender, übereinstimmender Parteiwille etwa dergestalt anzunehmen ist, dass bestimmte Ansprüche nicht von der Ausgleichsklausel erfasst werden sollen[1681]; denn auch bei eindeutigem Wortlaut können nach den Umständen Ansprüche von der Geltung der Klausel ausgenommen

---

1674 Vgl. Ausführungen bei Schulte, DB 1981, 938, 939.

1675 BAG, Urt. v. 9.06.1998 – 9 AZR 43/97 = AP Nr. 23 zu § 7 BUrlG = NJW 1999, 1496; LAG München, Urt. v. 24.04.1997 – 2 Sa 1004/96 = BB 1998, 269, 270; OLG Düsseldorf, Urt. v. 9.07.1997 – 3 U 11/97 = BB 1997, 2237, 2238; Schaub, Handbuch, § 72 Rn 7; Schulte, DB 1981, 937; s.a. Palandt/Heinrichs, BGB, § 397 Rn 10; für eine Bewertung als deklaratorisches, negatives Schuldanerkenntnis spricht sich das LAG Hamm, Urt. v. 7.12.2000 – 16 Sa 1152/00 = AE 2001, 108, aus.

1676 BAG, Urt. v. 10.05.1978 – 5 AZR 97/77 = AP Nr. 25 zu § 794 ZPO = BB 1979, 109.

1677 BAG, Urt. v. 14.12.1983 – 5 AZR 450/81 – n. v.

1678 BAG, Urt. v. 15.12.1994 – 8 AZR 250/93 – n. v.

1679 BAG, a.a.O.

1680 OLG Frankfurt, Urt. v. 19.12.1995 – 5 U 182/94 = EzA § 611 BGB Aufhebungsvertrag Nr. 20; Hessisches LAG, Urt. v. 11.11.1998 – 2 Sa 2186/97 – n. v.; OLG Düsseldorf, Urt. v. 18.12.1998 – 17 U 33/98 = NZG 1999, 595; a.A. Hoß, Anm. zu BAG, Urt. v. 9.06.1998, AP Nr. 23 zu § 7 BUrlG, S.5, für künftige Ansprüche.

1681 OLG Düsseldorf, Urt. v. 9.07.1997 – 3 U 11/97 = BB 1997, 2237, 2238; vgl. a. Argumentation des LAG Hamm, Urt. v. 7.12.2000 – 16 Sa 1152/00 = AE 2001, 108, in Bezug auf unstreitig bestehende Lohnansprüche.

sein[1682]. Zur Ermittlung des Parteiwillens sind daher die §§ 133, 157 BGB heranzuziehen mit der Folge, dass es neben dem Wortlaut der Ausgleichsklausel auch auf die Umstände ihres Zustandekommens ankommt und darauf, wie ein objektiver Erklärungsempfänger in dieser Situation die Formulierung verstehen konnte[1683]. Dies ist letztlich eine Frage des Einzelfalles. Soweit ein vom deutlichen Wortlaut abweichender, übereinstimmender Wille jedoch nicht festgestellt werden kann, hat die allgemeine Ausgleichsklausel den geschilderten Umfang, weil dies von beiden Erklärenden nur so verstanden werden konnte[1684]. Denn die Klausel bringt zum Ausdruck, dass den Vertragsparteien die Endgültigkeit der Befriedigung wichtiger ist als die Realisierung etwa noch bestehender Ansprüche[1685]. Ob dabei die Vorstellung vom Umfang der Klausel irrig war, ist keine Frage der Auslegung sondern der Anfechtung[1686].

b) Bedeutung verschiedener Formulierungen

Erfasst die Ausgleichsklausel nur „Ansprüche aus dem Arbeitsverhältnis", so sind dadurch typischerweise nicht solche Ansprüche ausgeschlossen, die aus gesonderten Vertragsverhältnissen bestehen (z.B. im Hinblick auf Dienstwohnung, Darlehen, Dienstwagen)[1687]. Die Klausel in der allgemeinen Form erfasst demgegenüber grundsätzlich Ansprüche aus allen zwischen den Parteien bestehenden Rechtsverhältnissen.

Ist die Erklärung als „wechselseitige" formuliert, bestätigen beide Seiten, dass sie keine weiteren Forderungen mehr gegeneinander haben[1688].

Die Formulierung „mit der Erfüllung" bedeutet zum einen die Vereinbarung einer aufschiebenden Bedingung für den Eintritt der Erledigung; zum anderen wird dadurch klargestellt, dass die Ausgleichsklausel selbstverständlich nicht diejenigen Rechte und Pflichten ergreifen soll, die im Aufhebungsvertrag selbst vereinbart wurden[1689]. Im Normalfall wird das konstitutive Schuldanerkenntnis erst mit der Zahlung des Abfindungsbetrages an den Arbeitnehmer wirksam, so dass bis zu diesem Zeitpunkt die von der Ausgleichsklausel erfassten Ansprüche grundsätzlich noch geltend gemacht werden können[1690].

1682 Vgl. BGH, Urt. v. 11.11.1993 – VII ZR 47/93 = BGHZ 124, 64, 68 = NJW 1994, 850; OLG Düsseldorf, Urt. v. 9.07.1997 – 3 U 11/97 = BB 1997, 2237, 2238.

1683 Sog. normative Auslegung, s. dazu nur Erman/H. Palm, BGB, § 133 Rn 19.

1684 OLG Düsseldorf, Urt. v. 9.07.1997 – 3 U 11/97 = BB 1997, 2237, 2238.

1685 BAG, Urt. v. 15.12.1994 – 8 AZR 250/93 – n. v.

1686 OLG Düsseldorf, Urt. v. 9.07.1997 – 3 U 11/97 = BB 1997, 2237, 2239.

1687 Diller, FA 2000, 270 f.; vgl. für den Anspruch auf Rückzahlung eines Arbeitgeberdarlehens LAG Hamm, Urt. v. 28.04.1995 – 10 Sa 1386/94 = LAGE § 794 ZPO Ausgleichsklausel Nr. 1; näher zu dieser Formulierung auch Bauer, Aufhebungsverträge, Rn 789.

1688 Weuster, BuW 2000, 383, 387.

1689 Diller, FA 2000, 270, 271.

1690 Lücke, (insoweit abl.) Anm. zu LAG München, Urt. v. 24.04.1997, BB 1998, 270, 271.

Fehlt in der Ausgleichsklausel der Zusatz „bekannt oder unbekannt", kommt es ausschließlich auf den Parteiwillen an, welche Rechtsnatur die Klausel haben soll und ob sie dementsprechend nur diejenigen Ansprüche erfasst, mit deren Bestehen die Parteien gerechnet haben. Sind nur „bekannte" oder „behandelte" Ansprüche Gegenstand der Klausel, ist diese als Erlassvertrag nach § 397 Abs. 1 BGB anzusehen. Wenn die Parteien das Arbeitsverhältnis nicht mit Abschluss des Aufhebungsvertrages beenden, sondern dieses bis zu einem späteren Zeitpunkt fortdauert, soll die Klausel dahingehend auszulegen sein, dass sie nicht auch Ansprüche aus dem noch laufenden Arbeitsverhältnis ausschließt[1691].

c) Von der Ausgleichsklausel nicht erfasste Ansprüche[1692]

Aus den obigen Ausführungen ergeben sich die Auswirkungen der allgemeinen Ausgleichsklausel auf einzelne Ansprüche:

aa) Grundsätzlich nicht einbezogene Ansprüche

- Der Anspruch auf ein einfaches oder qualifiziertes Zeugnis nach § 630 BGB, da allgemeine Ausgleichsklauseln nicht-finanzielle Ansprüche nicht erfassen[1693].
- Ansprüche aus Arbeitnehmererfinder-Vergütungen, da diese mit dem Arbeitsverhältnis nur lose verbunden sind[1694].

bb) Kraft Gesetzes unverzichtbare Ansprüche

Soweit Ansprüche der Dispositionsbefugnis der Arbeitsvertragsparteien entzogen sind, können sie auch von einer Ausgleichsklausel nicht erfasst werden. Dies gilt auch für künftig möglicherweise erst entstehende Ansprüche[1695]. Allerdings sind Tatsachenvergleiche zulässig, soweit über die betreffenden Ansprüche tatsächlich gestritten wurde[1696].

Dabei handelt es sich um folgende Ansprüche:

- Gesetzliche Urlaubsansprüche, die gemäß § 13 Abs. 1 S. 1 BUrlG unabdingbar sind[1697]; als Surrogat des Urlaubsanspruchs erfasst diese Regelung auch den Urlaubsabgeltungsanspruch gemäß § 7 BUrlG, soweit es sich um die Abgeltung des gesetzlichen Mindesturlaubs handelt[1698].

1691 Bauer, Aufhebungsverträge, Rn 790 f.

1692 S. Aufzählung bei Hoß/Kothe-Heggemann, MDR 1997, 1077, 1083; Diller FA 2000, 270, 271 f.; Weber/Ehrich/Burmester, Aufhebungsverträge, Teil 1 Rn 803; Bengelsdorf, Aufhebungsvertrag und Abfindungsvereinbarungen, S. 119 f.; Müller, Aufhebungsverträge, S. 207 ff.

1693 BAG, Urt. v. 16.09.1974 – 5 AZR 255/74 = AP Nr. 9 zu § 630 BGB = NJW 1975, 407.

1694 BAG, Urt. v. 21.06.1979 – 3 AZR 855/78 = AP Nr. 4 zu § 9 ArbnErfG = BB 1979, 1605; Weuster, BuW 2000, 383, 387.

1695 Trieschmann, RdA 1976, 68 ff.

1696 Vgl. BAG, Urt. v. 23.08.1994 – 3 AZR 825/93 = AP Nr. 3 zu § 3 BetrAVG = NZA 1995, 421.

1697 BAG, Urt. v. 20.01.1998 – 9 AZR 812/96 = AP Nr. 45 zu § 13 BUrlG = NZA 1998, 816; Urt. v. 9.06.1998 – 9 AZR 43/97 = AP Nr. 23 zu § 7 BUrlG = NJW 1999, 1496.

1698 Vgl. BAG, Urt. v. 20.01.1998 – 9 AZR 812/96 = AP Nr. 45 zu § 13 BUrlG = NZA 1998, 816.

- Noch nicht entstandene bzw. nicht fällige Ansprüche auf Lohnfortzahlung sind nach dem BAG wegen der Anwendbarkeit des § 8 EFZG auf die Beendigung eines Arbeitsverhältnisses durch Aufhebungsvertrag nach § 12 EFZG ebenfalls nicht verzichtbar[1699].
- Titulierte Ansprüche, sofern die Titulierung noch aus der Zeit vor Abschluss des Aufhebungsvertrages stammt[1700].
- Unverfallbare Ansprüche auf betriebliche Altersversorgung, da § 3 BetrAVG nicht nur die Abfindung, sondern auch den entschädigungslosen Erlass verbietet[1701].
- Ansprüche, die auf einer Betriebsvereinbarung beruhen, sind nach § 77 Abs. 4 S. 2 BetrVG ohne Zustimmung des Betriebsrates unverzichtbar; Gleiches gilt für Ansprüche aus Richtlinien nach dem SprAuG (§ 28 Abs. 2 S. 3 SprAuG).
- Tarifliche Ansprüche sind nach § 4 Abs. 4 S. 1 TVG grundsätzlich unverzichtbar, soweit der Tarifvertrag kraft Gesetzes gilt; andernfalls geht die Parteiautonomie vor[1702].

cc) Unverzichtbare Ansprüche aufgrund von Treu und Glauben (§ 242 BGB)

Nach § 157 BGB sind Verträge nach Treu und Glauben unter Rücksicht auf die Verkehrssitte auszulegen. Weil es in der Regel ohne weitere Anhaltspunkte nach Treu und Glauben nicht angenommen werden kann, dass der Arbeitnehmer durch eine allgemeine Ausgleichsklausel auf so bedeutende Ansprüche wie die Zahlung einer betrieblichen Rente verzichtet, nimmt die überwiegende Auffassung an, dass alle unverfallbaren Ansprüche aus betrieblicher Altersversorgung, auch soweit § 3 BetrAVG nicht gilt, unverzichtbar sind, soweit sie in der Ausgleichsklausel nicht ausdrücklich bezeichnet werden[1703]. Dies soll auch dann gelten, wenn ein Verzicht auf einen als Schadensersatzanspruch geschuldeten Versorgungsanspruch in Rede steht[1704].

1699 S. BAG, Urt. v. 28.11.1979 – 5 AZR 955/77 = AP Nr. 10 zu § 6 LohnFG = NJW 1980, 2325; Urt. v. 20.08.1980 – 5 AZR 589/79 = AP Nr. 15 zu § 6 LohnFG = NJW 1981, 1286; eingehend zum Verzicht auf Entgeltfortzahlungsansprüche Becker-Schaffner/Schäfer, Abwicklung des Arbeitsverhältnisses, S. 195; anders die hier vertretene Auffassung, s. oben unter III, nach der nur Ansprüche bis zur einvernehmlichen Beendigung des Arbeitsverhältnis gemäß § 12 EFZG unabdingbar sind; ebenso Schulte, DB 1981, 937, 940 f.

1700 Hessisches LAG, Urt. v. 7.06.1985 – 13 Sa 31/85 = BB 1986, 136.

1701 BAG, Urt. v. 22.09.1987 – 3 AZR 194/86 = AP Nr. 13 zu § 17 BetrAVG = NZA 1988, 470; Urt. v. 14.08.1990 – 3 AZR 301/89 = AP Nr. 4 zu § 3 BetrAVG = NZA 1991, 174; s.a. Hessisches LAG, Urt. v. 11.11.1998 – 2 Sa 2186/97 – n. v.; Müller, Aufhebungsverträge, S. 208 f.

1702 Str., s. dazu Wank in Wiedemann, TVG, § 4 Rn 672 m.w.N.

1703 BAG Urt. v. 9.11.1973 - 3 AZR 66/73 = AP Nr. 163 zu § 242 BGB Ruhegehalt = BB 1974, 280; Urt. v. 27.02.1990 – 3 AZR 213/88 = AP Nr. 13 zu § 1 BetrAVG Vordienstzeiten = NZA 1990, 698; OLG Köln, Urt. v. 27.10.1999 – 27 U 2/99 = NZG 2000, 436; Schulte, DB 1981, 937, 940; Weber/Ehrich/Burmester, Aufhebungsverträge, Teil 1 Rn 803.

1704 BAG, Urt. v. 17.10.2000 – 3 AZR 69/99 = AP Nr. 56 zu § 1 BetrAVG Zusatzversorgungskassen = NZA 2001, 203.

d) Von der Ausgleichsklausel erfasste Ansprüche

Folgende Ansprüche werden aufgrund der genannten Grundsätze von einer oben formulierten Ausgleichsklausel in der Regel erfasst:

- Entgeltansprüche[1705];
- Rückzahlungsansprüche bezüglich gezahlter Provisionen[1706];
- Schadenersatzansprüche aus dem beendeten Vertragsverhältnis[1707];
- Ansprüche auf Zahlung einer Karenzentschädigung[1708]; die Gegenmeinung beruft sich darauf, dass Ausgleichsklauseln nicht die Entstehung künftiger Ansprüche ausschließen wollten[1709]; dies überzeugt aber nicht, weil die Wettbewerbsvereinbarung mit dem Ende des Arbeitsverhältnisses typischerweise relevant wird und deshalb bei Fehlen anderer Anhaltspunkte anzunehmen ist, dass die Parteien sie bei Abschluss des Aufhebungsvertrages mit einer allgemeinen Ausgleichsklausel in ihre Überlegungen einbezogen haben; anderes gilt selbstverständlich dann, wenn das Wettbewerbsverbot erst im Aufhebungsvertrag begründet wird;
- Ansprüche auf Kranken- bzw. Pflegeversicherungszuschuss[1710];
- Rückgriffsanspruch des Arbeitgebers gegen den Arbeitnehmer wegen Zahlung von Lohnsteuern aus einem erst nach Abschluss der Vereinbarung festgestellten Sachverhalt[1711];
- Anspruch auf Rückzahlung eines Arbeitgeberdarlehens[1712].

3. Beseitigung der Ausgleichsklausel

Soweit es sich bei der Ausgleichsklausel um ein konstitutives negatives Schuldanerkenntnis handelt, ist dieses nach § 812 Abs. 2 BGB kondizierbar. Dies gilt nach überwiegender Auffassung dann nicht, wenn das Anerkenntnis in Kenntnis des Bestehens oder des möglichen Bestehens weiterer Forderungen abgegeben wird[1713].

[1705] BAG, Urt. v. 10.05.1978 – 5 AZR 97/77 = AP Nr. 25 zu § 794 ZPO = BB 1979, 109; anders LAG Hamm, Urt. v. 7.12.2000 – 16 Sa 1152/00 = AE 2001, 108.

[1706] LAG München, Urt. v. 24.04.1997 – 2 Sa 1004/96 = BB 1998, 269 f.

[1707] BAG, Urt. v. 15.12.1994 – 8 AZR 250/93 – n. v.; Hessisches LAG, Urt. v. 11.11.1998 – 2 Sa 2186/97 – n. v.

[1708] BAG, Urt. v. 17.06.1997 – 9 AZR 801/95 = AP Nr. 2 zu § 74b HGB = NJW 1998, 1732; OLG Düsseldorf, Urt. v. 18.12.1998 – 17 U 33/98 = NZG 1999, 595.

[1709] Vgl. BAG, Urt. v. 20.10.1981 – 3 AZR 1013/78 = AP Nr. 39 zu § 74 HGB = NJW 1982, 1479, für den Fall einer Ausgleichsquittung; OLG Köln, Urt. v. 25.03.1997 – 22 U 225/96 = BB 1997, 1328 f.; Schaub, Handbuch, § 72 Rn 9; Becker-Schaffner/Schäfer, Abwicklung des Arbeitsverhältnisses, Rn 199.

[1710] OLG Düsseldorf, Urt. v. 18.12.1998 – 17 U 33/98 = NZG 1999, 595.

[1711] OLG Frankfurt, Urt. v. 19.12.1995 – 5 U 182/94 = EzA § 611 BGB Aufhebungsvertrag Nr. 20

[1712] OLG Düsseldorf, Urt. v. 9.07.1997 – 3 U 11/97 = BB 1997, 2237 ff.

[1713] LAG München, Urt. v. 24.04.1997 – 2 Sa 1004/96 = BB 1998, 269, 270; Palandt/Heinrichs, BGB, § 397 Rn 9; ErfK/Preis, § 611 BGB Rn 609; Schaub, Handbuch, § 72 Rn 16; Schulte, DB 1981, 937, 942.

Ist der Arbeitnehmer vom Nichtbestand der Forderungen ausgegangen und kann er dies beweisen, stellt sich daher die Frage, ob er die Ausgleichsklausel „zurückfordern" kann. Dagegen spricht, dass der Parteiwille darauf gerichtet ist, die Ansprüche abschließend festzulegen, auch wenn das Anerkenntnis materiell von der bisherigen Rechtslage abweicht[1714]. Deshalb ist in den Fällen einer allgemeinen Ausgleichsklausel als Inhalt eines Aufhebungsvertrages davon auszugehen, dass es sich um ein kausales Anerkenntnis handelt, dessen Rechtsgrund der Aufhebungsvertrag ist, der das Arbeitsverhältnis beendet und durch ein „Abwicklungsverhältnis" ersetzt und dass deshalb grundsätzlich nicht nach § 812 Abs. 2 BGB kondiziert werden kann[1715]. Das heißt, wenn Arbeitnehmer und Arbeitgeber eine entsprechend umfassende Erklärung abgeben, sind sie daran grundsätzlich gebunden, wenn Zweck der Erklärung auch die Beseitigung (noch) unbekannter Ansprüche ist[1716].

Handelt es sich bei dem Aufhebungsvertrag um das Ergebnis eines Vergleiches, kommt eine Unwirksamkeit der gesamten Vereinbarung gemäß § 779 Abs. 1 BGB nur dann in Betracht, wenn sich die Parteien über die Vergleichsgrundlage irren. Allerdings tritt die Rechtsfolge des § 779 Abs. 1 BGB nicht ein, wenn es um den Irrtum über einen tatsächlichen Umstand geht, den die Parteien als streitig oder ungewiss betrachtet haben und eben deshalb durch Vergleich regeln wollten[1717]. Weil sich die Parteien in diesem Fall über den Vertragsgegenstand irren, kommt allenfalls eine Anfechtung der Ausgleichsklausel in Betracht[1718]. Allerdings werden die Voraussetzungen der §§ 119, 123 BGB in der Regel nicht gegeben sein[1719], weil es an einer Offenbarungspflicht als Voraussetzung einer Täuschung fehlt[1720] und der Irrtum über die Reichweite der Ausgleichsklausel einen unbeachtlichen Rechtsfolgeirrtum darstellt[1721].

Ausnahmsweise kann die Berufung des Arbeitnehmers auf eine allgemeine Ausgleichsklausel rechtsmissbräuchlich sein, wenn der Arbeitnehmer durch eine vorsätzliche Vertragsverletzung und zugleich durch eine vorsätzliche unerlaubte Handlung seinem bisherigen Arbeitgeber Schaden zugefügt hat und der Arbeitgeber hiervon bei

---

1714 Schulte, DB 1981, 937, 943, Erman/H.P. Westermann, BGB, § 812 Rn 61.

1715 Vgl. Sörgel/Zeiss, § 397 Rn 10; Larenz, SR AT, § 19 I a; Medicus, BGB AT, Rn 283; Lücke, Anm. zu LAG Düsseldorf, Urt. v. 9.07.1997, BB 1998, 270, 271.

1716 S. BAG, Urt. v. 22.10.1998 – 8 AZR 457/97 = AP Nr. 5 zu § 781 BGB = NZA 1999, 417.

1717 BAG, Urt. v. 15.12.1994 – 8 AZR 250/93 – n. v.; s.a. BGH, Urt. v. 24.09.1959 – VIII ZR 189/58 = NJW 1959, 2109.

1718 S. dazu ErfK/Preis, § 611 BGB Rn 609; vgl.a. die Ausführungen von Becker-Schaffner/Schäfer, Abwicklung des Arbeitsverhältnisses, Rn 201 ff., zu den Anfechtungsfragen bei der Ausgleichsquittung.

1719 Weber/Ehrich/Burmester, Aufhebungsverträge, Teil 1 Rn 805; vgl.a. Ausführungen des BAG, Urt. v. 15.12.1994 – 8 AZR 250/93 – n. v.

1720 BAG, a.a.O.

1721 KR/Friedrich, § 4 KSchG Rn 310.

Abschluss der Ausgleichsklausel keine Kenntnis hatte[1722]. Ansonsten wird es aber an einer Schutzbedürftigkeit, die eine Aufklärungspflicht begründen könnte, fehlen[1723], weil derjenige, der sich mit vollem Risiko in eine Position begeben hat, sich nicht auf § 242 BGB berufen kann[1724].

4. Ergebnis

Eine sog. allgemeine Ausgleichsklausel, nach der mit der Erfüllung der Ansprüche aus dem Aufhebungsvertrag alle wechselseitigen Ansprüche der Parteien aus dem Arbeitsverhältnis und seiner Beendigung, gleich aus welchem Rechtsgrund, bekannt oder unbekannt, erledigt sind, ist grundsätzlich als konstitutives negatives Schuldanerkenntnis nach § 397 Abs. 2 BGB anzusehen. Dies hat zur Folge, dass auch die Ansprüche in Zusammenhang mit der Beendigung des Arbeitsverhältnisses erlöschen, an die die Parteien nicht gedacht oder die sie nicht gekannt haben. Ausnahmen bestehen für kraft Gesetzes oder nach den Grundsätzen von Treu und Glauben unabdingbare Ansprüche. Weil es sich in den Fällen einer allgemeinen Ausgleichsklausel als Inhalt eines Aufhebungsvertrages um ein kausales Anerkenntnis handelt, dessen Rechtsgrund der Aufhebungsvertrag ist, der das Arbeitsverhältnis beendet und durch ein „Abwicklungsverhältnis" ersetzt, ist die Ausgleichsklausel nicht nach § 812 Abs. 2 BGB kondizierbar.

Soweit die Parteien in den Aufhebungsvertrag eine umfassende Ausgleichsklausel aufnehmen, ist ihnen zu raten, alle klärungsbedürftigen Fragen vorher durchzusprechen, um unliebsame Überraschungen zu verhindern.

IX. Zusammenfassung

Durch den Aufhebungsvertrag werden die aufgrund des Arbeitsverhältnisses bestehenden Hauptleistungspflichten von Arbeitnehmer und Arbeitgeber – die Pflicht zur Arbeitsleistung und die Entgeltzahlungspflicht - beendet. An die Stelle des Arbeitsverhältnisses tritt der Aufhebungsvertrag, der die Abwicklung des Arbeitsverhältnisses regelt.

Der Aufhebungsvertrag kann eine Reihe von Abreden der Parteien zur Abwicklung des Arbeitsverhältnisses enthalten. Darüber hinaus sieht das Gesetz in Zusammenhang mit der einvernehmlichen Beendigung von Arbeitsverhältnissen in manchen Punkten bestimmte Rechtsfolgen vor, die die Parteien bei der Vertragsgestaltung berücksichtigen müssen.

Die Parteien können im Aufhebungsvertrag vereinbaren, dass der Arbeitnehmer bis zum Ende des Arbeitsverhältnisses von der Arbeitspflicht freigestellt wird. Eine solche Vereinbarung berührt die Lohnzahlungspflicht des Arbeitgebers nicht. Auch der

---

[1722] S. BAG, Urt. v. 9.03.1972 – 1 AZR 165/71 = AP Nr. 10 zu § 242 BGB Unzulässige Rechtsausübung – Verwirkung, m. zust. Anm. Monjau = BB 1972, 1275.

[1723] OLG Düsseldorf, Urt. v. 9.07.1997 – 3 U 11/97 = BB 1997, 2237, 2239.

[1724] BAG, Urt. v. 15.12.1994 – 8 AZR 250/93 – n. v.

Urlaubsanspruch des Arbeitnehmers reduziert sich dadurch nicht, denn die zur Erfüllung des Urlaubsanspruchs erforderliche Erklärung des Arbeitgebers muss hinreichend deutlich erkennen lassen, dass durch die zeitliche Festlegung der Arbeitsbefreiung Urlaub erteilt wird. Erwirbt der Arbeitnehmer in der Freistellungszeit bei einem anderen Arbeitgeber Lohnansprüche, werden diese mangels Annahmeverzug des alten Arbeitgebers nicht nach § 615 S. 2 BGB auf die gegen den alten Arbeitgeber bestehenden Vergütungsansprüche angerechnet. Dafür ist vielmehr eine entsprechende – ausdrückliche oder konkludente - Parteivereinbarung erforderlich.
Die Parteien können im Aufhebungsvertrag ein sog. nachvertragliches Wettbewerbsverbot vereinbaren. Für dieses gelten die Vorschriften der §§ 74 ff. HGB, so dass ein ohne Karenzentschädigung vereinbartes Wettbewerbsverbot nach § 74 Abs. 2 HGB unwirksam ist. In entsprechender Anwendung des § 75 Abs. 1 HGB bzw. § 75 Abs. 2 Hs. 2 HGB kann ein Aufhebungsvertrag nur dann zu einem Wahlrecht über den Bestand eines im Arbeitsvertrag enthaltenen Wettbewerbsverbotes führen, wenn entweder der Arbeitnehmer das Recht gehabt hätte, den Arbeitsvertrag aufgrund eines vertragswidrigen Verhaltens des Arbeitgebers zu kündigen und dies dem Arbeitgeber auch deutlich macht, oder wenn der Arbeitgeber den Aufhebungsvertrag anstelle des Ausspruchs einer außerordentlichen Kündigung schließt. Eine analoge Anwendung des § 75 Abs. 2 HGB scheidet demgegenüber aus, weil es im Fall der einvernehmlichen Vertragsbeendigung an einer vergleichbaren Interessenlage fehlt.
Soweit der ausscheidende Arbeitnehmer eine Anwartschaft in der betrieblichen Altersversorgung erworben hat, ist zwischen unverfallbarer und verfallbarer Anwartschaft zu unterscheiden. Nur eine unverfallbare Anwartschaft wird gesetzlich geschützt und führt unter Umständen zu einem Abfindungsgebot. Eine verfallbare Anwartschaft kann von den Parteien mit schuldrechtlicher Wirkung in eine unverfallbare umgewandelt bzw. abgefunden werden.
Besondere Bedeutung hat die Vereinbarung einer Abfindung bei der Beendigung des Arbeitsverhältnisses. Die Abfindung ist vor allem in sozial- und steuerrechtlicher Hinsicht von der Gewährung von Arbeitsentgelt zu unterscheiden. Sie ist in der Regel Entschädigung für den Verlust des Arbeitsplatzes. Darüber hinaus kann sie auch Versorgungscharakter haben bzw. als Gegenleistung für die Zustimmung des Arbeitnehmers zum Aufhebungsvertrag gezahlt werden. Die Zweckbestimmung der Abfindung entscheidet über ihre Fälligkeit. Diese tritt nach § 271 Abs. 1 BGB grundsätzlich sofort ein, wenn sich nicht aus den Umständen, die von der Zweckbestimmung der Abfindung geprägt werden, etwas anderes ergibt. Ähnliches gilt für die Vererbbarkeit der Abfindung. Da der Abfindungsanspruch wie alle Ansprüche grundsätzlich sofort entsteht, geht er auch dann auf die Erben über, wenn der Arbeitnehmer vor dem vereinbarten Ende des Arbeitsverhältnisses verstirbt. Etwas anderes gilt nur bei abweichender Vereinbarung, etwa in Form einer aufschiebenden Bedingung.
Abfindungen gehören nach überwiegender Auffassung zum pfändbaren Arbeitseinkommen i.S.d. § 850 ZPO. Ansprüche auf die Abfindung verjähren gemäß § 195 BGB in drei Jahren. Bis zu einem gewissen Betrag sind Abfindungen gemäß § 3

Nr. 9 EStG von der Steuer befreit. Darüber hinaus kann im Fall der sog. Zusammenballung von Einkünften eine Steuerprivilegierung nach §§ 24 Nr. 1 a) i.V.m. 34 Abs. 2 Nr. 2 EStG eintreten. Dabei sind die strengen Anforderungen der Finanzverwaltung zu beachten.

Enthält der Aufhebungsvertrag eine allgemeine Ausgleichsklausel, nach der mit der Erfüllung der Ansprüche aus dem Vertrag alle wechselseitigen Ansprüche der Parteien aus dem Arbeitsverhältnis und seiner Beendigung, gleich aus welchem Rechtsgrund, bekannt oder unbekannt, erledigt sind, erlöschen auch die Ansprüche in Zusammenhang mit der Beendigung des Arbeitsverhältnisses, an die die Parteien nicht gedacht oder die sie nicht gekannt haben, soweit sie nicht als unabdingbar anzusehen sind. Denn in den Fällen einer allgemeinen Ausgleichsklausel als Inhalt eines Aufhebungsvertrages handelt es sich um ein kausales negatives Schuldanerkenntnis nach § 397 Abs. 2 BGB; dieses ist nicht nach § 812 Abs. 2 BGB kondizierbar.

§ 15 Zeitliche Gestaltungsmöglichkeiten – insbesondere die Vereinbarung rückwirkender Aufhebungsverträge

Im Gegensatz zu der einseitigen Beendigung des Arbeitsvertrages durch Kündigung gibt es für die einvernehmliche Vertragsbeendigung durch Aufhebungsvertrag keine einzuhaltenden Fristen, so dass es den Parteien überlassen bleibt, zu welchem Zeitpunkt sie das Arbeitsverhältnis beenden wollen[1725]. Deshalb sind verschiedene zeitliche Gestaltungen denkbar, wobei zwischen dem Zeitpunkt des Abschlusses und dem Zeitpunkt der Beendigungswirkung zu unterscheiden ist. Die Parteien können diesen mit dem Abschlusszeitpunkt zusammen fallen lassen, oder aber sie können ihn hinausschieben, so dass das Arbeitsverhältnis erst zu einem späteren Zeitpunkt endet. Ob dabei Bedingungen und Befristungen zulässig sind, wurde bereits an anderer Stelle untersucht[1726]. Außerdem ist denkbar, dass die Vertragsparteien den Zeitpunkt der Beendigung des Arbeitsverhältnisses vor den Abschluss des Aufhebungsvertrages legen. Dann käme dem Aufhebungsvertrag Rückwirkung zu.

Zunächst soll es um die Frage gehen, zu welchem Zeitpunkt der Aufhebungsvertrag endet, wenn die Parteien keine Regelung darüber getroffen haben. Anschließend stellt sich noch die Frage, ob und inwieweit eine Rückwirkung zulässig ist.

I. Der regelmäßige Beendigungszeitpunkt

Da Inhalt und Folgen des Aufhebungsvertrages gesetzlich nicht geregelt sind, hängt es von dem Willen der Vertragsparteien ab, zu welchem Zeitpunkt die Pflichten aus dem Arbeitsvertrag erlöschen sollen[1727].

[1725] Zu der Wirkung von Bedenkzeiten und Überlegungsfristen s. Ernst, Aufhebungsverträge, S. 272.

[1726] S. oben § 9 II.

[1727] Ernst, Aufhebungsverträge, S. 269; vgl.a. BGH, Urt. v. 16.06.1978 – V ZR 115/77 = NJW 1978, 2198.

Die Parteien können die Beendigungswirkung des Aufhebungsvertrages hinausschieben. Der Zeitpunkt der Beendigung ist in diesen Fällen vertraglich fixiert. Denkbar ist es aber auch, dass der Beendigungszeitpunkt selbst nicht Gegenstand des schriftlich geschlossenen Aufhebungsvertrages ist. Dies ist nach der hier vertretenen Auffassung möglich, da § 623 BGB nur den Mindestinhalt, das heißt die Beendigungsvereinbarung selbst, erfasst. In diesen Fällen ist der Beendigungszeitpunkt durch Auslegung zu ermitteln (§§ 133, 157 BGB). Bei der Auslegung von Dauerschuldverhältnissen liegt es dabei grundsätzlich näher, davon auszugehen, dass die Parteien den Vertrag nicht rückwirkend beenden wollten[1728]. Soweit keine Anhaltspunkte für den Beendigungszeitpunkt vorhanden sind, könnte § 271 Abs. 1 BGB herangezogen werden, wonach dann, wenn eine Zeit für die Leistung weder bestimmt noch aus den Umständen zu entnehmen ist, die Leistung sofort fällig ist. Übertragen auf den Aufhebungsvertrag würde dies bedeuten, dass die Beendigungswirkung mit der Annahme des Aufhebungsangebots eintritt[1729]. Zwar handelt es sich bei einem Aufhebungsvertrag nicht nur um eine Leistungsverpflichtung, sondern auch um eine gegenseitige Verfügung[1730]. Allerdings schließt § 271 Abs. 1 BGB eine Lücke in den Fällen, in denen weder durch Gesetz noch durch Vertragsauslegung eine Fälligkeitsregelung getroffen wurde, so dass die Vorschrift einen für Schuldverhältnisse aller Art geltenden allgemeinen Rechtsgedanken darstellt[1731]. Dies bedeutet, dass ein Aufhebungsvertrag dann, wenn nichts anderes bestimmt wurde und sich auch aus den Umständen nichts anderes ergibt, das Arbeitsverhältnis mit sofortiger Wirkung beendet.

II. Zulässigkeit, Grenzen und Folgen der Vereinbarung eines rückwirkenden Aufhebungsvertrages

1. Grundsätzliche Zulässigkeit rückwirkender Aufhebungsverträge

Grundlage des arbeitsrechtlichen Aufhebungsvertrages ist die Vertragsfreiheit. Da keine abweichenden Vorschriften bestehen, wird auch die Abrede über den Beendigungszeitpunkt von der Vertragsfreiheit der Parteien gedeckt. Dementsprechend kann ein Vertrag grundsätzlich bereits zu einem vor dem Abschluss des Aufhebungsvertrages liegenden Zeitpunkt beendet werden[1732].

2. Grenzen der Zulässigkeit

Fraglich ist, ob die Möglichkeit der Parteien des Arbeitsvertrages, eine rückwirkende Vertragsaufhebung zu vereinbaren, Einschränkungen unterliegt. In Betracht kommt

---

[1728] BGH, Urt. v. 16.06.1978 – V ZR 115/77 = NJW 1978, 2198, und Ernst, Aufhebungsverträge, S. 275.

[1729] Soergel/Kraft, BGB, 12. Aufl., vor § 629 Rn 13.

[1730] Gernhuber, Erfüllung, § 17, 2.

[1731] Erman/Kuckuck, BGB, § 271 Rn 2.

[1732] BGH, Urt. v. 16.06.1978 – V ZR 115/77 = NJW 1978, 2198; BAG, Urt. v. 23.09.1981 - 5 AZR 527/79 = ZIP 1981, 1364, 1365.

eine Einschränkung unter Hinweis auf die Gründe, aufgrund derer das BAG und die ganz überwiegende Meinung die Rückwirkung der Anfechtung im Fall eines Arbeitsverhältnisses entgegen § 142 Abs. 1 BGB grundsätzlich nur mit Wirkung ex nunc zulassen:

a) Die Rückwirkung bei der Anfechtung von Arbeitsverträgen als Ansatzpunkt

Wie das BAG bereits in einer Entscheidung aus dem Jahr 1957 feststellte, kann die Tatsache, dass aufgrund eines nichtigen Arbeitsvertrages die Arbeit angetreten und die dem Arbeitnehmer obliegende Dienstleistung erbracht worden ist, nicht durch die nachträgliche Geltendmachung der Nichtigkeit aus der Welt geschafft werden[1733]. Daraus folgerte das Gericht, dass nichtige Arbeitsverhältnisse für die Vergangenheit wie fehlerfreie Arbeitsverhältnisse zu behandeln sind. Diesen Grundsatz übertrug der 1. Senat nur wenige Wochen später auch auf die Anfechtung eines Arbeitsverhältnisses, so dass dieser entgegen § 142 Abs. 1 BGB nur ex-nunc-Wirkung zukam[1734]. In diesen Fällen spricht man vom sog. fehlerhaften Arbeitsverhältnis[1735].

Weil die Rückabwicklung eines Arbeitsverhältnisses wegen der bereits erbrachten Leistungen vom BAG als problematisch angesehen wurde, stand umgekehrt einer ex-tunc-Nichtigkeit dann nichts im Wege, wenn das Arbeitsverhältnis niemals in Vollzug gesetzt wurde, das heißt, wenn der Arbeitnehmer seine Tätigkeit nicht aufgenommen hatte und ein Leistungsaustausch nicht stattfand. Dementsprechend ließ das BAG eine rückwirkende Beendigung durch Anfechtung nicht nur dann zu, wenn das Arbeitsverhältnis niemals in Vollzug gesetzt worden war, sondern auch dann, wenn der Arbeitnehmer zunächst seine Tätigkeit aufgenommen hatte, das Arbeitsverhältnis aber später außer Vollzug gesetzt wurde[1736]. In diesen Fällen gestand das Gericht der Anfechtung eine ex-tunc-Wirkung bis zu dem Zeitpunkt zu, zu dem das Arbeitsverhältnis außer Vollzug gesetzt worden war[1737].

[1733] BAG, Urt. v. 15.11.1957 – 1 AZR 189/57 = AP Nr. 2 zu § 125 BGB = NJW 1958, 397.

[1734] BAG, Urt. v. 5.12.1957 – 1 AZR 594/56 = AP Nr. 2 zu § 123 BGB = NJW 1958, 516.

[1735] Zöllner/Loritz, Arbeitsrecht, § 11 II 1 b), die zu Recht darauf hinweisen, dass der Begriff des „faktischen" Arbeitsverhältnisses denjenigen Fällen vorbehalten bleiben soll, in denen eine Willenseinigung zwischen den Parteien gänzlich fehlt; zu diesen Begriffen s.a. MünchArbR/Richardi, § 46 Rn 61 f.

[1736] BAG, Urt. v. 16.09.1982 – 2 AZR 228/80 = AP Nr. 24 zu § 123 BGB = NJW 1984, 446; Urt. v. 29.08.1984 – 7 AZR 34/83 = AP Nr. 27 zu § 123 BGB = NJW 1985, 646; vgl.a. Urt. v. 13.03.1961 – 2 AZR 509/59 = AP Nr. 6 zu § 15 SchwbeschG = DB 1961, 747.

[1737] Seine ursprüngliche Auffassung, dass das Arbeitsverhältnis bei einer Erkrankung des Arbeitnehmers nicht als außer Funktion gesetzt angesehen werden kann und deshalb eine Rückwirkung ausscheidet, wenn der Arbeitgeber zur Anfechtung berechtigt ist, gab das BAG im Urt. v. 3.12.1998 – 2 AZR 754/97 = AP Nr. 49 zu § 123 BGB = NZA 1999, 584, auf, weil in diesen Fällen keine Rückabwicklungsprobleme zu besorgen seien und auch Gesichtspunkte des Arbeitnehmerschutzes der gesetzlich vorgesehenen Rückwirkung nicht entgegenstünden; anders noch BAG, Urt. v. 18.04.1968 - 2 AZR 145/67 = AP Nr. 32 zu § 63 HGB = DB 1968, 1073; unklar Urt. v.

Diese Auffassung des BAG traf in der Literatur auf breite Zustimmung und ist heute in der rechtswissenschaftlichen Lehre und Praxis als gesichert anzusehen[1738]. Fraglich ist, ob diese Grundsätze auf die Beendigung des Arbeitsverhältnisses durch Aufhebungsvertrag übertragbar sind.

b) Konsequenz für die Rückwirkung des Aufhebungsvertrages nach Rechtsprechung und Lehre

Das BAG hat die Rückwirkung des Aufhebungsvertrages grundsätzlich zugelassen, wobei es klarstellte, dass es sich nur um eine schuldrechtliche Rückwirkung handelt[1739]. Dies gelte jedenfalls dann, wenn das Arbeitsverhältnis bereits außer Vollzug gesetzt worden sei[1740]. Die Frage, ob eine Rückwirkung auch dann zulässig ist, wenn sie einen Zeitraum betrifft, in dem der Arbeitnehmer gearbeitet hat, wurde vom BAG noch nicht entschieden. Es sah allerdings im Hinblick auf die zwischen Beendigungszeitpunkt und Vertragsabschluss entstandenen Ansprüche einen Verzicht der Arbeitsvertragsparteien für gegeben[1741].

Die überwiegende Auffassung in der Literatur entnimmt dieser Rechtsprechung unter Verweis auf den Standpunkt zur einschränkenden Auslegung des § 142 Abs. 1 BGB bei der Anfechtung von Arbeitsverträgen die Unzulässigkeit eines rückwirkenden Aufhebungsvertrages, soweit das Arbeitsverhältnis bereits in Vollzug gesetzt wurde[1742]. Denn das tatsächliche Arbeitsverhältnis lasse sich durch Vertrag ebenso wenig rückwirkend beseitigen wie durch eine Anfechtung[1743]. Die Gegenauffassung hält eine Rückwirkung aufgrund der Vertragsfreiheit für zulässig und wickelt in der Zwischenzeit entstandene Ansprüche nach den Regeln über das faktische Vertragsverhältnis ab[1744]. Allerdings führt auch die Gegenauffassung nicht zu anderen Ergebnissen: Bei einer Abwicklung des rückwirkend beendeten Arbeitsverhältnisses über die Grundsätze des faktischen Arbeitsverhältnisses wird das Arbeitsverhältnis als wirk-

---

16.09.1982 – 2 AZR 228/80 = AP Nr. 24 zu § 123 BGB = NJW 1984, 446 m. krit. Anm. Brox; s. dazu auch MünchArbR/Richardi, § 46 Rn 65 ff.

[1738] Erman/H. Palm, BGB, § 142 Rn 10; Palandt/Heinrichs, BGB, § 142 Rn 2; MünchArbR/ Richardi, § 46 Rn 59; KR/Fischermeier, § 626 BGB Rn 46 a; Brox, Anm. zu BAG, Urt. v. 16.09.1982, AP Nr. 24 zu § 123 BGB, S. 8 ff.

[1739] BAG, Urt. v. 23.09.1981 – 5 AZR 527/79 = ZIP 1981, 1364, 1365, und Urt. v. 10.12.1998 – 8 AZR 324/97 = AP Nr. 187 zu § 613 a BGB = NZA 1999, 422.

[1740] BAG, Urt. v. 10.12.1998 – 8 AZR 324/97 = AP Nr. 187 zu § 613 a BGB = NZA 1999, 422.

[1741] BAG, Urt. v. 23.09.1981 – 5 AZR 527/79 = ZIP 1981, 1364, 1365; vgl.a. Urt. v. 17.04.1986 – 2 AZR 308/85 = AP Nr. 40 zu § 615 BGB = NZA 1987, 17.

[1742] Soergel/Kraft, BGB, 12. Aufl., vor § 620 Rn 13; Jauernig/Schlechtriem, BGB, vor § 620 Rn 3; MünchArbR/Wank, § 115 Rn 17; KR/Wolf, 3. Aufl., Grds. Rn 196; ErfK/Müller-Glöge, § 620 BGB Rn 198; Joachim, BB 1958, 345; Schmidt, DB 1964, 1444, 1448; Becker-Schaffner, BB 1981, 1310, 1345; Bengelsdorf, Aufhebungsvertrag und Abfindungsvereinbarungen, S. 54.

[1743] Soergel/Kraft, BGB, 12. Aufl., vor § 620 Rn 13.

[1744] Staudinger/Neumann, BGB, vor §§ 620 ff. Rn 11; unklar Schaub, Handbuch, § 122 Rn 3.

sam behandelt, solange ein Leistungsaustausch stattfand[1745]. Insoweit ändert sich nur die dogmatische Konstruktion: Die herrschende Auffassung versagt dem Willen der Arbeitsvertragsparteien die Wirksamkeit, so dass das Arbeitsverhältnis nicht beendet wird. Die Gegenauffassung hält die Vereinbarung über den Beendigungszeitpunkt zwar für wirksam, behandelt das Arbeitsverhältnis aber gleichwohl bis zum Zeitpunkt der Außer-Vollzug-Setzung als bestehend. Unabhängig von der in den Einzelheiten umstrittenen Konstruktion des „faktischen Arbeitsverhältnisses“[1746] führt diese Auffassung aber weder zu mehr Rechtssicherheit noch zu einer größeren Akzeptanz des Parteiwillens[1747].

c) Eigener Standpunkt

Beide Auffassungen führen zu einer Einschränkung der Privatautonomie. Diese ließe sich allenfalls dann begründen, wenn für die rückwirkende Beendigung eines Arbeitsvertrages durch Aufhebungsvertrag dieselben Überlegungen gelten würden wie bei der rückwirkenden Beendigung durch Anfechtung.

Dabei stellt sich zunächst die Frage, was unter einer „rückwirkenden Beendigung“ des Arbeitsverhältnisses zu verstehen ist. Insbesondere ist zu prüfen, ob die Parteien überhaupt in der Lage sind, ihrem Vertrag – wie dies bei § 142 Abs. 1 BGB für die Anfechtung der Fall ist - dingliche Rückwirkung dergestalt einzuräumen, dass das Arbeitsverhältnis mit Wirkung für jedermann für die Vergangenheit wegfällt. Dies wäre insbesondere in den Fällen problematisch, in denen die geschuldeten Leistungen bereits über einen gewissen Zeitraum hinweg erbracht wurden. Denn dann tritt hinsichtlich der einzelnen Verpflichtungen bereits Erfüllung gemäß § 362 Abs. 1 BGB ein, so dass es für die Vergangenheit nichts mehr aufzuheben gibt[1748].

Daraus ergibt sich, dass der Aufhebungsvertrag die Tatsache, dass ein Leistungsaustausch stattfand, nicht nachträglich aus der Welt schaffen kann. Auch die Existenz des Vertrages an sich ist ein Umstand, welchen die Parteien nur für die Zukunft ändern können, wenn der Vertrag gegenüber Dritten Wirkungen entfaltet. Dies gilt im Fall des Aufhebungsvertrages vor allem für die Rechtsbeziehungen der Arbeitsvertragsparteien zu den Sozialversicherungsträgern[1749]. Auch steuerrechtlich ist eine Rückwirkung nicht denkbar. Die Anordnung einer ex-tunc-Wirkung gegenüber jedermann kann deshalb nur dem Gesetzgeber zustehen[1750].

Daraus folgt, dass der Aufhebungsvertrag unabhängig von der Frage, ob ein Leistungsaustausch stattfand, grundsätzlich nur ex nunc wirkt[1751]. Diese Folgerung be-

---

[1745] Näher dazu ErfK/Preis, § 611 BGB Rn 170 ff. m.w.N.

[1746] Dazu MünchArbR/Richardi, § 46 Rn 62.

[1747] Ähnlich wie hier Müller, Aufhebungsverträge, S. 153.

[1748] Näher dazu Ernst, Aufhebungsverträge, S. 282 m.w.N.; vgl.a. Gernhuber, Erfüllung, § 17, 2.

[1749] S. dazu LAG Düsseldorf, Urt. v. 18.11.1960 – 3 Sa 370/60 = BB 1961, 512.

[1750] Ernst, Aufhebungsverträge, S. 273; Bork, Der Vergleich, S. 140.

[1751] KR/Wolf, 3. Aufl., Grds. Rn 196; Gernhuber, Erfüllung, § 17, 4; Ernst, Aufhebungsverträge, S. 275.

deutet allerdings keine Einschränkung der rechtsgeschäftlichen Freiheit, denn die Parteien können zwar keine rückwirkende Beendigung, wohl aber eine rückwirkende Beseitigung des Schuldverhältnisses vereinbaren[1752]. Das heißt, die Parteien können eine rein obligatorische Verpflichtung zur Abwicklung des beendeten Vertrages begründen[1753]. Sie können den Arbeitsvertrag zwar nicht rückwirkend aus der Welt schaffen, sie können aber untereinander so tun, als habe es ihn nie gegeben. Dies wird dem Parteiwillen auch gerecht, weil es nicht darum geht, den Arbeitsvertrag im Nachhinein ungeschehen zu machen, sondern nur darum, die aufgrund des Vertrages erbrachten Leistungen rückabzuwickeln. Mit der Vereinbarung einer Rückwirkung verpflichten sich die Parteien, ihre gegenseitigen Rechte und Pflichten nur so zu erfüllen und geltend zu machen, als hätte das Arbeitsverhältnis zu dem vereinbarten Beendigungszeitpunkt sein Ende gefunden[1754].

Diese aufgrund der vertraglichen Vereinbarung erforderliche Rückabwicklung begegnet auch bei bereits erbrachten Leistungen keinen Bedenken. Zwar sind unwirksame Verträge grundsätzlich nach den Vorschriften über die ungerechtfertigte Bereicherung abzuwickeln. Bei der Rückabwicklung des rückwirkend beendeten Arbeitsvertrages ergeben sich aber Schwierigkeiten, weil das Bereicherungsrecht nicht auf die Rückabwicklung von Dauerschuldverhältnissen zugeschnitten ist[1755]. Außerdem gewährleistet die bereicherungsrechtliche Rückabwicklung nicht den zwingend festgelegten Sozialschutz, der für das Arbeitsverhältnis das Gegenseitigkeitsverhältnis von Arbeitsleistung und Arbeitsentgelt auflockert[1756].

Fraglich ist aber, ob die §§ 812 ff. BGB überhaupt auf den rückwirkenden Aufhebungsvertrag Anwendung finden. Gegen die Anwendung des Bereicherungsrechts im vorliegenden Fall spricht die Tatsache, dass die Parteien den Vertrag nur für die Zukunft aufgehoben und im Übrigen ein Rückgewährschuldverhältnis vereinbart haben. Das heißt, der Rechtsgrund fällt nicht aufgrund eines bestimmten Ereignisses weg, so dass eine gesetzliche Rückabwicklung erforderlich wäre, sondern die Rückabwicklung erfolgt aufgrund Parteivereinbarung.

Aus diesem Grund und aufgrund der oben genannten Schwierigkeiten könnte die Anwendung der für den Rücktritt in den §§ 346 ff. BGB bestimmten Rechtsfolgen näher liegen. Denn die Wirkungen des Rücktritts ähneln denen des rückwirkenden Aufhebungsvertrages[1757]. Dementsprechend spricht sich der BGH ohne weitere Begründung für die Auslegung eines rückwirkenden Aufhebungsvertrages dahingehend

---

[1752] Vgl. Ausführungen in MünchKomm-BGB/Thode, § 305 Rn 27.

[1753] Bork, Der Vergleich, S. 141 f.

[1754] S. BAG, Urt. v. 20.08.1980 – 5 AZR 227/79 = AP Nr. 14 zu § 6 LohnFG = NJW 1981, 1059; s. dazu auch Ernst, Aufhebungsverträge, S. 273 f.

[1755] Brox, Anm. zu BAG, Urt. v. 16.09.1982, AP Nr. 24 zu § 123 BGB, S. 9; näher dazu Zöllner/Loritz, Arbeitsrecht, § 11 II 1 b), und Müller, Aufhebungsverträge, S. 150 f.

[1756] MünchArbR/Richardi, § 46 Rn 58.

[1757] Vgl. Erman/H.P. Westermann, BGB, § 346 Rn 4.

aus, dass dieser - soweit er keine ausdrücklichen Regelungen enthalte - dieselben Rechtsfolgen auslösen solle, welche durch die Rücktrittserklärung nach § 326 Abs. 1 Satz 2 BGB a.F. ausgelöst worden wären[1758]. Dies entspricht auch einer vordringlichen Meinung in der Literatur[1759].
Allerdings bedeutet dies keine analoge Anwendung der Rücktrittsvorschriften auf Dauerschuldverhältnisse. Die §§ 346 ff. BGB werden vielmehr nur zur Auslegung und Erfüllung des mutmaßlichen Parteiwillens herangezogen. Haben die Parteien sich über die Rückabwicklung des Vertrages anderweitig geeinigt, z.B. in der Weise, dass der Arbeitnehmer anstelle der vereinbarten Vergütung nur „Wertersatz" erhalten soll, ist § 346 BGB nicht anwendbar.
Auch in anderen Konstellationen bestehen keine Rückabwicklungsschwierigkeiten: Soweit das Arbeitsverhältnis nicht in Vollzug gesetzt wurde, ist eine Abwicklung unproblematisch, weil noch keine Leistungen erbracht wurden[1760]. Aber auch wenn das Ende des Arbeitsverhältnisses auf einen Zeitpunkt gelegt wird, von dem ab der Arbeitnehmer arbeitsunfähig erkrankt war, ergeben sich keine Probleme. Der Arbeitnehmer kann nicht daran gehindert werden, auf die in dieser Zeit entstanden Entgeltfortzahlungsansprüche zu verzichten[1761]. Gleiches gilt für einen Verzicht auf Ansprüche wegen Annahmeverzuges des Arbeitgebers[1762]. Soweit bereits Entgeltfortzahlung geleistet wurde, wird der (mutmaßliche) Parteiwille ergeben, dass der Arbeitnehmer diese zurückzugewähren hat.

d) Ergebnis

Unter Rückwirkung ist die Möglichkeit der Parteien zu verstehen, Rückgewähr bereits erbrachter Leistungen zu vereinbaren[1763]. Dies entspricht auch der Auffassung der BAG[1764]. Eine solche Rückwirkung des Aufhebungsvertrages kann auch dann, wenn der Arbeitnehmer seine Arbeitsleistung erbracht hat, wirksam vereinbart werden. Deshalb ist der herrschenden Auffassung unter Verweis auf den schuldrechtlichen Charakter der Abrede zu widersprechen. Die Rückabwicklung des rückwirkend beendeten Arbeitsverhältnisses richtet sich nach dem Parteiwillen.

[1758] BGH, Urt. v. 9.11.1995 - IX ZR 19/95 = NJW-RR 1996, 336.
[1759] Palandt/Heinrichs, BGB, § 305 Rn 7; MünchKomm-BGB/Thode, § 305 Rn 46; Gernhuber, Erfüllung, § 17, 4; a.A. Müller, Aufhebungsverträge, S. 151 f.
[1760] Ebenso Ernst, Aufhebungsverträge, S. 280 f.
[1761] Vgl. BAG, Urt. v. 3.12.1998 – 2 AZR 754/97 = AP Nr. 49 zu § 123 BGB = NZA 1999, 584; a.A. Bengelsdorf, Aufhebungsvertrag und Abfindungsvereinbarungen, S. 54; zur Frage, ob der rückwirkende Aufhebungsvertrag auch einen Verzicht auf Schadensersatzansprüche enthält s. BGH, Urt. v. 16.06.1978 – V ZR 115/77 = NJW 1978, 2198, und Ernst, Aufhebungsverträge, S. 278.
[1762] Dazu näher Ernst, Aufhebungsverträge, S. 280 f.
[1763] Gernhuber, Erfüllung, § 17, 4 und Fn. 12 m.w.N., der darauf verweist, dass insoweit trotz einer Vielzahl missverständlicher Formulierungen ein Streit nicht mehr zu bestehen scheint.
[1764] BAG; Urt. v. 20.08.1980 – 5 AZR 227/79 = AP Nr. 14 zu § 6 LohnFG = NJW 1981, 1059.

In der Diskussion um die Zulässigkeit einer rückwirkenden Aufhebung des Arbeitsverhältnisses wird die Unterscheidung zwischen dinglicher und schuldrechtlicher Rückwirkung allerdings in der Regel nicht vorgenommen[1765]. Daraus ergeben sich deshalb Probleme, weil keine Einigkeit über die verwendeten Begriffe besteht, was sich bei der Frage, ob die Vereinbarung der Rückwirkung Einschränkungen unterliegt, deutlich zeigt.

3. Einschränkungen aufgrund Rechte Dritter

Abschließend soll die Frage beantwortet werden, ob sozialversicherungsrechtliche Aspekte oder Rechte Dritter einer rückwirkenden Regelung entgegenstehen.
Dafür könnte sprechen, dass eine rückwirkende Auflösung mit Rücksicht auf die sozialversicherungsrechtliche Bindung und die von den Trägern der Sozialversicherung auf Grund des bestandenen Arbeitsverhältnisses erbrachten und ihnen gegenüber zu erbringenden Leistungen nicht möglich ist[1766]. Dagegen ist allerdings einzuwenden, dass der rückwirkende Aufhebungsvertrag nach hier vertretener Auffassung nur schuldrechtlich zurückwirkt und damit das Arbeitsverhältnis nicht mit Wirkung für Dritte für die Vergangenheit beseitigen kann. Weil das Arbeitsverhältnis nur zwischen den Vertragsparteien als unwirksam behandelt wird, ergeben sich gegenüber Dritten keine Schwierigkeiten[1767]. Die gegenseitigen Leistungen wurden vielmehr auf der Grundlage eines bestehenden Vertrages erbracht und dieser Vertrag ist im Hinblick auf steuer- oder sozialversicherungsrechtliche Ansprüche weiterhin wirksam. Auch die Versicherungszeiten gehen dem Arbeitnehmer folglich nicht verloren[1768]. Er hat außerdem einen Anspruch auf Arbeitslosengeld, sobald das Arbeitsverhältnis außer Vollzug gesetzt wurde. Denn für die sozialversicherungsrechtlichen Ansprüche kommt es nicht auf den Bestand des Arbeitsverhältnisses, sondern auf das tatsächliche Beschäftigungsverhältnis an (vgl. § 118 Abs. 1 Nr. 1 SGB III sowie die Legaldefinition in § 7 Abs. 1 SGB IV)[1769].

III. Sonderfall: Rückwirkende Aufhebungsvergleiche zu Lasten der Sozialversicherungsträger

Durch Abschluss eines Aufhebungsvergleiches im Prozess wollen die Parteien den Kündigungsrechtsstreit mit einem bestimmten materiell-rechtlichen Inhalt, der unter anderem die einvernehmliche Beendigung des Arbeitsverhältnisses zu einem be-

---

[1765] Vgl. demgegenüber die Diskussion zur Wirkung des Rücktritts bei Erman/H.P. Westermann, BGB, § 346 Rn 4.

[1766] LAG Düsseldorf, Urt. v. 18.11.1960 – 3 Sa 370/60 = BB 1961, 512; LAG Niedersachsen, Urt. v. 17.03.1976 – 8 Sa 803/75 = DB 1976, 1385.

[1767] Ebenso Ernst, Aufhebungsverträge, S. 285 f.

[1768] Zu den einzelnen sozialversicherungsrechtlichen und steuerrechtlichen Problemen in diesem Zusammenhang s. Müller, Aufhebungsverträge, S. 152 f.

[1769] Näher dazu KR/Wolf, SozR Rn 3 ff.; Ernst, Aufhebungsverträge, S. 277 und S. 286 f.

stimmten Termin umfasst, beenden[1770]. Weil nach § 779 BGB Voraussetzung des (Prozess)-Vergleiches die Unklarheit darüber ist, ob ein Arbeitsverhältnis überhaupt noch besteht, stellt sich die Sachlage im Fall des Aufhebungsvergleiches anders als bei dem oben besprochenen „gewöhnlichen" Aufhebungsvertrag dar[1771]. Fraglich ist, ob sich aufgrund der Besonderheiten des Prozessvergleiches hinsichtlich der Zulässigkeit einer rückwirkenden Vertragsbeendigung Abweichungen zu den obigen Feststellungen ergeben. Dabei sind zunächst Voraussetzungen, Inhalt und Auswirkungen des Aufhebungsvergleiches zu klären.

1. Anforderungen an einen wirksamen Prozessvergleich

Der Prozessvergleich hat eine Doppelnatur, weil er sowohl Rechtsgeschäft des bürgerlichen Rechts als auch Prozesshandlung ist[1772]. Er bildet eine Einheit mit der Folge, dass Streitigkeiten über seine Gültigkeit in materiell-rechtlicher und prozessualer Sicht einheitlich zu beurteilen sind[1773].

Seine materiell-rechtlichen Voraussetzungen ergeben sich - ebenso wie im Fall eines außergerichtlichen Aufhebungsvergleiches[1774] - aus § 779 Abs. 1 BGB[1775]. Danach müssen Streit oder Ungewissheit über ein Rechtsverhältnis im Wege gegenseitigen Nachgebens beseitigt werden. Der Inhalt des Prozessvergleiches muss den Streitgegenstand ganz oder teilweise regeln oder erledigen[1776]. Ein Nachgeben i.S.d. § 779 BGB ist nur gegeben, wenn beide Parteien einander Zugeständnisse irgendwelcher Art machen[1777]. Die Anforderungen daran sind allerdings gering[1778]; im Rahmen des Prozessvergleiches wird in der Regel auch ein prozessuales Zugeständnis ausreichen[1779]. Im Übrigen sind an den Vergleich in materiell-rechtlicher Hinsicht dieselben Anforderungen zu stellen wie an jedes andere bürgerlich-rechtliche Rechtsgeschäft auch. Dementsprechend kann der Vergleich unter Umständen auch wieder beseitigt werden[1780].

[1770] Müller, Aufhebungsverträge, S. 141.

[1771] S. MünchArbR/Wank, § 115 Rn 17.

[1772] BGH, Urt. v. 14.05.1987 – III ZR 267/85 = NJW 1988, 65; BAG, Urt. v. 14.07.1960 – 2 AZR 152/60, 2 AZR 339/57 = AP Nr. 8 zu § 794 ZPO = NJW 1960, 2211; Musielak/Lackmann, ZPO, § 794 Rn 3; Zöller/Stöber, ZPO, § 794 Rn 3 m.w.N.; Schilken, ZPR, Rn 652.

[1773] BGH, Urt. v. 3.12.1980 - VIII ZR 274/79 = BGHZ 79, 71, 74 = NJW 1981, 823.

[1774] Da es nachfolgend vornehmlich um materiell-rechtliche Fragestellungen geht, gelten für die Wirksamkeit eines rückwirkenden außergerichtlichen Aufhebungsvergleiches keine Besonderheiten; vgl.a. Müller, Aufhebungsverträge, S. 49 ff.

[1775] Näher dazu Musielak/Lackmann, ZPO, § 794 Rn 9; Palandt/Sprau, BGB, § 779 Rn 4 ff.

[1776] MünchKomm-ZPO/Wolfsteiner, § 794 Rn 63; Schilken, ZPR, Rn 648.

[1777] Jauernig/Vollkommer, BGB, § 779 Rn 8.

[1778] Vgl. BGH, Urt. v. 31.01.1963 – III ZR 117/62 = BGHZ 39, 60, 63.

[1779] Erman/M. Terlau, BGB, § 779 Rn 31.

[1780] Zur Vereinbarung eines Widerrufsvorbehaltes in einem Vergleich s. BGH, Urt. v. 27.10.1983 – IX ZR 68/83 = BGHZ 88, 364, 366 ff. = NJW 1984, 312, sowie Musielak/Lackmann, ZPO, § 794 Rn 11 ff.

In prozessualer Hinsicht müssen alle Wirksamkeitsvoraussetzungen einer Prozesshandlung erfüllt sein. Dies betrifft insbesondere das Vorliegen von Parteifähigkeit (§ 50 ZPO), Prozessfähigkeit (§ 52 ZPO) und Postulationsfähigkeit (§ 78 ZPO). Der Vergleich muss zwischen den Prozessparteien vor einem deutschen Gericht in mündlicher Verhandlung zur Beilegung des Rechtsstreits geschlossen werden (§ 794 Abs. 1 Nr. 1 ZPO)[1781]. Nach § 160 Abs. 3 Nr. 1 ZPO ist der Vergleich zu Protokoll zu nehmen[1782]. Im arbeitsgerichtlichen Verfahren wird ein Prozessvergleich insbesondere im Gütetermin (§ 54 Abs. 3 ArbGG), aber auch während der mündlichen Verhandlung (vgl. § 57 Abs. 2 ArbGG) geschlossen.
Prozessrechtlich beendet der Vergleich im Umfang der Vereinbarung über den Streitgegenstand den Prozess und die Rechtshängigkeit[1783]. Gemäß § 794 Abs. 1 Nr. 1 ZPO stellt er einen Vollstreckungstitel dar, soweit er einen vollstreckbaren Inhalt hat. In materiell-rechtlicher Hinsicht bewirkt er eine Neuordnung der Rechtsbeziehungen zwischen den Beteiligten entsprechend dem Inhalt des Vergleiches[1784]. Soweit dieser in einer Inhaltsbestimmung oder - beschränkung der ungewissen Rechtslage besteht und nicht nur neue Verpflichtungen begründet, hat er ebenso wie der Aufhebungsvertrag verfügenden Charakter[1785]. Soweit er zur Vornahme sachenrechtlicher Verfügungen oder von Verfügungen gegenüber Dritten verpflichtet, müssen diese Verfügungen besonders ausgeführt werden[1786].
Ist der Prozessvergleich aus materiell-rechtlichen Gründen unwirksam, entfällt zugleich auch seine prozessbeendigende Wirkung; der Streit über die Wirksamkeit ist grundsätzlich[1787] durch Fortsetzung des ursprünglichen Rechtsstreits zu entscheiden[1788]. Ist der Prozessvergleich als solcher wegen formeller Mängel unwirksam, so kann die getroffene Vereinbarung gleichwohl als außergerichtlicher materiell-rechtlicher Vergleich Bestand haben, wenn dies dem mutmaßlichen Parteiwillen entspricht[1789].

[1781] S. dazu im Einzelnen Schilken, ZPR, Rn 644 ff.
[1782] Näher zu den Beurkundungsvorschriften MünchKomm-ZPO/Wolfsteiner, § 794 Rn 54.
[1783] Musielak/Lackmann, ZPO, § 794 Rn 19.
[1784] Schilken, ZPR, Rn 653.
[1785] Str.; wie hier Jauernig/Vollkommer, BGB, § 779 Rn 13; MünchKomm-BGB/Pecher, 3. Aufl., § 779 Rn 31 ff.; Medicus, SR AT, Rn 283, 287; Bork, Der Vergleich, S. 140 ff.; a.A. Palandt/Sprau, BGB, § 779 Rn 1 a; Erman/M. Terlau, BGB, § 779 Rn 21; zu der Rechtsnatur des Aufhebungsvergleiches s.a. Müller, Aufhebungsverträge, S. 50 ff. m.w.N.
[1786] Medicus, SR AT, Rn 287.
[1787] Zu den zum Teil vertretenen Ausnahmen bei nachträglichem Wegfall des Vergleiches s. Schilken, ZPR, Rn 656 m.w.N.
[1788] BGH, Urt. v. 3.11.1971 – VIII ZR 52/70 = NJW 1972, 159 f.; s. dazu auch MünchKomm-ZPO/ Wolfsteiner, § 794 Rn 81 ff.; Arens/Lüke, ZPR, Rn 254 f.
[1789] BGH, Urt. v. 24.10.1984 – IVb ZR 35/83 = NJW 1985, 1962, 1963.

2. Die Bestimmung des Beendigungszeitpunktes durch die Parteien im Vergleich

Ebenso wie ein Richterspruch über die Wirksamkeit einer Kündigung und den damit verbundenen Beendigungszeitpunkt des Arbeitsverhältnisses entscheiden kann, können auch die Parteien selbst aufgrund der ihnen zustehenden Dispositionsfreiheit durch Prozessvergleich den Tag der (einvernehmlichen) Auflösung des Arbeitsverhältnisses bestimmen[1790]. Die allgemeine Rechtswirkung von Urteilen und Prozessvergleichen ist im Hinblick auf die Frage der Aufhebung eines Arbeitsverhältnisses die gleiche[1791].

Der Aufhebungsvergleich wirkt aber wie der „normale" Aufhebungsvertrag aus denselben Erwägungen grundsätzlich nur ex nunc[1792]. Der Unterschied zum Aufhebungsvertrag besteht darin, dass der Aufhebungsvertrag ein zum Zeitpunkt des Vertragsschlusses bestehendes Arbeitsverhältnis aufhebt, während der Vergleich darüber entscheidet, ob das Arbeitsverhältnis noch existiert bzw. zu welchem Zeitpunkt es beendet wurde. In dem einen Fall wird ein gegebener Zustand nachträglich verändert, im anderen Fall wird dieser Zustand gerade erst definiert.

Fraglich ist, ob der Aufhebungsvergleich Rechte Dritter beeinträchtigen kann. Für den außergerichtlichen Aufhebungsvertrag wurde dies verneint, weil ihm nur schuldrechtliche Rückwirkung zukommt. Für die materiell-rechtlichen Wirkungen des Prozessvergleiches hinsichtlich der Beendigung des Arbeitsverhältnisses gelten mangels abweichender gesetzlicher Regelung grundsätzlich dieselben Erwägungen. Es ist allerdings zu beachten, dass der Prozessvergleich so weit in die Vergangenheit zurückwirken kann, wie der Bestand des Rechtsverhältnisses streitig ist. In der Zwischenzeit ist es aber möglich, dass an denjenigen Ansprüchen, deren Bestehen der Vergleich feststellt bzw. die sich aus dem Inhalt des Vergleiches ergeben, Rechte Dritter entstanden sind. Dies gilt insbesondere für Rechte der Sozialversicherungsträger. Dann stellt sich aber die Frage, inwieweit die Parteien berechtigt sind, gegen diese Dritten unmittelbare Rechtsfolgen oder mittelbare Rechtswirkungen herbeizuführen. Die Frage der zulässigen Vereinbarung einer Rückwirkung ist beim prozessualen Aufhebungsvergleich folglich eine Frage der Verfügungsbefugnis[1793]. Ob und inwieweit diese gegeben ist, ist vor allem dann problematisch, wenn der Arbeitnehmer während des Kündigungsschutzprozesses Arbeitslosengeld erhalten hat, weil nicht sicher war, ob das Arbeitsverhältnis mit den daraus resultierenden Rechten und

---

[1790] BAG, Urt. v. 22.02.1968 – 5 AZR 278/67 = AP Nr. 22 zu § 7 KSchG 1969 = NJW 1968, 1301; vgl.a. Urt. v. 17.04.1986 – 2 AZR 308/85 = AP Nr. 40 zu § 615 BGB = NZA 1987, 17; Hessisches LAG, Urt. v. 9.02.1983 – 10 Sa 759/82 = DB 1983, 1932; KR/Wolff, SozR Rn 154; Gagel, NZA 1985, 270, 272.

[1791] BAG, Urt. v. 22.02.1968 – 5 AZR 278/67 = AP Nr. 22 zu § 7 KSchG 1969 = NJW 1968, 1301.

[1792] Dazu Bork, Der Vergleich, S. 140 f.

[1793] Vgl. Palandt/Sprau, BGB, § 779 Rn 6; Zöller/Stöber, ZPO, § 794 Rn 8; näher dazu Bork, Der Vergleich, S. 325 ff.

Pflichten weiter bestand. Dabei handelt es sich um einen Fall der Gleichwohlgewährung nach § 143 Abs. 3 SGB III.

3. Der Einfluss der sog. Gleichwohlgewährung gemäß § 143 Abs. 3 SGB III auf die Dispositionsfreiheit der Parteien

a) Voraussetzungen, Inhalt und Rechtsfolgen der Gleichwohlgewährung

Hinter dem Begriff der „Gleichwohlgewährung" verbirgt sich folgende rechtliche Konstellation: Der Arbeitnehmer ist während eines Kündigungsschutzprozesses von der Arbeit freigestellt, erhält aber bis zur endgültigen Klärung der Rechtslage kein Arbeitsentgelt[1794]. Stellt er einen Antrag auf Arbeitslosengeld, erfüllt er[1795], obwohl („gleichwohl") das Arbeitsverhältnis möglicherweise fortbesteht und dann sein Arbeitslosengeldanspruch gemäß § 143 Abs. 1 SGB III ruhen würde[1796], die Voraussetzungen für dessen Bezug gemäß § 117 Abs. 1 Nr. 1 und 2 SGB III, da er aufgrund der Freistellung gemäß § 118 Abs. 1 Nr. 1 SGB III vorübergehend nicht in einem Beschäftigungsverhältnis steht.

Voraussetzung für eine Gleichwohlgewährung gemäß § 143 Abs. 3 S. 1 SGB III ist, dass der Arbeitnehmer das ihm zustehende Arbeitsentgelt nur tatsächlich nicht erhält, obwohl es ihm rechtlich zusteht. Bezogen auf die Situation des Kündigungsschutzprozesses heißt das, dass eine Gleichwohlgewährung nur vorliegt bzw. vorlag, wenn sich durch Urteil oder im Vergleichsweg (nachträglich) herausstellt, dass das Arbeitsverhältnis nicht durch die Kündigung beendet wurde und der Arbeitnehmer in der Zeit, in der er Arbeitslosengeld bezog, eigentlich einen Anspruch auf Arbeitsentgelt gehabt hätte[1797].

Eine Gleichwohlgewährung liegt auch dann vor, wenn der Arbeitnehmer eine Abfindung zu beanspruchen hat, diese aber nicht erhält und stattdessen die BA Arbeitslosengeld zahlt (§ 143 a Abs. 4 SGB III). Denn auch in diesem Fall ruht der Anspruch des Arbeitnehmers auf Arbeitslosengeld gemäß § 143 a Abs. 1 S. 1 SGB III, wenn das Arbeitsverhältnis ohne Einhaltung einer der ordentlichen Kündigungsfrist des Arbeitgebers entsprechenden Frist beendet wurde und zwar bis zu dem Tag, an dem das Arbeitsverhältnis bei Einhaltung der Frist geendet hätte. Die Frist beginnt gemäß § 143 a Abs. 1 S. 2 SGB III mit der Kündigung, die der Beendigung des Arbeitsverhältnisses vorausgegangen ist. Es ist allerdings zu beachten, dass der Abfindungsanspruch zwar mit der Aufhebungsvereinbarung entsteht, sich seine Fälligkeit nach

---

[1794] Zu den beitragsrechtlichen Fragen in diesem Fall s. Winkler in Gagel, SGB III, § 143 Rn 95, sowie BSG, Urt. v. 25.09.1981 – 12 RK 58/80 = BSGE 52, 152 ff.

[1795] Vorausgesetzt, er hat gemäß § 117 Abs. 1 Nr. 3 SGB III auch die Anwartschaftszeit erfüllt.

[1796] Sog. Ruhenstatbestand; zur Anwendbarkeit der Ruhensvorschriften im Fall einer Auflösung des Arbeitsverhältnisses durch Gestaltungsurteil nach §§ 13 Abs. 1 S. 3, 9 Abs. 2 KSchG s. BSG, Urt. v. 8.12.1987 – 7 RAr 48/68 = NZA 1988, 443 ff.

[1797] Zum Anspruch auf Arbeitsentgelt bei Freistellung bereits oben § 14 II 2; zum Annahmeverzugsanspruch unten § 17 III 2.

herrschender Meinung aber nach dem Ende des Arbeitsverhältnisses richtet[1798]. Eine Gleichwohlleistung von Arbeitslosengeld für den Zeitraum, in dem der Arbeitslose die Entlassungsentschädigung tatsächlich nicht erhält (§ 143 a Abs. 4 S. 1 SGB III), kann daher erst im Anschluss an den Vergleich erfolgen, wenn das Arbeitsverhältnisses mit dem Tag des Vergleiches enden soll[1799]. Etwas anderes gilt dann, wenn der Beendigungstermin vor dem Vergleichsabschluss liegt; dann geht der Anspruch auf den Teil der Abfindung, der dem bereits gezahlten Arbeitslosengeld entspricht, im Zeitpunkt der Zubilligung der Leistung auf die BA über[1800]. Denn in diesem Fall wird gesetzlich vermutet, dass die Abfindung zumindest teilweise zum Ausgleich für untergegangene Entgeltansprüche gezahlt wird[1801], so dass der Ruhenstatbestand des § 143 Abs. 1 SGB III einschlägig ist.
Im Rahmen der „Gleichwohlgewährung" wird das Arbeitslosengeld nicht vorbehaltlich, sondern endgültig gewährt und bleibt auch bei späterer Zahlung des Arbeitgebers rechtmäßig[1802]. Die Gewährung von Arbeitslosengeld hat gemäß § 115 Abs. 1 SGB X zur Folge, dass der Entgeltanspruch des Arbeitnehmers gegen den Arbeitgeber bis zur Höhe der geleisteten Zahlung auf den Leistungsträger übergeht[1803]. Es handelt sich um einen gesetzlichen Forderungsübergang[1804], der unabhängig von einer Mitwirkung des Arbeitnehmers eintritt und auch nicht von einer förmlichen Überleitungsanzeige abhängig ist[1805]. Er tritt auch dann ein, wenn sich erst später ergibt, dass die Ruhensvoraussetzungen gegeben sind[1806]. Voraussetzung für die cessio legis ist allerdings nicht nur die Bewilligung, sondern die Auszahlung des Arbeitslo-

---

[1798] LAG Düsseldorf, Urt. v. 23.05.1989 – 16 Sa 475/89 = DB 1989, 2031; AR-Blattei/Glatzel, Aufhebungsvertrag Rn 71; Weuster, BuW 2000, 206, 207; Weber/Ehrich/Burmester, Aufhebungsverträge, Teil 1 Rn 695; Bengelsdorf, Aufhebungsvertrag und Abfindungsvereinbarungen, S. 94; Müller, Aufhebungsverträge, S. 205; vgl.a. BAG, Urt. v. 26.08.1997 – 9 AZR 227/96 = AP Nr. 8 zu § 620 BGB Aufhebungsvertrag = NZA 1998, 643; dazu bereits oben § 14 VI 3.
[1799] Vgl. BSG, Urt. v. 23.06.1981 –7 RAr 29/80 = BSGE 52, 47, 49.
[1800] Gagel/Vogt, Beendigung von Arbeitsverhältnissen, Rn 131; s.a. Müller, Aufhebungsverträge, S. 171.
[1801] Gagel/Vogt, Beendigung von Arbeitsverhältnissen, Rn 97.
[1802] BSG, Urt. v. 8.12.1987 – 7 RAr 48/68 = NZA 1988, 443, 447; Winkler in Gagel, SGB III, § 143 Rn 59; zur Minderung der Anspruchsdauer bei Gleichwohlleistung s. GK-SGB III/Masuch, § 143 Rn 37 f.
[1803] Ein solcher Forderungsübergang findet auch bei Leistungen anderer Sozialversicherungsträger statt, so z.B. bei Zahlung von Krankengeld gemäß §§ 44 ff. SGB V, wobei der Anspruch auch hier normalerweise gemäß § 49 Abs. 1 Nr. 1 SGB V ruht, wenn der Arbeitnehmer beitragspflichtiges Arbeitsentgelt erhält.
[1804] Mit der Folge, dass der Leistungsträger den Anspruch gegen den Arbeitgeber vor dem Arbeitsgericht gelten machen muss, weil es sich um einen Anspruch aus dem Arbeitsverhältnis gemäß § 3 Abs. 1 Nr. 3 a) SGB III handelt.
[1805] S. SG Osnabrück, NZA 1985, 303, 304.
[1806] GK-SGB III/Masuch, § 143 Rn 28.

sengeldes an den Arbeitnehmer[1807]. Ist vor der Zahlung des Arbeitslosengeldes bereits Arbeitsentgelt vom Arbeitgeber an den Arbeitnehmer gezahlt worden, findet ein Forderungsübergang nicht statt[1808]. Dann bleibt der BA nur ein Aufhebungsbescheid an den Arbeitnehmer wegen rechtswidriger Bewilligung von Arbeitslosengeld gemäß §§ 45, 50 SGB X[1809]. Ähnliches gilt für den Fall, dass der Arbeitgeber trotz des Forderungsüberganges mit befreiender Wirkung an den Arbeitnehmer gezahlt hat, so dass hinsichtlich des Anspruchs auf Arbeitsentgelt nach § 362 BGB Erfüllung eingetreten ist[1810]. Die befreiende Wirkung erfolgt aufgrund der §§ 412, 407 BGB, wenn dem Arbeitgeber der Anspruchsübergang nicht bekannt war oder nach § 185 BGB, wenn die BA die Zahlung nachträglich genehmigt[1811]. In diesen Fällen hat der Arbeitnehmer nach § 143 Abs. 3 S. 2 SGB III das ihm zugeflossene Arbeitslosengeld zu erstatten[1812]. Trat trotz Zahlung des Arbeitgebers keine Erfüllung ein, kann der Arbeitgeber das gezahlte Entgelt gemäß § 812 Abs. 1 S. 1 Alt 1 BGB beim Arbeitnehmer kondizieren[1813].

Für die vorliegende Untersuchung bedeutet dies, dass in dem Moment, in dem feststeht, welche Ansprüche der Arbeitnehmer gegen den Arbeitgeber hat, diese in der Höhe auf die BA übergehen, in der der Arbeitnehmer Arbeitslosengeld erhalten hat. Vor diesem Hintergrund ist zu untersuchen, inwieweit den Gestaltungsmöglichkeiten der Parteien im Hinblick auf den Inhalt des Vergleiches Grenzen gesetzt sind.

b) Grenzen der zeitlichen Vergleichsgestaltung bei Gleichwohlgewährung

Grundsätzlich ist zwar die Befugnis des Arbeitnehmers, über den Bestand des Arbeitsverhältnisses zu verfügen, nicht durch die sozialversicherungsrechtlichen Bestimmungen eingeschränkt ist, weil die sozialrechtlichen Ansprüche an die arbeitsrechtlich wirksam zustande gekommenen Vereinbarungen anknüpfen[1814]. Der Leis-

---

[1807] BAG, Urt. v. 25.03.1992 – 5 AZR 254/91 = AP Nr. 12 zu § 117 AFG = NZA 1992, 1081; Winkler in Gagel, SGB III, § 143 Rn 62; GK-SGB III/Masuch, § 143 Rn 30.

[1808] BSG, Urt. v. 14.07.1994 – 7 RAr 104/93 = AP Nr. 8 zu § 115 SGB X.

[1809] Näher dazu Winkler in Gagel, SGB III, § 143 Rn 64 ff.

[1810] Zahlungen, die der Arbeitnehmer aus einem Verkauf der bereits auf die BA übergegangenen Arbeitsentgeltansprüche an Dritte von diesen erhält, sind keine Zahlungen mit befreiender Wirkung, weil dem Arbeitnehmer die Verfügungsbefugnis über die verkauften Ansprüche fehlte: BSG, Urt. v. 13.03.1990 – 11 RAr 125/89 = NZA 1990, 959, 960.

[1811] Dazu Winkler in Gagel, SGB III, § 143 Rn 73 ff. m.w.N.; in der Regel zeigt die BA den Forderungsübergang dem Arbeitgeber an, so dass eine befreiende Leistung an den Arbeitnehmer nicht mehr möglich ist.

[1812] Die Erstattung von Arbeitslosengeld erfolgt in diesem Fall nur im übertragenen Sinn, so dass die zusätzliche rückwirkende Aufhebung der Arbeitslosengeld-Bewilligung nicht erforderlich und nicht gerechtfertigt ist: BSG, Urt. v. 14.07.1994 – 7 RAr 104/93 = AP Nr. 8 zu § 115 SGB X.

[1813] BAG, Urt. v. 23.05.1992 – 5 AZR 254/91 = AP Nr. 12 zu § 117 AFG = NZA 1992, 1081.

[1814] BSG, Urt. v. 25.09.1981 – 12 RK 58/80 = BSGE 52, 152, 163 f.; BAG, Urt. v. 17.04.1986 – 2 AZR 308/85 = AP Nr. 40 zu § 615 BGB = NZA 1987, 17; s.a. Gagel, NZA 1985, 270, 271; Ernst, Aufhebungsverträge, S. 289 f.

tungsträger hat, soweit kein Rechtsmissbrauch vorliegt, die Privatautonomie zu akzeptieren und an die Ergebnisse ihrer Betätigung anzuknüpfen[1815].
Es wurde aber bereits ausgeführt, dass die Wirkungen des Aufhebungsvergleiches gegenüber Dritten aus der Verfügungsbefugnis der Parteien über den streitigen Anspruch resultieren und durch diese begrenzt sind. Die materiell-rechtlichen Wirkungen des Prozessvergleiches erstrecken sich grundsätzlich nur auf die Vertragsparteien[1816]. Dementsprechend ist es im Rahmen der Gleichwohlleistung nach § 143 Abs. 3 SGB III unbestritten, dass die Parteien nicht über Entgeltansprüche verfügen können, die bereits auf die BA (oder eine Krankenkasse oder andere Stelle) übergegangen sind[1817]. Denn dies wäre eine Verfügung des Gläubigers über einen ihm nicht mehr zustehenden Anspruch und als solche unwirksam (§ 185 Abs. 1 BGB)[1818]. Im Übrigen könnte diese Einigung auch nicht die Voraussetzungen des § 779 BGB erfüllen, weil ein Vergleich nur wirksam ist, wenn das streitige Rechtsverhältnis der Dispositionsbefugnis der Parteien unterliegt[1819]. Daraus ergeben sich für die zeitlichen Gestaltungsmöglichkeiten der Prozessparteien folgende Konsequenzen:

aa) Keine Verfügungsbefugnis über unstreitige Ansprüche

- War das Kündigungsschutzverfahren bereits abgeschlossen und stand danach das Bestehen des Arbeitsverhältnisses bis zu einem bestimmten Zeitpunkt fest, können die Parteien im Rahmen eines Abfindungsvergleiches das Ende des Arbeitsverhältnisses nicht auf einen vor diesem Zeitpunkt liegenden Termin zurückverlegen[1820]. Denn in diesem Fall kann ein bereits auf die BA übergegangener Entgeltanspruch nicht mehr rückwirkend vernichtet werden. Gleiches gilt, wenn die Vergleichsparteien im Kündigungsschutzprozess einvernehmlich die Rücknahme der Kündigung vereinbart und damit den Streitgegenstand abschließend geregelt haben[1821]. Anders ist die Rechtslage, wenn die Parteien in der Berufungsinstanz des Kündigungsschutzprozesses einen Aufhebungsvergleich abschließen: Dann sind mangels Rechtskraft des Urteils noch keine Entgeltansprüche des Arbeitnehmers entstanden und die Entscheidung über den Beendigungszeitpunkt steht weiterhin zur Disposition der Parteien[1822].

1815 Ernst, Aufhebungsverträge, S. 293.

1816 BAG, Urt. v. 28.04.1983 – 2 AZR 446/81 = AP Nr. 3 zu § 117 AFG = NJW 1984, 76.

1817 BAG, Urt. v. 23.09.1981 – 5 AZR 527/79 = ZIP 1981, 1364, 1365; Urt. v. 17.04.1986 – 2 AZR 308/85 = AP Nr. 40 zu § 615 BGB = NZA 1997, 17; LAG Hamm, Urt. v. 19.02.1988 – 16 Sa 1705/87 = NZA 1988, 773, 774; GK-SGB III/Masuch, § 143 Rn 34; KR/Wolff, SozR Rn 157; Gagel, BB 1983, 453, 455; Hanau ArbuR 1984, 335 f.

1818 BAG, Urt. v. 20.08.1980 – 5 AZR 227/79 = AP Nr. 14 zu § 6 LohnFG = NJW 1981, 1059.

1819 Palandt/Sprau, BGB, § 779 Rn 6.

1820 LAG Hamm, Urt. v. 19.02.1988 – 16 Sa 1705/87 = NZA 1988, 773, 774.

1821 BAG, Urt. v. 17.04.1986 – 2 AZR 308/85 = AP Nr. 40 zu § 615 BGB = NZA 1987, 17; Gagel/Vogt, Beendigung von Arbeitsverhältnissen, Rn 88.

1822 Hessisches LAG, Urt. v. 9.02.1983 – 10 Sa 759/82 = DB 1983, 1932; SG Osnabrück, Urt. v. 28.06.1984 – S 6 Ar 152/82 = NZA 1985, 303, 304.

- Steht eine ordentliche Kündigung in Streit, ist die Beendigung des Arbeitsverhältnisses möglicherweise zum Zeitpunkt des Ablaufs der Kündigungsfrist eingetreten, keinesfalls aber früher. Ein Vergleich, der das Vertragsende auf einen Zeitpunkt vor Ablauf der Kündigungsfrist legt, ist mangels Ungewissheit nicht wirksam[1823]. Er kann auch als außergerichtlicher Aufhebungsvertrag nur im Rahmen der bereits beschriebenen Grenzen Gültigkeit haben. Das heißt, die Vereinbarung über den Beendigungszeitpunkt entfaltet nur schuldrechtliche Wirkungen zwischen den Parteien; eine Rückwirkung zu Gunsten oder zu Lasten Dritter scheidet insoweit aus. Für den Fall der außerordentlichen Kündigung kann das Vertragsende auf den Zeitpunkt des Kündigungsausspruches gelegt werden, nicht aber weiter zurück[1824]. Aus denselben Gründen ist auch eine Vorverlegung des Endes des Arbeitsverhältnisses auf einen Zeitpunkt vor dem Ende der tatsächlichen Beschäftigung nicht möglich[1825].

Damit bleiben als Gegenstand der Untersuchung diejenigen Fälle, in denen das Vertragsende zwischen den Kündigungstermin und den Zeitpunkt des Vergleichsabschlusses gelegt wird. Problematisch sind dabei die beiden folgenden Fallkonstellationen:

1. Arbeitnehmer und Arbeitgeber legen das Ende des Arbeitsverhältnisses auf den Tag des Vergleiches oder auch früher und der Arbeitnehmer verzichtet ausdrücklich auf nach dem Kündigungstermin entstandene Entgeltansprüche. Dieselbe Situation ergibt sich, wenn der Vergleich eine Ausgleichsklausel, wonach zwischen den Parteien keine weiteren Ansprüche mehr bestehen, enthält, weil darin nach Auffassung des BAG der Verzicht auf noch nicht erfüllte Entgeltansprüche liegt[1826].
2. Arbeitnehmer und Arbeitgeber legen das Ende des Arbeitsverhältnisses auf einen Zeitpunkt zwischen Kündigungstermin und Aufhebungsvergleich. Damit schließen sie - zumindest mittelbar - Entgeltansprüche zwischen dem Beendigungstermin und dem Abschluss des Vergleiches aus.

In der Regel erfolgt der Ausgleich der dem Arbeitnehmer entstandene finanziellen Nachteile in diesen Fällen durch die Zahlung einer Abfindung. Die Parteien gehen bei dieser Gestaltung davon aus, dass ein Ruhen des Arbeitslosengeldes wegen

---

[1823] KR/Wolff, SozR Rn 158; Gagel, NZA 1985, 270, 273; Bauer, Aufhebungsverträge, Rn 1036; s.a. BSG, Urt. v. 14.07.1994 – 7 RAr 104/93 = AP Nr. 8 zu § 115 SGB X.

[1824] Vgl. Fallgestaltung LAG Niedersachsen, Urt. v. 17.03.1976 – 8 Sa 803/75 = DB 1976, 1385, sowie BAG, Urt. v. 22.02.1968 – 5 AZR 278/67 = AP Nr. 22 zu § 7 KSchG 1969 = NJW 1968, 1301.

[1825] KR/Wolff, SozR Rn 158; Gagel, NZA 1985, 270, 273; in diesen Fällen fehlt es aber ohnehin bereits an einer Beschäftigungslosigkeit, die Voraussetzung des Arbeitslosengeldbezuges ist, vgl. Gagel/Vogt, Beendigung von Arbeitsverhältnissen, Rn 87.

[1826] BAG, Urt. v. 10.05.1978 – 5 AZR 97/77 = AP Nr. 25 zu § 794 ZPO = BB 1979, 109; vgl.a. Urt. v. 28.04.1983 – 2 AZR 446/81 = AP Nr. 3 zu § 117 AFG = NJW 1984, 76.

gleichzeitig bestehender Entgeltansprüche ausscheidet, dass für diese Zeit keine Lohnsteuer und keine Sozialversicherungsbeiträge zu zahlen sind und dass die Abfindung beitrags- und steuerfrei ist[1827]. Es stellt sich aber die Frage, ob diese Überlegungen tatsächlich der Rechtslage entsprechen, das heißt, ob die Parteien zu Lasten der Sozialversicherungsträger die Entgeltansprüche beseitigen können.

bb) Rückwirkende Beendigung des Arbeitsverhältnisses unter Verzicht auf entstandene Entgeltansprüche

Das BSG hält einen Vergleich mit dem oben unter 1. beschriebenen Inhalt als für den Sozialversicherungsträgern gegenüber nicht relevant. Es ist der Auffassung, eine schlichte Vereinbarung des Arbeitslosen mit seinem Arbeitgeber über die Höhe der ihm noch bis zum Ende des Arbeitsverhältnisses zustehenden Ansprüche könne nicht die Befreiung von der Pflicht zur Rückzahlung des außerdem bereits erhaltenen Arbeitslosengeldes bewirken[1828]. Eine in diesem Fall gezahlte Abfindung enthalte Bestandteile des weiterhin geschuldeten Arbeitsentgeltes, so dass der Arbeitnehmer eine aufgrund des Anspruchsüberganges ungerechtfertigte doppelte Leistung erhalten und daher das Arbeitslosengeld an die BA zu erstatten habe[1829].

Das BAG vertrat zunächst eine andere Auffassung. Diese begründete es damit, dass die Vorschriften des Kündigungsschutzgesetzes ausweisen würden, dass allein das Verhalten der Parteien des Arbeitsverhältnisses im Kündigungsschutzprozess zur materiell-rechtlichen, auch Dritten gegenüber wirksamen Beendigung des Arbeitsverhältnisses führen könne, selbst wenn die ausgesprochene Kündigung nicht wirksam gewesen sei[1830]. Der auf den Sozialversicherungsträger übergegangene Anspruch sei von Anfang an mit der Gefahr behaftet gewesen, trotz Unwirksamkeit der Kündigung zu entfallen, weil das Arbeitsverhältnis auf andere Weise rechtlich beendet werde.

Diese Auffassung hat das BAG mittlerweile korrigiert und sich dem BSG insoweit angeschlossen, als es die Beendigung des Arbeitsverhältnisses durch einen gerichtlichen Vergleich zwischen Arbeitgeber und Arbeitnehmer nur dann zu Lasten des Sozialversicherungsträgers für wirksam erachtet, wenn die dem Arbeitnehmer gegenüber erklärte Kündigung wirksam war[1831]. Denn in diesem Fall fehle es wegen des Wegfalls des Arbeitsverhältnisses aufgrund der Kündigung an einem Entgeltanspruch, der auf die BA übergegangen sein könnte. Deshalb könnten die Parteien über Vergütungsansprüche des Arbeitnehmers bis zum vereinbarten Ende, soweit diese auf einen Träger öffentlicher Leistungen übergegangen sei, nicht mehr verfügen und sie der BA

[1827] Gagel, NZA 1985, 270, 272 f.

[1828] BSG, Urt. v. 23.06.1981 – 7 RAr 29/80 = BSGE 52, 47, 53.

[1829] S. dazu auch BSG, Urt. v. 14.07.1994 – 7 RAr 104/93 = AP Nr. 8 zu § 115 SGB X.

[1830] BAG, Urt. v. 20.08.1980 - 5 AZR 227/79 = AP Nr. 14 zu § 6 LohnFG m. zust. Anm. Brackmann = NJW 1981, 1059.

[1831] BAG, Urt. v. 28.04.1983 – 2 AZR 446/81 = AP Nr. 3 zu § 117 AFG = NJW 1984, 76.

auch nicht dadurch entziehen, dass sie an deren Stelle die Zahlung einer Abfindung vereinbaren[1832].

Aufgrund dieser Entscheidung ist die Berechtigung der Kündigung als Vorfrage in dem Prozess zwischen BA und Arbeitgeber zu klären[1833]. Dies ist aufgrund der folgenden Überlegungen konsequent:

Der Kündigungsschutzprozess soll die Frage klären, ob eine Kündigung das Arbeitsverhältnis zu einem bestimmten Termin beendet hat oder nicht. Nur insoweit besteht Unsicherheit zwischen den Vertragsparteien. Schließen diese einen Vergleich, der das Ende des Arbeitsverhältnisses hinter den Kündigungstermin legt, könnte man zu dem Ergebnis kommen, dass damit zumindest konkludent festgelegt wird, dass das Arbeitsverhältnis nicht durch die Kündigung beendet wurde. Das würde heißen, dass das Arbeitsverhältnis zum Zeitpunkt des Vergleichsschlusses noch bestand. In diesem Moment würde aber die cessio legis des § 115 SGB X eingreifen und dazu führen, dass die Parteien die Dispositionsfreiheit über die bis dato entstandenen Entgeltansprüche verlieren.

Gegen diese Beurteilung spricht folgende Überlegung: In der Regel trifft der hier in Rede stehende Aufhebungsvergleich keine Aussage darüber, ob die Parteien zu der Auffassung gekommen sind, dass die ausgesprochene Kündigung unwirksam gewesen ist. Sie lassen durch den Aufhebungsvergleich vielmehr offen, ob das Arbeitsverhältnis durch die Kündigung beendet wurde, und beschließen stattdessen einvernehmlich einen späteren Beendigungstermin, zu dem das Arbeitsverhältnis jedenfalls beendet werden soll. Dieser Aufhebungsvergleich ist zulässig, weil er eine weiterhin bestehende Unsicherheit über die Rechtslage beendet.

Die Parteien nehmen durch den Aufhebungsvergleich die Kündigung folglich nicht zurück, sondern regeln den Fortbestand des Arbeitsverhältnisses neu. Sie handeln auf einer anderen Ebene ihrer rechtlichen Beziehungen und lassen die Wirksamkeit der Kündigung dahinstehen, weil sie für die aktuellen Rechtsbeziehungen zwischen ihnen keine Rolle mehr spielt bzw. spielen soll. Für die Beziehungen zu Dritten spielt sie allerdings eine Rolle. Deshalb ist es nur folgerichtig, die Dispositionsbefugnis der Arbeitsvertragsparteien über Dritte betreffende Ansprüche an der Frage der Wirksamkeit der Kündigung zu messen, um Manipulationen zu verhindern[1834].

Zwar sprechen prozessökonomische Gesichtspunkte gegen eine solche Handhabung[1835], diese wiegen die rechtlichen Unsicherheiten aber nicht auf. Es genügt auch keine summarische Prüfung der Wirksamkeit der Kündigung[1836], weil es entscheidend darauf ankommt, ob das Arbeitsverhältnis durch die Kündigung beendet wurde.

1832 BAG, Urt. v. 28.04.1983 – 2 AZR 446/81 = AP Nr. 3 zu § 117 AFG = NJW 1984, 76.

1833 Ebenso GK-SGB III/Masuch, § 143 Rn 36; KR/Wolff, SozR Rn 163.

1834 Ernst, Aufhebungsverträge, S. 296; die Parteien können bei Vergleichsgestaltungen der vorliegenden Art deshalb häufig nicht die erstrebten Vorteile erreichen: KR/Wolff, SozR Rn 159.

1835 Näher dazu Ernst, Aufhebungsverträge, S. 298 ff.

1836 Dafür spricht sich Ernst, Aufhebungsverträge, S. 299 f., aus.

Ist dies nicht der Fall, bestand das Arbeitsverhältnis noch zum Zeitpunkt des Aufhebungsvergleiches, so dass die Aufhebung des Arbeitsverhältnisses die auf die BA übergegangenen Forderungen nicht mehr berühren kann und insofern nur schuldrechtliche Wirkungen hat. Umgekehrt sind nach dem Beendigungszeitpunkt mangels Arbeitsverhältnis keine Entgeltansprüche mehr entstanden, die auf die BA hätten übergehen können. Ist der Entgeltanspruch aus anderen Gründen nicht entstanden bzw. vor Vergleichsabschluss untergegangen, sind die Sozialversicherungsträger auch an die dadurch entstandene arbeitsrechtliche Rechtslage gebunden[1837].
Im Übrigen ist dem BAG auch darin zuzustimmen, dass die Wirksamkeit des Prozessvergleiches durch die hypothetische Prüfung der Wirksamkeit der Kündigung nicht in Frage gestellt wird[1838]. Der Vereinbarung zwischen den Parteien kommt weiterhin schuldrechtliche Wirksamkeit zu, soweit die Voraussetzungen des § 779 BGB vorlagen. Dies entspricht der hier vertretenen Auffassung zum Umfang einer rückwirkenden Aufhebung des Arbeitsverhältnisses. Das hat zur Folge, dass die Frage, wer die auf die BA übergegangenen Ansprüche im Innenverhältnis zu tragen hat, anhand der im Vergleich geschlossenen Regelung zu beantworten ist. Soll der Arbeitnehmer die für den Verlust des Arbeitsplatzes erhaltene Abfindung in voller Höhe behalten dürfen, obwohl sie Entgeltbestandteile enthält[1839], die auf die BA übergegangen sind, bedarf es einer ausdrücklichen Vereinbarung, dass diese Ansprüche vom Arbeitgeber getragen werden sollen[1840]. Eine allgemeine Ausgleichsklausel reicht dazu nicht aus[1841]. Soweit die Abfindung keine Entgeltbestandteile enthält, geht sie in dem Umfang, in dem sie zum Ruhen von Arbeitslosengeld geführt hat, ebenfalls auf die BA über[1842]. Dies führt dazu, dass die Parteien die mit der entsprechenden Vereinbarung erstrebten Vorteile häufig nicht erreichen können[1843]. Zugleich entsteht dadurch aber Schutz vor Manipulationen.

[1837] Vgl. KR/Wolff, SozR Rn 163.

[1838] BAG, Urt. v. 28.04.1983 – 2 AZR 446/81 = AP Nr. 3 zu § 117 AFG = NJW 1984, 76.

[1839] Zu der Frage, ob eine Abfindung Entgeltbestandteile enthält s. Hanau, ArbuR 1984, 335, 336 f.; zur Abgrenzung s.a. KR/Wolff, SozR Rn 152; der Irrtum der Parteien darüber, dass die Abfindung Entgeltbestandteile enthält, beeinträchtigt die Wirksamkeit des Vergleiches nicht: Bengelsdorf, Anm. zu BAG, Urt. v. 9.10.1996, AP Nr. 9 zu § 115 SGB X.

[1840] Vgl. BAG, Urt. v. 25.03.1992 – 5 AZR 254/91 = AP Nr. 12 zu § 117 AFG = NZA 1992, 1081; Urt. v. 9.10.1996 – 5 AZR 246/95 = AP Nr. 9 zu § 115 SGB X = NZA 1997, 376; s.a. KR/Wolff, SozR Rn 166; eine Anrechnung der Abfindung, soweit sie keine Entgeltbestandteile enthält, findet nach der Streichung des § 117 Abs. 2 AFG bzw. § 140 SGB III allerdings nicht mehr statt, so dass sich insoweit keine Probleme mehr stellen.

[1841] BAG, Urt. v. 9.10.1996 – 5 AZR 246/95 = AP Nr. 9 zu §115 SGB X = NZA 1997, 376; s.a. GK-SGB III/Masuch, § 143 Rn 34.

[1842] Gagel/Vogt, Beendigung von Arbeitsverhältnissen, Rn 131; bei Doppelzahlung entsteht ein Rückforderungsanspruch der BA.

[1843] So auch KR/Wolff, SozR Rn 159; näher zu den Erwartungen der Parteien Gagel/Vogt, Beendigung von Arbeitsverhältnissen, Rn 5 ff.

cc) Beendigung des Arbeitsverhältnisses zu einem Zeitpunkt zwischen Kündigungstermin und Vergleichsabschluss

Es stellt sich die Frage, ob die Parteien auch in den unter 2. geschilderten Fällen in unzulässiger Weise auf Entgeltansprüche verzichten, die zwischen Kündigungstermin und Vergleichsabschluss bereits entstanden waren. Das wäre dann der Fall, wenn man annehmen würde, dass die Parteien in ihrem Vergleich zugleich feststellen, dass die Kündigung unwirksam war und das Arbeitsverhältnis deshalb bei Vergleichsschluss noch besteht[1844]. Dies wurde aber bereits abgelehnt, weil die Parteien die Rechtslage neu regeln, ohne die Wirksamkeit der Kündigung zu beurteilen.

Fraglich ist, ob es im Hinblick auf die Ansprüche der Sozialversicherungsträger auch in diesem Fall darauf ankommt, dass die Kündigung wirksam war. Dagegen könnte sprechen, dass es hier nicht um einen Verzicht von bereits entstandenen Ansprüchen geht, sondern dass die Parteien in diesem Fall lediglich einen Beendigungszeitpunkt festlegen und dadurch verhindern, dass nach diesem Zeitpunkt noch Entgeltansprüche entstehen[1845].

Es besteht allerdings kein Grund, eine Vergleichsabrede, aus der sich nur mittelbar ein Verzicht auf Entgeltansprüche ergibt, anders zu behandeln als eine solche, die einen ausdrücklichen Verzicht auf Arbeitsentgelt enthält. In beiden Fällen treffen die Parteien keine Entscheidung bezüglich der Wirksamkeit der Kündigung, sondern gestalten die Rechtslage neu. Was die Rechte Dritter angeht, müssen sie sich aber daran messen lassen, ob diese durch den Vergleich gegenüber der Rechtslage bei einer Prozessbeendigung durch Urteil beeinträchtigt wurden. Wäre die Kündigung unwirksam gewesen, liegt für den Zeitraum zwischen Ende des Arbeitsverhältnisses und Vergleichsabschluss ein unzulässiger Entgeltverzicht vor. Insofern ist dem BAG zu widersprechen, das diese Konstellation in einer jüngeren Entscheidung nicht beanstandet hat[1846].

Allerdings werden die Sozialversicherungsträger in diesen Fällen in der Regel dadurch ausreichend geschützt sein, dass nach dem Beendigungszeitpunkt häufig ein Ruhen des Arbeitslosengeldes wegen der Vereinbarung einer Abfindungszahlung gemäß § 143 a Abs. 1 S. 1 SGB III eintritt, weil in diesen Fällen der Kündigungstermin gerade nicht eingehalten wird[1847]. Dann findet auch für den Zeitraum bis zum Ablauf der fiktiven Kündigungsfrist ein Anspruchsübergang statt.

Im Ergebnis bedeutet dies, dass die Vertragsparteien bei Abschluss eines rückwirkenden Aufhebungsvergleiches die Wirksamkeit einer Kündigung nicht zu Lasten der Sozialversicherungsträger dahingestellt sein lassen können. Einigen sie sich über einen Beendigungstermin zwischen Kündigungstermin und Vergleich hat das Gericht

---

[1844] So GK-SGB X/v. Maydell, § 115 Rn 29.

[1845] Vgl. GK-SGB III, Masuch, § 143 Rn 36; Gagel, BB 1983, 453, 455.

[1846] BAG, Urt. v. 9.10.1996 – 5 AZR 246/95 = AP Nr. 9 zu §115 SGB X = NZA 1997, 376.

[1847] Müller, Aufhebungsverträge, S. 170.

bezüglich der Ansprüche der Sozialversicherungsträger die Wirksamkeit der Kündigung (inzident) zu prüfen.

c) Zahlungsklage des Sozialversicherungsträgers unter Geltendmachung der Unwirksamkeit der Kündigung

In den Fällen, in denen die Arbeitsvertragsparteien auch mit Wirkung gegenüber den Sozialversicherungsträgern über die Beendigung des Arbeitsverhältnisses entschieden haben, sind diese an die Vereinbarung der Arbeitsvertragsparteien gebunden. Soweit es für die Höhe der auf die BA übergegangenen Ansprüche auf die Wirksamkeit der Kündigung ankommt, stellt sich die Frage, ob der Sozialversicherungsträger, der zwischen Ende des Beschäftigungsverhältnisses und Ende des Arbeitsverhältnisses Leistungen erbracht hat, die Unwirksamkeit der Kündigung selbst geltend machen kann, um die Voraussetzungen für einen Anspruchsübergang feststellen zu lassen.

Dies ist zu bejahen. Die Überprüfbarkeit der Wirksamkeit der Kündigung als Vorfrage einer Zahlungsklage des Sozialversicherungsträgers ist die Konsequenz der Auffassung, die Wirksamkeit des Entgeltverzichts richte sich nach der Wirksamkeit der Kündigung. Wenn die Parteien auf eine Klärung dieser Frage durch das Gericht verzichten und stattdessen einen Vergleich abschließen, muss es dem Sozialversicherungsträger in den oben angesprochenen Fällen unbenommen bleiben, seinerseits die Wirksamkeit der Kündigung klären zu lassen. Die Klage ist vor dem Arbeitsgericht zu erheben, weil der Sozialleistungsträger gemäß § 3 Abs. 1 Nr. 3 a) ArbGG einen - auf ihn übergegangenen - Anspruch aus dem Arbeitsverhältnis geltend macht.

Fraglich ist, ob die Wirksamkeit der Kündigung aufgrund einer Klage des Sozialleistungsträgers auch dann überprüfbar ist, wenn der Arbeitnehmer die Kündigung hinnimmt und erst im Rahmen einer Entgeltzahlungsklage über den Beendigungszeitpunkt im Vergleichsweg entschieden wird[1848]. Für den Fall, dass der Arbeitnehmer keinen Kündigungsschutz genießt, ist dies unproblematisch. § 7 KSchG, wonach die Kündigung als wirksam gilt, wenn sie nicht innerhalb der Frist des § 4 S. 1 KSchG geltend gemacht wird, ist dann nicht anwendbar, so dass die Wirksamkeit der Kündigung auch noch Gegenstand eines Entgeltzahlungsprozesses sein kann. Dann gelten hinsichtlich der Vereinbarung eines Vergleiches dieselben Grundsätze wie für den Fall, dass die Einigung im Kündigungsschutzprozess stattfindet. Dementsprechend hat das BAG das Begehren des Sozialversicherungsträgers auf gerichtliche Klärung der Wirksamkeit der Kündigung für berechtigt gehalten, wenn das Kündigungsschutzgesetz auf den Arbeitnehmer keine Anwendung findet[1849]. Darüber hinaus ließ das Gericht die Frage ausdrücklich offen.

[1848] Vgl. Sachverhalt BAG, Urt. v. 20.08.1980 - 5 AZR 227/79 = AP Nr. 14 zu § 6 LohnFG = NJW 1981, 1059, sowie die Ausführungen von Müller, Aufhebungsverträge, S. 176 ff.

[1849] BAG, Urt. v. 29.11.1978 – 5 AZR 457/77 = AP Nr. 7 zu § 6 LohnFG = DB 1979, 796.

Nach zutreffender Auffassung des BAG kann dem Begehren des Sozialversicherungsträgers nicht entgegengehalten werden, er mache einen selbständigen Anspruch geltend. Bei der Wirksamkeit der gegenüber dem Arbeitnehmer ausgesprochenen Kündigung handelt es sich um eine unabhängig von der Klage bestehende Rechtslage, die im Rechtsstreit als Vorfrage zu prüfen ist. Ein dem Arbeitnehmer zustehendes höchstpersönliches Recht wird dadurch nicht verletzt[1850].
Genießt der Arbeitnehmer demgegenüber Kündigungsschutz und verzichtet er darauf, die Wirksamkeit der Kündigung geltend zu machen, sondern klagt stattdessen nur auf Zahlung von Entgelt bis zu einem bestimmten Zeitpunkt, muss der Sozialversicherungsträger die Beendigungswirkung der Kündigung gegen sich gelten lassen[1851]. In diesen Fällen ist es ausgeschlossen, dass die Arbeitsvertragsparteien über auf die BA übergegangene Ansprüche verfügen können, weil Voraussetzung dafür die Unwirksamkeit der Kündigung ist. Sobald diese gemäß § 7 KSchG als wirksam gilt, ist ein Forderungsübergang nach dem Kündigungstermin ausgeschlossen und damit zugleich auch eine Beeinträchtigung von Rechten der Sozialversicherungsträger. Der zwischen den Parteien vereinbarte Vergleich betrifft in diesem Fall nicht die Frage, ob die Kündigung wirksam war, sondern beseitigt nur die Unsicherheit darüber, wann das Arbeitsverhältnis beendet wurde und inwieweit noch Ansprüche zwischen den Parteien bestehen. An die Feststellungen der Parteien in dem Vergleich ist der Sozialversicherungsträger dann ebenso gebunden wie an ein Urteil.

4. Ergebnis

Aufgrund der oben gemachten Ausführungen sind folgende Ergebnisse festzuhalten:

1. Ein Prozessvergleich, durch den das Arbeitsverhältnis im Wege gegenseitigen Nachgebens einvernehmlich zu einem Zeitpunkt vor dem Vergleichsabschluss beendet wird, ist grundsätzlich zulässig. Aufgrund der Rechte der Sozialversicherungsträger können sich aber Einschränkungen dieses Grundsatzes ergeben. Dies gilt insbesondere im Fall der sog. Gleichwohlgewährung, also dann, wenn Arbeitslosengeld gezahlt wird, obwohl der Arbeitnehmer Anspruch auf Arbeitsentgelt hat, weil dieser Anspruch auf den Sozialversicherungsträger übergeht.
2. Unzulässig ist die Verfügung der Prozessparteien über Ansprüche, die zu einem Zeitpunkt entstanden sind, zu dem das Arbeitsverhältnis unstreitig noch bestand. Gleiches gilt für alle anderen unstreitigen Ansprüche.
3. Einschränkungen der Verfügungsbefugnis kommen auch dann in Betracht, wenn die Parteien das Ende des Arbeitsverhältnisses zwischen den Kündigungstermin und den Tag des Vergleiches legen.

[1850] BAG, Urt. v. 29.11.1978 – 5 AZR 457/77 = AP Nr. 7 zu § 6 LohnFG = DB 1979, 796.
[1851] KR/Rost, § 7 KSchG Rn 20 b; ErfK/Ascheid, § 7 KSchG Rn 10; Müller, Aufhebungsverträge, S. 182; vgl.a. BAG, Urt. v. 20.08.1980 - 5 AZR 227/79 = AP Nr. 14 zu § 6 LohnFG = NJW 1981, 1059.

4. Verzichten die Parteien in einem solchen Fall auf zwischen dem Kündigungstermin und dem Ende des Arbeitsverhältnisses entstandene Entgeltansprüche, kommt es für die Frage, ob dieser Verzicht auch den Sozialversicherungsträgern gegenüber wirksam ist, darauf an, ob die dem Prozess zugrunde liegende Kündigung wirksam war. Nur wenn dies der Fall ist, ist der Verzicht wirksam. Der Sozialversicherungsträger hat die Möglichkeit, die Wirksamkeit der Kündigung als Vorfrage in einem auf Zahlung der übergegangenen Ansprüche bzw. rechtsgrundlos erbrachten Leistungen gerichteten Prozess prüfen zu lassen.
5. Gleiches gilt, wenn kein ausdrücklicher Verzicht erklärt wurde, die Parteien aber das Ende des Arbeitsverhältnisses auf einen Zeitpunkt nach dem Kündigungstermin, aber vor dem Vergleichsschluss zu legen, weil sie damit mittelbar ebenfalls auf zwischen Beendigungszeitpunkt und Vergleichsschluss möglicherweise bestehende Entgeltansprüche verzichten.

IV. Zusammenfassung

Rückwirkende Aufhebungsverträge sind grundsätzlich zulässig. Dabei ist aber zu beachten, dass die zwischen den Parteien getroffene Abrede hinsichtlich des Beendigungszeitpunkts nur schuldrechtliche Wirkungen hat, das heißt, die Parteien können das Arbeitsverhältnis nicht ex tunc beenden. Die rückwirkende Beendigung führt (nur) dazu, dass die bereits erbrachten Leistungen rückabzuwickeln sind.

Bei Abschluss eines Aufhebungsvergleiches sind die Parteien in ihrer Dispositionsbefugnis zu Lasten Dritter im Hinblick auf den Beendigungstermin des Arbeitsverhältnisses beschränkt. Dies spielt vor allem im Fall der sog. Gleichwohlgewährung nach § 143 Abs. 3 SGB III eine Rolle: Zahlt der Sozialversicherungsträger Arbeitslosengeld, gehen Entgeltansprüche, die der Arbeitnehmer im Leistungszeitraum gegen den Arbeitgeber hat, auf ihn über. Deshalb kann der Arbeitnehmer nicht auf Ansprüche verzichten, die bereits entstanden sind. Daraus folgt zum einen, dass die Parteien das Ende des Arbeitsverhältnisses nicht zu Lasten des Sozialversicherungsträgers vor den Termin der dem Prozess zugrundeliegenden Kündigung legen können. Zum anderen kommt es dann, wenn der Beendigungstermin zeitlich nach dem Kündigungstermin liegt und der Arbeitnehmer auf in der Zwischenzeit entstandene Ansprüche verzichtet, auf die Wirksamkeit der Kündigung an. Diese kann auch in einem von den Sozialversicherungsträgern geführten Prozess geprüft werden. Ist die Kündigung unwirksam, ist der Verzicht gegenüber dem Arbeitsamt ebenfalls unwirksam.

7. Kapitel: Aufhebungsvertrag und Arbeitsgerichtsprozess

§ 16 Der Aufhebungsvergleich

In der Praxis erfolgt nicht immer eine begriffliche Unterscheidung zwischen Aufhebungsvertrag und Aufhebungsvergleich. Der Aufhebungsvergleich unterscheidet sich vom „gewöhnlichen" Aufhebungsvertrag dadurch, dass die Beendigung des Arbeitsverhältnisses gemäß § 779 BGB im Wege gegenseitigen Nachgebens erfolgt. Geht der einvernehmlichen Vertragsbeendigung eine Kündigung voraus, wird es sich um einen Aufhebungsvergleich handeln, wenn Streit über die Wirksamkeit der Kündigung besteht. In der Regel erhält der Arbeitnehmer dann für sein Entgegenkommen eine Abfindung; in diesem Fall wird der Aufhebungsvergleich häufig als Abfindungsvergleich bezeichnet. Der Aufhebungsvergleich kann sowohl außergerichtlicher als auch prozessualer Natur sein; hinsichtlich seiner inhaltlichen Regelungen bestehen dabei keine Unterschiede zum Aufhebungsvertrag[1852].

I. Abgrenzung des gerichtlichen vom außergerichtlichen Aufhebungsvergleich

Hinsichtlich der materiellen Voraussetzungen ergeben sich zwischen dem außergerichtlichen und dem im Prozess geschlossenen Aufhebungsvergleich keine Unterschiede; durch den Vergleich muss nach § 779 BGB der Streit oder die Ungewissheit der Parteien über ein Rechtsverhältnis im Wege gegenseitigen Nachgebens beigelegt werden. Die einzelnen Voraussetzungen des Vergleiches wurden bereits im Rahmen der Gleichwohlgewährung (§ 143 Abs. 3 SGB III) behandelt[1853]. Danach genügt die Beilegung des Streits über den Fortbestand des Arbeitsverhältnisses bzw. über die Wirksamkeit einer Kündigung den Anforderungen des § 779 BGB.

Voraussetzung für das Vorliegen eines Aufhebungsvergleiches ist allerdings die Feststellung, dass das Arbeitsverhältnis einvernehmlich aufgehoben wird. Ein Vergleich mit dem Inhalt, dass das Arbeitsverhältnis aufgrund einer arbeitgeberseitigen Kündigung endet, ist kein Aufhebungsvergleich, weil das Arbeitsverhältnis hier gerade nicht durch den Vergleich endet; Ansprüche, die an die einvernehmliche Vertragsbeendigung anknüpfen, entstehen in diesem Fall nicht[1854].

Der Aufhebungsvergleich ist als Prozessvergleich nur dann wirksam, wenn er gemäß § 794 Abs. 1 Nr. 1 ZPO vor einem deutschen Gericht zur Beilegung eines Rechtsstreites abgeschlossen wird und die Prozesshandlungsvoraussetzungen vorliegen. Der prozessuale Aufhebungsvergleich beendet den Rechtsstreit und die Rechtshängigkeit im Umfang der Vereinbarung über den Streitgegenstand[1855]. Das heißt, wird durch den Aufhebungsvergleich der Streit über die Wirksamkeit einer vom Arbeitgeber

---

[1852] S. die Checkliste für außergerichtliche Aufhebungsverträge und Prozessvergleiche von Bauer, NZA 1989, 256 ff.
[1853] Oben § 15 III 1.
[1854] Vgl. BAG, Urt. v. 16.09.1998 – 10 AZR 398/97 = AP Nr. 48 zu § 794 ZPO = NZA 1999, 270.
[1855] Musielak/Lackmann, ZPO, § 794 Rn 19.

ausgesprochenen Kündigung beigelegt, findet der Kündigungsschutzprozess damit sein Ende. Darüber hinaus hat der Prozessvergleich wegen seiner Doppelnatur[1856] dieselben materiell-rechtlichen Wirkungen wie ein außergerichtlicher Vergleich, das heißt, auch er beendet das Arbeitsverhältnis. Der Prozessvergleich vor dem Arbeitsgericht wird in der Regel in der ersten Instanz während der Gütesitzung (vgl. § 54 Abs. 3 ArbGG) oder in der streitigen Verhandlung, dem sog. Kammertermin (vgl. § 57 Abs. 2 ArbGG), geschlossen[1857].

Die Parteien können den Aufhebungsvergleich unter Widerrufsvorbehalt stellen. Dieser kann im Zweifel nicht wirksam gegenüber dem Prozessgegner ausgeübt werden[1858]. Soll der Widerruf bis zu einem bestimmten Zeitpunkt „mit Schriftsatz zum Arbeitsgericht" erfolgen, so ist nach der Rechtsprechung des BAG ein schriftsätzlicher Widerruf unwirksam, wenn er weder von der Partei noch von ihrem Prozessbevollmächtigten unterzeichnet worden ist, weil er nach der Auslegungsregel des § 127 BGB der Formvorschrift des § 126 BGB unterfällt[1859]. Gegen die Versäumung der Widerrufsfrist ist nach ständiger Rechtsprechung keine Wiedereinsetzung in den vorigen Stand möglich[1860].

II. Außergerichtlicher Aufhebungsvergleich und Kündigungsschutzprozess

Nicht selten schließen die Arbeitsvertragsparteien einen außergerichtlichen Aufhebungsvergleich in Zusammenhang mit einem anhängigen Kündigungsschutzprozess. Dann ist die Frage, wie sich diese Vereinbarung auf den Prozess auswirkt.

1. Einfluss des Aufhebungsvergleiches auf den Kündigungsschutzprozess

Da es sich nicht um einen Prozessvergleich i.S.v. § 794 Abs. 1 Nr. 1 ZPO handelt, kommt dem außergerichtlichen Aufhebungsvergleich keine prozessbeendigende Wirkung zu[1861].

Gleichwohl wird mit der Vereinbarung der Parteien über die Beendigung des Arbeitsverhältnisses der Rechtsstreit praktisch gegenstandslos. Die Folgen für die anhängige Klage richten sich deshalb danach, wie der Aufhebungsvergleich die materielle Rechtslage verändert.

[1856] S. dazu nur BGH, Urt. v. 14.05.1987 – III ZR 267/85 = NJW 1988, 65; Musielak/Lackmann, ZPO, § 794 Rn 3; Arens/Lüke, ZPR, Rn 253; a.A. MünchKomm-ZPO/Wolfsteiner, § 794 Rn 17 ff.

[1857] Weber/Ehrich, DB 1995, 2369.

[1858] BAG, Urt. v. 21.02.1991 – 2 AZR 458/90 = AP Nr. 41 zu § 794 ZPO = NZA 1992, 134.

[1859] BAG, Urt. v. 31.05.1989 – 2 AZR 548/88 = AP Nr. 39 zu § 794 ZPO = NJW 1989, 3035.

[1860] S. nur BAG, Urt. v. 22.01.1998 – 2 AZR 367/97 = AP Nr. 47 zu § 794 ZPO = NZA 1998, 637 m.w.N.

[1861] BAG, Urt. v. 28.03.1963 – 2 AZR 379/62 = AP Nr. 1 zu § 81 ZPO = NJW 1963, 1469; Musielak/Lackmann, ZPO, § 794 Rn 27; Schilken, ZPR, Rn 658; a.A. MünchKomm-ZPO/ Wolfsteiner, § 794 Rn 23, nach dem auch der außergerichtliche Aufhebungsvergleich prozessbeendigende Wirkung haben kann und lediglich nicht vollstreckbar ist.

a) Aufhebungsvergleich als (konkludente) Rücknahme der Kündigung?

Da die Kündigung als Gestaltungsrecht nicht einseitig zurückgenommen werden kann[1862], könnte der Aufhebungsvergleich eine einvernehmliche Rücknahme der Kündigung darstellen. Dies wird von einer verbreiteten Auffassung angenommen, da die Arbeitsvertragsparteien, wenn sie einen Aufhebungsvertrag bzw. –vergleich im Anschluss an den Ausspruch einer Kündigung abschließen würden, den Willen hätten, dass das Arbeitsverhältnis einvernehmlich und nicht aufgrund der Kündigung beendet werde[1863].

Nach der hier vertretenen Auffassung kann dem nur eingeschränkt gefolgt werden. Denn durch den Vergleich befinden die Arbeitsvertragsparteien nicht über die Wirksamkeit der Kündigung, sondern regeln die Rechtslage zwischen ihnen neu[1864]. Dies gilt zumindest dann, wenn der Aufhebungsvertrag das Arbeitsverhältnis vor dem Ablauf der Kündigungsfrist beendet. Aber auch dann, wenn das Arbeitsverhältnis durch die Aufhebungsvereinbarung später aufgehoben wird, als dies durch die im Streit befindliche Kündigung der Fall gewesen wäre, müssen die Parteien nicht konkludent die Kündigung aufheben. Sie können ihre Wirksamkeit auch dahinstehen lassen mit der Folge, dass der Vergleich dann, wenn die Kündigung wirksam war, das Arbeitsverhältnis rückwirkend neu begründet, um es anschließend wieder aufzuheben; war die Kündigung unwirksam, bestand der Arbeitsvertrag ohnehin fort und wurde erst mit der vergleichsweisen Regelung beendet.

Ob die Arbeitsvertragsparteien die Kündigung zurücknehmen oder deren Wirksamkeit offen lassen wollten, richtet sich nach dem Parteiwillen. Bei einem gewöhnlichen Aufhebungsvertrag liegt die einvernehmliche Aufhebung näher, weil hier kein Streit über die Wirksamkeit der Kündigung besteht; bei einem Aufhebungsvergleich ist eher davon auszugehen, dass die Parteien die Rechtslage nur für die Zukunft gestalten wollten. Im Hinblick auf einen schwebenden Kündigungsschutzprozess bestehen aber keine Unterschiede zwischen der konkludenten Aufhebung der Kündigung und der vergleichsweisen Neuregelung der Vertragsbeziehungen. In beiden Fällen macht eine Entscheidung des Kündigungsschutzprozesses keinen Sinn mehr, weil die Beendigung des Arbeitsverhältnisses nicht mehr in Streit steht.

b) Abweisung der Kündigungsschutzklage als unzulässig?

Fraglich ist, wie es sich auf den Prozess auswirkt, wenn die Vertragsparteien aus dem Aufhebungsvergleich keine prozessualen Konsequenzen ziehen, das heißt, wenn

---

[1862] BAG, Urt. v. 19.08.1982 – 2 AZR 230/80 = AP Nr. 9 zu § 9 KSchG 1969 = NJW 1983, 1628; LAG Hamm, Urt. v. 3.03.1982 – 2 Sa 1602/81 = ZIP 1982, 486; MünchKomm-BGB/ Schwerdtner, 3. Aufl., vor § 620 Rn 162; Löwisch, KSchG, § 4 Rn 82; Preis in Stahlhacke/Preis/Vossen, Kündigung und Kündigungsschutz, Rn 234f.; Schaub, Handbuch, § 123 Rn 37.

[1863] S. LAG Hamburg, Urt. v. 7.04.1994 – 2 Sa 96/93 = LAGE § 4 KSchG Nr. 29; Weber/Ehrich, DB 1995, 2369, 2370; Ernst, Aufhebungsverträge, S. 86.

[1864] S. die Ausführungen oben § 15 II 2 b).

zwar Einigkeit darüber besteht, dass der Aufhebungsvergleich wirksam ist, der Arbeitnehmer aber gleichwohl an seiner Klage festhält. Dann ist fraglich, ob die aufgrund des Aufhebungsvertrages gegenstandslos gewordene Kündigungsschutzklage des Arbeitnehmers mangels Rechtsschutzbedürfnis als unzulässig oder mit Sachurteil als unbegründet abzuweisen ist. Wenn die Kündigung von den Vertragsparteien aufgehoben wird, liegt es näher, das Interesse des klagenden Arbeitnehmers am Prozess zu verneinen[1865]. Regeln die Arbeitsvertragsparteien durch den Vergleich die Rechtslage neu, ist dies eher als ein Verzicht des Arbeitnehmers auf den Kündigungsschutz und damit auf seine materiellen Rechte anzusehen, so dass auch ein Sachurteil in Frage kommt[1866]. Hat sich der Arbeitnehmer mit der Beendigung des Arbeitsverhältnisses einverstanden erklärt, besteht für die Feststellung der Unwirksamkeit einer vorausgegangenen Kündigung jedenfalls kein Grund mehr[1867]. Die Sachlage wurde abschließend geregelt.

Soweit sich der Arbeitnehmer im Vergleich zur Rücknahme der Klage verpflichtet hat, kann ihm dies vom Arbeitgeber einredeweise entgegengehalten werden mit der Folge, dass die Klage bei Wirksamkeit der Verpflichtung als unzulässig abzuweisen ist[1868]. Alleine im Abschluss eines außergerichtlichen Aufhebungsvergleiches ist ein solches Klagerücknahmeversprechen aber nicht zu sehen, weil sonst der außergerichtliche Aufhebungsvergleich im Ergebnis immer dieselbe Konsequenz hätte wie der Prozessvergleich[1869]. Haben die Parteien im Aufhebungsvergleich bestimmt, dass damit der Prozess erledigt sei, kann dies allerdings als konkludentes Klagerücknahmeversprechen des Klägers gewertet werden[1870].

Soll der Aufhebungsvergleich nicht dazu führen, dass die Klage als unzulässig abgewiesen wird, müssen die Parteien auf die veränderte Sachlage mit prozessualen Mitteln reagieren. Dabei gibt es verschiedene Möglichkeiten, je nachdem, ob beide oder nur eine der Vertragsparteien die Streitfrage für erledigt halten:

[1865] Müller, Aufhebungsverträge, S. 139; vgl.a. Löwisch, KSchG, § 4 Rn 43; a.A. Hessisches LAG, Urt. v. 9.02.1995 – 3 Sa 1625/93 = LAGE § 4 KSchG Nr. 28 aus Gründen der Rechtssicherheit.

[1866] Vgl. die Situation bei der Ausgleichsquittung, BAG, Urt. v. 3. 05. 1979 – 2 AZR 679/77 = AP Nr. 6 zu § 4 KSchG 1969 = NJW 1979, 2267; KR/Friedrich, § 4 KSchG Rn 312.

[1867] Vgl. LAG Berlin, Urt. v. 26.07.1982 – 9 Sa 38/82 = EzA § 4 KSchG n.F. Nr. 22, und LAG Schleswig-Holstein, Urt. v. 9.07.1986 – 3 Sa 209/86 = NZA 1988, 40; anders wird dies beurteilt, wenn der Arbeitnehmer trotz „Rücknahme" der Kündigung durch den Arbeitgeber einen Auflösungsantrag stellt, um eine Abfindung zu erhalten, s. dazu KR/Friedrich, § 4 KSchG Rn 69ff.

[1868] LAG Berlin, Urt. v. 26.07.1982 – 9 Sa 38/82 = EzA § 4 KSchG n.F. Nr. 22; Schilken, ZPR, Rn 624.

[1869] Unklar BAG, Urt. v. 28.03.1963 – 2 AZR 379/62 = NJW 1963, 1469, nach dem der außergerichtliche Vergleich dann hinsichtlich seiner den Prozess beendenden Wirkung einem gerichtlichen Vergleich gleichkomme, wenn sich die Parteien im Prozess auf ihn beriefen; ähnlich Urt. v. 21.12.1972 – 5 AZR 324/72 = AP Nr. 21 zu § 794 ZPO = NJW 1973, 918; offen gelassen von BAG, Urt. v. 9.07.1981 – 2 AZR 788/78 = AP Nr. 4 zu § 620 BGB Bedingung = NJW 1982, 788.

[1870] Vgl. RG, Urt. v. 29.09.1933 – I 77/33 = RGZ 142, 1, 4.

2. Gestaltungsmöglichkeiten der Prozessparteien

Die Parteien können den Vergleich gemeinsam in den Prozess einbringen: Dies geschieht entweder dadurch, dass die Parteien die außergerichtliche Vereinbarung zu einem Prozessvergleich machen, indem sie diese zu Protokoll erklären; dafür genügt die bloße Mitteilung an das Gericht allerdings nicht[1871]. Oder Arbeitgeber und Arbeitnehmer geben übereinstimmende Erledigungserklärungen gemäß §§ 46 Abs. 2 ArbGG, 91 a ZPO ab, so dass das Gericht nur noch über die Kosten zu entscheiden hat. Dies bietet sich insbesondere dann an, wenn der Aufhebungsvergleich den gesamten Streitstand betrifft, weil sein Abschluss dann zur Erledigung der Hauptsache führt[1872]. Allerdings wird diese förmliche Erklärung im arbeitsgerichtlichen Verfahren selten abgegeben, weil die Parteien hier ohnehin ihre Kosten selbst tragen[1873]. Schließlich können die Parteien auch so verfahren, dass sie dem Gericht mitteilen, der Gütetermin werde nicht wahrgenommen, da eine außergerichtliche Einigung erzielt wurde. Dann ordnet das Gericht nach § 54 Abs. 5 S. 1 ArbGG das Ruhen des Verfahrens an. Wird dann innerhalb von 6 Monaten kein Antrag auf Bestimmung einer streitigen Verhandlung gestellt, gilt die Klage nach § 54 Abs. 5 S. 4 i.V.m. § 269 Abs. 3 ZPO als zurückgenommen und der Rechtsstreit wird als nicht anhängig geworden angesehen[1874].

Besteht keine Einigung zwischen den Parteien über die Beendigung des Rechtsstreites, kann der klagende Arbeitnehmer die Klage aufgrund des Aufhebungsvergleiches zurücknehmen. Allerdings kann dies gemäß § 54 Abs. 2 S. 1 ArbGG nur bis zur Stellung der Anträge in der Güteverhandlung erfolgen. Ist der Arbeitgeber mit der Klagerücknahme nicht einverstanden, bleibt dem Arbeitnehmer die einseitige Erledigungserklärung. Diese wird als zulässige Klageänderung angesehen[1875], führt aber dazu, dass das Gericht sowohl prüfen muss, ob die ursprüngliche Kündigungsschutzklage zulässig und begründet war, als auch, ob der außergerichtliche Aufhebungsvergleich wirksam ist und den Rechtsstreit wirklich erledigt hat[1876]. Diese Vorgehensweise würde allerdings dem Ziel des Vergleiches, die gerichtliche Entscheidung über die Wirksamkeit der Kündigung entbehrlich zu machen, widersprechen[1877]. Hat der Arbeitnehmer Ansprüche aus dem Aufhebungsvergleich, kann er im Wege der (vom Gericht zuzulassenden) Klageänderung auf Erfüllung der in ihm enthaltenen Verpflichtungen klagen[1878].

1871 Zöller/Stöber, ZPO, § 794 Rn 17.

1872 Musielak/Lackmann, ZPO, § 794 Rn 27.

1873 Bauer/Haußmann, BB 1996, 901, 902.

1874 Anders ist dies dann, wenn die Parteien sich erst vor dem Kammertermin einigen, dazu Bauer/Haußmann, BB 1996, 901, 903.

1875 H.M.: Zöller/Vollkommer, ZPO, § 91 a Rn 34 m.w.N.; Arens/Lüke, ZPR, Rn 247.

1876 Vgl. Musielak/Lackmann, ZPO, § 91 a Rn 29.

1877 Vgl. Müller, Aufhebungsverträge, S. 148.

1878 Musielak/Lackmann, ZPO, § 794 Rn 27; Zöller/Stöber, ZPO, § 794 Rn 17.

Hält der Arbeitnehmer den Aufhebungsvergleich für unwirksam, wird er an seiner Kündigungsschutzklage festhalten. Dann muss der Arbeitgeber den Vergleich in den Prozess einbringen, wenn er sich auf die Veränderung der materiellen Rechtslage berufen will. Da zwischen den Parteien keine Einigkeit über die Erledigung der Streitsache durch den Aufhebungsvergleich besteht, muss das Gericht diesen, vom Beklagten vorgetragenen anderweitigen Beendigungstatbestand im Kündigungsschutzprozess als Vorfrage prüfen. Dies hat zur Folge, dass die Klage bei Wirksamkeit des Vergleiches nicht mangels Feststellungsinteresses als unzulässig, sondern als unbegründet abzuweisen ist[1879].

III. Aufhebungsvergleich und Kostenregelung

1. Anfallende Kosten

Die Höhe der Kosten richtet sich nach dem Streitwert des Verfahrens, den das Gericht im Urteil festsetzt und der sich nach § 12 Abs. 7 S. 1 ArbGG richtet[1880]. Danach ist in Kündigungsschutzstreitigkeiten höchstens der Betrag des für die Dauer eines Vierteljahres bestehenden Arbeitsentgeltes maßgebend; eine eventuelle Abfindung wird nicht dazugerechnet[1881].

Nach § 12 a Abs. 1 ArbGG hat die obsiegende Partei im erstinstanzlichen Arbeitsgerichtsverfahren keinen Anspruch auf Erstattung von Anwaltskosten gegenüber der unterliegenden Partei. Auch vorprozessuale Anwaltskosten sind nicht erstattungspflichtig[1882]. Die Anwaltsgebühren ergeben sich aus den Vorschriften der BRAGO, wobei der für die Höhe maßgebliche Streitwert (§ 8 Abs. 1 S. 1 BRAGO) in der Regel auf Antrag einer oder beider Parteien vom Gericht festgesetzt wird. Handelt es sich um einen außergerichtlichen Vergleich, richten sich die Anwaltsgebühren gemäß § 8 Abs. 1 S. 2 BRAGO sinngemäß ebenfalls nach der Streitwertbestimmung des § 12 VII S. 1 ArbGG[1883]. Nur wenn der Aufhebungsvergleich die Anforderungen des § 779 BGB erfüllt, hat der Rechtsanwalt einen Anspruch auf eine Vergleichsgebühr gemäß § 23 BRAGO[1884]. Wird der Vertrag unter seiner Mitwirkung abgeschlossen,

---

[1879] Müller, Aufhebungsverträge, S. 139; vgl.a. Germelmann in Germelmann/Matthes/Prütting, ArbGG, § 46 Rn 91.

[1880] Dies gilt auch dann, wenn durch die anwaltliche Tätigkeit nur ein außergerichtlicher Aufhebungsvertrag mit einer Abfindungsvereinbarung zustande kommt, ohne dass ein gerichtliches Verfahren eingeleitet wird: BAG, Urt. v. 16.05.2000 – 9 AZR 279/99 = NZA 2000, 1246.

[1881] Zur Streitwertberechnung s. nur Bauer, Aufhebungsverträge, Rn 1128.

[1882] S. BAG, Urt. v. 30.04.1992 – 8 AZR 288/91 = AP Nr. 6 zu § 12 a ArbGG 1979 = NZA 1992, 1101; Germelmann in Germelmann/Matthes/Prütting, ArbGG, § 12 a Rn 14.

[1883] Vgl. BAG, Urt. v. 16.05.2000 – 9 AZR 279/99 = NZA 2000, 1246, für den außergerichtlichen Aufhebungsvertrag mit Abfindungsvereinbarung.

[1884] S. BAG, Urt. v. 16.05.2000 – 9 AZR 279/99 = NZA 2000, 1246, 1247; zu den anwaltlichen Beratungspflichten beim Abfindungsvergleich s. BGH, Urt. V. 8.11.2001 – IX ZR 64/01 = NJW 2002, 292.

wird eine Geschäftsgebühr gemäß § 118 Abs. 1 BRAGO fällig; bei bloßer Beratung entsteht lediglich die Gebühr nach § 20 BRAGO.
Hinsichtlich der Aufteilung der Anwaltskosten nach Abschluss eines Prozessvergleiches gilt § 98 ZPO direkt, im Fall einer außergerichtlichen Einigung sinngemäß, wenn dies dem Parteiwillen entspricht[1885]. Das heißt, die Kosten des Vergleiches sind als gegeneinander aufgehoben anzusehen, wenn nicht die Parteien etwas anderes vereinbart haben.
Endet der Rechtsstreit durch Vergleich, tritt hinsichtlich der Gerichtskosten mit Ausnahme der Entschädigungen für Zeugen, Sachverständige und Dolmetscher Kostenbefreiung ein[1886].

2. Kostentragung durch Rechtsschutzversicherung

Für Arbeitnehmer gibt es Arbeitsrechtsschutzversicherungen, die den gesetzlichen Gebührenanteil einer gerichtlichen oder außergerichtlichen Vertretung decken. Allerdings wird der Versicherungsschutz nur eingeschränkt und nur nach den Versicherungsbedingungen und versicherungsrechtlichen Grundlagen gewährt, die auf die besondere arbeitsrechtliche Interessenlage nur unzureichend abgestimmt sind[1887].
Voraussetzung für eine Einstandspflicht der Versicherung für Beratungskosten ist gemäß § 14 Abs. 3 ARB 75 bzw. § 4 Abs. 1 lit. c ARB 94 ein Versicherungsfall. Dieser gilt in dem Zeitpunkt als eingetreten, in dem der Versicherungsnehmer, der Gegner oder ein Dritter begonnen haben oder begonnen haben sollen, gegen Rechtspflichten oder Rechtsvorschriften zu verstoßen. Bei Aufhebungsvereinbarungen, denen eine ausdrückliche Kündigung nicht vorausgegangen ist, gilt folgendes[1888]: Die überwiegende Rechtsprechung sieht in dem Angebot des Arbeitgebers zum Abschluss eines Aufhebungsvertrages noch keinen Verstoß gegen Rechtspflichten aus dem Arbeitsvertrag und lehnt demzufolge das Vorliegen eines Versicherungsfalles ab. Zum Teil geht die Rechtsprechung dabei sogar so weit, dass selbst eine angedrohte Kündigung keine Veränderung der Rechtsposition des Versicherungsnehmers sei, sondern es des tatsächlichen Ausspruches der Kündigung bedürfe. Ein anderer Teil der Rechtsprechung bejaht zumindest dann einen Versicherungsfall, wenn dem Versicherungsnehmer ernsthaft mit einer Kündigung oder sonstigen persönlichen Nachteilen gedroht wird, wenn er mit der Aufhebung seines Arbeitsverhältnisses nicht einverstanden sein sollte.
Gegen diese restriktive Handhabung wehrt sich die Literatur[1889]. Spätestens dann, wenn der Arbeitgeber im Zusammenhang mit dem Angebot eines Aufhebungsvertra-

---

[1885] Zöller/Herget, ZPO, § 98 Rn 5 m.w.N.
[1886] S. Germelmann in Germelmann/Matthes/Prütting, ArbGG, § 12 Rn 19.
[1887] Bauer, Aufhebungsverträge, Rn 1151.
[1888] Ausführungen und Nachweise bei Küttner, NZA 1996, 453, 459.
[1889] Küttner, NZA 1996, 453, 459; Ennemann, NZA 1999, 628, 629 f.; Felzer/von Molo, ZAP 2000, 963, 966 ff.; Bauer, Aufhebungsverträge, Rn 1151 ff.

ges eine rechtswidrige Kündigung androhe oder auch nur in den Raum stelle, liege ein Rechtsverstoß seitens des Arbeitgebers vor[1890]. Aber auch dann, wenn die Drohung nicht widerrechtlich sein sollte, liege ein Versicherungsfall vor, wenn sich der Versicherungsnehmer der Kündigung oder dem Aufhebungsvertrag widersetze[1891]. Im Übrigen komme ein Versicherungsfall immer dann in Frage, wenn eine anwaltliche Beratung unverzichtbar zur Wahrnehmung der rechtlichen Interessen des Versicherungsnehmers sei[1892]. Nur wenn die Initiative für die Vertragsbeendigung vom Arbeitnehmer ausgehe, bestehe eine Deckungspflicht in der Regel nicht[1893].

Demgegenüber hat der Verband der Deutschen Versicherungswirtschaft e.V. (GDV) auf Anfrage unter Hinweis auf § 4 Abs. 1 lit. c ARB 94 bzw. § 14 Abs. 3 S. 1 ARB 75 mitgeteilt, dass ein Verstoß gegen Rechtspflichten oder –vorschriften und damit ein Versicherungsfall (noch) nicht vorliege, wenn der Arbeitgeber dem Arbeitnehmer einen Aufhebungsvertrag anbiete und für den Fall, dass ein Aufhebungsvertrag nicht zustande komme, auf die Kündigungsmöglichkeit hinweise[1894].

Lehnt ein Rechtsschutzversicherer den Rechtsschutz ab, hat der Versicherungsnehmer die Möglichkeit, nach § 18 ARB 94 ein Schiedsgutachterverfahren einzuleiten. Gegen eine für ihn ungünstige Entscheidung kann er dann nach § 19 ARB 94 Deckungsklage erheben. Dem Rechtsanwalt ist zu raten, den Mandaten darauf hinzuweisen, dass bei Abschluss eines bloßen außergerichtlichen Aufhebungsvertrages bzw. -vergleiches regelmäßig die Eintrittspflicht verneint wird und darüber hinaus oft auch dann, wenn dem Abschluss eines Aufhebungsvertrages eine Drohung mit einer Kündigung oder mit anderen Nachteilen vorausgegangen ist[1895].

IV. Zusammenfassung

Die einvernehmliche Beendigung des Arbeitsverhältnisses kann in Form eines gerichtlichen oder außergerichtlichen Vergleiches erfolgen. Beide unterliegen den Voraussetzungen des § 779 BGB. Damit der außergerichtliche Vergleich den Prozess beendet, müssen die Parteien ihn zu Protokoll erklären; andernfalls führt er zu einer Abweisung der Klage als unzulässig bzw. unbegründet.

Die in Zusammenhang mit der einvernehmlichen Beendigung des Arbeitsverhältnisses entstehenden Anwaltsgebühren ergeben sich aus § 8 Abs. 1 S. 2 BRAGO i.V.m. der Streitwertbestimmung des § 12 VII S. 1 ArbGG. Soweit eine Arbeitsrechtsschutzversicherung auf Seiten des Arbeitnehmers besteht, ist zu beachten, dass bei Abschluss eines außergerichtlichen Aufhebungsvertrages bzw. -vergleiches regelmäßig die Eintrittspflicht verneint wird.

[1890] Felzer/von Molo, ZAP 2000, 963, 967.
[1891] Bauer, Aufhebungsverträge, Rn 1152.
[1892] Felzer/von Molo, ZAP 2000, 963, 968.
[1893] Küttner, NZA 1996, 453, 459.
[1894] S. Ennemann, NZA 1999, 628, 629.
[1895] Bauer, Aufhebungsverträge, Rn 1155.

§ 17 Gerichtliche Geltendmachung der Unwirksamkeit von Aufhebungsverträgen, Auswirkungen der Unwirksamkeit auf einen abgeschlossenen Kündigungsschutzprozess, Bestehen von Weiterbeschäftigungs- und Annahmeverzugsansprüchen

I. Gerichtliche Geltendmachung der Unwirksamkeit

1. Klageart

Aufhebungsverträge können aus den unterschiedlichsten – im Rahmen dieser Arbeit bereits erörterten - Gründen unwirksam sein. Will der Arbeitnehmer geltend machen, dass das Arbeitsverhältnis nicht durch den Aufhebungsvertrag beendet wurde, sondern weiter besteht, kann er bei dem nach § 2 Abs. 1 Nr. 3 b ArbGG zuständigen Arbeitsgericht eine entsprechende Klage einreichen. Es handelt sich nach §§ 46 Abs. 2 ArbGG, 256 ZPO um eine allgemeine Feststellungsklage, über die im Urteilsverfahren zu entscheiden ist. Er hat zudem die Möglichkeit, den Arbeitgeber ohne vorherige Feststellungsklage im Wege der Leistungsklage auf Weiterbeschäftigung in Anspruch zu nehmen[1896]. Die Möglichkeit der Leistungsklage macht den Feststellungsantrag nicht unzulässig, weil dieser zu einer prozesswirtschaftlich sinnvollen Entscheidung führt und deshalb das erforderliche Rechtsschutzbedürfnis gegeben ist[1897]. Die Unwirksamkeit des Aufhebungsvertrages ist dann als Vorfrage im Weiterbeschäftigungsprozess zu prüfen[1898].

2. Klagefrist/Verwirkung

Grundsätzlich sind die für die Kündigung geltenden Vorschriften nicht auf den Aufhebungsvertrag anwendbar. Dies gilt insbesondere für die Frist des § 4 S. 1 KSchG, bei deren Versäumung die Kündigung gemäß § 7 S. 1 KSchG als von Anfang an rechtswirksam gilt. Denn der Geltungsbereich des Kündigungsschutzgesetzes ist auf die ordentliche arbeitgeberseitige Kündigung beschränkt[1899].
Es bleibt aber die Möglichkeit, dass der Arbeitnehmer sein Klagerecht bzw. die materiell-rechtliche Geltendmachung der Unwirksamkeit des Aufhebungsvertrages verwirkt. Darauf ist für die Fälle der Formunwirksamkeit[1900] und der Anfechtung des Aufhebungsvertrages[1901] bereits eingegangen worden. Die für die Verwirkung maßgebliche Zeitspanne ist abgelaufen, wenn die Geltendmachung des Rechts vernünfti-

---

1896 BAG, Urt. v. 16.01.1992 – 2 AZR 412/91 = NZA 1992, 1023, 1024 f.; Urt. v. 21.03.1996 – 2 AZR 543/95 = AP Nr. 42 zu § 123 BGB = NZA 1996, 1030; HzA/Welslau, Gruppe 1 Rn 2024 n; Ernst, Aufhebungsverträge, S. 247; Müller, Aufhebungsverträge, S. 138.
1897 Vgl. BAG, Urt. v. 5.04.1978 – 4 AZR 621/76 = AP Nr. 20 zu § 123 BGB = BB 1978, 1467.
1898 BAG, Urt. v. 16.01.1992 – 2 AZR 412/91 = NZA 1992, 1023, 1024 f.; Urt. v. 21.03.1996 – 2 AZR 543/95 = AP Nr. 42 zu § 123 BGB = NZA 1996, 1030; Müller, Aufhebungsverträge, S. 138.
1899 S. nur KR/Etzel, § 1 KSchG Rn 155.
1900 Oben § 5 I 4 .
1901 Oben § 11 III 4 b).

gerweise nicht mehr erwartet werden kann[1902]. Dahingehend kann zwar die Dreiwochenfrist des § 4 S. 1 KSchG ein Anhaltspunkt sein, eine pauschale Übertragung ist aber abzulehnen, da dies zu einer unzulässigen Analogie führen würde[1903]. Nur dann, wenn die Unwirksamkeit nicht auf einer den Arbeitnehmer schützenden Vorschrift beruht, kann die Frist des § 4 S. 1 KSchG im Einzelfall herangezogen werden. Denn wenn sich schon der gekündigte Arbeitnehmer innerhalb von drei Wochen entscheiden muss, so kann demjenigen, der an dem Zustandekommen des Aufhebungsvertrages mitgewirkt hat und der sich deshalb besser auf die Beendigung des Arbeitsverhältnisses einstellen kann, keine wesentliche längere Überlegungsfrist zugebilligt werden[1904]. Hinzu kommt, dass der Arbeitgeber dann, wenn ihm kein Fehlverhalten vorgeworfen werden kann, spätestens einen Monat nach dem Ausscheiden des Arbeitnehmers aus dem Betrieb darauf vertrauen darf, dass sich die Rechtslage nicht mehr ändert. Die Annahme der Verwirkung richtet sich dann allerdings noch danach, ob er bereits Vertrauensinvestitionen getroffen hat oder ob ihm eine Weiterbeschäftigung des Arbeitnehmers zumutbar wäre[1905].
Es handelt sich um einen Fall der materiell-rechtlichen Verwirkung, das heißt, dem Arbeitnehmer wird das Recht, die Unwirksamkeit des Aufhebungsvertrages geltend zu machen, nach § 242 BGB versagt. Entscheidend ist daher nicht die gerichtliche, sondern die außergerichtliche Geltendmachung, so dass es z. B. dann, wenn der Aufhebungsvertrag aufgrund besonderer Umstände nicht wirksam zustande gekommen ist, genügt, wenn der Arbeitnehmer innerhalb von drei Wochen nach seinem Ausscheiden den Arbeitgeber auf die Unwirksamkeit des Vertrages hinweist und Weiterbeschäftigung verlangt.

3. Beweislast

Weiteres Problem im Rahmen des Aufhebungsstreites ist die Beweislast. Entsprechend der allgemeinen Beweislastgrundsätze trägt jede Partei die Beweislast für die Voraussetzungen der ihr günstigen Norm[1906]. Der Anspruchsteller trägt die Beweislast für die rechtsbegründenden Tatbestandsmerkmale, der Anspruchsgegner für die rechtsvernichtenden und die rechtshemmenden Anspruchsmerkmale[1907]. Das heißt, dass der Arbeitnehmer, wenn er sich auf die Unwirksamkeit des Aufhebungsvertrages beruft, für den von ihm geltend gemachten Unwirksamkeitsgrund die Beweislast

---

[1902] MünchKomm-BGB/Roth, § 242 Rn 464 ff.
[1903] BAG, Urt. v. 13.06.1985 – 2 AZR 410/84 = AP Nr. 19 zu § 611 BGB Beschäftigungspflicht = NJW 1987, 680.
[1904] Ernst, Aufhebungsverträge, S. 249.
[1905] Vgl. Palandt/Heinrichs, BGB, § 242 Rn 93.
[1906] BGH, Urt. v. 17.02.1970 – III ZR 139/67 = BGHZ 53, 245, 250 = NJW 1970, 946; Urt. v. 11.10.1994 – X ZR-30/93 = NJW 1995, 49, 50; Arens/Lüke, ZPR, Rn 277.
[1907] BGH, Urt. v. 14.01.1991 – II ZR 190/89 = BGHZ 113, 222, 225 = NJW 1991, 1052; Musielak/Foerste, ZPO, § 286 Rn 35.

trägt[1908]. Erhebt der Arbeitnehmer Kündigungsschutzklage und beruft sich der Arbeitgeber darauf, das Arbeitsverhältnis sei durch Aufhebungsvertrag beendet worden, macht er eine rechtsvernichtende Einwendung geltend und muss daher das Zustandekommen des Aufhebungsvertrages beweisen[1909]. Gelingt ihm dies, kann der Arbeitnehmer mit einer allgemeinen Feststellungsklage auf Fortbestehen des Arbeitsverhältnisses[1910] nur erfolgreich sein, wenn er darlegt und beweist, dass der Aufhebungsvertrag von Anfang an oder aufgrund nachträglicher Umstände unwirksam ist.

II. Wiederaufleben einer zuvor ausgesprochenen Kündigung?

Folgt man der Auffassung, nach der der Aufhebungsvertrag grundsätzlich die einvernehmliche Rücknahme einer zuvor ausgesprochenen Kündigung beinhaltet, lebt die Kündigung wieder auf, wenn sich die einvernehmliche Vertragsbeendigung als unwirksam herausstellt[1911]. Denn es kann nicht angenommen werden, dass der Arbeitgeber, der zuvor gekündigt hat, das Arbeitsverhältnis in diesem Fall fortsetzen will[1912]. Gleiches gilt, wenn die Vertragsparteien eines Aufhebungsvergleiches – entsprechend der hier vertretenen Auffassung – nur die Rechtslage neu regeln wollen, weil bei Wegfall des Vergleiches die alte Rechtslage wieder besteht, so dass die Wirksamkeit der Kündigung von entscheidender Bedeutung für den Fortbestand des Arbeitsverhältnisses ist. Ist die einvernehmliche Vertragsbeendigung unwirksam, kommen – je nach Gestalt des Vertrages - im Hinblick auf das weitere Schicksal der Kündigung mehrere Möglichkeiten in Betracht:

- War der Aufhebungsvertrag Gegenstand eines arbeitsgerichtlichen Vergleiches im Kündigungsschutzprozess und stellt sich seine Unwirksamkeit anschließend heraus, ist der ursprüngliche Prozess fortzuführen. Dies gilt nach Auffassung des BAG wegen des in § 9 Abs. 1 S. 1 ArbGG festgelegten Beschleunigungsgrundsatzes auch dann, wenn der Vertrag nachträglich wegfällt[1913]. Dies ist z.B. durch Rücktritt nach § 323 Abs. 1 BGB denkbar, wenn der Arbeitgeber die zugesagte Abfindung nicht bezahlt.

[1908] Vgl. nur BAG, Urt. v. 12.08.1999 – 2 AZR 832/98 = AP Nr. 51 zu § 123 BGB = NZA 2000, 27, zur Beweislast für die Voraussetzungen der Anfechtung.

[1909] Vgl. BAG, Urt. v. 16.03.1972 – 2 AZR 202/71 = AP Nr. 2 zu § 111 BBiG = NJW 1972, 1440.

[1910] Diese kann anstelle der Kündigungsschutzklage, im Wege kumulativer Klagehäufung oder hilfsweise erhoben werden, s. dazu Müller, Aufhebungsverträge, S. 138 f., und Ernst, Aufhebungsverträge, S. 252 f.

[1911] Weber/Ehrich, DB 1995, 2369, 2370.

[1912] LAG Hamburg, Urt. v. 7.04.1994 – 2 Sa 96/93 = LAGE § 4 KSchG Nr. 29.

[1913] BAG, Urt. v. 22.04.1960 – 5 AZR 494/59 = AP Nr. 7 zu § 794 ZPO = NJW 1960, 1364; Urt. v. 5.08.1982 – 2 AZR 199/80 = AP Nr. 31 zu § 794 ZPO = NJW 1983, 2212; ebenso Weber/ Ehrich, DB 1995, 2369; anders für den Fall der nachträglichen Unwirksamkeit des Vergleiches z. B. aufgrund Rücktritts der BGH, Urt. v. 10.03.1955 – II ZR 201/53 = BGHZ 16, 388, 392 f. = NJW 1955, 705, nach dem die Frage der Wirksamkeit des Vergleiches dann in einem neuen Prozess zu klären ist (st. Rspr.); s. dazu auch Schilken, ZPR, Rn 656.

- War der Aufhebungsvertrag nur außergerichtlicher Natur und wurde er im Vorfeld eines Kündigungsschutzprozesses geschlossen, wird der Arbeitnehmer in der Regel die Frist der §§ 4, 7 KSchG versäumt haben, wenn sich die Unwirksamkeit des Vertrages herausstellt bzw. vom Arbeitnehmer herbeigeführt wird. Dann kommt allenfalls gemäß § 5 KSchG eine nachträgliche Zulassung der Klage innerhalb von zwei Wochen nach Behebung des Hindernisses (z.B. der Rücktritts- oder Anfechtungserklärung) in Betracht, wobei fraglich ist, ob die Frist in diesem Fall als unverschuldet versäumt anzusehen ist. Jedenfalls dann, wenn der Arbeitgeber den Arbeitnehmer arglistig von der Erhebung der Klage abgehalten hat, ist eine Zulassung gerechtfertigt[1914]. Dies wird immer dann anzunehmen sein, wenn der Arbeitgeber die Unwirksamkeit des Aufhebungsvergleiches von Anfang an kennt oder aufgrund grober Fahrlässigkeit nicht kennt. Erkennt er die Unwirksamkeit der Vereinbarung noch innerhalb der Dreiwochenfrist, kann eine Aufklärung des Arbeitnehmers von ihm nicht verlangt werden, weil es dann an einem vorwerfbaren Verhalten seinerseits fehlt, das eine Aufklärungspflicht begründen könnte.
- Ein ähnliches Problem stellt sich, wenn der Aufhebungsvergleich zwar außergerichtlich, aber in Zusammenhang mit einem anhängigen Kündigungsschutzprozess geschlossen wird. Dann wird der Prozess zwar nicht durch den Vergleich, in der Regel aber aufgrund der unterschiedlichen Reaktionsmöglichkeiten der Parteien bzw. des Gerichts beendet worden sein. Auch in diesen Fällen hat der Arbeitnehmer – unabhängig von der Zulässigkeit einer zweiten Klage - zumindest die Frist der §§ 4, 7 KSchG für die (erneute) Geltendmachung der Unwirksamkeit der Kündigung verpasst. Auch eine Anwendung des § 5 KSchG kommt nicht in Betracht, da eine rechtzeitige Klageerhebung dem Arbeitnehmer möglich war und auch erfolgt ist. Zum Teil wird in diesem Fall eine analoge Anwendung des § 5 KSchG vertreten, wenn der Arbeitnehmer die Unwirksamkeit der Aufhebungsvereinbarung bzw. deren Anfechtbarkeit weder kannte noch kennen musste[1915]. Dies erscheint allerdings zu weitgehend, weil die Parteien sich bewusst nur für eine außergerichtliche Einigung entschieden haben und der klagende Arbeitnehmer dann das Risiko tragen muss, dass die Kündigung bestandskräftig wird. Etwas anderes kann auch hier allenfalls bei Arglist des Arbeitgebers im oben beschriebenen Sinne gelten.

Nach alledem ist dem Arbeitnehmer dringend zu raten, einen außergerichtlichen Aufhebungsvergleich in den Prozess einzubringen, damit er bei Unwirksamkeit dieser Vereinbarung weiterhin gegen die ausgesprochene Kündigung vorgehen kann[1916].

[1914] LAG Baden-Württemberg, Urt. v. 26.03.1965 – 4 Ta 3/65 = BB 1965, 669; KR/Friedrich, § 5 KSchG Rn 40 m.w.N.; Bauer/Haussmann, BB 1996, 901, 902.
[1915] Weber/Ehrich, DB 1995, 2369, 2370.
[1916] Weber/Ehrich, DB 1995, 2369, 2371.

Will der Arbeitnehmer gemäß § 323 Abs. 1 BGB vom Aufhebungsvertrag zurücktreten, sollte er beachten, dass eine bereits ausgesprochene Kündigung in diesem Fall wieder auflebt[1917].

III. Weiterbeschäftigungsanspruch und Annahmeverzug

Aus der erfolgreichen Geltendmachung der Unwirksamkeit des Aufhebungsvertrages ergeben sich noch zwei Folgeprobleme: Dabei handelt es sich zum einen um die Frage, ob und unter welchen Voraussetzungen dem Arbeitnehmer für die Zeit des Aufhebungsstreites ein Weiterbeschäftigungsanspruch zusteht. Zum anderen ist zu untersuchen, ob der Arbeitnehmer für diese Zeit einen Anspruch auf Annahmeverzugslohn hat.

1. Der Weiterbeschäftigungsanspruch

Ein Weiterbeschäftigungsanspruch des Arbeitnehmers für die Zeit nach Ablauf der Kündigungsfrist ist im Gesetz nur in § 102 Abs. 5 BetrVG vorgesehen und hat zur Voraussetzung, dass der Betriebsrat einer ordentlichen Kündigung frist- und ordnungsgemäß widerspricht. Da der Abschluss eines Aufhebungsvertrages keine Mitwirkung des Betriebsrates erfordert, kommt dieser Weiterbeschäftigungsanspruch für den gegen die Wirksamkeit der Vertragsbeendigung klagenden Arbeitnehmer nicht in Betracht.

Allerdings gesteht das BAG seit einer Entscheidung des großen Senats aus dem Jahr 1985[1918] dem Arbeitnehmer einen Weiterbeschäftigungsanspruch auch dann zu, wenn die Kündigung unwirksam ist und überwiegende schutzwerte Interessen des Arbeitgebers nicht entgegenstehen. Dahingehend führte das Gericht aus[1919]: „Außer im Falle einer offensichtlich unwirksamen Kündigung begründet die Ungewissheit über den Ausgang des Kündigungsprozesses ein schutzwertes Interesse des Arbeitgebers an der Nichtbeschäftigung des gekündigten Arbeitnehmers für die Dauer des Kündigungsprozesses. Dieses überwiegt in der Regel das Beschäftigungsinteresse des Arbeitnehmers bis zu dem Zeitpunkt, in dem im Kündigungsprozess ein die Unwirksamkeit der Kündigung feststellendes Urteil ergeht. Solange ein solches Urteil besteht, kann die Ungewissheit des Prozessausgangs für sich allein ein überwiegendes Gegeninteresse des Arbeitgebers nicht mehr begründen. Hinzukommen müssen dann vielmehr zusätzliche Umstände, aus denen sich im Einzelfall ein überwiegendes Interesse des Arbeitgebers ergibt, den Arbeitnehmer nicht zu beschäftigen." Dieser allgemeine Weiterbeschäftigungsanspruch wurde vom BAG mittlerweile auch auf Streitigkeiten über die Wirksamkeit von Bedingungen und Befristungen übertragen[1920]. In

[1917] S. dazu Bauer/Haussmann, BB 1996, 901, 902.
[1918] BAG, Beschl. v. 27.02.1985 – GS 1/84 = AP Nr. 14. zu § 611 BGB = NJW 1985, 2965.
[1919] BAG, a.a.O.
[1920] BAG, Urt. v. 13.06.1985 – 2 AZR 410/84 = AP Nr. 19 zu § 611 BGB Beschäftigungspflicht = NZA 1986, 562; Urt. v. 15.03.1989 – 7 AZR 264/88 = AP Nr. 126 zu § 620 BGB Befristeter Arbeitsvertrag = ZTR 1989, 446.

der Literatur sind seine Voraussetzungen und Rechtsfolgen zum Teil sehr umstritten[1921].
Unabhängig von dieser Kritik stellt sich die Frage, ob der vom BAG begründete Weiterbeschäftigungsanspruch auch dem Arbeitnehmer, der die Unwirksamkeit eines Aufhebungsvertrages in erster Instanz erfolgreich geltend macht, zuzugestehen ist. Dies hat das BAG in konsequenter Fortführung seiner Rechtsprechung bejaht[1922]. Dagegen wird zum Teil vorgebracht, das Einverständnis des Arbeitnehmers mit der Vertragsbeendigung schließe die Übertragung der kündigungsrechtlichen Grundsätze auf den Aufhebungsvertrag aus; die Situation des mit der Kündigung „angegriffenen" Arbeitnehmers unterscheide sich stark von der Lage des Partners eines Aufhebungsvertrages[1923]. Dieses Argument überzeugt allerdings nicht. Denn wenn sich der Arbeitnehmer auf die Unwirksamkeit der Vereinbarung beruft, ist er nicht weniger schützenswert, als wenn er sich auf die Unwirksamkeit einer Kündigung beruft. Die Unwirksamkeit des Aufhebungsvertrages wird sich in der Regel aus der Nichtbeachtung von zugunsten des Arbeitnehmers eingreifenden Vorschriften (z. B. §§ 125, 134 BGB) ergeben oder Ergebnis einer Anfechtung wegen widerrechtlicher Drohung durch den Arbeitgeber sein. Gerade das letztere Beispiel zeigt, dass dann, wenn dem Arbeitnehmer im Kündigungsschutzprozess ein Weiterbeschäftigungsanspruch zugestanden wird, dies auch für einen Arbeitnehmer gelten muss, der sich auf die Unwirksamkeit des Aufhebungsvertrages beruft[1924].
Wird der Weiterbeschäftigungsanspruch nach den genannten Grundsätzen bejaht und die Klage anschließend rechtskräftig abgewiesen, stellt sich die Frage der Rückabwicklung des Weiterbeschäftigungsverhältnisses. Diese erfolgt entsprechend der Auffassung des BAG nach Bereicherungsrecht, wobei der Arbeitgeber grundsätzlich keinen Anspruch auf Rückzahlung der dem Arbeitnehmer geleisteten Vergütung hat, weil diese dem Arbeitnehmer als Wertersatz für seine Arbeitsleistung zusteht; herauszugeben hat der Arbeitnehmer allerdings Vergütungen, denen keine tatsächliche Gegenleistung gegenübersteht, wie z.B. Urlaubsgeld oder sonstige Sondervergütungen[1925].
Es besteht die Möglichkeit, dass der Arbeitnehmer die Weiterbeschäftigung im Wege einstweiliger Verfügung gemäß § 62 Abs. 2 ArbGG i.V.m. § 935 ZPO durchsetzt[1926]

[1921] Nachweise bei Gamillscheg, Arbeitsrecht, S. 645.
[1922] BAG, Urt. v. 16.01.1992 – 2 AZR 412/91 = NZA 1992, 1023, 1024 f.; Urt. v. 21.03.1996 – 2 AZR 543/95 = AP Nr. 42 zu § 123 BGB = NZA 1996, 1030.
[1923] Ernst, Aufhebungsverträge, S. 254 f.
[1924] Ebenso i.E. HzA/Welslau, Gruppe 1 Rn 2024 n; Müller, Aufhebungsverträge, S. 137.
[1925] BAG, Urt. v. 10.03.1981 – 8 AZR 146/84 = AP Nr. 1 zu § 611 BGB Weiterbeschäftigung = NJW 1987, 2251; Urt. v. 17.01.1991 – 8 AZR 483/89 = AP Nr. 8 zu § 611 BGB Weiterbeschäftigung = NJW 1991, 2589; krit. zu dieser Rspr. Löwisch, KSchG, § 4 Rn 111 f., sowie Gamillscheg, Arbeitsrecht, S. 649 f., m.w.N. zur abl. Auffassung in der Literatur.
[1926] Vgl. KR/Etzel, § 102 BetrVG Rn 289; zu den Voraussetzungen s.a. Germelmann in Germelmann/Matthes/Prütting, ArbGG, § 62 Rn 86.

oder aus einem ihm günstigen Urteil erster Instanz gemäß § 62 Abs. 1 ArbGG i.V.m. §§ 707, 719 ZPO vorläufig vollstreckt[1927]. Die Vollstreckung erfolgt nach § 888 ZPO, weil es einer Mitwirkungshandlung des Arbeitgebers bedarf[1928]. Ist der Arbeitnehmer aufgrund eines auf Weiterbeschäftigung erkennenden, vorläufig vollstreckbaren Urteils oder aufgrund einer einstweiligen Verfügung dieses Inhalts weiterbeschäftigt worden und wird die betreffende Entscheidung später aufgehoben, hat der Arbeitgeber gemäß § 717 S. 2 ZPO bzw. § 745 Abs. 2 ZPO Anspruch auf Ersatz des Schadens, der ihm durch die Weiterbeschäftigung entstanden ist[1929].

2. Anspruch aus Annahmeverzug

Vom Grundsatz „ohne Arbeit kein Lohn" macht § 615 BGB eine wichtige Ausnahme: Befindet sich der Arbeitgeber im Annahmeverzug, so kann der Arbeitnehmer seinen Lohn verlangen, wie wenn er gearbeitet hätte, ohne zur Nachleistung der Dienste verpflichtet zu sein[1930]. Voraussetzung für den Annahmeverzug ist, dass der Arbeitgeber als Gläubiger nach § 293 BGB die ihm angebotene Leistung nicht annimmt, wobei sich das vom Arbeitnehmer als Schuldner zu machende Angebot nach den §§ 294 ff. BGB richtet. Bei einer Kündigungsschutzklage gerät der Arbeitgeber nach der neueren Rechtsprechung gemäß § 296 S. 1 BGB auch ohne ein wörtliches Angebot in Annahmeverzug, weil es einer nach dem Kalender bestimmten Mitwirkungshandlung des Arbeitgebers bedürfe; diese bestehe in der Einrichtung eines funktionsfähigen Arbeitsplatzes und der Zuweisung von Arbeit, damit der Arbeitnehmer die geschuldete Arbeitsleistung erbringen könne[1931].
Im Folgenden ist zu untersuchen, ob diese Rechtsprechung auch auf die einvernehmliche Vertragsbeendigung übertragbar ist.

a) Annahmeverzug für die Zeit vor Abschluss des Aufhebungsvertrages

Dabei stellt sich zunächst die Frage, ob der Arbeitnehmer dann, wenn der Kündigungsschutzprozess mit einem Aufhebungsvergleich endet, Anspruch auf Annahmeverzugslohn für die Zeit zwischen Kündigungstermin und Vergleichsabschluss hat. Dies hat das BAG bejaht, da der Aufhebungsvertrag als einvernehmliche Rücknahme einer Kündigung anzusehen sei und das Verhalten des Arbeitgebers nicht so verstan-

---

[1927] Nach Ernst, Aufhebungsverträge, S. 255, Fn 49, hätte es gegenüber der Bejahung eines allgemeinen Weiterbeschäftigungsanspruchs näher gelegen, den Arbeitnehmer, der den Aufhebungsvertrag für unwirksam hält, auf sein Recht zu verweisen, direkt auf Weiterbeschäftigung zu klagen und dann aus dem Urteil vollstreckungsrechtlich vorzugehen.
[1928] Löwisch, KSchG, § 4 Rn 105; KR/Etzel, § 102 BetrVG Rn 292.
[1929] Löwisch, KSchG, § 4 Rn 113.
[1930] Gamillscheg, Arbeitsrecht, S. 327.
[1931] BAG, Urt. v. 9.08.1984 – 2 AZR 374/83 = AP Nr. 34 zu § 615 BGB = NJW 1985, 935; Urt. v. 24.11.1994- 2 AZR 179/94 = AP Nr. 60 zu § 615 BGB = NJW 1995, 2653; näher zu den Voraussetzungen des Annahmeverzuges Vossen in Stahlhacke/Preis/Vossen, Kündigung und Kündigungsschutz, Rn 1767 ff.

den werden könne, als halte er an der Wirksamkeit der Kündigung fest[1932]. Weil der Arbeitgeber auf die Prüfung der Wirksamkeit der Kündigung verzichte, müsse er sich hinsichtlich des Annahmeverzuges so behandeln lassen, als ob die Kündigung unwirksam gewesen wäre.
Soweit man in einem Aufhebungsvergleich eine einvernehmliche Rücknahme der Kündigung sieht, ist diese Rechtsprechung zutreffend. Denn wenn der Arbeitgeber dem Arbeitnehmer das Angebot macht, die Kündigung zurückzunehmen und stattdessen einen Aufhebungsvertrag zu schließen, bestand das Arbeitsverhältnis bis zum Vertragsschluss fort, so dass der Annahmeverzugsanspruch nach den oben genannten Grundsätzen der Rechtsprechung (Entbehrlichkeit des Angebots) gegeben ist. Dies hätte zur Folge, dass sich der Arbeitgeber im Aufhebungsvertrag vorbehalten müsste, für die Vergangenheit keine Annahmeverzugsvergütung zu schulden.
Nach der hier vertretenen Auffassung, wonach der Aufhebungsvergleich in der Regel keine Aufhebung der Kündigung darstellt, liegt die Entscheidung darüber, ob in der Zeit zwischen Kündigungstermin und Vergleichsabschluss Ansprüche entstehen, in der Dispositionsfreiheit der Parteien[1933]. Der Aufhebungsvergleich trifft keine Aussage über die Wirksamkeit der Kündigung und begründet daher nicht automatisch Ansprüche aus Annahmeverzug wegen Fortbestehens des Arbeitsverhältnisses.
Entscheidend für das Bestehen von in der Vergangenheit begründeten Ansprüchen ist der Parteiwille, soweit nicht Rechte Dritter entgegenstehen. Dabei wird die Tatsache, dass die Parteien das Ende des Arbeitsverhältnisses nicht auf den Kündigungstermin gelegt haben, sondern die Beendigung hinausschoben, grundsätzlich dafür sprechen, dass noch Entgeltansprüche bestehen sollen. Enthält der Vergleich eine Ausgleichsklausel, liegt darin jedenfalls der Verzicht auf noch nicht erfüllte Entgeltansprüche[1934].

b) Annahmeverzug nach Beendigung des Arbeitsverhältnisses durch Aufhebungsvertrag

Eine andere Frage stellt sich, wenn der Arbeitnehmer nach der einvernehmlichen Beendigung des Arbeitsverhältnisses bis zu einer Entscheidung des Arbeitsgerichts über die Wirksamkeit des Aufhebungsvertrages nicht mehr arbeitet. Für den Anspruch auf Zahlung von Arbeitsentgelt für diese Zeit gemäß § 615 S. 1 BGB kommt es darauf an, ob der Arbeitgeber die Arbeitsleistung ordnungsgemäß angeboten hat oder ob ein solches Angebot entbehrlich war.
Dies ist zunächst für den Zeitraum zu untersuchen, in dem der Arbeitnehmer nicht gearbeitet hat, weil er von der Unwirksamkeit des Aufhebungsvertrages nichts wusste und daher von der Beendigung des Arbeitsverhältnisses ausging. In diesem Fall

---

[1932] BAG, Urt. v. 17.04.1986 – 2 AZR 308/85 = AP Nr. 40 zu § 615 BGB = NZA 1987, 17; i.E. ebenso LAG Brandenburg, Urt. v. 26.09.1996 – 3 Sa 341/96 = LAGE § 615 BGB Nr. 50.
[1933] Vgl.a. BAG, Urt. v. 10.05.1978 - 5 AZR 97/77 = AP Nr. 25 zu § 794 ZPO = BB 1979, 109.
[1934] BAG, Urt. v. 10.05.1978 - 5 AZR 97/77 = AP Nr. 25 zu § 794 ZPO = BB 1979, 109.

könnte § 297 BGB anwendbar sein. Diese Vorschrift macht einen Annahmeverzugsanspruch des Arbeitnehmers nicht nur von seiner Leistungsfähigkeit, sondern auch von seiner Leistungswilligkeit abhängig[1935]. Wenn der Arbeitnehmer nicht weiß, dass das Arbeitsverhältnis noch besteht, ist er nicht bereit, seine Arbeitsleistung zu erbringen. Deshalb scheitert der Annahmeverzug des Arbeitgebers für den genannten Zeitraum bereits an § 297 BGB[1936].
Daraus folgt, dass der Arbeitgeber frühestens dann in Annahmeverzug geraten kann, wenn der Arbeitnehmer wieder leistungswillig ist. Dies wird immer erst dann der Fall sein, wenn er von der Unwirksamkeit des Aufhebungsvertrages ausgeht und deshalb das Arbeitsverhältnis für fortbestehend hält. Fraglich ist allerdings, ob und in welcher Form er dem Arbeitgeber dann seine Arbeitswilligkeit anzeigen muss, um diesen in Annahmeverzug zu setzen. Grundsätzlich gilt, dass der Schuldner gemäß § 294 BGB seine Leistung so, wie sie zu bewirken ist, tatsächlich anbieten muss. Eine Ausnahme davon sieht § 295 BGB vor: Danach genügt ein wörtliches Angebot des Schuldners, wenn der Gläubiger erklärt hat, er nehme die Leistung nicht an oder wenn zur Bewirkung der Leistung eine Handlung des Gläubiger erforderlich ist.
Entgegen der Situation bei der Kündigung hat der Arbeitgeber, der mit dem Arbeitnehmer einen Aufhebungsvertrag geschlossen hat, die Erbringung der Arbeitsleistung des Arbeitnehmers über den Beendigungstermin hinaus nicht abgelehnt. Denn beide Parteien waren sich einig, dass das Arbeitsverhältnis zu diesem Zeitpunkt enden soll. Dabei kann es auch keine Rolle spielen, von wem das Angebot auf Vertragsabschluss ausging[1937]. Denn indem der Arbeitnehmer der Auflösung des Arbeitsverhältnisses zustimmt, macht er deutlich, dass er seine Arbeitsleitung nach dem Beendigungstermin nicht mehr erbringen will und wird[1938]. Dies gilt auch dann, wenn er dies nur aufgrund massiver Beeinflussung durch den Arbeitgeber tut, weil dies an seinem Einverständnis grundsätzlich nichts ändert[1939].
Fraglich ist aber, ob im vorliegenden Fall ein wörtliches Angebot nicht deshalb ausreicht, weil der Arbeitnehmer seine Arbeitsleitung nur erbringen kann, wenn der Arbeitgeber ihm einen Arbeitsplatz zur Verfügung stellt. Dies ist zu bejahen. Denn ohne die Zuweisung entsprechender Arbeitsaufgaben kann von dem Arbeitnehmer ein

---

1935 BAG, Urt. v. 10.05.1973 – 5 AZR 493/72 = AP Nr. 27 zu § 615 BGB = NJW 1973, 1948; Jauernig/Vollkommer, BGB, § 297 Rn 1; KR/Spilger, § 11 KSchG Rn 15; Gamillscheg, Arbeitsrecht, S. 328.

1936 Vgl. ErfK/Preis, § 615 BGB Rn 41; Becker, Anm. zu LAG Köln, Urt. v. 18.01.1984 und Urt. v. 28.02.1984, EzA § 615 BGB Nr. 41 und 42, S. 138 a f.; Vossen in Stahlhacke/Preis/Vossen, Kündigung und Kündigungsschutz, Rn 1772; a.A. MünchArbR/Boewer, § 78 Rn 30; Caspers, RdA 2001, 28, 33.

1937 S. dazu Ernst, Aufhebungsverträge, S. 262 f.

1938 Vgl.a. die Entscheidung des LAG Köln, Urt. v. 18.01.1984 – 5 Sa 1209/83 = EzA § 615 BGB Nr. 41.

1939 A.A. Ernst, Aufhebungsverträge, S. 264, der dies nur für eine bloß formelle Wahl mit gleichem Ergebnis hält.

tatsächliches Angebot nicht verlangt werden, weil er bereits aus dem Betrieb ausgeschieden ist und ihm ein Arbeitsplatz deshalb in der Regel gar nicht mehr zur Verfügung steht. Insoweit besteht ein Unterschied zu der Situation, in der ein Arbeitnehmer längere Zeit krankheitsbedingt abwesend war, weil von diesem ohne weiteres verlangt werden kann, dass er nach der Genesung an seinen Arbeitsplatz zurückkehrt und seine Arbeitsleistung tatsächlich anbietet[1940]. In der Praxis wird der Arbeitnehmer dem Arbeitgeber seine Rechtsauffassung mitteilen; ist dieser anderer Auffassung, liegt darin die konkludente Ablehnung einer Weiterbeschäftigung, so dass spätestens dann ein tatsächliches Angebot des Arbeitnehmers nicht mehr erforderlich wäre.

Das demzufolge nach § 295 S. 1 Alt. 2 BGB genügende wörtliche Angebot ist nicht gemäß § 296 BGB entbehrlich. Zwar hält das BAG die Vorschrift des § 296 BGB im Arbeitsverhältnis grundsätzlich für anwendbar[1941]. Dies kann allerdings nicht für den vorliegenden Fall gelten, weil es hier an einer kalendermäßigen Bestimmung der Mitwirkungshandlung des Arbeitgebers fehlt. Dieser hält das Arbeitsverhältnis für beendet und weiß nicht, dass der Arbeitnehmer dahingehend andere Erkenntnisse hat. Insbesondere ist ihm der Beginn der Leistungsbereitschaft des Arbeitnehmers nicht bekannt, wenn dieser ihm kein Angebot gemacht hat. Er hat nicht zuletzt deshalb keinen Grund für eine Mitwirkungshandlung, weil er das Arbeitsverhältnis nicht einseitig beendet hat. Deshalb kann kein Annahmeverzug eintreten, solange der Arbeitnehmer nicht deutlich macht, dass er seine Auffassung hinsichtlich der Beendigung des Arbeitsverhältnisses geändert hat.

Daraus folgt, dass der Arbeitnehmer seine Arbeitsleitung zumindest konkludent anbieten muss. Dies kann dadurch erfolgen, dass sich der Arbeitnehmer gegenüber dem Arbeitgeber auf die Unwirksamkeit des Aufhebungsvertrages beruft, soweit dieser seine Äußerungen gemäß §§ 133, 157 BGB so verstehen kann, dass der Arbeitnehmer wieder arbeiten will. Eine Klageerhebung ist nicht erforderlich; aus ihr ergibt sich aber in der Regel ein Arbeitsangebot[1942].

Im Ergebnis entspricht diese Lösung der Auffassung des BAG für den Fall einer unwirksamen Eigenkündigung, wonach die Besonderheit der unwirksamen Eigenkündigung eines Arbeitnehmers nicht die Unanwendbarkeit von § 296 BGB im fortbestehenden Arbeitsverhältnis rechtfertige, wenn die Leistungswilligkeit des Arbeitnehmers später gegenüber dem Arbeitgeber ausdrücklich bekundet wird oder von ihm aus einer Feststellungsklage des Arbeitnehmers entnommen werden kann[1943].

[1940] S. BAG, Urt. v. 29.10.1992 – 2 AZR 250/92 = EzA § 615 BGB Nr. 77.

[1941] So auch für den Fall einer unwirksamen Befristung BAG, Urt. v. 25.11.1992 – 7 AZR 191/92 = AP Nr. 150 zu § 620 BGB Befristeter Arbeitsvertrag = NZA 1993, 1081; ebenso LAG Hamm, Urt. v. 12.09.1997 – 5 Sa 2446/96 = LAGE § 615 BGB Nr. 55; a.A. LAG Köln, Urt. v. 18.01.1984 – 5 Sa 1209/83 = EzA § 615 BGB Nr. 41; Gamillscheg, Arbeitsrecht, S. 328.

[1942] BAG, Urt. v. 26.08.1971 – 2 AZR 301/70 = AP Nr. 26 zu § 615 BGB = BB 1971, 1508.

[1943] BAG, Urt. v. 21.11.1996 – 2 AZR 660/95 – n. v.

IV. Zusammenfassung

Der Arbeitnehmer kann die Unwirksamkeit des Aufhebungsvertrages im Wege der allgemeinen Feststellungsklage vor dem Arbeitsgericht geltend machen. Eine Klagefrist besteht nicht, allerdings kann die Frist des § 4 S. 1 KSchG im Einzelfall herangezogen werden, um zu ermitteln, ob der Arbeitnehmer sein Recht auf Geltendmachung der Unwirksamkeit des Aufhebungsvertrages verwirkt hat.

Im Prozess trägt der Arbeitnehmer die Beweislast für den von ihm geltend gemachten Unwirksamkeitsgrund. Erhebt der Arbeitnehmer Kündigungsschutzklage und beruft sich der Arbeitgeber darauf, das Arbeitsverhältnis sei durch Aufhebungsvertrag beendet worden, macht er eine rechtsvernichtende Einwendung geltend und muss daher das Zustandekommen des Aufhebungsvertrages beweisen.

Ist der in einem Kündigungsschutzprozess geschlossene Aufhebungsvergleich unwirksam, ist der Prozess fortzusetzen. Wurde der Aufhebungsvergleich nur außergerichtlich im Vorfeld des Prozesses geschlossen, hat der Arbeitnehmer in der Regel die Frist des § 4 S. 1 KSchG versäumt und muss deshalb nach § 5 KSchG nachträgliche Zulassung der Klage beantragen. Jedenfalls dann, wenn der Arbeitgeber den Arbeitnehmer arglistig von der Erhebung der Klage abgehalten hat, ist eine Zulassung gerechtfertigt. Gleiches gilt, wenn der Aufhebungsvergleich zwar außergerichtlich, aber in Zusammenhang mit einem anhängigen Prozess geschlossen wurde.

Beruft sich der Arbeitnehmer vor dem Arbeitsgericht auf die Unwirksamkeit des Aufhebungsvertrages, steht ihm nach der hier vertretenen Auffassung unter den gleichen Voraussetzungen ein Weiterbeschäftigungsanspruch zu, unter denen die Rechtsprechung einen solchen Anspruch im Kündigungsschutzprozess annimmt.

Schließen die Parteien im Kündigungsschutzprozess einen Aufhebungsvergleich, hat der Arbeitnehmer entsprechend der Rechtsprechung des BAG einen Anspruch auf Annahmeverzugslohn nach § 615 S. 1 BGB zwischen Kündigungstermin und Vergleichsschluss, soweit nicht die Parteien etwas anderes bestimmt haben. Beruft sich der Arbeitnehmer auf die Unwirksamkeit eines Aufhebungsvertrages, steht ihm wegen § 297 BGB ein solcher Anspruch so lange nicht zu, wie er von der Wirksamkeit des Aufhebungsvertrages ausgeht. Sobald er Kenntnis von den die Unwirksamkeit des Vertrages begründenden Tatsachen hat, muss er dem Arbeitgeber seine Arbeitsleistung anbieten; dabei genügt nach § 295 S. 1 Alt. 2 BGB ein wörtliches Angebot.

8. Kapitel: Sozialversicherungsrechtliche Folgen des Aufhebungsvertrages

§ 18 Die Entwicklung der den Aufhebungsvertrag betreffenden Instrumente des Arbeitsförderungsrechts seit 1997

Die Wechselwirkungen zwischen Arbeits- und Sozialrecht werden häufig übersehen, wodurch sowohl Arbeitnehmer als auch Arbeitgeber erhebliche sozialversicherungsrechtliche Nachteile erleiden können[1944]. Diese Nachteile hängen im Arbeitsförderungsrecht besonders stark von den gesetzgeberischen Entscheidungen vor dem Hintergrund der aktuellen beschäftigungspolitischen Situation und deren Auswirkungen auf die Sozialkassen ab.

Dahingehend war das Arbeitsförderungsrecht in den vergangenen Jahren eine bewegte Materie: Nicht nur die Überführung des AFG in das SGB III ist zu verzeichnen, sondern auch eine Reihe von Änderungen und Nachbesserungen der entscheidenden Vorschriften. Diese Entwicklung soll vor dem Hintergrund der Bedeutung der einzelnen, zur Verfügung stehenden Instrumente im Arbeitsförderungsrecht zunächst Gegenstand der Darstellung sein.

I. Einfluss des Aufhebungsvertrages auf den Anspruch auf Arbeitslosengeld

1. Anspruch auf Zahlung von Arbeitslosengeld – Voraussetzungen und Umfang

Die Voraussetzungen für den Bezug von Arbeitslosengeld ergeben sich aus § 117 SGB III, wonach ein Arbeitnehmer einen Anspruch auf Arbeitslosengeld hat, wenn er arbeitslos ist (§§ 118 ff. SGB III), sich beim Arbeitsamt arbeitslos gemeldet (§ 122 SGB III) und die Anwartschaftszeit (§§ 123, 124 SGB III) erfüllt hat[1945]. Die Anwartschaftszeit bezieht sich auf den Bestand eines Versicherungspflichtverhältnisses und beträgt gemäß § 123 S. 1 Nr. 1 SGB III in der Regel insgesamt 12 Monate innerhalb der Rahmenfrist von 3 Jahren (§ 124 Abs. 1 SGB III)[1946]. Die Rahmenfrist hat die Funktion, einen stetigen, aktuellen Bezug des Versicherten zur Solidargemeinschaft herzustellen[1947]. Mit der persönlichen Arbeitslosenmeldung gilt das Arbeitslosengeld gemäß § 323 Abs. 1 S. 2 SGB III als beantragt. Eine rückwirkende Gewährung kommt nicht in Betracht.

Bedeutsam bei der Prüfung der Voraussetzungen des § 117 SGB III ist vor allem der Begriff der Arbeitslosigkeit. Dieser setzt gemäß § 118 Abs. 1 SGB III Beschäftigungslosigkeit und Beschäftigungssuche voraus. Das Vorliegen eines Beschäftigungsverhältnisses richtet sich nach § 7 Abs. 1 SGB IV, so dass die Aufgabe einer

---

[1944] Bauer, Aufhebungsverträge, Rn 995.

[1945] Näher zu diesen Voraussetzungen Schulin/Igl, Sozialrecht, Rn 772 ff.

[1946] Ist die Anwartschaftszeit nicht erfüllt, kommt nach § 190 Abs. 1 SGB III ein Anspruch auf Arbeitslosenhilfe in Betracht; s. Burkard, Aufhebungsvertrag und Abwicklungsvertrag, S. 134 f.

[1947] Schulin/Igl, Sozialrecht, Rn 800.

selbständigen oder geringfügigen Beschäftigungen nicht zur Beschäftigungslosigkeit i.S.d. SGB III führt[1948]. Dabei ist zu beachten, dass Beschäftigungsverhältnis i.S.v. § 118 Abs. 1 Nr. 1 SGB III nicht gleichbedeutend mit Arbeitsverhältnis ist. Zum einen erfasst der Begriff auch solche Beschäftigungen, denen kein wirksames Arbeitsverhältnis zugrunde liegt; zum anderen kann Beschäftigungslosigkeit schon vorliegen, obwohl ein Arbeitsverhältnis (noch) besteht[1949]. Allerdings hat der arbeitsrechtliche Sachverhalt eine Indizwirkung dergestalt, dass regelmäßig davon ausgegangen wird, dass durch die Beendigung des Arbeitsverhältnisses auch das für das Arbeitsförderungsrecht maßgebliche Beschäftigungsverhältnis beendet wird[1950]. Daraus folgt, dass auch derjenige Arbeitnehmer, dessen Arbeitsverhältnis nicht aufgrund Kündigung oder Aufhebungsvertrag beendet wurde, einen Anspruch auf Arbeitslosengeld hat, soweit er vom Arbeitgeber tatsächlich nicht mehr beschäftigt wird[1951]. Hier schließt das Arbeitsförderungsrecht eine Lücke. Konsequenz dieser Regelung ist die Problematik der Gleichwohlgewährung (§ 143 Abs. 3 SGB III).
Soweit der Arbeitnehmer in dem genannten Sinne beschäftigungslos ist, gilt er nur als arbeitslos i.S.v. § 117 Abs. 1 Nr. 1 SGB III, wenn er auch arbeitsfähig und arbeitsbereit ist (§ 119 Abs. 1 SGB III); die Verfügbarkeit für die Arbeitsvermittlung ist eine der wichtigsten Voraussetzungen für den Anspruch auf Arbeitslosengeld[1952].
Das Arbeitslosengeld beträgt gemäß § 129 SGB III grundsätzlich 60 % des letzten durchschnittlichen Nettowochenarbeitsentgeltes; für Arbeitslose, die selbst oder deren Ehegatte oder Lebenspartner ein steuerlich zu berücksichtigendes Kind haben, 67 %. Dabei wird nun das beitragspflichtige Entgelt (§ 132 Abs. 1 SGB III) im Bemessungszeitraum (§ 130 SGB III) zugrunde gelegt[1953].
Die Dauer des Anspruchs auf Arbeitslosengeld richtet sich gemäß § 127 Abs. 1 SGB III zum einen nach der Dauer der Versicherungspflichtverhältnisse innerhalb der um vier Jahre veränderten Rahmenfrist und zum anderen nach dem Lebensalter, das der Arbeitslose bei der Entstehung des Anspruchs vollendet hat. Maximal ergibt sich aus einer dem Gesetz zu entnehmenden Tabelle ein Bezugszeitraum von 32 Monaten, wenn ein Versicherungsverhältnis mit einer Dauer von insgesamt mindestens 64 Monaten vorliegt und der Arbeitnehmer das 57. Lebensjahr vollendet hat. Die Mindestbezugsdauer beträgt sechs Monate.
Neben dem Arbeitslosengeld erzieltes Nettoeinkommen wird nach der Regelung des § 141 SGB III angerechnet. § 143 Abs. 1 und 2 SGB III schließen Arbeitslosengeld für diejenigen aus, die Arbeitsentgelt oder Urlaubsabgeltung erhalten oder zu beanspruchen haben. Dies erfolgt durch Eintritt eines Ruhenszeitraums.

[1948] Vgl. Bauer, Aufhebungsverträge, Rn 1041 a.
[1949] S. Schulin/Igl, Sozialrecht, Rn 119 ff.
[1950] Sauer, NZA 1997, 798, 800.
[1951] Gagel/Vogt, Beendigung von Arbeitsverhältnissen, Rn 18.
[1952] Näher dazu Weber/Ehrich/Burmester, Aufhebungsverträge, Teil 4 Rn 9 ff.
[1953] Zum Berechnungsweg Schulin/Igl, Sozialrecht Rn 802; Bauer, Aufhebungsverträge, Rn 1004 f.

2. Instrumente zur Beschränkung des Bezugs von Arbeitslosengeld nach Abschluss eines Aufhebungsvertrages

Grundsätzlich bietet die Arbeitslosenversicherung auch Schutz gegen solche Versicherungsfälle, die der Arbeitnehmer selbst vorsätzlich herbeigeführt hat, um diesem die freie Wahl von Beruf und Arbeitsplatz zu garantieren[1954]. Doch diese Freiheit muss Grenzen haben, wenn dadurch die Versichertengemeinschaft übermäßig belastet wird.

Mit dem Abschluss eines Aufhebungsvertrages begibt sich der Arbeitnehmer vorsätzlich in die Arbeitslosigkeit, weil er mit der Beendigung des Arbeitsverhältnisses einverstanden ist. Meldet er sich anschließend arbeitslos, bezieht er bei Vorliegen der Anspruchsvoraussetzungen Arbeitslosengeld, obwohl der Eintritt der Arbeitslosigkeit vermeidbar gewesen wäre. Dies hat den Gesetzgeber veranlasst, den Arbeitnehmer und teilweise auch den Arbeitgeber einen Teil der von ihnen verursachten Lasten mittragen zu lassen; dadurch wird zugleich quasi präventiv eine leichtfertige Belastung der Arbeitslosenversicherung zurückgedrängt[1955]. Dabei hat er verschiedene Instrumente zur Hand, die zunächst kurz vorgestellt werden sollen:

a) Sperr- und Ruhenszeiten

Sind die Voraussetzungen eines Ruhenstatbestandes gegeben, hat dies das zeitliche Hinausschieben des Beginns des Arbeitslosengeldbezuges um den jeweiligen Ruhenszeitraum zur Folge. Ruhen bedeutet, dass der Anspruch nicht durchgesetzt werden kann[1956]. Es tritt aber keine Verkürzung des Bezugszeitraums ein, weil der Arbeitslose für den Ruhenszeitraum als nicht arbeitslos behandelt wird[1957]. Nach Ablauf des Ruhenszeitraums lebt der gehemmte Anspruch wieder auf[1958]. Faktisch wirkt sich das Ruhen daher wie eine Kürzung des Arbeitslosengeldanspruchs aus, wenn der Arbeitslose vor Ablauf der Bezugsdauer wieder auf Dauer eine neue Arbeitsstelle findet[1959]. In Zusammenhang mit der einvernehmlichen Beendigung eines Arbeitsverhältnisses ist vor allem das Ruhen des Anspruchs wegen Zahlung einer Entlassungsentschädigung relevant (vgl. § 143 a SGB III). Aber auch wenn der Arbeitnehmer noch Anspruch auf Arbeitsentgelt hat, ruht sein Anspruch auf Arbeitslosengeld für eine gewisse Dauer (vgl. § 143 SGB III).

Auch die Verhängung einer Sperrzeit führt letztlich dazu, dass der Anspruch auf Arbeitslosengeld ruht (vgl. § 144 Abs. 2 S. 2 SGB III). Allerdings wird in diesen Fällen der Anspruch nicht nur zeitlich verschoben, sondern der Bezugszeitraum für das Arbeitslosengeld wird gleichzeitig um den angeordneten Zeitraum verkürzt (vgl. § 128

1954 Gagel/Vogt, Beendigung von Arbeitsverhältnissen, Rn 35.
1955 Vgl. Gagel/Vogt, a.a.O.
1956 KR/Wolff, § 143 SGB III Rn 7.
1957 Bauer, Aufhebungsverträge, Rn 1032.
1958 Valgolio in Hauck/Noftz, SGB III, § 143 a Rn 67.
1959 Haupt/Welslau, BuW 1999, 434, 436.

Abs. 1 Nr. 3 SGB III)[1960]. Der Eintritt einer Sperrzeit kann verschiedene Gründe haben, so z.B. die Arbeitsablehnung (§ 144 Abs. 1 Nr. 2 SGB III). Im Zusammenhang mit dem Aufhebungsvertrag ist die Verhängung einer Sperrzeit wegen Arbeitsaufgabe (§ 144 Abs. 1 Nr. 1 SGB III) relevant, die an den Grund für die Beendigung des Arbeitsverhältnisses anknüpft.
Sperr- und Ruhenszeiten bedeuten für den Arbeitslosen unter Umständen erhebliche finanzielle Nachteile. Deshalb ist ihre Beachtung bei Abschluss eines Aufhebungsvertrages besonders wichtig. Da die beschriebenen Rechtsfolgen auch kumulativ auftreten können[1961], wird der Beginn des Bezugszeitraums im ungünstigsten Fall nicht nur zweifach (Sperrfrist und Ruhenszeitraum) nach hinten verschoben, sondern auch insgesamt gekürzt.

b) Anrechnung der Abfindung

Die steuerrechtliche Behandlung der Abfindung wurde bereits an anderer Stelle besprochen. Hinsichtlich der sozialversicherungsrechtlichen Behandlung gibt es ein Instrument, das einen Zusammenhang zwischen Arbeitslosengeld und Abfindung herstellt: Die Anrechnung der Abfindung auf das Arbeitslosengeld. Diese erfolgt entweder indirekt dadurch, dass ein an der Höhe der gezahlten Entschädigung orientierter Ruhenszeitraum eintritt, während dessen die Abfindung zum Lebensunterhalt zu verwenden ist (vgl. § 117 a AFG a.F.), oder direkt, indem der Anspruch des Arbeitnehmers auf Arbeitslosengeld ab einer bestimmten Abfindungshöhe um einen bestimmten Betrag gekürzt wird, bis der insgesamt anzurechnende Abfindungsbetrag rechnerisch verbraucht ist (vgl. § 140 SGB III a.F.).

c) Erstattungsanspruch gegen den Arbeitgeber

Das letzte Instrument richtet sich nicht gegen den Arbeitnehmer als den Bezieher von Arbeitslosengeld, sondern gegen den Arbeitgeber, der einen älteren Arbeitnehmer in die Arbeitslosigkeit „entlässt". Soweit dieser keinen Anspruch auf Rente oder andere Sozialleistungen hat, wird er – meistens bis zum Eintritt in den Ruhestand - Bezieher von Arbeitslosengeld. Um dies auszugleichen bzw. zu verhindern muss der Arbeitgeber, soweit nicht eine der vom Gesetz zugelassene Ausnahmen gegeben ist, der BA für einen gewissen Zeitraum das Arbeitslosengeld, das der ehemals bei ihm Beschäftigte erhält, erstatten. Da dies zu erheblichen wirtschaftlichen Belastungen der Unternehmen führen kann, spielt die Auseinandersetzung zwischen Arbeitsämtern und Betrieben um die Erstattungsverpflichtung bzw. deren Voraussetzungen in der Praxis eine große Rolle und bringt nicht zuletzt eine immense Arbeitsbelastung auf beiden Seiten mit sich.

1960 S. dazu KR/Wolff, SozR Rn 56; Bauer, Aufhebungsverträge, Rn 1062.
1961 Valgolio in Hauck/Noftz, SGB III, § 143 a Rn 68; Spiolek, BB 1993, 1144; Bauer, Aufhebungsverträge, Rn 1032.

II. Die gesetzliche Entwicklung seit 1997

1. Die Rechtslage während der Geltung des AFG

Bis zum 31.12.1997 galt das Arbeitsförderungsgesetz (AFG). Durch das sog. Arbeitsförderungs-Reformgesetz (AFRG) vom 24.03.1997[1962] wurde es mit Wirkung zum 1.01.1998 in das SGB III überführt. Im Sinne der Rechtssicherheit und -klarheit wurden dabei Regelungen, die bisher in Rechtsverordnungen oder Anordnungen der BA enthalten waren, unmittelbar in das Gesetz aufgenommen, um so eine stärkere Konkretisierung des Arbeitsförderungsrechts zu erhalten[1963]. Die Überführung betraf folgende Vorschriften:

- Die Anrechnungsvorschrift des § 117 a AFG wurde ab 1.04.1997 zu § 115 a AFG und ab 1.01.1998 zu § 140 SGB III. Sie sah zunächst nach dem Ablauf der Sperrzeit wegen Arbeitsaufgabe noch eine Ruhenszeit vor, deren Länge sich nach der Höhe der Abfindung und dem geltenden Freibetrag richtete und führte so zu einer indirekten Anrechnung der Abfindung auf das Arbeitslosengeld. § 115 a AFG bestimmte dann eine direkte Anrechnung auf die Hälfte des Arbeitslosengeldes, wobei es nach § 242 x Abs. 3 AFG aus verfassungsrechtlichen Gründen bezüglich der meisten Arbeitnehmer während einer Übergangszeit bei der Anwendbarkeit der §§ 117, 117 a AFG blieb.
- Die Ruhensvorschrift des § 117 AFG. Diese regelte die Ruhenstatbestände wegen des Bezugs bzw. des Anspruchs auf Arbeitsentgelt (Abs. 1) und Urlaubsabgeltung (Abs. 1 a). Sie ordnete das Ruhen des Anspruchs auf Arbeitslosengeld für den Fall an, dass der Arbeitnehmer wegen der Beendigung des Arbeitsverhältnisses eine Abfindung oder Entschädigungsleistung erhalten bzw. zu beanspruchen hatte und das Arbeitsverhältnis ohne Einhaltung einer der ordentlichen Kündigungsfrist des Arbeitgebers entsprechenden Frist beendet worden war (Abs. 2). Aus § 117 Abs. 1 und 1 a AFG wurde am 1.01.1998 § 143 SGB III; Abs. 2 der Vorschrift wurde erst nach der Streichung der Anrechnungsvorschrift des § 140 SGB III zum 1.01.1999 in 43 a SGB III überführt.
- Die Vorschrift des § 119 Abs. 1 Nr. 1 AFG sah eine Sperrzeit vor, die gemäß § 119 a AFG zwölf Wochen betrug, wenn der Arbeitslose das Arbeitsverhältnis gelöst oder durch vertragswidriges Verhalten Anlass für eine Kündigung gegeben hatte und dadurch vorsätzlich oder grob fahrlässig die Arbeitslosigkeit verursachte, ohne für sein Verhalten einen wichtigen Grund zu haben. §§ 119 Abs. 1 Nr. 1, 119 a AFG wurden am 1.01.1998 zu § 144 Abs. 1 Nr. 1 SGB III.

[1962] BGBl. I, S. 594; s. dazu NZA 1997, 474 ff.

[1963] Gaul, NJW 1997, 1465, 1469.

- Der Erstattungsanspruch der BA gegen den Arbeitgeber in § 128 AFG wurde mit Wirkung zum 1.04.1997 gestrichen. Seit 1.01.1999 findet er sich wieder in § 147 a SGB III.

2. Die Rechtslage nach der Überführung des AFG in das SGB III

Die Rechtslage nach der Überführung des AFG in das SGB III war von der Diskussion um die Anrechnungsregelung des § 140 SGB III (§ 115 a AFG)[1964] geprägt. Diese Vorschrift wurde allerdings während ihrer Geltungsdauer in der Praxis überwiegend nicht relevant, weil sich in § 242 x SGB III aus Gründen des Vertrauensschutzes eine weit gehende, sehr komplizierte Übergangsregelung fand[1965], nach der die Anrechnung für die Mehrzahl der Arbeitsverhältnisse erst ab April 1999 durchzuführen gewesen wäre. Mit § 140 SGB III unternahm der Gesetzgeber den Versuch, das Abkaufen des Arbeitsplatzes finanziell unattraktiv zu machen und so gemeinsam mit der Sperrzeitvorschrift des § 144 Abs. 1 Nr. 1 SGB III insbesondere den Personalabbaumaßnahmen im Zusammenhang mit Frühverrentungen entgegenzutreten, weil es nicht immer zwingend wirtschaftliche Gründe sind, die zu einer Beendigung von Arbeitsverhältnissen führen[1966].

Nach den bis dahin geltenden Regelungen ruhte der Anspruch auf Arbeitslosengeld für einen gewissen Zeitraum und/oder die Anspruchsdauer wurde verkürzt; während der Bezugsdauer wurde das Arbeitslosengeld aber in der vorgesehenen Höhe ausbezahlt[1967]. Die neuen Vorschriften sahen demgegenüber vor, den nach pauschalem Steuerabzug und nach Abzug bestimmter Freibeträge verbleibenden Teil der Abfindung so lange auf die Hälfte des Arbeitslosengeldes anzurechnen, bis dieser rechnerisch verbraucht war[1968]. Unter Umständen dauerte diese Anrechnung während des gesamten Bezugszeitraumes an, so dass das Arbeitslosengeld immer nur reduziert gezahlt wurde. Dabei konnte die Anrechnung auch nicht – wie im Rahmen der §§ 117, 117 a AFG a.F. – durch die Einhaltung bestimmter Voraussetzungen vermieden werden[1969].

Bereits vor ihrem Inkrafttreten war die Regelung Gegenstand heftiger Kritik: Ungerechtfertigte finanzielle Nachteile für den Arbeitnehmer wurden ebenso befürchtet wie eine erhöhte Belastung der Arbeitsgerichte, weil die Bereitschaft zur gütlichen Einigung im Kündigungsschutzprozess erheblich sinken werde[1970]; auch die Verfas-

---

[1964] Ausführlich zur Anrechnung der Abfindung nach diesen Vorschriften Bauer/Röder, BB 1997, 834 ff.

[1965] S. dazu Gaul, NJW 1997, 1465, 1467; Rolfs, NZA 1997, 793, 794 f., und Kliemt, NZA 1998, 173, 175.

[1966] Johannsen, ZTR 1999, 241.

[1967] Bauer/Röder, BB 1997, 834.

[1968] Johannsen, ZTR 1999, 241.

[1969] Kliemt, NZA 1998, 173, 176.

[1970] Bauer/Röder, BB 1997, 834, 839 f.; Gaul, NJW 1997, 1465, 1466; Kliemt, NZA 1998, 173, 176.

sungsmäßigkeit des § 140 SGB III wurde in Zweifel gezogen, weil Langzeitarbeitslose von der Regelung am stärksten betroffen wären[1971]. Man könne keinem Arbeitnehmer mehr guten Gewissens raten, an der Beendigung des Arbeitsverhältnisses gegen Zahlung einer Abfindung mitzuwirken, wenn nicht bereits ein Anschlussarbeitsplatz gesichert sei[1972].

Als Reaktion auf diese Kritik modifizierte der Gesetzgeber die Vorschrift durch das 1. SGB III-Änderungsgesetz vom 16.12.1997[1973]. Durch günstigere Mindestfreibeträge und eine stärkere Berücksichtigung der Betriebszugehörigkeit sollten den Sozialpartnern im Falle unumgänglicher Entlassungen sozialverträgliche Lösungen ermöglicht werden[1974]. Nach der Bundestagswahl 1998 wurde die Vorschrift mit Wirkung zum 1.01.1999 durch das Entlassungsentschädigungs-Änderungsgesetz (EEÄndG) vom 24.03.1999[1975] schließlich ganz aufgehoben. Da die Zahlung einer Abfindung bei der Gewährung des Arbeitslosengeldes aber nicht ganz außer Acht gelassen werden kann, wurde § 143 a SGB III eingeführt, der der Ruhensvorschrift des § 117 Abs. 2 bis 3 a AFG entspricht; allerdings wurde der zu berücksichtigende Teil der Entlassungsentschädigung von maximal 70 % auf 60 % gesenkt. Weil in die Bemessung der Abfindung häufig auch die Frage einbezogen wird, ob und in welchem Umfang diese den Bezug von Arbeitslosengeld beeinflusst, wurden durch diese Entschärfung auch die Arbeitgeber wirtschaftlich entlastet[1976]. Im Gegenzug kam es zur Wiederbelebung des § 128 AFG im wesentlich inhaltsgleichen § 147 a SGB III. Die Ruhensvorschrift des § 117 a AFG wurde dagegen nicht reaktiviert.

3. Heutige Rechtslage

Die heutige Rechtslage besteht in dieser Form seit dem 1.01.1999. Mit dem Entlassungsentschädigungs-Änderungsgesetz (EEÄndG) wurde die bis zum 31.12.1997 geltende Rechtslage im Wesentlichen wieder hergestellt. Im Ergebnis können für die Arbeitsvertragsparteien bei Abschluss eines Aufhebungsvertrages nach heutiger Rechtslage folgende Vorschriften des Arbeitsförderungsrechts relevant werden:

- Die Ruhensvorschrift des § 143 SGB III bei Beendigung des Arbeitsverhältnisses ohne Einhaltung der ordentlichen Kündigungsfrist und Zahlung einer Abfindung.
- Die Sperrzeitvorschrift des § 144 Abs. 1 Nr. 1 SGB III wegen Arbeitsaufgabe.
- Die Erstattungsregelung des § 147 a SGB III bei der Beendigung des Arbeitsverhältnisses mit älteren Arbeitnehmern.

1971 Ausführlich Rolfs, DB 1996, 2126 ff.
1972 Rolfs, NZA 1997, 793, 796 ff., mit Erläuterungen zu Ausweichstrategien.
1973 BGBl. I, S. 2970.
1974 Bauer, Aufhebungsverträge, Rn 996; zu den Änderungen s. Kliemt, NZA 1998, 173 ff, und Schließmann, BB 1998, 318 ff.
1975 BGBl. I, S. 396.
1976 Johannsen, ZTR 1999, 241, 242.

Auf die Voraussetzungen dieser Vorschriften und ihre Auswirkungen soll im Folgenden eingegangen werden.

III. Zusammenfassung

Der Anspruch des Arbeitnehmers auf Zahlung von Arbeitslosengeld kann bei Abschluss eines Aufhebungsvertrages beeinträchtigt werden. Dabei hat der Gesetzgeber verschiedene Steuerungsinstrumente zur Verfügung: Die Verhängung von Sperr- und Ruhenszeiten für den Bezug des Arbeitslosengeldes und die Anrechnung einer gezahlten Abfindung auf das Arbeitslosengeld. Darüber hinaus kommt ein Anspruch auf Erstattung von gewährtem Arbeitslosengeld gegen solche Arbeitgeber in Betracht, die ältere Arbeitnehmer in die Arbeitslosigkeit entlassen haben.
Hinsichtlich dieser Instrumente hat der Gesetzgeber in den vergangenen Jahren unterschiedliche Schwerpunkte gesetzt. Nachdem vorübergehend eine weitgehende Anrechnungsregelung bestand und der Erstattungsanspruch gegen den Arbeitgeber gestrichen worden war, wurde durch das Entlassungsentschädigungs-Änderungsgesetz (EEÄndG) die bis zum 31.12.1997 geltende Rechtslage im wesentlichen wieder hergestellt.

§ 19 Auswirkungen des Arbeitsförderungsrechts bei Arbeitslosigkeit nach Abschluss eines Aufhebungsvertrages nach heutiger Rechtslage

I. Ruhenszeiten nach dem SGB III wegen verkürzter Kündigungsfrist

Die Berücksichtigung von Entlassungsentschädigungen beim Bezug von Arbeitslosengeld regelt nun § 143 a SGB III. Danach ruht der Anspruch auf Arbeitslosengeld bis zum Ende der ordentlichen Kündigungsfrist, wenn der Arbeitslose wegen der Beendigung des Arbeitsverhältnisses eine Abfindung erhalten oder zu beanspruchen hat und das Arbeitsverhältnis ohne Einhaltung einer der ordentlichen Kündigungsfrist entsprechenden Frist beendet worden ist. Diese Regelung beruht auf der unwiderleglichen gesetzlichen Vermutung, dass eine bei Nichteinhaltung der ordentlichen Kündigungsfrist gezahlte Abfindung Entgeltbestandteile enthält[1977]. Voraussetzung ist allerdings, dass die Abfindung wegen der Beendigung des Arbeitsverhältnisses gezahlt wird, so dass diejenigen Zahlungen ausscheiden, auf die der Arbeitnehmer ohnehin einen Anspruch hätte[1978]. Ein den Anforderungen entsprechender Zusammenhang ist bei einer vergleichsweisen Beendigung eines Arbeitsverhältnisses nicht zweifelhaft; das gilt auch dann, wenn die Abfindung aus sozialen Gründen gewährt worden ist[1979].

[1977] BSG, Urt. v. 17.02.1981 – 7 RAr 94/79 = DB 1981, 1983, 1984; Urt. v. 8.12.1987 – 7 RAr 46/68 = NZA 1988, 443, 445; KR/Wolff, § 143 a SGB III Rn 17; Weber/Ehrich/Burmester, Aufhebungsverträge, Teil 4 Rn 80; Müller, Aufhebungsverträge, S. 225.

[1978] Zum Begriff der Abfindung als Entlassungsentschädigung s. Johannsen, ZTR 1999, 241, 242 ff, und Gagel/Vogt, Beendigung von Arbeitsverhältnissen, Rn 11 ff., sowie bereits oben § 14 VI 1.

[1979] Vgl. BSG, Urt. v. 14.02.1978 – 7 RAr 57/76 = BSGE 46, 20, 30.

Wie das Arbeitsverhältnis beendet wird und von wem die Initiative für die Beendigung ausgeht, ist im Rahmen der Ruhensvorschriften unerheblich[1980]. Es kommt nur darauf an, dass der Arbeitgeber nicht fristgemäß gekündigt hat bzw. der Aufhebungsvertrag keine entsprechende Auslauffrist vorsieht[1981]. Die maßgebliche Frist ergibt sich aus den vertraglichen Absprachen der Parteien, dem zuständigen Tarifvertrag oder dem Gesetz[1982]. Für ihre Berechnung sind außerdem die Besonderheiten aus § 143 a Abs. 1 S. 3 bis 5 SGB III zu beachten[1983]. Dabei ist die für den Arbeitslosen günstigste Alternative zu wählen[1984]. Im Fall eines Aufhebungsvertrages beginnt die (fiktive) Kündigungsfrist mit dem Tag der Beendigungsvereinbarung[1985]. Ist der Vereinbarung eine Kündigung des Arbeitgebers vorangegangen, was regelmäßig bei Prozessvergleichen der Fall ist, so ist der Tag der Kündigung maßgebend[1986]. Soweit die ordentliche Kündigung des Arbeitsverhältnisses durch den Arbeitgeber zeitlich unbegrenzt ausgeschlossen ist, gilt gemäß § 143 a Abs. 1 S. 3 grundsätzlich eine fiktive Kündigungsfrist von 18 Monaten (Nr. 1), bei zeitlich begrenztem Ausschluss die Kündigungsfrist, die ohne den Ausschluss der ordentlichen Kündbarkeit maßgebend wäre (Nr. 2)[1987]. Kann der Arbeitgeber das Arbeitsverhältnis nur in Verbindung mit der Zahlung einer Entlassungsentschädigung kündigen, beträgt die Ruhensfrist ein Jahr.

Der Ruhenszeitraum beginnt mit dem auf den Beendigungstermin folgenden Tag und dauert grundsätzlich so lange, wie das Arbeitsverhältnis fortbestanden hätte, wenn zum Zeitpunkt des Lösungstatbestandes eine fristgemäße Kündigung ausgesprochen worden wäre[1988]. § 143 a Abs. 2 SGB III enthält eine Reihe von Begrenzungen, bis zu welchem Zeitpunkt der Anspruch auf Arbeitslosengeld längstens ruht[1989].

Nach § 143 a Abs. 2 S. 1 SGB III ruht der Anspruch keinesfalls über ein Jahr lang, nach S. 2 Nr. 3 ruht er nicht über den Tag hinaus, an dem der Arbeitgeber das Arbeitsverhältnis aus wichtigem Grund hätte kündigen können. Die Begrenzung der Ruhensfrist nach dieser Vorschrift beruht auf der Überlegung, dass bei Vorliegen

---

[1980] Valgolio in Hauck/Noftz, SGB III, § 143 a Rn 32; vgl.a. BSG, Urt. v. 8.12.1987 – 7 RAr 46/86 = NZA 1988, 443, 445.

[1981] Auch die vorzeitige Auflösung des Arbeitsverhältnisses durch ein Gestaltungsurteil des Arbeitsgerichts kann zum Ruhen des Arbeitslosengeldanspruchs führen: BSG, Urt. v. 8.12.1987 – 7 RAr 48/68 = NZA 1988, 443, 445.

[1982] Weber/Ehrich/Burmester, Aufhebungsverträge, Teil 4 Rn 82.

[1983] Ausführlich zu den einzelnen Fällen Weber/Ehrich/Burmester, Aufhebungsverträge, Teil 4 Rn 84 ff.; zu Unklarheiten und Irrtümern über die Länge der Kündigungsfrist oder Kündigungstermine s. Gagel/Vogt. Beendigung von Arbeitsverhältnissen, Rn 103 ff.

[1984] Bauer, Aufhebungsverträge, Rn 1016.

[1985] Gagel/Vogt, Beendigung von Arbeitsverhältnissen, Rn 102.

[1986] Bauer, Aufhebungsverträge, Rn 1016.

[1987] Dazu Bengelsdorf, Aufhebungsvertrag und Abfindungsvereinbarungen, S. 69.

[1988] Ernst, Aufhebungsverträge, S. 346.

[1989] S. dazu im Einzelnen GK-SGB III/Masuch, § 143 a Rn 66 ff.

eines Rechts zur fristlosen Kündigung eine dennoch gezahlte Abfindung allein der Entschädigung für den sozialen Besitzstand dient[1990]. Dabei kommen nur solche Gründe in Betracht, die vor der Beendigung des Arbeitsverhältnisses vorlagen[1991]. Ob diese vorlagen und eine fristlose Kündigung gerechtfertigt hätten, ist dann vom Sozialgericht zu prüfen[1992]. Dies gilt entsprechend der hier vertretenen Auffassung auch dann, wenn sich die Parteien im Streit über die Wirksamkeit der Kündigung verglichen haben, weil ein solcher Vergleich keine unwiderlegliche Vermutung dafür begründet, dass ein Kündigungsrecht nicht bestanden hat[1993].

In den meisten Fällen der Verkürzung der Kündigungsfrist wird sich der für den Arbeitslosen günstigste Ruhezeitraum danach bemessen, wie lange er benötigt hätte, um einen bestimmten Teil der Abfindung zu verdienen[1994]. Nach § 143 a Abs. 2 S. 2 Nr. 2 SGB III ruht der Anspruch nicht über den Tag hinaus, bis zu dem der Arbeitslose bei Weiterzahlung des Arbeitsentgelts sechzig Prozent der zu berücksichtigenden Entlassungsentschädigung verdient hätte[1995]. Es wird vermutet, dass 40 % der Abfindung eine Entschädigung für den Verlust des sozialen Besitzstandes darstellen und insoweit nicht der Abgeltung entgangener Ansprüche auf Arbeitsentgelt dienen[1996]. Der anzurechnende Anteil vermindert sich nach Abs. 2 S. 3 nach längerer Beschäftigung und höherem Lebensalter[1997]. Die Anrechnung der vollen sechzig Prozent erfolgt nur bei zum Zeitpunkt der Beendigung des Arbeitsverhältnisses unter 40-jährigen Arbeitnehmern, die weniger als fünf Jahre Betriebszugehörigkeit aufweisen können.

Zu beachten ist außerdem, dass während des Ruhens kein Krankenversicherungsschutz besteht (arg. § 126 Abs. 1 SGB III) und die BA keine Versicherungsbeiträge bezahlt[1998].

II. Sperrzeiten für den Bezug von Arbeitslosengeld wegen Arbeitsaufgabe

Nach § 144 Abs. 1 Nr. 1 SGB III tritt für den Bezug von Arbeitslosengeld eine Sperrzeit von zwölf Wochen ein, wenn der Arbeitslose das Beschäftigungsverhältnis gelöst oder durch ein arbeitsvertragswidriges Verhalten Anlass für die Lösung des Beschäftigungsverhältnisses gegeben und dadurch vorsätzlich oder grob fahrlässig die Arbeitslosigkeit herbeigeführt hat. Gemäß § 198 S. 2 Nr. 6 SGB III gilt die Regelung auch für den Bezug von Arbeitslosenhilfe. Grundgedanke der Sperrzeitregelung

---

[1990] BSG, Urt. v. 17.02.1981 – 7 RAr 94/79 = DB 1981, 1983, 1984 f.

[1991] Bauer, Aufhebungsverträge, Rn 1017.

[1992] Vgl. BSG, Urt. v. 17.02.1981 – 7 RAr 94/79 = DB 1981, 1983, 1985.

[1993] Bauer, Aufhebungsverträge, Rn 1018.

[1994] Müller/Ehrich/Burmester, Aufhebungsverträge, Teil 4 Rn 95.

[1995] Zur Berechnung der Dauer des Ruhenszeitraums anhand der Abfindung s. Weber/Ehrich/Burmester, Aufhebungsverträge, Teil 4 Rn 95 ff.

[1996] Bauer, Aufhebungsverträge, Rn 1026.

[1997] S. dazu Bauer, Aufhebungsverträge, Rn 1026 ff.

[1998] S. dazu Waltermann, NJW 1992, 1136, 1140 f.

ist es, dass sich die Versichertengemeinschaft gegen Risikofälle wehren muss, deren Eintritt der Versicherte selbst zu vertreten hat oder an deren Behebung er unbegründet nicht mithilft[1999].

1. Allgemeine Voraussetzungen und Folgen der Sperrzeit

Grundvoraussetzung für den Eintritt einer Sperrzeit ist die Lösung eines Beschäftigungsverhältnisses[2000]. Dabei richtet sich der Begriff des Beschäftigungsverhältnisses i.S.v. § 144 SGB Abs. 1 Nr. 1 III nach § 7 Abs. 1 SGB IV, so dass die Aufgabe einer selbständigen oder geringfügigen Beschäftigung keine Sperrzeit auslösen kann[2001]. Es muss zu einer rechtlichen Beendigung der Arbeitsvertragsbeziehungen kommen[2002]; dabei ist unerheblich, von wem die Initiative dafür ausgegangen ist[2003]. Auch darauf, ob und wann der Arbeitslose einen Anspruch auf Arbeitslosengeld geltend macht bzw. sich arbeitslos meldet, kommt es nicht an[2004]. Der Arbeitslose kann zwar durch eine spätere Antragstellung die unmittelbaren Rechtsfolgen des Ruhens seines Arbeitslosengeldanspruchs vermeiden, nicht jedoch den Eintritt der Sperrzeit selbst und das kalendermäßige Ablaufen dieser Sperrzeit mit der weiteren Folge einer Minderung der Anspruchsdauer verhindern[2005]. Die Sperrzeit tritt kraft Gesetzes ein, wenn ihre Voraussetzungen erfüllt sind und läuft kalendermäßig ab, beginnend mit dem Ereignis, das die Sperrzeit begründet, oder, wenn dieser Tag in eine Sperrzeit fällt, mit dem Ende dieser Sperrzeit (§ 144 Abs. 2 SGB III).

Im Fall des Aufhebungsvertrages ist die Auflösung des Arbeitsverhältnisses und die Herbeiführung der Arbeitslosigkeit das auslösende Ereignis[2006]. Bedeutet die zwölfwöchige Regelsperrzeit für den Arbeitslosen nach den für den Eintritt der Sperrzeit maßgebenden Tatsachen eine besondere Härte, so umfasst die Sperrzeit gemäß § 144 Abs. 3 S. 1 SGB III nur sechs Wochen; in den Ausnahmefällen des § 144 Abs. 3 S. 2 SGB III wird die Sperrzeit auf drei Wochen reduziert. Der Begriff der Härte ist ein unbestimmter Rechtsbegriff, der vom Gericht voll nachzuprüfen ist[2007]. In Fällen, in denen ein Arbeitsloser rechtsirrtümlich davon ausging, ein Sperrzeittatbestand werde nicht eintreten, erweist sich eine Regelsperrzeit nur dann als unverhältnismäßig, wenn der Irrtum unverschuldet, das heißt für den Arbeitslosen unvermeidbar war[2008].

[1999] BSG, Urt. v. 5.08.1999 – B 7 AL 38/98 = NJW 2000, 2043, 2045.

[2000] Zu den verfassungsrechtlichen Grenzen der Sperrzeit s. Valgolio in Hauck/Noftz, SGB III, § 144 Rn 5 ff.

[2001] Valgolio in Hauck/Noftz, SGB III, § 144 Rn 18.

[2002] Bauer, Aufhebungsverträge, Rn 1044.

[2003] BSG, Urt. v. 13.05.1987 – 7 RAr 38/86 = NZA 1987, 717; GK-SGB III/Marschner, Rn 13; Bengelsdorf, Aufhebungsvertrag und Abfindungsvereinbarungen, S. 58.

[2004] BSG, Urt. v. 5.08.1999 – B 7 AL 38/98 = NJW 2000, 2043, 2044.

[2005] BSG, Urt. v. 20.01.2000 – B 7 AL 20/99 = AP Nr. 6 zu § 119 AFG.

[2006] Ernst, Aufhebungsverträge, S. 349.

[2007] Bauer, Aufhebungsverträge, Rn 1060.

[2008] BSG, Urt. v. 22.03.1979 – 7 RAr 23/78 = BSGE 48, 109, 114.

Die objektive Beweislast für alle die Sperrzeit begründenden Umstände trägt die BA[2009]. Sie muss den Arbeitnehmer gemäß § 16 Abs. 3 SGB III über die ihm drohenden Nachteile informieren; bei Nicht- oder Falschauskünften hat der Arbeitnehmer einen sozialrechtlichen Herstellungsanspruch[2010].
Eine „Lösung" des Beschäftigungsverhältnisses i.S.d. § 144 Abs. 1 Nr. 1 Alt. 1 SGB III durch den Arbeitnehmer[2011] kommt hauptsächlich in drei Fällen in Betracht: Der Arbeitnehmer kündigt selbst[2012], er einigt sich mit dem Arbeitgeber über die Beendigung des Arbeitsverhältnisses (Aufhebungsvertrag) oder er „beteiligt" sich an einer Kündigung des Arbeitgebers (sog. Abwicklungsvertrag).

2. Voraussetzungen für den Eintritt einer Sperrzeit durch Arbeitsaufgabe bei Abschluss eines Aufhebungsvertrages

Der Abschluss eines Aufhebungsvertrages kann nach ständiger Praxis der Arbeitsämter und aufgrund der Rechtsprechung der Sozialgerichte zu einer Sperrzeit führen, wenn die weiteren Voraussetzungen des § 144 Abs. 1 Nr. 1 SGB III gegeben sind[2013]. Weil ein Aufhebungsvertrag nicht gegen den Willen des Arbeitslosen geschlossen werden kann, ist eine freiwillige Lösung im Sinne der Sperrzeitvorschrift immer zu bejahen[2014]. Wichtigste Ausnahme für den Eintritt einer Sperrzeit ist das Vorliegen eines wichtigen Grundes für die Arbeitsaufgabe.

a) Keine Sperrzeit bei Vorliegen eines wichtigen Grundes

Entscheidend für die Annahme eines wichtigen Grundes ist, ob die Beendigung des Arbeitsverhältnisses gegen den Willen des Arbeitslosen nicht hätte zustande kommen können[2015]. Dies ist nach der Rechtsprechung des BSG dann der Fall, wenn Umstände vorliegen, die nach verständigem Ermessen dem Arbeitslosen die Fortsetzung des Arbeitsverhältnisses nicht mehr zumutbar erscheinen lassen[2016]. Ein solcher Grund kann im persönlichen Bereich liegen[2017].
Außerdem kann ein wichtiger Grund gegeben sein, wenn ein älterer Arbeitnehmer bei erheblichem Personalabbau gegen Abfindung sein Arbeitsverhältnis löst und dadurch einen jüngeren Arbeitnehmer vor Entlassung bewahrt[2018].

2009 Valgolio in Hauck/Noftz, SGB III, § 144 Rn 175.

2010 Lohre/Mayer/Stevens-Bartol, SGB III, § 144 Rn 22.

2011 Zur Sperrzeit wegen arbeitsvertragswidrigen Verhaltens des Arbeitnehmers s. Valgolio in Hauck/Noftz, SGB III, § 144 Rn 36 ff.

2012 Dazu Gagel/Vogt, Beendigung von Arbeitsverhältnissen, Rn 60 ff.

2013 S. nur BSG, Urt. v. 13.05.1987 – 7 RAr 38/86 = NZA 1987, 717; Urt. v. 5.08.1999 – B 7 AL 38/98 = NJW 2000, 2043, 2044, sowie Ziff. 1.112 der DA zu § 144 SGB III.

2014 S. Ziff. 1.112 (3) der DA zu § 144 SGB III.

2015 S. die Ausführungen von Valgolio in Hauck/Noftz, SGB III, § 144 Rn 83 ff.

2016 BSG, Urt. v. 17.07.1964 – 7 RAr 4/64 = BSGE 21, 205, 206.

2017 Beispiele bei Bauer, Aufhebungsverträge, Rn 1053 mit Nachweisen zur Rspr.

2018 BSG, Urt. v. 17.02.1981 – 7 RAr 90/79 = DB 1981, 1523 f.; Urt. v. 13.05.1987 – 7 RAr 38/86 = NZA 1987, 717 f.

Problematisch ist der Fall, dass der Arbeitnehmer einen Aufhebungsvertrag schließt, um eine Kündigung zu vermeiden. Hätte der Arbeitgeber die Kündigung ausgesprochen, wäre keine Sperrzeit eingetreten, soweit es sich nicht um eine verhaltensbedingte Kündigung gehandelt hätte. Deshalb könnte das Inaussichtstellen einer Kündigung aus Sicht des Arbeitnehmers einen wichtigen Grund für den Abschluss des Aufhebungsvertrages darstellen. Fraglich ist, wie stark die Kündigungsabsicht bereits konkretisiert sein muss. Zum Teil wird gefordert, dass die Kündigung bereits „feststehe"[2019].

Dies ist in der Praxis jedoch nur schwer zu ermitteln. Jedenfalls dann, wenn der Arbeitnehmer ernsthaft mit dem Ausspruch der Kündigung rechnete und rechnen musste, ist ein wichtiger Grund anzunehmen[2020]. Denn dann ist es dem Arbeitnehmer zuzugestehen, dass er Nachteile im beruflichen Fortkommen aufgrund des drohenden „Makels" einer Kündigung oder andere Nachteile von vergleichbarem Gewicht vermeidet[2021].

Die BA hat in einem Runderlass[2022] folgende Kriterien für das Vorliegen eines wichtigen Grundes in diesen Fällen aufgestellt, die kumulativ vorliegen müssen[2023]:

- Es muss eine Kündigung durch den Arbeitgeber mit Bestimmtheit in Aussicht gestellt worden sein, ohne dass der Arbeitslose hierzu durch ein arbeitsvertragswidriges Verhalten Anlass gegeben hat;
- Diese Kündigung wäre zu demselben Zeitpunkt, zu dem das Beschäftigungsverhältnis geendet hat, wirksam geworden;
- Die Kündigung muss arbeitsrechtlich zulässig (insbesondere sozial gerechtfertigt) gewesen sein;
- Dem Arbeitslosen darf es nicht zuzumuten gewesen sein, den Ausspruch der arbeitgeberseitigen Kündigung abzuwarten.

Die BA geht in ihrem Runderlass unter Aufführung einer Reihe von Beispielen[2024] davon aus, dass eine solche, vom Arbeitnehmer darzulegende Unzumutbarkeit grundsätzlich immer dann vorliegt, wenn der Arbeitslose

- durch den Aufhebungsvertrag objektive Nachteile aus einer arbeitgeberseitigen Kündigung für sein berufliches Fortkommen vermieden hat; ein Arbeitsloser, der eine Vorruhestandsregelung in Anspruch genommen oder eine nach Höhe

---

2019 Sauer, NZA 1997, 798, 804.

2020 Vgl. LSG Thüringen, Urt. v. 30.08.2001 – L 3 AL 418/00 – n.v.

2021 LSG Nordrhein-Westfalen, Urt. V. 17.12.2001 – L 1 AL 32/01 – n.v.; vgl. a. Weuster, BuW 2000, 2006, 210.

2022 Die Durchführungsanordnungen zu § 119 AFG finden sich im RdErl. 111/90, 26. Erg. Lfg. 12/96, abgedruckt in NZA 1997, 427 ff.; die Anweisungen wurden ersetzt durch die – weitgehend identische - 1. DA zu § 144 SGB III, Dokumentation bei Bauer, Aufhebungsverträge, Rn 1045 b.

2023 S. Ziff. 1.73 (1) der DA zu § 144 SGB III (Ziff. 1.532 (1) der DA zu § 119 AFG).

2024 Beispiele aus der Rechtsprechung bei Weber/Ehrich/Burmester, Aufhebungsverträge, Teil 4 Rn 141.

und Zuschnitt vergleichbare Abfindung erhalten bzw. zu beanspruchen hat, kann sich darauf nur in besonders begründeten Einzelfällen berufen;

- sonstige gleichgewichtige Gründe darlegt, aus denen er objektive Nachteile aus einer arbeitgeberseitigen Kündigung befürchten musste.

Bei den oben genannten Voraussetzungen für das Vorliegen eines wichtigen Grundes ist insbesondere zu beachten, dass in diesen Fällen auch die Abkürzung der Kündigungsfrist einen eigenständigen Sperrzeittatbestand auslösen kann, wenn der Arbeitnehmer keinen wichtigen Grund hat, das Arbeitsverhältnis vorzeitig zu beenden[2025]. In der Praxis führt der Abschluss eines Aufhebungsvertrages in der Regel zunächst zur Verhängung einer Sperrzeit; legt der Arbeitslose Widerspruch ein, muss er darlegen, dass das Arbeitsverhältnis auch aufgrund einer zulässigen arbeitgeberseitigen Kündigung geendet hätte und diese für sein berufliches Fortkommen negativ gewesen wäre[2026]. Es bietet sich an, dies bereits in den Aufhebungsvertrag aufzunehmen. Denn der Arbeitnehmer ist für diejenigen Umstände, aus denen sich das Vorliegen eines wichtigen Grundes ergibt, beweispflichtig[2027].

b) Sperrzeit nur bei Herbeiführung der Arbeitslosigkeit durch den Arbeitnehmer

Weiterhin muss der Arbeitnehmer durch den Aufhebungsvertrag die Arbeitsaufgabe vorsätzlich oder grob fahrlässig herbeigeführt haben; das heißt, zwischen der Aufgabe des Arbeitsplatzes und dem Eintritt der Arbeitslosigkeit muss ein unmittelbarer Zusammenhang bestehen[2028]. Wird ein Arbeitsverhältnis zwecks Wechsel der Arbeitsstelle gelöst, ist diese Beendigung zumindest dann nicht kausal für die anschließende Arbeitslosigkeit, wenn beim Arbeitsplatzwechsel die spätere Arbeitslosigkeit nach allgemeiner Erfahrung nicht vorhersehbar war[2029]. Gleiches gilt beim Abschluss eines Aufhebungsvertrages dann, wenn der Arbeitnehmer auch ohne diesen zum gleichen Zeitpunkt arbeitslos geworden wäre[2030].
Hinsichtlich des Verschuldens gilt ein subjektiver Maßstab, das heißt, maßgeblich ist die persönliche Urteilsfähigkeit des Arbeitnehmers[2031]. Ein Arbeitnehmer führt nach der ständigen Rechtsprechung des BSG mit der freiwilligen Lösung des Arbeitsverhältnisses seine Arbeitslosigkeit, wenn nicht vorsätzlich, so doch mindestens grob

---

[2025] S. dazu BSG, Urt. v. 25.04.1990 – 7 RAr 106/89 = AP Nr. 2 zu § 119 AFG und Urt. v. 9.02.1995 – 7 RAr 14/94 = AP Nr. 3 zu § 119 AFG, das für diese Fälle Sperrzeit-Abstufungen entwickelt hat.

[2026] Weber/Ehrich/Burmester, Aufhebungsverträge, Teil 4 Rn 145.

[2027] GK-SGB III/Marschner, § 144 Rn 67; ErfK/Ascheid, § 144 SGB III Rn 37; a.A. Valgolio in Hauck/Noftz, SGB III, § 144 Rn 79, der das Nichtvorliegen eines wichtigen Grundes für ein negatives Tatbestandsmerkmal hält.

[2028] Valgolio in Hauck/Noftz, SGB III, § 144 Rn 58; s. dazu auch Ernst, Aufhebungsverträge, S. 351.

[2029] Valgolio in Hauck/Noftz, SGB III, § 144 Rn 59.

[2030] Lohre/Mayer/Stevens-Bartol, SGB III, § 144 Rn 11.

[2031] Waltermann, NJW 1992, 1136, 1138.

fahrlässig herbei, wenn er keine konkreten Aussichten auf einen Anschlussarbeitsplatz hat[2032]. Das wird zumindest dann anzunehmen sein, wenn sich der Arbeitnehmer vor Aufgabe seines Arbeitsplatzes nicht darüber unterrichtet hat, ob unmittelbar nach der Vertragsbeendigung ein neues Arbeitsverhältnis begründet werden kann[2033]. Die Darlegungslast bezüglich des Anschlussarbeitsplatzes liegt beim Arbeitnehmer[2034].

3. Eintritt einer Sperrzeit bei Abschluss eines arbeitsgerichtlichen Vergleiches

Eine Einigung nach Ausspruch einer arbeitgeberseitigen Kündigung und Erhebung einer Kündigungsschutzklage durch den Arbeitnehmer in Form eines gerichtlichen Vergleiches löst in der Regel keine Sperrzeit aus, weil der Arbeitnehmer in dieser Situation nach aller Erfahrung nicht mehr die Möglichkeit hat, eine Fortsetzung des Arbeitsverhältnisses und damit eine Beendigung seiner Arbeitslosigkeit durchzusetzen[2035]. Eine Ausnahme gilt für einen Vergleich im Anschluss an eine verhaltensbedingte ordentliche oder außerordentliche Kündigung, weil der Arbeitnehmer dann möglicherweise bereits vor Abschluss des Aufhebungsvergleiches durch sein Verhalten die Lösung des Beschäftigungsverhältnisses veranlasst hat; für den Eintritt einer Sperrzeit kommt es deshalb auf die Wirksamkeit der Kündigung an[2036].
Geht die Initiative für den Vergleich vom Arbeitnehmer oder dessen Prozessvertreter aus, stellt sich ebenfalls die Frage, ob das Arbeitsverhältnis auch ohne Zutun des Arbeitnehmers beendet worden wäre; diese Prüfung wird die Arbeitsämter in der Praxis aber überfordern[2037].
Ebenfalls nicht sperrzeitauslösend ist ein Gestaltungsurteil gemäß §§ 9, 10 KSchG, unabhängig davon, wer den Auflösungsantrag gestellt hat, weil dem Arbeitnehmer die Fortsetzung des Arbeitsverhältnisses dann nicht mehr zumutbar ist[2038]. Zu beachten ist allerdings, dass die Arbeitsverwaltung und die Sozialgerichtsbarkeit an die Feststellungen im Vergleich hinsichtlich der Gründe und des Zeitpunkts für die Beendigung des Arbeitsverhältnisses nicht gebunden sind[2039].

2032 BSG, Urt. v. 20.04.1977 – 7 RAr 112/75 = BSGE 43, 269, 270; Urt. v. 12.11.1981 – 7 RAr 21/81 = BSGE 52, 276, 181.
2033 Bengelsdorf, Aufhebungsvertrag und Abfindungsvereinbarungen, S. 60; Ernst, Aufhebungsverträge, S. 351.
2034 Falkenberg, ZTR 1994, 410, 412.
2035 Vgl. Ausführungen bei Waltermann, NJW 1992, 1136, 1138 f., und Müller, Aufhebungsverträge, S. 220.
2036 BSG, Urt. v. 25.04.1990 – 7 RAr 106/89 = AP Nr. 2 zu § 119 AFG.
2037 Sauer, NZA 1997, 798, 803.
2038 Valgolio in Hauck/Noftz, SGB III, § 144 Rn 122; Weber/Ehrich/Burmester, Aufhebungsverträge, Teil 4 Rn 138.
2039 S. BAG, Urt. v. 28.04.1983 – 2 AZR 446/81 = AP Nr. 3 zu § 117 AFG = NJW 1984, 76; ErfK/Ascheid, § 144 SGB III Rn 29; Hirt, BB 1989, 297, 299.

Die Durchführungsanordnung der BA stellt zum Abschluss eines Abfindungsvergleiches Folgendes fest[2040]: „Eine nachträgliche Einigung durch gerichtlichen Vergleich löst in aller Regel keine Sperrzeit aus, da der Arbeitslose nach aller Erfahrung nicht mehr die Möglichkeit hat, eine Fortsetzung des Beschäftigungsverhältnisses und damit eine Beendigung seiner Arbeitslosigkeit durchzusetzen. Eine andere Bewertung ist geboten, wenn sich ergibt, dass der Weg über eine rechtswidrige Arbeitgeberkündigung mit anschließender Klage vor dem Arbeitsgericht einvernehmlich mit dem Ziel beschritten worden ist, durch einen arbeitsgerichtlichen Vergleich den Eintritt einer Sperrzeit zu verhindern."

4. Eintritt einer Sperrzeit bei Beteiligung des Arbeitnehmers an einer arbeitgeberseitigen Kündigung – Die Problematik des Abwicklungsvertrages

a) Grundsätzliche Situation

Grundsätzlich liegt eine einverständliche Beendigung des Arbeitsverhältnisses nicht vor, wenn der Arbeitnehmer eine – möglicherweise unwirksame – Kündigung hinnimmt[2041], weil darin keine sperrzeitrelevante Willenserklärung des Arbeitnehmers gesehen werden kann[2042]. Diese Beurteilung veranlasste Hümmerich, Arbeitgebern und Arbeitnehmern eine besondere Gestaltung zur Vermeidung von Sperrzeiten zu empfehlen: den sog. Abwicklungsvertrag[2043].

b) Die Konstruktion des Abwicklungsvertrages

Der Abwicklungsvertrag unterscheidet sich vom Aufhebungsvertrag dadurch, dass er das Arbeitsverhältnis nicht selbst beendet, sondern nur die Modalitäten und Folgen der Beendigung regelt. Arbeitgeber und Arbeitnehmer stellen fest, dass das Arbeitsverhältnis durch arbeitgeberseitige Kündigung beendet wird; darüber hinaus verpflichtet sich der Arbeitnehmer ausdrücklich oder konkludent, nicht gegen die Kündigung im Wege der Kündigungsschutzklage vorzugehen[2044]. Abgesehen von diesen Merkmalen können Aufhebungsvertrag und Abwicklungsvertrag gleichartige Regelungen enthalten[2045].

[2040] S. Ziff. 1.113/2 (2) der DA zu § 144 SGB III bzw. § 119 AFG.

[2041] Gleiches gilt für die Rückname der Kündigungsschutzklage: Gagel/Vogt, Beendigung von Arbeitsverhältnissen, Rn 68.

[2042] BSG, Urt. v. 20.04.1977 – 7 RAr 81/75 – n. v.; Valgolio in Hauck/Noftz, SGB III, § 144 Rn 20 f.; Bengelsdorf, Aufhebungsvertrag und Abfindungsvereinbarungen, S. 49 m.w.N.; vgl.a. Ausführungen bei Ernst, Aufhebungsverträge, S. 350.

[2043] Erstmals Hümmerich, NZA 1994, 200, mit Formulierungsbeispielen.

[2044] Sog. Klageverzichtsvertrag, ausführlich dazu Burkard, Aufhebungsvertrag und Abwicklungsvertrag, S. 15 ff.; Hümmerich, a.a.O., vertrat teilweise die Auffassung, die Rechtswirkungen des Abwicklungsvertrages stünden unter der Bedingung, dass das Arbeitsverhältnis angesichts der vom Arbeitgeber ausgesprochenen Kündigung endet.

[2045] Hümmerich, NZA 1994, 200, 201.

aa) Die Vorteile des Abwicklungsvertrages nach der Auffassung Hümmerichs

Die Vorteile des Abwicklungsvertrages sind nach Hümmerich folgende[2046]:

- Der Arbeitgeber erreiche durch den Abwicklungsvertrag verbindlich die Beendigung des Arbeitsverhältnisses, ohne dass ein Arbeitsrechtsstreit geführt werde.
- Erhebe ein Arbeitnehmer gleichwohl Kündigungsschutzklage, handele er treuwidrig.
- Weil eine arbeitgeberseitige Kündigung vorliege, gegen die sich der Arbeitnehmer nicht wehren müsse, sei das Arbeitsamt nicht zur Verhängung einer Sperrzeit befugt.
- Der Befreiungstatbestand des § 128 Abs. 1 S. 2 Nr. 4 AFG (§ 147 a Abs. 1 S. 2 Nr. 4 SGB III) könne eingreifen, da das Arbeitsverhältnis durch arbeitgeberseitige Kündigung beendet werde.
- Da das Arbeitsverhältnis durch Kündigung beendet werde, habe der Arbeitnehmer keine Möglichkeit, die Beendigungswirkung im Wege der Anfechtung zu beseitigen.
- Weil eine Kündigung ausgesprochen werde, komme eine Erstattung der Rechtsanwaltsgebühren durch den Rechtsschutzversicherer in Betracht[2047].
- Der Abwicklungsvertrag könne weiterhin formfrei bzw. außerhalb der Anforderungen des § 126 BGB geschlossen werden, da § 623 BGB nur den Schriftformzwang für den Beendigungstatbestand selbst, Kündigung oder Aufhebungsvertrag, regle[2048].

Als Nachteil des Abwicklungsvertrages wird auch von Hümmerich eingeräumt, dass hinsichtlich der der Vereinbarung zugrunde liegenden Kündigung die Beteiligung des Betriebsrates erforderlich sei[2049].

bb) Die Kritik der Literatur an den Vorschlägen Hümmerichs

Bauer wies zunächst darauf hin, dass Hümmerich nur ein Spiel mit Worten betreibe[2050], denn der Abwicklungsvertrag sei nur eine Variante des Aufhebungsvertrages und als solche hinreichend bekannt. Nach Grunewald müssten die Nachteile dieser Konstruktion stärker beachtet werden[2051]: dies sei neben der Beteiligung des Betriebsrates auch die Einhaltung der Kündigungsfrist; außerdem führe der Abwicklungsvertrag in der von Hümmerich vorgesehenen Form zu einer Umgehung der Sperrfristen des Arbeitsförderungsrechts.

[2046] Hümmerich, a.a.O.; s.a. Hümmerich, NZA 2001, 1280 f.
[2047] Hümmerich, NJW 1996, 2081.
[2048] Hümmerich, NZA 2001, 1280, 1281 f.
[2049] Hümmerich, NZA 1994, 200, 204; einschränkend NZA 2001, 1280, 1283.
[2050] Bauer, NZA 1994, 440 f.
[2051] Grunewald, NZA 1994, 441 f.

cc) Stellungnahme

Die Diskussion um den arbeitsrechtlichen Abwicklungsvertrag verlief heftig, kurz und folgenreich. Das Verdienst Hümmerichs war es sicherlich, auf das Zusammenspiel zwischen arbeitsrechtlichen Beendigungstatbeständen und sozialrechtlichen Folgen eingehend hingewiesen zu haben. Letztlich hat er aber durch die von ihm provozierte Diskussion um den „Abschied vom arbeitsrechtlichen Aufhebungsvertrag“[2052] seine eigenen Vorschläge als Umgehungsversuch der sozialversicherungsrechtlichen Sperrzeitregelungen enttarnt.

Bei der Diskussion um den Abwicklungsvertrag handelt es sich jedoch entgegen der Auffassung von Bauer nicht um ein „Spiel mit Worten“[2053]. Denn der Abwicklungsvertrag ist gerade keine Variante des Aufhebungsvertrages, weil die Beendigung des Arbeitsverhältnisses im Ergebnis nicht einvernehmlich herbeigeführt wird; für beide gelten dementsprechend auch unterschiedliche Regeln[2054]. In der von Hümmerich vorgeschlagenen Form ist der Abwicklungsvertrag auch nicht bloße Kündigung. Während die Kündigung auf eine einseitige Vertragsbeendigung gerichtet ist, weil kein Konsens über den Fortbestand des Arbeitsverhältnisses besteht, ist der Abwicklungsvertrag gerade Ausdruck einer gewissen Übereinstimmung der Parteien. Der entscheidende Akt – die Beendigung des Arbeitsverhältnisses – erfolgt zwar durch einseitige Erklärung. Deren Folgen werden aber durch die Rahmenvereinbarung abgemildert. Fraglich ist nun, ob dies vor dem Hintergrund der Entwicklung der Rechtsprechung der Sozialgerichte noch sinnvoll ist[2055].

c) Die Behandlung des Abwicklungsvertrages durch Rechtsprechung und Arbeitsverwaltung

Man unterscheidet zwei Formen des Abwicklungsvertrages: Zum einen kann die Verabredung der Abwicklungsmodalitäten bereits in Zusammenhang mit dem Ausspruch der Kündigung erfolgen; zum anderen ist auch die nachträgliche Vereinbarung in Bezug auf eine bereits ausgesprochene, rechtswidrige Kündigung als Abwicklungsvertrag anzusehen.

Beide Möglichkeiten hat das BSG als mögliche Umgehungstatbestände der Sperrzeitregelung angesehen. In seiner Entscheidung vom 9.11.1995 führte das Gericht unter ausdrücklicher Bezugnahme auf die Ausführungen von Hümmerich Folgendes aus[2056]: „Auch durch eine Vereinbarung über eine noch auszusprechende Arbeitgeberkündigung (und ihre Folgen) löst der Arbeitnehmer das Arbeitsverhältnis. Es ist gerade Sinn einer solchen Vereinbarung, das Ende des Beschäftigungsverhältnisses

---

[2052] So der Titel des Aufsatzes in NZA 1994, 200.

[2053] So der Titel der Erwiderung auf Hümmerich in NZA 1994, 440.

[2054] So zu Recht Hümmerich, NZA 1994, 833.

[2055] Ausführlich zu den Vor- und Nachteilen des Abwicklungsvertrages Burkard, Aufhebungsvertrag und Abwicklungsvertrag, S. 202 ff.

[2056] BSG, Urt. v. 9.11.1995 – 11 RAr 27/95 = AP Nr. 4 zu § 119 AFG = BSGE 77, 48.

herbeizuführen. Nichts anderes gilt, wenn nach einer Arbeitgeberkündigung "Abwicklungsverträge" über Abfindungen, Entschädigungen oder ähnliche Leistungen anlässlich des Ausscheidens getroffen werden. Auch durch solche Verträge beteiligt sich ein Arbeitnehmer an der Beendigung des Beschäftigungsverhältnisses, weil er sich der Möglichkeit begibt, die Rechtswidrigkeit der ausgesprochenen Kündigung geltend zu machen."

Im Ergebnis stellte das BSG darauf ab, ob der Arbeitnehmer eine auf die einvernehmliche Beendigung des Arbeitsverhältnisses gerichtete Willenserklärung abgibt. Dies könne auch konkludent erfolgen; so könne sich insbesondere die Inanspruchnahme finanzieller Zuwendungen als Zustimmung zur Beendigung des Arbeitsverhältnisses und damit als Lösung des Beschäftigungsverhältnisses durch den Arbeitnehmer darstellen[2057].

Die BA hat die Durchführungsanweisungen an die Arbeitsämter entsprechend den Vorgaben der Rechtsprechung korrigiert. In der 1. DA zu § 144 SGB III, Stand 3/98, hat die BA konkrete Vorgaben dazu gemacht, wann ein Abwicklungsvertrag zu einer Sperrzeit führt. In 1.113 Abs. 1 heißt es: „ Bei einer Beteiligung des Arbeitnehmers an einer rechtswidrigen Arbeitgeberkündigung kann ein Auflösungssachverhalt vorliegen, wenn der Arbeitslose die Rechtswidrigkeit der Kündigung erkannt hat oder die Rechtswidrigkeit der Kündigung für ihn offensichtlich war." Dabei ist zu unterscheiden zwischen einer vorausgegangenen Absprache über eine noch auszusprechende Arbeitgeberkündigung, soweit nicht bereits ein Aufhebungsvertrag vorliegt (1.113/1), nachträglicher Einigung über eine ausgesprochene Arbeitgeberkündigung (1.113/2) und der Hinnahme einer offensichtlich rechtswidrigen Kündigung im Hinblick auf zugesagte finanzielle Vergünstigungen (1.113/3).

Bei einer nachträglichen Vereinbarung soll ein Auflösungssachverhalt vorliegen, wenn der Arbeitnehmer die Rechtswidrigkeit der Kündigung erkannt hat. Dies ist nach der Durchführungsanordnung nicht der Fall, wenn dem Arbeitnehmer durch eine kompetente Stelle[2058] entweder die Rechtmäßigkeit der Kündigung versichert worden ist oder die Rechtswidrigkeit der Kündigung auch nach dieser Auskunft ungewiss geblieben ist, weil ihm in dieser Situation ein arbeitsgerichtliches Vorgehen nicht zuzumuten sei[2059]. Hinsichtlich der letzten Fallgruppe der Hinnahme einer offensichtlich rechtswidrigen Kündigung ist noch auf folgende Ausführungen der BA zu verweisen[2060]: „Die Kündigung ist offensichtlich rechtswidrig, wenn der Arbeitnehmer ohne weiteres erkennen musste, dass sie gegen arbeitsvertragliche, tarifvertragliche oder gesetzliche Bestimmungen verstößt. Ob die Kündigung sozial gerechtfertigt oder ungerechtfertigt ist, ist für den Arbeitnehmer nicht offensichtlich." Für

---

[2057] BSG, Urt. v. 9.11.1995 – 11 RAr 27/95 = AP Nr. 4 zu § 119 AFG = BSGE 77, 48.

[2058] Zum Betriebsrat als kompetente Stelle s. Weber/Ehrich/Burmester, Aufhebungsverträge, Teil 4 Rn 126 f.

[2059] S. Ziff. 1.113/2 (3) der DA zu § 144 SGB III.

[2060] S. Ziff. 1.113/3 (3) der DA zu § 144 SGB III.

die Offensichtlichkeit ist deshalb vor allem auf die Einhaltung der Kündigungsfrist, den Ausschluss der ordentlichen Kündigung und den besonderen Kündigungsschutz abzustellen.
Für die Beurteilung, ob der Arbeitnehmer entsprechend den oben genannten Fallgruppen an der Kündigung durch den Arbeitgeber beteiligt war, kommt es entsprechend den Vorgaben des BSG[2061] auf den wirklichen Geschäftswillen der Vertragsparteien an, der anhand der getroffenen Vereinbarungen und des Verhaltens des Arbeitnehmers zu ermitteln ist[2062]. Dabei sind die Angaben des Arbeitnehmers im Fragebogen der Arbeitsämter von besonderer Bedeutung. Liegt eine der genannten Gestaltungsformen vor, tritt eine Sperrzeit gleichwohl nicht ein, wenn die Kündigung des Arbeitgebers rechtmäßig war[2063]. Die soziale Rechtfertigung ist im Einzelfall pauschal zu prüfen[2064]. Der Arbeitnehmer hat für sein Verhalten dann einen wichtigen Grund.
Nach einem neueren Urteil des BSG[2065] gilt § 144 SGB III auch in den Fällen, in denen der Arbeitnehmer sein Arbeitsverhältnis, das der Arbeitgeber bereits gekündigt hatte, vor Ablauf der Kündigungsfrist durch einen Aufhebungsvertrag löst, selbst wenn er Arbeitslosengeld erst für die Zeit beansprucht, in der er ohnedies aufgrund der Kündigung arbeitslos geworden wäre. Zur Begründung führte das BSG aus, die zum Beendigungszeitpunkt des Aufhebungsvertrages bestehende Sperrzeit könne nicht rückwirkend wegen der mit Ablauf der Kündigung fehlenden Kausalität entfallen; dies widerspreche dem gesetzgeberischen Ziel und dem systematischen Zusammenhang der Vorschriften[2066].

d) Beurteilung und Schlussfolgerung

Zu Recht hat das BSG darauf abgestellt, dass eine eigene sozialrechtliche Bewertung erfolgen muss, wenn die Beendigung des Arbeitsverhältnisses zwar formal durch eine Arbeitgeberkündigung erfolgt ist, diese aber von weiteren Vereinbarungen begleitet wurde[2067].
Fraglich kann allenfalls sein, welcher Nachweis für eine entsprechende Umgehungsvereinbarung zu verlangen ist. Gradmesser dafür ist die Frage, ob die Kündigung nach dem übereinstimmenden Parteiwillen nur wegen des Abwicklungsvertrages Bestand haben soll[2068]. Unproblematisch sind die Fälle, in denen der Arbeitnehmer weiß oder zumindest annimmt, dass die ausgesprochene Kündigung offensichtlich

---

[2061] BSG, Urt. v. 9.11.1995 – 11 RAr 27/95 = AP Nr. 4 zu § 119 AFG = BSGE 77, 48.
[2062] S. Ziff. 1.113 (3) der DA zu § 144 SGB III.
[2063] S. Ziff. 1.113 (2) bzw. Ziff. 1.73 (2) der DA zu § 144 SGB III.
[2064] S. Ziff. 1.73 (3) der DA zu § 144 SGB III.
[2065] BSG, Urt. v. 5.08.1999 – B 7 AL 38/98 = NJW 2000, 2043.
[2066] BSG, Urt. v. 5.08.1999 – B 7 AL 38/98 = NJW 2000, 2043, 2044.
[2067] Ebenso i.E. KasselerArbR/Welslau, 6.1 Rn 122; Sauer, NZA 1997, 798, 801; Neef/Schrader, DB 1999, 281, 284; a.A. Burkard, Aufhebungsvertrag und Abwicklungsvertrag, S. 152 ff.
[2068] KasselerArbR/Welslau, 6.1 Rn 119.

unwirksam ist[2069]. Allein die Tatsache, dass der Arbeitnehmer eine rechtswidrige Kündigung hinnimmt, kann aber nicht sperrzeitauslösend sein. Zum Teil wird entsprechend der Durchführungsanordnung der BA gefordert, dass er die Rechtswidrigkeit der Kündigung ohne weiteres erkennen könne, wie dies z.B. bei eindeutigen Verstößen gegen gesetzliche Kündigungsschutzbestimmungen der Fall wäre[2070]. Dem ist zuzustimmen, weil hier eine vertretbare Verbindung objektiver und subjektiver Kriterien zur Feststellung einer Umgehungsabsicht erfolgt.
Anhaltspunkt für die Feststellung einer Umgehungsabsicht durch das Arbeitsamt sind erläuternde Darstellungen im arbeitsgerichtlichen Urteil; sind sie einleuchtend formuliert und ergeben sich keine Anhaltspunkte dafür, dass sie nicht der tatsächlichen Sach- und Rechtslage entsprechen, sind sie ein wichtiger Grundstein dafür, dass die Feststellung einer Sperrzeit durch das Arbeitsamt gar nicht erst in Betracht gezogen wird[2071].
Wenn bei tatsächlicher Betrachtung eine einvernehmliche Vertragsbeendigung gegeben ist, muss dies zum Eintritt einer Sperrzeit führen, wenn nicht wichtige Gründe auf Seiten des Arbeitnehmers entgegenstehen. In der Regel werden die finanziellen Aspekte in diesen Fällen so dominant sein, dass sie auch bei schwierigster Arbeitsmarktlage die Arbeitnehmer nicht davor zurückscheuen lassen, gegen eine augenscheinlich hohe Abfindung ihren Arbeitsplatz mit ungewisser Zukunft freiwillig zu räumen[2072]. Dies kann allerdings nicht zu Lasten der Sozialkassen gehen.
Der Abwicklungsvertrag hat den Arbeitsämtern viel Arbeit, der Literatur Diskussionsstoff und den Rechtsanwendern Rechtsunsicherheiten gebracht. Wegen der verschärften Missbrauchskontrolle ist seine Verwendung mit hohen Risiken verbunden[2073]. Seine angeblichen Vorteile haben sich deshalb weitgehend erledigt[2074].
Hümmerich hat sich der Beurteilung durch das BSG im Ergebnis angeschlossen; Absprachen, die auf eine Umgehung der Sperrzeitanordnung abzielten, stellten in Wahrheit keinen Abwicklungs-, sondern einen Aufhebungsvertrag dar, so dass es sich bei Kündigung und Abwicklungsvertrag um ein gemäß § 117 Abs. 1 BGB unwirksames Scheingeschäft handele[2075]. Werde der Abwicklungsvertrag ohne Einhaltung der für einen Aufhebungsvertrag nach § 623 BGB zu beachtenden Form geschlossen, sei eine Umdeutung des Abwicklungs- in einen Aufhebungsvertrag zwar nicht möglich; die Umgehung der sozialversicherungsrechtlichen Folgen eines Auf-

---

2069 KasselerArbR/Welslau, 6.1 Rn 123.
2070 KasselerArbR/Welslau, 6.1 Rn 124; Sauer, NZA 1997, 798, 802.
2071 Werner, NZA 2002, 262.
2072 Sauer, NZA 1997, 798, 801.
2073 Nach KasselerArbR/Welslau, 6.1 Rn 125, muss man vom arbeitsrechtlichen Abwicklungsvertrag Abschied nehmen.
2074 S. Kursawe, NZA 1997, 236, 244; a.A. Burkard, Aufhebungsvertrag und Abwicklungsvertrag, S. 202 ff., der die Anwendung der Sperrzeitvorschriften auf den Abwicklungsvertrag verneint.
2075 Hümmerich, NZA 2001, 1280, 1284 f.

hebungsvertrages könne aber dadurch sanktioniert werden, dass eine Lösung des Beschäftigungsverhältnisses durch den Arbeitnehmer nach § 144 Abs. 1 SGB III auch dann vorliege, wenn sich der Arbeitnehmer im Vorfeld der arbeitgeberseitigen Kündigung gegen Zahlung einer Abfindung den Klageverzicht habe abkaufen lassen.
Obwohl bei dieser Betrachtungsweise der Abwicklungsvertrag nur noch nach Ausspruch einer arbeitgeberseitigen, nicht offensichtlich rechtswidrigen Kündigung in Betracht kommt, hält Hümmerich weiterhin an seinen Vorteilen fest[2076]. Wenn aber der Abwicklungsvertrag sozialversicherungsrechtliche Nachteile für den Arbeitnehmer nur dann vermeidet, wenn die ihm vorausgehende Kündigung nicht (offensichtlich) unwirksam ist, ist es aus Sicht des Arbeitnehmers und vor dem Hintergrund der oben dargestellten Durchführungsanordnung zu Vergleichen im Kündigungsschutzprozess vorteilhafter, einen arbeitgerichtlichen Vergleich zu schließen[2077]. Betrachtet man die Interessen des Arbeitgebers[2078], vermag der Abwicklungsvertrag die Vorteile des Aufhebungsvertrages ohnehin nicht zu erreichen.
Dass der „Aufhebungsvertrag als Regelbeendigungsinstrument von Arbeitsverhältnissen ausgedient" habe[2079], erscheint vor dem hier aufgezeigten Hintergrund mehr als Einsichtsmangel denn als vertretbare These.

III. Der Erstattungsanspruch bei Aufhebungsverträgen mit älteren Arbeitnehmern

1. Grundlagen und Entwicklung des Erstattungsanspruches

Wenn der Arbeitgeber ältere Arbeitnehmer entlässt, die noch keinen Anspruch auf Rentenzahlungen haben, führt dies in der Regel dazu, dass der betroffene Arbeitnehmer Arbeitslosengeld beantragt, weil er keinen Anschlussarbeitsplatz mehr findet. Geschieht diese Form der Frühpensionierung in großer Zahl, erreichen die Sozialversicherungskassen die Grenzen ihrer Belastbarkeit. Deshalb hat der Gesetzgeber 1981 erstmals entschieden, die Arbeitgeber an den durch diese Praxis entstehenden Kosten zu beteiligen. Durch § 128 AFG wurden sie verpflichtet, das Arbeitslosengeld für bestimmte Arbeitnehmergruppen über einen gewissen Zeitraum an die Arbeitsämter zu erstatten.
§ 128 AFG wurde zum Zankapfel zwischen BA und Arbeitgebern; es gab sowohl praktische als auch verfassungsrechtliche Bedenken[2080]. Schließlich musste der Gesetzgeber nachbessern, nachdem die Vorschrift vom BVerfG für teilweise verfassungswidrig erklärt wurde[2081]. Zumindest dann, wenn der ausscheidende Arbeitnehmer eine andere Sozialleistung beanspruchen könne, die seinen Anspruch auf Ar-

[2076] Hümmerich, NZA 1997, 409 ff., sowie BB 1999, 1868 ff.
[2077] Weber/Ehrich/Burmester, Aufhebungsverträge, Teil 4 Rn 154.
[2078] Oben § 2 III 1.
[2079] Hümmerich, BB 1999, 1868, 1873.
[2080] S. Müller, Aufhebungsverträge, S. 232 ff.
[2081] BVerfG, Urt. v. 23.01.1990 – 1 BvL 44/86 = NZA 1990, 161 ff.

beitslosengeld entfallen oder ruhen ließe, sei der Erstattungsanspruch unverhältnismäßig[2082]. Weil sich das Gesetz nach dieser Entscheidung als völlig unpraktikabel erwies, wurde § 128 AFG mit Wirkung zum 1.07.1991 gestrichen, wobei diese Entscheidung durch einen Pauschalvergleich mit dem am stärksten betroffenen Unternehmen erleichtert wurde, die an die BA eine pauschale Abfindung in Höhe von 500 Mio. DM zahlten[2083].
Vom 1.01.1993 an galt dann ein neuer § 128 AFG[2084], der im Zuge der Einführung der Anrechnungsvorschriften der §§ 115 a AFG, 140 SGB III mit Wirkung zum 1.04.1997 gestrichen wurde, wobei auch hier die Übergangsregelung des § 242 x AFG Anwendung fand. Seit 1.01.1999 findet sich der von 1993 bis 1997 geltende § 128 AFG weitgehend unverändert in § 147 a SGB III[2085].

2. Voraussetzungen für einen Erstattungsanspruch

Für Arbeitnehmer, die innerhalb der letzten vier Jahre vor Beginn der Arbeitslosigkeit mindestens 24 Monate bei dem Arbeitgeber beschäftigt wurden, erstattet dieser vierteljährlich das Arbeitslosengeld für die Zeit nach Vollendung des 58. Lebensjahres des Arbeitslosen. Nach § 147 a Abs. 1 S. 1 SGB III schuldet der Arbeitgeber Erstattung längstens für 24 Monate. Eine Erstattungspflicht scheidet aus, wenn das Arbeitsverhältnis vor Vollendung des 56. Lebensjahres des Arbeitnehmers beendet worden ist (§ 147 a Abs. 1 S. 1 Alt. 1 SGB III). Auf die Form der Beendigung kommt es dann nicht an[2086]. Entsprechend den Vorgaben des BVerfG[2087] kommt eine Erstattungspflicht auch immer dann nicht in Betracht, wenn der Arbeitnehmer Leistungen aus einem anderen Sozialversicherungssystem beanspruchen kann (§ 147 a Abs. 1 S. 2 Alt. 2 SGB III)[2088]. Ob deren Voraussetzungen vorliegen, haben die Arbeitsämter von Amts wegen zu untersuchen[2089]. Nach verbreiteter Auffassung soll dies allerdings nur dann gelten, wenn Anhaltspunkte für eine solche andere Sozialleistung vorliegen[2090]. Lassen sich die Voraussetzungen für eine andere Sozialleistung nicht aufklären, geht die Nichterweislichkeit nach den allgemeinen Beweislastregeln Lasten der BA, so dass kein Erstattungsanspruch besteht[2091].

[2082] BVerfG, Urt. v. 23.01.1990 – 1 BvL 44/86 = NZA 1990, 161, 165 f.
[2083] Bauer, Aufhebungsverträge, Rn 1068.
[2084] Dazu Hanau, DB 1992, 2625 ff.
[2085] Zur Entwicklung s.a. Gagel/Vogt, Beendigung von Arbeitsverhältnissen, Rn 237 ff.
[2086] Bengelsdorf, Aufhebungsvertrag und Abfindungsvereinbarungen, S. 84 m.w.N.
[2087] BVerfG, Urt. v. 23.01.1990 – 1 BvL 44/86 = NZA 1990, 161, 165 f.
[2088] Zu den in Frage kommenden Sozialleistungen s. Weber/Ehrich/Burmester, Aufhebungsverträge, Teil 4 Rn 189 ff.
[2089] So KR/Wolff, § 147 a SGB III Rn 35 f.; Bauer, Aufhebungsverträge, Rn 1072.
[2090] So BSG, Urt. v. 17.12.1997 – 11 Rar 61/97 = BSGE 81, 259, 263; GK-SGB III/Hess, § 147 a Rn 51 f.; Weber/Ehrich/Burmester, Aufhebungsverträge, Teil 4 Rn 196; Bengelsdorf, 82.
[2091] Str., wie hier KR/Wolff, § 147 a SGB III Rn 36; GK-SGB III/Hess, § 147 a Rn 54; Gagel/Vogt, Beendigung von Arbeitsverhältnissen, Rn 252; Bauer, Aufhebungsverträge, Rn 1072; Ben-

Darüber hinaus enthält § 147 SGB III eine Reihe von Befreiungstatbeständen von der Erstattungspflicht[2092]. Diese richten sich nach Beschäftigungsdauer (Abs. 1 S. 2 Alt. 3 Nr. 1), Unternehmensgröße (Abs. 1 S. 2 Alt. 3 Nr. 2) oder dem Vorliegen von Kündigungstatbeständen (Nr. 3 bis 5). Auch umfangreicher Personalabbau (Nr. 6 und 7) und besondere Härtefälle (Abs. 2 Nr. 2) sind zu berücksichtigen. Nach Abs. 3 der Vorschrift kann sich die Erstattungssumme in bestimmten Fällen reduzieren.
In der Praxis wichtigster Ausnahmetatbestand ist die Beendigung des Arbeitsverhältnisses durch arbeitnehmerseitige Kündigung ohne Abfindungszahlung oder sozial gerechtfertigte Arbeitgeberkündigung, wobei das Arbeitsamt an die Entscheidung des Arbeitsgerichts über die soziale Rechtfertigung der Kündigung gebunden ist[2093]. Liegt keine rechtskräftige Entscheidung vor[2094], muss die Arbeitsverwaltung selbst prüfen, ob die Kündigung sozial gerechtfertigt war. Dabei trägt nach dem Wortlaut des Gesetzes der Arbeitgeber die Beweislast[2095]. Schließen Arbeitnehmer und Arbeitgeber einen Aufhebungsvertrag, scheidet eine Erstattungspflicht gemäß § 147 a Abs. 1 S. 2 Alt. 3 Nr. 5 SGB III dann aus, wenn der Arbeitgeber bei Beendigung des Arbeitsverhältnisses berechtigt war, dieses aus wichtigem Grund ohne Einhaltung einer Kündigungsfrist oder mit sozialer Auslauffrist zu kündigen[2096]. Das heißt, im Zeitpunkt des Abschlusses des Aufhebungsvertrages müssen die Voraussetzungen des § 626 BGB vorgelegen haben.
Darüber hinaus wurde es zwischenzeitlich vom BSG nicht mehr generell ausgeschlossen, dass die Erstattungspflicht auch entfällt, wenn der Aufhebungsvertrag anstelle einer arbeitgeberseitigen betriebsbedingten Kündigung (vgl. Nr. 4) geschlossen wird[2097]; diese Tendenz hat sich allerdings in neueren Entscheidungen nicht bestätigt[2098]. Dies ist bedauerlich, weil es keinen Grund gibt, den Befreiungsanspruch nach der Form der Vertragsbeendigung zu richten und nicht nach dem Anlass[2099].

---

gelsdorf, Aufhebungsvertrag und Abfindungsvereinbarungen, S. 82; Weber/Ehrich/Burmester, Aufhebungsverträge, Teil 4 Rn 197.

2092 Näher dazu Bauer, Aufhebungsverträge, Rn 1074 ff.

2093 Zu der darin liegenden Problematik Bauer, Aufhebungsverträge, Rn 1082.

2094 Eine Bindungswirkung soll nach Auffassung der BA nicht bei einem rechtskräftigen Vergleich bzw. einem Auflösungsantrag nach den §§ 9, 10 KSchG gegeben sein; krit. dazu Weber/Ehrich/Burmester, Aufhebungsverträge, Teil 4 Rn 236 ff.

2095 S. Voelzke, DB 2001, 1990, 1993; krit. dazu KR/Wolff, § 147 a SGB III Rn 57; Weber/Ehrich/Burmester, Aufhebungsverträge, Teil 4 Rn 246; .

2096 Zum Befreiungstatbestand des § 147 a Abs. 2 S. 2 Alt. 3 Nr. 4 SGB III bei Abschluss eines Abwicklungsvertrages s. Burkard, Aufhebungsvertrag und Abwicklungsvertrag, S. 175 ff.

2097 BSG, Urt. v. 17.12.1997 – 11 RAr 61/97 = BSGE 81, 259, 264 f. m. zust. Anm. Gagel, EWiR 1998, 577; Leitsatz 2 der Entscheidung ist insoweit irreführend.

2098 BSG, Urt. v. 4.09.2001 – B 7 AL 64/99 R = NZA-RR 2002, 328 und Urt. v. 20.09.2001 – B 11 AL 30/01 R = RegNr. 25599.

2099 Gagel/Vogt, Beendigung von Arbeitsverhältnissen, Rn 260; krit. a. Weber/Ehrich/Burmester, Aufhebungsverträge, Teil 4 Rn 266; a.A. Voelzke, DB 2001, 1990, 1992; Burkard, Aufhebungsvertrag und Abwicklungsvertrag, S. 183 f.

Entscheidend für die Erstattungspflicht ist, dass der Arbeitgeber die wesentliche Verantwortung für das Ausscheiden trägt[2100]. In der Praxis muss davon ausgegangen werden, dass im Fall der Beendigung des Arbeitsverhältnisses durch Aufhebungsvertrag das eventuelle Vorliegen von Gründen für den Ausspruch einer ordentlichen Kündigung keine Rolle spielt[2101]. Gegebenenfalls bietet sich dann aber der Abschluss eines Abwicklungsvertrages an[2102].

Eine gegen Zahlung einer Abfindung eingegangene Verpflichtung des Arbeitnehmers im Aufhebungsvertrag, kein Arbeitslosengeld zu beantragen, ist nichtig, weil dadurch dem Arbeitnehmer sozialrechtliche Nachteile in der Kranken- und Rentenversicherung entstehen[2103]. Zwar wird eine solche Vereinbarung in der Regel nicht zur Unwirksamkeit des gesamten Aufhebungsvertrages führen, es wird aber zumindest wegen Veränderung der Geschäftsgrundlage eine Anpassung des Abfindungsbetrages zu erfolgen haben[2104]. Zulässig ist dagegen eine Vereinbarung, wonach der Arbeitgeber gegen den Arbeitnehmer einen Anspruch auf Rückforderung einer Überbrückungszahlung hat, soweit er Erstattungsleistungen an das Arbeitsamt erbringt[2105].

IV. Zusammenfassung

Die Berücksichtigung von Entlassungsentschädigungen beim Bezug von Arbeitslosengeld regelt § 143 a SGB III. Danach ruht der Anspruch auf Arbeitslosengeld bis zum Ende der ordentlichen Kündigungsfrist, wenn der Arbeitslose wegen der Beendigung des Arbeitsverhältnisses eine Abfindung erhalten oder zu beanspruchen hat und das Arbeitsverhältnis ohne Einhaltung einer der ordentlichen Kündigungsfrist entsprechenden Frist beendet worden ist.

Der Anspruch auf Arbeitslosengeld ruht außerdem im Fall der Verhängung einer Sperrzeit durch das Arbeitsamt. Nach § 144 Abs. 1 Nr. 1 SGB III tritt für den Bezug von Arbeitslosengeld eine Sperrzeit von zwölf Wochen ein, wenn der Arbeitslose das Beschäftigungsverhältnis gelöst oder durch ein arbeitsvertragswidriges Verhalten Anlass für die Lösung des Beschäftigungsverhältnisses gegeben und dadurch vorsätzlich oder grob fahrlässig die Arbeitslosigkeit herbeigeführt hat. In der Regel erfüllt der Aufhebungsvertrag diesen Sperrzeittatbestand, es sei denn, der Arbeitnehmer hatte für das Lösen des Beschäftigungsverhältnisses einen wichtigen Grund. Ein solcher

---

2100 BVerfG, Urt. v. 23.01.1990 - 1 BvL 44/86 = NZA 1990, 161, 166.

2101 Zum Diskussionsstand s. KR/Wolff, § 147 a SGB III, Rn 41.

2102 S. KR/Wolff, § 147 a SGB III Rn 54 a; Weber/Ehrich/Burmester, Aufhebungsverträge, Teil 4 Rn 267 ff.; Burkard, Aufhebungsvertrag und Abwicklungsvertrag, S. 184 f.

2103 BAG, Urt. v. 22.06.1989 – 8 AZR 761/87 = EzA § 128 AFG Nr. 2; BSG, Urt. v. 24.03.1988 – 5/5 b RJ 84/86 = BB 1988, 1964 f.; MünchArbR/Wank, § 115 Rn 20; Bengelsdorf, Aufhebungsvertrag und Abfindungsvereinbarungen, S. 89; Müller, Aufhebungsverträge, S. 232.

2104 S. auch zur Frage eines Rückzahlungsanspruchs des Arbeitgebers Bauer, Aufhebungsverträge, Rn 1093.

2105 BAG, Urt. v. 25.01.2000 – 9 AZR 144/99 = AP Nr. 3 zu § 128 AFG = NZA 2000, 886; zust. Voelzke, DB 2001, 1990, 1994.

Grund ist jedenfalls dann anzunehmen, wenn der Arbeitnehmer ernsthaft mit dem Ausspruch der Kündigung rechnete und rechnen musste. Nach der BA darf es dem Arbeitslosen außerdem nicht zuzumuten gewesen sein, den Ausspruch der arbeitgeberseitigen Kündigung abzuwarten. Darüber hinaus tritt eine Sperrzeit nur ein, wenn der Arbeitnehmer durch den Aufhebungsvertrag die Arbeitsaufgabe vorsätzlich oder grob fahrlässig herbeigeführt hat; das heißt, zwischen der Aufgabe des Arbeitsplatzes und dem Eintritt der Arbeitslosigkeit muss ein unmittelbarer Zusammenhang bestehen.

Nach der zutreffenden Rechtsprechung des BSG und den Durchführungsanweisungen der BA kann auch der Abschluss eines Abwicklungsvertrages zum Eintritt der Sperrzeit führen. Ein Abwicklungsvertrag beendet das Arbeitsverhältnis nicht selbst, sondern regelt nur die Modalitäten und Folgen der Beendigung. Arbeitgeber und Arbeitnehmer stellen fest, dass das Arbeitsverhältnis durch arbeitgeberseitige Kündigung beendet wird; darüber hinaus verpflichtet sich der Arbeitnehmer ausdrücklich oder konkludent, nicht gegen die Kündigung im Wege der Kündigungsschutzklage vorzugehen. Allein die Tatsache, dass der Arbeitnehmer eine rechtswidrige Kündigung hinnimmt, kann aber nicht sperrzeitauslösend sein. Erforderlich ist, dass er die Rechtswidrigkeit der Kündigung ohne weiteres erkennen konnte, wie dies z.B. bei eindeutigen Verstößen gegen gesetzliche Kündigungsschutzbestimmungen der Fall ist.

Bei der einvernehmlichen Beendigung von Arbeitsverhältnissen mit Arbeitnehmern, die das 56. Lebensjahr vollendet haben, kann die Arbeitsverwaltung unter den Voraussetzungen des § 147 a SGB III die Erstattung des an die betreffenden Arbeitnehmer gezahlten Arbeitslosengeldes für einen gewissen Zeitraum vom Arbeitgeber verlangen. Ausnahmen bestehen vor allem dann, wenn der Arbeitnehmer Anspruch auf andere Sozialleistungen hat oder wenn der Arbeitgeber anstelle des Aufhebungsvertrages zur einer außerordentlichen Kündigung berechtigt gewesen wäre. Ob die Befreiung von der Sperrzeit auch dann eintritt, wenn eine ordentliche (betriebsbedingte) Kündigung möglich gewesen wäre, ist umstritten.

9. Kapitel: Zusammenfassung und Ausblick

I. Zusammenfassung

Das Recht der Arbeitsvertragsparteien, das Arbeitsverhältnis einverständlich zu beenden, ist Ausfluss der Berufsfreiheit und als negative Vertragsfreiheit Bestandteil der allgemeinen Privatautonomie. Daraus ergibt sich die grundsätzliche Zulässigkeit des Aufhebungsvertrages, der als arbeitsrechtlicher Vertrag zivilrechtlichen Grundsätzen unterliegt. Er beendet das Arbeitsverhältnis als Dauerschuldverhältnis und hat insoweit verfügenden Charakter. Zugleich enthält er eine schuldrechtliche Aufhebungsvereinbarung, so dass er zum Teil Verpflichtungs-, zum Teil Verfügungsgeschäft sein kann. Der Aufhebungsvertrag ist von der Kündigung, dem Erlass und der Ausgleichsquittung zu unterscheiden.
Wie alle Verträge kommt der Aufhebungsvertrag durch Angebot und Annahme zustande. Hinsichtlich des Zugangs des Angebots können Probleme auftreten, wenn dieses gegenüber einem ausländischen Arbeitnehmer abgegeben wird und dieser die Erklärung nicht oder nicht richtig versteht. Sowohl im Fall der Übergabe des schriftlichen Angebotes unter Anwesenden als auch bei Übersendung des Angebotes ergeben sich aber gegenüber dem Zugang bei deutschen Arbeitnehmern im Ergebnis keine Abweichungen, weil sich der ausländische Arbeitnehmer das Schriftstück übersetzen lassen muss, wenn er es nicht versteht.
Nach der Einführung des Schriftformerfordernisses für Aufhebungsverträge in § 623 BGB mit Wirkung zum 1.05.2000 kommt ein konkludenter Abschluss des Aufhebungsvertrages nicht mehr in Betracht. Allerdings stellen sich weiterhin eine Reihe von Auslegungsfragen. Dies gilt vor allem dann, wenn der Arbeitnehmer eine „Kündigung" des Arbeitgebers „annimmt". In diesen Fällen kann unabhängig von der Begriffsverwendung eine einverständliche Vertragsaufhebung gewollt sein, wenn die Parteien von der Unwirksamkeit der Kündigung ausgingen und der eine Vertragsteil das Verhalten des anderen deshalb als Angebot zum Abschluss eines Aufhebungsvertrages verstand. Die Annahme dieses Angebotes liegt dann in der „Bestätigung" oder „Annahme" der „Kündigung" bzw. der Unterzeichnung einer „Kündigung im gegenseitigen Einvernehmen". Ergibt die Auslegung, dass eine Kündigung erklärt werden sollte und ist diese unwirksam, kommt noch die Umdeutung der – ordentlichen oder außerordentlichen - Kündigung in ein Angebot auf Abschluss eines Aufhebungsvertrages in Betracht. Im Ergebnis kann allerdings ein wirksamer Aufhebungsvertrag im Wege der Umdeutung nicht gewonnen werden, weil es an der für die Wirksamkeit des Aufhebungsvertrages notwendigen Schriftform fehlen wird.
Nach § 623 BGB bedürfen Aufhebungsverträge der Schriftform. Es handelt sich dabei um ein nicht dispositives, gesetzliches Schriftformerfordernis i.S.v. § 126 BGB. Daraus folgt, dass der Aufhebungsvertrag in einer einheitlichen Urkunde niederzulegen und von beiden Vertragsteilen zu unterschreiben ist. Das Formerfordernis erstreckt sich nach der hier vertretenen Auffassung nur auf die Vereinbarung der Vertragsbeendigung; Nebenabreden in Zusammenhang mit dem Ende des Arbeitsver-

hältnisses werden von § 623 BGB nicht erfasst. Nachdem mit der Einführung des § 623 BGB die Probleme in Zusammenhang mit einem konkludenten Abschluss des Aufhebungsvertrages weitgehend erledigt sind, ist zu erwarten, dass die Auseinandersetzungen um die Frage des Rechtsmissbrauchs bei Berufung auf die Formunwirksamkeit des Aufhebungsvertrages zunehmen werden. Häufigster Anwendungsfall für die Anwendung des § 242 BGB in diesem Zusammenhang wird voraussichtlich der Tatbestand der Verwirkung auf Seiten des Arbeitnehmers sein. Eine Verwirkung ist in der Regel dann anzunehmen, wenn sich der Arbeitnehmer über einen gewissen Zeitraum nicht auf die Unwirksamkeit der Aufhebungsvereinbarung berufen und der Arbeitgeber deshalb anderweitige Dispositionen im Hinblick auf den frei gewordenen Arbeitsplatz getroffen hat.

Grundsätzlich können bei Abschluss eines Aufhebungsvertrages Hinweis- und Aufklärungspflichten auf Seiten des Arbeitgebers bestehen. Aufgrund des Prinzips der Eigenverantwortlichkeit sind an das Bestehen von Hinweis- und Aufklärungspflichten allerdings strenge Anforderungen zu stellen. Der Umfang der Hinweis- und Aufklärungspflichten richtet sich nach hier vertretener Auffassung danach, von wem die Initiative für die einvernehmliche Beendigung des Arbeitsverhältnisses ausging. Hat der Arbeitgeber Kenntnis von den dem Arbeitnehmer drohenden Nachteilen, muss er ihn, wenn er ihm einen Aufhebungsvertrag anträgt, auf diese Nachteile hinweisen, soweit ihm bewusst ist, dass sie dem Arbeitnehmer nicht bekannt sind. Dabei genügt ein allgemeiner Hinweis auf Ursache und Art der möglichen Nachteile mit dem Verweis an kompetente Stellen. Soweit der Arbeitgeber dem Arbeitnehmer Informationen gibt, müssen diese vollständig und richtig sein. Außerdem kann der Arbeitgeber in diesen Fällen seiner Hinweis- und Aufklärungspflicht auch durch Einräumung einer angemessenen Bedenkzeit gerecht werden. In der Regel werden sich Hinweis- und Aufklärungspflichten in Bezug auf Versorgungsanwartschaften oder sozialversicherungsrechtlichen Nachteile ergeben.

Die Verletzung einer beim Abschluss des Aufhebungsvertrages bestehenden Aufklärungspflicht durch den Arbeitgeber kann einen Schadensersatzanspruch aus § 280 Abs. 1 BGB zur Folge haben. Die Höhe des zu leistenden Schadensersatzes richtet sich nach dem Grundsatz der Naturalrestitution (§ 249 S. 1 BGB). Macht der Arbeitnehmer geltend, er hätte bei ordnungsgemäßer Aufklärung gar keinen Aufhebungsvertrag geschlossen, besteht ein Schadensersatzanspruch auf Wiedereinstellung zu den zum Beendigungszeitpunkt geltenden Konditionen.

Bei Abschluss eines Aufhebungsvertrages findet weder der allgemeine noch der besondere Kündigungsschutz Anwendung. Auch eine Frist für die Beendigung des Arbeitsverhältnisses muss nicht eingehalten werden. Darüber hinaus bedarf der Aufhebungsvertrag weder der Zustimmung des Betriebs- noch des Personalrates.

Mitbestimmungsrechte des Betriebsrates in Zusammenhang mit Aufhebungsverträgen können im Fall von Betriebsänderungen nach § 111 Abs. 1 S. 1 BetrVG bestehen. Eine Betriebsänderung kann auch durch umfangreichen Personalabbau erfolgen, wobei bei der Ermittlung der relevanten Zahlenwerte gemäß § 112 a Abs. 1 S. 2 BetrVG

auch diejenigen Arbeitnehmer mitzählen, die auf Veranlassung des Arbeitgebers durch Aufhebungsvertrag aus dem Betrieb ausscheiden. Nach zutreffender Auffassung haben diese Arbeitnehmer im Fall eines Sozialplans Anspruch auf Sozialplanabfindung; wird ein Nachteilsausgleich durchgeführt, sind sie ebenfalls anspruchsberechtigt. Allerdings ist eine im Rahmen des Aufhebungsvertrages zugesagte Abfindung mit diesen Ansprüchen zu verrechnen.
Auch im Rahmen von Massenentlassungen nach § 17 KSchG spielen diejenigen Arbeitnehmer, die auf Veranlassung des Arbeitgebers im Wege des Aufhebungsvertrages ausscheiden, eine Rolle. Zum einen sind sie bei den maßgeblichen Zahlen für eine dem Arbeitsamt gegenüber bestehende Anzeigepflicht zu berücksichtigen. Zum anderen können diese Arbeitnehmer dann, wenn die Anzeige nicht oder nicht ordnungsgemäß erfolgt, erfolgreich auf Feststellung des Fortbestehens des Arbeitsverhältnisses klagen, weil ihre Entlassung mangels Anzeige nicht wirksam wird (§ 18 Abs. 1 KSchG). Allerdings können sie auf dieses Recht bereits im Aufhebungsvertrag verzichten.
Aufhebungsverträge können wegen Gesetzesumgehung nach § 134 BGB unwirksam sein. Nach der hier vertretenen Auffassung ist ein aufschiebend bedingter Aufhebungsvertrag wegen Umgehung von § 626 BGB immer dann unwirksam, wenn der Arbeitnehmer bereits Kündigungsschutz genießt. Gleiches gilt für den auflösend bedingten Aufhebungsvertrag. Demgegenüber ist eine andere Bewertung für den Aufhebungsvertrag mit bedingter Wiedereinstellungszusage gerechtfertigt, weil die Unsicherheit des Arbeitnehmers in diesem Fall nicht das Ende des Arbeitsverhältnisses, sondern dessen Neugründung betrifft. Aufhebungsverträge, die anlässlich eines Betriebsübergangs vom Arbeitgeber veranlasst werden und darauf gerichtet sind, die nach § 613 a Abs. 1 BGB gewährleistete Kontinuität der Arbeitsbedingungen zu durchbrechen, sind als Umgehungsgeschäft gemäß § 134 BGB unwirksam. Dies gilt entsprechend der Rechtsprechung des BAG nicht bei Einschaltung einer Beschäftigungsgesellschaft, wenn der dreiseitige Vertrag den Arbeitnehmern bessere Chancen auf einen neuen Arbeitsplatz eröffnet und der Übergang des Arbeitsverhältnisses auf den neuen Erwerber nicht absehbar ist.
Ein Aufhebungsvertrag, der mit über die Kündigungsfrist hinausgehender Auslauffrist geschlossen wird, ist von einer nachträglichen Befristung zu unterscheiden und unterliegt daher nicht der Befristungskontrolle gemäß § 14 TzBfG. Er ist auch nicht als Umgehung zwingender Kündigungsschutzvorschriften anzusehen. Bei der Abgrenzung zwischen nachträglicher Befristung und Aufhebungsvertrag ist ausschließlich auf den Parteiwillen abzustellen.
Die Sittenwidrigkeit eines Aufhebungsvertrages gemäß § 138 BGB kommt nur ausnahmsweise in Betracht. Vor allem in den Fällen, in denen Arbeitnehmer und Arbeitgeber eine Täuschung des Arbeitsamtes vereinbaren, um Sperr- oder Ruhenszeiten zu umgehen, ist ein Verstoß gegen die guten Sitten zu Lasten der Allgemeinheit zu prüfen. Dann ist unter Umständen (§ 139 BGB) der gesamte Aufhebungsvertrag unwirksam und der Arbeitgeber muss den Arbeitnehmer weiterhin beschäftigen.

Nach der Schuldrechtsreform ist der arbeitsrechtliche Aufhebungsvertrag gemäß § 310 Abs. 4 BGB einer Inhaltskontrolle nach § 307 BGB unterworfen. Diese Inhaltskontrolle wird nur in Ausnahmefällen zu einer Unwirksamkeit einzelner Klauseln im Aufhebungsvertrag führen. Darüber hinaus ist eine Inhaltskontrolle des Aufhebungsvertrages wegen strukturell ungleicher Verhandlungsstärke auf der Grundlage der Bürgschaftsentscheidung des BVerfG abzulehnen.

Die Anfechtung des Aufhebungsvertrages kommt hauptsächlich wegen widerrechtlicher Drohung mit einer Kündigung gemäß § 123 Abs. 1 Alt. 2 BGB in Betracht. Dabei gelten für die Drohung mit einer ordentlichen Kündigung dieselben Grundsätze wie für die Drohung mit einer außerordentlichen Kündigung, weil der Aufhebungsvertrag gegenüber jeder Kündigung grundsätzlich das „kleinere Übel" ist. Eine Drohung kann auch dann vorliegen, wenn die Kündigung bereits ausgesprochen wurde. Für die Widerrechtlichkeit der Drohung kommt es im Rahmen der Prüfung der Verwerflichkeit der Zweck-Mittel-Relation nach der zutreffenden Rechtsprechung des BAG nicht auf die objektive Wirksamkeit der Kündigung an, sondern darauf, ob ein verständig denkender Arbeitgeber den Ausspruch der Kündigung in Erwägung gezogen hätte. Maßgeblich ist der objektiv-mögliche, also hypothetische Wissensstand des Arbeitgebers. Nicht entscheidend ist, dass die Kündigung vor dem Arbeitsgericht Bestand gehabt hätte. Räumt der Arbeitgeber dem Arbeitnehmer eine Bedenkzeit ein, wird es in der Regel an der Verwerflichkeit der Zweck-Mittel-Relation bzw. an der Kausalität zwischen Drohung und Willenserklärung fehlen, auch wenn ein verständiger Arbeitgeber die Kündigung nicht in Erwägung gezogen hätte. Die fristgerechte Anfechtung des Aufhebungsvertrages durch den Arbeitnehmer führt nach § 142 Abs. 1 BGB dazu, dass der Aufhebungsvertrag als von Anfang an unwirksam anzusehen ist und das Arbeitsverhältnis unverändert fortbesteht.

Nach Abschluss des Aufhebungsvertrages können dem Arbeitnehmer Widerrufs- oder Rücktrittsrechte zustehen. Nach hier vertretener Auffassung hat der Arbeitnehmer ein unverzichtbares Widerrufsrecht nach § 312 Abs. 1 S. 1 BGB i.V.m. § 355 BGB, wenn der Aufhebungsvertrag auf Initiative des Arbeitgebers in den Betriebsräumen oder in der Wohnung des Arbeitnehmers geschlossen wird. Dies hat zur Folge, dass der Arbeitgeber den Arbeitnehmer über das Bestehen des Widerrufsrechts belehren muss. Erfolgt keine Belehrung oder ist diese fehlerhaft, erlischt das Widerrufsrecht des Arbeitnehmers erst 6 Monate nach Vertragsschluss.

Außerdem können tarifvertragliche Widerrufsrechte bestehen, auf die nur verzichtet werden kann, wenn dies die Tarifvertragsparteien ausdrücklich erlaubt haben. Darüber hinaus kann der Arbeitnehmer nach § 323 Abs. 1 S. 1 BGB vom Aufhebungsvertrag zurücktreten, wenn der Arbeitgeber mit der Zahlung einer im Gegenzug zum Einverständnis des Arbeitnehmers zugesagten Abfindung in Verzug gerät und der Arbeitnehmer ihm deshalb eine Nachfrist gesetzt hat. Widerruf bzw. Rücktritt führen dazu, dass der Arbeitnehmer einen Anspruch auf Wiedereinstellung zu den zum Zeitpunkt der Beendigung des Arbeitsverhältnisses geltenden Bedingungen hat. Vertritt man die Auffassung, dass dem Arbeitnehmer ein Widerrufsrecht nach § 312 Abs.

1 BGB zusteht, ist die Diskussion über Begründbarkeit und Notwendigkeit eines stärkeren Arbeitnehmerschutzes beim Abschluss eines arbeitsrechtlichen Aufhebungsvertrages als erledigt anzusehen.
Der Aufhebungsvertrag kann unter Umständen nach den Grundsätzen über eine Störung der Geschäftsgrundlage gemäß § 313 Abs. 1 BGB anzupassen sein. Dies kommt – in Anlehnung an den vom BAG entwickelten Wiedereinstellungsanspruch bei Kündigungen - vor allem dann in Betracht, wenn der Arbeitsvertrag aufgrund betrieblicher Gründe einvernehmlich beendet wurde und diese Gründe später wegfallen bzw. sich als nicht zutreffend herausstellen. Bei Abschluss eines gerichtlichen Abfindungsvergleiches gilt dies nur ausnahmsweise, weil grundsätzlich davon auszugehen ist, dass die Parteien ihre Vertragsbeziehungen durch diesen abschließend regeln wollten und der Arbeitnehmer das Risiko hinsichtlich eventuell eintretender Veränderungen zu tragen hat. Ist die Geschäftsgrundlage gestört, hat der Arbeitnehmer einen Anspruch auf Vertragsanpassung nach § 313 Abs. 1 BGB dergestalt, dass er vom Arbeitgeber Wiedereinstellung verlangen kann. Dieser Anspruch besteht in der Regel dann nicht mehr, wenn das Arbeitsverhältnis zum Zeitpunkt der Veränderungen bereits beendet war, weil dem Arbeitgeber dann die Wiedereinstellung nicht mehr zumutbar ist. Gleiches gilt, wenn der Arbeitgeber zu recht bereits anderweitige Dispositionen getroffen hat. Soweit dem Arbeitnehmer aufgrund des Aufhebungsvertrages eine Abfindung zusteht, kann dieser Anspruch nach § 313 Abs. 1 BGB ebenfalls anzupassen sein.
Durch den Aufhebungsvertrag werden die aufgrund des Arbeitsverhältnisses bestehenden Hauptleistungspflichten von Arbeitnehmer und Arbeitgeber – die Pflicht zur Arbeitsleistung und die Entgeltzahlungspflicht - beendet. An die Stelle des Arbeitsverhältnisses tritt der Aufhebungsvertrag, der die Abwicklung des Arbeitsverhältnisses regelt. Der Aufhebungsvertrag kann eine Reihe von Abreden der Parteien zur Abwicklung des Arbeitsverhältnisses enthalten. Darüber hinaus sieht das Gesetz in Zusammenhang mit der einvernehmlichen Beendigung von Arbeitsverhältnissen in manchen Punkten bestimmte Rechtsfolgen vor, die die Parteien bei der Vertragsgestaltung berücksichtigen müssen: Die Parteien können im Aufhebungsvertrag vereinbaren, dass der Arbeitnehmer bis zum Ende des Arbeitsverhältnisses von der Arbeitspflicht freigestellt wird. Eine solche Vereinbarung berührt die Lohnzahlungspflicht des Arbeitgebers nicht. Auch der Urlaubsanspruch des Arbeitnehmers reduziert sich dadurch nicht, denn die zur Erfüllung des Urlaubsanspruchs erforderliche Erklärung des Arbeitgebers muss hinreichend deutlich erkennen lassen, dass durch die zeitliche Festlegung der Arbeitsbefreiung Urlaub erteilt wird. Erwirbt der Arbeitnehmer in der Freistellungszeit bei einem anderen Arbeitgeber Lohnansprüche, werden diese mangels Annahmeverzug des alten Arbeitgebers nicht nach § 615 S. 2 BGB auf die gegen den alten Arbeitgeber bestehenden Vergütungsansprüche angerechnet. Dafür ist vielmehr eine entsprechende – ausdrückliche oder konkludente - Parteivereinbarung erforderlich.

Die Parteien können im Aufhebungsvertrag außerdem ein sog. nachvertragliches Wettbewerbsverbot vereinbaren. Für dieses gelten die Vorschriften der §§ 74 ff. HGB, so dass ein ohne Karenzentschädigung vereinbartes Wettbewerbsverbot nach § 74 Abs. 2 HGB unwirksam ist. In entsprechender Anwendung des § 75 Abs. 1 HGB kann ein Aufhebungsvertrag nur dann zu einem Wahlrecht über den Bestand eines im Arbeitsvertrag enthaltenen Wettbewerbsverbotes führen, wenn entweder der Arbeitnehmer das Recht gehabt hätte, den Arbeitsvertrag aufgrund eines vertragswidrigen Verhaltens des Arbeitgebers zu kündigen und dies dem Arbeitgeber auch deutlich macht, oder wenn der Arbeitgeber den Aufhebungsvertrag anstelle des Ausspruchs einer außerordentlichen Kündigung abschließt.
Soweit der ausscheidende Arbeitnehmer eine Anwartschaft in der betrieblichen Altersversorgung erworben hat, ist zwischen unverfallbarer und verfallbarer Anwartschaft zu unterscheiden. Nur eine unverfallbare Anwartschaft wird gesetzlich geschützt und führt unter Umständen zu einem Abfindungsgebot. Eine verfallbare Anwartschaft kann von den Parteien mit schuldrechtlicher Wirkung in eine unverfallbare umgewandelt bzw. ebenfalls abgefunden werden.
Besondere Bedeutung hat die Vereinbarung einer Abfindung bei der Beendigung des Arbeitsverhältnisses. Die Abfindung ist vor allem in sozial- und steuerrechtlicher Hinsicht von der Gewährung von Arbeitsentgelt zu unterscheiden. Sie ist in der Regel Entschädigung für den Verlust des Arbeitsplatzes. Darüber hinaus kann sie auch Versorgungscharakter haben bzw. als Gegenleistung für die Zustimmung des Arbeitnehmers zum Aufhebungsvertrag gezahlt werden. Die Zweckbestimmung der Abfindung entscheidet über ihre Fälligkeit. Diese tritt nach § 271 Abs. 1 BGB grundsätzlich sofort ein, wenn sich nicht aus den Umständen, die von der Zweckbestimmung der Abfindung geprägt werden, etwas anderes ergibt. Ähnliches gilt für die Vererbbarkeit der Abfindung. Da der Abfindungsanspruch wie alle Ansprüche grundsätzlich sofort entsteht, geht er auch dann auf die Erben über, wenn der Arbeitnehmer vor dem vereinbarten Ende des Arbeitsverhältnisses verstirbt. Etwas anderes gilt nur bei abweichender Vereinbarung, etwa in Form einer aufschiebenden Bedingung. Abfindungen gehören nach überwiegender Auffassung zum pfändbaren Arbeitseinkommen i.S.d. § 850 ZPO. Ansprüche auf die Abfindung verjähren gemäß § 195 BGB in drei Jahren. Bis zu einem gewissen Betrag sind Abfindungen gemäß § 3 Nr. 9 EStG von der Steuer befreit. Darüber hinaus kann im Fall der sog. Zusammenballung von Einkünften eine Steuerprivilegierung nach §§ 24 Nr. 1 a) i.V.m. 34 Abs. 2 Nr. 2 EStG eintreten. Dabei sind die strengen Vorschriften der Finanzverwaltung zu beachten.
Enthält der Aufhebungsvertrag eine sog. allgemeine Ausgleichsklausel, nach der mit der Erfüllung der Ansprüche aus dem Vertrag alle wechselseitigen Ansprüche der Parteien aus dem Arbeitsverhältnis und seiner Beendigung, gleich aus welchem Rechtsgrund, bekannt oder unbekannt, erledigt sind, erlöschen grundsätzlich auch die Ansprüche in Zusammenhang mit der Beendigung des Arbeitsverhältnisses, an die die Parteien nicht gedacht oder die sie nicht gekannt haben, soweit sie nicht als unabdingbar anzusehen sind. Denn in den Fällen einer allgemeinen Ausgleichsklau-

sel als Inhalt eines Aufhebungsvertrages handelt es sich um ein kausales negatives Schuldanerkenntnis nach § 397 Abs. 2 BGB; dieses ist nicht nach § 812 Abs. 2 BGB kondizierbar.

Rückwirkende Aufhebungsverträge sind grundsätzlich zulässig. Dabei ist aber zu beachten, dass die zwischen den Parteien getroffene Abrede hinsichtlich des Beendigungszeitpunkts nur schuldrechtliche Wirkungen hat, das heißt, die Parteien können das Arbeitsverhältnis nicht ex tunc beenden. Die rückwirkende Beendigung führt (nur) dazu, dass die bereits erbrachten Leistungen rückabzuwickeln sind. Bei Abschluss eines Aufhebungsvergleiches sind die Parteien in ihrer Dispositionsbefugnis zu Lasten Dritter im Hinblick auf den Beendigungstermin des Arbeitsverhältnisses beschränkt. Dies spielt vor allem im Fall der sog. Gleichwohlgewährung nach § 143 Abs. 3 SGB III eine Rolle: Zahlt der Sozialversicherungsträger Arbeitslosengeld, gehen Entgeltansprüche, die der Arbeitnehmer im Leistungszeitraum gegen den Arbeitgeber hat, auf ihn über. Deshalb kann der Arbeitnehmer nicht auf Ansprüche verzichten, die bereits entstanden sind. Da- raus folgt zum einen, dass die Parteien das Ende des Arbeitsverhältnisses nicht zu Lasten des Sozialversicherungsträgers vor den Termin der dem Prozess zugrundeliegenden Kündigung legen können. Zum anderen kommt es dann, wenn der Beendigungstermin hinter dem Kündigungstermin liegt und der Arbeitnehmer auf in der Zwischenzeit entstandene Ansprüche verzichtet, auf die Wirksamkeit der Kündigung an. Diese kann auch in einem von den Sozialversicherungsträgern geführten Prozess geprüft werden. Ist die Kündigung unwirksam, ist der Verzicht gegenüber dem Arbeitsamt ebenfalls unwirksam.

Die einvernehmliche Beendigung des Arbeitsverhältnisses kann auch in Form eines gerichtlichen oder außergerichtlichen Vergleiches erfolgen. Beide unterliegen den Voraussetzungen des § 779 BGB. Damit der außergerichtliche Vergleich den Prozess beendet, müssen die Parteien ihn zu Protokoll erklären; andernfalls führt er zu einer Abweisung der Klage als unzulässig bzw. unbegründet.

Die in Zusammenhang mit der einvernehmlichen Beendigung des Arbeitsverhältnisses entstehenden Anwaltsgebühren ergeben sich aus § 8 Abs. 1 S. 2 BRAGO i.V.m. der Streitwertbestimmung des § 12 VII S. 1 ArbGG. Soweit eine Arbeitsrechtsschutzversicherung auf Seiten des Arbeitnehmers besteht, ist zu beachten, dass bei Abschluss eines außergerichtlichen Aufhebungsvertrages bzw. -vergleiches regelmäßig die Eintrittspflicht verneint wird.

Der Arbeitnehmer kann die Unwirksamkeit des Aufhebungsvertrages im Wege der allgemeinen Feststellungsklage vor dem Arbeitsgericht geltend machen. Eine Klagefrist besteht nicht, allerdings kann die Frist des § 4 S. 1 KSchG im Einzelfall herangezogen werden, um zu ermitteln, ob der Arbeitnehmer sein Recht auf Geltendmachung der Unwirksamkeit des Aufhebungsvertrages verwirkt hat. Im Prozess trägt der Arbeitnehmer die Beweislast für den von ihm geltend gemachten Unwirksamkeitsgrund. Erhebt der Arbeitnehmer Kündigungsschutzklage und beruft sich der Arbeitgeber darauf, das Arbeitsverhältnis sei durch Aufhebungsvertrag beendet worden, macht er eine rechtsvernichtende Einwendung geltend und muss daher das Zustande-

kommen des Aufhebungsvertrages beweisen. Ist der in einem Kündigungsschutzprozess geschlossene Aufhebungsvergleich unwirksam, ist der Prozess fortzusetzen. Wurde der Aufhebungsvergleich nur außergerichtlich im Vorfeld des Prozesses geschlossen, hat der Arbeitnehmer in der Regel die Frist des § 4 S. 1 KSchG versäumt und muss deshalb nach § 5 KSchG nachträgliche Zulassung der Klage beantragen. Beruft sich der Arbeitnehmer vor dem Arbeitsgericht auf die Unwirksamkeit des Aufhebungsvertrages, steht ihm nach der hier vertretenen Auffassung unter den gleichen Voraussetzungen ein Weiterbeschäftigungsanspruch zu, unter denen die Rechtsprechung einen solchen Anspruch im Kündigungsschutzprozess annimmt.
Schließen die Parteien im Kündigungsschutzprozess einen Aufhebungsvergleich, hat der Arbeitnehmer entsprechend der Rechtsprechung des BAG einen Anspruch auf Annahmeverzugslohn nach § 615 S. 1 BGB zwischen Kündigungstermin und Vergleichsschluss, soweit nicht die Parteien etwas anderes bestimmt haben. Beruft sich der Arbeitnehmer auf die Unwirksamkeit eines Aufhebungsvertrages, steht ihm wegen § 297 BGB ein solcher Anspruch so lange nicht zu, wie er von der Wirksamkeit des Aufhebungsvertrages ausgeht. Sobald er Kenntnis von den die Unwirksamkeit des Vertrages begründenden Tatsachen hat, muss er dem Arbeitgeber seine Arbeitsleistung anbieten; dabei genügt nach § 295 S. 1 Alt. 2 BGB ein wörtliches Angebot.
Der Anspruch des Arbeitnehmers auf Zahlung von Arbeitslosengeld kann bei Abschluss eines Aufhebungsvertrages beeinträchtigt werden. Dabei hat der Gesetzgeber verschiedene Steuerungsinstrumente zur Verfügung: die Verhängung von Sperr- und Ruhenszeiten für den Bezug des Arbeitslosengeldes und die Anrechnung einer gezahlten Abfindung auf das Arbeitslosengeld. Darüber hinaus kommt ein Anspruch auf Erstattung von gewährtem Arbeitslosengeld gegen solche Arbeitgeber in Betracht, die ältere Arbeitnehmer in die Arbeitslosigkeit entlassen haben. Hinsichtlich dieser Instrumente hat der Gesetzgeber in den vergangenen Jahren unterschiedliche Schwerpunkte gesetzt. Nachdem vorübergehend eine weitgehende Anrechnungsregelung bestand und der Erstattungsanspruch gegen den Arbeitgeber gestrichen worden war, wurde durch das Entlassungsentschädigungs-Änderungsgesetz (EEÄndG) die bis zum 31.12.1997 geltende Rechtslage im wesentlichen wieder hergestellt.
Die Berücksichtigung von Entlassungsentschädigungen beim Bezug von Arbeitslosengeld regelt § 143 a SGB III. Danach ruht der Anspruch auf Arbeitslosengeld bis zum Ende der ordentlichen Kündigungsfrist, wenn der Arbeitslose wegen der Beendigung des Arbeitsverhältnisses eine Abfindung erhalten oder zu beanspruchen hat und das Arbeitsverhältnis ohne Einhaltung einer der ordentlichen Kündigungsfrist entsprechenden Frist beendet worden ist.
Der Anspruch auf Arbeitslosengeld ruht außerdem im Fall der Verhängung einer Sperrzeit durch das Arbeitsamt. Nach § 144 Abs. 1 Nr. 1 SGB III tritt für den Bezug von Arbeitslosengeld eine Sperrzeit von zwölf Wochen ein, wenn der Arbeitslose das Beschäftigungsverhältnis gelöst oder durch ein arbeitsvertragswidriges Verhalten Anlass für die Lösung des Beschäftigungsverhältnisses gegeben und dadurch vorsätzlich oder grob fahrlässig die Arbeitslosigkeit herbeigeführt hat. In der Regel erfüllt

der Aufhebungsvertrag diesen Sperrzeittatbestand, es sei denn, der Arbeitnehmer hatte für das Lösen des Beschäftigungsverhältnisses einen wichtigen Grund. Ein solcher Grund ist jedenfalls dann anzunehmen, wenn der Arbeitnehmer ernsthaft mit dem Ausspruch der Kündigung rechnete und rechnen musste. Nach der BA darf es dem Arbeitslosen außerdem nicht zuzumuten gewesen sein, den Ausspruch der arbeitgeberseitigen Kündigung abzuwarten. Darüber hinaus tritt eine Sperrzeit nur ein, wenn der Arbeitnehmer durch den Aufhebungsvertrag die Arbeitsaufgabe vorsätzlich oder grob fahrlässig herbeigeführt hat; das heißt, zwischen der Aufgabe des Arbeitsplatzes und dem Eintritt der Arbeitslosigkeit muss ein unmittelbarer Zusammenhang bestehen.

Nach der zutreffenden Rechtsprechung des BSG und den Durchführungsanweisungen der BA kann auch der Abschluss eines Abwicklungsvertrages zum Eintritt der Sperrzeit führen. Ein Abwicklungsvertrag beendet das Arbeitsverhältnis nicht selbst, sondern regelt nur die Modalitäten und Folgen der Beendigung. Arbeitgeber und Arbeitnehmer stellen fest, dass das Arbeitsverhältnis durch arbeitgeberseitige Kündigung beendet wird; darüber hinaus verpflichtet sich der Arbeitnehmer ausdrücklich oder konkludent, nicht gegen die Kündigung im Wege der Kündigungsschutzklage vorzugehen. Allein die Tatsache, dass der Arbeitnehmer eine rechtswidrige Kündigung hinnimmt, kann aber nicht sperrzeitauslösend sein. Erforderlich ist, dass er die Rechtswidrigkeit der Kündigung ohne weiteres erkennen konnte, wie dies z.B. bei eindeutigen Verstößen gegen gesetzliche Kündigungsschutzbestimmungen der Fall ist.

Bei der einvernehmlichen Beendigung von Arbeitsverhältnissen mit Arbeitnehmern, die das 56. Lebensjahr vollendet haben, kann die Arbeitsverwaltung unter den Voraussetzungen des § 147 a SGB III die Erstattung des an die betreffenden Arbeitnehmer gezahlten Arbeitslosengeldes für einen gewissen Zeitraum vom Arbeitgeber verlangen. Ausnahmen bestehen vor allem dann, wenn der Arbeitnehmer Anspruch auf andere Sozialleistungen hat oder wenn der Arbeitgeber anstelle des Aufhebungsvertrages zur einer außerordentlichen Kündigung berechtigt gewesen wäre.

II. Ausblick

Durch Abschluss eines Aufhebungsvertrages kann ein Arbeitsverhältnis im Konsens aufgelöst und angemessen abgewickelt werden. Im Gegensatz zur Kündigung muss für seinen Abschluss weder ein Grund vorliegen, noch müssen Fristen eingehalten oder die Arbeitnehmervertretung beteiligt werden. Kommt es den Vertragspartnern auf eine einvernehmliche Regelung an, weil über die Beendigung des Arbeitsverhältnisses Einigkeit besteht oder eine Kündigung nicht für aussichtsreich gehalten wird, drängt sich der Abschluss eines Aufhebungsvertrages geradezu auf.

Der arbeitsrechtliche Aufhebungsvertrag ist ein geeignetes Mittel zur Beendigung eines Arbeitsverhältnisses, da er die oftmals gegensätzlichen Interessen von Arbeitgeber und Arbeitnehmer durch seine unterschiedlichen Regelungsmöglichkeiten in Einklang bringen kann. Wichtig ist dabei allerdings, dass beide Vertragspartner ins-

besondere die sozial- und steuerrechtlichen Folgen ihrer Vereinbarung beachten, da sich die „Befriedungsfunktion“ des Aufhebungsvertrages ansonsten unter Umständen nicht realisiert. Gleiches gilt, wenn der Arbeitnehmer übereilt handelt und ihm die mit dem Aufhebungsvertrag verbundenen Nachteile nicht bewusst sind.
Nach hier vertretener Auffassung ist der Arbeitnehmer beim Abschluss eines Aufhebungsvertrages auf unterschiedliche Weise geschützt: Beim Abschluss des Vertrages schützt das gesetzliche Schriftformerfordernis vor Übereilung und verhindert Beweisprobleme, außerdem muss der Arbeitgeber in gewissem Umfang auf mit der einvernehmlichen Beendigung des Arbeitsverhältnisses zusammenhängende schwerwiegende Nachteile hinweisen, wenn die Initiative zum Vertragsschluss von ihm ausgeht. Außerdem hat der Arbeitnehmer bis mindestens 2 Wochen nach Abschluss des Vertrages neben den Anfechtungsrechten auch das Recht, den Aufhebungsvertrag nach § 312 Abs. 1 i.V.m. § 355 BGB zu widerrufen. Damit ist der Schutz des Arbeitnehmers vor Übereilung, Überrumpelung und Druckausübung durch den Arbeitgeber in Zusammenhang mit der einvernehmlichen Beendigung des Arbeitsverhältnisses ausreichend. Die lange Jahre geführte Diskussion über die „strukturelle Unterlegenheit“ des Arbeitnehmers in diesem Fall kann folglich als erledigt betrachtet werden. Die aktuelle gesetzliche Situation wird vielmehr den Anforderungen an einen angemessenen Ausgleich zwischen den Interessen des Einzelnen bei der Beendigung des Arbeitsverhältnisses und dem unter dem Schutz des Grundgesetzes stehenden allgemeinen Rechtsgrundsatz der Privatautonomie gerecht.
Über die Regelung des Einzelfalles hinaus war der arbeitsrechtliche Aufhebungsvertrag in den vergangenen Jahren auch und insbesondere Instrument sozialverträglichen Personalabbaus. Auf der Grundlage der hier vorgenommenen Betrachtung ist dies auch für die kommenden Jahre prognostizierbar. Denn der flächendeckende Abschluss von Aufhebungsverträgen erlaubt den Betriebspartnern in der Regel eine „geräuschlose“, sozial ausgewogene und zugleich wirtschaftlich sinnvolle Umstrukturierung existenzbedrohter Betriebe.
Nach alledem ist der Aufhebungsvertrag auch in Zukunft sowohl in individueller, als auch in gesamtwirtschaftlicher Hinsicht als eine geeignete Form der Beendigung von Arbeitsverhältnissen anzusehen.

Literaturverzeichnis

Adam, Roman F.: Anmerkung zu BAG, Urt. v. 12.08.1999, in: SAE 2000, 204.
Anmerkung zu BAG, Urt. v. 12.01.2000, in: AP Nr. 16 zu § 620 BGB Aufhebungsvertrag.

Adomeit, Klaus: Die gestörte Vertragsparität – ein Trugbild, NJW 1994, 2467.

Annuß, Georg: AGB-Kontrolle im Arbeitsrecht: Wo geht die Reise hin?, BB 2002, 458.

Arbeitsrecht-Blattei: Systematische Darstellungen, Hrsg.: Dieterich, Thomas/Neef, Klaus/Oehmann, Werner/Schwab, Brent; Wiesbaden/Heidelberg, Loseblatt, Stand: April 2002 (zitiert: AR-Blattei/Bearbeiter).

Arens, Peter/Lüke, Wolfgang: Zivilprozessrecht: Erkenntnisverfahren, Zwangsvollstreckung, 7. Auflage München 1999.

Ascheid, Reiner/Preis, Ulrich/Schmidt, Ingrid: Großkommentar zum Kündigungsrecht, 1. Auflage München 2000 (zitiert: Bearbeiter in Ascheid/Preis/ Schmidt).

Baeck, Ulrich/Hopfner, Ingrid: Schlüssige Aufhebungsverträge mit Organmitgliedern auch nach Inkrafttreten des § 623 BGB, DB 2000, 1914.

Bauer, Jobst-Hubertus/Baeck, Ulrich: Die Anrechnung anderweitigen Verdienstes bei der Freistellung eines Arbeitnehmers, NZA 1989, 784.

Bauer, Jobst-Hubertus/Diller, Martin: Zur Inhaltskontrolle von Aufhebungsverträgen, DB 1985, 1810.
Nachvertragliche Wettbewerbsverbote: Änderungen durch die Schuldrechtsreform, NJW 2002, 1609.
Wettbewerbsverbote – Rechtliche und taktische Hinweise für Arbeitgeber, Arbeitnehmer und vertretungsberechtigte Organmitglieder, 2. Auflage München 1999.

Bauer, Jobst-Hubertus/Hahn, Frank: Anmerkung zu LAG Hamm, Urt. v. 15.01.1990, in: EWiR 1990, 1063.

Bauer, Jobst-Hubertus/Haußmann, Katrin: Der Rücktritt vom Aufhebungsvertrag, BB 1996, 901.

Bauer, Jobst-Hubertus/Kock, Martin: Arbeitsrechtliche Auswirkungen des neuen Verbraucherschutzrechts, DB 2002, 42.

Bauer, Jobst-Hubertus/Powietzka, Arnim: Heilung unterbliebener Massenentlassungen nach § 17 KSchG, DB 2000, 1073.

Bauer, Jobst-Hubertus/Röder, Gerhard: Aufhebungsverträge bei Massenentlassungen und bei Betriebsänderungen, NZA 1985, 201.
Anrechnung von Abfindungen auf das Arbeitslosengeld nach neuem Recht (§ 115a AFG, § 140 SGB III), BB 1997, 834.

Die Reform der Reform: Abfindungsanrechnung nach dem 1. SGB III-ÄnderungsG, BB 1997, 2588.

Bauer, Jobst-Hubertus: Sozialrechtliche Konsequenzen arbeitsrechtlicher Aufhebungsverträge aus anwaltlicher Sicht, NZA 1985, 275.
Checkliste für außergerichtliche Aufhebungsverträge und Prozessvergleiche in Kündigungs-(schutz)sachen, NZA 1989, 256.
Ausscheiden leitender Angestellter und Mitwirkung des Sprecherausschusses, BB 1991, 274.
Beseitigung von Aufhebungsverträgen, NZA 1992, 1015.
Spiel mit Worten (auf Hümmerich, NZA 1994, 200), NZA 1994, 440.
Unwirksame Aufhebungsverträge, NJW 1994, 980.
Aktuelle Probleme des Personalabbaus im Rahmen von Betriebsänderungen; Teil 1: DB 1994, 217; Teil 2: DB 1994, 274.
Grenzen und Beseitigung arbeitsrechtlicher Aufhebungsverträge, in: Festschrift für Wolfgang Zöllner zum 70. Geburtstag, Hrsg.: Lieb, Manfred/Noack, Ulrich/ Westermann, Harm Peter; Köln 1998, Band 1 (S. 1 – 666), S. 143ff.
Arbeitsrechtliche Aufhebungsverträge – Handbuch, 6. Auflage München 1999.
Nun Schriftform bei Beförderung zum Geschäftsführer?, GmbHR 2000, 767.
Neue Spielregeln für Aufhebungs- und Abwicklungsverträge durch das geänderte BGB?, NZA 2002, 169.

Baumbach, Adolf/Hopt, Klaus J.: Handelsgesetzbuch: mit GmbH & Co., Handelsklauseln, Bank- und Börsenrecht, Transportrecht (ohne Seerecht), 30. Auflage München 2000.

Becker, Friedemann: Anmerkung zu LAG Köln, Urt. v. 18.01.1984 und 28.02.1984, in: EzA § 615 BGB Nr. 41 und 42.

Becker, Friedrich/Rommelspacher, Peter: Ansatzpunkte für eine Reform des Kündigungsrechts, ZRP 1976, 40.

Becker-Schaffner, Reinhard/Schäfer, Horst: Die Abwicklung des beendeten Arbeitsverhältnisses, 2. Auflage Berlin 1999.

Becker-Schaffner, Reinhard: Der Aufhebungsvertrag in der Rechtsprechung, BB 1981, 1340.
Umfang und Grenzen der arbeitgeberseitigen Hinweis- und Belehrungspflichten, BB 1993, 1281.

Bengelsdorf, Peter: Anmerkung zu LAG Hamburg, Urt. v. 3.07.1991, in: LAGE § 611 BGB Aufhebungsvertrag Nr. 6.
Der gesetz- und verfassungswidrige Zugriff auf die arbeitsrechtliche Beendigungsfreiheit, NZA 1994, 193.
Arbeitsrechtlicher Aufhebungsvertrag und gestörte Vertragsparität, BB 1995, 978.

Plädoyer für Beendigungsfreiheit, BB 1996, 904.
Anmerkung zu BAG, Urt. v. 9.10.1996, in: AP Nr. 9 zu § 115 SGB X.
Privatautonomie und Aufhebungsvertrag, DB 1997, 874.
Aufhebungsvertrag und Abfindungsvereinbarungen, 3. Auflage München 1999.

Bickel, Dietrich: Anmerkung zu BAG, Urt. v. 19.12.1974, in: SAE 1976, 115.
Anmerkung zu BAG, Urt. v. 13.12.1984, in: AP Nr. 8 zu § 620 BGB Bedingung.
Anmerkung zu BAG, Urt. v. 25.06.1987, in: AP Nr. 14 zu § 620 BGB Bedingung.

Blomeyer, Wolfgang: Anmerkung zu BAG, Urt. v. 19.10.1977, in: SAE 1979, 266.
Anmerkung zu BAG, Urt. v. 17.10.2000, in: SAE 2001, 310.

Boecken, Winfried: Entstehung und Fälligkeit eines Anspruchs auf Abfindung bei Frühpensionierung, NZA 2002, 421.

Boemke, Burkhard: Privatautonomie im Arbeitsvertragsrecht, NZA 1993, 532.
Anmerkung zu BAG, Urt. v. 30.09.1993, in: AP Nr. 37 zu § 123 BGB.
Höhe der Verzugszinsen für Entgeltforderungen des Arbeitnehmers, BB 2002, 96.

Boewer, Dietrich: Der Wiedereinstellungsanspruch; Teil 1: NZA 1999, 1121; Teil 2: NZA 1999, 1177.

Böhm, Wolfgang: Anmerkung zu BAG, Urt. v. 9.07.1981, in: BB 1982, 371.
§ 623 BGB: Risiken und Nebenwirkungen, NZA 2000, 561.

Bonkowski, Ralf-C.: Anmerkung zu BAG, Urt. v. 4.12.1997, in: ArbuR 1998, 423.

Bork, Reinhard: Der Vergleich, Berlin 1988.

Brackmann, Kurt: Anmerkung zu BAG, Urt. v. 20.08.1980, in: AP Nr. 14 zu § 6 LohnFG.

Brox, Hans/Rüthers, Bernd: Arbeitsrecht, 15. Auflage Stuttgart/Berlin/Köln 2002.

Brox, Hans: Anmerkung zur BAG, Urt. v. 16.09.1982, in: AP Nr. 24 zu § 123 BGB.
Allgemeiner Teil des BGB, 26. Auflage Köln/Berlin/Bonn/München 2002 (zitiert: Brox, BGB AT).
Allgemeiner Teil des Schuldrechts, 28. Auflage München 2002 (zitiert: Brox, SR AT).

Buchner, Herbert/Becker, Ulrich: Mutterschutzgesetz und Bundeserziehungsgeldgesetz: Kommentar, 6. Auflage München 1998.

Burkard, Ralph: Der arbeitsrechtliche Aufhebungsvertrag und der arbeitsrechtliche Abwicklungsvertrag im Vergleich, Bonn 2000.

Caspers, Georg: Rechtsfolgen des Formverstoßes bei § 623 BGB, RdA 2001, 28.

Coester, Michael: Anmerkung zu BAG, Urt. v. 12.01.2000, in: SAE 2001, 222.

Dahlbender, Frank: Anmerkung zu BAG, Urt. v. 4.12.1997, in: EWiR 1998, 299.

Das Bürgerliche Gesetzbuch: mit besonderer Berücksichtigung der Rechtsprechung des Reichsgerichts und des Bundesgerichtshofs, Kommentar, hrsg. von den Mitgliedern des Bundesgerichtshofes; Band 2, Teil 3 (§§ 611 – 620), 12. Auflage Berlin 1997 (zitiert: RGRK/Bearbeiter).

Däubler, Wolfgang: Anmerkung zu BAG, Urt. v. 13.11.1996, in: EWiR 1997, 495.
Die Auswirkungen der Schuldrechtsmodernisierung auf das Arbeitsrecht, NZA 2001, 1329.

Dempewolf, Günter: Anmerkung zu LAG Düsseldorf, Urt. v. 17.11.1958, in: DB 1959, 230.

Deubner, Karl G.: Kündigungsandrohung als Zwang zur Abgabe einer Willenserklärung – Anmerkung zu BAG, Urt. v. 20.11.1969, in: JuS 1971, 71.

Dieterich, Thomas: Grundgesetz und Privatautonomie im Arbeitsrecht, RdA 1995, 129.

Diller, Martin: Fallstricke bei Erledigungsklauseln in Aufhebungsverträgen, FA 2000, 270.

Dorndorf, Eberhard: Anmerkung zu BAG, Urt. v. 13.04.1972, in: SAE 1972, 149.

Dörner, Klemens M./Luczak, Stefan/Wildschütz, Martin: Arbeitsrecht in der anwaltlichen und gerichtlichen Praxis, 2. Auflage Neuwied/Kriftel/Berlin 1999 (zitiert: Bearbeiter in Dörner/Luczak/Wildschütz).

Ehrich, Christian: Die Zulässigkeit von auflösenden Bedingungen in Arbeitsverträgen, DB 1992, 1186.
Recht des Arbeitnehmers zum Widerruf eines Aufhebungsvertrages wegen „Überrumpelung" durch den Arbeitgeber?, DB 1992, 2239.
Unwirksamkeit eines Aufhebungsvertrages wegen „Überrumpelung" durch den Arbeitgeber, NZA 1994, 438.

Ende, Monika: Das Recht des Arbeitnehmers auf Beendigung seines Arbeitsverhältnisses bei Betriebsübergang im EG-Recht, NZA 1994, 494.

Enderlein, Wolfgang: Die Reichweite des Arbeitnehmerschutzes im Fall des auflösend bedingten Arbeitsvertrages, RdA 1998, 90.

Ennemann, Bernd: Anwaltschaft und Rechtsschutzversicherung, NZA 1999, 628.

Erfurter Kommentar zum Arbeitsrecht: Hrsg.: Dieterich, Thomas/Hanau, Peter/Schaub, Günther; 2. Auflage München 2001 (zitiert: ErfK/Bearbeiter).
Erman Bürgerliches Gesetzbuch: Handkommentar mit AGBG, EGBGB, ErbbauVO, HausratsVO, HausTWG, ProdHaftG, SachenRBerG, SchuldRAnpG, VerbrKrG; Hrsg.: Westermann, Harm Peter; 10. Auflage Münster 2000 (zitiert: Erman/Bearbeiter).

Erman, W.: Anmerkung zu BAG, Urt. v. 4.06.1963, in: AP Nr. 1 zu § 127 BGB.

Ernst, Falk: Aufhebungsverträge zur Beendigung von Arbeitsverhältnissen, Köln 1993.

Anmerkung zu BAG, Urt. v. 20.04.1994, in: AP Nr. 77 zu § 112 BetrVG.

Ertl, Jürgen: Der Wiedereinstellungsanspruch bei Abschluss eines Abfindungsvergleiches im zu Grunde liegenden Kündigungsschutzprozess, DStR 2001, 442.

Esser, Josef/Schmitt, Eike: Schuldrecht: Ein Lehrbuch; Band 1: Allgemeiner Teil, Teilband 1: Entstehung, Inhalt und Beendigung von Schuldverhältnissen, 8. Auflage Heidelberg 1995.

Falkenberg, Rolf-Dieter: Zulässigkeit und Grenzen auflösender Bedingungen in Arbeitsverträgen, DB 1979, 590.

Der Aufhebungsvertrag – eine Betrachtung aus der Sicht eines Arbeitnehmers, ZTR 1994, 410.

Fastrich, Lorenz: Inhaltskontrolle im Arbeitsrecht nach der Bürgschaftsentscheidung des Bundesverfassungsgerichts vom 19.10.1993, RdA 1997, 65.

Felix, Dagmar: Zulässigkeit und Besonderheiten auflösend bedingter Arbeitsverträge, NZA 1994, 1111.

Felzer, Michael/v. Molo, Ulrike: Außergerichtliche Aufhebungsverträge im Arbeitsrecht und Rechtsschutzversicherung, ZAP 2000, 963.

Fiebig, Stefan/Gallner, Inken/Pfeiffer, Gerhard: Kündigungsschutzgesetz: Handkommentar, 1. Auflage Baden-Baden 2000 (zitiert: Bearbeiter in HaKo-KSchG).

Fikentscher, Wolfgang: Schuldrecht, 9. Auflage Berlin/New York 1997.

Fischer, Ansgar/Machunsky, Jürgen: Haustürwiderrufsgesetz: Kommentar, 2. Auflage Neuwied/Kriftel/Berlin 1995.

Fitting, Karl/Kaiser, Heinrich/Heither, Friedrich/Engels, Gerd/Schmidt, Ingrid: Betriebsverfassungsgesetz, 21. Auflage München 2002.

Flume, Werner: Allgemeiner Teil des BGB, Band 2: Das Rechtsgeschäft, 4. Auflage Berlin/Heidelberg/New York 1992.

Frölich, Armin: Beendigung des Arbeitsverhältnisses durch konkludentes Verhalten, NZA 1997, 1273.

Füllgraf, Lutz: Die auflösende Bedingung im Arbeitsvertrag, NJW 1982, 738.

Gagel, Alexander/ Vogt, Aloys: Beendigung von Arbeitsverhältnissen - sozial- und steuerrechtliche Konsequenzen, 5. Auflage Neuwied/Kriftel/Berlin 1996.

Gagel, Alexander: Probleme mit § 117 AFG bei Abschluss von Vergleichen im Kündigungsschutzverfahren, BB 1983, 453.

Der Vergleich im Kündigungsschutzprozess und seine Auswirkungen auf Arbeitslosengeld und Beitragspflicht, NZA 1985, 270.

Anmerkung zu BAG, Urt. v. 17.12.1997, EWiR 1998, 577.
SGB III: Sozialgesetzbuch III - Arbeitsförderung; München, Loseblatt, Stand: März 2002 (zitiert: Bearbeiter in Gagel, SGB III).

Gamillscheg, Franz: Zivilrechtliche Denkformen und die Entwicklung des Individualarbeitsrechts – Zum Verhältnis von Arbeitsrecht und BGB, AcP 176 (1976), 197.
Arbeitsrecht, Band I: Arbeitsvertrags- und Arbeitsschutzrecht, 8. Auflage München 2000.

Gaul, Björn: Die Privatisierung von Dienstleistungen als rechtsgeschäftlicher Betriebsübergang (§ 613 a BGB); Teil 2: ZTR 1995, 387.
Reformgesetz zum Arbeitsförderungsgesetz, NJW 1997, 1465.
Das Arbeitsgerichtsbeschleunigungsgesetz: Schriftform für Kündigung und andere Änderungen, DStR 2000, 691.
Gemeinschaftskommentar zum Arbeitsförderungsrecht: Neuwied/Kriftel/Berlin; Loseblatt, Stand: Dezember 2000 (zitiert: GK-SGB III/ Bearbeiter).
Gemeinschaftskommentar zum Kündigungsschutzgesetz und zu sonstigen kündigungs-schutzrechtlichen Vorschriften: Hrsg.: Becker, Friedrich/Hillebrecht, Wilfried; 6. Auflage Neuwied/Kriftel 2002 (zitiert: KR/Bearbeiter).
3. Auflage Neuwied/Kriftel/Berlin 1989 (zitiert: KR/Bearbeiter, 3. Aufl.).
Gemeinschaftskommentar zum Sozialgesetzbuch: Zusammenarbeit der Leistungsträger und ihre Beziehungen zu Dritten; GK-SGB X 3; erl. v. Maydell, Bernd v./Schellhorn, Walter; Neuwied/Kriftel/Berlin 1984 (zitiert: GK-SGB X/ Bearbeiter).

Genthe, Marco/Hornauer, Jens: Kündigungsrecht und Kündigungspraxis im Übergang von der DDR zur Bundesrepublik, Darmstadt 1998.

Gerauer, Alfred: Die Fälligkeit der Abfindung vor Beendigung des Arbeitsverhältnisses, BB 1988, 1817.
Germelmann, Claas-Hinrich/Matthes, Hans-Christoph/Prütting, Hanns: Arbeitsgerichtsgesetz: Kommentar, 4. Auflage München 2002 (zitiert: Bearbeiter in Germelmann/Matthes/Prütting, ArbGG).

Germelmann, Claas-Hinrich: Grenzen der einvernehmlichen Beendigung von Arbeitsverhältnissen, NZA 1997, 236.

Gernhuber, Joachim: Handbuch des Schuldrechts, Band 3: Die Erfüllung und ihre Surrogate sowie das Erlöschen der Schuldverhältnisse aus anderen Gründen, 2. Auflage Tübingen 1994.

Gitter, Wolfgang: Die Berücksichtigung der Bestimmungen des Arbeitsförderungsgesetzes bei streitiger oder nichtstreitiger Beendigung des Arbeitsverhältnisses, NJW 1985, 1125.

Gravenhorst, Wulf: Anmerkung zu LAG Frankfurt, Urt. v. 2.12.1993, in: LAGE § 615 BGB Nr. 42.

Grothus, Jost: Umfang und Folgewirkungen des Aufhebungsvertrages mit leitenden Angestellten, DB 1959, 763.

Grünberger, Johannes: Nachweisgesetz und Änderung des Kündigungsschutzgesetzes, NJW 1995, 2809.

Grunewald, Benno: Der arbeitsrechtliche Aufhebungsvertrag und Arbeitnehmerschutz de lege lata und de lege ferenda, ArbuR 1994, 260.
Der arbeitsrechtliche Abwicklungsvertrag - Alternative oder Ende des arbeitsrechtlichen Aufhebungsvertrages, NZA 1994, 441.

Haller, Robert: Widerruf von arbeitsrechtlichen Aufhebungsverträgen, BB 1994, 787.

Hanau, Peter: Sozialrechtliche Konsequenzen von Vergleichen in Kündigungsschutzprozessen, ArbuR 1984, 335.
Die Wiederbelebung des § 128 AFG, DB 1992, 2625.
Perversion und Prävention bei § 613 a BGB, ZIP 1998, 1817.
Anmerkung zu BAG, Urt. v. 10.12.1998, in: ZIP 1999, 324.
Handbuch zum Arbeitsrecht: Hrsg.: Stahlhacke, Eugen; Gruppe 1, Hrsg. Leinemann, Wolfgang; Neuwied/Kriftel/Berlin, Loseblatt, Stand: August 2002 (zitiert: HzA/Bearbeiter).

Hartmann, Brigitte K.: Betriebliche Personalpolitik durch Aufhebungsverträge: Entlassen auf die sanfte Tour?, 1. Auflage Baden-Baden 1999.

Hauck, Karl/Noftz, Wolfgang : Kommentar zum Arbeitsförderungsrecht, Berlin, Loseblatt, Stand: Juli 2002 (zitiert: Bearbeiter in Hauck/Noftz, SGB III).

Haupt, Andreas/Welslau, Dietmar: Neuregelung bei Abfindungszahlungen, BuW 1999, 434.

Heinze, Meinhard: Nichtsozialplanpflichtige Betriebsänderung, NZA 1987, 41.
Anmerkung zu LAG Düsseldorf, Urt. v. 28.04.1997, in: LAGE § 613 a BGB Nr. 61.

Henssler, Martin: Arbeitsrecht und Schuldrechtsreform, RdA 2002, 129.

Hergenröder, Curt Wolfgang: Anmerkung zu BAG, Urt. v. 4.12.1997, in: EzA § 1 KSchG Wiedereinstellungsanspruch Nr. 3.

Herschel, Wilhelm: Anmerkung zu BAG, Urt. v. 20.08.1980, in: AP Nr. 15 zu § 6 LohnFG.
Anmerkung zu BAG, Urt. v. 9.07.1981, in: AP Nr. 4 zu § 620 BGB Bedingung.
Anmerkung zu BAG, Urt. v. 16.02.1983, in: AP Nr. 22 zu § 123 BGB.

Heymann: Handelsgesetzbuch (ohne Seerecht), Kommentar; Hrsg.: Horn, Norbert; Band 1: Erstes Buch (Einleitung, §§ 1 – 104), 2. Auflage Berlin/New York 1995 (zitiert: Heymann/Bearbeiter).

Hirt, Hermann: Arbeitslosigkeit nach Aufhebungsvertrag, BB 1989, 297.

Hofmann, Paul: Anmerkung zu BAG, Urt. v. 20.11.1969, in: SAE 1971, 74.

Hohmeister, Frank: Die zeitliche Festlegung des Urlaub eines „freigestellten Arbeitnehmers", DB 1998, 1130.
Anmerkung zu BAG, Urt. v. 9.06.1998, und Erwiderung auf Nägele, DB 1998, 1132, in: DB 1999, 53.

Hoß, Axel/Ehrich, Christian: Hinweis- und Aufklärungspflichten des Arbeitgebers beim Abschluss von Aufhebungsverträgen, DB 1997, 625.

Hoß, Axel/Kothe-Heggemann, Claudia: Inhalt arbeitsrechtlicher Aufhebungsverträge, MDR 1997, 1077.

Hoß, Axel/Lohr, Martin: Die Freistellung des Arbeitnehmers, BB 1998, 2575.

Hoß, Axel: Hinweis- und Aufklärungspflichten des Arbeitgebers beim Abschluss von Aufhebungsverträgen, DB 1997, 625.
Anmerkung zu BAG, Urt. v. 9.06.1998, in: AP Nr. 23 zu § 7 BUrlG.

Hoyningen-Huene, Gerrick v.: Anmerkung zu BAG, Urt. v. 26.04.1979, in: SAE 1980, 349.
Anmerkung zu BAG, Urt. v. 30.09.1993, in: EWiR 1994, 115.

Hromadka, Wolfgang: Zur Zulässigkeit des auflösend bedingten Aufhebungsvertrages, RdA 1983, 88.
Sprecherausschussgesetz – Kommentar, Neuwied/Kriftel/Berlin 1991.
Ein Arbeitsvertragsgesetz – Der Diskussionsentwurf des Arbeitskreises „Deutsche Rechtseinheit im Arbeitsrecht", NJW 1992, 1985.
Anmerkung zu BAG, Urt. v. 6.11.1997, in: EWiR 1998, 251.
Anfechtung von Aufhebungsverträgen und Verwirkung, in: Festschrift für Wolfgang Zöllner zum 70. Geburtstag, Hrsg.: Lieb, Manfred/Noack, Ulrich/Wester-mann, Harm Peter; Köln 1998, Band 2 (S. 669 - 1284), S. 785 ff.
Schuldrechtsmodernisierung und Vertragskontrolle im Arbeitsrecht, NJW 2002, 2523.

Huber, Peter/Faust, Florian: Schuldrechtsmodernisierung - Einführung in das neue Recht, München 2002.

Hueck, Alfred/Hueck, Götz/v. Hoyningen-Huene, Gerrick/Linck, Rüdiger: Kommentar zum Kündigungsschutzgesetz, 13. Auflage München 2002 (zitiert Hueck/v. Hoyningen-Huene, KSchG).

Hueck, Alfred: Anmerkung zu BAG, Urt. v. 30.03.1960, in: AP Nr. 8 zu § 123 BGB.
Anmerkung zu BAG, Urt. v. 17.05.1962, in: AP Nr. 2 zu § 620 BGB Bedingung.

Hueck, Götz: Anmerkung zu BAG, Urt. v. 6.12.1973, in: AP Nr. 1 zu § 17 KSchG.

Hümmerich, Klaus/Holthausen, Joachim: Der Arbeitnehmer als Verbraucher, NZA 2002, 173.

Hümmerich, Klaus/Spirolke, Matthias: Steuerehrliche Gestaltung von Abfindungen, NZA 1998, 225.

Die arbeitsrechtliche Abfindung im neuen Steuerrecht, NJW 1999, 1663.

Hümmerich, Klaus: Abschied vom arbeitsrechtlichen Aufhebungsvertrag, NZA 1994, 200.

Letztmals: Abschied vom arbeitsrechtlichen Aufhebungsvertrag, NZA 1994, 833.

Abwicklungsvertrag contra Aufhebungsvertrag, NJW 1996, 2081.

Neue Einflussgrößen für Aufhebungs- und Abwicklungsvertrag, NZA 1997, 409.

Acht aktuelle Vorteile beim Abwicklungsvertrag, BB 1999, 1868.

Neues zum Abwicklungsvertrag, NZA 2001, 1280.

Hunn, Felix: Der Aufhebungsvertrag, ArbuR 1959, 135.

Jahr, Günther: Geltung des Gewollten und Geltung des Nicht-Gewollten – Zu Grundfragen des Rechts empfangsbedürftiger Willenserklärungen, JuS 1989, 249.

Jauernig, Othmar: Bürgerliches Gesetzbuch, 9. Auflage München 1999 (zitiert: Jauernig/Bearbeiter).

Joachim, Hans G.: Die Beendigung des Arbeitsverhältnisses im gegenseitigen Einvernehmen, BB 1958, 345.

Johannsen, Armin: Neues zur Berücksichtigung von Entlassungsentschädigungen beim Arbeitslosengeld – Die Änderungen durch das Entlassungsentschädigungs-Änderungsgesetz, ZTR 1999, 241.

Joost, Detlef: Anmerkung zu BAG, Urt. v. 10.12.1988, in: EWiR 1999, 247.

Kaiser, Heinrich/Dunkl, Hans/Hold, Dieter/Kleinsorge, Georg: Entgeltfortzahlungsgesetz: Kommentar, 5. Auflage Köln 2000 (zitiert: Bearbeiter in Kaier/Dunkl/Hold/ Kleinsorge).

Kasseler Handbuch zum Arbeitsrecht: Hrsg.: Leinemann, Wolfgang; 2. Auflage Neuwied/ Kriftel/Berlin 2000 (zitiert: KasselerArbR/Bearbeiter).

Kempff, Gilbert: Befristetes Arbeitsverhältnis und zwingender Kündigungsschutz, DB 1976, 1576.

Keppeler, Frank: Der Aufhebungsvertrag – wirklich ein mitbestimmungsfreier Raum?, ArbuR 1996, 263.

Kleveman, Joachim/Ziemann, Werner: Die Reichweite der Befristungskontrolle bei mehrfach befristeten Arbeitsverhältnissen, DB 1989, 2608.

Kliemt, Michael: Wirksamkeit einer trotz Schriftformerfordernis mündlich erklärten Kündigung bei widerspruchsloser Entgegennahme?, DB 1993, 1874.

Erneute Änderung der Anrechnung von Abfindungen auf das Arbeitslosengeld (§ 115a AFG, § 140 SGB III), NZA 1998, 173.

Kotthaus, Rolf: Der arbeitsrechtliche Aufhebungsvertrag, Göttingen 1987.

Kraft, Alfons: Anmerkung zu BAG, Urt. v. 19.07.1995, in: SAE 1996, 240.

Krause, Rüdiger: Das Schriftformerfordernis des § 623 BGB beim Aufstieg des Arbeitnehmers zum Organmitglied, ZIP 2000, 2284.

Kreßel, Eckhard: Derzeitige und künftige Bedeutung der Abfindung, NZA 1997, 1139.

Küchenhoff, Günther: Anmerkung zu BAG, Urt. v. 28.11.1979, in: AP Nr. 10 zu § 6 LohnFG.

Kursawe, Stefan: Die Aufklärungspflicht des Arbeitgebers bei Abschluss von Arbeitsverträgen, NZA 1997, 245.

Küttner, Wolfdieter: Rechtsschutzversicherung und Arbeitsrecht, NZA 1996, 453.

Larenz, Karl/Wolf, Manfred : Allgemeiner Teil des Bürgerlichen Rechts, 8. Auflage München 1997.

Larenz, Karl: Lehrbuch des Schuldrechts, Band 1: Allgemeiner Teil, 14. Auflage München 1987.

Lingemann, Stefan: Neues zum arbeitsrechtlichen Aufhebungsvertrag – Klarstellung des BAG, NJW 1997, 640.

Lohre, Werner/Mayer, Udo/Stevens-Bartol, Eckart: Arbeitsförderung-Sozialgesetzbuch III, 2. Auflage Frankfurt/Main 1999.

Lorenz, Stephan: Arbeitsrechtlicher Aufhebungsvertrag, Haustürwiderrufsgesetz und „undue influence", JZ 1997, 277.

Löwisch, Manfred: Probleme des Interessenausgleichs, RdA 1989, 216.
Mitwirkungsrechte des Sprecherausschusses beim Ausscheiden leitender Angestellter aufgrund von Aufhebungsverträgen, BB 1990, 1412.
Kommentar zum Kündigungsschutzgesetz, 8. Auflage Heidelberg 2000.

Lücke, Oliver: Anmerkung zu LAG München, Urt. v. 24.04.1997, in: BB 1998, 270.

Mankowski, Peter: Anmerkung zu BAG, Urt. v. 6.11.1997, in: EzA § 242 BGB Prozessverwirkung Nr. 2.

Maunz, Theodor/Dürig, Günther: Grundgesetz – Kommentar, Band 2: Art. 12 - 21, München, Loseblatt, Stand: Juli 2001 (zitiert: Bearbeiter in Maunz/Dürig, GG).

Medicus, Dieter: Allgemeiner Teil des BGB: ein Lehrbuch, 7. Auflage Heidelberg 1997 (zitiert: Medicus, BGB AT).
Schuldrecht I, Allgemeiner Teil, 13. Auflage München 2002 (zitiert: Medicus, SR AT).

Meinel, Gernod/Bauer, Thorsten: Der Wiedereinstellungsanspruch, NZA 1999, 575.

Meisel, Peter G./Sowka, Hans-Harald: Mutterschutz und Erziehungsurlaub: Kommentar zum Mutterschutzgesetz, zu den Leistungen bei Schwangerschaft und Mutterschaft nach der RVO und zum Bundeserziehungsgeldgesetz, 5. Auflage München 1999.

Meyer, Cord: Anmerkung zu BAG, Urt. v. 26.08.1997, in: BB 1998, 1479.
Anmerkung zu BAG, Urt. v. 10.12.1998, in: SAE 2000, 39.

Molkenbur, Josef/Krasshöfer-Pidde, Horst-Dieter: Zur Umdeutung im Arbeitsrecht, RdA 1989, 337.

Moll, Wilhelm/Reufels, Martin J.: Anmerkung zu LAG Hamm, Urt. v. 11.11.1998, in: EWiR 1999, 955.
Aufhebungsverträge – Abschluss und Zustandekommen, MDR 2001, 360.

Monjau, Herbert: Anmerkung zu BAG, Urt. v. 9.03.1972, in: AP Nr. 10 zu § 242 BGB Unzulässige Rechtsausübung – Verwirkung.

Müller, Christopher: Arbeitsrechtliche Aufhebungsverträge: Möglichkeiten und Grenzen der einvernehmlichen Beendigung von Arbeitsverhältnissen, Baden-Baden 1991.

Müller, Elisabeth: Besteuerung von Abfindungen – neue Entscheidungen, ArbRB 2002, 25.

Münchener Handbuch zum Arbeitsrecht: Hrsg.: Richardi, Reinhard/Wlotzke, Otfried; Band 1: Individualarbeitsrecht 1 (§§ 1 – 110), 2. Auflage München 2000; Band 2: Individualarbeits-recht 2 (§§ 111 – 232), 2. Auflage München 2000 (zitiert: MünchArbR/Bearbeiter); Ergänzungsband Individualarbeitsrecht, 2. Auflage München 2001 (zitiert: MünchArbR/Bearbeiter, Ergänzungsband Individualarbeitsrecht).

Münchener Kommentar zum Bürgerlichen Gesetzbuch: Hrsg.: Rebmann, Kurt/Säcker, Franz-Jürgen/Rixecker, Roland; Band 1: Allgemeiner Teil (§§ 1-240, AGB Gesetz), 4. Auflage München 2001; Band 2: Schuldrecht, Allgemeiner Teil, (§§ 241 – 432), 4. Auflage München 2001 (zitiert: MünchKomm-BGB/Bearbeiter); Band 3: Schuldrecht, Besonderer Teil I (§§ 433 – 606), 3. Auflage München 1995; Band 4: Schuldrecht, Besonderer Teil II (§§ 607 – 704), 3. Auflage München 1997; Band 5: Schuldrecht Besonderer Teil III (§§ 705 – 853, Partnerschaftsgesellschaftsgesetz, Produkthaftungsgesetz), 3. Auflage München 1997 (zitiert: MünchKomm-BGB/Bearbeiter, 3. Aufl.).

Münchener Kommentar zur ZPO: Hrsg.: Lüke, Gerhard/Walchshöfer, Alfred; Band 2 (§§ 355 – 802), 2. Auflage München 2000 (zitiert: MünchKomm-ZPO/ Bearbeiter).

Musielak, Hans-Joachim: Kommentar zur Zivilprozessordnung: mit Gerichtsverfassungsgesetz, 3. Auflage München 2002 (zitiert: Musielak/Bearbeiter).

Nägele, Stefan: Aufklärungs- und Hinweispflichten des Arbeitgebers bei Abschluss eines Aufhebungsvertrags, BB 1992, 1274.
Replik auf Hohmeister, DB 1998, 1130, in: DB 1998, 1132.

Natzel, Ivo: Schutz des Arbeitnehmers als Verbraucher?, NZA 2002, 595.

Naumann, Peter H.: Steuerfreie Abfindungen gem. § 3 Nr. 9 S. 1 EStG bei Betriebsübergang, BB 1998, 74.

Neef, Klaus/Schrader, Peter: Die Behandlung der Abfindung nach dem SGB III, DB 1999, 281.

Nicolai, Andrea/Noack, Stefanie: Grundlagen und Grenzen des Wiedereinstellungsanspruchs nach wirksamer Kündigung des Arbeitsverhältnisses, ZfA 2000, 87.

Opolony, Bernhard: Die anzeigepflichtige Entlassung nach § 17 KSchG, NZA 1999, 791.

Oßwald, Manfred: Der (bedingte) Aufhebungsvertrag im Arbeitsrecht und die Privatautonomie im Kündigungsschutzrecht, Würzburg 1990.

Osthold, Ernst-August: Kann in einer Ausgleichsquittung auf den Kündigungsschutz verzichtet werden?, DB 1956, 501.

Otto, Hansjörg: Einführung in das Arbeitsrecht, 2. Auflage Berlin/New York 1997.
Grünes Licht für die Wiedereinstellung bei betriebsbedingten Entlassungen, in: Festschrift für Alfons Kraft zum 70. Geburtstag; Hrsg.: Hönn, Günther/Konzen, Horst/Kreutz, Peter; Neuwied/Kriftel/Berlin 1998, S. 451 ff.

Palandt: Bürgerliches Gesetzbuch: mit Einführungsgesetz (Auszug), Gesetz zur Regelung des Rechts der Allgemeinen Geschäftsbedingungen, Fernabsatzgesetz, Verbraucherkreditgesetz, Gesetz über den Widerruf von Haustürgeschäften und ähnlichen Geschäften, Gesetz über die Veräußerung von Teilnutzungsrechten an Wohngebäuden (Teilzeit-Wohnrechtegesetz - TzWrG), Gesetz zur Regelung der Miethöhe (Art. 3 des 2. WKSchG), Produkthaftungsgesetz, Erbbaurechtsverordnung, Wohnungseigentumsgesetz, Hausratsverordnung; Hrsg.: Palandt, Otto/Bassenge, Peter; 61. Auflage München 2002 (zitiert: Palandt/Bearbeiter, BGB).
Palandt: Gesetz zur Modernisierung des Schuldrechts: Ergänzungsband zu Palandt, Bürgerliches Gesetzbuch, 61. Auflage, mit Unterlassungsklagengesetz, Gewaltschutzgesetz (Auszug); München 2002 (zitiert: Palandt/Bearbeiter, Ergänzungsband BGB).

Papier, Hans-Jürgen: Der verfassungsrechtliche Rahmen für Privatautonomie im Arbeitsrecht, RdA 1989, 137.

Pauly, Holger: Widerrufsrecht bei arbeitsrechtlichen Aufhebungsverträgen, MDR 1995, 1081.
Einräumung eines befristeten Widerrufsrecht de lege ferenda?, ZRP 1997, 228.

Pietzko, Joachim: Rechtsgeschäftliche Gestaltungsmöglichkeiten der Arbeitnehmer beim Betriebsübergang, ZIP 1990, 1105.

Preis, Ulrich/Gotthardt, Michael: Schriftformerfordernis für Kündigungen, Aufhebungsverträge und Befristungen nach § 623 BGB, NZA 2000, 348.

Preis, Ulrich/Rolfs, Christian: Gestörte Vertragsparität und richterliche Inhaltskontrolle, DB 1994, 261.

Preis, Ulrich: Anmerkung zu LAG Rheinland-Pfalz, Urt. v. 13.11.1987, in: LAGE § 9 KSchG Nr. 8.
Anmerkung zu LAG Köln, Urt. v. 10.01.1989, in: LAGE § 611 BGB Einstellungsanspruch Nr. 1.
Grundfragen der Vertragsgestaltung im Arbeitsrecht, Neuwied/Kriftel/Berlin 1993.

Prinz, Ulrich: Anmerkung zu BMF, Schreiben vom 18.12.1998, in: DStR 1998, 116.
Steuerbegünstigte Abfindungen – aktuelle Rechts- und Gestaltungsfragen, DStR 1998, 1585.

Puttkamer, Bogislav von: Anmerkung zu LAG Köln, Urt. v. 5.01.1996, in: BB 1996, 1440.

Raab, Thomas: Der Wiedereinstellungsanspruch des Arbeitnehmers bei Wegfall des Kündigungsgrundes, RdA 2000, 147.

Reichold, Hermann: Anmerkungen zum Arbeitsrecht im neuen BGB, ZTR 2002, 202.

Reinecke, Gerhard: Kontrolle Allgemeiner Arbeitsbedingungen nach dem Schuldrechtsmodernisierungsgesetz, DB 2002, 583.

Reinicke, Dietrich: Anmerkung zu BGH, Urt. v. 21.03.1969, in: NJW 1969, 1167.

Reiserer, Kerstin: Anmerkung zu BAG, Urt. v. 12.01.2000, in: BB 2000, 1679.

Richardi, Reinhard/Annuß, Georg: Der neue § 623 BGB – Eine Falle im Arbeitsrecht?, NJW 2000, 1231.

Richardi, Reinhard: Anmerkung zu BAG, Urt. v. 17.02.1983, in: AP Nr. 74 zu § 620 BGB Befristeter Arbeitsvertrag.
Der Arbeitsvertrag im Zivilrechtssystem, ZfA 1988, 221.
Arbeitsvertragsgesetz und Privatautonomie, NZA 1992, 769.
Betriebsverfassungsgesetz, 8. Auflage München 2002.

Richardt, Winfried: Anmerkung zu BAG, Urt. v. 12.01.2000, in: EzA § 611 BGB Aufhebungsvertrag Nr. 33.

Ricken, Oliver: Grundlagen und Grenzen des Wiedereinstellungsanspruchs, NZA 1998, 460.

Rolfs, Christian: Die Verfassungswidrigkeit der geplanten Anrechnung von Abfindungen auf das Arbeitslosengeld, DB 1996, 2126.
Die Neuregelung der Anrechnung von Abfindungen auf das Arbeitslosengeld, NZA 1997, 793.

Anmerkung zu BAG, Urt. v. 17.10.2000, in: AP Nr. 116 zu § 611 BGB Fürsorgepflicht.

Sander, Peter/Siebert, Ralph: Die Schriftform im (individuellen) Arbeitsrecht (Teil II) – Zugleich ein Beitrag zur Neuregelung des § 623 BGB, ArbuR 2000, 330.

Sauer, Franz-Josef: Der Eintritt einer Sperrzeit nach der Beendigung des Beschäftigungsverhältnisses, NZS 1996, 415.
Die Beendigung von Arbeitsverhältnissen mit Blick auf die Sperrzeit nach dem Arbeitsförderungsgesetz, NZA 1997, 798.

Schacht, Thorsten: Der Übereilungsschutz beim arbeitsrechtlichen Aufhebungsvertrag, Frankfurt a. M./Berlin/Brüssel/New York/Wien 2000.

Schaub, Günther: Anmerkung zu BAG, Urt. v. 24.01.1996, in: EWiR 1996, 929.
Steuerrechtliche und sozialversicherungsrechtliche Behandlung der Abfindung, BB 1999, 1059.
Gesetz zur Vereinfachung und Beschleunigung des arbeitsgerichtlichen Verfahrens, NZA 2000, 344.
Arbeitsrechts-Handbuch, 9. Auflage München 2000.

Scheuerle, Wilhelm: Die Kapitulation des (kündigenden) Arbeitnehmers, BB 1962, 882.

Schiefer, Bernd/Köster, Hans-Wilhelm: Pro und Contra des arbeitsrechtlichen Aufhebungsvertrages; Teil 1: Arbeitsrechtliche Aspekte, WiB 1995, 489.

Schiefer, Bernd: Beendigung des Arbeitsverhältnisses – Aktuelle Entwicklungen, DB 2000, 669.

Schilken, Eberhard: Zivilprozessrecht, 3. Auflage Köln/Berlin/Bonn/München 2000.

Schlechtriem, Peter: Das „Sprachrisiko“ – ein neues Problem, in: Privatautonomie, Eigentum und Verantwortung, Festgabe für Hermann Weitnauer zum 70. Geburtstag, Hrsg.: Ehmann, Horst/Hefermehl, Wolfgang/Laufs, Adolf; Berlin 1980, S. 129 ff.

Schließmann, Christoph: Nochmals: Abfindungsanrechnung nach dem 1. SGB III ÄnderungsG, BB 1998, 318.

Schlüter, Wilfried/Schröder, Ulrich: Anmerkung zu BAG, Urt. v. 16.11.1979, in: SAE 1981, 123.

Schlüter, Wilfried: Anmerkung zu LAG Hamm, Urt. v. 4.01.1979, in: EzA § 130 BGB Nr. 9.

Schmidt, Heinrich: Probleme der Aufhebung des Arbeitsvertrages, DB 1964, 1444.

Schmidt, Ludwig: Einkommenssteuergesetz: Kommentar, 21. Auflage München 2002 (zitiert: Bearbeiter in Schmidt, EStG).

Schmitt, Jochem: Entgeltfortzahlungsgesetz: Kommentar, 3. Auflage München 1997.

Scholz, Rupert: Die Berufsfreiheit als Grundlage und Grenze arbeitsrechtlicher Regelungssysteme, ZfA 1981, 265.

Schuldt, Jürgen: Schriftformzwang für die Beendigung von Arbeitsverhältnissen – Arbeitsgerichtsbeschleunigungsgesetz, ZAP 2000, 527.

Schulin, Bertram/Igl, Gerhard: Sozialrecht: ein Studienbuch, 7. Auflage Düsseldorf 2002.

Schulin, Bertram: Anmerkung zu BAG, Urt. v. 28.07.1976, in: SAE 1978, 34.

Schulte, Wolf Dieter: Rechtsfragen der Ausgleichsquittung bei Beendigung des Arbeitsverhältnisses, DB 1981, 937.

Schwarze, Roland: 2. Anmerkung zu LAG Hamburg, Urt. v. 20.08.1992, in: LAGE § 611 BGB Aufhebungsvertrag Nr. 9.

Singer, Reinhard: Wann ist widersprüchliches Verhalten verboten ?, NZA 1998, 1309.

Soergel, Hans Theodor: Bürgerliches Gesetzbuch, neu hrsg. von Siebert, Wolfgang/Baur, Jürgen/Abraham, Hans-Jürgen; Band 1: Allgemeiner Teil (§§ 1 –240), HaustürWiderrufG, 12. Auflage Stuttgart/Berlin/Köln/Mainz 1988 (zitiert: Soergel/Bearbeiter, BGB, 12. Aufl.); Band 2 neu: Allgemeiner Teil II (§§ 104 - 240), 13. Auflage Stuttgart/Berlin/Köln 1999 (zitiert: Soergel/Bearbeiter, BGB); Band 2: Schuldrecht I (§§ 241 – 432), 12. Auflage Stuttgart/Berlin/Köln 1990; Band 3: Schuldrecht III 1 (§§ 516 – 651, Gesetz zur Regelung der Miethöhe, Verbraucherkreditgesetz), 12. Auflage Stuttgart/Berlin/Köln 1997 (zitiert: Soergel/Bearbeiter, BGB, 12. Aufl.).

Söllner, Alfred: Der verfassungsrechtliche Rahmen für Privatautonomie im Arbeitsrecht, RdA 1989, 144.
Grundriss des Arbeitsrechts, 12. Auflage München 1998.

Spiolek, Ursula: Abfindung und Sperrzeit, BB 1993, 1144.

Stahlhacke, Eugen/Preis, Ulrich/Vossen, Reinhard: Kündigung und Kündigungsschutz im Arbeitsverhältnis, 7. Auflage München 1999 (zitiert: Bearbeiter in Stahlhacke/Preis/Vossen, Kündigung und Kündigungsschutz).

Staudinger, Julius von: Kommentar zum Bürgerlichen Gesetzbuch mit Einführungsgesetz und Nebengesetzen, Erstes Buch: Allgemeiner Teil, §§ 90 – 240, 12. Auflage Berlin 1980 (zitiert: Staudinger/Bearbeiter, BGB, 12. Auflage); §§ 134 – 163, 13. Bearbeitung Berlin 1996; §§ 164 – 240, 13. Bearbeitung Berlin 1995; Zweites Buch: Recht der Schuldverhältnisse, Einleitung zu §§ 241 ff., §§ 241 - 243, 13. Bearbeitung Berlin 1995; §§ 293 – 327, 13. Bearbeitung Berlin 1995; §§ 397 – 432, 13. Bearbeitung Berlin 1999; §§ 611 – 615, 13. Bearbeitung Berlin 1999; §§ 620 – 630,

13. Bearbeitung Berlin 1995; Verbraucherkreditgesetz (u.a.), 13. Bearbeitung Berlin 1998 (zitiert: Staudinger/Bearbeiter).

Stolz, Manfred: Anmerkung zu OLG Frankfurt, Urt. v. 19.12.1995, in: EzA § 611 BGB Aufhebungsvertrag Nr. 20.

Straub, Dieter: Erste Erfahrungen mit dem Teilzeit- und Befristungsgesetz, NZA 2001, 919.

Strohner, Klaus/Schmidt-Keßeler, Nora: Zweifelsfragen im Zusammenhang mit der lohn- und einkommenssteuerlichen Behandlung von Entlassungsentschädigungen – Zugleich Anmerkungen zu dem BMF-Schreiben vom 18.12.1998, DStR 1999, 693.

Thüsing, Gregor: Anmerkung zu BAG, Urt. v. 29.01.1997, in: EWiR 1997, 689.
Anmerkung zu BAG, Urt. v. 16.05.2000, in: EWiR 2001, 105.

Trieschmann, Günther: Zum Verzicht des Arbeitnehmers auf unabdingbare gesetzliche Ansprüche, RdA 1976, 68.
Anmerkung zu BAG, Urt. v. 28.07.1976, in: AP Nr. 4 zu § 6 LohnFG.

Trinkner, Reinhold/Wolfer, Maria: Modernes Arbeitsrecht und seine Beziehungen zum Zivilrecht und seiner Geschichte, BB 1986, 4.

Voelzke, Thomas: Die Erstattungspflicht des Arbeitgebers bei Entlassung älterer Arbeitnehmer – eine Bestandsaufnahme, DB 2001, 1990.

Walker, Wolf-Dietrich: Anmerkung zu BAG, Urt. v. 27.02.1997, in: SAE 1998, 103.

Waltermann, Raimund: Sozialrechtliche Konsequenzen arbeitsrechtlicher Aufhebungsverträge, NJW 1992, 1136.

Wank, Rolf: Anmerkung zu BAG, Urt. v. 14.02.1996, in: EzA § 611 BGB Aufhebungsvertrag Nr. 21.

Weber, Ulrich/Ehrich, Christian/Burmester, Antje: Handbuch der arbeitsrechtlichen Aufhebungsverträge – Aufhebung von Arbeits- und Dienstverhältnissen mit arbeits-, sozial- und steuerrechtlichen Folgen, 3. Auflage Köln 2002 (zitiert: Weber/Ehrich/Burmester, Aufhebungsverträge).

Weber, Ulrich/Ehrich, Christian/Hoß, Axel: Handbuch der arbeitsrechtlichen Aufhebungsverträge – Aufhebung von Arbeits- und Dienstverhältnissen mit arbeits-, sozial- und steuerrechtlichen Folgen, 1. Auflage Köln 1996 (zitiert: Weber/Ehrich/Hoß, Aufhebungsverträge, 1. Aufl.).

Weber, Ulrich/Ehrich, Christian: Prozessuale Folgen der Unwirksamkeit von Aufhebungsvereinbarung bei Kündigungsschutzklagen, DB 1995, 2369.
Anfechtung eines Aufhebungsvertrages - der verständig denkende Arbeitgeber, NZA 1997, 414.

Weimar, Robert/Alfes, Jochen: Betriebsübernahme ohne § 613 a BGB, NZA 1993, 155.

Welslau, Dietmar: 1. Anmerkung zu LAG Hamburg, Urt. v. 20.08.1992, in: LAGE § 611 BGB Aufhebungsvertrag Nr. 9.
Aufhebungsvertrag und Massenentlassung – Vorsicht Falle, BuW 2000, 77.
Gestaltungsfehler bei der einvernehmlichen Beendigung von Arbeitsverhältnissen – Neue Aspekte durch Arbeitsgerichtsbeschleunigungsgesetz und Rechtsprechung, BuW 2000, 467.

Werner, Bernhard: Sozialrechtliche Folgen des Abwicklungsvertrages, NZA 2002, 262.

Wertheimer, Frank: Abhängigkeit der Karenzentschädigungspflicht vom Abschlusszeitpunkt des nachvertraglichen Wettbewerbsverbotes, BB 1996, 1714.
Wirksamkeit nachvertraglicher Wettbewerbsverbote bei nicht kündigungsbedingter Beendigung des Arbeitsverhältnisses, NZA 1997, 522.
Anmerkung zu BAG, Urt. v. 11.03.1999, in: EWiR 1999, 853.

Weth, Stephan: Besonderheiten der Arbeitsgerichtsbarkeit, NZA 1998, 680.

Weuster, Arnulf: Die einvernehmliche Beendigung des Arbeitsverhältnisses durch Aufhebungsvertrag - Kerninhalte, Abfindungsregelungen und sozialrechtliche Fragen; Teil 1: BuW 2000, 206; Teil 2: BuW 2000, 383.
Der Aufhebungsvertrag – Gestaltungsmöglichkeiten zur Vermeidung von Streitfragen, BuW 2000, 510.
Wirksamkeit und Anfechtung des Aufhebungsvertrages, BuW 2000, 645.

Wiedemann, Herbert: Tarifvertragsgesetz: mit Durchführungs- und Nebenvorschriften, 6. Auflage München 1999 (zitiert: Bearbeiter in Wiedemann, TVG).

Willemsen, Heinz-Josef: Anmerkung zu BAG, Urt. v. 28.04.1987, in: EzA § 613 BGB Nr. 67.

Wisskirchen, Alfred/Worzalla, Michael: Aktuelle Fragen zu arbeitsrechtlichen Aufhebungsverträgen, DB 1994, 577.

Wisskirchen, Gerlind: Die steuerliche Behandlung von Entlassungsentschädigungen ab 1999, NZA 1999, 405.

Wollenschläger, Michael: Anmerkung zu BAG, Urt. v. 14.12.1974, in: ArbuR 1975, 222.

Zöller, Richard: Zivilprozessordnung: mit Gerichtsverfassungsgesetz und den Einführungsgesetzen, mit Internationalem Zivilprozessrecht, Kostenanmerkungen; Kommentar, 23. Auflage Köln 2002 (zitiert: Zöller/Bearbeiter).

Zöllner, Wolfgang/Loritz, Karl-Georg: Arbeitsrecht: Ein Studienbuch, 5. Auflage München 1998.

Zöllner, Wolfgang: Privatautonomie und Arbeitsverhältnis – Bemerkungen zu Parität und Richtigkeitsgewähr beim Arbeitsvertrag, AcP 176 (1976), 221.

Zwanziger, Bertram: Arbeitsrechtliche Aufhebungsverträge und Vertragsfreiheit, DB 1994, 982.
Aufhebungsverträge und Vertragsfreiheit, BB 1996, 903.
Neue Tatsachen nach Zugang einer Kündigung, BB 1997, 42.

Saarbrücker Studien zum Privat- und Wirtschaftsrecht

Herausgeber:
Johann Paul Bauer, Michael Martinek und Helmut Rüßmann

Band 1 Susanne Jaschinski: Die Haftung von Schwestergesellschaften im GmbH-Unterordnungskonzern. Ein Beitrag zum Konzernverfassungsrecht. 1997.

Band 2 Roman Sascha Ahnert: Die *actio individualis*. Ein Beitrag zur verfassungsrechtlichen Fundierung der Aktionärsklage bei sogenannten Aktien-Interessenverbänden. 1997.

Band 3 Torsten Peters: Der Cateringvertrag. Rechtstatsachen, Rechtsnatur und Rechtsprobleme eines modernen Dienstleistungsvertrags. 1998.

Band 4 Michael Meissner: Persönlichkeitsschutz juristischer Personen im deutschen und US-amerikanischen Recht. Eine rechtsvergleichende Untersuchung des allgemeinen Persönlichkeitsrechts juristischer Personen. 1998.

Band 5 Thomas Tegen: Joint Venture-Vertrag und Projektträgergesellschaft im amerikanischen und deutschen Recht. 1998.

Band 6 Gerhard Wolter: Treuhandrecht im Umbruch? Ein Blick nach Frankreich, Luxemburg, in die Schweiz und in den Libanon sowie auf das Haager Trust-Übereinkommen. 1999.

Band 7 Thomas Dehlfing: Das Recht der irreführenden Werbung in Deutschland, Großbritannien und Frankreich. 1999.

Band 8 Hanno Dornseifer: Börsentermingeschäfte und Börsentermingeschäftsfähigkeit. Zur börsengesetzlichen Behandlung von finanzwirtschaftlichen Festgeschäften, Options- und Optionsscheingeschäften. 1999.

Band 9 Patrick Lenz: Absatzförderung durch *zinssubventionierte* Darlehen. Eine wettbewerbs- und kartellrechtliche Studie zur Zulässigkeit von Niedrigzins-Kreditangeboten unter besonderer Berücksichtigung des Automobilmarktes. 1999.

Band 10 Mansur Pour Rafsendjani: Der Goodwill-Ausgleichsanspruch des Franchisenehmers. Ein Vergleich des deutschen, französischen und US-amerikanischen Franchiserechts. 1999.

Band 11 Jörg Hartmann: Juristische und ökonomische Regelungsprobleme des Insiderhandels. Eine rechtsvergleichende Darstellung USA – Deutschland. 1999.

Band 12 David Altmeier: Rückstellungsbilanzierung in Deutschland und Frankreich. Eine vergleichende Untersuchung der französischen Rückstellungsbilanzierung aus der Perspektive des deutschen Bilanzrechts. 1999.

Band 13 Barbara Günther: Aktivische Bilanzierungshilfen im deutschen und französischen Bilanzrecht. 1999.

Band 14 Bernhard Glasow: Vertikale Preisbindung, Wettbewerbstheorie und Wettbewerbsrecht in den USA, Deutschland und Europa. Bestandsaufnahmen, Kritik und Zukunftsperspektiven. 2000.

Band 15 Dorota Nowak-James: Der Börsenzugang für Anleger in Deutschland und Polen. Eine rechtsvergleichende Untersuchung zum deutschen Finanzkommissionsgeschäft und zum polnischen Brokerauftragsvertrag. 2000.

Band 16 Mathias Queck: Der Nießbrauch am Anteil einer offenen Handelsgesellschaft. Eine Form der (un-)mittelbaren Unternehmensbeteiligung. 2000.

Band 17 Ina Roth: Umweltbezogene Unternehmenskommunikation im deutschen und europäischen Wettbewerbsrecht. 2000.

Band 18 Jörg Preiss: Die Anwendung des markenrechtlichen Erschöpfungsgrundsatzes auf Dienstleistungsmarken. 2000.

Band 19 Kevin M. McDonald: Der Begriff der Dienstleistung im europäischen Binnemarkt und WTO-System (GATS). 2001.

Band 20 Carolin Opgenhoff: Die europäische Fusionskontrolle zwischen Wettbewerbsrecht und Industriepolitik. 2001.

Band 21 Susanne Schäfer: Die Deliktsfähigkeit juristischer Personen. Eine rechtsvergleichende Untersuchung zur Übertragbarkeit des englischen Modells. 2001.

Band 22 Kay Diedrich: Die Interventionswirkung – Ausprägung eines einheitlichen Konzepts zivilprozessualer Bindungswirkung. 2001.

Band 23 Michael Fröhlich: Zentrale Institutionen des deutschen Urheberrechts und des französischen Droit d'auteur auf dem Prüfstand der elektronischen Netzwerke. 2001.

Band 24 Joël Benjamin Münch: Abtretungsverbote im deutschen und französischen Recht. Rechtsvergleichende Untersuchung der Übertragungshindernisse im deutschen und französischen Forderungsverkehr als Beitrag zu einer weiteren Schuldrechtsvereinheitlichung in Europa. 2001.

Band 25 Monika Prieß: Der Begriff des Sachmangels im deutschen und englischen Kaufrecht. Reformbedarf aufgrund der Verbrauchsgüterkauf-Richtlinie 1999/44/EG. 2001.

Band 26 Katharina Siegel: Produkthaftung im polnischen, tschechischen und slowenischen Recht. 2001.

Band 27 Carolin Kühne: Die gesetzliche Form der Rechtsgeschäfte im deutschen und italienischen Recht. Eine rechtsvergleichende Untersuchung. 2002.

Band 28 Nina Scherf: Die Nachschußpflicht im Gesellschaftsrecht. Eine rechtsformübergreifende Bestandsaufnahme, Analyse und Kritik. 2002.

Band 29 Marc Laukemann: Fernsehwerbung im Programm. Die zunehmende Kommerzialisierung des Fernsehprogramms im Zeitalter einer Ökonomisierung der Aufmerksamkeit als verfassungs-, wettbewerbs- und rundfunkrechtliches Problem. 2002.

Band 30 Michael Bo Jaspers: Nachträgliche Rechtswahl im internationalen Schuldvertragsrecht. Unter besonderer Berücksichtigung der Rechtspraxis in England, Frankreich, Dänemark und Deutschland. 2002.

Band 31 Christina Pernice: Die Insolvenzverschleppung durch das Geschäftsführungsorgan der kleinen Kapitalgesellschaft im deutschen, französischen und englischen Recht. Eine rechtsvergleichende Untersuchung zur Entwicklung eines europäischen Lösungsansatzes. 2002.

Band 32 Anne Christine Janert: Der sachliche und persönliche Anwendgunsbereich des deutschen Verbraucherkeditrechts und des britischen Consumer Credit Act 1974. Ein Beitrag zu den Möglichkeiten und Grenzen verbraucherrechtlicher Harmonisierung in Europa. 2002.

Band 33 Annette Trost: Faktische Sitzverlegung unter Sitz- und Gründungstheorie im Vergleich. Unter besonderer Berücksichtigung ihrer gesellschafts- und zivilrechtlichen Folgewirkungen. 2003.

Band 34 Esther Cordula Hilpert: Die Gründerhaftung in der Gesellschaft mit beschränkter Haftung in Deutschland, Frankreich und England. 2003.

Band 35 Wei-ming Liao: Die Schiedsgerichtsbarkeit in Taiwan. Unter besonderer Berücksichtigung der internationalen Handelsschiedsgerichtsbarkeit und mit Hinweisen zu der Entwicklung in Deutschland. 2003.

Band 36 Stefan Stork: Sitzverlegung von Kapitalgesellschaften in der Europäischen Union. Zur Reichweite der Niederlassungsfreiheit unter Berücksichtigung der positiven und der negativen Integration. 2003.

Band 37 Marc Pfeffer: Interbrand-Kartellverbot und Intrabrand-Vereinbarungen. Die Ablösung horizontaler und vertikaler Eingriffsmerkmale im GWB zu Gunsten einer Betrachtung produktexterner und -interner Wettbewerbsfaktoren. 2003.

Band 38 Nicole Burkardt: Der arbeitsrechtliche Aufhebungsvertrag. Einvernehmliche Beendigung von Arbeitsverhältnissen unter Berücksichtigung der Rechtslage nach der Schuldrechtsreform. 2004.

Band 39 Christian Schmeling: Die Entlastung von Mitgliedern geschäftsführender Organe im Recht der Kapitalgesellschaften. Eine rechtsvergleichende Studie zum deutschen, schweizerischen und französischen Recht. 2004.

Kolibri 360 GmbH
Ferdinand-Jühlke-Straße 7
99095 Erfurt, Deutschland
produktsicherheit@kolibri360.de

Druck:
CPI Druckdienstleistungen GmbH
im Auftrag der
Kolibri 360 GmbH
Ferdinand-Jühlke-Str. 7
99095 Erfurt